U0574533

国家社会科学基金资助项目（14XZW008）

四川轻化工大学出版资助

何清 皮朝纲 著

禪宗詩學著述研究

上

CHANZONG SHIXUE ZHUSHU YANJIU

人民出版社

目　　录

上　　册

上编　当代审美视域下的禅宗诗学研究

下编　禅宗诗学著述录要

第一章　唐代禅宗诗学著述录要

第二章　宋代禅宗诗学著述录要

第三章　元代禅宗诗学著述录要

上　编

当代审美视域下的禅宗诗学研究

引子:无人问津与呼唤登场

中国诗学理论,是中国传统美学的重要组成部分。一部中国诗歌美学史,应该是儒、道、释三家诗学思想的发生发展演变史。从中国诗学理论的研究现状看,无论是文献发掘、整理、出版方面,还是诗学论著(含诗学原理、诗学史)的研究和出版方面,都很少提及禅宗大师们的诗学著述和诗学主张。

从文献整理方面看:至今已出版或再版了《历代诗话》[①]《历代诗话续编》[②]《宋诗话全编》[③]《宋人诗话外编》[④]《宋诗话辑佚》[⑤]《辽金元诗话全编》[⑥]《明诗话全编》[⑦]《清诗话》[⑧]《清诗话续编》[⑨]《清诗话访佚初编》[⑩]《万首论诗绝句》[⑪]《全唐五代诗格汇考》[⑫]等。但许多禅宗大师的诗学著述还没有进入选编者的视野。比如,《历代诗话》与《历代诗话续编》共收录诗话 56 种,涉及释家的只有皎然《诗式》、齐已《风骚旨格》;《清诗话》与《清诗话续编》,共收录诗话 77 种,未收录释家之著述。吴文治主编的《宋诗话全编》《辽金元诗话全编》《明诗话全编》,有很高的学术价值。其中《宋诗话全编》共辑录诗话计 562 家,其中僧人的诗话只有 9 家;《辽金元诗话全编》共辑录诗话计 419

---

① 何文焕辑:《历代诗话》,中华书局 2004 年版。
② 丁福保辑:《历代诗话续编》,中华书局 1983 年版。
③ 吴文治主编:《宋诗话全编》,江苏古籍出版社 1998 年版。
④ 程毅中主编:《宋人诗话外编》,国际文化出版公司 1996 年版。
⑤ 郭绍虞辑:《宋诗话辑佚》,中华书局 1980 年版。
⑥ 吴文治主编:《辽金元诗话全编》,凤凰出版社 2006 年版。
⑦ 吴文治主编:《明诗话全编》,江苏古籍出版社 1997 年版。
⑧ (清)王夫之等撰,丁福保辑:《清诗话》,上海古籍出版社 2015 年版。
⑨ 郭绍虞编选,富寿荪校点:《清诗话续编》,上海古籍出版社 1983 年版。
⑩ 杜松柏编:《清诗话访佚初编》,台湾新文丰出版公司 1987 年版。
⑪ 郭绍虞、钱仲联、王遽常编:《万首论诗绝句》,人民文学出版社 1991 年版。
⑫ 张伯伟:《全唐五代诗格汇考》,凤凰出版社 2002 年版。

家，其中僧人的诗话只有8家；《明诗话全编》共辑录诗话计724家，其中僧人的诗话只有6家。从诗学论著（含诗学原理、诗学史）方面看：已出版或再版了袁行霈等主编的《中国诗学通论》①、陈良运《中国诗学体系论》②、吴建民《中国古代诗学原理》③、张松如主编《中国诗歌美学史》④、萧华荣《中国诗学思想史》⑤、陈良运《中国诗学批评史》⑥、蔡镇楚《中国诗话史》⑦。它们中只涉及部分禅宗诗学观，如妙悟说、以禅喻诗、佛禅境界等。而许多禅宗大师的诗学著述和诗歌主张还没有引起学界的重视，只有唐皎然《诗式》《诗议》《诗评》、唐释虚中《流类手鉴》、唐末五代释齐己《风骚旨格》、宋释文莹《玉壶诗话》、宋释慧洪《冷斋夜话》《天厨禁脔》、日人遍照金刚《文镜秘府论》等少数诗学著述得到了评介⑧。

要知道，中国是个诗歌文学的国度，历史悠久，人才辈出，“自春秋时代第一位具名诗人许穆夫人到近代最后一位成就卓然的革命诗人柳亚子，中国诗人灿若繁星，像屈原、陶渊明、李白、王维、杜甫、白居易、李商隐、苏轼、陆游、龚自珍、黄遵宪，都是可与日月同辉的一等明星”⑨。在中国诗歌的百花园中，诗僧乃是一个十分庞大的创作群体。以唐代为例，宋代计有功《唐诗纪事》卷七

---

① 袁行霈、孟二冬、丁放：《中国诗学通论》，安徽教育出版社1994年版。

② 陈良运：《中国诗学体系论》，中国社会科学出版社1992年版。

③ 吴建民：《中国古代诗学原理》，人民文学出版社2001年版。

④ 张松如主编：《中国诗歌美学史》，吉林大学出版社1994年版。

⑤ 萧华荣：《中国诗学思想史》，华东师范大学出版社1996年版。

⑥ 陈良运：《中国诗学批评史》，江西人民出版社1995年版。

⑦ 蔡镇楚：《中国诗话史》，湖南文艺出版社1988年版。

⑧ 傅璇琮等主编：《中国诗学大辞典》（浙江教育出版社1999年版）收录诗论著述计772种，其中释子之著述有：唐皎然《诗式》《诗议》《诗评》，日人遍照金刚《文镜秘府论》、唐释虚中《流类手鉴》、唐末五代释齐己《风骚旨格》、五代僧神彧《诗格》、宋桂林僧景淳《诗评》、宋释惠崇《惠崇句图》、宋释文莹《玉壶诗话》、宋释慧洪《冷斋夜话》《天厨禁离》、宋释普闻《诗论》、明释怀悦《诗法源流》、明方以智《通雅诗话》等16种。张葆全主编的《中国古代诗话词话辞典》（广西师范大学出版社1992年版）收录诗话252种，释子之著述，有宋释慧洪《冷斋夜话》1种。蒋祖怡、陈志椿主编的《中国诗话辞典》（北京出版社1996年版）收录诗话作者384人，其中僧人有皎然、齐己、保暹、文莹、慧洪、普闻等6人；诗话作品478种，其中僧人之作有皎然《诗式》《诗议》、齐己《风骚旨格》、文彧《诗格》、保暹《处囊诀》、文莹《湘山野录》《玉壶诗话》、慧洪《冷斋夜话》《天厨禁脔》、普闻《诗论》等10种。

⑨ 傅璇琮等主编：《中国诗学大辞典·前言》，浙江教育出版社1999年版，第2页。

十二至卷七十七收录唐诗人1150家,其中有僧人57人;元代辛文房《唐才子传》撰述唐诗人传记278篇,附论120人,共评述唐五代诗家398人,其中有僧人54人。明代胡震亨《唐音癸签》录唐人诗集共计691家,其中僧人有集传世达29人。清编《全唐诗》收录有诗传世的僧人118人、诗2931首(《全唐诗》从806卷开始,共有46卷)。今人陈尚君辑校《全唐诗补编》(包括王重民《补全唐诗》、孙望《全唐诗补逸》、童养年《全唐诗续补逸》及陈尚君《全唐诗续拾》)增录有存诗(或残句)的僧人297人,僧诗1521首,残句若干。去除诸书收录名号重复者,以上共计录唐僧406位,诗作达4400多篇①。难道这一庞大的诗歌创作群体,就没有关于诗歌创作、诗歌鉴赏和诗歌研究的论述?

带着这一问题,我们先后翻检了《大正新修大藏经》《卍续藏经》(新编)《嘉兴大藏经》《乾隆大藏经》《大藏经补编》《禅宗全书》《禅门逸书》《续修四库全书》《四库存目丛书》《四库未收书辑刊》《四库禁毁书丛刊》等典籍,从中发掘、整理出了157位禅师的诗学著述约673多篇(章、节、段),编写了一部《禅宗诗学著述录要》(未刊稿),这些诗学著述涉及的诗学观有:以心为源、胸襟修养、生命体验、艺境追求、像教悦情、禅艺互释等六个大的方面。这些诗学内涵,既鲜明又有特色,如宋僧无文道灿②主张诗歌创作以心为宗:"或问诗以何为宗?予曰:心为宗。苟得其宗矣,可以晋魏,可以唐,可以宋,可以江西,投之所向,无不如意,有本者如是,难与专门曲学泥纸上死语者论也。"③有的禅师有众多的诗学著述,如清僧澹归今释,单是诗序、诗跋就有80多篇,提出了不少诗学见解。在禅门诗歌中,颂古诗占了很大的比例,几乎所有的禅宗大师都有颂古诗。而对颂古诗的品评,则突出地表现出禅宗诗学观的独特风貌。圆悟克勤的《碧岩录》、万松行秀的《从容庵录》、林泉从伦的《评唱投子青和尚

---

① 参见胡大浚:《唐代诗僧与唐僧诗述略》(上),《兰州交通大学学报》2009年第5期。

② 道灿,宋僧,字无文,号柳塘。吉安泰和(今属江西)柳塘村人,俗姓陶。十八岁剃度,从杞室和尚受业,历参笑翁无准、痴绝道冲,而得法于杨歧派禅师笑翁妙堪,为南岳十八世。常住饶州荐福寺、庐山开先寺,并复兴故乡的慈观寺。自开庆元年(1259)辞归荐福寺后,其事迹不详。其《语录》于咸淳九年(1273)刊行。其诗文、法语,传诵禅林。本文的禅师简介,是据《禅宗诗学著述录要》所编写的禅师小传。

③ 道灿:《送然松麓归南岳序》《禅门逸书初编》第5册,第115号,台湾明文书局股份有限公司1981年版,第36页下。

颂古空谷集》等,其“评唱”,实为禅家诗学著述。

中国美学文献学学科建设,除了有关该学科的基本原理的研究外,就是要从中国美学文献的新发掘、新阐释的具体实践中,为学科体系的构建,总结经验,探索规律,充实内涵,提升理论。禅宗诗学有它丰富的内容,独特的风貌,它是中国诗学的重要组成部分,应当受到重视,应进一步加以发掘、整理、研究,使它在中国古典诗学理论研究中,能尽早登场。不论是中国禅宗诗学资料的发掘、整理和研究,还是理论阐释,都是前人未曾涉猎过的课题,都还有很大的探索空间,对于中国诗学原理研究和中国诗学史研究,都有重要的学术价值。深入开展禅宗诗学研究,有助于推进中国美学文献学学科建设工作,推进中国美学学科建设工作。

第一章　禅宗诗学的主要研究对象及特点

总观禅宗诗学著述，我们可以看到，禅宗诗学所关注和讨论的重要话题，就是禅门歌偈（颂），可以说，禅门歌偈（颂）是禅宗诗学的主要研究对象。

一、"诗偈总一般，读者须仔细"：禅宗偈（颂）的历史地位

在中国诗歌史上，禅僧的诗歌（歌偈）始终处于边缘状态，禅僧的诗学著述更少人问津。已有学者指出，作为我国诗歌艺术顶峰的唐代诗歌，涌现出众多的诗歌流派，出现了李白、杜甫等伟大诗人，因而这一时期一直是学界研究和关注的热点所在。但是，在这个百花盛开的时期，还有一个被学界主流忽视了的白话诗派。"从思想上看，它基本上是一个佛教诗派，与佛教的深刻联系形成了这个诗派的基本特征。与其他诗派不同，它不是文人诗歌内部的一个派别，它与文人诗歌分庭抗礼，共同描绘出唐代诗歌博大宏伟的辉煌全景。"①要知道，中国禅僧参照佛偈体裁所撰写的偈颂，往往也具有诗的性质，其中许多偈颂，更是具有浓郁的文学色彩的优秀诗篇。但是，这些诗偈一直不为主流文坛所认可和接纳②。为此，唐代禅僧拾得③大声疾呼，为禅门白话诗张目，

① 项楚：《唐代白话诗派研究·序言》，巴蜀书社2005年版，第1页。

② 项楚：《唐代白话诗派研究·序言》，巴蜀书社2005年版，第2页。

③ 拾得，籍里未详。玄宗先天至德宗贞元年间人。本为孤儿，约十岁时，天台山国清寺僧人丰干遇之于赤城山道边，携归寺中，因名之曰拾得。后知寺库及食堂等杂务，为寺中行者。好为诗作偈，言行狂放。与寒山友善。其诗曾与寒山诗合编为《寒山拾得诗》一卷。

为禅门诗歌争取地位："我诗也是诗，有人唤作偈。诗偈总一般，读者须仔细。"①虽然拾得的呐喊在当时没有得到应有的响应，对禅门诗歌的偏见一直延续至今，然而拾得亮出了禅家的诗学主张，在禅宗诗学史上具有重要的诗学意义。

唐代另一禅宗诗人寒山②——唐代白话诗派的杰出代表，更是理直气壮地标举自己的诗学主张，声称自己的诗偈具有很高的、重要的价值："家有寒山诗，胜汝看经卷。书放屏风上，时时看一遍。"③他指出，这些诗偈，一样"典雅"，但通俗，会"自流天下"："有人笑我诗，我诗合典雅。不烦郑氏笺，岂用毛公解④。不恨会人稀，只为知音寡。若遣趁宫商，余病莫能罢。忽遇明眼人，即自流天下。"而且他明确指出，要想读懂他的诗篇，只有"上贤""明眼人"这些"知音"，正如"杨修见幼妇⑤，一览便知妙"，"若能会我诗，真是如来母"。

寒山和拾得的诗偈和诗学主张，得到了后世不少禅师的响应和称赞。明僧雪关智訚⑥高度评价寒山之诗："我爱寒山诗，不入时人调，句句洗尘情，安在事华藻。"指出寒山之诗，不拘时人窠臼，能打破程式束缚。其诗勿事华藻，

---

① 见项楚：《寒山诗注》，中华书局 2000 年版，第 844 页。一般：一样，同样。唐王建：《宫词》之三五："云驳月骢各试行，一般毛色一般缨。"《京本通俗小说·碾玉观音》："崔宁谢了恩，寻一块一般的玉，碾一个铃儿接住了，御前缴纳。"

② 寒山，诗僧，姓名、生卒年皆不详，主要活动时期为第八世纪。长期隐居于台州（今浙江天台）唐兴县翠屏山。其地幽僻寒冷，又名寒岩，故自号寒山子。喜作诗，每得一篇一句，即题于树间石上。有诗六百余首。元和中徐灵府录得三百余首，编为三卷。

③ 见项楚：《寒山诗注》，中华书局 2000 年版，第 794 页。以下所引寒山诗，都见项楚：《寒山诗注》。

④ 郑氏笺：指郑玄对《毛诗》之注释。郑玄注诸经皆称"注"，独于《诗》称"笺"。后人以"郑笺"泛指对古籍的注释。毛公解：据《汉书·艺文志》、东汉郑玄《诗谱》、《毛诗传笺》、唐孔颖达《五经正义》等书记载：至西汉初期，研究讲习《诗》者，有齐人辕固、鲁人申培、燕人韩婴、河间毛亨。毛亨"为《诂训传》于其家，河间献王得而献之。"

⑤ 杨修见幼妇：据《世说新语·捷悟》载：魏武尝过曹娥碑下，杨修从，碑背上见题作"黄绢幼妇，外孙齑臼"八字。魏武谓修曰："卿解不？"答曰："解。"魏武曰："卿未可言，待我思之。"行三十里，魏武乃曰："吾已得。"令修别记所知。修曰："黄绢，色丝也，于字为'绝'；幼妇，少女也，于字为'妙'；外孙，女子也，于字为'好'；齑臼，受辛也，于字为'辞'。所谓'绝妙好辞'也。魏武亦记之，与修同，乃叹曰："我才不及卿，乃觉三十里。"（余嘉锡：《世说新语笺疏》，中华书局 1983 年版，第 580 页）

⑥ 智訚（1585—1637），亦作道訚，明代曹洞宗僧。号雪关。信州（江西上饶）人，俗姓傅。博山无异元来之法嗣。

意句清新,能涤除尘情忘识,且能让人咀嚼玩味,“乍看意句新,转玩滋味好”①。明僧吹万广真②则称赞道:“我爱寒山子,拈语不粘唇,因风吹野火,唤惺众生心。”充分肯定寒山诗偈通俗流畅,“拈语不粘唇”;有强大的感染力,有如“风吹野火”,可以燎原;有很强的审美教育作用,能“唤惺众生心”。他又高度评价拾得之诗偈,诗句直朴粗犷,诗意真实深刻:“又爱拾得子,言粗而理真;言粗令人怕,理真令人钦。”③

我们在前面已指出,唐代禅宗白话诗,系唐代白话诗派,“这个白话诗派实际上就是佛教诗派,或者说就是‘禅’的诗派。它以通俗语言创作,采用偈颂体”,“其渊源、成立、发展、兴盛和衰落,和禅学及禅宗保持着某种同步关系”,“正如禅宗史上涌现了一批祖师宗匠一样,禅宗史上也涌现了一批歌偈大师,在许多情况下,禅宗祖师就是歌偈大师④。”

禅宗大师的偈诗,一般分为哲理诗(包括证悟诗、传法诗、修持诗、方法诗等)、咏物诗、写景诗、抒情诗等。在哲理诗中,有一批经典歌偈,在弘宣佛法禅理、延续禅宗血脉、教育门徒信众等诸多方面,起到了巨大作用,为后代禅门祖师宗匠不断引用、阐释。比如三祖僧粲《信心铭》、永嘉玄觉《证道歌》、石头希迁《参同契》等。《信心铭》是一首四言诗,长达 146 句,计 584 字,它以诗体的形式,简明扼要地概括禅门义理,弘扬达摩⑤禅法,朗朗上口。特别是其中的“至道无难,唯嫌拣择”等句,几乎成为禅家的常用语,为后代禅师不断称引,还有禅师为之作注。清僧道霈⑥云:“三祖《信心铭》凡五百八十四言,一

---

① 雪关智訚:《读寒山诗作》《雪关禅师语录》《嘉兴藏》第 27 册,第 198 号,台湾新文丰出版公司 1987 年版,第 524 页中。

② 广真(1582—1639),明僧。字吹万,法号聚云,法讳广真。宜宾(今属四川)人,俗姓李。得法于瑞池月和尚,为南岳下第二十八代。万历四十六年(1618)说法于潇湘湖东禅院,次迁忠州聚云、夔州宝峰及云来兴龙诸刹。

③ 广真:《阅寒山诗数偈》《吹万禅师语录》卷九,《嘉兴藏》第 29 册,第 329 号,第 506 页上。

④ 项楚主编:《唐代白话诗派研究》,巴蜀书社 2005 年版,第 2—3、8 页。

⑤ 达摩:亦写为达磨。相传为中国禅宗的初祖。大约在公元 520—526 年左右,自印度航海抵达中国广州,后来在中国各处以禅法教人。为统一表述,本著不论是引用原文还是论述阐释,都书写为达摩。

⑥ 道霈:(1615—1702),曹洞宗师。字为霖,号旅泊,亦称非家叟。福建建安(今建瓯)人,俗姓丁。系鼓山元贤之法嗣,曹洞宗一代宗师。

百四十六句。句句为后学直指心体，拣去心病，示归元之路，兴无作之功，令其自信自肯，不向外求耳。”[①]据《汾阳无德禅师语录》卷中所载：“王常侍注《信心铭》，呈香严。严接得便弃地上。常侍失色，师云：‘才有是非，纷然失心，作么生注！’代云：‘和尚注得好。’”[②]虽然禅门一般反对为之诠释，在香严智闲（？—898）之后，凭己意而作阐释者依然迭出，且其中多有僧粲后裔，如宋代清了真歇《信心铭拈古》、元代中峰明本《信心铭辟义解》、清代道霈《信心铭看话》，乃至于日本莹山绍瑾《信心铭拈提》、茂本无文《信心铭讲义》、堀口周道《信心铭夜塘水讲义》、近重真澄《信心铭评》等[③]。《证道歌》是一首长达1800余字的七言哲理诗，无论在中国诗歌史还是禅宗史上都是一部重要著作。它比长诗《孔雀东南飞》还多100多字，其文采斐然，实为中国诗歌史上的难得之作，它也是后代禅者的必读书目[④]。明僧观衡[⑤]称赞云：“古今称为甚深法施，绝妙声句，所以从古至今，偏方僻域，咸珍诵于口角。”[⑥]《证道歌》乃是以诗说禅。宋僧灵岩妙空[⑦]是最早对《证道歌》作注解的。他解题云：“从缘悟入之谓证，千圣履践之谓道，吟咏其道之谓歌，故曰《证道歌》也。”[⑧]《参同契》是石头宗创始人石头希迁的一首长达220字的五言体寓道诗，它是对禅宗明心见性的一种入门的指导。《参同契》的篇名，已显示出心物圆融、事理一如的禅学思想。此书的主题，就是阐述理与事的关系问题，“参”是参差不齐，

---

① 道霈：《三祖僧璨大师信心铭》《为霖禅师旅泊庵稿》《卍续藏经》（新编）第126册，台湾新文丰出版公司1993年版，第83页下。

② 楚圆集：《汾阳无德禅师语录》《大正藏》第47册，第1992号，台湾新文丰出版股份有限公司1983年版，第619页上。

③ 参见项楚主编：《唐代白话诗派研究》，巴蜀书社2005年版，第356页。

④ 参见杜松柏：《禅门开悟诗二百首》，中国社会科学出版社1999年版，第255—256页。杨咏祁等编著：《悟与美—禅诗新释》第七章《寓道长篇》对《证道歌》的分析。四川人民出版社1998年版。

⑤ 观衡（1579—1646），明僧。字颛愚，别号伞居。霸州（今属河北）人，俗姓赵。憨山大师法嗣。

⑥ 观衡：《嘉禅师证道歌注颂重刊序》《紫竹林颛愚衡和尚语录》《嘉兴藏》第28册，第219号，第704页中。

⑦ 妙空（1078—1157），宋僧。字智讷。秀州（浙江嘉兴）人，俗姓夏。长芦崇信法嗣。初住淮之天宁，建炎初，慈圣皇后赐号佛海，韩世忠表请灵崖为功德院，邀师主之。凡五踞法席，后主临安径山。卒于华亭。

⑧ 妙空：《证道歌注》《卍续藏经》（新编）第63册，第1241号。

“同”是齐同统一,乃指参差不齐的现象界与那齐同统一的本体界同契妙道[1]。宋僧雪窦重显高度评价《参同契》是“先觉洪规,可洞照遐古”[2]。明僧元贤[3]《参同契注》是对石头希迁古体寓道诗的注解,特别明确指出《参同契》为“洞宗之源”,指出“心”为“本”、为“宗”,为“诸佛之秘要,列祖之玄旨”[4],有重要的理论意义。

不少禅门宗师都高度评价这些经典禅诗有“点铁成金”之力,只要久久“参研”,能让人“转凡成圣”,“顿入圆明妙性”。清僧觉浪道盛[5]云:“点铁成金,至理一言,转凡成圣,此惟吾宗门,足以当之。故予尝令学人熟读宝志公《十二时歌》、傅大士《心王铭》、三祖《信心铭》、永嘉《证道歌》、石头《参同契》、云岩《宝镜三昧》。诸著作,参研久之,自能随事触机,顿入圆明妙性。何则?此诸祖如大医王,从旷劫来,遍采奇异方药,修炼微妙灵丹,末法之人,何幸遇此!如灵丹在口,但能信而吞之,便足起死回生,转凡成圣,岂非《证道歌》中所谓‘粉骨碎身未足酬,一句了然超百亿’乎?”[6]

二、“游戏翰墨,无非佛事”:偈颂创作的最高宗旨

拾得提出了“诗偈总一般”的诗学主张。那么,歌偈与一般的诗歌有无区别?它有哪些特点?

有的禅师从言志的内容的不同进行区分:明僧观衡在《拟古长诗述志序》

---

① 参见皮朝纲:《石头宗、〈参同契〉及其对禅宗美学的重要贡献》,《禅宗美学史稿》,电子科技大学出版社 1994 年版。

② 惟盖竺编:《明觉禅师语录》卷四,《大正藏》第 47 册,第 1996 号,第 697 页上。

③ 元贤(1578—1657),明清间僧,字永觉。又称鼓山元贤。建阳(今属福建)人,俗姓蔡。曾参寿昌慧经,经迁化后,依止同门博山元来受具。其思想以调和禅净与儒释为主,并力图调和禅宗内部及临济、曹洞两派间之对峙,以提倡洞上心法为己任,又阐扬临济宗旨。

④ 元贤:《参同契注》,《永觉元贤禅师广录》《卍续藏经》(新编)第 125 册,第 704 页上、705 页上。

⑤ 道盛(1592—1659),明末曹洞宗僧。号觉浪,别号杖人。福建浦城人,俗姓张。无明慧经法嗣。

⑥ 道盛:《重刻证道歌注颂序》《天界觉浪盛禅师全录》《嘉兴藏》第 34 册,第 311 号,第 715 页中。

中,对偈与诗之别作了详细论述。他对“论诗者以谈道理为偈,不谈道理为诗”①之说作了辨析。第一,他指出,偈也是诗,因而“诗偈无别”,但诗偈都要“谈道理”,只是所谈道理有别,即所谓“诗偈无别,但道理别耳”。第二,“道理乃性情之所游”,即道理为性情之行动、运转,那么,诗与偈都要“谈道理”,都要表现“性情之所游”,因而,“诗偈不以道理为别”,即不以“谈道理”为别,是“以辞之风雅为别”——是以文辞所具有的有关风化雅正的意义与作用有别。第三,“以辞之风雅为别”并非“徒以清淡藻雅为重”,因为“诗不在词藻,而在志审”——在志之真实、明白。他高标自己的主张:“余不在词,而在志耳!”他明确提出偈应言“佛志”,用“佛语”:“若论志,佛可无志耶?而世出世间有超过佛志者耶?又似离佛语,都不足言诗也。佛经诸有颂句都不论,只《华严·净行》一品,凡所见闻,皆诵四句,此真诗之奥府,正见闻、正性情、正动止,莫尚于斯矣。但译人未拣工拙,世之学者尚于词藻,致使佛甚深诗道置而不诵,不惟不诵,而反呕耳。”

观衡之论,与佛教禅宗强调禅门的一切文艺活动,应以服从于、服务于佛事活动为最高准绳的价值取向密切相关。元僧智及明确提出,吟咏诗词,乃“游戏翰墨,无非佛事”,其旨在:“盖欲咨决大事因缘,碎尘劳窟宅,拔生死根株,岂吟咏云乎哉?”②牧云和尚则指出“诗之为教,无非欲吾人端其志,而非欲吾人之必为诗”③。

有的禅师则从“情”与“辞妙”和“悟”与“言巧”之别进行区分:清僧天然函昰④则从“情”与“悟”,以及“辞妙”与“言巧”的角度,探讨了偈颂这一类特殊形态之诗与一般诗歌的区别:“诗与偈不同者,诗见情乎辞中,偈发悟于言

---

① 观衡:《拟古长诗述志序》《紫竹林颛愚衡和尚语录》《嘉兴藏》第28册,第219号,第698页上。以下所引观衡语,均见《拟古长诗述志序》。

② 智及:《中峰和尚莲花吟卷》,《愚庵智及禅师语录》卷十,《卍续藏经》(新编)第124册,第373页上。

③ 牧云:《警学诗说》《牧云和尚懒斋别集》《嘉兴藏》第31册,第267号,第546页中。

④ 函昰(1608—1685),明末清初曹洞宗僧。字丽中,别号天然。番禺(清时属广东省广南韶道广州府,古时指广州老城区)望族。俗姓曾,名起莘,字宅。长庆空隐独和尚法嗣,博山无异和尚法孙。另治经教,通天台、贤首、唯识诸家之学。明亡后,民族志士有托而逃禅者多出其门。

外。”在他看来，诗歌若“辞不妙，则情难见”，而偈颂若“言弗巧，则悟不真”①。只有“辞妙”，才能使诗很好地抒发和表达诗人的情感，从而“情见乎辞中”；只有“言巧”，才能使偈有效地引导学人不死于句下，能启迪智慧，打开法眼，去领悟禅心（本来面目），从而“悟发于言外”。

有的禅师则从体制与旨归两个方面进行区分：宋僧全庵齐己②指出，第一，偈颂之体制（体式）虽同于诗，但其旨（旨归、旨趣）并非是诗：“虽体同于诗，厥旨非诗也。迷者见之而为抚掌乎？”第二，偈颂乃是托像寄妙，必含深意：“凡托像寄妙，必含大意，犹夫骊颔蚌胎煜耀波底。”第三，人们在玩味体验中，会有强烈的审美效应，令人神思澄澈，诗绪流荡，如游寥廓太虚：“试捧玩味，但觉神虑澄荡，如游寥廓，皆不若文字之状矣。”③

有的禅师是从“僧诗”的角度，探讨“僧诗”中诗与偈的区别：清僧担当（普荷）④明确指出，“僧诗”应有充沛的情感，丰富的知识，应有人间烟火气，不应只是衲子气。不食人间烟火，那就非僧诗，只能称“僧偈”。他说：“禅若分净秽，将干屎橛、布袋里猪头，置于何处？非禅也！僧诗若无姬酒，都是些豆腐渣、馒头气。名为偈颂，非诗也。”他进一步以能诗的佼佼者为例指出：“沙门之中，有沙门而士者，洪觉范是也。观其《秋千》等诗，非出士口不能。有士而沙门者，佛印是也，著作尤多，不可尽举。观其口头俳语，具见宗风。博学如东坡，开口即让一筹，但曰沙门单也。若夫沙门而士，士而沙门，则兼之矣。兼之者，非大力不能。剿俗情而归空劫，又何怪中郎之著论耶？后世则湛然云门和

---

①　函昰：《青原嫡唱序》《庐山天然禅师语录》，《嘉兴藏》第38册，第406号；函昰：《瞎堂诗集》，《四库禁毁书丛刊》第116册，北京出版社2000年版；今释《遍行堂集上》《禅门逸书续编》第4册，第225号，中国台湾省汉声出版社1987年版。

②　齐已，宋僧，字全庵。邛州（四川邛崃）人，俗姓谢。年二十五出家。依灵隐瞎堂慧远受法，为圆悟克勤法孙。初住鹅湖，迁广慧，后住庆元府东山。淳熙中退居天童。通儒经，能诗。寂于嘉泰间。

③　全庵齐已：《龙牙和尚偈颂（并序）》《禅门诸祖师偈颂》，《卍续藏经》（新编）第116册，第921页上。

④　通荷（1593—1673），清僧。法名普荷、通荷，号担当，别号布史、此置子、迟道人。宁州（云南华宁）人，俗姓唐，名泰，字大来。天启诸生，明经入对。明亡后出家。年三十八，从无住受戒。遥嗣法湛然，改通字派。往来鸡足、点苍、水目、宝台间，随地吟赏，发诸禅悦。幼承家学，由儒入释，儒释兼修，诗书画三绝，画法云林，亦善米家云山。与徐霞客友善，谋反清复明大业，于苍洱佛寺终老。

尚，偈颂中颇有风雅遗意。”①

从上述禅师们对诗与偈的区别的辨析，可以看出，禅门大师既重视歌偈（颂）的思想内容，强调言志抒情，也重视艺术形式，重视诗偈语言的妙与巧。

禅门大师对那些直接或间接言“佛志”用“佛语”之歌偈，给予极高的评价。文益②就高度肯定天台德韶之歌偈“通玄峰顶，不是人间；心外无法，满目青山。”因此，“即此一偈，可起吾宗。”③文益之所以高度评价他的高足天台德韶国师的诗偈，是因为此偈充分体现了法眼宗“一切现成”的禅学与美学思想。德韶的另一首偈颂表达了与这一偈颂相一致的思想与旨趣：“暂下高峰已显扬，般若圆通遍十方。人天浩浩无差别，法界纵横处处彰。”④它们告诉人们：参禅悟道达到顶峰（由凡入圣）时，就会彻悟到心为本源，把握内在的真实生命，从而进入不可思议的审美境界（禅境），那真是“满目青山”，随处可见到宇宙生命律动。而佛法是一切现成，遍周法界的，“般若圆通遍十方”；宇宙法性与个体自性是圆融一体的，“人天浩浩无差别”。这种人之自性的生命节奏与宇宙法性的生命律动冥然合一，生命本体与宇宙本体的圆融一体的禅境，乃是一种随缘任运、自然适意而又生机勃勃的自由境界——审美境界。圆悟克勤⑤的歌偈“金鸭香销锦绣帏，笙歌丛里醉扶归。少年一段风流事，只许佳人

---

① 担当：《橛庵草跋》《担当诗文全集》，云南人民出版社、云南美术出版社2003年版，第372页。

② 文益（885—958），五代僧。法眼宗之开山祖。俗姓鲁，余杭（今浙江杭州）人。七岁依新定智通院全伟禅师落发，后来到明州鄮山育王寺从律师希觉学律，又旁探儒家典籍，优游文雅之场，被目为儒门之游夏。继而又改学宗乘，到福州谒雪峰义存的法嗣长安慧稜，不久即为大众所推许。又结伴到各处参学，得桂琛印可。南唐国主李氏事以师礼，赐号“净慧大师”。文益圆寂后，南唐中主李璟给予大法眼禅师的称号，后世因称此宗为法眼宗。文益善诗，有偈颂多首。

③ 语风圆信、郭凝之编：《金陵清凉院文益禅师语录》《大正藏》第47册，第1991号，第591页中。

④ 普会：《五灯会元》卷十《天台德韶国师》《卍续藏经》（新编）第138册，第1565号，第345页下。

⑤ 克勤（1063—1135），宋临济宗杨岐派僧。字无著，号佛果。彭州崇宁（四川省崇宁县）人，俗姓骆。五祖法演法嗣。高宗赐号圆悟。寂后谥真觉禅师。其著作《碧岩录》享有盛名。克勤大力宣传和推广文字禅，他的名著《碧岩录》在中国禅宗史上占有十分重要的地位，它标志着中国禅宗史发展到一个新的阶段，对南宗禅美学补充了新的内容。

独自知”，受到其师五祖法演老和尚的称赞：“我侍者参得禅也。”①克勤用一个少年的风流韵事，只能是“佳人”独特体验，来比喻进入禅境的感受，只能是依靠自己的亲身实践去独自体验，去达到明心见性。全诗无一处用禅语，无一处提禅义，但却处处启示人去领会禅意。其诗比喻形象确切，寓意深刻。作者巧妙地运用艳体诗的形式，来表达十分严肃的禅道问题，实乃上乘之作，所以受到五祖法演老和尚的高度赞赏。

三、“其吐一字一句，皆发扬佛祖无上妙道”：禅宗偈颂的审美尺度

歌偈是诗，那么，什么样的歌偈才是上乘之作呢？禅师们对此作了充分的讨论。

（一）“诗不清，则不贵”

观衡云：“诗不清，则不贵，古今禅讲诗集盛多，如寒山子，不可备举，纵词未精细，而意岂不清耶？而选诗者多不上选，岂选者不知性情耶？大都僧诗乃僧之性情，世之学者乃世之性情，僧之性情与世之性情差别远矣。”②观衡强调了歌偈应该意清，应表现释家性情之清——超尘脱俗的人生态度和审美情趣。这是对歌偈的艺术境界的要求。明代诗论家胡应麟指出：“诗最可贵者清。”他又云：“清者，超凡绝俗之谓，非专于枯寂闲淡之谓也。”③观衡十分赞赏寒山歌偈之意清、性情之清。像寒山之“吾心似秋月，碧潭清皎洁。无物堪比伦，教我如何说”④，真可谓清之至也。碧潭秋月，在寒山笔下，不沾纤尘，犹如心性，皎洁光明，无丝毫烦恼杂念，清澈澄明，这就是禅宗所追求的最高的人生境界。

---

① 居顶：《成都府昭觉寺克勤佛果禅师》《续传灯录》卷二十五，《大正藏》第 51 册，第 2077 号，第 634 页上。

② 观衡：《拟古长诗述志序》《紫竹林颛愚衡和尚语录》《嘉兴藏》第 28 册，第 219 号，第 698 页上。

③ 胡应麟：《诗薮》外编卷四，上海古籍出版社 1979 年版，第 185 页。

④ 见项楚：《寒山诗注》，中华书局 2000 年版，第 137 页。

唐僧船子德诚[①]，善诗，他的《拨棹歌》被后代禅师和文士高度评价。其歌充分展示了他的审美境界，体现了他的审美情趣。他自称："予率性疏野，唯好山水，乐情自遣，无所能也。"[②]他把自己"随缘度日"，"唯好山水，乐情自遣"的生活加以艺术化、审美化，提出了"高歌适情"之说。德诚的《拨棹歌》，语言明白晓畅，风格清新，意境幽深淡远，清真绝尘，自有林下一种风流。宋人吕益柔曰："属辞寄意，脱然迥出尘网之外，篇篇可观，决非庸常学道辈所能乱真者。"宋僧北涧居简[③]说德诚"咏歌道妙，其言与志公、玄觉诸老脱略笔墨畦畛处若合符节"。元僧虚谷叟[④]曰："观其吐一字一句，皆发扬佛祖无上妙道，非今时蛙鸣蝉噪者比。"德诚《拨棹歌》中的"千尺丝纶直下垂"一首，丛林盛传，文士唱和，最为著名。这首七言诗，本来是借景示法，以鱼喻道："千尺丝纶直下垂，一波才动万波随。夜静水寒鱼不食，满船空载月明归。"首句以垂钓比喻求道，示道深隐不见。第二句喻道之作用广大，道无所不在，一波水动（实乃鱼动而波起）而万波粼粼。第三、第四句喻鱼不易得，即道不易悟。总之，在垂钓与江波之间，寄托着船子德诚对禅道的妙悟，指明道深难求，必须持之以恒，方可获道，所以他说："钓尽江波，金鳞始遇。""千尺丝纶直下垂"一诗，描写了垂钓的情景和过程。我们看见一钓深下静垂，一波引动万波，月光在微微的波纹上轻轻荡漾。在这样一个空灵的静夜，是那样闲适恬淡虚静，而心胸空明澄澈，垂钓者的自性自然而然地契入万有的法性，从而与宇宙的法性合而为一，这是一种玄妙空灵、清幽淡远、清真绝尘的境界和氛围。宋代词人黄庭坚曾点窜这首诗，而作一阕"诉衷情"："一波才动万波随，蓑衣一钓丝，锦鳞正在深处，千尺也须垂。吞又吐，信还疑，上钩迟。水寒江静，满目青山，载

---

① 德诚（？—860），唐僧。遂宁（今属四川）人。得法于药山惟俨。与道吾云岩为同道。隐于华亭吴江畔，垂钓度日，人号船子和尚。后传法夹山善会，覆舟而逝。僧藏晖即其覆舟处建寺。

② 普济：《五灯会元》卷五《船子德诚禅师》，《卍续藏经》（新编）第138册，第175页上。

③ 居简（1164—1246），宋临济宗僧。字敬叟。世称北涧居简。潼川府（四川三台）人，俗姓王（一说姓龙）。进谒育王德光，参学凡十五年，得其法印。居简也工书法，曾有墨迹东传日本。

④ 希陵（1247—1322），元僧。字虚谷，号西白。义乌（今属浙江）人，俗姓何。年十九，薙发于东阳资寿院。得法于仰山祖钦。尝于净慈石林掌记室，后出世仰山三十年、径山六年。世祖诏对说法，赐号佛鉴，成宗加号大圆，仁宗更加号慧照禅师。

月明归。”山谷之词有胜德诚原作之处，饶有情趣，补充了德诚诗未说及的禅理。元僧正印[①]曰：“棹歌一集，只消‘千尺丝纶直下垂’一首足以起药山之宗，其余总是游戏三昧尔。”德诚的拨棹歌，在居士和禅师中影响不小，据元僧坦上人辑录之《机缘集》，和者达 77 人，包括投子义青、保宁仁勇、佛印了元、大慧宗杲等著名禅师和苏轼、黄山谷等文士；又据清僧漪云上人所刻《续机缘集》，和者达 142 人[②]。

（二）“天趣自然，即物而无累”

明僧达观真可[③]云：“寒山子诗曰：‘庭际何所有，白云抱幽石。’世之高明者，无论今昔，皆味之而不能忘。岂不以其天趣自然，即物而无累者乎？”[④]真可赞赏寒山歌偈“天趣自然，即物而无累”。所谓“天趣”，常指自然所呈现的神情趣味，这多从对自然景物的吟咏中渗溢而出。明代诗论家谢榛《四溟诗话》卷四：“子美《秋野》诗：‘水深鱼板乐，林茂鸟知归。’此适会物情，殊有天趣。”[⑤]指出杜甫这两句诗写得很适合自然事物的特有情态，因而别有一番自然情趣。清代诗论家余成教《石园诗话》卷一：“柳子厚《田家》云：‘“木落寒山静，江空秋月高”，“土膏释原野，百蛰竞所营”，“黄叶覆溪桥，荒村唯古木”，“高树临清池，风惊夜来雨”，“壁空残月曙，门掩候虫秋”，皆天趣流露。’”[⑥]寒山《重岩我卜居》云：“重岩我卜居，鸟道绝人迹。庭际何所有，白云抱幽石。住兹凡几年，屡见春冬易。寄语钟鼎家，虚名定无益。”[⑦]《宋高僧传》卷十九《寒山子传》：“兹有‘庭际何所有，白云抱幽石’句，历然雅体。今岩下有石，亭

---

① 正印，元代临济宗僧。字月江，晚年自号松月翁。连江（今属福建）人，俗姓刘。参径山虎崖净伏得法。至治年间（1321—1323）奉旨于镇江金山建水陆法会，升座说法。

② 德诚：《船子和尚拨棹歌》，华东师范大学出版社 1987 年版。

③ 真可（1543—1603），字达观，晚号紫柏，门人称为紫柏尊者，俗姓沈，江苏吴江人。他一生参叩诸方尊宿，并没有专一的师承。他虽立志复兴禅宗，但对于佛教禅教各派，乃至儒、释、道三家的思想，均采取调和的态度。真可在晚明是一位很有影响的人物，他与李贽被称为当时的“两大教主”。

④ 真可：《积庆庵缘起》《紫柏尊者全集》《卍续藏经》（新编）第 126 册，第 857 页上。

⑤ 谢榛：《四溟诗话》卷四，《历代诗话续编》，中华书局 1983 年版，第 1215 页。

⑥ 余成教：《石园诗话》卷一，《清诗话续编》，上海古籍出版社 1983 年版，第 1754 页。

⑦ 项楚：《寒山诗注》，中华书局 2000 年版，第 19—20 页。

亭而立,号‘幽石’焉。”[①]真可谓寒山诗“天趣自然,即物而无累者”,因为寒山卜居于山路险峻、极难攀登的人迹罕至之处,只有白云幽石、冬去春来,其山林隐居之清静幽雅,不是天趣自然,即物而无累,令人心旷神怡吗?“天趣自然,即物而无累者”,乃是对歌偈的艺术风格的要求。

天趣自然的风格,往往与朴实无华、不事雕琢密切相关。明僧湛然圆澄[②]主张诗歌创作,应有自然朴素之美,无造价穿凿之痕:“我诗无造作,素性懒穿凿”,“我诗无奇特,一味老实头”[③],“我诗无巧句,摸写实功夫”。又主张率性而吟,独抒胸臆,出自天然:“我诗有便宜,终不费心机。信口道长短,适意无是非。”[④]

(三)“语新句丽,旨远义深”

清僧山茨通际[⑤]充分肯定中峰明本之《怀净土十咏》,“语新句丽,旨远义深”,有强烈的感染力,“读之,觉不动跬步,使人置身净域,水鸟树林,咸于一弹指顷,演出无生忍法”[⑥]。新丽者,清新秀丽也。明代诗论家杨慎《清新庾开府》释“清新”云:“清者,流丽而不浊滞;新者,创见而不陈腐也。”[⑦]清代词论家况周颐《蕙风词话》云:“词笔‘丽’与‘艳’不同。‘艳’如芍药、牡丹,慵春媚景;‘丽’若海棠、文杏,映烛窥帘。”原因在于“其丽在神”[⑧]。明代诗学家胡应

---

① 赞宁:《宋高僧传》卷十九《寒山子传》,《大正藏》第50册,第2061号,第832页上。

② 圆澄(1561—1626),明僧。字湛然,别号散水道人。会稽(浙江绍兴)人,俗姓夏。家贫为邮卒。年三十谒妙峰剃发。逾年,得戒于云栖莲池。得法于大觉方念。万历中,匡徒说法,以平易简亮,推重一时。初于绍兴开显圣道场,宗风大畅。后移广孝及杭之径山、嘉禾东塔。

③ 圆澄:《同陶石篑伯仲诸友夜游》《湛然圆澄禅师语录》卷八,《卍续藏经》(新编)第126册,第301页上、300页下。

④ 圆澄:《山居杂咏》《湛然圆澄禅师语录》卷八,《卍续藏经》(新编)第126册,第303页下、304页下。

⑤ 通际(1608—1645),清僧。字山茨,别号钝叟。通州(今属江苏)人,俗姓李氏。年十五,依天宁鉴川薙染。后参磬山圆修契悟,受法。初住东明,后住南岳绿萝庵,迁长沙南源。率众开田,躬耕自给。

⑥ 《山茨际禅师语录》《乾隆藏》第157册,第1649号,台湾传正有限公司1999年版,第666页中。

⑦ 杨慎:《清新庾开府》《升庵诗话》卷九,《历代诗话续编》,中华书局1983年版,第814页。

⑧ 况周颐:《蕙风词话》卷二,人民文学出版社1960年版,第51页。

麟《诗薮》云："诗最贵丽，而丽非金玉锦绣也。"①即是高雅而妍丽。"语句新丽，旨义远深"，乃是从形式和内容两个方面，对歌偈创作提出的审美尺度。

与此相关，明僧云栖祩宏②则提出了歌偈（颂）应"言近而旨远"。他在《牧牛图颂原序》中，高度评价《牧牛图颂》"言近而旨远"，有巨大的教育功能："是其为图也，象显而意深；其为颂也，言近而旨远。学人持为左券，因之审德稽业，俯察其已臻，仰希其所未到，免使得少为足以堕于增上慢地，则裨益良多。"③五代后晋僧人普明的《牧牛图颂》④，享誉丛林，闻名遐迩，影响深远。普明之后，许多高僧大德继踵接武，撰写了牧牛图颂。《卍新纂续藏经》收录的《十牛图和颂》⑤和《嘉兴大藏经》收录的《牧牛图颂》⑥都记载有闻谷大师等15位的和颂，其文词优美，又从不同视角揭示阐释了《牧牛图》原著的内涵，对佛门信众有很大的教育作用⑦。《牧牛图颂》是禅宗独具特色的题画诗。其牧牛图，既是以画喻禅，又是以画寓禅。而牧牛图颂，既是以诗释画，又是以诗寓禅。诗画合璧，相得益彰。祩宏要求歌偈的形象塑造，应"言近而旨远"，使其具有"学人持为左券，因之审德稽业，俯察其已臻，仰希其所未到，免使得

① 胡应麟：《诗薮》内编卷五，上海古籍出版社1979年版，第97页。

② 祩宏（1532—1612），明僧。字佛慧，号莲池。仁和（杭州）人，俗姓沈。年十七补诸生，以学行称。栖心净土。年三十二，作《七笔勾》以见志，投西山性天祝发。谒遍融、笑岩诸老，参念佛是谁，过东昌有省。隆庆五年（1571），居杭之云栖，广修众善，盛弘净土，躬践力行，定十约与众同遵。清雍正中，赐号净妙真修禅师。

③ 祩宏：《牧牛图颂原序》，《牧牛图颂序跋》，《嘉兴藏》第23册，第129号，第357页下。

④ 普明：《普明禅师牧牛图颂》《嘉兴藏》第23册，第128号。

⑤ 祩宏书：《十牛图和颂》《卍续藏经》（新编），第113册。

⑥ 性音续集：《牧牛图颂》《嘉兴藏》，第23册，第129号。

⑦ 十牛图乃是禅宗修行的图示，有多种版本。至今流传较广的十牛图，是普明禅师与廓庵师远的版本，各有十幅。廓庵师远《十牛图》系改作清居禅师《八牛图》而成，依图次第指出禅者由修行、开悟、调伏业识，终至见性，进而入世化众之心路历程（参见吴汝钧《〈十牛图颂〉所展示的禅的实践与终极关怀》，《中华佛学学报》第4期）。普明的牧牛图是以同一条牛，由黑色逐渐变成白色——依次从头角、牛身到尾巴的渐变过程，它展示了野性未驯难驭的黑牛，在调教中，逐渐变白，终变白牛，最后牧童与白牛"双泯"——参禅者由迷而悟至大觉的渐修的心路历程。廓远的牧牛图，虽也是以同一条牛来展示参禅者悟道的心路历程，但却不以黑牛变白牛来表现，而是以"寻牛"—"得牛"，之后加鞭以驯化，在"人牛俱忘"以后，列出"返本还源"与"入廛垂手"的修行阶段。郭庵的"牧牛十颂"并图，包括图、颂与序等三个部分。其序文，除总序外，每首颂前还有短序，充分展示了廓庵的禅学思想（《廓庵和尚十牛图颂（并）序》，见《卍续藏经》（新编）第113册，第917页上—920页上）

少为足以堕于增上慢地”的教育作用。

唐僧希运①有多首偈颂，享誉丛林，影响甚大。他的“尘劳迥却事非常，紧把绳头做一场。不是一番寒彻骨，争得梅花扑鼻香。”②在丛林中影响十分广泛。包括诸如达观真可、天如惟则、希叟绍昙、无异元来、了庵清欲、即非如一等68位著名禅师，都曾引用此诗说法。此为一首修持诗。首句点出解除“尘劳”的重要性和艰巨性。次句指出要彻底摆脱无明烦恼的艰苦性，人生的种种活动，恰似傀儡戏演出，后台有那个控制绳索使人行动的妄念情识，要摒弃它，得到解脱，需要有坚忍不拔的毅力和勇猛精进的精神，作出艰苦的努力。后两句以梅花譬喻，梅花在严冬的苦寒中经过一番傲霜斗雪的艰苦磨砺，最后迎来了扑鼻的清香！此诗比喻形象、生动、贴切，可谓语句清新妍丽，含义幽深，言近旨远。

有的禅师明确肯定此诗对参禅悟道有启示和激励作用。博山和尚③称赞云：“此语最亲切。若将此偈时时警策，工夫自然做得上，如百里行程，行一步则少一步。”④

在我们看来，不论是中国禅宗诗学资料的发掘、整理和研究，还是理论阐释，都是前人未曾涉猎过的课题，都还有很大的探索空间，对于中国诗学原理研究和中国诗学史研究，都有重要的学术价值。深入开展禅宗诗学研究，有助于推进中国美学文献学学科建设工作，推进中国美学学科建设工作。

---

① 希运(？—850)，唐僧。福州(今属福建)人。幼投洪州高安(今属江西)黄檗山出家。性端凝，博通内外。后游天台，旋适京师，受南阳慧忠启示，往参百丈怀海，得道后居洪州大安寺。相国裴休镇宛陵，建大禅苑，请师说法，还以黄檗名之。寂后谥断际禅师。

② 裴休集：《黄檗断际禅师宛陵录》《大正藏》第48册，第2012号，第387页中。

③ 博山：(1575—1630)，明代曹洞宗僧。一名元来，字无异。庐州(今安徽境内)舒城人，俗姓沙。无明慧经禅师之法嗣。

④ 博山：《示初心做工夫警语》《博山无异大师语录集要》《嘉兴藏》第27册，第197号，第422页上。

第二章　颂古诗品评与禅宗诗学的发展

如同禅宗史上涌现了众多祖师宗匠一样，禅宗的诗歌史上同样大师辈出，在许多情况下，禅宗祖师就是歌偈大师。而不少禅门大师也热心品评禅宗歌偈，其有关歌偈创作与赏评的精当见解，充实了中国诗学理论。在禅门诗歌中，颂古诗占了很大的比例，几乎所有的禅宗大师都有颂古诗。而不少禅门大师对颂古诗的评论，则丰富和发展了禅宗诗学思想。圆悟克勤的《碧岩录》、万松行秀的《万松老人评唱天童觉和尚从容庵录》、林泉从伦的《评唱投子青和尚颂古空谷集》和《评唱丹霞淳禅师颂古虚堂集》等，其"评唱"，实为禅家诗学著述的独特形式。

一、"鼓发心机使之宣流"，"令众生悟佛知见"：颂古的审美教育功能

所谓颂古，是指以偈颂（诗）的形式来表达对公案中的深意即禅心的领悟。

宋僧善昭①在《颂古百则》一书中首创颂古的形式。他精选一百则公案，分别用韵文的形式加以阐释②。他在《都颂》中着重指出，公案的选择标准是不论宗派，进行择优，并且只有禅林公认的"先贤"言行，方可作为弘禅证悟的范例。他已透露出颂古诗乃是表达他对公案的深意即禅心的领悟，其"先贤"言行（公案）的"难知与易会"，他的颂古诗已表达得明明白白，"汾阳颂皎

① 善昭（947—1024），宋僧。太原（今属山西）人，俗姓俞。年十四祝发、受具。杖策游方，谒见老宿七十一人，后参首山省念，嗣其法。戒严风高，道俗仰慕。寂谥无德禅师。

② 善昭的颂古百则多为七言四句，计 83 首；七言六句，计 14 首；七言八句，计 2 首；五言四句，1 首。最后有《都颂》。

然”。而颂古诗的创作目的,是弘扬佛法,教授学人。因为,禅既可以通过文字“普告”学者,学者也可通过文字去同“明”禅机①。

善昭为北宋临济宗著名大师,也是歌偈大师,其歌偈题材广泛,不少偈颂雄浑刚健,有的篇章则清新细腻,耐人咀嚼。如他的《示众偈》:“春雨与春云,资生万物新。青苍山点点,碧绿草匀匀。雨霁长空静,云收一色真。报言修道者,何物更堪陈?”②善昭以春雨春云为喻,开示参禅悟道的心地法门。首联描述云行雨施,生生不息的宇宙大化。颔联则具体描写自然万物的无限生机,远景苍山如黛,点点斑斓,近景绿草如茵,匀匀葱郁。它喻示禅家的心性也只有在如春云春雨般的佛智的滋润下,才不会枯寂。在那令人心情舒畅的春雨春云中,苍山点点,绿草匀匀,法喜禅悦,精神滋生。颈联则指出,就在这雨过天晴、云消雾散之际,禅家的心境不是有如那寥廓的太空虚灵而寂静,如那宁净的苍山碧草天然而本真吗?那点点苍山,匀匀绿草,寂寥长空,卷舒白云,正是禅家心灵营构的意象,也是禅家心灵的写照——真如自性的呈现。在善昭的《颂古百则》中,也有不少清新细腻、疏野自然之篇,而且正如他所说的那样,能把公案的深意表现得“皎然”明白。如颂“沩山摘茶”一首:“摘茶更莫别思量,处处分明是道场。体用共推真应物,禅流顿觉雨前香。”③公案“沩山摘茶”是讲沩山灵祐与仰山慧寂在茶山劳动的情景,他们父唱子和,把对体用的领悟贯彻到日常生活的实践之中。善昭颂古之前两句,指明禅门强调“触目是道”,“处处是道场”。既然道无处不在,那么,就应在日常的行住坐卧中,实践、体验,使体用相得益彰,使自己的佛性充分呈现。只有这时,“禅流顿觉雨前香”,不是心净烦恼除,心清闻妙香吗!④

善昭开创颂古之后,禅师们纷纷仿效,几乎所有能文的禅师都有颂古之作,所有参禅者都要参究颂古,因而颂古之作,大量涌现,它们成为禅宗典籍的重要组成部分,成为禅家参禅悟道的指南。清僧道霈云:“古公案无颂,颂自

① 参见善昭:《都颂》《汾阳无德禅师语录》卷二,《大正藏》第47册,第1992号,第613页中。

② 善昭:《示众偈》《汾阳无德禅师语录》卷三,《大正藏》第47册,第1992号,第628页上。

③ 善昭:《颂古代别》《汾阳无德禅师语录》卷二,《大正藏》第47册,第1992号,第613页上。

④ 参见洪修平、张勇:《禅偈百则》,中华书局2011年版,第74页;冯学成:《明月藏鹭——千首禅诗品析》,四川文艺出版社1996年版,第222、620页。

汾阳始，阳之后雪窦继之，号称颂古之圣，嗣是，诸家皆有颂。洞上颂名最著者三人，投子青、丹霞淳、天童觉是已。颂无评，评自圆悟始，悟之后，万松、林泉继之。悟评雪窦，松评天童，林泉评丹霞与投子是已。后人合之，目为四家颂古，禅者倚为指南。”①南宋僧人法应编、元代僧人普会增补的《禅宗颂古联珠通集》，共40卷，收录机缘（公案）818则，颂古5150首，作颂的宗师548人。清代集云堂编《宗鉴法林》72卷，在收录公案2720则之后，既收拈语，也收颂古，如果参照上述宋元两种颂古总集中公案与颂古之比例推算，其颂古估计达16000多首②。

由于颂古（诗）在禅宗歌偈（颂）中占了很大比重，在弘宣佛法禅理、延续禅宗血脉、教育门徒信众等诸多方面，起到了巨大作用，因而成为禅宗门人学习、关注、讨论、研究的重要课题。

清僧初依受登③对颂古诗的内涵、本义、特点、创作原则、创作者必备条件等作了比较全面系统的论述：第一，他对“颂古”下了一个明确的界说：“夫古者，古德悟心之机缘也。颂者，鼓发心机使之宣流也。”④即是说，所谓“古”乃是指古德公案中“悟心之机缘”——禅心以及对禅心之参悟；所谓“颂”乃是指用偈颂这种诗的形式，去表现对古德公案中“悟心之机缘”的领悟——即“鼓发心机使之宣流”。第二，颂古之“本义”（内容）有三个方面：“故其义，或直敷其事，或引类况旨，或兴惑发悟”。第三，创作颂古，是以心为本源，以押韵为节律，以契合禅修为宗旨：“以心源为本，成声为节，而合契所修为要。”第四，颂古创作者必须具备的先决条件——完善的心理结构（已断除无明烦恼）、具有清净法眼与高度的佛学修养：“然非机轮圆转，不昧现前，起后得智之亲境，不能作也。”第五，颂古之创作原则，是绕路说禅，是用以揭示古德悟心机缘的智慧：“且所谓颂古，已绕路之禅，挟缘之智矣。”第六，解说颂古、注释颂古，其目的也是要直探心灵本源，契合“禅道幽微”，使祖师的“悟心机缘”

---

① 道霈：《四家颂古序》《为霖道霈禅师餐香录》《卍续藏经》（新编）第125册，第884页。

② 参见杨曾文：《宋元禅宗史》，中国社会科学出版社2006年版，第292页。

③ 受登（1607—1675），清僧。字景淳，号幻依。秀水（浙江嘉兴）人，俗姓郁。薙发于硖石广惠寺。受沙弥戒于天童密云。圆具于曲水古德。得法于龙树桐溪。专心讲忏，寒暑不辍。

④ 受登：《茕绝老人颂古直注序》《茕绝人天奇直注雪窦显和尚颂古》卷一，《卍续藏经》（新编）第117册，第506页上。以下受登引文，均见此书。

能够“鼓发宣流”。

清僧澹归今释[①]则特别强调颂古的最大特点是“奇”。首先,他指出,诗歌之“奇”到“颂古”而达到极致:“盖诗之奇至颂古而尽,又以见单提直指之语为文之奇之尽也。”其次,他指出颂古之奇之特色,在引诗上,往往与其诗的“本义”“句义”“字义”都不“相蒙”,使阅者“茫然不知所谓”,只有“明眼人”,才能“洞胸透髓”。他认为,“古人引诗”,虽然往往“与本义不相蒙”,以求“有别味”(以求有新意),然而“犹与句义相蒙也”。至于“宗门颂古,不惟与句义不相蒙,与字义亦不相蒙,阅者茫然不知所谓,而明眼人见之,洞胸透髓,不留微朕。”这正是绕路说禅的一种突出表现。再次,今释还列举了其奇的种种形式:“故有雅说,有俚说,有自说,有他说。正说忽反,反说忽正,完说忽碎,碎说忽完,断说忽连,连说忽断,生说忽死,死说忽生,于绝不相蒙处活脱浑沦,将此一著子掇在当人面前,眨上眉毛,早已蹉过。”[②]

而清僧月函南潜[③]则从“六诗以风为首”以及六诗“其义不主因而主革”之说,对颂古诗创作提出了以下主张:第一,颂古诗应“贵风而不贵其赋与比”。他区分了颂古诗的三种形态:(一)“以古为古”,乃“是以赋颂为颂”;(二)“以今为古”,乃“是以比为颂”;(三)“以古为今”,则“是以风为颂”。他十分强调“以古为今”,古为今用。在他看来,“古者已陈之迹也,得后人之用,然后化其陈而为新”,“古者定法也,得后人之用善,千门万户转换倏忽,如鬼神风雨之不可端倪”;而颂古之所以“名颂古而不名风古者”,是因为先贤“亦显其古今之质而藏其古今之用者也”,即是说“其质则古,用必以今,所以从来高颂无不体兼于风者”。第二,他主张变革,“六诗以风为首,其义不主因而主

---

① 今释(1614—1680),清僧。名堡,字道隐,号卫公,又号澹归。杭州(今属浙江)人,俗姓金。崇祯选士。官礼科都给事中丞,清直有声。明亡,走粤中,事永历帝,以忤权贵,遭杖戍。出世韶州丹霞,兴建丹霞禅榻。师事天然函昰,得曹洞心法,为清曹洞宗三十五世传人。他是以儒入释的著名人物,是特定时代士大夫的典型代表,是明清之际大变革时代思想开启的先觉者。他又是明清之际的著名诗人、词人、书法家。

② 今释:《颂古自题》《遍行堂集》(上),《禅门逸书续编》第4册,第225号,第6页。

③ 南潜(1620—1686),清僧。字月函,号漏霜。原名说,字雨若,号俟庵。吴兴(浙江湖州)人,俗姓董。年十七为诸生。明亡后为僧。从弘储继起受佛戒。诗清淡,草书奇逸。所著《洞宗疑问》《宝昙七发》皆法门大典。事迹见《宗统编年》卷三二、《五灯全书》卷八六、《正源略集》卷九。

革,故能转后以为先,转往以为来”,因此,“后人不妨借古人以申其用。以其死为生,以其陈为新,以其后天为先天,以其定法为变化”。他以此为准绳,高度评价服庵①颂古能得因革之妙,得六义之风,使临济家风得到弘扬:“能以革之妙,用古人之因,能以新之妙,用古人之陈,运劫前之玉尺,麾格外之旌旗”,“得六义之风,而后可以颂”,“此临济氏所以不坠于地也”②。

《颂古联珠通集》的编辑者宋僧法应,十分强调颂古有重要的作用,它能“令众生悟佛知见”,能让学人“彻见当人本来面目”。他说自己编辑《禅宗颂古联珠集》,“愿与天下学般若菩萨共之。虽佛祖不传之妙,不可得而名言,初无字书,安有密语? 临机直指,更不覆藏。彻见当人本来面目故。诸佛以一大事因缘,出现于世,譬喻言词,说法开示,欲令众生悟佛知见,岂徒然哉!”③《颂古联珠通集》的续辑者、元僧普会则强调颂古有启发学人去体悟禅道的功用。在他看来,“道虽不在于言,言而当终日言,了道庸何伤? 否则,一语犹以为赘也。”他引用宋僧佛鉴懃④诗云:“五云影里神仙现,手把红罗扇遮面。急须著眼看仙人,莫看仙人手中扇。”⑤然后,明确声称他“所集者”乃手中“扇”也,是引导学人去领悟佛法——“仙人”(本来面目)的重要工具和手段也。宋僧圆悟克勤对佛鉴懃诗作了充分肯定,指出此颂对品鉴、领悟“佛祖机缘”“皆用得着”⑥。这一概括,具有方法论的意义。在他看来,一切“机缘”(包括公案、偈

---

① 敏膺,清僧。字自求,号服庵。嘉定(今属上海)人。落发南翔白鹤寺。灵崖高云(字僧鉴,别号碓庵,谥高云禅师,临济三十三世)法嗣。

② 月函南潜:《服庵颂古序》《香域自求膺禅师内外集》《禅门逸书初编》第9册,第137号,第57页。

③ 法应:《禅宗颂古联珠旧集本序》《禅宗颂古联珠通集》《卍续藏经》(新编)第115册,第3页上。

④ 慧懃(1059—1117),宋僧。亦作惠懃,字佛鉴。舒州桐城(安徽桐城)人,俗姓江。试经得度。读《华严》有省。具戒后参太平法演,数年不印,欲他去,佛果克勤勉之,终于见悟,得受衣钵。继主舒州太平法席。法道大振。世称佛鉴慧懃。

⑤ 普会:《禅宗颂古联珠通集序》《禅宗颂古联珠通集》《卍续藏经》(新编)第115册,第1页下。

⑥ 据《雪堂行拾遗录》卷一载:圆悟在五祖为座元,有僧请益风穴“语默涉离微,如何通不犯”因缘。偶佛鉴来,悟曰:“懃兄可为颂出,布施他。”鉴即颂曰:“彩云影里神仙现,手把红罗扇遮面。急须着眼看仙人,莫看仙人手中扇。”悟深喜之。后其僧看鉴语作此颂,颂《文殊起佛见·法见因缘》,乃问悟。悟曰:“渠此颂,凡佛祖机缘,皆用得着也。”[《雪堂行拾遗录》《卍续藏经》(新编)第142册,第956页下]

颂、棒喝、扬眉瞬目、一切语言文字),都像仙人手中的红罗扇一样,乃是一种工具、手段,参禅悟道,是"急须著眼看仙人",去领悟和把握自己的本来面目,切忌"莫看仙人手中扇"。因为"仙人"(本来面目)在"彩云影里"(如在"五蕴坑中")会时隐时现,而且还用"红罗扇"遮面。如果不掀开罗扇,不拨开彩云,是不会看清仙人的。

二、颂古"评唱":禅宗诗学思想史上的新模式

宋初禅门盛行颂古之风,汾阳善昭开其端序,创立了颂古的雏形,云门宗中兴人物雪窦重显①则将这一形式发展至成熟。重显在文学修养上,造诣很高,他"盛年工翰墨,作为法句"②,巧用笔墨,善于诗文。其颂古特点是"诗化",即以偈颂(颂古诗)的形式,对唐宋丛林间流传的禅家语录进行述评。他的颂古诗,情感色彩浓郁,在颂古中加入了自己的观点和感情,而不是像有的禅师是置身于公案之外,是单纯地"绕路说禅";同时,非常讲究引经据典,刻意于文词的修饰,文采斐然,令人玩味。关友无党《碧岩集后序》称:"雪窦《颂古百则》,丛林学道诠要也。其间取譬经论或儒家文史,以发明此事,非具眼宗匠,时为后学击扬剖析,则无以知之。"③万松行秀《寄湛然居士书》称赞云:"吾宗有雪窦、天童,犹孔门之有游、夏,二师之颂古,犹诗坛之李杜。"④后来,圆悟克勤⑤在重显《颂古百则》的基础上,加上"垂示""著语"和"评唱"等新内容而成《碧岩录》。克勤《碧岩录》中对颂古的"评唱""著语",实是禅宗评论歌偈(颂)的一种新的形式。在他之后,有元僧万松行秀的《万松老人评唱天童觉和尚颂古从容庵录》、元僧林泉从伦的《林泉老人评唱投子青和尚颂古空

---

① 重显(980—1052),宋僧。字隐之。遂宁(今属四川),俗姓李。依普安仁铣出家。至随州,谒智门光祚得悟。后住平江翠岩。机语捷健,声播丛林。移明州雪窦,大开炉鞴,云门中兴。寂后仁宗赐号明觉禅师。

② 慧洪:《雪窦显禅师》《禅林僧宝传》卷十一,《卍续藏经》(新编)第137册,第487页下。

③ 关友无党:《碧岩集后序》《碧岩录》卷十,《大正藏》第48册,第2003号,第224页中。

④ 万松行秀:《寄湛然居士书》《从容庵录》卷一,《大正藏》第48册,第2004号,第226页下。

⑤ 克勤(1063—1135),宋临济宗杨岐派僧。字无著,号佛果。彭州崇宁(四川省崇宁县)人,俗姓骆。五祖法演法嗣。高宗赐号圆悟。寂后谥真觉禅师。

谷集》《林泉老人评唱丹霞淳禅师颂古虚堂集》，也用“评唱”“著语”品评颂古。

在颂古诗评论中，在原有的序、跋、题词、书信、诗偈（颂）等形式之外，克勤开创了评论颂古诗的新形式，推进了禅宗诗学的发展。他在“评唱”雪窦重显的《颂古百则》中，对颂古诗的创作与赏评提出了一系列的主张，成为禅宗诗学思想史上的一种新的模式。

第一，克勤关于颂古是“绕路说禅”的论断，在禅宗诗学思想史上，有重要的理论意义。“绕路说禅”是对颂古诗的本质特征、颂古诗的创作原则的概括。它是按照禅不可言说（“禅绝名理”①）、禅“不可说破”②、只能采用“遮诠”③的方法等禅学要求，以及对颂古诗创作经验的总结概括所提炼出来的诗学主张。所谓“颂古”，是指以偈颂（诗）的形式表达对公案中禅心的领悟；而克勤《碧岩录》的“评唱”，则是指对公案、雪窦重显的颂古诗再度进行较为通俗细致的诠释、描述与评说，借以显示公案之禅心的落脚处④。因此，克勤对颂古诗的“评唱”展示了雪窦颂古诗是如何绕路说禅的，雪窦是如何表达自己对公案之禅心的领悟的，应如何去探寻雪窦颂古诗中所表达的对公案禅心的领悟的落脚处。应当说，“绕路说禅”不仅是颂古（诗）的本质特征、颂古诗的

---

① 禅绝名理：克勤：“道贵无心，禅绝名理，唯忘怀泯绝，乃可趣向回光内烛，脱体通透。更不容拟议，直下桶底子脱。”［克勤《又示成都雷公悦居士》《佛果克勤禅师心要》《卍续藏经》（新编）第120册，第785页下。］

② 不可说破：天然函昰：“‘上不慕诸圣，下不重己灵’，古人恁么道，且道是什么人分上事？待要和会有什么着到处，盖从上来不曾有者个消息，只为慈悲之故。诸人顶门眼豁，当自证知，即今且不可说破。”（《庐山天然禅师语录》《嘉兴藏》第38册，第406号，第137页下）

③ 遮诠：遮诠与表诠，通常指语言之中两种表达方式。遮诠，即从反面作否定之表述，排除对象不具有之属性，以诠释事物之义者；表诠，乃从正面作肯定之表述，以显示事物自身之属性而论释其义者。宗密云：“遮谓遣其所非，表谓显其所是。又遮者拣却诸余，表者直示当体。如诸经所说真妙理性，每云‘不生不灭，不垢不净，无因无果，无相无为，非凡非圣，非性非相’等，皆是遮诠。（诸经论中，每以‘非’字非却诸法，动即有三十五十个‘非’字也。‘不’字‘无’字亦尔。故云‘绝百非。’）若云‘知见觉’‘照灵鉴光明’‘朗朗昭昭’‘惺惺寂寂’等、皆是表诠。若无知见等体，显何法为性，说何法不生灭等，必须认得见今了然，而知即是心性，方说此知不生不灭等。如说‘盐’云‘不淡’是遮，云‘咸’是表；说‘水’云‘不干’是遮，云‘湿’是表。诸教每云‘绝百非’者，皆是遮词，直显一真，方为表语。”（宗密《禅源诸诠集都序》，《大正藏》第48册，第2015号，第406页中）

④ 参见尚之煜校注：《碧岩录》之“前言”，中州古籍出版社2011年版。

创作原则,也是一切歌偈(颂)的本质特征、颂古诗的创作原则。而且,它对宋代诗学产生过重要影响①。

第二,克勤十分强调对颂古诗的品评解读,必须知道诗人对公案禅心之领悟的落脚处。所谓"知落处"就是赏评颂古诗,必须要探寻禅家对公案禅心的领悟是如何表现的,其表现又落脚在哪里。克勤反复指出:"雪窦知他落处,所以如此颂"(《碧岩录》第2则颂古"评唱");"且道雪窦语落在什么处?须是自家退步看,方始见得他落处"(《碧岩录》第3则颂古"评唱");"若不是顶门具眼,争能见他古人落处"(《碧岩录》第8则颂古"评唱");"此是雪窦活句,且道落在什么处"(《碧岩录》第80则颂古"评唱");"雪窦识得法眼关棙子",又"知慧超落处,更恐后人向法眼言句下错作解会,所以颂出"(《碧岩录》第7则颂古"评唱"),等等。我们以克勤《碧岩录》第7则颂古"评唱"为例。雪窦的颂古诗是:"江国春风吹不起,鹧鸪啼在深花里?三级浪高鱼化龙②,痴人犹戽夜塘水③。"此则雪窦颂古,是颂"汝是慧超"公案:《金陵清凉院

① 周裕锴对宋僧慧洪在诗歌创作和评论上的贡献作了有见地的论述:"汾阳善昭禅师创立颂古这一以韵文阐释古德公案的形式,至雪窦重显'以辩博之才,美意变弄,求新琢巧,继汾阳为颂古,笼络当世学者,宗风由此一变矣'。颂古由于与诗歌形式相近,受到士大夫的特别喜爱。而颂古所采用的阐释方式,'只是绕路说禅',避免正面解说禅旨。'绕路说禅'四字,可以说是宋代一切文字禅的基本特征,和'意正语偏'一样,它也是从'遮诠'方式引申而来。慧洪是汾阳善昭的五世法孙,当然对此'绕路说禅'的方式非常了解。慧洪的贡献在于,他不仅将临济宗的'句中玄'和曹洞宗的'五位偏正'、云门宗的'三句'联系起来,从'遮诠'联想到'意正语偏',由此关涉曹洞的'隐显相参''不犯正位'、巴陵的'死句活句'等绕路说禅的方法,而且把这些方法引入诗歌创作和评论中,由此总结出一些'绕路说诗'的具体法门。"(周裕锴:《文字禅与宋代诗学》,高等教育出版社1998年版,第183页)

② 三级浪高鱼化龙:典出东汉辛氏《三秦记》。《艺文类聚》卷九十六:"辛氏《三秦记》曰:'河津一名龙门,大鱼积龙门数千不得上,上者为龙,不上者鱼,故云曝鳃龙门。'"(《文渊阁四库全书》影印本,第888册,台湾商务印书馆股份有限公司1983年版,第915页上)《太平广记》卷四六六《水族三·龙门》引辛氏《三秦记》:"龙门在河东界,禹凿山断门一里余,黄河自中流下,而岸不通车马。每莫春之际,有黄鲤鱼逆流而上,得过者便化为龙。"(李昉等编:《太平广记》第四册,中华书局1961年版,第3839页)

③ 夜塘水:禅林用语。原指暗夜之中,仅有池水而无生物之池塘;于禅林中,乃指空无内容之虚妄言句。因虚妄之言句,原本缺乏真切入理之要义,而愚痴人不辨真假虚实,犹于其中寻觅探索,冀望捕捉悟道之机,徒劳而无功。犹如龙门激流下之水塘,塘中之鱼早已登上三级之浪,化身为龙,然有愚痴不解实情之人,犹于暗夜前往寻捕,徒然枉费一场功夫。(参见慈怡主编:《佛光大辞典》,台湾佛光出版社1988年版,第3132页)

文益禅师语录》卷一载："归宗玄策禅师，曹州人，初名慧超。谒师问云：'慧超咨和尚，如何是佛？'师云：'汝是慧超？'超从此悟入。"①此则公案之旨，在于说明自性是佛，回归本心即入佛境，无须心外求佛。雪窦之颂古诗，绕路说禅，表达了他对此公案的禅心的领悟。"江国春风吹不起"两句，是用江南春天之如画美景，比喻象征那烦恼脱尽、一切现成的禅悟境界。"鹧鸪啼"这一审美意象，禅宗常用以象征万法平等、触目菩提的大全境界。而"三级浪高鱼化龙"两句，则是以鲤鱼跃过龙门化龙而去，比喻慧超已于法眼言下，回归本心而大悟；以痴人夜戽塘水而求鱼，比喻禅人咬言嚼句，误以佛法在法眼言句之中的愚钝。在圆悟克勤看来，雪窦之颂，既"识得法眼关棙子"，"又知慧超落处"，既抓住了法眼答语之关键，又凸显了慧超证悟之深刻。这是由于"雪窦是作家，于古人难咬难嚼、难透难见、节角誵讹处，颂出教人见，不妨奇特"，因而他对自己颂古诗所表现的对公案禅心的领悟，应如何落脚，十分清楚，并作了巧妙的艺术表达。而克勤对雪窦颂古的"评唱"，也明晰地解读了此颂古的落脚之处。

第三，克勤指出，雪窦颂古诗的表现方法之一，就是"却通一线道，略露些风规"（《碧岩录》第5则颂古"评唱"），"为尔通一线路"，"略露些子缝罅"（《碧岩录》第87则颂古"评唱"）。所谓"通一线路""略露风规"，即是略略透露一些风光法度，略略泄露一些禅心信息，略略暗示一些体味禅心的门路，以启发、引导学人去领会颂古诗所表达的对公案禅心的领悟。如果学人"见得透底，如早朝吃粥、斋时吃饭相似，只是寻常"（《碧岩录》第5则颂古"评唱"）。但克勤又指出，这种略略露些风规之法，已是"落草"即是为人讲义理了，因此，绝不能"向言上生言，句上生句，意上生意，作解作会"（《碧岩录》第5则颂古"评唱"），否则，会陷入"情识卜度"的"罗笼"而不能自拔。我们以克勤《碧岩录》第5则颂古"评唱"为例。雪窦之颂古为："牛头没，马头回，曹溪镜里绝尘埃。打鼓看来君不见，百花春至为谁开？"所谓"牛头没，马头回"，是指人的念头、思绪迅速多变，有如牛头刚过、马头又来一般地在佛性镜中或隐或现。但在六祖慧能的宝镜里是无任何尘埃的，甚至连这种"曹溪镜里绝尘

① 语风圆信、郭凝之编：《金陵清凉院文益禅师语录》《大正藏》第47册，第1991册，第591页下。

埃”的境界也不能说有，所以克勤在“著语”里说“打破镜来与尔相见，须是打破始得”。克勤明确指出，“雪窦自然见他古人，只消去他命脉上一劄，与他颂出”；雪窦“见得透底，如早朝吃粥斋时吃饭相似，只是寻常”，即是雪窦对公案的禅心领悟得十分深透，因而，深知公案的禅心之落脚处，所以对公案的“命脉”（关键）能重重点出，而那些彻悟的具眼之人，则能“见得透底”，就如吃粥吃饭一般，十分自然平常。克勤指出，“雪窦第三句，却通一线道，略露些风规”，乃是启发、引导学人去领会颂古诗所表达的对公案禅心的领悟。学人如能打破漆桶，即物即用，彻见佛性，就如春来百花开，法喜禅悦满胸怀。

第四，克勤指出，颂古诗常常是“言中有响，句里呈机”（《碧岩录》第50则颂古“评唱”），因而对颂古的赏评必须“参活句，不参死句”（《碧岩录》第41则颂古“评唱”）。所谓“言中有响，句里呈机”，即话中有话，言句里呈现出机锋。《宗鉴法林》卷六十七载：“用彰俊（禅师）云：‘可谓言中有响，句里呈机。’”①什么是“参活句，不参死句”？活句与死句，又称活语死语。活用之句，称活句；不活用之句，称死句。活句，系超越分别的灵妙之句。宋慧洪之《林间录》卷上举出洞山初禅师之语：“语中有语，名为死句；语中无语，名为活句。”②大慧宗杲云：“夫参学者，须参活句，莫参死句。活句下荐得，永劫不忘。死句下荐得，自救不了。”③在克勤看来，只有“参活句”，才能领悟颂古诗的深意，把握颂古诗的“命脉”。

三、“具正法眼”，“知根达本”：颂古“评唱”的重要原则与方法

在克勤之后，元僧林泉从伦④撰写了《林泉老人评唱投子青和尚颂古空谷

① 集云堂编：《宗鉴法林》《卍续藏经》（新编）第116册，第845页下。

② 慧洪：《林间录》《卍续藏经》（新编）第148册，第597页下。

③ 蕴闻编：《大慧普觉禅师语录》卷十四，《大正藏》第47册，第1998号，第870页中。参见周裕锴：《禅宗语言》下编第三章第一项《活句》，浙江人民出版社1999年版；周裕锴：《文字禅与宋代诗学》第三章第二节第11项《参活句》，高等教育出版社1998年版。

④ 从伦（1223—1281年），元初曹洞宗禅僧。号林泉。报恩行秀法嗣。对投子义青之颂古一百则与丹霞子淳之颂古一百则均加以着语与评唱，汇集为《空谷集》《虚堂集》。

集》《林泉老人评唱丹霞淳禅师颂古虚堂集》，分别对宋僧投子义青[①]与丹霞子淳[②]的颂古诗进行了“评唱”，丰富和发展了克勤所创造的“评唱”的诗学著述形式。

投子青与丹霞淳均系曹洞宗大师，而丹霞淳乃投子青之法孙，他们都工诗文。义青向门人说法的语句，就很有文采。《投子义青语录》所载上堂说法，就常常运用一些描绘日月山川等自然物象的诗偈，以启示弟子寄参禅于自然无为，领悟“即心是道”，“向外驰求，转沉魔界”，“不用求真，唯须息见”之理。投子义青关于古则“鸟衔花落碧岩前”的颂诗，就堪称上乘：“月皎青松鹤梦长，碧云丹桂挂羚羊。岩高碧彻千峰雪，石笋生条半夜霜。”（《空谷集》第29则“问夹山境”颂古）这首绝妙的咏月诗，把洞山良价禅师《宝镜三昧》中提出并赞美的“银碗盛雪，明月藏鹭”的禅境，充分呈现出来了。在那万籁俱寂，月色皎洁之夜，栖息于青松的白鹤，正在做四海云游之梦哩！而丹桂阵阵飘香，随碧云远扬，这不是如羚羊挂角，无迹可求吗？这正是喻禅境的不可言说。在这洁净月光的沐浴下，那“岩高碧彻”的千峰之顶，皑皑白雪；那“石笋生条”的钟乳之石，莹莹冰霜，这不是“银碗盛雪，明月藏鹭”的禅境的诗化吗？据《丹霞子淳语录》载，子淳也像投子义青一样，在上堂说法中，经常运用一些描写时节或自然景象的诗偈，去启示弟子去实践与体悟“休歇”的禅法：“时中快须休歇去”，“向枯木堂中冷坐去，切须死一遍去”。丹霞淳也有值得重视的歌偈，其《冬日寄住庵僧》云：“落叶积莓苔，柴扉半不开。幽林云密覆，花鸟恨空来。”[③]描绘了一位禅僧在冬天闭关修持的情景：枯叶覆盖了草莓和苍苔，深山无人，柴门半掩，禅人已闭关多日。冬日山林，冻云密覆，万籁息声，花鸟也恨

---

① 义青（1032—1083），宋僧。青社（山东青州北）人，俗姓李。试经得度。入京听《华严》有省。人称青华严。参浮山法远于圣严寺，洞下宗旨，悉皆究明。后迁舒州投子山，举大阳宗风，故有投子之号。寂后敕谥慈济。有《空谷集》《语录》。

② 子淳（1065—1118），宋僧。亦称德淳，梓潼（今属四川）人，俗姓贾。年二十七祝发、受具。礼道凝为师，尽教乘之旨。复至大阳访芙蓉道楷，语下大悟，嗣其法，为曹洞宗传人。座下多贤哲。有《虚堂集》《语录》。

③ 丹霞淳：《冬日寄住庵僧》《丹霞子淳禅师语录》卷一，《卍续藏经》（新编）第124册，第494页上。

空而远遁。这是一种空寂幽寒、自然淡远的境界,禅意深邃,令人玩味①。义青与子淳都有诗才,他们的不少颂古,诗味浓,禅意深,受到林泉从伦的青睐。

林泉从伦关于义青与子淳的颂古诗的"评唱",涉及了一些重要的原则:

第一,颂古诗常是"用比兴连类以喻至道"(《空谷集》第 8 则颂古"评唱")。由于颂古诗是绕路说禅,因而常常是用比兴的方法,以象征或譬喻来表现公案的禅心(心性),在品评和赏鉴以领悟公案之禅心时,应按照"世法即佛法,佛法即世法"的要求,去领会禅心的着落处。在手法上,则采取"近取诸身,远取诸物,以喻至极之道"(《虚堂集》第 45 则颂古"评唱")。比如从伦在《虚堂集》第 22 则颂古"评唱"中,就是运用"近取诸身,远取诸物,以喻本分事"(《虚堂集》第 4 则颂古"评唱")的诗学观,来诠释丹霞子淳"洛浦祖意"之颂古之"大意"的。丹霞淳的颂古云:"群花未发梅先坼,万木凋零栢转奇。云淡不彰筛月影,烟轻那露引风枝。"从伦指出,丹霞子淳是用"群花未发梅先坼"来比喻"禅林未显,不有群花,唯少林一枝最初荣旺"的。他说:"初祖达磨大士道:'吾本来兹土,传法救迷情。一花开五叶,结果自然成。'此应般若多罗二桂久昌之谶,了无疑也。当是时,禅林未显,不有群花,唯少林一枝最初荣旺,此其所以'梅先坼'之大意也。"(《虚堂集》第 22 则颂古"评唱")

第二,从伦强调"慎勿以世间语言诗思文学"来解读颂古诗。如果用"世间语言诗思文学"之世谛观、分别识去解读颂古,不仅会远离公案之禅心,而且会"总纵妄情,流落生死"(《空谷集》第 97 则颂古"评唱")。我们以他评唱投子青颂古为例。投子青颂古云:"圆缺曾伸问老翁,石龟衔子引清风。昨朝木马潭中过,踏出金乌半夜红。"(《空谷集》第 97 则"投子月圆""评唱")此颂古是对舒州投子山大同禅师回答"月未圆时如何"的古则②的赞颂。据《景德传灯录》卷十五《舒州投子山大同禅师》记载:有僧"问:'月未圆时如何?'师曰:'吞却两三个。'僧曰:'圆后如何?'师曰:'吐却七八个。'"林泉从伦批评这种情识妄执分别心,他说,"其实圆之与缺,晦之与明",皆是人们"妄情自生

① 参见冯学成:《明月藏鹭——千首禅诗品析》,四川文艺出版社 1996 年版,第 709、192 页。

② 参见《景德传灯录》卷十五《舒州投子山大同禅师》《大正藏》第 51 册,第 2076 号。

分别”的结果；他追问道：“你几曾于圆陀陀剔圞圝[①]处见那一段灵光？”月的本真状态——圆满的“灵光”总是存在的。他又引“石室善道禅师与仰山玩月次”的古则：“仰问：‘月尖时，圆相甚么处去？圆时尖，相又甚么处去？’室云：‘尖时圆相隐，圆时尖相在。’云岩云：‘尖时圆相在，圆时尖相无。’道吾云：‘尖时亦不尖，圆时亦不圆。’”[②]并进一步分析云：“这一队老冻脓评论圆缺”，“也是妄生比并”。在他看来，所有“三乘十二分教，皆是止啼黄叶”，都是引导人们反观自心的工具而已，因为佛典已明示“但有语言，俱无实义”，佛祖“四十九年说法，未尝道一字”，因而，“以世间语言诗思文学”去解读颂古，必然是“恣纵妄情，流落生死”。其实在禅家那里，以月喻禅，以月喻心，是他们的惯用方法。自然界的月之圆缺，人心之时阴时晴，自然而然，但月之本真相状，人之本来面目，总是圆满俱足的，人们应返观内心，直下承当，而绝不能去妄生分别，流落生死。

第三，从伦特别强调创作与品评颂古应具备“正法眼”[③]（《虚堂集》第26则颂古“评唱”），即不同于常人的识别力、创造力与鉴评力。他说：“佛法大意，千变万化，世智难明。虽则竖穷三际，横亘十方，非具正法眼者，头头蹉过，件件相违。”

对于颂古诗的创作和品鉴方法，他还提出了一些重要的命题和论断，诸如：不应“逐句寻言”，而要“知根达本”（《虚堂集》第1则颂古“评唱”）；“休于言下觅，莫向句中求”（《空谷集》第95则颂古“评唱”）；“假言说而趣般若”；“应须着意声前，莫便死于句下”（《虚堂集》第25则颂古“评唱”）；“暗中通一线，云影上东岩”（《虚堂集》第13则颂古“评唱”）；“以言遣言”与“以理显理”

---

① 圞圝：圞同“团”。圝表示圆，如团圝等。

② 石室善道禅师与仰山玩月：见《景德传灯录》卷十四《潭州石室善道和尚》《大正藏》第51册，第2076号，第316页上。

③ 正法眼：正法眼藏，亦称“清净法眼”。释尊亲自付嘱迦叶的涅槃妙心，谓之“正法”；洞悉“正法”的智慧，谓之“眼”；心法广大，含藏万法，谓之“藏”。禅宗认为，它由释迦牟尼辗转传至达磨，能透见世间万法实相，是以心传心的微妙正法，即禅宗的心印，亦是佛内心之悟境，禅宗视为最深奥义之菩提。《无门关·世尊拈花》：“世尊云：吾有正法眼藏，涅槃妙心，实相无相，微妙法门，不立文字，教外别传，付嘱摩诃迦叶。”（《无门关》《大正藏》第48册，第2005号，第293页下）

（《虚堂集》第35则颂古“评唱”）。

从伦的“评唱”，旨在以较为通俗、较为详细的描述与解释，揭示投子义青与丹霞子淳颂古诗所表现的对公案之禅心的领悟的着落处，就在那用生动形象、深邃意境所呈现的正偏兼带、理事圆融、内外和合、非染非净、非正非偏的禅境之中。而他所提出的有关颂古诗的创作和赏评的原则和方法，实是对颂古诗创作经验的总结与概括。

元僧万松行秀①的《从容庵录》，是对宋僧天童正觉颂古百则的评唱。

他虽然对雪窦、天童之颂古诗都作了高度评价，称他们“犹诗坛之李杜”，但他更推崇天童，说天童之“片言只字，皆自佛祖渊源流出”②。天童正觉系丹霞子淳的法嗣，他的禅法以“默照禅”著称，其《默照铭》就是以歌偈的文体表述默照禅的宗旨，铭文计72句，每句4字，四句一组，隔行押韵。他的颂古诗中，也有不少诗味浓、禅意深，清新细腻之作。如颂“百鸟衔花”一首：“花鸟不来空过春，牛头山上懒融人。自心净故元无作，放下许多闲苦辛。”③公案“百鸟衔花”是讲牛头禅祖师法融向四祖道信请教禅法的故事。正觉颂古之前两句，是指明不管法融是否坐禅、是否得法，那自由自在的百鸟，无论是否衔花，都会在天空飞翔。后两句则指出，参禅悟道只有“自心净”，做一个无心于事、无事于心的闲道人，就会如同牛头法融禅师所说的那样，“恰恰用心时，恰恰无心用”“无心恰恰用，常用恰恰无”，从而达于“今说无心处，不与有心殊”的“不二”之境。这样一来，身心都会处于“元无作”的状态，所有的烦恼执著，“许多闲苦辛”，都会彻底放下！行秀高度推崇天童，因而，他在“评唱”中，对天童颂古的种种特色作了充分的肯定：“天童余才，曲尽奇妙”（第19则颂古“评唱”）；“天童歌咏入无言诗，可谓杨修见幼妇，一览便知妙”（第40则颂古“评唱”）；“天童近取诸身，唯用一指。简易之道，要而不繁”（第84则颂古“评唱”）；“颂不居阴界，不涉众缘，可谓善行无辙迹”（第3则颂古“评唱”）；

① 行秀（1166—1246），元僧。字万松。河内（河南沁阳）人，俗姓蔡。出家荆州净土寺，师事净赟。后于磁州大明寺谒雪岩，契悟心印。寻还祖庭，构万松轩以自适。曾三阅藏教，恒以《华严》为业。

② 行秀：《寄湛然居士书》《从容庵录》卷一，《大正藏》第48册，第2004号，第226页下。

③ 集成、法润等编：《宏智禅师广录》卷四，《大正藏》第48册，第2001号，第39页上。

“用寒山诗,若合符节”,“大有含蓄功夫”(第3则颂古“评唱”);“不落思惟,文彩自备”(第52则颂古“评唱”)。

从总体上看,克勤的《碧岩录》、从伦的《虚堂集》与《空谷集》涉及禅宗诗学的创作与赏评的原则与方法的论述,比行秀的《从容庵录》要多一些,充分一些。

在对颂古诗的赏评中,除了序、跋、题词、书信、诗偈(颂)、评唱等形式外,还有一种“注释”,可从中窥见禅师的某些诗学观和赏评方法。比如,明僧本瑞(茕绝老人)①《茕绝人天奇直注雪窦显和尚颂古》(以下简称《直注》),就是对雪窦重显之《颂古百则》进行句句“直注”。初依受登指出茕绝老人之直注的特点是“尚直”“尚古”,并强调指出,禅林学士,凡欲“证《宝镜》者”“务先究四家之颂古”,而究颂古者,“务先习茕绝之直注”,因为,“由直注而明颂古,颂古明而宝镜证”,因茕绝之直注乃是作为打开禅关的钥匙,是后学参禅悟道的指南:“故虽注而尚直,此犹以直称也。其趣非直,如以直则了无余致,如世语者不少矣。故虽直而尚古,况其间释事实,必目击意晓,而不牵陈言枝蔓之繁”,“洵禅关之枢钮,后学之指南也”。他又概括此直注颂古诗的方法的几个方面:(一)“明理体”:“必亲证现行②,而不落阴界离微③之窟。”《直注》能显明颂古诗所表现的公案之禅心(佛性为万有之本体即理性),而引领学人躬行实践、亲身体验,除烦恼,了生死,而不陷落入“阴界离微”(五阴十八界之种种色法心法,均从因缘和合、虚妄而生)之魔窟。(二)“解语句”:“必投机展事,

---

① 本瑞(?—1508),明僧。世称瑞禅师。字天奇,号茕绝。钟陵(江西进贤西北)人,俗姓江。年二十依荆门无说能薙落。参佛照遇翼,谒楚山雪峰各有悟入。后得法于南京高峰明瑄。有《茕绝集》。

② 现行:指第“八识”中前七识(眼识、耳识、鼻识、舌识、身识、意识、末那识合称为七转识)所产生的各种结果、各种现象。僧肇云:“若复有人体解离微者,虽近有妄想习气及现行烦恼,然数数觉知离微之义,此人不久,即入真实无上道也。”(僧肇:《宝藏论》卷一《离微体净品第二》《大正藏》第45册,第1857号,第147页上)宗杲云:“众生日用现行无明,顺无明则生欢喜,逆无明则生烦恼。”(蕴闻编:《大慧普觉禅师语录》卷二十二,《大正藏》第47册,第1998号,第905页下)

③ 僧肇:《宝藏论·离微体净品》:“无眼无耳谓之离,有见有闻谓之微;无我无造谓之离,有智有用谓之微;无心无意谓之离,有通有达谓之微。”(《大正藏》第45册,第1857号,第147页上)

而不堕实法与人之过。"《直注》对颂古诗的诠释,能参活句,使之契合古则之机缘,而不拘泥于字句,不使学人死于句下。(三)"显照用"[①]:"必妙叶同时,而不溺留情转位之偏。"《直注》显示了临济之"照用同时",同时破除对我执法执之执着而不停滞偏失于我执法执之错误。(四)"别提眼目"[②]:"若明镜之孤悬。"《直注》还特别提示颂古表现之禅法旨义——那些表现公案禅心的关键字词句,有如明镜烛照,醒人耳目。(五)"潜通血脉":"如金针之暗度。"《直注》始终有一条红线(古则禅心)贯穿,他授人以渔,犹如以金针度人。[③]

禅门中人对颂古诗的评论,推进了禅宗诗学的发展。其对颂古诗的"评唱",则创造了一种诗歌评论的新形式和新模式,对禅宗诗学作出了重要贡献。

---

① 临济宗有"四照用"之说,即先用后照、先照后用、照用同时、照用不同时。乃是在接引学人时,区分不同的对象,施以不同的方法。"照"是观照,是真如本体之用,乃指对客观外境之否定;"用"是妙用,乃指对主观精神之否定。"照用同时",是针对我法两执都很重的人而言,必须使他们同时破除对人、境的执著心理。《五灯会元》卷十一《镇州临济义玄禅师》:"示众,我有时先照后用,有时先用后照,有时照用同时,有时照用不同时。先照后用有人在;先用后照有法在;照用同时,驱耕夫之牛,夺饥人之食,敲骨取髓,痛下针锥;照用不同时,有问有答,立宾立主,合水和泥,应机接物。若是过量人,向未举已前,撩起便行,犹较些子。"(《五灯会元》,《卍续藏经》(新编)第138册,第390页下)

② 别提眼目:眼目本是指眼睛,喻指禅法要旨、义理的关键之外。如《圆觉经》:"十二部经清净眼目。"(《大正藏》第17册,第842号,第921页下)《略疏》:"良以推穷迷本,诸教焕然,若不了之,向知正道,故云眼目。"(《大正藏》第39册,第1795号,而5—75页上)"别提眼目"是指颂古诗能把问题的实质,讲得明明白白,具有表现禅法要旨的作用。

③ 参见受登:《茕绝老人颂古直注序》《茕绝人天奇直注雪窦显和尚颂古》,《卍续藏经》(新编)第117册,第506页上—507页上。

第三章　“禅心诗思共依依”：禅宗诗学的独特风貌

在中国古典诗学理论中，南宋严羽提出的“以禅喻诗”的诗学主张，至今仍是学界讨论的重要话题之一。不少中国诗学史、中国诗歌美学史、中国诗学体系的研究论著，对它作了相当深入而精当的分析和论述。在禅宗诗学理论中，由南宋高僧长翁如净禅师提出的“借诗说教（禅）”，也是一个十分重要的诗学主张，它是对禅宗大师弘法中的诗化景观的高度概括。在我们看来，“借诗说禅”与“以禅喻诗”是两个可以相互补充、相互发明的诗学理论。发掘、探索禅宗诗学关于“借诗说教（禅）”的理论，可以了解禅宗大师是如何看待和处理诗与禅的关系的，从而有助于我们对诗、禅关系有更全面更深入的理解。

一、“借诗说教（禅），要与衲僧点眼”：禅宗弘法的诗化景观

如净禅师①明确提出了“借诗说教（禅），要与衲僧点眼”的主张。他说：

> “绿竹半含箨”，序品第一。“新梢才出墙”，正宗第二。“雨洗娟娟净，风吹细细香”，流通第三。净慈借诗说教，要与衲僧点眼②。

“借诗说教（禅），要与衲僧点眼”，即是通过“借诗说教（禅）”，去开发学人的智慧，打开学人的法眼，使之转迷为悟。“借诗说教”不仅是解诗之法，更是教授学人的重要手段与渠道。他用杜诗“绿竹半含箨”“新梢才出墙”“雨洗娟娟净，风吹细细香”等所描绘的绿竹的三种状态，来比喻“序品第一”“正宗

---

① 如净（1163—1228），宋僧。号长翁。明州（浙江宁波），俗姓俞。参足庵鉴于雪窦，嗣其法。出世屡主名刹，前后六坐道场，两奉天旨，住天童最久，学众辐辏，风范四方。

② 文素编：《如净和尚语录》《禅宗语录辑要》，上海古籍出版社 1992 年版，第 694 页中。

第二”“流通第三”。所谓“序品第一”“正宗第二”“流通第三”，是指佛学大师对佛典经论的内容作适度的区分，通常都分为序分、正宗分、流通分等三部分。释光《俱舍论记》卷一云：“诸一切种至我当说者，此下第三依文正解。此论一部大文有三：一序分，二正宗，三流通。圣人造论，必有由致，故初明序分。序分既彰，必有所说故，次明正宗。正宗既终，劝学流通故，后明流通。”①自东晋之道安起，将佛经分为序分、正宗分、流通分等三部分。一、序分，又作序说、教起因缘分，即述说一经教说产生之由来。二、正宗分，又作正宗说、圣教正说分，即论述一经之宗旨，正显圣教所说法门。三、流通分，又作流通说，乃叙说受持本经之利益，复劝众等广为流传，使流通久远，令末世众生依教奉行②。如净禅师则引用杜甫《严郑公宅同咏竹》之诗句，解说佛典经论。杜甫诗云“绿竹半含箨，新梢才出墙。色侵书帙晚，阴过酒樽凉。雨洗涓涓净，风吹细细香。但令无剪伐，会见拂云长。”③此首咏物诗，是着力描绘“竹”的形象。首联着力描写竹的新嫩和勃发的生机。这是从视觉的角度描绘竹的两种形态：幼竹，竹子的初生形态；成竹，竹子的成熟形态，如净以之分别比喻为“序品第一”和“正宗第二”。第一句“绿竹半含箨”，有一半还包裹着笋壳的嫩绿之竹，正是竹子的初生，它会节节向上成长，正如“圣人造论，必有由致，故初明序分”；第二句“新梢才出墙”，其新长的枝梢，才刚刚伸出墙外，它是竹子的成熟，恰如“序分既彰，必有所说故，次明正宗”。此诗的第三联是描绘竹子经雨洗刷后的洁净，以及竹子的清香。这是从嗅觉的角度描摹竹子缕缕清香，使人有心旷神怡的感受。如净以之比喻为“流通第三”，正如“正宗既终，劝学流通故，后明流通”。

我们之所以说如净禅师的“借诗说教（禅）”是对禅宗大师弘法中的诗化景观的高度概括，是基于以下客观存在的事实：当我们打开数以千万卷的禅宗灯录和语录，就常常见到许多禅师的上堂说法，歌偈联翩，花团锦簇，许多禅师的本传，其师徒之间的问答，则是诗句连珠，异彩纷呈，构成了禅宗弘法的诗化景观，它是禅的世界，也是诗的世界。

---

① 释光：《俱舍论记》《大正藏》第 41 册，第 1821 号，第 2 页上。

② 参见慈怡主编：《佛光大辞典》，中国台湾省佛光出版社 1988 年版，第 531 页。

③ 杜甫：《严郑公宅同咏竹》，见仇兆鳌：《杜诗详注》卷十四，中华书局 1979 年版，第 1184 页。

就以《如净和尚语录》中的《临安府净慈禅寺语录》为例:该语录共44个自然段,段段有诗偈,共计有诗偈约73首(包括两联、一联、一句);全语录计约2999个字,其诗偈占约2007个字①。这些诗偈,多为如净禅师自创,有少数是引用或化用历代诗人名篇和祖师偈颂而成。除前面提到的引杜甫《严郑公宅同咏竹》外,还有化用苏轼《饮湖上初晴后雨》的诗句为:“湖光潋滟晴方好,十五日已后。山色空濛雨益奇,正当十五日。若把西湖比西子,淡妆浓抹总相宜。还有祖师西来意么?”化用孟浩然《春晓》诗句为:“争似春眠不觉晓,落花处处闻啼鸟。”②

如净为曹洞宗重要禅师,在南宋曹洞宗发展史上起到了殿军的作用,他痛斥法门之时弊,使曹洞宗有了起色。他进一步发展了宏智正觉的“默照禅”。他重视坐禅修行,认为参禅是“身心脱落”,而坐禅乃是明心见性的唯一途径③。据《天童山景德寺如净禅师续语录》卷一载:

> 师因入堂,惩衲子坐睡云:“夫参禅者,身心脱落,只管打睡作么?”予闻此语,豁然大悟。径上方丈烧香礼拜,师云:“礼拜事作么生?”予云:“身心脱落来。”师云:“身心脱落,脱落身心。”予云:“这个是暂时伎俩,和尚莫乱印。”师云:“我不乱印你。”予云:“如何是不乱印底事?”师云:“脱落脱落!”予乃休④。

他“借诗说教”云:“涅槃堂里死功夫,风衮葫芦水上浮。恁么点开参学眼,释迦弥勒是他奴。”⑤在他看来,坐禅是个“死工夫”,需要花大力气去实践,因为学人往往受红尘干扰,烦恼不断,恰如“风衮葫芦”会时时于水上漂浮,这就要下决心长期磨炼。当“参学眼”被“点开”时,就会达到无心于事、无事无心而“身心脱落”的佛陀境界。这种境界,恰如如净所云“莺迁乔木调新

---

① 据《禅宗语录辑要》之《如净和尚语录》统计,上海古籍出版社1992年版,第693页下—695页下。

② 文素编:《如净和尚语录》《禅宗语录辑要》,上海古籍出版社1992年版,第694页下、694页下—695页上。

③ 参见吴立民主编:《禅宗宗派源流》,中国社会科学出版社1998年版,第454页;杜继文、魏道儒:《中国禅宗通史》,江苏古籍出版社1993年版,第464页。

④ 义远编:《天童山景德寺如净禅师续语录》《禅宗语录辑要》,上海古籍出版社1992年版,第706页下。

⑤ 文素编:《如净和尚语录》《禅宗语录辑要》,上海古籍出版社1992年版,第694页中。

舌，梅吐清香发旧枝”①，黄莺歌新曲，梅花吐清香，灵府空洁，心光呈现，回归家园。这种“身心脱落”的心境，恰如垂钓而获锦鳞（本心、佛性），无限的法喜禅悦，会充天塞地：“把钓归来得锦鳞，充天塞地笑忻忻。虽然也只寻常事，历尽风波验尽人。”②

清僧宇亭元尹③则明确提出了“借诗说禅”的主张，其旨归则是把诗歌作为“直与天下后世学者，解黏去缚”，从而打开“将来眼”（法眼）的重要途径和手段。他在评论巨容普侹禅师的山居诗时云：“巨老之诗，非诗也，抑偈乎，非偈也。古者作诗，借景表情，惟巨老者，借诗说禅也。盖以数十年入一丛林，出一保社，向蒲团上、枯寂中，苦心所得底，未尝与人吐露。己丑夏，避暑于广寿山房，瞌睡之暇，偶阅《栯堂山居诗集》，忽然打动，忍俊不禁，适兴一和，洋洋四十首，直与天下后世学者，解黏去缚，作将来眼也。可谓起栯堂千百年之希声，戛然铿锵，迭奏于今时矣，岂不美哉！岂不美哉！”④

清僧憨休如乾⑤深得“借诗说禅”的个中三昧，他在“除夕小参”说法中，在强调“人人都有个故乡”，应该回到“故乡”（自性——家园），寻找到自己的本来面目时，明确提出要借诗“说禅”：“记得有首唐诗，不免借来完个局面”，并举出唐代诗人高适的诗篇《除夜作》，然后加以具体细致的诠释：

> 一年三百六十日，今日是个尽头的日子，诸方尽向者里说禅说道……今当作家，常筵宴清福，行不列市，思来算去，只是无有说的。记得有首唐诗，不免借来完个局面：“旅馆寒灯独不眠，客心何事转凄然？故乡今夜思千里，霜鬓明朝又一年。”⑥诗人之意，大约客久他乡，长栖旅邸，贪著名闻利养，抛别故园，荡而忘返。忽遇大年夜到来，猛地思起故乡，远在千里

---

① 文素编：《如净和尚语录》《禅宗语录辑要》，上海古籍出版社 1992 年版，第 694 页中。

② 文素编：《如净和尚语录》《禅宗语录辑要》，上海古籍出版社 1992 年版，第 694 页中。

③ 元尹，清僧。字宇亭，一字旅三。常州（今属江苏）人，俗姓吕。嗣法节岩本琇。历住海宁安国、扬州救生、金坛东禅。意气娴静，信笔为诗，差有禅趣。

④ 元尹《巨容普侹禅师和栯堂山居诗集序》《博斋集》《四库未收书辑刊》第 8 辑第 29 册，北京出版社 1995 年版，第 55 页下—56 页上。

⑤ 如乾，清僧。字憨休。四川龙安（平武）人，俗姓胡。乃临济下第三十三世之孙、风穴云峨老人之嫡嗣。

⑥ 此系唐代诗人高适的《除夜作》。

之外，不觉凄然太息。大众等是南州北县，水云义聚，安禅于斯。人人都有么故乡，不知今夜还思念及么？纵能思念，更问那个是你故乡？莫是毕郢原上清福寺中，是汝故乡么？争奈者里无你插脚之处。莫是江南塞北楚地燕邦，是汝故乡么？法堂内大有人不肯在。毕竟如何？爆竹数声消雪态，梅花几点壮春颜①。

在憨休如乾看来，只要回到了“故乡”，领悟和把握到了自己的本来面目，就会如冬去春来，雪态消匿，春颜壮美，心境怡然自得。

二、“不言禅而可禅”“意句俱活”：禅宗诗学的重要审美观

当我们打开数以千万计的禅宗灯录和语录，就会得知，禅师们“借诗说禅”是个十分普遍的现象，而许多禅师除了自创诗偈外，还特别喜欢引用历代诗人的名篇佳句。已有学者指出，宋代禅师发现，特别是杰出诗人的作品，往往比许多偈颂更真正接近于对禅“不说破”的言说原则，所以著名诗人的名篇佳句被大量用来说禅。诸如李白的“柳色黄金嫩，梨花白雪香”（《宫中行乐词》之二）、王维的“行到水穷处，坐看云起时”（《终南别业》）、王之涣的“欲穷千里目，更上一层楼”（《登鹳雀楼》）、钱起的“曲终人不见，江上数峰青”（《省试湘灵鼓瑟》）、贾岛的“秋风吹渭水，落叶满长安”（《忆江上吴处士》）、朱绛的“可怜无限伤春意，尽在停针不语时”（《春女怨》）、崔护的“人面不知何处去，桃花依旧笑春风”（《题城南》）、杜牧的“深秋帘幕千家雨，落日楼台一笛风”（《题宣州开元寺水阁》）、齐己的“一气不言含有象，万灵何处谢无私”（《中春感兴》）、高骈的“依稀似曲才勘听，又被风吹别调中”（《风筝》）等，就散见于《建中靖国续灯录》《联灯会要》《嘉泰普灯录》《五灯会元》《古尊宿语录》等禅籍中，它们被禅师们用来暗示禅所追求的意蕴和“道体”，或是神秘的悟道经验②。

---

① 张恂编：《憨休和尚敲空遗响》《憨休禅师语录》《嘉兴藏》第 37 册，第 383 号。中国台湾省新文丰出版公司 1987 年版，第 226 页下。

② 参见《禅语辞书类聚》第一册，日本无著道忠：《禅林句集辨苗》，日本花园大学内禅文化研究所 1992 年印行。

例如,王维之“行到水穷处,坐看云起时”(《终南别业》),就常常被禅师们引用来“借诗说禅”:

时有僧问:“居士默然,文殊深赞,此意如何?”师曰:“汝问我答。”曰:“忽遇恁么人出头来,又作么生?”师曰:“行到水穷处,坐看云起时。”①

问:“向上一路,千圣不传,未审如何是向上一路?”师曰:“行到水穷处,坐看云起时。”②

观音从显禅师为什么用王维诗句回答“居士默然,文殊深赞,此意如何”之问?泐潭文准禅师又为什么用王维诗句回答“向上一路,千圣不传,未审如何是向上一路”之疑?

“居士默然,文殊深赞”,典出《维摩诘经·入不二法门》。明末四大高僧之一的云栖袾宏云:“维摩则毗耶示疾,开不二之谈。”③是指维摩诘“示疾”毗耶离城,与诸大菩萨共论“不二法门”之事。《维摩诘所说经·入不二法门品》云:“尔时维摩诘谓众菩萨言:诸仁者,云何菩萨入不二法门,各随所乐说之。”三十一位菩萨列举了许多对立的概念,如生与灭、垢与净、罪与福、善与不善、为与无为、我与无我、明与无明(即“二”),等等。众菩萨认为,消除这些对立面,不生不灭,不垢不净,……即“入不二法门”。文殊菩萨最后说:“如我意者,于一切法无言无说、无示无识,离诸问答,是为入不二法门。”之后,文殊问维摩诘,而维摩诘则“默然无言”。文殊赞叹道:“善哉,善哉!乃至无有文字语言,是真入不二法门。”④宋僧圆悟克勤指出:“三十一菩萨皆以二见合为一见,为不二法们”,乃是“以言遣言”,文殊要高出一筹,乃是“以无言遣言”。但是,他们“不知灵龟曳尾,拂迹成痕;似用扫帚扫尘,尘虽去已,扫迹犹在”。只

① 道原编:《景德传灯录》卷二十五《观音从显禅师》《大正藏》第51册,第2076号,第417页中。

② 普济:《五灯会元》卷十七《泐潭文准禅师》,中华书局1984年版,第1151页。

③ 袾宏:《阿弥陀经疏抄》卷二,《莲池大师全集》,福建莆田广化寺影印金陵刻经处:《云栖法汇》本,第1021页。

④ 鸠摩罗什译:《维摩诘所说经·入不二法门品》《大正藏》第14册,第475号,第550页中下。

有“维摩默然”,如“活汉终不去死水里浸却”,才是“不二法门”的最高境界①。总之,在佛教禅宗看来。“不二法门”乃是绝思议、无分别的最高真谛。这一“不二法门”,是不可言传的,只能靠学人在修行实践中去亲身体悟。“向上一路,千圣不传”,乃是指无上至高之禅道真谛,不是佛祖可用言语能够传授的,只能由参禅者亲自在修行中去体会领悟。圆悟克勤云:“向上一路,千圣不传。学者劳形,如猿捉影。”②

王维《终南别业》:“中岁颇好道,晚家南山陲。兴来每独往,胜事空自知。行到水穷处,坐看云起时。偶然值林叟,谈笑无还期。”③此诗展现诗人隐居终南山的闲居之乐以及随遇而安之情。首联,叙说诗人中年以后隐居终南,颇好礼佛;颔联,展现诗人隐居之乐;颈联,写诗人闲居生活的自由与随性而动;尾联,进一步写出诗人的闲适自在之趣,“偶然”遇“林叟”,便“谈笑”“无还期”了,极妙地展现了诗人淡逸的天性和超然物外的风采④。《诗人玉屑》云:“此诗造诣之妙,至与造物相表里,岂直诗中有画哉?观其诗,知其蝉蜕尘埃之中,浮游万物之表者也。”⑤王维之“行到水穷处,坐看云起时”,其表面是写优游山水,但其中却暗含着任运随缘的禅机⑥,可谓有禅髓。但王维之诗的禅机禅髓,是不可言宣的,也只有靠赏评者去咀嚼体会。然而它却可以启示学人去领悟“居士默然,文殊深赞”之禅“意”与“如何是向上一路”之禅机。

为什么禅师们特别喜欢引用唐人之诗篇呢?

明末曹洞宗僧人觉浪道盛揭示了个中消息,他说:“唐人之诗,不言禅而可禅,以其意句俱活,不死于法,而机趣跃跃然在言外。”⑦他认为,唐诗“不言禅而可禅”即不说禅而有禅味,乃是因“其意句俱活,不死于法,而机趣跃跃然

---

① 严羽:《碧岩录》第 84 则,《大正藏》第 48 册,第 2003 号,第 209 页下。

② 严羽:《碧岩录》第 3 则,《大正藏》第 48 册,第 2003 号,第 142 页下。

③ 赵殿成:《王右丞集笺注》,上海古籍出版社 1984 年版,第 35 页。

④ 参见刘逸生对《终南别业》一诗的解析,萧涤非等人撰写《唐诗鉴赏辞典》,上海辞书出版社 1983 年版,第 155—166 页。

⑤ 魏庆之编:《诗人玉屑》,上海古籍出版社 1978 年版,第 314 页。

⑥ 参见郜林涛:《〈五灯会元〉中以诗证禅举隅》,陈允吉主编:《佛经文学研究论集》,复旦大学出版社 2004 年版,第 569 页。

⑦ 道盛:《吴二公半峰吟序》《天界觉浪盛禅师全录》《嘉兴藏》第 34 册,第 311 号,第 719 页上。

在言外”，不受法式束缚，富有言外之机趣，因而能呈现诗人“性情之隐微”①。他还具体分析了李白的《玉阶怨》含蓄蕴藉，其诗外之韵味（特别是诗人之“神情”），令人咀嚼玩味：“玉阶露白，旋生浸人，则空庭独立，夜分已久，直是彻骨冰冷，形影无依，不可攀援，而四顾踌躕，只有明月在天耳。一笔到底，不寂寞而寂寞已甚，不言悲怨而悲感凄怨极矣。作诗者之神情，原在诗外，所以谓之仙人也。”②又剖析了杜甫的《新婚别》：“老杜《新婚别》云‘妾身未分明，何以拜姑嫜’，人俱一往看过。余谓‘未分明’三字，写出新婚未成人之状，多少艰难羞涩，一篇精神，此其颊上三毛乎？”③

明末四大高僧之一的憨山德清④则提出了“诗乃真禅”的命题，他以陶潜和李白为证，声称他们能“自造玄妙”“造乎文字之外”。他说：“昔人论诗，皆以禅比之，不知诗乃真禅也。陶靖节云：‘采菊东篱下，悠然见南山。山气日夕佳，飞鸟相与还。’末云：‘此中有真意，欲辨已忘言。’此等语句，把作诗看，犹乎蒙童读‘上大人，丘乙己’也。唐人独李太白语，自造玄妙，在不知禅而能道耳。若王维多佛语，后人争夸善禅，要之岂非禅耶，特文字禅耳，非若陶李，造乎文字之外。”⑤

三、“禅栖不废诗”“佳句纵横不废禅”：诗禅互喻的理论依据

严羽提出了“以禅喻诗，莫此亲切”⑥的诗学主张，以禅理比喻诗理，指出

① 道盛：《吴二公半峰吟序》《天界觉浪盛禅师全录》《嘉兴藏》第 34 册，第 311 号，第 719 页上。

② 道盛：《杂纪 · 青山小述》《天界觉浪盛禅师全录》《嘉兴藏》第 34 册，第 311 号，第 782 页中。

③ 道盛：《杂纪 · 青山小述》《天界觉浪盛禅师全录》《嘉兴藏》第 34 册，第 311 号，第 782 页中。

④ 德清（1546—1623），字澄印，号憨山，俗姓蔡，全椒（今安徽全椒）人。十九岁出家受具足戒，并至栖霞山从法会受禅法，系临济宗系统下的禅师。

⑤ 德清：《杂说》《憨山老人梦游集》卷三九，《卍续藏经》（新编）第 127 册，第 776 页下。

⑥ 严羽：《答出继叔临安吴景仙书》，郭绍虞：《沧浪诗话校释》，人民文学出版社 1983 年版，第 251 页。

“诗道”与“禅道”在“妙悟”上，是相通一致的：“大抵禅道惟在妙悟，诗道亦在妙悟。”①严羽的诗学理论，是对前代和当时的诗人和禅家的有关诗学的论述的总结、概括与系统化，在中国诗学理论史上，曾产生过很大影响②。应当说，他的诗学思想，其来有自。

如果我们追溯中国诗学史，就可以得知，自唐代起，就有禅宗大师和禅宗诗人就诗与禅的关系，发表过不少意见。唐代诗僧皎然③对诗与禅的相似相融，作过论述，已开以禅喻诗与借诗说禅之先河。他反复申说诗禅不相妨：“市隐何妨道，禅栖不废诗。”④“儒服何妨道，禅心不废诗。”⑤“山阴诗友喧四座，佳句纵横不废禅。”⑥五代后唐禅宗诗人归仁⑦指出“诗为儒者禅”：“诗为儒者禅，此格的惟仙。”⑧唐末五代禅宗诗人齐己⑨则提出了“诗心何以传，所证自同禅”⑩的命题，指出了作诗与参禅，在证悟这一点上，是相通、相同的。

---

① 严羽：《沧浪诗话·诗辨》，郭绍虞：《沧浪诗话校释》，人民文学出版社 1983 年版，第 12 页。

② 参见顾易生、蒋凡、刘明今：《宋金元文学批评史》第二编第五章《严羽〈沧浪诗话〉》，上海古籍出版社 1996 年版；柳倩月：《诗心妙悟—严羽〈沧浪诗话〉新阐》，黑龙江人民出版社 2009 年版。

③ 皎然，唐诗僧。字清昼。湖州长城（今浙江湖州市）人，俗姓谢。自云谢灵运十世孙。早岁勤学，出入经史百家。中年慕神仙，曾博访名山。后皈依佛门，从杭州僧守真受戒。至德后，居湖州苕溪草堂、杼山妙喜寺等地。主要活动于大历、贞元年间，曾多次为初期禅宗诸祖师撰碑文。于頔言其诗“极于缘情绮靡，故辞多芳泽，师古兴制，故律尚清壮。其或发明玄理，则深契真如”（《杼山集序》）。其代表作有《杼山集》《诗式》。

④ 皎然：《五言酬崔侍御见赠》《杼山集》《禅门逸书初编》第 2 册，第 104 号，第 15 页上。

⑤ 皎然：《酬崔侍御见赠》《古今禅藻集》卷四，《禅门逸书初编》第 1 册，第 101 号，第 61 页下。

⑥ 皎然：《支公诗》《杼山集》《禅门逸书初编》第 2 册，第 104 号，第 65 页上。

⑦ 归仁，五代后唐僧。江南人。居洛阳灵泉寺，为曹洞宗疏山匡仁禅师法嗣，工诗。《全唐诗》录存六首。

⑧ 归仁：《读齐己上人集》《古今禅藻集》卷四，《禅门逸书初编》第 1 册，第 101 号，第 80 页下。

⑨ 齐己（约 864—943），唐末五代诗僧。自号衡岳沙门。湖南益阳人，俗姓胡，名得生。幼于沩山同庆寺出家习学律仪，后礼德山禅客，得解悟。性喜吟咏，不求名利，爱乐山水，不近王侯，他与李洞、郑谷、贯休、罗隐、陆龟蒙、司空图等均有唱和交往。孙光宪谓其诗“词韵清润平淡而意远冷峭”（《白莲集序》）。有《白莲集》《风骚旨格》。

⑩ 齐己：《寄郑谷郎中》《白莲集》《禅门逸书初编》第 2 册，第 106 号，第 53 页下。

但他指出，诗与禅又是有重要区别的。所谓“禅心静入空无迹，诗句闲搜寂有声”①，“禅关悟后宁疑物，诗格玄来不傍人”②，禅悟之后，一片寂静空灵，万法皆空；而诗悟之后，必须在“课虚无以责有，叩寂寞而求音”（陆机《文赋》）中，呈现艺术形象。他还提出“道自闲机长，诗从静境生”③的命题，指出道（禅心）与诗（诗思），都只能在“闲机”“静境”中产生。因为心机的兴起，诗思的涌动，只能在禅寂中产生，如果心绪不宁，烦恼萦身，“日日只腾腾，心机何以兴？”④宋初九僧之三的文兆⑤，则作出了“诗禅同所尚”的论断，指明了诗与禅在审美旨趣上是相通相同的。在他看来，禅家之作诗与参禅，在人生态度（审美态度）上是相通的，他们与世无争，在世间而出世间，悠闲而超尘，不趋时而脱俗，真所谓“为客闲相似，趋时懒一般”⑥。

从北宋中叶开始逐渐兴盛的“文字禅”，成为宋代文化，特别是禅宗文化的一大景观。在这一历史语境下，宋代禅师已把“文字禅”的内涵从佛教经典、祖师语录扩展到所有语言文字著作，特别是曾使唐代诗僧深深自责的富于形象的诗词绮语，被不少禅宗大师用来宏教说禅，“借诗说禅”成为北宋后期丛林的普遍现象，至南宋初期，情况愈演愈烈。有的上堂说法，好似以文会友；有的师徒授受，近乎以诗唱和。对此现象，褒贬不一，反对者，言辞激烈；赞成者，褒奖有加。大慧宗杲的法嗣万庵道颜禅师严厉批评：“古人上堂，先提大法纲要，审问大众，学者出来请益，遂形问答。今人杜撰四句落韵诗，唤作钓话；一人突出众前，高吟古诗一联，唤作骂阵。俗恶俗恶，可悲可痛！前辈念生死事大，对众决疑，既以发明，未起生灭心也。”⑦但却有禅门长老为之辩解，认为用优美的诗词说禅，可以“诱引人心通佛理”，即能够很好地吸引听众，使他

---

① 齐己：《寄蜀国广济大师》《白莲集》《禅门逸书初编》第2册，第106号，第121页下。

② 齐己：《道林寺居寄岳麓禅师二首》《白莲集》《禅门逸书初编》第2册，第106号，第112页上。

③ 齐己：《寄训高辇推官》《禅门逸书初编》第2册，第106号，第73页上。

④ 齐己：《静坐》，齐己《白莲集》《禅门逸书初编》第2册，第106号，第57页下。

⑤ 文兆，宋僧。南越人，工诗。为宋初九僧之三。欧阳修：《六一诗话》云：“国朝浮图，以诗名于世者九人。故时有集号《九僧诗》，今不复传矣”。

⑥ 文兆：《寄行肇上人》《九僧诗》《禅门逸书续编》第1册，第201号，第5页上。

⑦ 净善重集：《禅林宝训》《大正藏》第48册，第2022号，第1033页中。

们在形象的陶染中潜移默化,接受佛理。宋代著名禅师仲灵契嵩①在高度称赞唐代诗僧皎然的诗作时云:“昼公文章清复秀,天与其能不可斗。僧攻文什自古有,出拔须尊昼为首。造化虽移神不迁,昼公作诗心亦然。上跨骚雅下沈宋,俊思纵横道自全。禅伯修文岂徒尔,诱引人心通佛理。缙绅先生鲁公辈,早蹑清游慕方外。斯人已殁斯言在,护法当应垂万代。”②

对于自唐以来有关诗禅关系的论述,以及禅门大师普遍借诗说禅的现象,最先关注并进行概括的是长翁如净。他既是禅家又是诗人,基于他的禅学造诣和诗偈创作经验,提出了“借诗说教(禅),要与衲僧点眼”的主张。诚然,他并未就此作出进一步的理论阐释,也未形成系统的诗学理论。但他首先关注诗禅关系问题,并对此提出诗学主张,在时间上,早于严羽③。如净是从禅家诗人的视角看待诗禅关系问题,而提出“借诗说教(禅)”,而严羽则是以儒家诗学的观点探讨诗禅关系问题,提出“以禅喻诗”,两种主张相互补充,相互发明,可能使人们对诗禅关系问题,有更为详细的了解。

在他们之后,有不少禅师曾继续探讨诗禅关系问题,提出了一些有活力的观点,可以窥见禅宗诗学的风貌。从禅宗诗学著述得知,禅师们对诗禅关系的论述,涉及以下几个方面:

第一,认为诗法即禅法,诗禅是相通相同的,为此,一些禅师提出了诸如“诗家法即禅家法”“诗禅一也”等观点。

明僧吹万广真明确提出了“盖诗家法即禅家法也”的重要命题。他揭示

---

① 契嵩(1007—1072),宋僧。字仲灵,自号潜子。藤州镡津(广西藤县)人,俗姓李。七岁出家,受具后遍参知识,得法于洞山晓聪。善属文。庆历间,住杭州灵隐寺,后移永安精舍。仁宗赐号明教大师。

② 契嵩:《雪之昼能清秀》《三高僧诗》《镡津文集》卷十七,《大正藏》第52册,第2115号,第738页中。

③ 如净生卒年为:1163—1228年。严羽生卒年:据阅顾易生、蒋凡、刘明今:《宋金元文学批评史》第二编第五章《严羽〈沧浪诗话〉》,生年为1192(宋绍熙三年),卒年则引三种说法:1245年左右、1255年左右、1265年左右。上海古籍出版社1996年版,第370页。青年学者柳倩月根据陈一琴、朱东润、陈伯海、蔡厚示、许志刚等诸家之说,综合考察后认为:严羽生年大致在1192—1197年间,卒年约在1241—1245年间。见柳倩月:《诗心妙悟—严羽〈沧浪诗话〉新阐》,黑龙江人民出版社2009年版,第270页。

之曰:“顿然悟后,再不挨门傍户,所谓拈来无不是用处,莫生疑也。”[①]即诗家禅家均重顿悟,而有创新,脱离程式束缚,信手拈来,头头是道。他还进一步提出“做诗不参禅,不是好诗”,“托诗参禅,不唯有好诗,兼有好禅”的重要命题。指出:“好禅”(获得禅悟,进入禅境)就有佳“情境”:“好禅道出口头,不须情境,而挺特情境也”。他以白云守端之偈为例,称其为“会悟语”因而是佳什:“‘山前一块闲田地,叉手叮咛问祖翁。几度卖来还自买,为怜松竹引清风’,此白云端会悟语也,何尝不是诗?”又以黄庭坚之诗为例,称其佳作为禅:“‘惠崇烟雨芦雁,坐我潇湘洞庭,欲唤扁舟归去,旁人谓是丹青’,此山谷居士诗也,何尝不是禅?”[②]明末四大高僧之一的憨山德清,则提出“诗禅一也”之说[③]。明末曹洞宗僧觉浪道盛在《诗论》中引用憨山德清之论后,明确指出禅宗是用诗“接机”即接引学人、勘验学人的:“吾宗以之接机,山川烟云,草水飞跃,感物造端,不即不离,而协在其中矣。”[④]明末四大高僧之一的达观真可在《石门文字禅序》中,明确批评了“禅与文字有二”的观点,提出“禅”与“文字”非二的论断,他认为:“盖禅如春也,文字则花也。春在于花,全花是春;花在于春,全春是花。而曰:‘禅与文字,有二乎哉?’”[⑤]清初黄檗宗僧即非如一[⑥]也明确认为“诗即文字之禅”,他说:“诗,乃心之声也,因感物而著形焉,形声相感,触目无非文字,所谓诗即文字之禅。不达乎此,禅与诗岐而为二矣!”[⑦]

第二,认为诗不能离禅,禅不能离诗,诗禅是密不可分的,为此,一些禅师提出了诸如“以为禅则离诗非也,以为诗则离禅非也”“禅心诗思共依依”等观点。

---

① 广真:《诗僧传》《吹万禅师语录》《嘉兴藏》第29册,第239号,第535页中。

② 广真:《勉学说》《吹万禅师语录》《嘉兴藏》第29册,第239号,第541页中。

③ 应当说,明代禅师的“诗禅一也”“诗家法即禅家法”等观点,实为清代诗论家、神韵说的倡导者王士禛提出“诗禅一致,等无差别”(王士禛:《带经堂诗话》卷三,人民文学出版社1963年版,第83页)说之所本。

④ 觉浪盛:《诗论》,《天界觉浪盛禅师全录》《嘉兴藏》第34册,第311号,第701页中。

⑤ 慧洪:《石门文字禅序》《紫柏尊者全集》《卍续藏经》(新编)第126册,第873页上。

⑥ 如一:(1616—1671),清初黄檗宗僧。字即非。福州(福建省)福清人,俗姓林。曾参黄檗山密云,又师事黄檗山隐元,获隐元印可。顺治十一年(1654),隐元应邀赴日,十四年(1657)二月,如一亦与昙瑞、木庵等人东渡,并助隐元弘法。

⑦ 如一:《同声草序》《即非禅师全录》《嘉兴藏》第38册,第425号,第736页下。

清僧石濂大汕①指出,禅不离诗,诗不离禅:“以为禅则离诗非也,以为诗则离禅非也”。但诗禅有别。它们是“合之未始合,则离之亦未始离”②,是不即不离也。大汕乃是以曹洞宗之“重离六爻、偏正回互”③论诗。他强调“兼中到一位,为五位中之最尊贵”,“五宗之五为君臣道合④,君不偏于正,臣不正于偏,如银盘盛雪,明月藏鹭,混然而分明,斯为向上一路”,只有真正领悟“斯旨”,才“始可以言禅,并可以言诗”⑤。元代诗僧实存英⑥提出的“禅心诗思共依依”⑦,是一个十分重要的命题,它揭示了“禅心”与“诗思”是契合无间、相洽相融的。他关于“诗从心悟得,字字合宫商”⑧的主张,强调了“心悟”在诗歌创作中的重要性。他还指出,参禅与吟诗,并非易事,其微妙之处,是不可言

---

① 大汕(1632—1704),清僧。字石濂,一作石莲、石湖,号厂翁。江州(江西九江)人,俗姓徐。落发于觉浪道盛。初居燕之西山,后历住吴门竹堂、嘉兴水西、吴兴广福诸刹。康熙六年(1667)扫塔曹溪。三十三年春,越南国王阮福週专使迎往说法。大见信重,逾年归国。工诗善画,为世所贵。

② 大汕:《离六堂自叙》《离六堂集》《禅门逸书续编》第7册,第227号,第82页上。

③ 关于“正偏回互”(《宝镜三昧》)之说,曹山本寂在《五位君臣旨诀》中,对正偏之义作过解释:“正位即空界,本来无物.偏位即色界,有万象形。”正为正位,为体,为理,指本体界;偏为偏位,为用,为事,指现象界,这二者有着回互的关系。同时,体用一如,理事兼带,“兼带者冥应众缘,不堕诸有,非染非净,非正非偏,故曰虚玄大道无著真宗”(《五位君臣旨诀》)。用以显体,体以起用,由事见理,即理即事,“银碗盛雪,明月藏鹭”(《宝镜三昧》)——银碗是白色,雪也是白色,用银碗盛白雪表示一色之义,表示本体界与现象界的正偏关系;月光是白色,鹭鸳也是白色,用“明月藏鹭”表示一体之义,表示现象界是包容在本体界里。正位与偏位的关系,它们是不可分割的。但是,白雪不是银碗,鹭鸳不是明月,它们是不相等,有差别的,因为本体界是正、是主,现象界是偏、是末,所以说“类之弗齐,混则知处”(同上)。

④ 洞山良价与曹山本寂承继发挥了《参同契》和《宝镜三昧》的基本思想,提出了有名的“五位君臣”之说。曹山本寂称此说为“吾法宗要”(《五灯会元》卷十三《曹山本寂禅师》)。此说以“回互”学说为核心,详细地论述了本体界与现象界的相互关系。在曹洞宗人看来,只有“君臣道合”,才名为“兼中到”,即是既承认森罗万象的万事万物由本体派生,又承认万事万物本质是空无自性,才能克服片面认识,而达到“冥应众缘,不堕诸有,非染非净,非正非偏”,“不落有无”,“体用俱泯”的理想境。

⑤ 大汕:《离六堂自叙》《离六堂集》《禅门逸书续编》第7册,第227号,第81页下。

⑥ 释英,元僧。一作僧英,号实存。杭州(今属浙江)人,俗姓厉。幼而力学,稍长喜为诗,壮益刻苦。响慕贯休、齐己。游闽浙江淮。一日登径山,闻钟声有省。遂为浮屠,结茅天目山数年。历参诸方尊宿,皆得印可。其诗超然。

⑦ 释英:《山中作》《白云集》《禅门逸书初编》第6册,第117号,第9页下。

⑧ 释英:《夜坐读珦禅师潜山诗集》《白云集》《禅门逸书初编》第6册,第117号,第7页上。

说的,只有悟后方知:“参禅非易事,况复是吟诗。妙处如何说,悟来方得知。”①元代著名书画家、诗人赵孟頫在为释英的《白云集》所撰序中,在总结、评价释英的诗作、诗学时,指出释英之诗可谓“诗不离禅,禅不离诗”:释英“幼而力学,稍长喜为诗有能,诗声为一时名公所知赏,壮益刻苦”,“故其诗超然,有出世外之趣。夫诗不离禅,禅不离诗,二者廓通而无阂,则其所得,异于世俗宜也。”②

第三,认为诗中有禅,禅中有诗,诗禅可以互寓互渗互融,为此,一些禅师提出了诸如“有诗意便有禅机,有诗义便有禅解”“即禅而寓诗,即诗而入禅”等观点。

宋僧梵琮③曾指出,“诗中有禅”“禅中有诗”,并以诗为证,说明诗与禅是互渗互融的。他说:“诗中有禅,‘东湖湖上浪滔天,一叶扁舟破晓烟’;禅中有诗,‘手把乌藤出门去,落花流水不相知’。禅与诗何所为断?”④元僧原叟行端⑤曾以“诗禅”和“禅诗”称赞“无畏琳公”。他指出:“昔无畏琳公,玄理外,吟笔尤高古。一时士大夫,皆与为方外交。苏文忠尝擘窠大书云:‘琳老诗禅,或曰禅诗。’丛林至今,以为美谭。”⑥即是说,无畏琳公既通玄理,尤擅吟诗,其诗“高古”,既是“诗禅”,诗人之禅,诗中有禅(禅意);又是“禅诗”,禅人之诗,禅人心性的写照。

清初黄檗宗高僧性潡高泉⑦明确提出“有诗意便有禅机,有诗义便有禅

---

① 释英:《呈径山高禅师》《白云集》《禅门逸书初编》第6册,第117号,第10页上。

② 赵孟頫:《白云集原序》《白云集》《禅门逸书初编》第6册,第117号,第2页上。

③ 梵琮,宋僧。字率庵。得法于佛照德光,住江州云居。

④ 了见、文郁本空编:《率庵梵琮禅师语录》,《卍续藏经》(新编)第121册,第119页下。

⑤ 行端(1255—1341),元僧。字景元,号原叟。台州临海(今属浙江)人,俗姓何。参杨岐派径山藏叟珍得旨,嗣其法。大德七年(1303),赐号“慧文正辩禅师”。皇庆元年(1312),加赐“佛日普照”号。寂后徒众尊称为寂照禅师。行端擅长诗文,曾作《拟寒山子诗》百篇,“皆真乘流注,四方衲子多传诵之”。他在布化之余,“以余力施于篇翰,尤精绝古雅,自称‘寒拾里人’”。

⑥ 行端:《跋心远同知、五峰参政题高前山诗卷墨迹》《元叟行端禅师语录》《卍续藏经》(新编)第124册,第63页下。

⑦ 性潡(1633—1695),清初僧。属日本黄檗宗。字高泉,号云外,又称昙华道人。福建福州府福清人,俗姓林。慧门如沛禅师法嗣。宽文元年(1661),奉隐元隆琦之命东渡日本。元禄五年(1692)继为黄檗山第五世法席。敕谥大圆广慧国师、佛智常照国师。后世尊为黄檗山中兴之祖。

解”的论断。他在回答大乘佛教“不涉声色语言”,而“寄趣山水”有违“佛氏之教”的质问时,明确指出,“佛教不涉声色语言者,盖为人心不醒,妄自执著而言也”,而“吟咏忘机”亦“自适其适”,并“非实离声色语言”。他还引前贤典型,证明他们并未“离声色之外而透身者”,“是故灵云见桃花,香严击竹,自古传之”。在他看来。大自然千姿百态,“有诗意便有禅机,有诗义便有禅解,又何疑于涉声色语言乎?”①他在回答禅门中人为什么应机接人“亦不能外是(文字)”时明确指出,禅门宗师的所有文字,都是其“真操实履”的呈现,是“于性海中,流露将来”;他们之诗偈,乃是“不离文字相,不即真如性”,那么,“既真如不碍文字,岂文字独碍于真如耶?”②高泉提出“即禅而寓诗,即诗而入禅”的命题。他说:“吾姪天峰,禅人也,诗人也。即禅而寓诗,即诗而入禅,禅乎诗乎? 如鼓橐风中,投水海底,俱弗克以世智辨也。”③诗与禅,恰如投水于海、鼓橐于风,是互相渗透、互相交融的。

明代曹洞宗僧石雨明方④对何谓“诗中有禅”作了诠释。在他看来,所谓“诗中有禅”即“真诗禅”,乃是能“融文心为禅思”,“非有关于性命”,不是讲禅理,是“真妙悟”后的心声,“语语遒迈,复多警人心意,如流水细听看念断,非老于林下,听水二三十年者,乌能至是哉? 此真诗禅也。”⑤

需要指出的是,禅宗大师们在探讨论述诗歌活动(无论是创作,亦还是赏评)时,总是把它作为佛事来看待的。元代临济宗禅僧愚庵智及⑥明确指出,吟咏诗词乃“游戏翰墨,无非佛事”。而作诗赠诗则是利益众生的“四摄法”之一(“同事摄”)。他在回答关于尊宿“不以本分事接人,遗之以诗,有失大体”

---

① 性潡:《镂余集自序》《一滴草》《禅宗全书》第100册,中国台湾省文殊文化有限公司1988年版,第229页上。

② 性潡:《松泉集序》《一滴草》《禅宗全书》第100册,第230页上。

③ 性潡:《跋天峰姪诗集后》《一滴草》《禅宗全书》第100册,第235页上。

④ 明方(1593—1648),明代曹洞宗僧。字石雨。嘉兴(今属浙江)人,俗姓陈。世称石雨明方禅师。参见云门圆澄得法。

⑤ 方明:《严无敕居士山居诗序》《石雨禅师法檀》《嘉兴藏》第27册,第190号,第138页中。

⑥ 智及(1311—1378),元代临济宗大慧派禅僧。字以中,号愚庵,又称西麓。江苏吴县人,俗姓顾。径山寂照行端法嗣。至正二年(1342),于浙江隆教禅寺开堂,其后历住普慈禅寺、杭州净慈报恩禅寺、径山兴圣万寿禅寺。赐号“明辨正宗广慧禅师”。

之责问时,明确指出:"不然。上乘菩萨善巧利生,乃至示现种种形相,与其同事,岂非四摄之一也。"[①]在智及看来,"达人大观",吟咏诗词,乃"游戏翰墨,无非佛事",其旨在:"盖欲咨决大事因缘,碎尘劳窟宅,拔生死根株,岂吟咏云乎哉?"[②]长翁如净等禅师提出"借诗说教"即"借诗说禅",也是旨在强调通过诗歌"要与衲僧点眼","直与天下后世学者,解粘去缚",从而打开"将来眼"(法眼),把诗歌作为参禅悟道的重要途径和手段。

从禅宗诗学著述,可知"借诗说禅"涉及以下几个层面:借诗喻禅、借诗解禅、借诗悟禅。

借诗喻禅:是因为诗与禅在意蕴上有或相近、或相似、或相同之处。吹万广真认为诗法即禅法,提出"盖诗家法即禅家法",诗家禅家均是"顿然悟后,再不挨门傍户"[③],即是诗家禅家均重顿悟;清僧苍雪读彻[④]也说"禅机诗学,总一参悟",而"参悟"乃是参禅作诗的"不二法门"[⑤]。因而诗法与禅法是可以相喻的。本文前面所论及的长翁如净以杜甫诗喻"序品第一""正宗第二""流通第三",即是两者之意蕴有相似之处,所以可以相喻。

借诗解禅:宋代禅师在上堂说法中,普遍喜用一些描绘日月山川等自然物象的诗偈,以引导弟子去领悟禅理。如宋代曹洞宗僧人投子义青,工诗文,他在上堂说法中,诗句连珠,以启示弟子寄参禅于自然无为,领悟"即心是道""向外驰求,转沉魔界""不用求真,唯须息见"之理[⑥]。在借诗解禅中,还有一种递进式的二度解禅的形式,即先用颂古诗解读公案的禅旨,然后,用著名诗人的名篇去解释颂古诗所表达的禅意,从而使深邃的禅义,较为明白醒豁,能

---

① 智及:《天童佛海禅师遗墨》《愚庵智及禅师语录》《卍续藏经》(新编)第124册,第373页下。

② 智及:《中峰和尚莲花吟卷》《愚庵智及禅师语录》《卍续藏经》(新编)第124册,第373页上。

③ 广真:《诗僧传》《吹万禅师语录》《嘉兴藏》第29册,第239号,第535页中。

④ 读彻(1587—1656),清僧。字苍雪,又字见晓,号南来。呈贡(今属云南)人,俗姓赵氏。童年出家昆明妙湛寺,为寂光水月侍者。年二十五,受戒杭之云栖。参见雪浪于望亭,至吴门依一雨禅师于铁山。后住支硎中峰寺。道风郁崾,学侣多趋座下。工诗善画,与文震孟、姚希孟、吴伟业、钱牧斋诸公往复酬唱。

⑤ 参见吴伟业:《梅村诗话》《吴梅村全集》,上海古籍出版社1990年版,第1145页。

⑥ 参见自觉编:《投子义青语录》卷一,《卍续藏经》(新编)第124册,第451页上。

够引诱学人去体悟。如清僧百痴行元①引用唐代诗人贾岛《渡桑干》②一诗来解说普融藏主《颂》之禅“意”,堪称借诗解禅中二度解禅之范例。据《禅宗颂古联珠通集》卷三十九载:“五祖演问僧曰:‘倩女离魂,那个是真底?’”原注云:“王宙欲娶倩娘为妻,倩父母不许,倩遂卧病在家。王宙将欲远行,月下见倩来,同舟而去。三年后遂生一子,倩遂归父母家。才到门,家中有一倩娘,出来相见,两人遂合成一身。”③五祖法演之问,乃是追问“倩女”与“倩女魂”哪个是本来面目(真实生命)?普融藏主《颂》的回答是:“二女合为一媳妇,机轮截断难回互。从来往返绝踪由,行人莫问来时路。”在普融看来,“倩女”与“倩女魂”——身与心是不能分离的,所以“二女合为一媳妇”。按照曹洞宗“回互不回互”之义,心与物之间是本末显隐交互流注的关系④,而“倩女离魂”故事本身,乃是人为的“机轮截断”,离开了“回互”之理。普融指出,人的本来面目(真实生命)是难于把握的,它“从来往返绝踪由”,生从何来,死从何去,也是难于领悟的,“行人莫问来时路”。普融之意,在于截断学人的分别心,不要在葛藤里纠缠,而要返观自心,直下承当,以直探内在生命。百痴行元则借用《渡桑干》解《藏主颂》。《渡桑干》诗云:“客舍并州已十霜,归心日夜忆咸阳。无端更渡桑乾水,却望并州是故乡。”此诗首联、颔联,描述久客并州的思乡情怀。在那十年期间累积起来的、沉重的思念故乡之愁,时时萦绕心头。诗的颈联、尾联,则描绘能早日回到家乡的中途所感。“无端更渡桑干水”,诗人由山西北部之并州返回咸阳,取道桑干流域,连诗人自己也说不清道不明是为了什么。十年前初渡桑干,远赴并州,而今又再渡桑干,返回故土,其中的种种兴奋愉悦与抑郁难堪之情,溢于言表。其诗之妙,在于给读者留下了广阔的审美想象空间,那曾经因怀乡之念而让人感到负担沉重的并州,而今却令人感到那么温馨、亲切,因为它已不知不觉地成了诗人的第二个故乡。但这样一来,另外

---

① 行元(1611—1662),清僧。福建漳州漳浦县人,俗姓蔡。宁波天童费隐通融之法嗣。

② 据沈祖棻、程千帆考证,此诗实为刘皂之作。见《唐诗鉴赏辞典》,上海辞书出版社 1983 年版,第 979 页。

③ 法应集、普会续集:《禅宗颂古联珠通集》《卍续藏经》(新编)第 115 册,第 499 页上。

④ 参见皮朝纲:《禅宗美学史稿》第六章,《曹洞家风、偏正回互与禅宗美学》,电子科技大学出版社 1994 年版,第 120—121 页。

一种新的思乡之愁，又强烈地涌上心头，从而又要承受一种新的沉重的负担[①]。人们就会追问：深怀思念咸阳之情的诗人，与深怀思念并州（第二故乡）之情的诗人，究竟谁更真实呢？在百痴禅师看来，诗人的两种怀乡之情，都是人的本真生命的真实呈现。所以，他借此诗以释普融藏主《颂》之"意"，是意在言外，学人应返观自心，才有可能在般若观照中，见到本来面目。

借诗悟禅：《颂古联珠通集》的编辑者、宋僧法应，十分强调颂诗有重要的作用，它能"令众生悟佛知见"，能让学人"彻见当人本来面目"。他说自己编辑《禅宗颂古联珠集》，愿与天下学般若菩萨共之。"虽佛祖不传之妙，不可得而名言，初无字书，安有密语？临机直指，更不覆藏，彻见当人本来面目故。诸佛以一大事因缘，出现于世，譬喻言词，说法开示，欲令众生悟佛知见，岂徒然哉！"[②]《颂古联珠通集》的续辑者、元僧普会则强调颂诗有启发学人去体悟禅道的功用。在他看来，"道虽不在于言，言而当终日言，了道庸何伤？否则，一语犹以为赘也。"他引用宋僧佛鉴懃诗云："五云影里神仙现，手把红罗扇遮面。急须著眼看仙人，莫看仙人手中扇。"[③]然后，明确声称他"所集者"乃手中"扇"也，是引导学人去领悟佛法——"仙人"（本来面目）的重要工具和手段也。

在借诗悟禅中，有一种独特的表现形式，就是因诗悟禅，又赋诗言悟。有些禅师因阅诗、吟诗而悟道，或者因导师借诗启发而开眼，在开悟之后，又赋诗以呈现开悟的境界。唐五代灵云志勤[④]禅师的见道诗，享誉丛林，传遍天下，多人加以引用，宋代的黄龙派和杨岐派的弟子都有因此诗而开悟的。据《五灯会元》卷四《灵云志勤禅师》记载："（志勤）初在沩山，因见桃花悟道。有偈曰：'三十年来寻剑客，几回落叶又抽枝。自从一见桃花后，直到如今更不

---

① 参见沈祖棻、程千帆对此诗的精细剖析。见《唐诗鉴赏辞典》，上海辞书出版社 1983 年版，第 979—980 页。

② 法应：《禅宗颂古联珠旧集本序》《禅宗颂古联珠通集》《卍续藏经》（新编）第 115 册，第 3 页上。

③ 普会：《禅宗颂古联珠通集序》《禅宗颂古联珠通集》《卍续藏经》（新编）第 115 册，第 1 页下。

④ 志勤，五代禅僧。长溪（今属福建建霞浦）人，俗姓许。在沩山见桃花悟道，禅林称为"灵云见桃明心"。长庆大安法嗣。住本州灵云山，大宏祖道。

疑。’沩览偈，诘其所悟，与之符契。沩曰：‘从缘悟达，永无退失，善自护持。’”[①]灵云志勤的开悟表达了他多年求道而未悟道，有一天，他看到了盛开的桃花，从而开悟，进入禅境。“寻剑客”语出张华《博物志》。张华见某地有剑气直冲牛斗，于是请他的好友来这里任太守，然后发掘出干将、莫邪两把宝剑。志勤用此以比况自己多年来如寻宝剑的客人一样参禅求道。三十年来他苦苦求索，不知经历了多少个“落叶”“抽枝”的春秋情境，终于神剑悄然在握，法眼顿然敞开[②]。云灵的见道诗，影响十分广泛而深远。黄龙派门人觉海法因庵主就因阅读此诗而开悟的。据《续传灯录》卷二十四《觉海法因庵主》记载：平江府觉海法因庵主，“年二十四，披缁服进具，游方至东林谒慧日。日举灵云悟道机语问之。师拟对，日曰：‘不是！不是！’师忽有所契，占偈曰：‘岩上桃花开，花从何处来？灵云才一见，回首舞三台。’日曰：‘子所见虽已入微，然更著鞭当明大法。’师承教，居庐阜三十年，不与世接，丛林尊之。”[③]觉海法因庵主的见道诗，乃是他对导师东林慧日借灵云之诗使他体悟到本真的自性后，又赋诗言悟的。前两句，是从灵云之“自从一见桃花后，直到如今更不疑”而提问：灵云因见桃花而开眼，那令人开眼的花从何而来？后两句，则作了明确的回答：在觉海法因庵主看来，灵云“一见桃花”盛开，心灵为之震动，感悟到自己的本来面目，胸中涌现了无以言宣的巨大变化[④]。“三台”在汉代是对尚书、御史、谒者的总称，尚书为中台，御史为宪台，谒者为外台[⑤]。《后汉书·袁绍传》：“坐召三台，专制朝政。”[⑥]三台掌握国家大事，觉海法因庵主借以比喻法眼打开后的巨大变化——不可言传，只可意会的开悟境界。杨岐派门人何山守珣也是受导师佛鉴慧懃禅师借灵云之诗启示后，而赋诗以呈现自己的禅悟境界的。据《续传灯录》卷二十九《何山守斑禅师》记载：安吉州何山佛灯守珣禅师，曾“参广鉴瑛禅师，不契。遂造太平（佛鉴慧懃），随众咨请，邈无所

① 普济：《五灯会元》，中华书局1984年版，第239页。

② 参见冯学成：《明月藏鹭—千首禅诗赏析》，四川文艺出版社1996年版，第134—135页。

③ 居顶：《续传灯录》《大正藏》第51册，第2077号，第628页上。

④ 参见杨咏祁、陈国富、唐粒：《悟与美—禅诗新释》，四川人民出版社1998年版，第17页。

⑤ 臧云浦、朱崇业、王云度：《历代官制、兵命制、科举制表释》，江苏古籍出版社1987年版，第191页。

⑥ 范晔：《后汉书》卷七十四上，中华书局1973年版，第2395页。

入”，于是自“封其衾曰：‘此生若不彻去，誓不展此！’于是昼坐宵立，如丧考妣。”这样过了七七四十九天，一日，“忽佛鉴上堂曰：‘森罗及万象，一法之所印。’”守珣闻后，豁然顿悟，往见佛鉴印可。佛鉴曰：“可惜一颗明珠，被这风颠汉拾得。”并借用灵云之诗以勘验其真伪曰：“灵云道：‘自从一见桃花后，直至如今更不疑。’如何是他不疑处？师曰：‘莫道灵云不疑，只今觅个疑处，了不可得。’鉴曰：玄沙道：‘谛当甚谛当，敢保老兄未彻在。’哪里是他未彻处？师曰：‘深知和尚老婆心切。’鉴然之。”守珣在得到佛鉴的印可后，拜起呈偈曰：“终日看天不举头，桃花烂熳始抬眸。饶君更有遮天网，透得牢关即便休。”佛鉴嘱令他好好护持，并于“是夕厉声谓众曰：‘这回珣上座稳睡去也！’”①守珣也是从灵云之见道诗得到启发而悟道的。他的开悟诗，概括描述了灵云之诗的意蕴：灵云在“终日看天”，追求向上一路（禅法至极微妙之真谛），但他却能当下返观自心，进行般若观照，不为物役，不随境迁。当时节因缘到来，举目四望，桃花烂漫，一片春光明媚，心灵震撼，法眼顿开，彻悟本心是佛。虽然人们受种种烦恼之缠绕，恰如“遮天网”之覆盖，但有决心之禅人，会以自性中之般若剑，冲破覆盖，突破“牢关”②，而达于佛陀之境。守珣之见道诗，既是对灵云悟道的写照，也是他自己禅悟体验的呈现③。

---

① 居顶：《续传灯录》《大正藏》第51册，第2077号，第666页下。

② 禅宗有所谓破三关，即开悟的三个阶段：破初关（破本参）、破重关、破牢关。禅宗本来是主张顿悟的，但由于学人根有利钝，智有深浅，为了适应学人的根性，进行教学，所以有破三关的办法。除了上上机以外，一般学人都要经过三关的阶段，其中以破本参（破初关）为重要。太虚大师指出：不破本参，则“根本谈不上后二关。然破本参而不知有重关须破，则易落于天然外道；破重关而不知透末后牢关，亦易安于小乘涅槃。所以必须透过三关，始可真实达到佛祖的境地。”（太虚：《中国佛学》第二章，中国佛教协会、中国佛教文化研究所1989年版，第73页）“牢关”即坚牢之关，转迷为悟之关，破了牢关以后，自觉本来是佛，达于超越一切的境地。

③ 参见杨咏祁、陈国富、唐粒：《悟与美—禅诗新释》，四川人民出版社1998年版，第19—20页；洪修平、张勇：《禅偈百则》，中华书局2011年版，第106—107页。

第四章　禅宗诗学理论构架辨析

金人托梦，释氏幻化中华文化韵味。一花五叶，禅宗涵养传统信仰品格。不离文字，文学成就禅宗诗学精神。与诗学精神相联系，禅宗以重视心源、提倡心性修养，构建其人生论哲学；以崇尚禅悟、获得境界般若，构建其境界论哲学；以接引众生、注重开示法门，构建其实践论哲学。作为禅宗哲学的文学化，禅宗诗学理论构架的内容因此包括心为本源、胸襟修养、生命体验、艺境追求、像教悦情、禅艺互释六个方面。

禅宗独贵心源，因而禅宗诗学传达出以心为源的信仰理念，因不离文字而催生诗禅融合，因以文传心而提倡吟咏性情之正。禅宗强调修炼心性，因而禅宗诗学文学化地呈现平常心是道、明心见性的胸襟修养，禅学修为成为诗文创作的前提条件，文学活动成为禅门修为的重要方法。禅宗崇尚悟门，因而禅宗诗学记录了其言约旨远的生命体验，范围涵盖自在存在的审美客体，感物寄情的审美境界，心性天真的人生追求。禅宗重视境界般若，因而禅宗诗学关注诗歌的艺境追求，在意义层面上，关注诗歌用词、音韵和语言问题；在意蕴层面上，强调以禅为体、以诗为用的体用结合；在哲理层面上，主张“融文心为禅思”哲学追求。禅宗注重接引，因而禅宗诗学提炼出像教悦情的教化方法，认为诗文创作是在做魔事者，强调悟禅须正信、三业犯罪业、文字是葛藤；认为诗文创作是在做佛事者，主张诗文创作是游戏三昧、是摄受众生之法、是促进三教融合的重要手段。禅宗有“学诗浑似学参禅”修行实践，因而禅宗诗学总结出禅艺互释的诗学规律，以禅喻诗能融文心为禅思，以诗喻禅为宣扬佛法打开方便之门，禅、诗互释是诗禅一味地最佳诠释，禅、诗两妨则揭示了禅、诗之间的矛盾关系①。

---

① 诗禅互释问题，在第三章中已有论证，兹不赘述。

一、“诗，乃心之声也”，“以心为宗”：心为本源观

所谓“心源”者，乃心为一切万有之根源也。

禅宗又名佛心宗。“佛心”，一指如来慈爱之心，一指不执著于任何事、理之心，一指人人心中本来具足之清净真如心。从客观之心到主观之心，禅宗“不立文字，教外别传，直指人心，见性成佛”的法门，为以心传心的传道方法提供了依据。憨山老人因此说：“佛法宗旨之要，不出一心。由迷此心，而有无常苦。以苦本无常，则性自空。空则我本无我，无我则谁当生死者？此一大藏经，佛祖所传心印，盖不出此六法。”①在禅宗看来，佛性和智慧皆人心固有，因而佛法要旨，不出一心。若悟得离思虑分别之心识，即是真知见，此“真知见”与智慧同义。获真知见，即得佛心。然而参修者常常依照自己的思虑分别，只是口诵佛经，在文字口舌间卖弄经义教理，心不悟佛法，徒增诸烦恼，所获者为“知见”，而非佛知见、非知见波罗蜜，故曰“心迷”。“心迷法华转”者，获有漏之果报，故称为苦；世间皆因缘所生灭，而无固定不变之实相，故称为空。抛却知见，见苦、见空，则达到远离二执、断灭烦恼之无漏境界。无执则可无我，可了知诸法因缘所生，实无自性实体。一旦悟入，则知心性即真如。离迷得悟、离染得净，成就自性清净心，即得本源。

以心为源，首先强调以心为宗。

禅宗五祖皆以《楞伽经》为根本经典，他们的思想和宗风一脉相承，故称为楞伽师。《楞伽经》中的如来藏说，对禅宗心性理论有重要影响。如来藏者，指的是在一切众生的烦恼身中，隐藏着本来清净（即自性清净）的如来法身。《楞伽阿跋多罗宝经》云：“自性无垢，毕竟清净，其诸余识有生有灭。”“此如来藏识藏，一切声闻、缘觉心想所见，虽自性清净，客尘所覆故，犹见不净。”②盖一切染污与清净之现象，皆缘如来藏而起，即称如来藏缘起。《宗镜录》引马祖道一观点，论述了“以心为宗”思想：“《楞伽经》云：佛语心为宗，无

---

① 德清：《六咏诗跋》《憨山老人梦游集》卷三十二，《卍续藏经》第127册，新文丰出版有限股份公司1994年版，第675页上。

② 求那跋陀罗：《楞伽阿跋多罗宝经》卷四，《大正新修大藏经》第十六卷，第510页中、下。

门为法门。何故佛语心为宗？佛语心者，即心即佛。今语即是心语，故云佛语心为宗。无门为法门者，达本性空，更无一法，性自是门，性无有相，亦无有门，故云无门为法门。”①由此可见，中国禅宗借如来藏缘起，关注的是本体心性的探讨，重视心性本原的体悟。经论中常以该思想阐明人之迷、悟对立意义。

以心为宗，先悟后修，是修行的法门。本净和尚认为，先修后悟之功难逃生灭，先悟后修之功不会虚弃：“我修行与汝别，汝先修而后悟，我先悟而后修。是以若先修而后悟，斯则有功之功，功归生灭；若现悟而后修，此乃无功之功，功不虚弃。”②大乘悟入境界，乃是证见真理、断除烦乱、圆具无量妙德、广施自在妙用的境界。云谷因此说，参禅需走悟门：“参禅学道，别无玄门要路，须是当人自悟始得，”“参禅无别路，彻底须自悟，悟与未悟时，毫发不差互。”他还认为，包括诗歌在内的百工伎艺，也各有悟门：“譬如诸子百家百工伎艺，亦各有悟门。若得悟去，自然脱白露净，便有精妙之理。”③

如果诗歌能够成为悟门，那么，不离文字的明心见性，也是以心为宗的体现。高泉性潡在回答：“祥门中人应机接人，亦不能外是（文字）者何哉”的问题时，说道：“普慧云兴二百问，普贤瓶泻二千酬，不离文字相，不即真如性。既真如不碍文字，岂文字独碍于真如耶？”同时明确指出，禅门宗师的所有文字，都是其“真操实履”的呈现：“矧禅门中，所有文字，皆真操实履。人于性海中，流露将来，言在意表，意在言外，其可以一隅观之。”④经过长期实践，禅与文字建立如下关系：“不可离文以为禅，即不可离禅以为文，此石门老人文字禅之所由作也。”“自偏见枯寂之徒，出执‘不立文字’一语，以为西来大旨仅此而已，不知大得手人，圆通无碍，时而敛襟正究，时而嬉笑怒骂，时而机锋杀活，时而挥毫落纸，何文之非禅，何禅之非文？”⑤马端临因此说：“（禅宗）本初自谓直指人心，不立文字，今四灯总一百二十卷，数千万言，乃正不离文字耳。”⑥

既然以心为宗可以不离文字，那么诗、禅结合就能相得益彰。

---

① 延寿：《宗镜录》卷一，《大正新修大藏经》第四十八卷，第 418 页中。
② 本净语见延寿：《宗镜录》卷十五，《大正新修大藏经》第四十八卷，第 496 页中。
③ 云谷：《告香普说》，《云谷和尚语录》卷下，《卍续藏经》第 127 册，第 169 页上、下。
④ 高泉：《松泉集序》《一滴草》，明复主编：《禅门逸书续编》第 3 册，第 224 号，第 36 页上。
⑤ 杜国柱、石安：《集文字禅序》《集文字禅》《嘉兴藏》第 29 册，第 227 号，第 185 页中。
⑥ 马端临：《文献通考》卷二二七，《四库全书》第 614 册，第 689 页下。

在谈读东坡《法云寺钟铭》的体会时，真可禅师以春和花喻自心和文字："予读东坡法云寺钟铭，大悟语言三昧陀罗尼，盖一切文字语言，皆自心之变也。""知其如此，可以为诗，可以为歌，可以为赋，可以悲鸣，可以欢呼。文字如花，自心如春。春若碍花，不名为春：花若碍春，不名为花。惟相资而无碍，故即花是春也。"①在回答"禅宗不立文字，何取于声诗而传欤"时，即非如一禅师认为诗禅不二："诗，乃心之声也，因感物而著形焉，形声相感，触目无非文字，所谓诗即文字之禅。不达乎此，禅与诗岐而为二矣！"他明确指出，"声诗有补于世教者多矣，其可不传乎？"②在大乘佛法和诗文创作关系上，高泉禅师通过实践，得出如下结论：一、在回答大乘佛教"不涉声色语言"，而"寄趣山水"有违"佛氏之教"的质问时说："佛教不涉声色语言者，盖为人心不醒，妄自执著而言也。殊不知，见仁者谓之仁，见智者谓之智，亦自适其适耳，非实离声色语言也。"二、引前贤典型："灵云见桃花，香严击竹，自古传之。东坡亦云'溪声便是广长舌，山色无非清净身'，此岂离声色之外而透身者乎？"三、诗禅可以有机融合："有诗意便有禅机，有诗义便有禅解。""且山间溪光竹籁草木禽鱼种种，有诗意便有禅机，有诗义便有禅解，又何疑于涉声色语言乎？"③

禅宗思想从以心传心到以文字传心的过渡，推动了禅宗"以心为源"诗学观的形成发展。

横川行珙禅师提出，诗"要写心源"："做诗无题目，只要写心源。心源虽难搆，浅深在目前。""在目前"，首先意味着在当下，返观自心，即心即佛。其次意味着即目兴怀，目击道存。横川行珙以寒山为例，指出寒山做诗，是"发本有天真"，"皆清净性中流出"④。道灿也主张诗歌创作以心为宗："或问诗以何为宗？予曰：心为宗。苟得其宗矣，可以晋魏，可以唐，可以宋，可以江西，

① 真可：《拈古》，《紫柏尊者全集》卷十六，《卍续藏经》第126册，第923页上、下。

② 如一：《同声竹序》，《即非禅师全录》卷二十四，《嘉兴藏》第38册，第425号，第736页中、下。

③ 高泉：《镤余集自序》《一滴草》，明复主编：《禅门逸书续编》第3册，第224号，第35页上。

④ 行珙：《寒山》《横川行珙禅师语录》卷下，《卍续藏经》第123册，第399页下。

投之所向，无不如意，有本者如是，难与专门曲学泥纸上死语者论也。”①在道燦看来，以心为源，师心独造乃诗歌创作之根本。在师心和师古、师今之间，师心是师古、师今的基础。道灿的“以心为宗”的诗学见解，与后世很多主流文艺理论家的理论主张相一致。王世贞在批评李梦阳文必西京、诗必盛唐之后说：“遇有操觚，一师心匠，气从意畅，神与境合，分途策驭，默受指挥，台阁山林，绝迹大漠，岂不快哉！世亦有知是古非今者，然使招之而后来，麾之而后却，已落第二义矣。”②以心为源，如若外求，则会师古、师今、师自然；如若内搜，则会独抒性灵。袁枚因此说：“人闲居时，不可一刻无古人；落笔时，不可一刻有古人。平居有古人，而学力方深；落笔无古人，而精神始出。”③他的独抒性灵的诗学观，与山峰宪十分相像。在净宪禅师看来，第一，为诗之法（创作原则），是以抒写性灵为旨归（宗旨），以呈现静理为趣味。他因此说“然诗之为法，以性灵为旨，静理为趣”。第二，诗中的“山川人物、禽鱼草木”，都在诗人性灵之中——或是诗人性灵汰选、镕铸过的意象：“山川人物、禽鱼草木，悉我性灵中物。”而诗人的喜怒哀乐、言行品节，乃是诗人性灵之全体：“喜怒哀乐、言行品节，本我性灵之全体。”诗人之性灵，即诗人的内在生命，即诗人之禅心，“既得性灵之全者，则何禅之不在我耶?”④

禅宗“以心为源”的诗学观，体现着儒、释两家诗学观的融合。

儒家倡导以诗言志，觉浪道盛禅师也有用诗写志之说：“予叹赏其风神，亦步十诗之韵为忆嵩诗，以写吾志。”⑤在禅宗诗学著述中，专门论诗的专论极少，觉浪禅师的论诗专论《诗论》就显得弥足珍贵。他论诗，充分吸取儒家的诗学观。如曰：“诗者，志之所之也，持也，时也。”如引“六义”说、“兴观群怨”之“四可”说：“诗有六义，实是比兴赋，三互而风转，古今之轮焉。诗有四可，

---

① 道灿：《送然松麓归南岳序》《柳塘外集》，明复主编：《禅门逸书初编》第5册，第115号，第36页下。

② 王世贞：《艺苑卮言》卷一，《历代诗话续编》中册，中华书局1983年版，第964页。

③ 袁枚：《随园诗话》卷十，人民文学出版社1982年版，第353页。

④ 净宪：《耿道符先生诗序》《岫峰宪禅师语录》卷十，《嘉兴藏》第34册，第298号，第122页下。

⑤ 道盛：《忆嵩诗》《天界觉浪盛禅师全录》卷十八，《嘉兴藏》第34册，第311号，第689页下。

实是哀乐之两端,感于中而相生者也。风写情景,雅叙事理,颂称功德,用之乡国朝廷宗庙。其概也,约言之,雅颂皆兴于风,而比兴所以为赋,三自兼六,而三自互焉。古今之轮,转而不已,就海洗海,圣人因之。四可者,可以兴、可以观、可以群、可以怨也,是远近一多之贯也。惟兴乃观,惟观乃群,惟群乃怨。"他提出诗是"传心光"之论:"声气实传心光,心不见心,以寓而显,故诗以风始,是曰心声。"①

儒、禅诗学融合的直接表现,就是诗文创作"情性说"的提倡。

作为诗歌艺术本质规律的内在组成,"情性"是"诗道"观研究的重要内容。皎然说:"两重意已上,皆文外之旨,若遇高手如康乐公,览而察之,但见情性,不睹文字,盖诣道之极也。向使此道,尊之于儒,则冠六经之首;贵之于道,则居众妙之门;崇之于释,则彻空王之奥。"②在皎然看来,情性是道之极则,如儒家之六经,如释家之空王。因此,他认为诗歌只要吟咏情性,就不以用事为贵。如果说"诗道"重在研究诗歌的创作规律,那么"诗教"则重在强调诗歌的宣传教育作用。两者的轻重问题,引起了禅门中人的探讨。释斯植从诗道观出发,主张诗歌要"乐情性",就要关注诗歌的"言志"功能,而不是它的教化作用:"诗,志也,乐于情性而已,非所以有关于风教者。"③与之相对应的是,永觉元贤禅师则持相反观点,秉持诗教观,推崇诗歌的教化功能。他引庄子诗论,赞成"诗以道性情"之说,又引儒家"温柔敦厚诗教"之论,赞成"诗惟在得其性情之正而已"。他批评有的诗论家"反是专以雕琢为工,新丽为贵,而温柔敦厚之意,索然无复存者。是岂诗之教哉?"他赞赏潭阳立上人之诗,"有古之道焉,其情宛而至,其气肃而和,其辞雅而温,其趣清而逸,无非率其性情之正,发其所欲言者而已。"④

性情有正有邪,禅师们往往强调诗歌吟咏性情之正。

在函昰看来,拥有性情是人与生俱来的能力:"天下未有人而无性者也,

① 道盛:《忆嵩诗》《天界觉浪盛禅师全录》卷十九,《嘉兴藏》第 34 册,第 311 号,第 701 页上。

② 皎然:《诗式》卷一,《重意诗例》,中华书局 1981 年版,第 31—32 页。

③ 斯植:《采芝续稿》,明复主编:《禅门逸书续编》第 1 册,第 207 号,第 14 页上。

④ 元贤:《澹轩集序》《永觉元贤禅师广录》卷十四,《卍续藏经》第 125 册,第 556 页上。

亦未有性而无情者也，依性达情而文生焉。故文所以自见其性情者也。”“然所谓至者，有天道焉，有人道焉。”[①]通门主张，诗的“触境命词”，应“皆得性情之正”[②]。为霖禅师论诗，吸取儒家诗学观（如“关雎乐而不淫，哀而不伤”），看重“诗得性情之正”者。他认为觉非先生之诗，“得性情之正，匪徒事风云花鸟、求句之工体之肖而已”，“夫人莫不有是性，亦莫不有是情。天赋全者得其正，则形诸语言，见诸行事，皆足为天下后世法。”[③]道灿吸收儒家诗学观“诗主性情，止礼义，非深于学者，不敢言”，因此他肯定营玉涧“本之礼义以浚其源，参之经史以畅其文，游观远览以利其器，反闻默照以导其归，由千锻万炼以归于平易，自大江大河而入于短浅，轻不浮，巧不淫，肥不腴，癯不瘠”[④]。以此类推，就可以得出一个“性—情—文”的诗学言说逻辑：“文所以达其情者也，情所以极乎性者也。”由此可见，情之极为至正之性。

二、“诗，天地间清气；非胸中清气者，不足与论诗”：胸襟修养观

方立天认为，“平常心是道”和“明心见性”是禅师们提出的心性修养的重要命题[⑤]。“平常心是道”源于禅宗公案：“南泉因赵州问：‘如何是道？’泉云：‘平常心是道。’”[⑥]从南泉普愿接化赵州从谂的话语中，我们可以发现，禅林中人认为，日常生活所体现出的根本心，见于喝茶、吃饭、搬柴、运水等日常琐事，都与道连为一体。平常心内连道体，外显为行、住、坐、卧等四威仪举止。不放逸懈怠，常肃穆庄严，四威仪中就能显示真实的禅。“明心见性”即指明

---

① 函昰：《伦宣明使君释骚序》《庐山天然禅师语录》卷十二，《嘉兴藏》第 38 册，第 406 号，第 196 页中。

② 通门：《与叶岳心》《牧云和尚懒斋别集》卷四，《嘉兴藏》第 31 册，第 267 号，第 571 页下。

③ 道霈：《沉中翰觉非先生诗集序》《为霖禅师旅泊菴稿》卷三，《卍续藏经》第 126 册，第 32 页下。

④ 道灿：《营玉涧诗集序》《柳塘外集》，明复主编：《禅门逸书初编》第 5 册，第 115 号，第 34 页下、35 页上。

⑤ 方立天：《中国佛教哲学要义》，中国人民大学出版社 2002 年版，第 544 页。

⑥ 《无门关》《大藏经》第 48 册，第 2005 号，第 295 页中。

了自性清净心,彻见自心本然之佛性。修行人抛开一切颠倒妄想而达到明彻境界,即是明心见性。明心见性之说,在六祖慧能那里,就是“见性成佛”之论。《六祖大师法宝坛经·机缘品》云:“汝之本性犹如虚空,了无一物可见,是名正见;无一物可知,是名真知。无有青黄长短,但见本源清净,觉体圆明,即名见性成佛。”①禅宗强调“不作佛求,不作法求,不作僧求”,惟作心求,可见佛法就是自己的真心自性。也就是说,做佛事或求生净土,只是禅宗修为的皮相。禅宗修为应不执外修、不假外求,而以般若智慧,觉知自心真性,而不执外修、不假外求,方可修得正果。即要悟得觉体圆明的本源,需冲破当下烦恼生死的疑团迷云,独露一己之本来面目。

严格意义上的胸襟修养,在禅宗那里,就是修行。行者欲体验佛陀境界,就要专心修养。久而久之,发展出各种戒律条文、日常规范与精神修养方法。如戒、定、慧三学,如正见、正思惟、正语、正业、正命、正精进、正念、正定等八正道,如苦、集、灭、道等四谛。此外,四禅天、四念处等修行阶段亦极发达。论及修为之准则,佛教有所谓“八万四千法门”之称,然其主要者,即包括以上的三学、四谛、四禅天、四念处、八正道等条目。所修阶级,从声闻、缘觉、菩萨之修行,至最后果位。其修行时间各有不同,声闻须三生六十劫,缘觉须四生百劫,菩萨须三祇百劫。

对于很多禅僧而言,其胸襟修养可以实现“文学化”的转化。中国禅宗文学活动,可以说是禅宗哲学思想的形象化表现。禅宗诗学的很多内容,都涉及胸襟修养。

首先,禅学修为是诗文创作的前提条件。天隐和尚指出,诗颂创作的先决条件,是超脱一切“圣凡迷悟三乘学解”,成为一个“依真道人”:“实乃圣凡迷悟三乘学解一齐超脱活脱无依真道人也!”②基于此,禅师在进行诗文创作中,要诗品、人品合一。空谷景隆论诗强调人的品德修养:“心也者,一身之枢,妙道之本,人所得之,无往不可必也。笃其志,慎其行,遵其教,明其道,然后陆沉众中,潜行密用,长养圣胎,忽尔清风四闻,因缘会遇,人所推举,住持一方,为

① 慧能:《六祖大师法宝坛经》《大正藏》第48册,第2008号,第356页下。

② 圆修:《示印中授徒》《天隐和尚语录》卷十二,《嘉兴藏》第25册,第171号,第581页下。

人师范，岂小事哉！固当益厉其志，益固其行，益崇其教，益弘其道，尊贤容众，启迪后昆，庶不谬为沙门释子续佛慧命者也。”①他认为沙门只有识得心达本源，才能笃志、慎行、遵教、明道，才能有嘉言善行；反过来，通过厉志、固行、崇教、弘道，有嘉言善行，才符合心达本源的禅宗宗旨。牧云通门禅师认为“人乎近诗”，人品即诗品，诗品即人品。“懒亦能感人”，是说“懒”作为一种人生态度，也有感染人的力量。“懒”者，优闲也，闲适也，无事于心，无心于事也。②基于同样道理，牧云评价“梅溪庵主”之诗，有沁人心脾之力，可使人脱去尘俗：“梅诗快读，尘埃脱尽，如坐冰壶。”“非诗不洩梅之神，非梅不发诗之韵。诗乎，梅乎？殆莫可分矣。”指明“人”与“诗”合一，只有诗能呈现“梅溪”之风姿神韵即独特个性；只有“梅溪”才能展示诗之独特韵味。③ 牧云通门禅师博通外学，能诗文，擅长书绘，颇有魏晋古风。牧云所言之“懒”，并非真懒，而是相对于方外之人役役不休，为身所患的“勤”而言，是一种超凡脱俗的逸境；牧云所言之“梅”，并非是仅指梅溪庵主，而是包含“斯是陋室，惟吾德馨”的梅花神韵和精神修养。懒以喻逸，梅以喻德，其中比德韵味浓郁，展现出胸襟修养之美。

禅学修为能让身、口、意三业清净，远离杀生、不与取、邪淫等一切邪妄，因此称为正业；诗文创作乃佛、菩萨应众生之利益，而变现与众生同类之形象，因此称为应化。憨山把探佛理、究佛性作为不加纸笔的正业，把诗文创作当成是因正业而来的随机应化。他说：“自惟早弃笔研，志探玄理，穷究性原者有年。至若诗文，原非本业，即有一二口头语，慨以应化之迹，殊非作者擅场也。”④憨山指出，古人参禅求道，乃是“为生死大事不明”，“专为究明己躬下事”，“必欲究此大事，只可运粪出，不可运粪入。直须将妄想恶习，文字知见，一齐吐却，放得胸中干干净净，了无一法当情。”他批评丛林中一些人：“若今住山，任意

① 景隆：《送徵古源住持翠峰诗偈序》《空谷集》，明复主编：《禅门逸书续编》第 2 册，第 215 号，第 4 页下。

② 参见通门：《答郑子康》《牧云和尚懒斋别集》卷六，《嘉兴藏》第 31 册，第 267 号，第 582 页上。

③ 参见通门：《与梅溪庵主》《牧云和尚懒斋别集》卷六，《嘉兴藏》第 31 册，第 267 号，第 582 页下。

④ 德清：《与高司马》《憨山老人梦游集》卷十五，《卍续藏经》第 127 册，第 418 页上。

悠悠,随情放旷,妄想起来,又要逗凑几句诗,作两首偈,当悟的道理,消遣日子。如此只是一个养懒的痴汉,如何唤作住山道人。不唯唐丧光阴,抑且虚消信施,挨到腊月三十日,将什么见阎老子。不是将一首诗,一首偈,便可抵得他过也。”①在部分禅师看来,如果颠倒了禅学修为与诗文创作之间的源流关系,那么就值得批评反省了。

其次,文学活动,是提高禅僧修为的重要方法。中国的文学艺术发展深受禅宗独特的理论体系和精神面貌的影响。禅门中人在“游戏翰墨,作大佛事”的同时,也让文学活动走进佛事,使得文学步入禅境。这种境界为修行者身心愉悦地参禅悟道,提供了重要的方法。紫竹林颛愚衡和尚认为:一、诗文乃人之精神所著:“著于诗文”者,“人之精神”也。二、人之精神著于诗文之隐显,是有其时的:“人之精神著于诗文而隐显有时”;其“隐显有时”,乃是因人之彰显:“文章山水千古之下,以待其人,岂非文章山水之精灵,得无因人所显耶?”他以达观真可广泛搜寻,“随得随梓,海内遍传”为例证明之。总之,“道理流行,显晦有时。山水与人物,发动有时。人之精神,著于诗文,出没亦有时也。”②《法华经》有“开示悟入”之说。开,开发之意,即破除众生之无明,开如来藏,见实相之理;示,显示之意;惑障既除则知见体显,法界万德显示分明;悟,证悟之意,障除体显后,则事(现象)、理(本体)融通而有所悟;入,证入之意;谓事理既已融通,则可自在无碍,证入智慧海。禅门诗歌因为充满禅意,而成为“开示悟入”的方便法门。憨山老人特别欣赏《法华经歌》的开示悟入功能:“余少时即知诵此歌,可谓深入法华三昧者。每一展卷,不觉精神踊跃,顿生欢喜无量。往往书之,以贻向道者。”③英上人以学诗为门径,能够获得禅门的言外之意。他“参幻习唐声,雕刻苦神思”,即以唐诗为基础,以神思为精研,体会意授于思,言授于意,密则无际,疏则千里的韵味。然而,文之为思,其神甚远,文妙之外,可得禅悟。他因此声称自己“竭来入禅门,忽得言外意。

① 德清:《示石镜一禅人》《憨山老人梦游集》卷六,《卍续藏经》第127册,第292—293页。

② 观衡:《答孝则车公》《紫竹林颛愚衡和尚语录》卷五,《嘉兴藏》第28册,第219号,第681页中。

③ 德清:《题书法华经歌后》《憨山老人梦游集》卷三十二,《卍续藏经》第127册,第677页上。

长吟复短吟，聊以寄我志”，“始信文字妙，妙不在文字”，始知“食蜜忘中边，无味乃真味。”①法应明确指出，颂古有重要的作用，它是以“譬喻言词说法开示，欲令众生悟佛知见”，“彻见当人本来面目”：“虽佛祖不传之妙，不可得而名言，初无字书，安有密语？临机直指，更不覆藏，彻见当人本来面目故。诸佛以一大事因缘，出现于世，譬喻言词，说法开示，欲令众生悟佛知见，岂徒然哉！”②在禅宗初创的时候，菩提达摩即强调文艺活动的无功利性。梁武帝萧衍问禅宗初祖菩提达磨：“朕造寺度人、写经铸像，有何功德？”祖答曰：“并无功德，此乃有为之善，非真功德。”③之所以无功德，是因为“此是人天小果，有漏之因，如影随形，虽有善因，非是实相。”④后来灯录记载“了无功德”一句，指出禅祖已超越有无对待的妄执，也指出造寺、度人、写经、铸像，自认有功德，即一无功德，唯有不计较功德，不求回报的功德才是真功德。

禅宗的这种不求回报的功德观，要求禅门中人在进行文学活动时，要秉持无功利的胸怀。即非禅师主张，写诗应心源澄澈，使“识浪”泯灭；同时主张澄而活（“活不失澄”），这样，才能使心澄之中，“所闻恒寂，能闻亦空，能所双绝，而真闻独露耳”，一片空明澄澈，那么“求声之相不可得，况其名乎”，则万象纷至沓来，诗思涌来。⑤ 道灿论诗，提出心路绝、静参禅、万象显的创作方法，以及“胸中清气”的人格修养。所谓心路绝，就是指好诗、至文的成功秘诀，在于“学之无他术，先要心路绝”，即要拼去思维，拼去分别心，有一个澄澈空明的心胸。所谓静参禅，就是要“兀坐送清昼，万事付一拙。如是三十年，大巧自发越”，参禅静坐，无思无虑，作一个无事于心，无心于事的如拙如愚之人，长期坚持，大巧顿显。所谓万象显，即是说，经过前两个过程之后，作家创作就会

① 释英：《言诗寄致右上人》《白云集》，明复主编：《禅门逸书初编》第6册，第117号，第12页下。

② 法应：《禅宗颂古联珠旧集本序》《颂古联珠通集》卷一，《卍续藏经》第115册，第3页上。

③ 《历代法宝记》卷一，《大正藏》第51册，第2075号，第180页下。

④ 《祖堂集》卷二，上海古籍出版社1994年版，第36页上。

⑤ 参见如一：《沧浪声诗序》《即非禅师全录》卷二十四，《嘉兴藏》第38册，第425号，第736页上。

百怪万象纷至沓来，供驱使、陶铸。① 他还提出要怀清气于胸的人格修养主张："诗，天地间清气；非胸中清气者，不足与论诗。"他因此批评近时诗家之弊："近时诗家艳丽新美，如插花舞女，一见非不使人心醉，移顷则意败无他，其所自出者有欠耳！"他们是"不以性情而以意气，不以学问而以才力甚者，务为艰深晦涩，谓之托兴幽远"②。

不仅诗文创作要学会放下，诗文鉴赏也应秉持无功利的态度，应有相应的审美胸襟。翼菴禅师引寒山诗："凡读我诗者，心中须护净"，这样，就会受到熏陶："悭贪继日廉，谄曲登时正。驱遣除恶业，归依受真性。今日得佛身，急急如律令。"③

无异禅师指出，丛林中有一种人，是"从语言中作解，未得彻悟者，流出无边狂解"。有人"以习学诗赋词章工巧技业，而生狂解"。他慨叹："嗟呼！醍醐上味，为世所珍。遇斯等人，反成毒药。良以正法倾颓，邪魔炽盛，相续眷属，弥满世间。"并高呼："于生死分中留心者，不可不先烛破此虚妄境界也！"④

在胸襟修养上，禅宗诗学关注的一个重要方面，就是才情的涵养。

在诗文创作中，才情具有十分重要的作用。天王水鉴海和尚充分肯定天童悟和尚的诗才："不事翰墨，而动笔皆是竹圣；不精诗书，而开口便成章法。"其《登金山诗》有"自出手眼""玉韵惊人"之说："和尚万历丁未春，自燕还南，是时尚未受嘱，气宇已自不群，偶登金山，辄成是句，不独自出手眼，尤且玉韵惊人，其绘文琢句者，曷能有此哉?"他提出观赏天童悟之诗的原则："然则读之者，幸毋作文字诗句观，当眼豁心开可也。"⑤这说明，才情利钝，可以从诗文中观见。古林禅师指出，古德教人作偈颂，是在"大事已明"（即了脱生死）之

① 参见道灿：《赠明侍者》《柳塘外集》，明复主编：《禅门逸书初编》第五册，第 115 号，第 6 页下。

② 道灿：《潜仲刚诗集序》《柳塘外集》，明复主编：《禅门逸书初编》第五册，第 115 号，第 34 页下。

③ 翼菴：《和韵》《翼菴禅师语录》卷十六，《嘉兴藏》第 37 册，第 394 号，第 698 页上。

④ 元来：《宗教答响三》《无异元来禅师广录》《卍续藏经》第 125 册，第 286 页上、下。

⑤ 天王水鉴海：《题天童悟和尚登金山诗》《天王水鉴海和尚六会录》卷八，《嘉兴藏》第 29 册，第 230 号，第 273 页上、中。

后,以校验学人的"才性利钝"。若"己事未明",而在文字上作见解,乃是大错。

由于才情难固,即使是同一位作者,在不同评论者那里,所见才情也可能不同。拿寒山诗为例,雪峤信禅师充分肯定寒山诗:"我见寒山诗,字字言真实。"①真可与他有类似见解:"世之高明者,无论今昔,皆味之而不能忘。"这是因为寒山诗"天趣自然":"岂不以其天趣自然,即物而无累者乎?"②在解寒山诗时,无明慧性禅师却认为寒山也执著"解脱",是"坐在解脱深坑",并未达到能所双忘之境③。

在胸襟修养上,禅宗诗学的另一个重要方面,就是学识的养成。

才情属于先天禀赋,学识属于后天修养。天然禅师认为,诗歌创作有得于天赋者,但少,十中只有一人;有得于后天者,较多,十中有九。他论修养,有"得之天者""能用天者"之分。他以李白为"得之天者","山僧尝谓李太白于诗中圣,盖自字句法脉之外,别成字句,别成法脉,使人知其妙而不知其所以妙,即太白亦不自知其所以妙,全乎天而不能用天也"。他又以王维为"能用天者","大抵太白不知其所以然,摩诘知之而亦不能明言其所以然"。两者相比,得者为上,用者为下:"当令太白让摩诘一步地方,能坐胜摩诘也。"④由此可见,所谓"得之天者"为才情,是指先天禀赋;所谓"能用天者"为学识,是指后天修养。在天然禅师看来,才情比学识更为重要。

禅门中人有的也强调学识的重要性,提出"既精本业"又通"外学"的观点,主张精通"诗礼""诗式"等"外学",佛门弟子应"既精本业",又应"钻极以广见闻,勿滞于一方"。应懂得"学不厌博"之理,因在"魔障相陵"时"必须御侮",而"御侮之术,莫若知彼敌情"。主张者举习凿齿、道安、宗雷、慧远、陆鸿

① 雪峤信:《拟寒山三首》《雪峤信禅师语录》《乾隆藏》第157册,第1638号,第257页上。

② 真可:《积庆菴缘起》《紫柏尊者全集》卷十三,《卍续藏》第126册,第857页上。

③ 参见慧性:《无名性和尚语录序》《无明慧性禅师语录》《卍续藏经》第121册,第635页上。

④ 函昰:《侯若孩诗序》《庐山天然禅师语录》卷十二,《嘉兴藏》第38册,第406号,第192页下。

渐、皎然等人为例，说明他们“御侮”之法，“皆不施他术，唯通外学耳”[①]。即非禅师认为，非胸中洞澈，笔底玲珑，焉能并露。他评《山居合咏》：“句含蘸碧之渊，韵协五音之洞，俨然一座敛石山，飞来海外，与五岛争奇矣。非胸中洞澈，笔底玲珑，焉能并露？山身溪舌，不惟调高一时，抑道合千古，诚足传也。”[②]即非的“胸中洞澈”，在为霖那里就是学问淹博，为霖禅师肯定“湛菴禅公”“游于诗余”且“日臻其妙”，是因为“阅世日久，闻见益亲，学问淹博，性地愈明。故发为诗辞，意句俱到，情境皆真。匪徒留连风月雕刻字句已也。”[③]

无论先天后天，只要胸襟修养达到，就能才长工熟，离形得神。元叟行端禅师评价赵子昂诗：“韵高而气清，才长而工熟，非韦苏州、柳河东，则不能为也。”[④]从这个意义上说，诗歌（偈颂）中呈现的胸襟修养，是作者精神境界的外化。觉浪禅师道：“吾故谓天下有真人，始有真性情；有真性情，始有真知见；有真知见，始有真事业；有真事业，始有真文章。”[⑤]明确指出只有真人，才有真诗。

三、“诗心何以传，所证自同禅”：生命体验观

方立天说：“佛法‘言约旨远’，佛教语言固然具有字面意义，但更重要的是字面背后的道德意义、心性意义、象征意义、崇高意义、实践意义等，若只从字面上解读佛法的意义，就会见指忘月，难以了解语言背后的佛教生命智慧底蕴，不能把握语言背后的深远意旨。”[⑥]禅宗以“悟”为要义，“悟”也是贯穿禅宗诗学的主题。禅门宗人借助诗学化表达，首先感悟天然美景，其次可以感物

---

① 如卺：《右街宁僧录勉通外学》《缁门警训》卷二，《大正新修大藏经》第 48 册，第 2023 号，第 1050 页中。

② 如一：《山居合竹序》《即非禅师全录》卷二十四，《嘉兴藏》第 38 册，第 425 号，第 736 页中。

③ 道霈：《湛菴禅公诗草序》《为霖禅师旅泊菴稿》卷一，《卍续藏经》第 126 册，第 3 页下。

④ 行端：《书子昂千濑唱酬诗后》《元叟行端禅师语录》卷八，《卍续藏经》第 124 册，第 65 页下。

⑤ 道盛：《大观冯席之远复斋稿序》《天界觉浪盛禅师全录》卷二十二，《嘉兴藏》第 34 册，第 311 号，第 717 页中。

⑥ 方立天：《中国佛教哲学要义》（上下卷），中国人民大学出版社 2002 年版，第 10 页。

以寄情,最终可以体悟到天真性情。

禅宗哲学之“悟”,与“迷”对应,如称转迷开悟或迷悟染净中之悟。有证悟、悟入、觉悟、开悟等名词。悟能生起真智,反转迷梦,觉悟真理实相。佛教修行之目的在求开悟,菩提和涅槃为所悟之智和理;菩提为能证之智慧,涅槃为所证之理,佛及阿罗汉为能证悟者。佛教由于教理之深浅不同,悟之境界亦有区别:小乘断三界之烦恼证择灭之理,大乘之悟界乃是证见真理,断除烦恼之扰乱,圆具无量妙德,应万境而施自在之妙用。十界分为地狱、饿鬼、畜生、修罗、人间、天上、声闻、缘觉、菩萨、佛,其又有迷悟之分,前六为迷界,后四为悟界,又称六凡四圣。如果以九一相对来说,前九界为因,后一界为果,圆满之悟界唯有佛界。又从悟之程度而言,悟一分为小悟,悟十分为大悟。若依时间之迟速,可分渐悟、顿悟。依智解而言,解知其理,称为解悟;由修行而体达其理,则称证悟。中国禅宗学者以为,觉悟可以从日常行事中体现,在生命体验中获得提升。禅悟密不可分,悟需从禅中来,无悟的禅不称其为禅。由此,禅与悟之间并不是目的和手段的关系,或者说从禅包含了悟的意义上说,禅就是禅悟。① 禅宗提倡之“悟”,有顿渐之分。快速直入究极之觉悟,称为顿悟;依顺序渐进之觉悟,称为渐悟。我国禅宗,依使用教义之差异,产生不同之宗风,即北方之神秀系(称北渐)与南方之慧能系(称南顿)。慧能《坛经》心性论阐明的主旨之一,就是本性顿悟的理念,即单刀直入的顿教。《坛经》说“自心顿现真如本性”,“言下便悟,即契本心”也就是“当起般若观照,刹那间妄念俱灭,即是自真正善知识,一悟即知佛也。”②

禅宗诗学之“悟”,是哲学之“悟”的诗意化表达。正所谓“世间文章技艺,尚要悟门,然后得其精妙”③。在大慧看来,一切“世间文章技艺”都崇尚“悟门”,只有证悟,“然后得其精妙”。持相似观点的,还有齐己。他说:“道自闲机长,诗从静境生”,这告诉我们一个道理,那就是道(禅心)与诗(诗思),都只

① 参见方立天:《中国佛教哲学要义》(上下卷),中国人民大学出版社 2002 年版,第 901 页。

② 《六祖法宝坛经》卷一,《大正藏》第 48 册,第 342 页中、340 页下。

③ 普觉:《大慧普觉禅师普说》《大慧普觉禅师语录》卷十八,《大正新修大藏经》第 47 册,第 1998A 号,第 887 页中。

能在生命体悟的“闲机”“静境”中产生。[①] 齐己认为,吟诗作画,均可传心悟道,所谓“诗心何以传,所证自同禅”。[②] 诗心、画心、书心及一切文艺之心的传达(抒写,表现),必须通过诗、画、书及一切文艺创作来实现,而诗人、书画家及一切文艺家,也只有在观察、体验审美对象中,有了深切的感悟(证悟)时,才会有审美兴会的爆发,审美意象的形成,才能有诗、画、书及一切文艺作品的产生。其创作过程中的证悟的获得,同禅家参禅悟道中的证悟(其证悟是在般若观照即禅体验中获得的)是相似相通而相同的。

参禅与吟诗,难在何处? 英上人说:“参禅非易事,况复是吟诗。妙处如何说,悟来方得知。”[③]只有做到这样,才会“诗从心悟得,字字合宫商”。[④] 他声称自己参禅悟道,带来诗思的萌生,意兴的获得:“参幻习唐声,雕刻苦神思。竭来入禅门,忽得言外意。长吟复短吟,聊以寄我志。”他认为写诗能见言外之意,品无味真味:“始信文字妙,妙不在文字”,始知“食蜜忘中边,无味乃真味”。[⑤]

牧云和尚引大乘经典《维摩经》云:“似乎古佛所秘出世法门,亦多泄之语言三昧”,从而阐明诗歌有引起读者之美感的力量和作用——其美感是只可领悟而不可言传的意蕴:“(余)披其一题,诵其一诗,则目前得一境界,忽喜忽愕,自不知其故,及掩卷隐几,所历境界,又复了不可得。”牧云说他的美感认识,是来源于他的实践经验:“似乎古佛所秘出世法门,亦多泄之语言三昧。然欲当机领解,必待夫信之萌缘之稔也,否则犹石之受水,了不相入。乃若诗者,无择信否,才一讽咏一侧耳,可中即跃然若有所得,斯何故耶? 夫子曰:诗可以兴。其信然耶! 此余读晓令诗有感。”[⑥]《老子》第二十五章云:“人法地,

---

① 参见齐己:《寄酬高辇推官》《白莲集》,明复主编:《禅门逸书初编》第2册,第106号,第73页上。

② 齐己:《寄郑谷郎中》《白莲集》,明复主编:《禅门逸书初编》第2册,第106号,第53页下。

③ 释英:《呈径山高禅师》《白云集》,明复主编:《禅门逸书初编》第6册,第117号,第10页上。

④ 释英:《夜坐读珦禅师潜山诗集》《白云集》,明复主编:《禅门逸书初编》第6册,第117号,第7页上。

⑤ 释英:《言诗寄致右上人》《白云集》,明复主编:《禅门逸书初编》第6册,第117号,第12下。

⑥ 通门:《鱼遇草序》《牧云和尚懒斋别集》卷一,《嘉兴藏》第31册,第267号,第539页下。

地法天，天法道，道法自然。”不过在道家著作中，“自然”更多简称为“天”，即自然天成、不假人为、本真固有的存在。禅宗也讲自然，指的是不假任何造作之力而自然而然、本然如是存在之状态。禅宗诗学认为，佳诗出于无意为之，乃出之自然。牧云指出：“绝无思虑于其间，任天而已矣。”①

禅宗诗学观照的“自然”，又分为三个层次。

第一，是自在存在的审美客体。契嵩认为自然美景，有待人的发现和描写：“然物景出没，亦犹人之怀奇挟异者，隐显穷通必有时数。若此十咏之景，所布于山中，固亦久矣弃置，而未尝稍发，今昼师振之，众贤诗而光之，岂其数相会亦有时然乎？”②在来复看来，自然山水往往倚人而重：“夫山岳之雄丽，必有不世出之材而镇之，故其云霞水石草木禽兽，亦得托名不朽，往往倚人而重。”③与此相对应，山水为诗家创作之助：“水阔山高对日华，山嵘水艳助诗家。”④大自然有“天开画图之妙”“频观兴愈清”“快意乐天真”⑤，诗歌的上乘之作，总是写即目所见。禅诗崇尚不假任何造作之力而自然而然、本然如是存在之状态。象田即念禅师在《金泽十咏（并序）》中说：“嵌石长兄”之诗，是写即目所见，“每于禅寂之暇，即其莺啼花笑，月落霜飞，餐采而为诗”，以“阐夫微笑之意”。⑥ 入就瑞白禅师曾作《又题四景（并引）》，内有：“任运禅人搬木回，至五龙湫憩息。举目偶见一水瀑布，喷珠而下，遂有瀑布泉五龙湫之诗。”⑦这个序说明，禅门宗师主张诗歌创作应写即目所见。诗歌的上乘之作，总是写即目所见。“即目所见”是在追求诗境，“诗境”何来？吹万禅师云：“何

---

① 通门：《壳音竹序》《牧云和尚懒斋别集》卷一，《嘉兴藏》第 31 册，第 267 号，第 541 页下。

② 契嵩：《法云十咏诗叙》《镡津集》，明复主编：《禅门逸书初编》第 3 册，第 108 号，第 135 页下。

③ 来复：《南岳福严寺题咏诗集序》《蒲庵集》《禅门逸书初编》第 7 册，第 125 号，第 56 页上。

④ 密印：《山居》《广福山胜觉寺密印禅师语录》《嘉兴藏》第 35 册，第 343 号，第 851 页中。

⑤ 明雪：《观奇云偈（并叙中）》《入就瑞白禅师语录》卷十三，《嘉兴藏》第 26 册，第 188 号，第 800 页下。

⑥ 净现：《金泽十咏（并序）》《象田即念禅师语录》卷四，《嘉兴藏》第 27 册，第 191 号，第 177 页下。

⑦ 明雪：《又题四景（并引）》《入就瑞白禅师语录》卷十三，《嘉兴藏》第 26 册，第 188 号，第 799 页中、下。

事与君堪敬节，何境与君共题诗?”那就是千姿万态的大自然:“唯有白雪乱山巅，梅花依旧吐寒枝。”①也就是说，诗境源于自然。达到这种状态之后，就会“天机所至，不期然而然”。牧云主张诗歌创作，应是“夫达人既醉，念之所至，感慨淋漓，天机毕露”②，如同天机自动，天籁自鸣，诗歌应当出自自然。

第二，是感物寄情的审美境界。“物”至少应有两层含义，一指客观事物；二指客观事物在人头脑中的映象，也就是陆机所说的“情曈昽而弥鲜，物昭晰而互进”。③ 客观之物与主观映象交相凑泊，是产生新的审美特质的过程。刘勰则把“物”与“自然”并举，认为:“人禀七情，应物斯感，感物吟志，莫非自然。”④陆机和刘勰把创作过程看作是由感物生情到情物交融，再选义择声，物化为美的作品的过程。禅宗诗学继承了这种建构在外物之上，对观物方式、文人精神生活的深切思索，把感物寄情升华为一种精神境界的追求。妙声说:“离则思，思则咏歌形焉，咏歌既形，则凡物之感于中者，皆足以寄情而宣意，此风人讬物之旨，而陶渊明所以有停云之赋也。”⑤正因为物我相照，才有将自然美人格化的表达，才有了“比德”之说。妙声就欣赏这种“比德”式的物我观照:“古之取友者于一乡，于一国，于天下，犹以为未也，又尚友古之人。古人远矣，求之于今而未足也，又取诸物之似者而友之。盖友者所以成德也，苟可以比德焉，虽草木之微，在所不弃之。”⑥契嵩也表达了一种对“比德”式观照的偏好:“然人皆有所嗜之事，而有雅有俗、有遥有正，视其物，则其人之贤否可知也。若石之为物也，其性刚，其质固，其形静，其势方。方者似乎君子强正而不苟也，静者似乎君子不为不义而动也，固者似乎君子操节而不易也，刚者似乎君子雄锐而能立也。然移石之名益美乎是。其外峰岠似乎贤人严重而肃物也，其中空洞似乎至人虚心而合道也。今无辩以吾道为禅者师，以翰墨与儒

---

① 吹万:《岁暮过石坪庵访大休法师坐兴》《吹万禅师语录》卷十一，《嘉兴藏》第 29 册，第 239 号，第 515 页下。

② 通门:《柴庵先生和池上来诗序》《牧云和尚懒斋别集》卷一，《嘉兴藏》第 31 册，第 267 号，第 540 中。

③ 陆机:《文赋》，张少康《文赋集释》，上海古籍出版社 1984 年版，第 25 页。

④ 刘勰:《文心雕龙·明诗》，范文澜:《文心雕龙注》，人民文学出版社 1978 年版，第 65 页。

⑤ 妙声:《停云轩诗序》，《东皋录》，明复主编:《禅门逸书初编》第 7 册，第 126 号，第 38 页下。

⑥ 妙声:《三友图诗序》，《东皋录》，明复主编:《禅门逸书初编》第 7 册，第 126 号，第 35 页。

人游，取其石而树之于庭，朝观夕视，必欲资其六者以为道德之外奖、操修之默鉴也。"[①]契嵩把人的禀赋气质和石存在状态进行类比，再将这种对人和物的观照寄托在翰墨之间，强调了道德节操对于文学家的重要作用。

第三，是心性天真的人生追求。所谓心性，指心之本性。自性有清净、染污，天真可以使它去染得净、去污得清。在禅宗哲学那里，所谓"天真"，是指天然而不假造作之真理。《止观辅行传弘决》卷一说："理非'造作'，故曰天真。"[②]禅宗有"天真独朗"之说，即是了悟不生无作之本体，超越生死差别而朗然大觉。《摩诃止观》卷一说："法门浩妙，为天真独朗，为从蓝而青。"[③]在禅宗诗学看来，天真是一种适意而为，是对闲淡之趣的抒写。鄂州龙光达夫禅师追求一种"适意辄吟诗"的境界，即认为"吟诗"出于"适意"。[④] 禅宗诗学对生命体验的表达，常常显现出适化无方的特征。是随机教化众生，而不拘泥特定之方式。菩萨出入生死，教化众生，令悟性空，乃权巧方便之智，亦为如来适应众生机缘所施设之法门。所谓"适化无方，陶诱非一"。[⑤] 这恰如寒山之诗，无意于诗而似诗："寒山诗，非诗也，无意于诗而似诗，故谓之寒山诗。"[⑥]诗之本质："皆所以歌咏性灵，阐扬道妙，欲使众生去妄归真，舍凡入圣，厥旨微矣。"[⑦]闲是佛道修行的有暇境界，佛教鄙薄俗套之"闲"，反对落入闲尘境，成为诸闲不闲之人。所谓闲尘境，就是无意义、无价值之外在诸条件。尤指不用之文字、言语。尘境之"境"，指六根（眼耳鼻舌身意）之对象六境（色声香味触法），以其有染污心之性质，故称尘境。《临济录》"示众"说："如今学道人且要自信，莫向外觅，总上他闲尘境，都不辨邪正，只如有祖有佛，皆是教迹中事。"[⑧]所谓"不闲"，指有八难等而无暇之境界。所谓"诸闲"，指于人天趣中

---

① 契嵩：《移石诗叙》《镡津集》，明复主编：《禅门逸书初编》第 3 册，第 108 号，第 134—135 页。

② 《止观辅行传弘决》卷一，《大正藏》第 46 册，第 1912 号，第 143 页下。

③ 《摩诃止观》卷一，《大正藏》第 46 册，第 1911 号，第 1 页上。

④ 龙光达夫：《鄂州龙光达夫禅师鸡肋集》《嘉兴藏》第 29 册，第 225 号，第 161 页下。

⑤ 《中观论疏》第一本，《大正藏》第 42 册，第 1824 号，第 7 页下。

⑥ 本明居士：《梅村居士拟寒山诗序》《拟寒山诗》《嘉兴藏》第 33 册，第 293 号，第 705 页中。

⑦ 张守约：《拟寒山诗自叙》《拟寒山诗》《嘉兴藏》第 33 册，第 293 号，第 706 页中。

⑧ 慧照：《镇州临济慧照禅师语录》《大正藏》第 47 册，第 1985 号，第 499 页上。

无障难者,称为诸闲;反之,堕于难处者,称为不闲。《无量寿经》云:“悉睹现在无量诸佛,一念之顷,无不周遍,济诸剧难,诸闲不闲。”[①]禅宗诗学中的生命体悟,不是要人步入闲尘境,堕落成诸闲不闲之人。它是“以音声文字而作佛事”,体现出随缘适化的特征。

四、“意圆词爽,旨深格高”:艺境追求观

在佛学看来,从消极意义上说,境是心与感官所感觉或思维的对象。它能引起眼、耳、鼻、舌、身、意六根之感觉,产生色、声、香、味、触、法六境,以其能污染人心,故又称为六尘。从积极意义上说,境可指胜妙智慧之对象,即是佛理(真如、实相)。境界般若,五种般若之一。五种般若,指照了法界、洞达真理之五种般若圣智。其中,境界般若指般若所缘之一切诸法。因般若为能缘之智,诸法为所缘之境,而境无自相,皆由智所显发,故以根本、后得二智照一切诸法境界为空寂,称为境界般若。

禅宗浑简锋利、超然特立之思想,为中国文坛开启一种笔随神具、气韵有致的禅诗之风。禅宗诗学所言之艺境追求,其实是对禅门诗歌(诗偈)审美属性的思考。禅宗诗歌的艺境追求,可以从意义层、意蕴层和哲理层三个方面加以论述。

在意义层面上,首先是诗歌用词和音韵问题。真可云:“夫机缘者,活句耳。”[②]凡富有生命力之诗句,即是活句;凡无丰致、无寄托、无韵味的诗句,即为死句。严羽《沧浪诗话・诗法》云:“须参活句,勿参死句。”[③]曾几在《读吕居仁旧诗有怀》中说:“学诗如参禅,慎勿参死句。”[④]人们往往有一个片面认识,那就是活句不是寻常语,常语多是死句。乾隆年间学者张问陶却不这么认为,他在《论诗绝句》中说:“跃跃诗情在眼前,骤如风雨散如烟。敢为常语谈

① 《无量寿经》卷上,《大正藏》第 12 册,第 360 号,第 266 页中。

② 真可:《湖州吴山端禅师语录序》《吴山净端禅师语录》卷上,《卍续藏经》第 126 册,第 491 页上。

③ 严羽:《沧浪诗话・诗法》,见《诗人玉屑》卷一,上海古籍出版社 1978 年版,第 13 页。

④ 曾几:《读吕居仁旧诗有怀》《全宋诗》卷一六六〇,《全宋诗》第二九册,北京大学出版社 1988 年版,第 18594 页。

何易，百炼功纯始自然。”①禅僧修睦和张问陶有相似见解，强调写诗多用常语：“常语亦关诗，常流安得知。”②写常语到炉火纯青的地步，就会进入牧云所说“意圆词爽，旨深格高”的境界。牧云评价善坚之拈颂云：“予观古庭和尚拈颂，其运笔甚灵，从而味之，意圆词爽，旨深格高，绝蹊径之岐，无穴凿之病，直截而婉转，老炼而优柔，见古人之大全，浑然如空中楼阁，云霞缥缈，是能妙于指者。”这段话说明，第一，“运笔甚灵”强调了从形之于心到行之于手的关键在于遣词造句，只有用笔非常灵活，才能将翻空之意转化成征实之言。第二，“意圆词爽，旨深格高”，从意、词、旨、格等角度加以理解，意、词是拈颂的意义层面，旨、格是拈颂的意蕴和哲理层面。意义层面圆融爽利，意蕴、哲理层面才能深厚高远，足见用词造句，表情达意的重要性。第三，“直截而婉转，老炼而优柔”是将两种截然不同的艺术特色融于一身，只有这样，才能有创新，才能超脱程式束缚，无穿凿之蔽。③ 颛愚和尚则认为，诗不在词藻，而在志审，他在论诗偈中提出了以下观点：第一，诗偈无别，只道理有别：“偈句也诗，离句何以言之？是则诗偈无别，但道理别耳。”第二，诗偈不以道理为别，以辞之风雅为别：“又道理乃性情之所游也，诗果拒道理，而性情何由出耶？是知诗偈不以道理为别，以辞之风雅为别耳。”第三，诗不在词藻，而在志审：“诗若徒以清淡藻雅为重，而为诗者何益哉？”“仲尼云：‘春秋作诗，道衰矣。’又何言欤？书云：‘见山思高，见水思明。’此诗之正训也。知此诗不在词藻，而在志审矣。”第四，离佛语，不足言诗，大乘经典（诸如《华严·净行》一品）实真诗之奥府：“若论志，佛可无志耶？而世出世间有超过佛志者耶？又似离佛语，都不足言诗也。佛经诸有颂句都不论，只《华严·净行》一品，凡所见闻，皆诵四句，此真诗之奥府，正见闻、正性情、正动止，莫尚于斯矣。但译人未拣工拙，世之学者尚于词藻，致使佛甚深诗道置而不诵，不惟不诵，而反呕耳。”第五，主张诗应“清”（意清）：“诗不清，则不贵。”批评选诗者多不上选僧诗，是不知“僧之

---

① 转引自吴世常辑注：《论诗绝句二十种辑注》，陕西人民出版社 1984 年版，第 322 页。

② 修睦：《寄贯休上人》，释正勉、释性：《古今禅藻集》，明复主编：《禅门逸书初编》第一册，第 101 号，第 73 页下。

③ 参见通门：《别刻古庭和尚拈颂序》《牧云和尚懒斋别集》卷一，《嘉兴藏》第 31 册，第 267 号，第 540 页上。

性情”（意清，超尘脱俗）：“古今禅讲诗集盛多，如寒山子，不可备举，纵词未精细，而意岂不清耶？而选诗者多不上选，岂选者不知性情耶？大都僧诗乃僧之性情，世之学者乃世之性情，僧之性情与世之性情差别远矣。且浅说如寒山诗中，诙谐好杀生者，而世之学者几能戒荤茹耶。于戏！无怪乎僧之不中选，不中吟咏，有以哉！”①

用词往往和音律结合起来。有人认为，诗偈创作，是“兴到随腔信口歌”，并不留心于什么“协韵”与否。明方云：“我无玄亦无奥，相逢只唱鱼家傲。更问如何性与心，断拂一枝当面挫。也作诗，也作偈，协韵何曾有文字。兴到随腔信口歌，记取是名雪书记。”②也有注重诗歌音律的，吹万禅师强调诗应协韵。他说：“或谓诗者，歌咏性情也，何拘拘于响韵哉？”“但阅老子大圣人也，尚美频伽未出之卵，盖重其音也。夫音借韵以成句，续句以成章，章之长短即言之长短也。是而有风焉，有雅焉，有三颂焉，复又稽之乐经之五音也，析显刚柔之声，一之六律也。潜通岁时之气，故音变则声变，律变则气变，所以《毛诗》之后有《离骚》，《离骚》之后有《十九首》，《十九首》之后，变辞为绝敲乐为律。”③

用词和音律是诗文创作的语言问题，诗歌的体制形式与用词、音韵的关系，也每每被人论及。

雪关提出了自己认为的好诗标准：一、好诗无人间俗气，“其吐词不带烟火”。二、佳诗体制形式灵活，不受程式束缚，“脱去筌蹄”。三、能运无思之思，即非思量，“妙拨无思关捩”。他以画师“能尽谙水法”即得“心水之法”比之：“譬画师画水，以能尽谙水法，故信笔一挥，如风涛怒作，波澜荡折，至观壁间悄然，初无动静掀涌之相。”究其原因，实作者心无沉浊，“性海澄清，得此心水之法”，因而，无意于佳乃佳，“故有时滔天不有，有时湛碧非无，初未尝求工于翰墨，然笔端自莫能祕其天巧”。四、观赏佳诗，应有相应的审美能力，“当

① 观衡：《拟古长诗述志序》《紫竹林颛愚衡和尚语录》卷十八，《嘉兴藏》第 28 册，第 219 号，第 756—758 页。

② 明方：《示藻雪》《石雨禅师法檀》卷十三，《嘉兴藏》第 27 册，第 190 号，第 124 页下。

③ 吹万：《唐诗响韵联珠题辞》《吹万禅师语录》卷十五，《嘉兴藏》第 29 册，第 239 号，第 532 页上。

别具一双眼，始可打关破寨，通其梗塞，渐入坦夷真境”。① 不仅如此，他还强调活句的运用。雪关认为，“二水居士”之诗为上乘之作，他已掌握“词家三昧”，而且能游戏翰墨，在“一毫端上现神通，笔札大小神全備”。其成功的关键，是无心于佳乃佳，“字学无心诗偶工，个中活句难思议”，“赋草随时得，心花信手拈”，②他因此高度评价寒山之诗：第一，寒山诗不拘时人窠臼，打破程式束缚，“我爱寒山诗，不入时人调”。第二，寒山的诗意句清新，勿事华藻，句句能涤除尘情忘识。第三，寒山的诗能让人玩味，“乍看意句新，转玩滋味好”③。同是评价寒山诗，吹万禅师则充分肯定寒山诗通俗流畅，“拈语不黏唇”，有强大的感染力，有如“风吹野火”，可以燎原，有很强的审美教育作用，能“唤惺众生心”。④

在意蕴层面上，禅宗诗学强调禅体诗用的结构。憨休禅师指出，佳诗有很强烈的感染力：孝廉公之《风穴游记》并诗“读之，如钟闻午夜，俗耳顿清，似剑淬丰城，星河耀彩，盖缘思超而才俊，兴远而语雄。”其使人“俗耳顿清”，缘于“思超而才俊，兴远而语雄”。⑤ 高泉强调写诗唯求适趣：“诗不求工唯适趣”。⑥ 齐己指出，在参禅悟道外，也寻求诗之妙趣：“禅外求诗妙，年来鬓已秋。”⑦而对意蕴的强调，往往强调诗偈的美育功能。居简吸收儒家诗教说，重诗“厚人伦美教化移风俗”之功用，批评“末流着工夫于风烟草木，争研取奇，自负能事尽矣”之风。⑧

---

① 智訚：《和相国张二水白毫菴韵》《雪关禅师语录》卷十一，《嘉兴藏》第27册，第198号，第515页下。

② 智訚：《复和张相国二水居士》《雪关禅师语录》卷十二，《嘉兴藏》第27册，第198号，第525页上。

③ 智訚：《读寒山诗作》《雪关禅师语录》卷十二，《嘉兴藏》第27册，第198号，第524页中。

④ 吹万：《阅寒山诗数偈》《吹万禅师语录》卷九，《嘉兴藏》第29册，第239号，第506页上。

⑤ 如乾：《孝廉罗稚圭过山赋记诗序》《憨休禅师敲空遗响》卷一，《嘉兴藏》第37册，第384号，第249页下。

⑥ 高泉：《闲中写怀》《一滴草》，明复主编：《禅门逸书续编》第3册，第224号，第25页上。

⑦ 齐己：《自题》《白莲集》，明复主编：《禅门逸书初编》，第2册，106号，第89页上。

⑧ 参见居简：《送高九万菊涧游吴门序》《北涧集》，明复主编：《禅门逸书初编》第5册，第112号，第63页下。

好诗是用来品评的,昙英论诗重感兴(兴会)。兴会是古代一个很重要的诗学概念,是指审美主体受到自然景物、社会生活以及艺术作品的激发,从而产生了激扬的诗情,或者说是审美主体内部突然迸发出来的强烈的审美创造的欲望。昙英在《昙英集》中,论诗多重“兴”字:如“兴多常弄笔”(《古岸》,40页上),“兴到诗随笔,毋烦世上传”(《野夫》,第38页下—39页上),“兴发闲愁破,新诗到处吟”(《冬居》,第19页下),“兴到诗频咏,狂来笔数拈”(《长夏》,第9页下),“兴到谁能系,新诗任意联”(《近况》,第10页下)。①

大汕论诗,既提到兴会,也掺杂五位君臣,论述诗禅关系,从而论证了禅宗诗学意蕴产生的哲学基础。他认为,第一,写诗起于兴会,无容心于诗:“偶兴会所至,信口发声,侍者记录成帙,无容心于其间也。”第二,以“重离六爻、偏正回互”论诗、论禅:“惟吾洞上一宗,言禅而不离五位”。“吾宗之五,为君臣道合,君不偏于正,臣不正于偏,如银盘盛雪,明月藏鹭,混然而分明,斯为向上一路。知斯旨者,始可以言禅,并可以言诗。”②第三,禅不离诗,诗不离禅:“以为禅则离诗非也,以为诗则离禅非也”。第四,诗禅有别。它们是“合之未始合,则离之亦未始离”,不即不离。把五位君臣学说引入禅宗诗学,便于形象地认识禅诗意蕴的现象和本质。大汕借禅宗的五位君臣之说,将诗禅之偏正关系,对应于事理之偏正关系,强调了禅诗以禅为正,以诗为偏的诗禅关系。

在哲理层面上,禅宗诗学主张“融文心为禅思”。天隐和尚指出了诗颂创作的先决条件,超脱一切“圣凡迷悟三乘学解”,成为一个“依真道人”:“实乃圣凡迷悟三乘学解一齐超脱活脱无依真道人也!”要做到这一步,必须参究公案,应“紧紧须看古人无义味语,种种因缘,密密体究,看他是个什么道理,一一俱要透过,不被他瞒,直至无疑无悟之地,七穿八穴,拶到古人不到处,则所

① 参见释昙英:《昙英集》,明复主编:《禅门逸书初编》第8册,第135号。

② 五位君臣之说,本来是揭示事物现象和本质关系的范畴。曹洞宗开祖洞山良价禅师以真理立为正位,以事物立为偏位,依偏正回互之理,立五位(正中偏、偏中正、正中来、偏中至、兼中到)之说。曹山本寂禅师复承洞山之本意而发明之,假托君臣之例而说明五位之旨诀,称为君臣五位。即:(1)君位,指本来无物之空界,为正位,即五位中之正中来。(2)臣位,指万象有形之色界,为偏位,即五位中之偏中至。(3)臣向君,为舍事入理之意,即向上还灭之偏中正。(4)君视臣,为背理就事之意,即向下缘起之正中偏。(5)君臣道合,为冥应众缘而不堕诸有之意,即兼中到,指动静合一、事理不二、非正非偏之究竟大觉之道位。

悟既真，所行必到，所学既实，所证要明，最亲切处更加亲切，然后苏醒得来，掀翻窠臼，扫绝踪由，把从前学解的、见闻的、悟证的一抛抛向那边更那边”。只有到此田地，有了今人所说的“前理解”“前结构”，做到了“见在机先，意超言外”，那么，“飞泉落涧，清韵长吟，可以激扬般若之真机；空谷行风，玄音和雅，可以提挈纲宗之妙诀”。只有如此，“汝欲颂耶，不拨舌而松风浩然，岂非颂也？汝欲诗耶，未启唇而云鸟悠然，岂非诗也？”①

五、“禅伯脩文岂徒尔，要引人心通佛理”：像教悦情观

所谓像教者，首先指像法之教化。像法即于佛陀入灭经五百年正法后之教法；像教即指此时期佛法之总称。其次指佛像与经教。相对于儒教之称“名教”，而以佛教拜佛像，故称像教。唐末，以临济宗的汾阳善昭为开创者，禅宗内部逐渐兴起通过研究经文、语录、公案、偈颂等文字来习禅、教禅，进而相互讨论，启迪和勘验。禅门宗师也常以文字的方式，表述自己对宗法的理解和接引学人的经验。具有“文字禅”性质的诗文创作活动，描摹佛像、涉及佛事、弘扬佛法，因而具有了像教性质。于是，诗文创作是做魔事还是做佛事，一直成为争论的焦点。

有禅师认为，诗文创作是在做魔事。其中缘由，归纳如下：

第一，悟禅须正信。

参悟禅理，称为悟禅。禅理之参悟，或修习实际之坐禅工夫，或从古则公案中参究佛法之玄旨，总之，皆以身心脱落、明心见性为参禅悟道之要务。正信谓正直之信念，相对于邪信而言，即指虔信佛所说正法之心，此信心不因遭逢诸异道而稍生疑念，因此大乘起信论云：“起大乘正信。”②很多弟子认为，学禅要有正信。昭觉丈雪醉禅师认为，振兴禅门祖庭，绝不能靠文瀚诗声：“讵以文瀚诗声而振祖庭者耶？”“总以诸子百家，耽味情识，巧凿尖新，指上安指，与真月奚翅千里万里哉！”他批评了丛林的一种不正之风：“今时辈，不管是宾

---

① 圆修：《示印中授徒》《天隐和尚语录》卷十二，《嘉兴藏》第25册，第171号，第581页下。

② 《大乘起信论》《大正藏》第32册，第1666号，第575页中。

是主,知解悟解,但讴得几句诗,便以冬瓜印子一印印定,只图门风热闹,五百一千赞为丕振,殊不知灭裂法门,悉此类耳!”“近来禅风委脱,侈蔓多端,贵以诗声、尊乎文翰,眷眷于奖誉之表,碌碌无服膺之材,既为行脚人,切忌作朝晴暮雨之徒,有伤风化,负我负人,流落在佛魔队里。”①他大声呼吁,驱除诗魔:“壶中纵有文章卖,漫把诗魔仔细降。”②洞山良价从佛门弟子应有的人生境界、价值取向和人生宗旨的角度,反对禅门弟子“结托门徒,追随朋友,事持笔砚,驰骋文章”。他认为出家人应该有“高上为宗,既绝攀缘,宜从淡薄”“洁白如霜,清净若雪”的人生境界;有“履出尘之径路,登入圣之阶梯”的价值取向;有“专心用意,报佛深恩”的人生宗旨③。不会禅师强调,参禅悟道切忌耽于诗文:“坐禅切忌习诗文。”因为“杂毒难除转不亲”,诗文不能摒除烦恼诸毒,反而使人离佛祖越来越远。生死解脱,是绝不能用学问来解决的。④ 道忞以世俗的文艺活动为魔事,他引用中峰和尚的诗偈“风月何缘事苦吟,拟将英誉厌鸡林。几回立尽三更月,一字搜空万劫心。梦里忽惊霜入鬓,眉边不觉泪沾襟。可怜半世聪明种,甘为浮词又陆沉。”明确指出“浮词之无益于人甚矣”。他严厉批评“诗魔”:“乃末法师僧,多不根道,稍能搦管,即从事于斯。废日荒月,惟恨揣摩之未工,苟工矣,则傲倪当世,轻忽上流……由是追陪俗客,衲衣空闲,身虽出家,心不染道,可不哀哉!”他“特申严谕”:“凡僧堂寮舍一切案头,除经论禅策外,世典诗文诸人染翰,除偈颂外,长歌短句,一概禁绝。如违此约,连案摒除。”⑤他还指斥“苏眉公”(苏轼)“流连诗酒之场”:“流连诗酒之场,进退利名之域,一如老象没溺污泥,复安能有所振拔哉!”⑥憨休禅师明确指出,“学佛未能,岂能学诗?然禅余之暇,间或效颦。如鸦臭当风,故不存

---

① 通醉:《醉云禅人》《昭觉丈雪醉禅师语录》卷七,《嘉兴藏》第27册,第194号,第337页中。

② 通醉:《复清化安羽士》《昭觉丈雪醉禅师语录》卷十,《嘉兴藏》第27册,第194号,第346页中。

③ 参见良价:《规诫》《筠州洞山悟本禅师语录》,《大正新修大藏经》第47册,第1986A号,第516页上、中。

④ 参见法通:《坐禅偈》《不会禅师语录》卷九,《嘉兴藏》第32册,第276号,第362页下。

⑤ 道忞:《规约·训众十二条·第四条》《布水台集》卷二十六,《嘉兴藏》第26册,第181号,第412页上。

⑥ 道忞:《韩娲石画象赞序》《布水台集》卷八,《嘉兴藏》第26册,第181号,第341页中。

稿。设有则焚之，所以平日未尝有一字见知于人。”①元贤对慧洪有微词，认为其文字“的是名家，僧中希有”，但论佛法，“则醇疵相半”，而“世人爱其文字，併重其佛法，非余所敢知也。”他引灵源对慧洪的告诫，指出“文字之学，不能洞当人之性源，徒与后学障先佛之智眼。病在依他作解，塞自悟门。资口舌则可胜浅闻，廓神机终难极妙证，故于行解，多致参差。而日用见闻，尤增隐昧也。”②

这牵涉到禅学与外学的关系问题。季总彻禅师认为，学有内外，“究宗达本曰内”，“世谛学解曰外”；事有缓急，“内所以当急，急而行之于内，则有证悟之实”，“外所以当缓”，“缓则置之于外，则无岐路之迷”。他批评丛林中的一种不正之风：“今之学者不然，醉诗文于莫返，耽技艺而不回，应赴为终身之业，习诵为名利之资，甚之则又有流于不可言者。”③作为外学的诗歌创作活动，就“浮词之无益于人甚矣”。

在很多禅师看来，不悟禅难脱生死。耽事语言笔墨，则是不悟的表现。伏狮祇园禅师明确指出，参禅悟道，了脱生死，“此事急须努力加参，不可被文海诗江所浸”。④

第二，三业犯罪业。

凡违反道理，触犯禁条而招受苦报之恶行为，称为罪或咎。亦有称烦恼为“罪”者，然大抵以身体、言语、意志（即身、口、意）等三方面所犯之恶行（业），称为罪业。

有人把“吟诗歌赋”作为“口业魔”之一，提醒学人要深戒之。铁壁机禅师告诫文华叔居士，“信向宗门”就“决不宜向诗偈边信向，语默边信向，句意边信向”。他本人是“素性不爱说诗，复不爱说偈，昨因众居士以诗偈见我，故委宛酬他。不过将错就错，以楔出楔已耳！”这也是“果有元字脚，留于胸臆哉！

---

① 如乾：《与刘木斋先生》《憨休禅师敲空遗响》卷六，《嘉兴藏》第 37 册，第 384 号，第 275 页中。

② 元贤：《续寱言》《永觉元贤禅师广录》卷三十，《卍续藏经》第 125 册，第 777 页上。

③ 总彻：《示众》《季总彻禅师语录》卷二，《嘉兴藏》第 28 册，第 211 号，第 449 页上。

④ 伏狮：《复郑居士》《伏狮祇园禅师语录》卷上，《嘉兴藏》第 28 册，第 210 号，第 430 页下。

若常常以钓话骂阵，你来我去，则人世目我为诗偈僧，非本色僧也！”①不会禅师批评丛林中一伙好为人师之“瞎秃”：“不依戒律，但以诗文写字为极则，将第一义为谭论之端”，是以“种种染污”毒害学人，这是“有伤名教”，是“辜负释迦拈花、达磨直指、六祖无一物”之旨②。

为了参禅悟道，学道者应该放下执着。净挺禅师指出，参禅必须“放下著”，“班马文章、曹刘诗赋放下著，孔颜乐处、曾闵念头放下著，杨李门风、苏黄家法放下著，禅道佛法、悟与不悟、会与不会放下著”③。这是因为念诗章，袭名誉，令人耻之愧之。云溪俍亭挺禅师告诫，“念诗章，袭名誉”，是十分耻辱的，“慎勿复为”，因不是“己躬切要事”。“闭门却客，修心读书，是己躬切要事；念诗章，袭名誉，耻之愧之，慎勿复为也。”④

第三，文字是葛藤。

葛藤者，是说文字语言如同葛藤一样交错蔓延，本来是要用来解释和说明事相，反受到其缠绕束缚。此外，其又被用来指公案中难以理解的语句，同时还可以引申为作问答的工夫。致力把玩无用之语句，称为闲葛藤；因为在文字语言上的执着，而难以得到真义的，称为文字禅，或者葛藤禅。《碧岩录》云：“古人葛藤，试请举看！”⑤临济宗的大慧宗杲禅师以“公案”上并不能真正体会出真实的“禅”为理由，在两宋之际第一个站出来提倡“看话禅”而反对“文字禅”的风行，认为“文字禅”并不能达到自悟成佛的目的。

黄檗无念禅师指出，今人热衷“歌赋诗词，事事要通，言言要妙”之举，是“不得圆通”之病的重要原因之一，因为热衷歌赋诗词，乃是“蔽真智而求外慧，被知解遮障”⑥。雪关认为，禅门中有些人的“偈颂诗赋”创作，乃是“光影禅之病”的产物。他指出：“何谓光影？有等参禅，不解方便，纯在妄想上作活计，

---

① 慧机：《复明经文华叔居士附来偈》《庆忠铁壁机禅师语录》卷十七，《嘉兴藏》第29册，第241号，第648页中。

② 参见法通：《开示》《不会禅师语录》卷六，《嘉兴藏》第32册，第276号，第349页中。

③ 净挺：《开示》《云溪俍亭挺禅师语录》卷八，《嘉兴藏》第33册，第294号，第758页上。

④ 净挺：《示汾子》《云溪俍亭挺禅师语录》卷十三，《嘉兴藏》第33册，第294号，第784页上。

⑤ 《佛果圆悟禅师碧岩录》卷四，《大正新修大藏经》第48册，第2003号，第171页中。

⑥ 无念：《酬问》《黄檗无念禅师复问》卷四，《嘉兴藏》第20册，第98号，第519页上。

依稀仿佛，捏出许多光景。”而这些人“被业识所使，一向心欣胜妙境界，不觉非真，耽玩不舍，遂有外魔，从想阴中潜入心腑，愈滋显现，以至偈颂诗赋，冲口便成，渐到年深月久，无人警觉，陷入邪网，殆不可救者。此光影禅之病也。”①

禅师为什么不作诗文？云溪俍亭挺禅师云：“我王库内无如是刀。”意即我禅门不需要这个东西，那是虚幻不实的。② 净挺明确指出，“记诵诗章，解说方语”，是不能获得佛法的：“记诵诗章，解说方语，当得佛法的么？”“寻常见你诸人念诗章求解会，咬文嚼字，胡说三千，若到云溪门下，一些也用不著。”③在黄檗无念禅师看来，中海禅师虽然诗偈的造诣很高，“较诸古今诗偈，更无等者”，然而他还未“谙本分事”若不“拼命一下”，“不免被圣证魔缚”。④ 博山无异指出，做诗做偈，只能成诗僧，“与参禅总没交涉”，而作诗作偈乃是“思维”——思量，而“做工夫，最怕思惟”。他明确指出，“诗赋词章文艺”“悉是魔也”。他虽然认为，诗可“陶情”，但诗会“劳思”，应“清损之”。他还指出，参禅悟道，必须将“业识销磨”，警惕“今时有一等假知识，魔魅人家男女”，教人“学诗、学字、学颂古、学开示，只饶学得口头便利，诗过李杜，字压钟王，颂古如云兴，开示如瓶泻，只唤作业识茫茫，纵哄得人信向礼拜供养，只装束得一个皮袋子，一朝败坏时，手忙脚乱，阎王老子放他不过，镬汤炉炭、剑树刀山、百劫千生，未有了底！”⑤

但是，也有不少禅师认为诗文创作是在做佛事。

---

① 智訚：《光影禅》《雪关禅师语录》卷七，《嘉兴藏》第 27 册，第 198 号，第 490 页中。

② 王库内无此刀：事见《祖庭事苑》卷六：“王子宝刀：涅槃云：譬如二人，共为亲友。一者王子，一是贫贱。如是二人，互相往返。是时，贫子见是王子有一好刀，净妙第一，心中贪着。王子后时捉持是刀逃至它国，于是贫人后于它家寄卧止宿，即于眼中寱语：‘刀，刀。’傍人闻已，收至王所。时王问言：‘汝言刀者，何处得邪？’是人具以上事答王：‘王今设使屠割臣身，分张手足，欲得刀者，实不可得。臣与王子素为亲厚，先与一处，虽曾眼见，乃至不敢以手振触，况当故取！’王复问言：‘卿见刀时相貌何如类？’答言：‘大王，臣所见如羊角。’王闻是已，欣然而笑。语言：‘汝今随意所至，莫生忧怖，我库藏中都无是刀。’”（《祖庭事苑》卷六，《卍续藏经》第 113 册，第 164 页下）

③ 净挺：《示众》《云溪俍亭挺禅师语录》卷三，《嘉兴藏》第 33 册，第 294 号，第 734 页上。

④ 无念：《复中海禅师》《黄檗无念禅师复问》卷三，《嘉兴藏》第 20 册，第 098 号，第 514 页中。

⑤ 无异：《与善来禅人》《博山无异大师语录集要》卷五，《嘉兴藏》第 27 册，第 197 号，第 428 页中、下。

第一，诗文创作是游戏三昧。三昧乃三摩地之意，为禅定之异称，即将心专注于一境。游戏三昧者，犹如无心之游戏，心无牵挂，任运自如，得法自在。亦即言获得空无所得者，进退自由自在，毫无拘束。《坛经》云："见性之人，立亦得，不立亦得，去来自由，无滞无碍，应用随作，应语随答，普见化身，不离自性，即得自在神通游戏三昧，是名见性。"①首先，诗文是否符合禅理？三祖有《信心铭》、永嘉有《证道歌》，是否与禅宗"直指"之宗旨相悖？回答是："不悖"，"盖有以助显其直指之道者也。"但"曲学旁通之士相望以起"，"其材思颖拔发而为文为诗者，诗则诗矣，文则文矣，岂识者之所取哉！"因未能"助显其直指之道"为有识之士所不取。而天如惟则之诗，"其立言寄意，皆足以发明直指之道，夫岂世之所谓诗与文哉！"②呆菴普庄禅师指出，无准和尚之诗，乃是于"传宗说法之暇，以诗辞翰墨，为游戏三昧"。③

其次，吟咏诗词，是否是在做佛事？在智及看来，"达人大观"，吟咏诗词，乃"游戏翰墨，无非佛事"，其旨在："盖欲咨决大事因缘，碎尘劳窟宅，拔生死根株，岂吟咏云乎哉？"④周应宾《饮河集序》阐述了以下观点：第一，在回答"夫祖师西来，直欲捐一切文字，而况于诗，又况于风云月露之诗，若尔，得无犯绮语戒乎"之问时，指出："迦陵之鸟，自其在𣪊时，而音已异，如来之有取于迦陵也，岂徒以音已耶！"第二，愚上人之为诗，"必极其情之所之，才之所至。见之者皆以为风云月露之致语，而不知其于禅教固甚精也"。第三，禅与诗其有二耶？"禅不妨诗，诗不妨禅"⑤。

再次，禅诗具有怎样的启发作用？在南石文锈看来，禅门宗师善于诗文者，其主旨是"敷畅佛理，晓人心地耳"："吾宗先德，善于诗文者，非以此自多，

① 慧能：《顿渐品》《六祖大师法宝坛经》《大正新修大藏经》第48册，第2008号，第358页下。

② 惟则：《师子林别录序》《天如惟则禅师语录》卷一，《卍续藏经》第122册，第804页下，805页上。

③ 普庄：《跋无准和尚诗》《呆菴普庄禅师语录》卷八，《卍续藏经》第123册，第1016页上。

④ 智及：《中峰和尚莲花吟卷》《愚菴智及禅师语录》卷十，《卍续藏经》第124册，第373页上。

⑤ 周应宾：《饮河集序》，如愚《饮河集》，明复主编：《禅门逸书续编》第2册，第220号，第2页上。

欲敷畅佛理，晓人心地耳。明教曰：'禅伯修文岂徒尔，要引人心通佛理。'此之谓也。"①如净明确提出"借诗说教"，这是禅宗诗歌美学的重要观点。他用"绿竹半含箨""新梢才出墙""雨洗娟娟净，风吹细细香"等绿竹的三种状态，来比喻"序品第一""正宗第二""流通第三"。② 如净禅师所引诗句，乃杜甫《严郑公宅同咏竹》："绿竹半含箨，新梢才出墙。色侵书帙晚，阴过酒樽凉。雨洗捐捐净，风吹细细香。但令无剪伐，会见拂云长。"如净用杜甫诗句，解说佛典经论。此首咏物诗，是着力描绘"竹"的形象。首联着力描写竹的新嫩和勃发的生机。这是从视觉的角度描绘竹的两种形态：幼竹，竹子的初生形态；成竹，竹子的成熟形态，如净以之分别比喻为"序品第一"和"正宗第二"。第三联是描绘竹子经雨洗刷后的洁净，以及竹子的清香。这是从嗅觉的角度描摹竹子缕缕清香，使有人心旷神怡的感受。如净以之比喻为"流通第三"，正如"正宗既终，劝学流通故，后明流通"。③

第二，诗文创作是禅宗摄受众生之法。菩萨摄受众生，令其生起亲爱心而引入佛道，以至开悟的布施摄、爱语摄、力行摄、同事摄等四种方法。其中爱语摄，又作能摄方便爱语摄事、爱语摄方便、爱言、爱语。谓依众生之根性而善言慰喻，令起亲爱之心而依附菩萨受道。④ 智及禅师认为，在创作上，佛海遗诗，也是四摄之一。他在回答"或谓佛海为一代尊宿，不以本分事接人，遗之以诗，有失大体"之责问时云："不然。上乘菩萨善巧利生，乃至示现种种形相，

---

① 文锈：《北涧和尚墨迹为渐藏主题》《南石文锈禅师语录》卷四，《卍续藏经》第124册，第437页上。

② 文素：《如净和尚语录》，《大正新修大藏经》第48册，第2002A号，第124页中。

③ 参见前面第三章第一节对如净禅师这一论断的剖析。

④ 劝化，谓劝进转化。即劝进众生转恶为善、转迷成解、转凡成圣。南本《涅槃经》卷十四云："若有众生贪著五欲，于无量岁以妙五欲充足其情，然后劝化，令其安住阿耨多罗三藐三菩提。"（《大涅槃经卷》第十四卷，《大正藏》第12册，第375号，第695页上）劝进，与"劝化"同义。谓劝诱策进，即劝化使入佛道。《观无量寿经》云："发菩提心，深信因果，读诵大乘，劝进行者。"（参见《佛说观无量寿佛经》，《大正藏》第12册，第365号，第341页下）善导之《观无量寿佛经疏》云："言劝进行者，此明苦法如毒，恶法如刀，流转三有，损害众生。今既善如明镜，法如甘露，镜即照正道以归真，甘露即注法雨而无竭。欲使含灵受润，等会法流，为此因缘，故须相劝。"（参见善导：《观无量寿佛经疏》第2卷，《大正藏》第37册，第1753号，第260页上）至后世引申指募化物资以造寺、建塔、铸像等。此即自劝诱积聚自他之善根功德，转为劝人喜舍净财。而记载乐捐缘起与目的所使用之捐册，则称为劝进账、劝化账。

与其同事。佛海遗诗，岂非四摄之一也。”①偈颂创作，倘能得意忘言，也是“了当大事之一助”。如愚引雪浪和尚语，指出诗可为佛事，是教诲学人的方便法门：雪浪和尚教公（如愚）云：“诗是普贤万行，可为方便门者，利人之一端。”于若瀛批评了“儒者厌经术，恒托之禅；释氏畔宗教，义托之诗”的弊端，指出它们均是“交此恶业惑”，“厌者谓经术浅也，无如禅，更得以无生标高论；畔者谓宗教深也，无如诗，犹得以绮语眩俗眼”，他们因此“儒必禅，释必诗，必禅必诗，似合诗与禅一之，实歧诗与禅二之，二之，斯诗外有口头禅，借以愚众生；禅外有无情诗，借以结士类，而诗与禅两伪”。②

基于这种认识，禅宗诗学主张禅诗功能，是弘扬佛法的重要手段。破山指出，“道在人弘”，而歌咏偈颂，与“拈锤鎚竖拂”“棒喝交驰”“资生业”等，也是弘道之举，而此种种，都是“即无机处发机，无用处显用”。破山充分肯定“棘生白居士”之《山居诗》，乃是“善作佛事”，是“树赤旗于擒纵之际，挝毒鼓于杀活之间”，是“生死关头”表现出的“雄猛”，“是勇锐杰出”，而其诗又“言言句句，悉是太平中风味”，令破山器重③。基于此，读者阅读，会有参禅悟道的体会。在云外云岫看来，好的山居诗，可以成为展示、传播佛法的经典：“陈年佛法无人问，黄叶堆金不转官。一卷山居诗更好，焚香只可作经看。”④

第三，诗文创作促进儒释道融合。儒、释、道经过长期发展，表现出你中有我，我中有你的交融状态。觉浪禅师对孔子的诗学观（“乐而不淫，哀而不伤”“思无邪”“可以兴观群怨，事父事君”）作了阐释，他认为“怨”之一字，乃是“造化之玄枢，性命之秘藏”：“予以‘怨’之一字，尤为造化之玄枢，性命之秘藏。凡天下之事，到于‘群’处，不能无怨，到‘无邪’处，乃能归根复命，贞下起元也。此非千圣不传之妙密乎？须知有性命者，必有形色，有形色者，须有造化，有造化者，须有事功，有事功者，必有文章辞令，为天下之风教。”道盛的

---

① 智及：《天童佛海禅师遗墨》《愚菴智及禅师语录》卷十，《卍续藏经》第 124 册，第 373 下。

② 于若瀛：《空华集序》，如愚《空华集》，明复主编：《禅门逸书续编》第 2 册，第 1 页上。

③ 参见海明：《棘生白居士请题山居诗序》《破山禅师语录》卷二十，《嘉兴藏》第 26 册，第 177 号，第 88 页下。

④ 云岫：《寄广恩藏山和尚》《云外云岫禅师语录》《卍续藏经》第 124 册，第 1008 页上。

“文章辞令，为天下之风教”①的观点，表明他对诗文功能作用的重视。禅门往往明确标举孔门的诗学观：“不学诗无以言。”并明确提出“弘道须习文翰”的主张。②《一贯别传》提出：“诗书六艺亦有成佛之种子。”这是一个重要的命题。“十住位中，自在主童子者，所修书数筭印等法，即得悟入一切工巧神通智慧门。可见诗书六艺，亦有成佛之种子，此即心中发明，如净琉璃之治地住也。”③像教足以悦情。的确，诗歌的上乘之作，有强烈的审美感染力，人们欣赏之，“如啜萝芥于酩酊，令人眼目一新”。而一些山居诗，并无真情实感，因为他们不食人间烟火，心中不存丘壑烟云：“近代禅讲，集必有诗，诗必有山居，多屐不食丘壑，杖不饱烟云，纵描写十分，何异矮子观场，而因人啼笑哉！”④

---

① 道盛：《僧祥马培元近稿序》《天界觉浪盛禅师全录》卷二十二，《嘉兴藏》第34册，第311号，第722页下。

② 《不学诗无以言》《孤山圆法师示学徒》《缁门警训》《大正新修大藏经》第48册，第2023号，第1046页中。

③ 吹万广真：《一贯别传》卷五，《嘉兴藏》第40册，第480号，第183页上。

④ 明方：《和栯堂诗序》《石雨禅师法檀》卷十六，《嘉兴藏》第27册，第190号，第137页下。

余论:拓宽研究思路,探索新的课题

从禅宗诗学文献的发掘、整理,到禅宗诗学理论的思考、研究,使人打开了思路,让人深切感受到,禅宗诗学与禅宗画学之间,有诸多相同、相似、相近的表述与主张,它们之间相通相融,完全可以把“禅宗诗画美学”作为一个课题来进行探讨与研究,这样,既可以使禅宗诗学研究与禅宗画学研究的范围得到拓展,又可以使禅宗美学研究能开辟一片新的天地。

翻检中国美学思想史,可知许多名家,都是一身二任,诗画兼擅,“自古词人是画师”①“能诗者必知画,而能画者多知诗”②“善诗者诗中有画,善画者画中有诗”③。他们在诗画的审美创造和审美赏评上,经验丰厚,慧眼卓著,往往既是著名诗论家,又是杰出画论家④。同样,查阅中国禅宗美学思想史,也可见众多禅门大师,也是一身二任,既是诗学家,又是画学家。我们可以用本书的《禅宗诗学著述录要》与《丹青妙香叩禅心:禅宗画学著述研究》⑤中的《禅宗画学著述辑要》和《游戏翰墨见本心:禅宗书画美学著述选释》⑥对照,就可清楚得知绝大数禅门大师,既有诗学论述,又有画学论述。他们中,不少人既有诗偈创作经验,又有佛画或禅画实践体验,或者有很高的诗画赏评能力,因而,其对诗画的论述,就很有见地。

---

① 张舜民:《题赵大年奏议小景》《画墁集》卷四,《四库全集》第 1117 册,台湾商务印书馆 1983 年版,第 26 页下。

② 杨维祯:《东维子文集·无声诗意序》《四库全书》第 1221 册,台湾商务印书馆 1983 年版,第 481 页下。

③ 邹一桂:《小山画谱》,于安澜编:《画论丛刊》(下卷),中华书局中国香港分局 1997 年版,第 791 页。

④ 可参见傅璇琮等主编的《中国诗学大辞典》(浙江教育出版社 1999 年版)和周积寅主编的《中国画论大辞典》(东南大学出版社 2011 年版)。

⑤ 皮朝纲:《丹青妙香叩禅心:禅宗画学著述研究》,商务印书馆 2012 年版。

⑥ 皮朝纲:《游戏翰墨见本心:禅宗书画美学著述选释》,四川民族出版社 2013 年版。

诗、画关系问题,是中国古典美学所关注的重要话题之一。在诗画的相同、相似、相近方面,不少美学家、诗论家、画论家,提出了许多精辟的命题和主张,它们涉及以下几个方面:

第一,诗画相同相通。认为诗画在审美创造上,具有共同的审美特征与审美规律:都以心为审美创造的本源;都应塑造卓然天成、清丽新颖的艺术意象和审美意境;它们的表现方法是相通互摄的。其论述有:"诗画本一律,天工与清新"①"盖诗者心声,画者心画,二者同体也"②"能诗者必知画,而能画者多知诗,由其道无二致也"③"画法与诗法通"④"作画与作文同法"。⑤

第二,诗画相契相融。认为诗画是相互渗透,彼此交融,互为表里,从而使画境诗化而富有韵味,使诗味境化而更具魅力。其论述有:"诗中有画,画中有诗"⑥"画即诗中意,诗亦画里禅"⑦"诗是无形画,画是有形诗"⑧"绘事之寄兴,与诗人相表里焉"⑨。

第三,诗画相生相补。认为诗画各有所长,能够相因相生,相互为用,彼此补充,互增效应。其论述有:"拈诗意以为画意"⑩"诗为有声之画,画为无声

---

① 苏轼:《书鄢陵王主簿所画折枝》,王文诰辑注:《苏轼诗集》卷二十九,中华书局 1982 年版,第 1525 页。

② 杨维祯:《东维子文集·无声诗意序》《四库全书》第 1221 册,台湾商务印书馆 1983 年版,第 481 页下。

③ 杨维祯:《东维子文集·无声诗意序》《四库全书》第 1221 册,台湾商务印书馆 1983 年版,第 481 页下。

④ 李东阳:《麓堂诗话》,丁福保辑:《历代诗话续编》,中华书局 1983 年版,第 1375 页。

⑤ 范玑:《过云庐画论》,于安澜编:《画论丛刊》(下卷),中华书局中国香港分局 1997 年版,第 481 页。

⑥ 苏轼:《书摩诘蓝田烟雨图》,《苏轼文集》卷七十,中华书局 1986 年版,第 2209 页。

⑦ 石涛:《石涛画谱·四时章第十四》,俞剑华编著:《中国画论类编》(上卷),人民美术出版社 1986 年版,第 157 页。

⑧ 张舜民:《跋百之诗画》《画墁集》卷一,《四库全集》第 1117 册,中国台湾省商务印书馆 1983 年版,第 8 页下。

⑨ 邹一桂:《小山画谱》,于安澜编:《画论丛刊》(下卷),中华书局中国香港分局 1997 年版,第 791 页。

⑩ 石涛:《石涛画谱·四时章第十四》,俞剑华编著:《中国画论类编》(上卷),人民美术出版社 1986 年版,第 157 页。

之诗,二者盖相为用,而不两能”[①]“难画之景,以诗凑成;难吟之诗,以画补足”[②]“画有不能达意者,必藉文以明;文有不能显形者,必藉画以证,此又图史之各专其美也”[③]。

上述几个方面的论述,都是中国古代诗画美学所关注的问题,因为诗画美学就是要探讨诗画两种不同的艺术形式,在审美创造与审美鉴赏上共同的审美特征与审美规律。禅宗诗画美学,则是探讨禅门大师关于诗画的审美创造与审美鉴赏共同的审美特征与审美规律。

我们在前面已提及,从《禅宗诗学著述录要》得知,禅宗诗学观涉及以下六个方面:以心为源、胸襟修养、生命体验、艺境追求、像教悦情、禅艺互释等。我们在《中国禅宗书画美学思想史纲》中,曾提及禅宗书学与画学的主张的共通性和一致性有“主要宗旨(目的论)、价值取向(价值论)、审美诉求(需要论)、宗极本源(本体论)、叙述模式(方法论)等几个方面”,即“以进行‘象教’为书画活动的主要宗旨”“以有益‘佛事’为书画活动的价值取向”“以游戏翰墨为书画活动的审美诉求”“以本心澄明为书画活动的宗极本源”“以禅艺互释为书画活动的叙事模式”等。如果与禅宗诗学观的几个方面比较,就可看见禅宗诗学与禅宗画学在不少重要主张和观点上有共通性和一致性,完全可以把它俩联系在一起,以“禅宗诗画美学”为课题,进行研究。

---

① 李东阳:《怀麓堂集·书沈石田诗稿后》,钱谷:《吴都文粹续集》卷五十六,《四库全书》第1386册,台湾商务印书馆1983年版,第667页上。

② 吴龙翰:《野趣有声画·序》,杨公远:《野趣有声画》,《四库全书》第1193册,中国台湾省商务印书馆1983年版,第730页下。

③ 范玑:《过云庐画论》,于安澜编:《画论丛刊》(下卷),中华书局中国香港分局1997年版,第482页。

下　编

禅宗诗学著述录要

编者说明

一、本书所录禅宗诗学著述，源自以下典籍：《大正新修大藏经》（简称《大正藏》），中国台湾新文丰出版股份有限公司1983年版；《卍续藏经》（新编），中国台湾新文丰出版公司1993年版；《嘉兴大藏经》（简称《嘉兴藏》），中国台湾新文丰出版公司1987年版；《乾隆大藏经》（简称《乾隆藏》），中国台湾传正有限公司1997年版；《禅宗全书》，中国台湾文殊文化有限公司1988年版；《禅门逸书初编》，中国台湾明文书局股份有限公司1981年版；《禅门逸书续编》，中国台湾汉声出版社1987年版；《续修四库全书》，上海古籍出版社2002年版；《四库全书存目丛书》，齐鲁书社1997年版；《四库未收书辑刊》，北京出版社1998年版；《四库禁毁书丛刊》，北京出版社1997年版。

二、本书所录禅宗诗学著述内容，按照唐代、两宋、元代、明代、清代的时间顺序，因一些禅师的生卒年难考，故难免有所交叉。

三、本书所录篇目，上自唐代，下至清代，大体上按禅师活动的时代先后排序，但时有交叉，因一些禅师的生卒年难考。

四、禅宗诗学著述理应包括禅门大师与禅门居士的作品，限于辑录者的学识与精力有限，本书只收录了禅宗大师的著述，禅门居士的著述只有暂付阙如。

五、一些禅师的诗学专著，如皎然《诗式》《诗议》、齐己《风骚旨格》、慧洪《冷斋夜话》等，已有点校本或注释本，未收入本书。

六、本书在编写禅师们的小传时，除依据禅师们的"语录"、著述所提供的"行实""行状""塔铭""序""跋"以及各种灯录外，主要参考了以下文献：徐自强主编《中国历代禅师传记资料汇编》，全国图书馆文献微缩复制中心1994年版；震华法师遗稿《中国佛教人名大辞典》，上海辞书出版社1999年版；明复编《中国佛学人名辞典》，中华书局1988年版；张志哲主编《中华佛教人物大辞典》，黄山书社 2006 年版；陈垣《释氏疑年录》，中华书局 1964 年版；钱仲联、傅璇琮、王运熙、章培恒、陈伯海、鲍克怡总主编《中国文学大辞典（修订本）》，上海辞书出版社 2000 年版；傅璇琮、许逸民、王学泰、董乃斌、吴小林主编《中国诗学大辞典》，浙江教育出版社 1999 年版。

七、本书对重要的人物、公案、典故、术语（含佛学、美学和文艺学），作了必要的注释，旨在为读者了解禅宗诗歌美学思想提供一些参考资料。编写注释，主要参考了以下文献：任继愈主编《佛教大辞典》，江苏古籍出版社 2002 年版；慈怡主编《佛光大辞典》，台湾佛光出版社 1988 年版；黄夏年主编《禅宗三百题》，上海古籍出版社 2000 年版；袁宾主编《禅宗大词典》，崇文书局 2010 年版；袁宾《禅宗著作词语汇释》，江苏古籍出版社 1990 年版；成复旺主编《中国美学范畴辞典》，中国人民大学出版社 1995 年版；林同华主编《中华美学大辞典》，安徽教育出版社 2000 年版；钱仲联、傅璇琮、王运熙、章培恒、陈伯海、鲍克怡总主编《中国文学大辞典（修订本）》上海辞书出版社 2000 年版；傅璇琮、许逸民、王学泰、董乃斌、吴小林主编《中国诗学大辞典》，浙江教育出版社 1999 年版。

第一章

唐代禅宗诗学著述录要

五祖　弘忍

弘忍(602—675 年),唐僧。黄梅(今属湖北)人,俗姓周。生而秀异。七岁遇四祖道信,被收为弟子。后传法为五祖,住黄梅东山,大弘禅要,称“东山法门”。其弟子慧能、神秀,各得其道,分创南、北二宗,世称南能、北秀。代宗谥大满禅师①。

神秀与慧能的见性偈,属于唐代禅宗白话诗②,在中国禅宗思想史和中国禅宗文学史上都占有重要地位,是历代禅学研究家所讨论的重要话题之一。弘忍是禅宗白话诗的创作者,有与弟子慧能的传法偈,有对弟子神秀见性偈的具体评论,他指出神秀之偈“未见本性,如此见解,觅无上菩提,了不可得”,是用“本性”(本觉真性、佛性、本来面目)为标准来评论诗偈,可以说弘忍是中国禅宗思想史和禅宗文学史上用佛性论对禅宗白话诗进行品评的发轫者。

本书所录文字,据《六祖大师法宝坛经》《大正藏》第 48 册,第 2008 号。

“汝作此偈,未见本性,如此见解,觅无上菩提,了不可得”

祖一日唤诸门人总来:“吾向汝说,世人生死事大,汝等终日只求福田③,

---

① 弘忍生平事迹见《五灯会元》卷一、民国《湖北通志》卷一六九、《六学僧传》卷四、《宋高僧传》卷八、《景德传灯录》卷三。

② 唐代禅宗白话诗,系唐代白话诗派:“这个白话诗派实际上就是佛教诗派,或者说就是‘禅’的诗派。它以通俗语言创作,采用偈颂体,其作者基本为在家居士或出世僧侣,其渊源、成立、发展、兴盛和衰落,和禅学及禅宗保持着某种同步关系。”“正如禅宗史上涌现了一批祖师宗匠一样,禅宗史上也涌现了一批歌偈大师,在许多情况下,禅宗祖师就是歌偈大师。”(项楚主编《唐代白话诗派研究》,巴蜀书社 2005 年版,第 2—3、8 页)

③ 福田:此指积善修德。谓可生福德之田,凡敬侍佛、僧、父母,即可得福德、功德,犹如农人耕田,能有收获,积善修德,可获福报。诚然禅门认为“福田”之说,系植根于因果报应理论,只是一种方便法门,并不是明心见性的根本大法。《华严经探玄记》卷六曰:“谓生我福故名福田。”(《大正藏》第 35 册,第 1733 号,第 219 页中)《无量寿经净影疏》曰:“生世福善,如田生物,故名福田。”(《大正藏》第 37 册,第 1745 号,第 97 页上)

不求出离生死苦海；自性[①]若迷，福何可救？汝等各去，自看智慧，取自本心般若[②]之性，各作一偈[③]，来呈吾看。若悟大意，付汝衣法，为第六代祖。火急速去，不得迟滞，思量即不中用；见性之人，言下须见。若如此者，轮刀上阵，亦得见之。”众得处分，退而递相谓曰：“我等众人，不须澄心用意作偈，将呈和尚，有何所益？神秀[④]上座[⑤]，现为教授师[⑥]，必是他得。我辈谩作偈颂，枉用心力。”余人闻语，总皆息心，咸言：“我等已后依止秀师，何烦作偈？”神秀思惟：“诸人不呈偈者，为我与他为教授师；我须作偈，将呈和尚，若不呈偈，和尚如何知我心中见解深浅？我呈偈意，求法即善，觅祖即恶，却同凡心夺其圣位奚别？若不呈偈，终不得法。大难！大难！”五祖堂前，有步廊三间，拟请供奉卢

---

① 自性：自性、本性、本心、法性、实性、本觉真性、佛性等，含义相同。本性，即自身本有之性，即人人本来具备的佛性。《六祖大师法宝坛经·行由品第一》云：“善知识！菩提自性，本来清净，但用此心，直了成佛。”

② 般若：梵语音译词。译曰慧、智慧、明。具此智慧方可成佛，方可到达解脱的彼岸。《六祖大师法宝坛经·般若品第二》云：“何名般若？般若者，唐言智慧也。”

③ 我们一般所说的“偈”，乃指别偈，亦名颂、偈颂、诗偈、歌偈等。中国僧人所写的偈颂，往往具有诗的性质。

④ 神秀（约606—706年），唐僧。禅宗北宗开山僧人。汴州尉氏（河南尉氏）人，俗姓李。少亲儒业，博综多闻。俄出家，寻师访道，至蕲州双峰山东山寺，谒五祖弘忍，以坐禅为务，誓心苦节，以樵汲自役，而求其道。忍深加器重，被尊为上座，作“教授师”。忍既示灭，秀遂往江陵当阳山玉泉寺。武后闻之，召至都下，于内道场供养，特加钦礼，号两京法主、三帝国师，并于玉泉居处立度门寺以旌异。后于东都天宫寺入灭，谥大通禅师，世称北宗六祖。事见《宋高僧传》卷八、《景德传灯录》卷四、《五灯会元》卷二、《五灯严统》卷二、《六学僧传》卷四。

⑤ 上座：音译“悉提那”。一、佛教僧职。寺院三纲之一，为全寺之长。主要负责弘讲佛旨事，而行政或日常杂务，则由住持负责。《大宋僧史略》卷中：“道宣敕为西明寺上座，列寺主、维那上。”（《大正藏》第54册，第2126号，第244页下）。二、佛教称谓。对法腊高者的尊称。《四分律删繁补阙行事钞》卷下之三：“从无夏（夏指安居，即出家计年单位）至九夏是下座，十夏至十九夏名中座，二十夏至四十九夏名上座。”（《大正藏》第40册，第1804号，第133页中）也用于对有德行僧人的尊称。《十诵律》卷五〇：“有十法名上座。”（《大正藏》第23册，第1435号，第368页中）意谓做到十种守戒善行者为“上座”。

⑥ 教授师：五种阿阇梨之一。阿阇梨，华译为教授，或轨范正行，或悦众，即是矫正弟子们行为的比丘，乃是教授弟子，使之行为端正合宜，而自身又堪为弟子楷模之师，故又称导师。《四分律》卷三十九：“阿阇梨者，有五种阿阇梨：出家阿阇梨，受戒阿阇梨，教授阿阇梨，受经阿阇梨，依止阿阇梨。”（《大正藏》第22册，第1428号，第848页上）

珍，画《楞伽经》[①]变相[②]，及《五祖血脉图》，流传供养。神秀作偈成已，数度欲呈，心中恍惚，行至堂前，遍身汗流，拟呈不得；前后经四日，一十三度呈偈不得。秀乃思惟："不如向廊下书着，从他和尚看见，忽若道好，即出礼拜，云是秀作；若道不堪，枉向山中数年，受人礼拜，更修何道？"

是夜三更，不使人知，自执灯，书偈于南廊壁间，呈心所见。偈曰："身是菩提树，心如明镜台，时时勤拂拭，勿使惹尘埃。"秀书偈了，便却归房，人总不知。秀复思惟："五祖明日见偈欢喜，即我与法有缘；若言不堪，自是我迷，宿业障重，不合得法。"圣意难测，房中思想，坐卧不安，直至五更。祖已知神秀入门未得，不见自性。天明，祖唤卢供奉来，向南廊壁间，绘画图相，忽见其偈，报言："供奉却不用画，劳尔远来。经云：'凡所有相，皆是虚妄。'[③]但留此偈，与人诵持。依此偈修，免堕恶道；依此偈修，有大利益。"令门人："炷香礼敬，尽诵此偈，即得见性。"门人诵偈，皆叹善哉。祖三更唤秀入堂，问曰："偈是汝作否？"秀言："实是秀作，不敢妄求祖位，望和尚慈悲，看弟子有少智慧否？"祖曰："汝作此偈，未见本性[④]，只到门外，未入门内。如此见解，觅无上菩提，了不可得；无上菩提[⑤]，须得言下识自本心，见自本性不生不灭；于一切时中，念念自见万法无滞，一真一切真，万境自如如。如如之心，即是真实。若如是见，即是无上菩提之自性也。汝且去，一两日思惟，更作一偈，将来吾看；汝

---

① 楞伽经：南朝宋求那跋陀罗译。又名《楞伽阿跋多罗宝经》《入楞伽经》《大乘入楞伽经》等，四卷。

② 变相：是变佛经为图相，即变现出来的形象。指依经典之记载，描绘佛之本生谭，或净土庄严、地狱相状等之图画，用以宣传教义。又作变像、变绘。略称变。变，乃变动、转变之意，即将种种真实之动态，以图画或雕刻加以描绘，如画弥陀净土之相，称为弥陀净土变；画兜率天弥勒净土之相，称为弥勒净土变；依华严经所画之七处八会或七处九会，称为华严变相；画地狱之种种相，称为地狱变相等。

③ 凡所有相，皆是虚妄：语出《金刚经》。"凡所有相，皆是虚妄。若见诸相非相，则见如来。"（《金刚般若波罗蜜经》《大正藏》第8册，第235号，第749页上）

④ 本性：即自性、本觉真性、佛性、本来面目。

⑤ 无上菩提：佛、缘觉、声闻各于其果所得之觉智，称为菩提；佛之菩提为无上究竟，故称无上菩提。三菩提之一。又作诸佛菩提、阿耨多罗三藐三菩提、无上正等菩提、大菩提。释一如云："谓等觉、妙觉，坐于道场，断诸烦恼，成阿耨多罗三藐三菩提，是名无上菩提。"（等觉者，去后妙觉佛位犹有一等，胜前诸位，得称为觉。妙觉者，自觉觉他，觉行圆满也。）（释一如：《三藏法数》，浙江古籍出版社1991年版，第203页下）

偈若入得门,付汝衣法。”神秀作礼而出。又经数日,作偈不成,心中恍惚,神思不安,犹如梦中,行坐不乐。复两日,有一童子于碓坊过,唱诵其偈;慧能一闻,便知此偈未见本性,虽未蒙教授,早识大意。遂问童子曰:“诵者何偈?”童子曰:“尔这獦獠不知,大师言:‘世人生死事大,欲得传付衣法,令门人作偈来看。若悟大意,即付衣法为第六祖。’神秀上座,于南廊壁上,书无相偈,大师令人皆诵,依此偈修,免堕恶道;依此偈修,有大利益。”慧能曰:“我亦要诵此,结来生缘。上人①! 我此踏碓,八个余月,未曾行到堂前。望上人引至偈前礼拜。”童子引至偈前礼拜,慧能曰:“慧能不识字,请上人为读。”时有江州别驾,姓张名日用,便高声读。慧能闻已,遂言:“亦有一偈,望别驾为书。”别驾言:“汝亦作偈? 其事希有。”慧能向别驾言:“欲学无上菩提,不得轻于初学。下下人有上上智,上上人有没意智。若轻人,即有无量无边罪。”别驾言:“汝但诵偈,吾为汝书。汝若得法,先须度吾。勿忘此言。”慧能偈曰:“菩提本无树,明镜亦非台;本来无一物,何处惹尘埃?”②书此偈已,徒众总惊,无不嗟讶,各相谓言:“奇哉! 不得以貌取人,何得多时,使他肉身菩萨。”祖见众人惊怪,恐人损害,遂将鞋擦了偈,曰:“亦未见性。”众以为然。次日,祖潜至碓坊,见能腰石舂米,曰:“求道之人,为法忘躯,当如是乎!”乃问曰:“米熟也未?”慧能曰:“米熟久矣,犹欠筛在。”祖以杖击碓三下而去。慧能即会祖意,三鼓入室;祖以袈裟遮围,不令人见,为说《金刚经》。至“应无所住而生其心”,慧能言下大悟,一切万法,不离自性。遂启祖言:“何期自性,本自清净;何期自性,本不生灭;何期自性,本自具足;何期自性,本无动摇;何期自性,能生万法。”祖知悟本性,谓慧能曰:“不识本心,学法无益;若识自本心,见

---

① 上人:指上德之人,即内涵德智,外有胜行,在人之上者,系对僧人的尊称。《释氏要览》卷上云:“内有智德,外有胜行,在众人之上者为上人。”(《释氏要览》《大正藏》第54册,第2127号,第261页中)

② 慧能开创南宗禅之后,以通俗语言写成的禅宗诗偈,就成了白话诗派的主流。而创作诗偈乃是禅师们表达证悟、开启学人的一种最基本的方式和手段。慧能就是因这一首“菩提本无树”的诗偈,获得了五祖传衣,成为佛教禅宗史上划时代的佳话。(参见项楚主编:《唐代白话诗派研究》,巴蜀书社2005年版,第7页)

自本性，即名丈夫①、天人师②、佛。"三更受法，人尽不知，便传顿教③及衣钵，云："汝为第六代祖，善自护念，广度有情，流布将来，无令断绝。听吾偈曰：'有情来下种，因地果还生，无情既无种，无性亦无生。'"（《六祖大师法宝坛经》）

---

① 丈夫：此处指佛十号之一的调御丈夫。释一如云："谓具大丈夫力用，而说种种诸法，调伏制御一切众生，令离垢染，得大涅槃，故号调御丈夫。"（梵语涅槃，华言灭度。）（释一如：《三藏法数》，浙江古籍出版社 1991 年版，第 386 页）

② 天人师：如来十号之一，六趣中的天与人无不以佛为教师，故称。释一如云："谓非独与四众为师，所有天上人间、魔王外道、释梵天龙，悉皆归命，依教奉行，俱作弟子，故号天人师。"（四众者，比丘、比丘尼、优婆塞、优婆夷也。）（释一如：《三藏法数》，浙江古籍出版社 1991 年版，第 386 页下）

③ 顿教：奉行"顿悟"说的禅教。指无须修行实践，一旦领悟和把握了自我本心，即证得佛果、成就菩提之教法。此处是慧能弟子对南宗禅法的称谓。《六祖大师法宝坛经·般若品第二》云："小根之人，闻此顿教，犹如草木根性小者，若被大雨，悉皆自倒，不能增长。小根之人，亦复如是。"

慧　能

慧能(638—713 年),又作惠能。唐代僧。我国禅宗第六祖。号六祖大师、大鉴禅师。祖籍范阳(今河北涿县),出生于广东新州。俗姓卢。幼年丧父,家境贫寒,以卖柴为生。五祖弘忍法嗣。宪宗时谥号“大鉴禅师”。宋太宗太平兴国年中加谥“真宗禅师”,后由仁宗谥号“普觉禅师”,神宗谥号“圆明禅师”①。其禅学美学观点,保存于《坛经》中。

自慧能开创禅宗南宗之后,以通俗语言创作的禅门诗偈,便成了白话诗派的主流。慧能在黄梅所作诗偈“菩提本无树”,传颂最广,影响极深。他在传法过程中的几首诗偈,诚然纯粹是以诗说教,但也有一些比较形象通俗的句子。他是盛唐禅宗白话诗的重要作者,在禅宗文学史上占有重要地位。② 而他对卧轮禅师之诗偈“卧轮有伎俩”之评论,是以“心地”(本觉真性、佛性、本来面目)为标准来评论诗偈,是南禅以佛性论来品评解释诗偈的先驱。

慧能关于“诸佛妙理,非关文字”之说,指明禅(本心)的特点,是直接体悟明心见性,一旦形诸包括诗、书、画在内的语言文字,那就把体验的心性,转换成语言概念或艺术形象,结果就把体悟消解了,也就没有禅家的心悟了。慧能关于禅与语言的关系的论述,是禅宗文艺美学的重要理论支撑点之一,成为历代禅师不断申说的重要话题。

本书所录文字,据《景德传灯录》《大正藏》第 51 册,第 2076 号;《六祖大师法宝坛经》《大正藏》第 48 册,第 2008 号。

---

① 慧能又作“惠能”,本著为表述一致性,除此处的说明中用“惠能”外,其余各处皆用“慧能”,包括原文引用。他的生平事迹,见《六祖大师法宝坛经》附录法海等《六祖大师缘记外记》《历朝崇奉事迹》、柳宗元:《赐谥大鉴禅师碑》、刘禹锡:《大鉴禅师碑》。

② 参见项楚、张子开、谭伟、何剑平:《唐代白话诗派研究》,巴蜀书社 2005 年版,第 380—394 页。

一、“诸佛妙理，非关文字”

尼无尽藏者，即志略之姑也。常读《涅槃经》①，师暂听之，即为解说其义。尼遂执卷问字，师曰：“字即不识，义即请问。”尼曰：“字尚不识，曷能会义？”师曰：“诸佛妙理，非关文字。”尼惊异之。（《景德传灯录》卷五）

二、“此偈未明心地，若依而行之，是加系缚”

有僧举卧轮禅师偈曰：“卧轮有伎俩，能断百思想，对境心不起，菩提日日长。”师闻之，曰：“此偈未明心地②，若依而行之，是加系缚。”因示一偈曰：“慧能没伎俩，不断百思想，对境心数起，菩提作么长。”（《六祖大师法宝坛经·行由品第一》）

---

① 涅槃经：《涅槃经》，有大乘与小乘之二部。大乘《涅槃经》译本影响大的有三个：一是东晋义熙十四年（公元418年）僧人法显和觉贤合译的《大般泥洹经》六卷，此译本不是《涅槃经》的全译，只译了原经初分的前五品；二是北凉玄始十年（公元421年）由译经师昙无谶所译的《大般涅槃经》四十卷，此译本首次呈现了原经的完整面目；三是刘宋元嘉年间（公元424—453年），慧严、慧观与谢灵运等根据上述两译本进行改编的《大般涅槃经》三十六卷，又称作《南本涅槃经》。

② 心地：《六祖大师法宝坛经》用“心地”一词达9处。以大地来比喻心，谓心如大地，能产生世间、出世间和善恶等法。

寒　山

寒山，诗僧，姓名、生卒年皆不详，主要活动时期为第八世纪。长期隐居于台州(今浙江天台)唐兴县翠屏山。其地幽僻寒冷，又名寒岩，故自号寒山子。喜作诗，每得一篇一句，即题于树间石上。有诗六百余首。元和中徐灵府录得三百余首，编为三卷①。

寒山基本是一位禅宗诗人，是唐代白话诗派的一个杰出代表②。他在诗歌品评上，提出了"凡读我诗者，心中须护净"的命题，强调阅读品评禅门诗歌应具有净心，即无"悭贪谄曲"的"廉正"之心，应驱除"恶业"，归依"真性"。他明确主张诗歌创作应不受"蜂腰、鹤膝、平侧"等程式的束缚。在他看来，禅门诗歌有很重要的价值，"家有寒山诗，胜汝看经卷"；它一样"典雅"，但通俗，"不烦郑氏笺，岂用毛公解"；要读懂这种诗篇，只有"上贤""明眼人"这些"知音"，"若能会我诗，真是如来母"。

本书所录文字，据《寒山子诗集》《嘉兴藏》第20册，第103号。

一、"凡读我诗者，心中须护净"

凡读我诗者，心中须护净③。悭贪继日廉，谄曲登时正。驱除遣恶业，归

---

① 寒山生平事迹见《宋高僧传》卷一九、《神僧传》卷六、《佛祖历代通载》卷二〇、余嘉锡《四库提要辩证》卷二〇。

② 项楚、张子开、谭伟、何剑平：《唐代白话诗派研究》，巴蜀书社2005年版，第8页。

③ 护净：净，净心。即清净之心。又称清净心。指清净无染之心，或清净之信仰心，或指众生本具的自性清净心。护净，则指保持内心清净境界。"若菩萨欲得净土，当净其心，随其心净，则佛土净。"(《注维摩诘经·佛国品第一》《大正藏》第38册，第1775号，第337页中)

依受真性①。今日得佛身②,急急如律令。

满卷才子诗,溢壶圣人酒。行爱观牛犊,坐不离左右。霜露入茅檐,月华明户牖。此时吸两瓯,吟诗两三首。

余曾昔睹聪明士,博达英雄无比伦。一选佳名喧宇宙,五言诗句越诸人。为官治化超先辈,直为无能继后尘。忽然富贵贪财色,瓦解冰消不可陈。

一住寒山万事休,更无杂念挂心头。闲于石壁题诗句,任运还同不系舟。

二、“不恨会人稀,只为知音寡”

有人笑我诗,我诗合典雅。不烦郑氏笺③,岂用毛公解④。不恨会人稀,只为知音寡。若遣趁宫商,余病莫能罢。忽遇明眼人,即自流天下。

下愚读我诗,不解却嗤诮。中庸读我诗,思量云甚要。上贤读我诗,把着满面笑。杨修见幼妇⑤,一览便知妙。

五言五百篇,七字七十九。三字二十一,都来六百首。一例书岩石,自夸云好手。若能会我诗,真是如来母⑥。

---

① 真性:参见本书《弘忍》“自性”注。

② 佛身:佛的身体,有法身、报身、化身等之分别。释迦入灭后,其弟子们认为佛陀的特质不止在于“觉悟”,还应具备多种理想的德性、品质,遂以佛陀能证能显诸法实相之智和所显所证的法理及其所修福德等为佛身;亦有以佛陀所说教法和所制律仪称为佛身。《六祖大师法宝坛经·顿渐品第八》:“若悟自性,亦不立菩提涅槃,亦不立解脱知见。无一法可得,方能建立万法。若解此意,亦名佛身,亦名菩提涅槃,亦名解脱知见。”

③ 郑氏笺:指郑玄对《毛诗》之注释。郑玄注诸经皆称“注”,独于《诗》称“笺”。后人以“郑笺”泛指对古籍的注释。郑玄(127—200),字康成,北海高密(今山东高密)人,东汉末年的经学大师,他遍注儒家经典,以毕生精力整理古代文化遗产,使经学进入了一个“小统一时代”。郑玄事见《后汉书》卷三十五《张曹郑列传第二十五》。

④ 毛公解:见本书上编第一章“毛公解”注。

⑤ 杨修见幼妇:见本书上编第一章“杨修见幼妇”注。

⑥ 如来母:佛母,即佛法,指般若之法。因佛以法为师,从法所生,故称法为佛母。《大智度论》卷三十四释云:“般若波罗蜜是诸佛母。父母之中,母功最重,是故佛以般若为母,般舟三昧为父。”(《大正藏》第25册,第1509号,第314页上)

三、为诗不为“蜂腰、鹤膝、平侧”的束缚

有个王秀才，笑我诗多失。云不识蜂腰①，仍不会鹤膝②。平侧不解压，凡言取次出。我笑你作诗，如盲徒咏日。

四、“家有寒山诗，胜汝看经卷”

家有寒山诗，胜汝看经卷。书放屏风上，时时看一遍。

---

① 蜂腰：诗律“八病”之一。谓五言诗一句之中，第二字不得与第五字同声，否则两头粗，中央细，似蜂腰。遍照金刚：“蜂腰：第一句中第二字、第五字不得同声。诗得者：‘惆怅崔亭伯’；失者：‘闻君爱我甘’”。（《文镜秘府论·文笔十病得失》，人民文学出版社 1980 年版，第 214 页）“君”“甘”皆平声字，所以是犯。

② 鹤膝：诗律“八病”之一。言五言诗第五字不得与第十五字同声。谓两头细，中央粗，好像鹤膝。遍照金刚：“鹤膝：第一句末字，第三句末字，不得同声。诗得者：‘朝关苦辛地，雪落远漫漫。含冰陷马足，杂雨练旗竿。’失者：‘沙幕飞恒续，天山积转寒。无同乱郢曲，逐扇掩齐纨。’”（《文镜秘府论·文笔十病得失》，人民文学出版社 1980 年版，第 215 页）

拾　　得

拾得，籍里未详。玄宗先天至德宗贞元年间人。本为孤儿，约十岁时，天台山国清寺僧人丰干遇之于赤城山道边，携归寺中，因名之曰拾得。后知寺库及食堂等杂务，为寺中行者。好为诗作偈，言行狂放。与寒山友善。其诗曾与寒山诗合编为《寒山拾得诗》一卷①。

拾得明确提出"诗偈总一般"的主张，为禅门白话诗张目，因禅门白话诗一直不为主流文坛所承认和接纳。

本书所录文字，据《寒山子诗集》《嘉兴藏》第 20 册，第 103 号。

"诗偈总一般，读者须仔细"

我诗也是诗，有人唤作偈。诗偈总一般②，读者须仔细。缓缓细披寻，不得生容易。依此学修行，大有可笑事③。

有偈有千万，卒急述应难。若要相知者，但入天台山。岩中深处坐，说理及谈玄。共我不相见，对面似千山。

---

① 拾得事迹见托名闾丘胤：《寒山子诗集序》、《五灯会元》卷二、《景德传灯录》卷二七、《宗镜录》卷二四、《宋高僧传》卷一九《丰干传》《释氏稽古略》卷三、余嘉锡：《四库提要辨证》卷二〇。

② 一般：一样，同样。

③ 可笑事：可喜之事。拾得之"依此学修行，大有可笑事"，乃指修行有得。参见项楚：《寒山诗注》，中华书局 2000 年版，第 21、845 页。

皎　然

皎然，唐诗僧。字清昼。湖州长城（今浙江湖州市）人，俗姓谢。自云谢灵运十世孙。早岁勤学，出入经史百家。中年慕神仙，曾博访名山。后皈依佛门，从杭州僧守真受戒。至德后，居湖州苕溪草堂、杼山妙喜寺等地。主要活动于大历、贞元年间，曾多次为初期禅宗诸祖师撰碑文①。

皎然提出了“诗情缘境发”的重要命题，体现了重视意境创造的诗学观。

在诗歌创作和鉴赏上，他提出了“思真”“思逸”“情高”“格高”“气清”“词贞”等审美标准，这与他在《诗式》中提出的以“十九字”为诗体（体貌、风貌）分类的主张相吻合。

他还主张诗歌创作无论是“风裁”还是“情致”，应有创造性，“不下古手，不傍古人”。

在诗、禅关系上，他明确主张“禅栖不废诗”“佳句纵横不废禅”，即诗禅不相妨。

本书所录文字，据《杼山集》，明复主编《禅门逸书初编》第 2 册，第 104 号。

一、“诗情缘境发，法性寄筌空”

江郡当秋景，期将道者同。迹高怜竹寺，夜静赏莲宫。古磬清霜下，寒山

---

① 皎然生平事迹，见《全唐文》卷九一九《唐湘州杼山皎然传》《宋高僧传》卷二十九、《释门正统》卷三、明复：《杼山集解题》、贾晋华：《皎然年谱》。

晓月中。诗情缘境发，法性①寄筌空。翻译推南本②，何人继谢公③。（《秋日遥和卢使君游何山寺宿敭上人房论涅槃经义》）

夜闲禅用精，空界④亦清迥。子真仙曹吏⑤，好我如宗炳⑥。一宿觌幽胜，形清烦虑屏。新声殊激楚⑦，丽句同歌郢⑧。遗此感予怀，沉吟忘夕永。月彩散瑶碧，示君禅中境。真思在杳冥，浮念寄形影。遥得四明⑨心（答四明），何须蹈岑岭。诗情聊作用，空性⑩惟寂静。若许林下期，看君辞簿领。（《答俞校书冬夜》）

二、"真思凝瑶瑟，高情属云鹤"

宿昔祖师教，了空无不可。枯槁未死身，理心寄行坐。仁公施春令，和风

---

① 法性：宇宙中万事万物的本性、本质或本体。《景德传灯录》："于诸物中法性最大。"（《景德传灯录》卷二，《大正藏》第51册，第2076号，第216页中）

② 南本：即《南本涅槃经》，参见本书《慧能》"涅槃经"注。

③ 谢公：谢康乐（385—433），谢灵运，浙江会稽人，东晋将领谢玄之孙，著名诗人。谢灵运小名"客"，人称谢客。又以袭封康乐公，人称谢康公、谢康乐、谢公，又因同族后辈另一位著名诗人"小谢"谢朓而被称为"大谢"。事迹见《宋书》卷六七、《南史》卷一九、郝昌衡：《谢灵运年谱附谢氏世系表》。

④ 空界：佛教语，本为六界（地界、火界、水界、风界、空界、识界）之一，谓无边之虚空（见《长阿含经》卷八，《大正藏》第1册，第1号，第51页下。）皎然在此指佛寺。

⑤ 子真：梅福，字子真，九江郡寿春（今安徽寿县）人。西汉南昌县尉，以诤言直谏见称，后去官归寿春，相传仙去。事见《汉书·梅福传》。此指俞校书。

⑥ 宗炳：南朝宋画家、画论家。当局屡征不就，在庐山与慧远等游，为白莲社成员。《历代名画记》卷六称：宗炳"善琴书，好山水，西陟荆巫，南登衡岳，因结宇衡山。怀尚平之志，以疾还江陵。叹曰：'噫！老病俱至，名山恐难遍游，唯当澄怀观道，卧以游之。'凡所游历，皆图于壁，坐卧向之，其高情如此。"（《历代名画记》《画史丛书》第1册，上海人民美术出版社1982年版，第78页）

⑦ 激楚：古代歌舞曲名。《汉书·司马相如传上》："鄢郢缤纷，《激楚》《结风》。"颜师古注："郭璞曰：'《激楚》，歌曲也。'"（班固：《汉书》，中华书局1962年版，第2567、2569页）

⑧ 歌郢：郢，战国楚都，今湖北江陵。歌郢，"郢中调"，指通俗乐曲《下里》《巴人》。宋玉《对楚王问》："客有歌于郢中者，其始曰《下里》《巴人》，国中属而和者数千人；其为《阳阿》《薤露》，国中属而和者数百人；其为《阳春》《白雪》，国中属而和者不过数十人。"

⑨ 四明：山名，在今浙江余姚南。

⑩ 空性：真如之异名。真如为离我法二执之实体，故修空观而离我法二执之处，真如之实体跃然而显，即依空而显之实性，谓为空性。非谓真如之体是空。《成唯识论述记》卷一曰："梵言舜若，可说如空，名舜若多。如是空性，即是二空所显实性。故言空者，从能显说。二空之性，依士释名。言真如空，未善理故。"（《大正藏》第43册，第1830号，第234页下）

来泽我。生成一草木，大道无负荷。论入空王[①]室，明月开心胸。性起妙不染，心行寂无踪。若非禅中侣，君为雷次宗[②]。比闻朝端名，今贻《郡斋》作。真思凝瑶瑟，高情属云鹤。抉得骊龙珠[③]，光彩曜掌握。若作诗中友，君为谢康乐。盘薄西山气，贮在君子衿。澄澹秋水影，用为字人心。群物如凫鹥，游翱爱清深。格居第一品，高步凌前躅。精义究天人，四坐听不足。伊昔柳太守[④]，曾赏汀洲苹。如何五百年，重见江南春。公每省往事，咏歌怀昔辰。以兹得高卧，任物化自淳。还因访禅隐，知有雪山人。（《奉酬于中丞使君[⑤]〈郡斋卧病〉[⑥]见示一首》）

相公乃天盖，人文佐王成。立程正颓靡，绎思何纵横。春杼弄缃绮，阳林敷玉英。飘然飞动姿，邈矣高简情。后辈惊失步，前修敢争衡。始欣耳目远，再使机虑清。体正力已全，理精识何妙。昔年歌阳春，徒推郢中调。今朝听鸾凤，岂独羡门啸[⑦]。帝

① 空王：佛之别名。以佛亲证诸法空性，寂静无碍，圣果无匹而称空王。《景德传灯录》卷二九，同安察禅师《十玄谈·达本》诗："勿于中路事空王，策杖还须达本乡。"（《大正藏》第51册，第2076号，第455页中）

② 雷次宗：南朝宋人（386—448）。字仲伦，豫章南昌人。少入庐山事慧远，笃志好学，尤明《三礼》、《毛诗》，隐退不受征辟，不交世务。事见《南史·隐逸传》。

③ 骊龙珠：指宝珠，后又比喻珍贵的人或物。《庄子·列御寇》："夫千金之珠，必在九重之渊而骊龙颔下，子能得珠者，必遭其睡也。使骊龙而寤，子尚奚微之有哉！"（清郭庆藩撰，王孝鱼点校：《庄子集释》，中华书局1961年版，第1061页）

④ 柳太守：南朝诗人柳恽（465—517），字文畅。河东解县（今山西运城西）人。曾与著名史学家沈约等共同定新律，武帝尝令其定棋谱。少好学，有志行，初为齐竟陵王子良法曹行参军，官至相国右司马。入梁，兼侍中，历任秘书监、吴兴太守。为政清静，人吏怀之。其诗情辞清切，韵调隽美。原有集，已佚。柳恽因曾两次任吴兴（今浙江省湖州市）太守，时人以所辖之地呼之。《全上古三代秦汉三国六朝文》存其文一篇。《先秦汉魏晋南北朝诗》存其诗二十二首。生平事迹见《梁书》卷二一、《南史》卷三八。

⑤ 于頔（？—818），字允元，河南（今河南洛阳）人。以门荫入仕，曾充入蕃使判官、入蕃计会使，贞元七年（791）出为湖州刺史。十年改苏州刺史，十二年入朝为大理卿，十三年拜陕虢观察使，十四年为山南东道节度使，与士人多所往还。元和三年（808）拜相，十三年致仕，旋卒。今存诗二首。事迹见《旧唐书》卷一百五十六《列传第一百六》《新唐书》卷一百七十二《列传第九十七》本传。

⑥ 于頔：《郡斋卧疾赠昼上人》一诗，约贞元八年作于湖州刺史任上。

⑦ 苏门：山名，在河南辉县西北。《晋书·阮籍传》："籍尝于苏门山遇孙登，与商略终古及栖神导气之术，登皆不应，籍因长啸而退。至半岭，闻有声若鸾凤之音，响乎岩谷，乃登之啸也。"（《晋书》卷四十九《列传第十九》，中华书局1974年版，第1362页）苏，原作"羡"，据全诗校语改。

命镇雄州[①],待济寄上流。才兼荆衡秀,气助潇湘秋。逸荡子山[②]匹,经奇文畅[③]俦。沉吟未终卷,变态纷难数。曜耳代明璫,袭衣同芳杜。愔愔闻玉磬,寤寐在灵府。(《读张曲江[④]集》)

三、"词贞思且逸,琼彩何晖映"

独禅外念入,中夜不成定。顾我颠顇容,泽君阳春咏。词贞思且逸,琼彩何晖映。如聆云和音,况睹声名盛。琴语掩为闻,山心声宜听。是时寒光澈,万境澄以净。高秋日月清,中气天地正。远情偶兹夕,道用增寥敻。思君处虚空,一操不可更。时美城北徐[⑤],家承谷口郑[⑥]。轩车未有辙,蒿兰且同径。庄生诫近名[⑦],夫子罕言命[⑧]。是以耕楚田,旷然殊独行。萎蕤鸾凤彩,特达珪璋性。通隐嘉黄绮[⑨],高儒重荀孟。世污我未起,道蹇吾犹病。逸翮思冥

---

① 雄州:指荆州。开元二十五年(737),张九龄任荆州长史。见《旧唐书》卷九十九《列传第四十九》本传。

② 子山:庾信(513—581),北周文学家。字子山。南阳新野(今属河南)人。庾肩吾子。幼聪敏,博览群书。尤善《春秋左氏传》,文名早著。年十五为梁昭明太子东宫讲读。与徐陵同为抄撰学士。文并艳,世号"徐庾体"。历仕西魏、北周两朝,官至骠骑大将军、开府仪同三司,世称"庾开府"。生平事迹见《北周书》卷四一、《北史》卷八三。

③ 文畅:南朝梁文学家柳恽字。

④ 张九龄(678—740),唐诗人。字子寿,一名博物。韶州曲江(今属广东)人。武则天神功元年(697),举进士第,授校书郎。先天元年(712),对策高第,进左拾遗。后于开元二十一年(733),拜中书侍郎、同中书门下平章事。后罢相,贬为荆州长史。其诗对唐诗风气之变有贡献。有《曲江集》传世。生平事迹见《旧唐书》卷九九、《新唐书》卷一二六。

⑤ 城北徐:《战国策·齐策》邹忌讽齐威王纳谏篇:"城北徐公,齐国之美丽者也。"(刘向集录:《战国策》卷八,上海古籍出版社1988年版,第324页)谷口,地名,在今陕西礼泉东北。

⑥ 谷口郑,指西汉郑朴。郑朴字子真,居谷口,修道守默,耕于岩石之下,名动京师。大将军王凤礼聘不应。事见《汉书·王贡两龚鲍传序》。

⑦ 《庄子·养生主》:"为善无近名,为恶无近刑。"(清郭庆藩撰,王孝鱼点校:《庄子集释》,中华书局1961年版,第115页)

⑧ 《论语·子罕》:"子罕言利与命与仁。"(朱熹:《四书章句集注》,中华书局1983年版,第109页)

⑨ 黄绮:指夏黄公崔广,秦末汉初人。夏黄公崔广与绮里季吴实、东园公唐秉、角里先生周术,是秦朝的四位博士,后来同隐商山,称"商山四皓"。见司马迁:《史记》卷五十五《留侯世家》。

冥，潜鳞乐游泳。宗师许学外，恨不逢孔圣。说诗迷颓靡，偶俗伤趋竞。此道谁共诠，因君情欲罄。(《答郑方回①》)

四、"格将寒松高，气与秋江清"

诗教殆沦缺，庸音互相倾。忽观风骚韵，会我夙昔情。荡漾学海资，郁为诗人英。格将寒松高，气与秋江清。何必邺中②作，可为千载程。受辞分虎竹③，万里临江城。到日扫烦政，况今休黩兵。应怜禅家子，林下寂无营。迹隳世上华，心得道中精。脱略文字累，免为外物撄。书衣流埃积，砚石驳藓生。恨未识君子，空传手中琼。安可诱我性，始愿愆素诚。为无鸑鷟音，继公云和④笙。吟之向禅薮，反愧幽松声。(《答苏州韦应物⑤郎中》)

青云何润泽，下有贤人隐。路入菱湖深，迹与黄鹤近。野风歌白芷，山月摇清轸。诗祖吴叔庠⑥，致君名不尽。身当青山秀(诗曰："家住青山下。"青山有吴筠故宅，后改为吴筠山)，文体多郢声。澄澈湘水碧，泬寥楚山青。时人格不同，至今罕知名。昔贤敦师友，此道君独行。既得庐霍趣，

① 郑方回，据曹讯考证，即郑容，字方回。

② 邺中，地名，即今河北临漳县一带。曹丕、曹植、陈琳等曾于此唱和。

③ 虎竹，铜虎符与竹使符的并称。虎符用以发兵；竹使符用以征调等。《汉书·文帝纪》："二年九月，初与郡守为铜虎符、竹使符。"颜师古注引应劭曰："铜虎符第一至第五，国家当发兵，遣使者至郡合符，符合乃听受之。竹使符皆以竹箭五枚，长五寸，镌刻篆书，第一至第五。"(《汉书》，中华书局1964年版，第118页)

④ 云和，山名，以产琴瑟著名。见《周礼·春官·大司乐》。

⑤ 韦应物(约737—?)，京兆万年(今陕西西安)人。自天宝十年至天宝末为玄宗侍卫。代宗广德元年(763)至永泰元年(765)任洛阳丞。大历九年(774)官京兆府功曹，十三年为鄂县令。寻迁栎阳令。建中二年(781)除比部员外郎，三年出为滁州刺史。贞元元年(785)转江州刺史，三年入为左司郎中。四年冬，复出为苏州刺史。七年(791)退职，居苏州永定寺。诗歌各体均有佳作，尤工五言近体，高雅闲淡，自成一家。事见宋王钦若《韦苏州集序》、姚宽《西溪丛语》卷下、《唐诗纪事》卷二六、《唐才子传》卷四等。

⑥ 吴叔庠，南朝梁诗人吴均，字叔庠。均，一作筠。为吴冯先人。事迹见《梁书》卷四九、《南史》卷七二、《诗式》卷一。

乃高雷远[①]情。别时春风多,扫尽雪山雪。为君中夜起,孤坐石上月。悠然遗尘想,邈矣达性说。故人不在兹,幽桂惜未结。(《杼山禅居寄赠东溪吴处士冯[②]》)

五、“市隐何妨道,禅栖不废诗”

市隐[③]何妨道,禅栖不废诗。与君为此说,长破小乘[④]疑。(《酬崔侍御见赠》)

支公[⑤]养马复养鹤,率性无机多脱略。天生支公与凡异,凡情不到支公地。得道由来天上仙,为僧却下人间寺。道家诸子论自然,此公唯许《逍遥篇》[⑥]。山阴诗友喧四座,佳句纵横不废禅。(《支公诗》)

---

① 雷远,谓南朝宋时僧慧远和雷次宗,在庐山东林寺结白莲社,不交世务。见《莲社高僧传》。

② 吴冯,字季德,湖州人,曾与皎然共编:《诗式》。见《诗式》卷一。

③ 市隐:指隐居于城市,《晋书·邓粲传》:“夫隐之为道,朝亦可隐,市亦可隐。隐初在我,不在于物。”《晋书》卷八十二,中华书局 1974 年版,第 2151 页。

④ 小乘:佛教分为大乘、小乘两大宗派。小乘原是后来大乘教派对于原始佛教和部派佛教的贬称,而小乘教派自称为“上座部佛教”,并不接受小乘之称。该教派奉释迦牟尼为教主,崇拜佛塔、佛舍利,宣传人生无常、人生痛苦,追求个人自我解脱。主要经典为《阿含经》等。由印度流传至斯里兰卡、泰国、缅甸、老挝、柬埔寨等南亚、东南亚各国,故又称为南传佛教。(参见慈怡主编:《佛光大辞典》,台湾佛光出版社 1988 年版,第 925 页)

⑤ 支公:支道林(314—366),本名支遁,以字行,俗姓关,陈留(今河南开封)人,一说河东林虑(今河南林县)人。东晋佛教学者、诗僧。二十五岁出家。后至建康(今江苏南京市)讲经,与谢安、王羲之等交游,好谈玄理。注《庄子·逍遥游》,见解独到。作《即色游玄论》,宣扬“即色本空”思想,为般若学六大家之一。坐禅之外,喜作诗、写字、养马、放鹤,优游山水。《世说新语·言语》载:“支道林常养数匹马。或言道人畜马不韵。支曰:‘贫道重其神骏。’”“支公好鹤。住剡东岇山,有人遗其双鹤。少时,翅长,欲飞。支意惜之,乃铩其翮。鹤轩翥,不复能飞,乃反顾翅,垂头,视之如有懊丧意。林曰:‘既有凌霄之姿,何肯为人作耳目近玩!’养令翮成,置使飞去。”“支道林在白马寺中,将冯太常(冯怀)共语,因及《逍遥》,支卓然标新理于二家之表,立异义于众贤之外,皆是诸名贤寻味之所不得。后遂用支理。”(余嘉锡:《世说新语笺疏》,中华书局 1983 年版,第 122、136、220 页)

⑥ 《逍遥篇》:指的是《庄子》内篇的第一篇《逍遥游》,其主旨是讲只有顺乎自然、超脱现实、不滞于物才能获得真正的逍遥。支道林对《逍遥游》的理解在当时有独到之处。

六、“独将诗教领诸生，但看青山不爱名”

独将诗教①领诸生，但看青山不爱名。满院竹声堪愈疾，乱床花片足忘情。（《题秦系山人入丽句亭》）

方知正始②作，丽掩碧云诗③。文彩盈怀袖，风规发咏思。遗弓逢大敌，摩垒怯偏师。频有移书让，多渐系组迟。浅才迂且拙，虚誉喜还疑。犹倚披沙鉴，长歌向子期④。（《酬薛员外谊见戏》）

证心何有梦，示说梦归频。文字贤秦本，诗骚学楚人。兰开衣上色，柳向手中春。别后须相见，浮云是我身。（《酬别襄阳诗僧少微（诗中答上人归梦之意）》）

七、“野性配云泉，诗情属风景”

野性配云泉，诗情属风景。爱作烂漫游，闲寻东路永。何山最好望，须上萧然岭。（《送王居士游越》）

山情与诗思，烂熳欲何从？夜舸谁相逐，空江月自逢。春期越草秀，晴忆剡云浓。便拟将轻锡⑤，携居入乱峰。（《送丘秀才游越》）

---

① 诗教：本指诗所特有的教化作用，后又指文学创作所须遵循的基本准则。语出《礼记·经解》："孔子曰：入其国，其教可知也。其为人也，温柔敦厚，诗教也。"（汉·郑玄注，唐·孔颖达疏：《礼记正义》卷五十，清阮元校刻本：《十三经注疏》，中华书局1980年版，第1609页下）

② 正始：魏齐王曹芳年号。正始年间（240—248），阮籍、嵇康等人之诗，崇尚自然，遗落礼法。皎然称薛谊之诗有似正始诗风。阮籍（210—263）生平事迹，见《三国志》卷二一；嵇康（224—263）生平事迹，见《三国志》卷二一、《晋书》卷四九。

③ 碧云诗：南朝宋江淹杂体诗《拟休上人别怨》中有“旧暮碧云合，佳人殊未来”句，后以“碧云诗”称诗僧之诗。皎然以此指己诗。

④ 向子期：向秀（约227—272），魏晋之际哲学家、文学家。字子期。河内怀县（今河南武陟西南）人。朗达有俊才。少为山涛所知，又与嵇康、吕安友善，为“竹林七贤”之一。官至黄门侍郎、散骑常侍。嵇、吕被杀，他曾作《思旧赋》，悼念亡友，从侧面表示对当时政治现实的不满。皎然期望薛对自己能像向秀对嵇康吕安那样相知。事迹见《晋书》卷四九、《世说新语·言语》。

⑤ 锡：锡杖。音译为隙弃罗、吃弃罗。又作声杖、有声杖、智杖、德杖、鸣杖、金锡。略称杖。菩萨头陀十八物之一，上有四股十二环，表四谛十二因缘之义。比丘行于道路时，应当携带之道具。原用于驱赶毒蛇、害虫等，或乞食之时，振动锡杖上的小环作声，使人远闻即知。于后世则成为法器之一。

八、“我祖文章有盛名，千年海内重嘉声”

我祖文章有盛名，千年海内重嘉声。雪飞梁苑操奇赋（梁苑，出惠连公《雪赋》①），春发池塘得佳句（康乐云，《池上楼诗》，梦惠连，方得“池塘生芳草”之句）。世业相承及我身，风流自谓过时人。初看甲乙②矜言语，对客偏能鸲鹆舞（尚公少年善焉）。饱用黄金无所求，长裾曳地干王侯。一朝金尽长裾裂，吾道不行计亦拙。岁晚高歌悲苦寒，空堂危坐百忧攒。昔时轩盖③金陵下，何处不传沈与谢（田公与约俱是西邸八友）④。绵绵芳藉至今闻，眷眷通宗有数君。谁见予心独飘泊，依山寄水似浮云。（《述祖德赠湖上诸沈⑤》）

九、“观其风裁，味其情致，不下古手，不傍古人”

改年，伏惟永感罔极。昼之理心，本在忘情⑥，及经节序，惘然悲怆。去岁马王往，已奉状，计上达。孟春犹寒，伏惟中丞尊体万福，即此昼蒙免。一昨见《扶起离披菊》一章，使昼却顾鄙拙，尽欲焚烧。凝思三复，弥得精旨。中丞寄

---

① 梁苑：梁孝王苑，即兔园。谢惠连：《雪赋》假托梁王游于兔园以发端。见萧统编，李善等著《六臣注文选》卷十三。

② 甲乙：指科举考试。参见《汉书·萧望之传》注。

③ 轩盖：即车盖，或指带篷盖的车，借指达官贵人。鲍照《咏史·其一》：“明星晨未稀，轩盖已云至。”（丁福林、丛林林：《鲍照集校注》，中华书局2012年版，第493页）

④ 沈与谢：沈约与谢朓。谢朓（464—499），南朝齐诗人。字玄晖。陈郡阳夏（今河南太康）人。少好学，有美名，文章清丽。生平事迹见《南齐书》卷四七、《南史》卷一九。沈约（441—513），南朝梁文学家。字休文。吴兴武康（今浙江德清武康镇）人。少罹家难流寓，孤贫而笃志好学，遂博通群书。其诗文可与谢朓、任昉相颉，高视当时。《南史·沈约传》谓：“谢玄晖（朓）善为诗，任彦昇（昉）工于笔。约兼而有之，然不能过也。”又与王融、谢朓、周颙等发明四声，对骈文形式的完善及新变体诗的形成，具有重要贡献。生平事迹见《宋书》卷一〇〇、《梁书》卷一三、《南史》卷五七。齐竟陵王萧子良开西邸，招文学之士，沈约与王融、谢朓、范云、任昉等皆游之，号竟陵八友。田公：“东田公”。指谢朓。

⑤ 诸沈：沈氏为吴兴著望。颜真卿有《吴兴沈氏述祖德记》，大历八年冬作。

⑥ 忘情：《世说新语·伤逝》：“王戎丧儿万子，山简往省之，王悲不自胜。简曰：‘孩抱中物，何至于此？’王曰：‘圣人忘情，最下不及情；情之所钟，正在我辈。’简服其言，更为之恸。”（余嘉锡：《世说新语笺疏》，中华书局1983年版，第638页）

重任大，堆案日盈，而言诗至此，岂非凝心悉到耶？今海内诗人，以中丞为龙门①，贤与不肖，雷同愿登。仰测中丞之为心，固进善而拒不工也。昼无西施之容，不合辄议西施之美，然心之服矣，其敢蔽诸！今之驰疏，实有所荐，有会稽沙门灵澈②，年三十有六，知其有文十余年，而未识之，此则闻于故秘书郎严维、随州刘使君长卿、前后殿中皇甫侍御曾，常所称耳。及上人自浙右来湖上见存，并示制作，观其风裁，味其情致，不下古手，不傍古人。则向之严、刘、皇甫所许，畴今所觌，则三君之言，犹未尽上人之美矣。赞其《道边古坟》诗，则有"松树有死枝，冢上唯莓苔。石门无人入，古木花不开"。《答范降书作》，则有"绿竹岁寒在，故人衰老多"。《云门雪夜》，则有"天寒猛虎叫岩雪，松下无人空有月。千年像教③人不闻，烧香独为鬼神说"。《石帆山作》，则有"月色静中见，泉声深处闻"。《题李尊师堂》，则有"古观茅山下，诸峰欲曙时。真人是黄子，玉堂生紫芝"。《题曹溪能大师奘山居》，则有"禅门至六祖，衣钵无人得"。《登天姥岑望天台山作》，则有"天台众山外，岁晚当寒空。有时半不见，崔嵬在云中"。《伤古墓作》，则有"古墓碑表折，荒垅松柏稀"。《福建还登梨岭望越中作》，则有"秋深知气正，家近觉山寒"。《九日》，则有"山僧不记重阳日，因见茱萸忆去年"。《宿延平怀古》，则有"今非古狱下，莫向斗边看"。又有《归湖南诗》，则有"山边水边待月明，暂向人间借路行。如今还向山边去，唯有湖水无行路"。此僧诸作皆妙，独此一篇，使老僧见欲弃笔砚。伏惟

① 龙门：古有鲤鱼跳龙门的传说，典出东汉辛氏《三秦记》。《艺文类聚》卷九十六："辛氏《三秦记》曰：'河津一名龙门，大鱼积龙门数千不得上，上者为龙，不上者鱼，故云曝鳃龙门。'"（文渊阁四库全书影印本，第888册，中国台湾省商务印书馆股份有限公司1983年版，第915页上）又喻指声望高的人的府第，刘义庆：《世说新语·德行》："李元礼风格秀整，高自标持，欲以天下名教是非为己任。后进之士，有升其堂者，皆以为登龙门。"（余嘉锡：《世说新语笺疏》，中华书局1983年版，第6页）

② 灵澈：唐代僧人，本姓汤，字澄源，会稽（今浙江绍兴）人。酷爱文学，吟咏情性，尤见所长。与严维、刘长卿、皇甫曾、权德舆、柳宗元、刘禹锡等名士睹面论心，分声唱和。后游吴兴，与诗僧皎然一见如故，互相击节。其诗熔禅理、诗意于一炉，状物谈玄，意随言转，深得皎然称赞。对佛学义理颇有研究，著有《律宗引源》二十一卷。见《宋高僧传》卷一五、《唐才子传》卷三、《唐诗纪事》卷七二。

③ 像教：与"像法"同义，即指像法之教化。据贤劫经卷三、大乘三聚忏悔经等载，像法即于佛陀入灭五百年正法后之教法；像教即指此时期佛法之总称。（参见慈怡主编：《佛光大辞典》，中国台湾佛山省出版社1988年版，第5757页）

中丞高鉴弘量，其进诸乎？其舍诸乎？方今天下有故，大贤勤王，辄以非急干请视听，亦昭愚老不达时也。然上人秉心立节，不可多得。其道行空惠，无惭安远[①]。尝著《律宗引源》二十一卷，为缁流所归。至于玄言道理，应接靡滞，风月之间，亦足以助君子高兴也。昼疾弊，未期奉展，伏深瞻望。近应府公三五首，谨凭灵澈上人呈上。年暮思蹇，多虑迷错，所希宗匠一为指瑕，幸甚幸甚！昼白。（《赠包中丞书》）[②]

十、“观其立言典丽，文明意精，实耳目所未接也”

权三从事足下，传吏至，辱书，谬蒙发扬，殊增悚恧。观其立言典丽[③]，文明意精，实耳目所未接也，幸甚幸甚！贫道隳名之人，万虑都尽，强留诗道，以乐性情。盖谿㳌起，余尘未泯，岂有健羡于其间哉！初，贫道闻足下盛名，未睹制述，因问越僧灵澈居古豆卢次方，佥曰：“杨、马、崔、蔡之流。”[④]贫道以二子之言，心期足下，日已久矣，但未识长卿子云之面所恨耳。先辈作者故李员外

① 安远：即道安和慧远。道安（312 或 314—385），东晋僧人，佛教学者，常山（今河北正定）人，师从佛图澄，般若学派“六家七宗”之“本无宗”的主要代表，他总结翻译的“五失本”“三不易”对后世佛经的翻译影响巨大，是慧远的师父。（事迹见《梁高僧传》卷一、卷二、卷五，《释氏六帖》卷一〇，《六学僧传》卷一一，《神僧传》卷二，《唐高僧传》卷九）慧远（334—416），东晋僧人，佛教学者，雁门楼烦（今山西宁武）人，师从道安，学成后居庐山东林寺，历三十年不出山，平时经行、送客常以虎溪为界。率众结“白莲社”，参加的达 123 人。慧远于儒、玄、佛皆精，他的以罪福报应导俗和以禅观念佛入真的见解影响深远，被尊为“净土宗”的鼻祖。（事迹见《梁高僧传》卷六、《释氏六帖》卷一十，《六学僧传》卷一一、《神僧传》卷二、《高僧摘要》卷四）

② 此文编辑时，参考了周绍良主编：《全唐文新编》第五部第一册的文字，吉林文史出版社 2000 年版。

③ 典丽：典雅而又有文采。典雅，参见本书《云屋善住》“典雅”注。

④ 杨、马、崔、蔡：即扬雄、司马相如、崔骃、蔡邕。司马相如（前 179—前 117），字长卿，蜀郡成都（今四川成都）人，西汉辞赋家，有《上林赋》《子虚赋》等，结构宏大，纵横自如，词汇丰富，文采华茂，对两汉魏晋影响较大。生平事迹见《汉书》卷五七。扬雄（前 53—后 18）字子云，西汉文学家，蜀郡成都（今四川成都）人，博览群书，模仿司马相如作《甘泉》《长杨》《羽猎》《河东》，仿《周易》作《太玄》，仿《论语》作《法言》。生平事迹见《汉书》卷八七。崔骃（？—92），字亭伯，涿郡安平（今河北）人，与班固、傅毅齐名，《后汉书》称其著有“诗、赋、铭、颂、书、记、表、《七依》《婚礼结言》《达旨》《酒警》”合二十一篇，已散佚。生平事迹见《后汉书》卷五二。蔡邕（132 或 133—192），字伯喈，陈留（今河南杞县南）人，博学，喜好辞章、数术、天文，精通音律。生平事迹见《后汉书》卷六十。

遐叔、故皇甫补阙茂正、故严秘书正文、故房吴县元睿、故阎评事士和、故朱拾遗长通、故处士韦,此数子畴昔为林下之游,遐叔当时极许贫道四十韵之作。其略曰:“中宵发耳目,形静神不役。色天夜清迥,花漏明滴沥。东风吹杉梧,幽月到石壁。此中一悟心,可与千载敌。”又曰:“不然作山计,改服乘下泽。君隳元亮冠,我脱潜师屐。各倚高松根,共逃金闺籍。”又,《能秀二祖义门赞》,其略曰:“二公之心,如月如日。四方无云,当空而出。”遐叔因此相重。元睿著《道交论》,比于高云独鹤。意谓关于诗而不关于事,贫道亦无推焉。今再遇足下见知,则东山遗民[①],时免榭琴绝弦于知己矣。灵澈上人,足下素识其文章挺拔瑰奇,自齐梁已来,诗僧未见其偶。但此子迹冥累遣,心无营营[②]。虽然,至于月下风前,犹未废是,公远之友豆卢次方,才识超迈,所得经奇,飘飘然有凌云之气而不轻浮。此乃山僧惠眼见,亦尝与论物理,极天人之际,言至简正,意不虚诞。足下精鉴,岂无此子乎?在于贫道不得不言耳!承索弊文,见已缮写,问元二十一判官木夹中缄封甚难,以此未及寄上。彼来使无限请近作三五章,至至之言,旁通我法,伫以适山情,助禅教[③]耳,幸甚。十二月二十日,皎然白。(《答权从事德舆书》)[④]

---

① 遗民:刘遗民(352—410 年),名程之,字仲思,彭城(江苏徐州)人晋代佛教居士,为般若学“六家七宗”之“心无义”的代表人物之一,又擅长老子、庄子学说,与慧远交好,并共同创立白莲社。事迹见《往生集》卷中、《净土圣贤录》卷六、《佛法金汤编》卷二。

② 营营:忙于奔逐的样子。《庄子·庚桑楚》:“全汝形,抱汝生,勿使汝思虑营营。”(清·郭庆藩撰,王孝鱼点校:《庄子集释》,中华书局 1961 年版,第 778 页)

③ 禅教:一、指禅宗之教法,即阐扬禅之宗旨“旨指人心,见性成佛”之教说。二、指禅与教之并称,即主张不立文字之禅宗与以学解为主之教宗。《景德传灯录》卷十三载:“惟相国裴公休,深入堂奥,受教为外护。师以禅教学者互相非毁,遂著禅源诸诠,写录诸家所述,诠表禅门根源道理。文字句偈,集为一藏(或云,一百卷)以贻后代。”(《大正藏》第 51 册,第 2076 号,第 306 页上)此处是指禅宗之教法。

④ 此文编辑时,参考了周绍良主编:《全唐文新编》第五部第一册的文字,吉林文史出版社 2000 年版。

黄檗希运

希运（？—850年），唐僧。福州（今属福建）人。幼投洪州高安（今属江西）黄檗山出家。性端凝，博通内外。后游天台，旋适京师，受南阳慧忠启示，往参百丈怀海，得道后居洪州大安寺。相国裴休镇宛陵，建大禅苑，请师说法，还以黄檗名之。寂后谥断际禅师①。

希运对裴休以诗章表禅意之举，提出了批评，指出禅和禅悟是不能形诸于包括诗歌在内的文字语言的，“若形纸墨，何有吾宗”？

本书所录文字，据《天圣广灯录》《新编卍续藏》第135册。

“若形纸墨，何有吾宗”

相公（裴休）一日上诗一章，师接得便坐却。乃问：“会么？”相公云：“不会。”师云：“与么不会，犹较些子②。若形纸墨，何有吾宗！”诗曰：“自从大士传心印，额有圆珠七尺身。挂锡十年栖蜀水，浮杯今日渡漳滨。一千龙象随高步，万里香华结胜因。愿欲事师为弟子，不知将法付何人！”师答曰：“心如大海无边际，口吐红莲养病身。虽有一双无事手，不曾只接等闲人。”夫学道者，先须并却杂学诸缘，决定不求，决定不著。闻甚深法？恰似清风届耳，瞥然而

① 希运生平事迹见《宋高僧传》卷二〇、《景德传灯录》卷九、《五卷灯会元》卷四。

② 较些子：好一些，马马虎虎，讲得过去。《五灯会元》卷三《卢山归宗寺智常禅师》：“檗上堂曰：马大师出八十四人，善知识问著，个个屙漉漉地，只有归宗较些子。”（《五灯会元》卷三，《卍续藏经》（新编）第138册，第97页上）意谓只有归宗禅师好一些。

过，更不追寻，是为甚深，入如来禅①，离生禅想。从上祖师，唯传一心，更无异法。指心是佛，顿超等妙二觉之表，决定不流至第二念，始似入我宗门。如斯之法，汝取次人，到者里拟作么生学？所以道：拟心时，被拟心魔缚。非拟心时，又被非拟心魔缚。非非拟心时，又被非非拟心魔缚。魔非外来，出自尔心，唯有无神通菩萨足迹不可寻。（《天圣广灯录·筠州黄檗鹫峰山断际禅师者》）

① 如来禅：又名如来清净禅，《楞伽经》中所说四种禅之一，是如来所习之禅，宗密：《禅源诸诠集都序》卷一称其为"最上乘禅"，"达摩门下，展转相传者，是此禅也。"（《大正藏》第48册，第2015号，第399页中）《景德传灯录》卷三十《证道歌》："顿觉了，如来禅，六度万行体中圆。梦里明明有六趣，觉后空空无大千。"（《大正藏》第48册，第2014号，第396页上）

船子德诚

德诚(？—860年)，唐僧。遂宁(今属四川)人。得法于药山惟俨。与道吾云岩为同道。隐于华亭吴江畔，垂钓度日，人号船子和尚。后传法夹山善会，覆舟而逝。僧藏晖即其覆舟处建寺①。善诗，他的《拨棹歌》被后代禅师和文士高度评价，其“千尺丝纶直下垂”一颂，文士即有化用，黄庭坚曾倚曲音，歌成长短句②。

他的拨棹歌充分体现了他的审美情趣。他自称：“予率性疏野，唯好山水，乐情自遣，无所能也。”③他把自己“随缘度日”“唯好山水，乐情自遣”的生活加以艺术化、审美化，提出了“高歌适情”之说。

本书所录文字，据《船子和尚拨棹歌》，华东师范大学出版社1987年版。

“鼓棹高歌自适情”

鼓棹高歌自适情，音稀和寡出嚣尘。清风起，浪元平，也且随流逐势行。

浪宕从来水国间，高歌龟枕看遥山。红寥岸，白蘋湾，肯被兰桡使不闲。

---

① 德诚事迹见《景德传灯录》卷一四、《统要续集》卷一三、《佛祖纲目》卷三二、《指月录》卷一二。

② 船子德诚：《拨棹歌》被后代文士和僧人高度评价。宋人吕益柔曰：其“属辞寄意，脱然迥出尘网之外，篇篇可观，决非庸常学道辈所能乱真者”。宋僧北涧居简曰：德诚“咏歌道妙，其言与志公、玄觉诸老脱略笔墨畦畛处若合符节”。元僧虚谷叟曰：“观其吐一字一句，皆发扬佛祖无上妙道，非今时蛙鸣蝉噪者比”。元僧正印曰：“棹歌一集，只消‘千尺丝纶直下垂’一首足以起药山之宗，其余总是游戏三昧尔。”德诚的拨棹歌，在居士和禅师中影响不小，据元僧坦上人辑录之《机缘集》，和者达77人，包括投子义青、保宁仁勇、佛印了元、大慧宗杲等著名禅师和苏轼、黄山谷等文士；又据清僧漪云上人所刻《续机缘集》，和者达142人(以上均见《船子和尚拨棹歌》)。德诚的拨棹歌，语言明白晓畅，风格清新，意境幽深淡远，天趣盎然，自有林下一种风流。

③ 《五灯会元》卷五《船子德诚禅师》《卍续藏经》(新编)第138册，第175页上。

洞山良价

良价(807—869 年),唐僧,曹洞宗开创者。会稽(今浙江省绍兴市)人,俗姓俞。从五泄灵默(747—818 年,马祖弟子)披剃,受戒后,往诸方参学,首谒南泉普愿,次参沩山灵祐,最后到湖南醴陵攸县参云岩昙晟(782—841 年)。自唐大中末于新丰山接诱学徒,厥后盛化豫章高安之洞山,"权开五位,善接三根;大阐一音,广宏万品。横抽宝剑,剪诸见之稠林;妙叶弘通,截万端之穿凿。"①他和弟子曹山本寂共同开创了中国禅宗五大宗派之曹洞宗。圆寂后谥号悟本禅师②。良价有多首偈颂,在丛林中影响很深。如他的开悟偈,流传甚广,为后代禅师频频引用;他的《新丰吟》颇有歌谣或楚辞之风。

良价从佛门弟子应有的人生境界、价值取向和人生宗旨的角度,反对禅门弟子"结托门徒,追随朋友,事持笔砚,驰骋文章"。

他明确提出偈颂的创作目的,并指出偈颂的上乘之作,都是借玄唱以明宗旨,即所谓"窃以绝韵之音,假玄唱以明宗"。

良价以诗说禅,以诗喻禅。他提出对"绝韵之音"的领悟,必须有"知音"的判断力,"不达旨妙,难措幽微",否则"无人解唱还乡曲","言语不通非眷属";"高歌雪曲,和者还稀;布鼓临轩,何人鸣击","徒敲布鼓,谁是知音?空击成声,何人抚掌"。

良价对三圣院然禅师以偈颂表禅意与禅悟之举,提出批评,认为起心动念都有违"空门"之"正道","诗咏人间事,空门何不删",参禅悟道,犹如深海探骊珠,必须波平浪静,心如止水,"探珠宜静浪,动水取应难"。

---

① 《洞山良价禅师》《五灯会元》卷十三,《卍续藏经》(新编)第 138 册,第 468 页下。

② 良价生平事迹,见《五灯会元》卷十三、《宋高僧传》卷十二、《景德传灯录》卷十五。

他的“徒观纸与墨，不是山中人”，更强调，作为禅门中人，不要徒劳无益的观赏“纸与墨”这种文字游戏，更不能迷恋这种文字游戏，否则会失掉禅家的本色。

本书所录文字，据《筠州洞山悟本禅师语录》《禅宗语录辑要》，上海古籍出版社1992年版；《天圣广灯录》《新编卍续藏》第135册。

一、“绝韵之音，假玄唱以明宗”

窃以绝韵之音，假玄唱以明宗。入理深谈，以无功而会旨。混然体用，宛转偏圆。亦犹投刃挥斤，轮扁得手。虚玄不犯，回互傍参①。寄鸟道②而寥空，以玄路而该括。然虽空体，寂然不乖群动。于有句中无句，妙在体前；以无语中有语，回途复妙。是以用而不动，寂而不凝。清风偃草而不摇，皓月普天而非照。苍梧不栖于丹凤，澄潭岂坠于红轮？独而不孤，无根永固。双明齐韵，事理俱融。是以高歌雪曲，和者还稀；布鼓临轩，何人鸣击？不达旨妙，难措幽微。倘或用而无功，寂而虚照；事理双明，体用无滞。玄中之旨，其有斯焉！

大阳门下，日日三秋。明月堂前，时时九夏。森罗万象，古佛家风。碧落青霄，道人活计。灵苗瑞草，野父愁芸。露地白牛，牧人懒放。龙吟枯骨，异响

① 回互：“回互”之说源于石头希迁的《参同契》。他说：“灵源明皎洁，枝派暗流注；执事元是迷，契理亦非悟。门门一切境，回互不回互；回而更相涉，不尔依位住。”所谓“灵源”，即禅宗所传的那个“心”本体；“枝派”指由心本体派生的现实事物。心生万法，“心性”即是万物的共性。事物的共性，就是“理”，若就事论事，不见其理即是“迷”；若只知契其“理”，不识事相差别，也不名悟。理存在于一切事物之中，一切事物具有各自的理，一切事物又在本体理的基础上既统一又有区别，因而互相涉入融会，此为“回互”；一切事物又各住自己位次，相对独立，并不显得杂乱无章，是为“不回互”。理事之间、事事之间，既具这种回互关系，又具这种不回互关系。前者指事物间相互融会涉入，无所分别；后者则指一切事物各有分位，各住自性，不相杂乱（参见黄夏年主编《禅宗三百题》，第350—351页）。

② 鸟道：指禅道至难，犹鸟道之险峻；又比喻至道寥廓，如鸟飞空中绝其纵迹，不堕有无迷悟之一切见。即取无踪迹、断消息，往来空寂处之意。良价云：“我有三路接人，鸟道玄路展手。”（《筠州洞山悟本禅师语录》卷一，《大正藏》第47册，第1986号，第511页上）法演云：“大众，须是过得祖师关，会鸟道玄路，始会此般说话。”（《法演禅师语录》卷三，《大正藏》第47册，第1995号，第664页下）

难闻。木马嘶时,何人道听?夜明帘外,古镜徒耀。空王殿中,千光那照。澄源湛水,尚棹孤舟。古佛道场,犹乘车子。无影树下,永劫清凉。触目荒林,论年放旷。举足下足,鸟道无殊。坐卧经行,莫非玄路。向道莫去,归来背父。夜半正明,天晓不露。先行不到,末后甚过。没底船子,无漏坚固。碧潭水月,隐隐难沈。青山白云,无根却住。峰峦秀异,鹤不停机。灵木迢然,凤无依倚。徒敲布鼓,谁是知音?空击成声,何人抚掌?胡笳曲子,不堕五音。韵出青霄,任君吹唱。(《玄中铭(并序)》)

二、"无人解唱还乡曲","言语不通非眷属"

古路坦然谁措足,无人解唱还乡曲。清风月下守株人,凉兔渐遥春草绿。天香袭兮绝芬馥,月色凝兮非照烛。行玄犹是涉崎岖,体妙因兹背延促。殊不然兮何展缩,纵得然兮混泥玉。獬豸同栏辨者嗤,薰莸共处须分郁。长天月兮遍豁谷,不断风兮偃松竹。我今到此得从容,吾师叱我相随逐。新丰路兮峻仍皼,新丰洞兮湛然沃。登者登兮不动摇,游者游兮莫忽速。绝荆榛兮罢斫斸,饮馨香兮味清肃。负重登临脱屣回,看他早是空担鞠。来驾肩兮履芳躅,至澄心兮去凝自。亭堂虽有到人稀,林泉不长寻常木。道不镌雕非曲类,郢人进步何瞻瞩。工夫不到不方圆,言语不通非眷属。事不然兮讵冥旭,我不然兮何断续。殷勤为报道中人,若恋玄关即拘束。(《新丰吟》)

三、"岂许结托门徒,追随朋友,事持笔砚,驰骋文章"

夫沙门释子,高上为宗,既绝攀缘,宜从淡薄。割父母之恩爱,舍君臣之礼仪,剃发染衣,持巾捧钵。履出尘之径路,登入圣之阶梯,洁白如霜,清净若雪。龙神钦敬,鬼魅归降。专心用意,报佛深恩。父母生身,方沾利益。岂许结托门徒,追随朋友,事持笔砚,驰骋文章。区区名利,役役趋尘。不思戒律,破却威仪。取一生之容易,为万劫之艰辛。若学如斯,徒称释子。(《规诫》)

四、“诗咏人问事，空门何不删”

师(镇州三圣院然禅师)离仰山(慧寂)，到洞山(良价)，上一颂：“何代隐荒丘，茅堂独寝幽。随缘三事衲，顿觉万缘休。貌古因持戒，身贫为少求。吾师登鸟量，物外绝追游。”洞山却答一颂：“诗咏人问事，空门何不删。探珠宜静浪，动水取应难。名利心须剪，非朋不用攀。舍邪归正道，何虑不闲闲！”师乃将笠子挥三转便出。(《天圣广灯录·镇州三圣院然禅师》)

五、“徒观纸与墨，不是山中人”

□□□□□，□□□□□。徒观纸与墨，不是山中人。(《真赞》)

六、“才有是非，纷然失心”

师会一官人，官人曰：“三祖《信心铭》①，弟子拟注。”师曰：“才有是非，纷然失心。作么生注？”法眼②代云③：“恁么，则弟子不注。”④(《筠州洞山悟本禅师语录》)

---

① 《信心铭》为三祖僧粲(？—606年)之作，它以四言诗体简明扼要地概括了禅门义理，朗朗上口，特别是其中的“至道无难，唯嫌拣择”等句，几乎成为禅家的常用语，为后代禅师不断称引。

② 法眼：参见本书《清凉文益》小传。

③ 代云：禅宗用于，亦作“代语”。指代别人下语(下语，即禅师教导学人的语句或学人呈示自己见解的语句)。有两种：一是代当前的禅僧下语；二是代古代禅师下语。一般“代云”用作动词，“代语”用作名词。

④ 《汾阳无德禅师语录》卷中亦载：“王常侍注《信心铭》，呈香严。严接得便弃地上。常侍失色，师云：‘才有是非，纷然失心，作么生注！’代云：‘和尚注得好。’”(《大正藏》)第47册，第1992号，第619页上)虽然禅门一般反对为之诠释，在香严智闲(？—898)之后，凭己意而作阐释者依然迭出，且其中多有僧粲后裔，如宋代清了真歇：《信心铭拈古》、元代中峰明本：《信心铭辟义解》、明代道霈：《信心铭看话》，乃至于日本莹山绍瑾：《信心铭拈提》、茂本无文：《信心铭讲义》、堀口周道：《信心铭夜塘水讲义》、近重真澄：《信心铭评》等(参见项楚等：《唐代白话诗派研究》，第356页)。

归　仁

归仁，五代后唐僧。江南人。居洛阳灵泉寺，为曹洞宗疏山匡仁禅师法嗣。工诗。《全唐诗》录存六首①。

归仁在诗歌创作上主张苦吟。在诗歌鉴赏上重视清泠之韵。

本书所录文字，据宋·李龏编《唐僧弘秀集》卷十，明复主编《禅门逸书初编》第 2 册，第 102 号。

一、“日日为诗苦，谁论春与秋”

日日为诗苦，谁论春与秋②？一联如得意，万事总忘忧。雨堕花临砌，风吹竹近楼。不吟头也白，任白此生头。（《自遣》）

此台如可废，此恨有谁平？纵使迷青草，终难没旧名。天悲朝雨色，岳哭夜猿声。不是心偏苦，应关自古情。（《题贾岛吟诗台》）

二、“清泠韵可敲”

一百八十首，清泠韵可敲③。任从人不爱，终是我难抛。桂魄吟来满，蒲团坐得凹。先生声价在，寰宇几人抄。（《酬沈颜先辈卷》）

---

① 归仁生平事迹见《景德传灯录》卷二〇、《联灯录》卷二五、《五灯会元》卷一三、《教外别传》卷一五、《五灯严统》卷一三。

② 日日为诗苦，谁论春与秋：唐代诗人孟郊、贾岛等提倡苦吟。明代诗论家都穆认为，“诗须苦吟，则语方妙”。他引用唐代提倡苦吟的诗人贾岛的“两句三年得，一吟双泪流”、孟郊的“夜吟晓不得，苦吟鬼神愁”为例，指出：“予由是知诗之不工，以不用心之故，盖未有苦吟而无好诗者。”（都穆：《南濠诗话》《历代诗话续编》，中华书局 1983 年版，第 1349 页）

③ 清泠韵可敲：指格调清新、声韵清脆之作。

贯　　休

贯休(832—912 年),唐末五代僧。字德隐,一字德远。署号禅月大师。婺州兰溪(浙江金华)人,俗姓姜。以诗、画著称于世。为中国绘画史上有影响的禅宗画家。又善草隶,当时南方人把他比作怀素,尤工诗。与陈陶、方干、李频、吴融、韦庄、罗隐、齐己等唱酬。多奇思奇句,宋孙光宪谓其"骨气混成,境意卓异气"(《白莲集序》)。吴融谓其诗"多以理胜,复能创新意,其语往往得景物于混茫自然之际,然其指归必合于道"(《禅月集序》)。著有《禅月集》三十卷,佚其五卷。《全唐诗》存其诗十二卷,《全唐诗补编》存其诗十七首,《全唐文》存其文四篇①。

在诗歌品评上,贯休提出了"有神力""驱造化"的审美尺度,强调品评者应具备"仙眼""至鉴"般的审美能力。在诗歌创作方面,则提出了为诗"自乐道"的宗旨,强调创作者应重视"修心"而营造闲适的心胸。

贯休赞赏并从事"苦吟":"因知好句胜金玉,心极神劳特地无","思苦香消尽,更深笔尚随"。他十分赞赏孟郊、贾岛等人的苦吟之作:"觅句唯顽坐,严霜打不知""冥搜忍饥冻,嗟尔不能休""吟当秋景苦,味出雪林迟"。

本书所录文字,据贯休《禅月集》《禅门逸书初编》第 2 册,第 105 号。

一、"文章有神力""仙笔驱造化"

常思谢康乐②,文章有神力。是何清风清,凛然似相识。一种为顽嚣,得作翻经石③。

① 贯休生平事迹,见明复:《禅月集解题》、《宋高僧传》卷三十、《释氏稽古略》卷三、《图画见闻志》卷二、《益州名画录》。

② 参见谢康乐:即谢灵运。参见本书《皎然》"谢灵运"注。

③ 翻经石:登山的石阶。《御批通鉴纲目》卷二十二称:东晋曾有康乐县"属豫章郡,刘宋末省入建城,县故城在瑞州府高安县(今江西省之高安县)东四里,刘宋封谢灵运为康乐侯,即此城,外周回山水,灵运无不游宴,有翻经石登山路,书台石砚犹存焉。"(《四库全书》第 690 册,《御批通鉴纲目》卷二十二,第 18—19 页)

一种为枯槁,得作登山屐①。永嘉为郡后,山水添新碧。何当学羽翰,一去观遗迹。(《常思谢康乐》)

常思李太白,仙笔驱造化。玄宗致之七宝②床,虎殿龙楼无不可。一朝力士脱靴后③,玉上青蝇生一个。紫皇殿前五色麟,忽然掣断黄金锁。五湖大浪如银山,满船载酒挝鼓过。贺老④成异物,颠狂谁敢和?宁知江边坟,不是犹醉卧?(《常思李太白》)

造化⑤拾无遗,唯应杜甫诗。岂非玄域⑥橐,夺得古人旗。日月精华薄,山川气概卑。古今吟不尽,惆怅不同时。(《读杜工部集二首》之一)

二、"若非仙眼应难别"

雪泥露金冰滴瓦,枫柽火着僧留坐。忽睹逋翁⑦一轴歌,始觉诗魔⑧辜负

---

① 登山屐:登山屐,是谢灵运登山用的木屐,《南史·谢灵运传》称灵运登山时,"登蹑常著木履,上山则去前齿,下山去其后齿"(《宋书》卷六十七《列传第二十七》,中华书局1975年版,第1775页),以适应上山与下山不同的坡度。

② 七宝:七宝,即七种珍宝。佛经中说法不一,《法华经》以金、银、琉璃、砗磲、玛瑙、珍珠、玫瑰为七宝;《无量寿经》以金、银、琉璃、珊瑚、琥珀、砗磲、玛瑙为七宝;《大阿弥陀经》以黄金、白银、水晶、琉璃、珊瑚、琥珀、砗磲为七宝。

③ 力士脱靴:李白在长安时,"尝沉醉殿上,引足令高力士脱靴"。(见《新唐书·李白传》)

④ 贺老:贺知章(约659—约744),字季真,晚年自号四明狂客,越州永兴(今浙江萧山)人,唐代诗人、书法家,少时即以诗文知名。武则天证圣元年(695)中乙未科状元,授国子四门博士,迁太常博士,历任礼部侍郎、秘书监、太子宾客等职。事迹见《全唐文》卷四七窦臮《述书赋》《旧唐书》卷一九〇、《新唐书》卷一九六。

⑤ 造化:指自然界的创造者,亦指自然。《庄子·大宗师》:"今一以天地为大炉,以造化为大冶,恶乎往而不可哉?"(清郭庆藩撰,王孝鱼点校:《庄子集释》,中华书局1961年版,第262页)

⑥ 玄域:玄,黑色,即天的颜色。玄域,即天地。

⑦ 逋翁:顾况,生卒年不详,字逋翁,号华阳真逸,晚年自号悲翁,苏州海盐(今浙江海宁)人,唐代诗人。顾况作诗,强调思想内容,注重教化,直接反映社会现实,有《顾逋翁诗集》四卷。事迹见《旧唐书》卷一三〇、《唐诗纪事》卷二八、《唐才子传》卷三。

⑧ 白居易(772—846):字乐天,号香山居士,又号醉吟先生,祖籍太原,到其曾祖父时迁居下邽。白居易与元稹共同倡导新乐府运动,世称"元白",与刘禹锡并称"刘白"。白居易的诗歌题材广泛,形式多样,语言平易通俗,有"诗魔"和"诗王"之称。事迹见《樊南文集》卷八《刑部尚书致仕赠尚书右仆射太原白公墓碑铭》《旧唐书》卷一六六、《新唐书》卷一一九、陈寅恪:《元白诗笺证稿》、王拾遗:《白居易传》、褚斌杰:《白居易评传》、朱金城:《白居易年谱》。

我。花飞飞，雪霏霏，三珠树①晓珠累累。妖孤爬出西子骨，雷车②拶破织女机。忆昔鄱阳寺中见一碣，逋翁词兮逋翁札。庾翼未伏王右军③，李白不知谁拟杀。别，别，若非仙眼应难别。不可说，不可说，离乱乱离应打折。（《读顾况歌行》）

学力不相敌，清还仿佛同。高于宝月月，谁得射雕弓。至鉴封姚监，良工遇鲁公④。如斯深可羡，千里共清风。（《览皎然渠南乡集》）

三、"知音不可得，始为一吟之"

刻羽流商⑤否，霜风动地吹。迩来唯自惜，知合是谁知。堑雪消难尽，邻僧睡太奇。知音不可得，始为一吟之。（《夜寒寄卢给事二首》之一）

① 三珠树：古代传说中的珍木，陶渊明《读山海经·其七》："粲粲三珠树，寄生赤水阴；亭亭凌风桂，八幹共成林。"（逯钦立校注：《陶渊明集》，中华书局1979年版，第136页）此处指唐初王勔、王勮和王勃三兄弟的美称。《新唐书·文艺传上·王勃》："初，勔、勮、勃皆著才名，故杜易简称三珠树。"

② 雷车：即雷神的车子。《庄子·达生》："其（委蛇）为物也，恶闻雷车之声，则捧其首而立。"（清郭庆藩撰，王孝鱼点校：《庄子集释》，中华书局1961年版，第654页）

③ 庾翼未伏王右军：庾翼（305—345），字稚恭。颍川鄢陵（今河南鄢陵）人。世称小庾、庾征西。东晋将领、书法家。庾翼工书法，《宣和书谱》称其"善草隶，与王羲之并驰争先"。王羲之（303—361），字逸少，琅琊临沂人，后迁会稽山阴（今浙江绍兴），东晋书法家，有"书圣"之称，曾任会稽内史，领右将军，故又称王右军。其书法风格平和自然，笔势委婉含蓄，遒美健秀，摆脱了汉魏笔风，自成一家，影响深远。代表作《兰亭序》被誉为"天下第一行书"。在书法史上，他与其子王献之合称为"二王"。早年庾翼书法与王羲之并称，庾颇为不服，认为自己的书法是"家鸡"而王羲之的书法是"野鸡"。（见顾逸点校：《宣和书谱》卷十五，上海书画出版社1984年版，第115—116页）

④ 鲁公：（约公元前507—公元前444），姬姓，公输氏，名班，人称公输盘、公输般、班输，尊称公输子。又称鲁班或者鲁般，惯称"鲁班"。他是我国古代的一位出色的发明家，土木工匠们都尊称他为祖师。

⑤ 刻羽流商：指严格按照曲调规律作曲或演奏，具有高超的水准。宋玉《对楚王问》："引商刻羽，杂以流徵，国中属而和者不过数人而已；是其曲弥高，其和弥寡。"（李善并五臣注：《六臣注文选》卷四十五，中华书局1987年版，第839页上）

新诗一千首,古锦初下机。除月与鬼神,别未有人知。子期[1]去不返,浩浩良不悲。不知天地间,知者复是谁?(《偶作二首》之一)

四、为诗"自乐道,不论才不才"

山为水精宫,藉花无尘埃。吟狂岳似动,笔落天琼瑰。伊余自乐道,不论才不才。有时鬼笑两三声,疑是大谢小谢[2]李白来。(《山中作》)

不见高人久,空令鄙吝多,遥思青峰下,无那白云何。子爱寒山子,歌惟乐道歌。会应陪太守,一日到烟萝。(《寄赤松舒道士二首》之一)

五、"修心对闲镜","只向诗中话息机"

十载独扁扉,唯为二雅[3]诗。道孤终不杂,头白更何疑。句冷杉松与,霜严鼓角知。修心对闲镜,明月印秋池。(《偶作》)

成福僧留不拟归,猕猴菌嫩豆苗肌。那堪蚕月偏多雨,况复衢城未解围。(时孙端国逼衢衡城数月)翠拥槿篱泉乱入,云开花岛雉双飞。堪嗟大士悠悠者,只向诗中话息机[4]。(《避寇游成福山院》)

六、"思苦香消尽,更深笔尚随"

河薄星疏雪月孤,松枝清气入肌肤。因知好句胜金玉,心极神劳特地无。

---

① 子期:钟子期,名徽,字子期。春秋战国时代楚国(今湖北武汉汉阳)人。相传伯牙在汉江边鼓琴,钟子期听了感叹说:"巍巍乎若高山,洋洋乎若江河。"由此,两人成了至交。子期死后,伯牙终生不再鼓琴。《吕氏春秋·本味篇》载,"伯牙鼓琴,钟子期听之。方鼓琴而志在太山,钟子期曰:'善哉乎鼓琴!巍巍乎若太山。'少选之间,而志在流水,钟子期又曰:'善哉乎鼓琴!汤汤乎若流水。'钟子期死,伯牙破琴绝弦,终身不复鼓琴,以为世无足复为鼓琴者。"(文化部文学艺术研究院音乐研究所编:《中国古代乐论选辑》,人民音乐出版社1983年版,第41页)

② 大谢小谢:大谢,即谢灵运,小谢,即谢朓。参见本书《皎然》"谢公"注。

③ 二雅:指《诗经》中的《大雅》《小雅》,这里泛指诗作。

④ 息机:息灭机心。《楞严经》卷六:"息机归寂然,诸幻成无性。"(《大正藏》第19册,第945号,第131页上)

(《苦吟》)

如愚复爱诗,木落即眠迟。思苦香消尽,更深笔尚随。饥童舂赤黍,繁露洒乌椑。看却龙钟也,归山是底时?(《秋夜吟》)

山兄诗癖[①]甚,寒夜更何为?觅句唯顽坐,严霜打不知。石膏粘木屐,崖蜜落冰池。近见禅僧说,生涯胜往时。(《思匡山贯匡》)

役思曾冲尹,多言阻国亲。桂枝何所直,陋巷不胜贫。马病唯汤雪,门荒劣有人。伊余吟亦苦,为尔一眉颦。(《读刘得仁贾岛集二首》之一)

东野[②]子何之,诗人始见诗。清刳霜雪髓,吟动鬼神司。举世言多媚,无人师此师。因知吾道后,冷淡亦如斯。(《读孟郊集》)

香沐整山衣,开君一轴诗。吟当秋景苦,味出雪林迟。经济几人到,工夫两鬓知。因嗟和氏泪[③],不是等闲垂。(《览李秀才卷》)

冥搜忍饥冻,嗟尔不能休。几叹不得力,到头还白头。姓名归紫府[④],妻子在沧洲。又是蝉声也,如今何处游?[《怀卢延让(时延让新及第)》]

区终不下岛,岛亦不多区。冷格俱无敌,贫根亦似愚。青云终叹命,白阁久围炉。今日成名者,还堪为尔吁。(《读贾区贾岛[⑤]集》)

---

① 诗癖:对诗的癖好。《梁书·简文帝纪》:"雅好题诗,其序云:'余七岁有诗癖,长而不倦。'"(《梁书》卷四《本纪第四》,中华书局1973年版,第109页)

② 东野:孟郊(751—814),唐代诗人,字东野,湖州武康(今浙江德清县)人,孟郊生平简单,一生清寒,性格耿介倔强,其诗多写世态炎凉与民间苦难,有"诗囚"之称,与贾岛并称为"郊寒岛瘦"。事迹见《韩昌黎》卷二九《贞曜先生墓志铭》《旧唐书》卷一六〇、《新唐书》卷一七六、李士翘有《孟东野年谱》、华忱之:《孟郊年谱》。

③ 和氏泪:春秋时期楚国琢玉能手卞和捧着璞玉见楚厉王被砍下左脚,厉王死后又去见即位的武王,又被砍下右脚。文王即位,卞和抱着璞玉痛哭三天三夜。和氏泪指的即是此事。见王先慎《韩非子集释》,中华书局1998年版,第95—96页。

④ 紫府:道教称仙人所居为紫府,晋葛洪《抱朴子·祛惑》:"及到天上,先过紫府,金床玉几,晃晃昱昱,真贵处也。"(王明:《抱朴子内篇校释》,中华书局1985年版,第350页)

⑤ 贾岛:(779—843),唐代诗人。字浪仙,又名瘦岛,早年曾出家为僧,后还俗,但累举不中,韩愈称其为"苦吟诗人",与孟郊并称为"郊寒岛瘦"。事迹见《全唐文》卷七六三苏绛《贾司仓墓志铭》《新唐书》卷一七六、《唐诗纪事》卷四〇、《唐才子传》卷五、李嘉言:《贾岛年谱》。

邹鲁①封疆禾稼浓，清吟孤坐思重重。新诗几献蓬莱客②，远梦仍归菡萏峰。野果一枝堪荐茗，落霞数片欲烧松。如何深得冥搜癖，月磬声声归去慵。（《夏雨登干霄亭上宋使君二首》）

七、“几处觅不得，有时还自来”

经天纬地物，动必计仙才。几处觅不得，有时还自来。真风含素发，秋色入灵台③。吟向霜蟾下，终须神鬼哀。（《言诗》）

八、“亦斐然也，蚀木也，概山讴之例也”

愚咸通四五年中，于钟陵作山居诗二十四章。放笔，稿被人将去。厥后或有散书于屋壁，或吟咏于人口，一首两首，时时闻之。皆多字句舛错。洎干符辛丑岁，避寇于山寺，偶全获其本。风调④野俗，格力⑤低浊，岂可闻于大雅君子。一日抽毫改之，或留之、除之、修之、补之，却成二十四首。亦斐然也，蚀木也，概山讴之例也。或作者气合，始为一朗吟之，可也。（《山居诗二十四首并序》）

---

① 邹鲁：孔子和孟子的故乡分别是春秋时期的鲁国和邹国，所以后人用“邹鲁”来指代文化礼仪发达的地区。

② 蓬莱：古代指神仙居住之处。蓬莱客，指仙人。《史记》卷二十八《封禅书》：“自威、宣、燕昭使人入海求蓬莱、方丈、瀛洲，此三神山者，其传在勃海中。”（司马迁：《史记》，中华书局 2013 年版，第 1639 页）

③ 灵台：指心、心灵。《文选 · 刘孝标〈广绝交论〉》：“寄通灵台之下，遗迹江湖之上。”李善注：“寄通神于心府之下，遗迹相忘于江湖之上也。”（李善并五臣注：《六臣注文选》卷五十五，中华书局 1987 年版，第 1014 页上）

④ 风调：“风调圆美”，指风韵情调具有圆润美。赵翼《瓯北诗话》卷十一：“自中唐以后，律诗盛行，竞讲声病，故多音节和谐，风调圆美。杜牧之恐流于弱，特创豪宕波峭一派，以力矫其弊。山谷因之，亦务为峭拔，不肯随俗为波靡，此其一生命意所在也。”（赵翼：《瓯北诗话》，人民文学出版社 1963 年版，第 169 页）

⑤ 格力：严羽：《沧浪诗话 · 诗辨》：“诗之法有五：曰体制；曰格力；曰气象；曰兴趣；曰音节。”郭绍虞《沧浪诗话校释》引陶明浚：《诗说杂记》：严氏之论，“盖以诗章与人身体相为比拟”，“格力如人之筋骨，必须劲健”。（郭绍虞：《沧浪诗话校释》，人民文学出版社 1983 年版，第 7 页）

齐 己

齐己(约864—943年),唐末五代诗僧。自号衡岳沙门。湖南益阳人,俗姓胡,名得生。幼于沩山同庆寺出家习学律仪,后礼德山禅客,得解悟。性喜吟咏,不求名利,爱乐山水,不近王侯,他与李洞、郑谷、贯休、罗隐、陆龟蒙、司空图等均有唱和交往①。孙光宪谓其诗"词韵清润平淡而意远冷峭"(《白莲集序》)。有《白莲集》《风骚旨格》②。

齐己指出,在证悟上,作诗和参禅是相通的,所谓"诗心何以传,所证自同"。同时他也强调,诗与禅还是有别。所谓"禅心静入空无迹,诗句闲搜寂有声",禅悟的境界是万法皆空,是寂静和空灵;诗悟则是在"课虚无以责有,叩寂寞而求音"(陆机《文赋》)中,让艺术形象显现。

齐己同时提出"道自闲机长,诗从静境生"的命题,强调只有在"闲机""静境"中才可能产生道(禅心)与诗(诗思)。如果终日烦恼,思绪不宁,只能"日日只腾腾,心机何以兴?",又怎么可以文思涌动,心机勃起呢?

本书所录文字,据齐己《白莲集》《禅门逸书初编》第2册,第106号。

一、"诗心何以传,所证自同禅"

诗心③何以传,所证自同禅。觅句如探虎,逢知似得仙。神清太古在,字

---

① 齐己生卒年,参见曹汛:《齐己生卒年考证》,《中华文史论丛》1983年第3期。其生平事迹,见《宋高僧传》卷三十、《释氏稽古略》卷三、《通志略》卷二十二、《五代史补》卷三、《全唐文》卷九二一、《唐诗纪事》卷七十五、《唐才子传》卷九、孙光宪:《白莲集序》、明复:《白莲集解题》。

② 《风骚旨格》为齐己诗学专著,包括六诗、六义、十体、十势、二十式、四十门、六断、三格等。诸条均引诗一联为例。可参见王运熙、杨明:《隋唐五代文学批评史》第三编第三章第三节之"齐己和《风骚旨格》",上海古籍出版社1994年版。

③ 诗心:《文心雕龙》言"文心"即"为文之用心"(范文澜:《文心雕龙注》下册,人民文学出版社1962年版,第725页)"诗心"即"作诗之用心"。

好雅风全。曾沐星郎许,终惭是斐然。(《寄郑谷郎中》)

二、“禅心静入空无迹,诗句闲搜寂有声”

冰压霜坛律格清,三千传授尽门生。禅心①静入空无迹,诗句闲搜寂有声。满国繁华徒自乐,两朝更变未曾惊。终思相约岷峨去,不得携筇一路行。(《寄蜀国广济大师》)②

山袍不称下红尘,各是闲居岛外身。两处烟霞门寂寂,一般苔藓石磷磷。禅关③悟后宁疑物,诗格④玄来不傍人。月照经行更谁见,露华松粉点衣巾。(《道林寺居寄岳麓禅师二首》)

百虫声里坐,夜色共冥冥。远忆诸峰顶,曾栖此性灵⑤。月华澄有象,诗思在无形。彻曙都忘寝,虚窗日照经。(《夜坐》)

三、“道自闲机长,诗从静境生”

道自闲机长,诗从静境生。不知春艳尽,但觉雅风清。竹腻题幽碧,蕉干

---

① 禅心:禅宗教义名词,指禅定之心。即处于高度集中统一状态,进入泯绝一切外物的境界,或指通过禅定修习而证得的本来清净心。子雍如禅师云:“气量含虚万象沉,水声风树应禅心。能从百尺竿头进,枯木寒崖色更新。”(《闻斫木声》《嘉兴藏》第39册,第465号,第821页下)

② 广济大师:(?—925),唐代禅僧,孔子后裔,初习儒业,博学多闻,为临济宗传人。后住兴化院,徒众四至,临济法门,从此昌大,世称“兴化存奖”,卒谥“广济大师”,塔号“通寂”。有《兴化禅师语录》,收入《古尊宿语录》卷五。事迹见《景德传灯录》卷一二、《天圣广灯录》卷一二、《建中靖国续灯录》卷一、《统要续集》卷十、《五灯会元》卷一一。

③ 禅关:禅宗用语,指禅法的关键,即禅门机锋问答中的玄关。“关”,是关键、关口、要门之意。《释门正统》卷三:“然启禅关者,虽分宗不同,挹流寻源,亦不越经论之禅定一度,与今家之定圣一行也。”(《新编卍续藏》第130册,第78页下)

④ 诗格:指诗的格式、体例以及诗的风格、格调。北齐颜之推:《颜氏家训·文章》:“陆平原多为死人自叹之言,诗格既无此例,又乖制作本意。”(《颜氏家训集解》,中华书局1993年版,第285页)

⑤ 性灵:诗学概念。一般指有关创作主体的天才、个性、情感和灵机。语见刘勰:《文心雕龙·原道》:“两仪既生矣,惟人参之,性灵所钟,是谓三才,为五行之秀,实天地之心,心生而言立,言立而文明,自然之道也。”(范文澜:《文心雕龙注》,人民文学出版社1962年版,第1页)

裂脆声。何当九霄客，重叠记无名。（《寄酬高辇推官》）

日日只腾腾，心机①何以兴？诗魔苦不利，禅寂颇相应。砚满尘埃点，衣多坐卧棱。如斯自消息，合是个闲僧。（《静坐》）

四、“贾岛苦兼此，孟郊清独行”

今体②雕镂妙，古风③研考精。何人忘律韵，为子辨诗声。贾岛苦兼此，孟郊清独行，荆门见编集，愧我老无成。（《览延栖上人卷》）

禅玄无可并，诗妙有何评？五七字中苦，百千年后清。难求方至理，不朽始为名。珍重重相见，忘机④话此情。（《逢诗僧》）

五、“趣极同无迹，精深合自然”

旧友一千里，新诗五十篇。此文经大匠，不见已多年。趣极同无迹，精深合自然。相思把行坐，南望隔尘烟。（《谢虚中⑤寄新诗》）

---

① 心机：机巧之心。指思维、心理活动。禅家认为禅法不能通过一般的思维、心理活动获得“禅悟”，因此要求泯绝“心机”。《碧岩录》卷一，第1则：“如击石火，似闪电光，这个些子，不落心机、意识、情响，等尔开口，堪作什么？”（《大正藏》第48册，第2003号，第141页上）

② 今体：亦称近体诗，与古体诗相对，指唐代形成的格律诗体，由南朝齐“永明体”发展而来，至唐初沈佺期、宋之问时定型，为唐以后历代常用，其字数、句数、平仄、对仗与押韵都有严格规定，主要类别有律诗与绝句。

③ 古风：即古诗、古体诗，与今体诗相对，是唐人对时人效法前代古诗而作的作品的指称，“风”即“歌”的意思，由《诗经》“国风”引申而来。古体诗格律比较自由，不拘平仄对仗，押韵也宽，篇幅长短不限。

④ 忘机：指消除机巧之心，常用以指甘于淡泊，与世无争。黄檗断际禅师云：“见闻如幻翳，知觉乃众生。祖师门中，只论息机忘见。所以忘机则佛道隆，分别则魔军炽。”（《黄檗断际禅师宛陵录》，《大正藏》第48册，第2012号，第384页中）

⑤ 谢虚中：生卒年不详，唐末五代僧人，袁州宜春（今江西）人，少出家，住玉笥山二十余年，工诗，与贯休、齐己等为诗友，司空图对其诗大为赞赏，有《流类手鉴》一卷，《碧去集》一卷。事迹见《诗话总龟》卷一十、《唐才子传》卷八、《十国春秋》卷七六。

岂要私相许,君诗自入神[①]。风骚[②]何句出,瀑布一联新。诣若长如此,名须远逐身。闲斋舒复卷,留滞忽经旬。(《还族弟卷》)

六、"捧吟肌骨遍清凉"

四轴骚词书八行,捧吟肌骨遍清凉。谩求龙树[③]能医眼,休问图澄[④]学洗肠。今体尽搜初剖判,古风淳凿未玄黄[⑤]。不知谁肯降文阵,暗点旌旗敌子房[⑥]。(《谢贯微上人寄示古风今体四轴》)

---

① 入神:指一种技艺达到神妙之境,《易・系辞下》:"精义入神,以致用也。"孔颖达疏:"言圣人用精粹微妙之义,入于神化,寂然不动,乃能致其所用。"(魏王弼、晋韩康伯注,唐孔颖达疏:《周易正义》,清阮元校本:《十三经注疏》,中华书局1980年版,第87页下)

② 风骚:风指《诗经・国风》,骚指《楚辞》。

③ 龙树:亦作"龙猛""龙胜",古印度大乘佛教中观学派创始人,精通三藏,确立并系统阐述了中观理论。著作甚多,有"千部论主"之称,汉译本主要有《中论》《十二门论》《大智度论》《十住毗沙论》等。

④ 图澄:即佛图澄,一作竺佛图澄,西晋、后赵时僧人,九岁出家,善解文义。西晋永嘉四年(310),以七十九岁高龄来中土,以神异方术取得石勒、石虎信任,一直在后赵推行道化。据《高僧传》载,其门下受业追随者常有数百,前后门徒几达一万。著名弟子有法首、法祚、法常、道安、僧朗、竺法汰、竺法和、竺法雅等。事迹见《梁高僧传》卷十、《释氏六帖》卷一一、《六学僧传》卷二九。

⑤ 玄黄:天地的颜色,亦指天地。《易・坤》:"夫玄黄者,天地之杂也,天玄而地黄。"(魏王弼、晋韩康伯注,唐孔颖达疏:《周易正义》,清阮元校本《十三经注疏》,中华书局1980年版,第19页中)

⑥ 子房:张良(约前250—前186),字子房,颍川城父人,汉高祖刘邦的重要谋士、大臣,与韩信、萧何并称为"汉初三杰",事见《汉书》卷四十《张陈王周传第十》。

清凉文益

文益(885—958年),五代僧。法眼宗之开山祖。俗姓鲁,余杭(今浙江杭州)人。七岁依新定智通院全伟禅师落发,后来到明州鄮山育王寺从律师希觉学律,又旁探儒家典籍,优游文雅之场,被视为儒门之游夏。继而又改学宗乘,到福州谒雪峰义存的法嗣长安慧陵,不久即为大众所推许。又结伴到各处参学,曾参谒玄沙师备的法嗣罗汉桂琛(867—928年),得桂琛印可。他先后住临川(江西省抚州市)崇寿院,金陵(今南京市)报恩院、清凉院。南唐国主李氏事以师礼,赐号"净慧大师"。其法嗣六十三人,以天台德韶(891—972年)为上首。文益圆寂后,南唐中主李璟给以大法眼禅师的称号,后世因称此宗为法眼宗。文益善诗,有偈颂多首①。

文益提出了宗门歌颂创作的宗旨、原则、尺度、作用。他强调宗门歌颂必须遵循"总扬一大事之因缘,共赞诸佛之三昧"的宗旨和"假声色而显用,或托事以伸机,或顺理以谈真,或逆事而矫俗"的原则;其歌颂作品,必须达到"俱烂熳而有文,悉精纯而靡杂"的要求,起到"在后世以作经,在群口而为实"的作用。他反对"以歌颂为等闲,将制作为末事,任情直吐,多类于野谈,率意便成,绝肖于俗语"。他明确主张"理事不二,贵在圆融"与"不著他求,尽由心造",指出理事圆融是本来如此,是"一切现成",而不是可以所求而得。基于这一禅学美学思想,他高度评价天台德韶之诗偈"通玄峰顶"能使法眼宗血脉不断并发扬光大:"即此一偈,可起吾宗。"②

本书所录文字,据文益《宗门十规论》《新编卍续藏》第110册;《金陵清凉院文益禅师语录》《大正藏》第47册,第1991号。

---

① 文益生平事迹,见《宋高僧传》卷十三、《景德传灯录》卷二十四、《禅林僧宝传》卷四。

② 大慧杲:《正法眼藏》卷二所载文益之评语为:"只消此一颂,自然续得吾宗。"(《卍续藏经》(新编)第118册,第105页上)

一、“总扬一大事之因缘，共赞诸佛之三昧”

论曰：宗门歌颂，格式多般，或短或长，或今或古。假声色而显用，或托事以伸机，或顺理以谈真，或逆事而矫俗，虽则趣向有异，其奈发兴有殊。总扬一大事之因缘，共赞诸佛之三昧，激昂后学，讽刺先贤，皆主意在文，焉可妄述。稍睹诸方宗匠，参学上流，以歌颂为等闲，将制作为末事，任情直吐，多类于野谈，率意便成，绝肖于俗语。自谓不拘粗穬，匪择秽孱，拟他出俗之辞，标归第一之义。识者览之嗤笑，愚者信之流传。使名理而寖消，累教门之愈薄。不见华严万偈，祖颂千篇，俱烂熳而有文，悉精纯而靡杂。岂同猥俗，兼糅戏谐。在后世以作经，在群口而为实，亦须稽古，乃要合宜，苟或乏于天资，当自甘于木讷，胡必强攀英俊，希慕贤明。呈丑拙以乱风，织弊讹而贻戚，无惑妄诞，以滋后羞。（《宗门十规论·不关声律不达理道好作歌颂第九》）

二、“即此一偈，可起吾宗”

师（文益）一日上堂。僧问：“如何是曹源一滴水？”师云：“是曹源一滴水。”僧惘然而退。时韶国师于坐侧，豁然开悟。韶遂以所悟闻于师。师云：“汝向后当为国王所师，致祖道光大，吾不如也。”国师后有偈云：“通玄峰顶，不是人间。心外无法，满目青山。”师闻云：“即此一偈，可起吾宗。”①

① 文益之所以高度评价他的高足天台德韶国师的诗偈，是因为此偈充分体现了法眼宗“一切现成”的禅学与美学思想。

第二章

宋代禅宗诗学著述录要

文　兆

文兆,宋僧。南越人。工诗。为宋初九僧之三①。欧阳修《六一诗话》云:“国朝浮图,以诗名于世者九人。故时有集号《九僧诗》,今不复传矣”②。方回认为九诗僧“皆学贾岛、周贺,清苦工密。所谓景联,人人着意,但不及贾之高、周之富耳”③。

文兆指出“诗禅同所尚”,强调的是诗禅在审美旨趣上的相通。文兆以为,禅家和诗家,在人生态度和审美态度上常常有相通之处,他们淡泊以致远,超拔于世俗,不趋时而动,可谓是“为客闲相似,趋时懒一般”。

本书所录文字,据《九僧诗》《禅门逸书续编》第1册,第201号。

“诗禅同所尚”

诗禅同所尚,邂逅在长安。为客闲相似,趋时懒一般。分题秋阁迥,对坐夜堂寒。未遂归山计,流年鬓已干。(《寄行肇上人④》)

---

① 宋初九僧:剑南希昼、金华保暹、南越文兆、天台行肇、沃州简长、青城惟凤、淮南惠崇、江东宇昭、峨嵋怀古等。文兆事迹见《宋高僧诗选》《宋诗纪事》卷九一。

② 欧阳修:《六一诗话》《历代诗话》,中华书局1981年版,第266页。

③ 方回语,见李庆甲集评校点:《瀛奎律髓汇评》卷四七《释梵类》,上海古籍出版社1986年版,第1718页。

④ 行肇上人:天台(今属浙江)人,宋初九僧之四。

汾阳善昭

善昭(947—1024 年),宋僧。太原(今属山西)人,俗姓俞。年十四祝发、受具。杖策游方,谒见老宿七十一人,后参首山省念,于言下大悟,嗣法。居襄阳白马寺。移汾州太子院。戒严风高,道俗仰慕。寂谥无德禅师①。

善昭《颂古百则》一书首创颂古之形式。其精选 100 则公案,分别用韵文的形式加以阐释。善昭选用公案的标准是不论宗派,择优论之,只有禅林公认的“先贤”言行,才可以作为弘禅证悟的范例。他已透露出颂古诗乃是表达他对公案的深意即禅心的领悟,其“先贤”言行(公案)的“难知与易会”,他的颂古诗已表达得明明白白,“汾阳颂皎然”。而颂古诗的创作目的,是为了弘化佛法,教授学人。他指出,禅者和学者都可以通过文字去同“明”禅机②。

本书所录文字,据《汾阳无德禅师语录》卷二,《大正藏》第 47 册,第 1992 号。

“先贤一百则,天下尽来传。难知与易会,汾阳颂皎然”

先贤一百则,天下录来传。难知与易会,汾阳颂皎然。空花结空果,非后亦非先。普告诸开士,同明第一玄。(《都颂》)

---

① 善昭生平事迹,见《景德传灯录》卷一三、《五灯会元》卷一一、《续传灯录》卷一、《指月录》卷二三。

② 善昭开创颂古之后,禅师们纷纷仿效,几乎所有能文的禅师都有颂古之作,所有参禅者都要参究颂古,颂古之作大量涌现,它们成为禅宗典籍的重要组成部分。南宋僧人法应编、元代僧人普会增补的《禅宗颂古联珠通集》40 卷,共收录机缘(公案)818 则,颂古 5150 首,作颂的宗师 548 人。

雪窦重显

重显(980—1052年),宋僧。字隐之。遂宁(今属四川)人,俗姓李。依普安仁铣出家。受具后,经讲席,究理穷玄。至随州,谒智门光祚得悟。后住平江翠岩。机语捷健,声播丛林。移明州雪窦,大开炉鞴,云门中兴。与琅琊、慧觉,同称二甘露门。寂后仁宗赐号明觉禅师①。有《瀑泉》《祖英》《颂古》《拈古》四集。重显有很高的文学修养,其颂古诗富于情感色彩,讲求文词华美②。

重显提出了"且把新诗乐性情"的命题,强调了诗歌创作具有驱遣烦恼、娱悦性情的审美功能。在诗歌品评鉴赏上,他强调应具有"极离微根",即能洞见真如体用、体验和把握宇宙人生之真谛的高度的判断力。他高度评价石头希迁的五言古体寓道诗《参同契》③是"先觉洪规,可洞照遐古"。

本书所录文字,据《明觉禅师语录》,《禅宗语录辑要》,上海古籍出版社1992年版。

---

① 重显事迹见《禅林僧宝传》卷一一、《五灯会元》卷一五、《新续高僧传四集》卷一四、《五灯严统》卷一五。

② 宋初禅门盛行颂古之风,汾阳善昭开其端序,创立了颂古的雏形,重显则将这一形式发展至成熟。其特点是"诗化",他是以偈颂(颂古诗)的形式,来对唐宋丛林间流传的禅家语录进行述评。他的颂古诗,情感色彩浓郁,在颂古中加入了自己的观点和感情,而不是像有的禅师是置身于公案之外,是单纯地"绕路说禅";同时,非常讲究引经据典,刻意于文词的修饰。关友无党《碧岩集后序》称:"雪窦《颂古百则》,丛林学道诠要也。其间取譬经论或儒家文史,以发明此事,非具眼宗匠,时为后学击扬剖析,则无以知之。"

③ 《参同契》:是石头宗创始人石头希迁(700—790)的一首寓道诗。希迁俗姓陈,端州高要(今广东省高要县)人。少年时曾参拜六祖慧能,但未受具足戒,慧能圆寂前,曾嘱咐他"寻思去"。但当时希迁未能理解"寻思去"的含义,便在"禅思"上下功夫,可是总不能彻悟。后参礼行思,依止10余年,终于悟道,成为一代宗师。其所作《参同契》,对后世禅宗尤其是曹洞宗影响很大。《参同契》的主题,就是阐述理与事的关系问题,"参"是参差不齐,"同"是齐同统一,乃指参差不齐的现象界与那齐同统一的本体界同契妙道。参见皮朝纲:《石头宗〈参同契〉及其对禅宗美学的重要贡献》《禅宗美学史稿》,电子科技大学出版社1994年版。

一、“且把新诗乐性情”

得第何人愧不平，道存颜巷[①]亦为荣。应知未丧斯文也，且把新诗乐性情。（《张秀才下第》）

二、鉴赏应当“极离微根”

古有焦桐音，听寡不在弹。古有阳春曲，和寡不在言。言兮牙齿寒，未极离微[②]根；弹兮岁月阑，未尽升沈源。少林几坐华木落[③]，庾岭独行天地宽[④]。因笑仲尼温伯雪[⑤]，倾盖同途不同辙。麟兮凤兮安可论，许兮巢兮[⑥]复何说。秋光澄澄蟾印水，秋风萧萧叶初坠。送君高蹈谁不知，如曰不知则为贵。（《送文政禅者》）

太古清音发指端，月当松顶夜堂寒。悲风流水多呜咽，不听希声不用弹。

---

① 道存颜巷：《论语·雍也》：“子曰：贤哉，回也！一箪食，一瓢饮，在陋巷，人不堪其忧，回也不改其乐。贤哉，回也！”（朱熹：《四书章句集注》，中华书局1983年版，第87页）

② “离微”乃指真如法性之体用，“离”指真如之体，“微”指真如之用，“极离微根”指洞见真如体用，体验和把握宇宙人生之真谛。慈怡主编：《佛光大辞典》：“法性之体，离诸相而寂灭无余，谓之离；法性之用，微妙不可思议，谓之微。”（《佛光大辞典》，中国台湾省佛光出版社1988年版，第6718页）

③ 少林几坐华木落：《景德传灯录》卷三载：（达摩大师离开梁武帝后，渡江北上）“寓止于嵩山少林寺，面壁而坐终日默然，人莫之测，谓之壁观婆罗门。”（《景德传灯录》《大正藏》第51册，第2076号，第219页中）

④ 庾岭独行天地宽：指慧能辞五祖弘忍至大庾岭及其以后之事。见《六祖大师法宝坛经·行由品》《大正藏》第48册，第2008号，第349页中—350页上。

⑤ 仲尼温伯雪：《庄子·田子方》载：“仲尼见之而不言。子路曰：‘吾子欲见温伯雪子久矣，见之而不言，何邪？’仲尼曰：‘若夫人者，目击而道存矣，亦不可以容声矣。’”（清郭庆藩撰，王孝鱼点校：《庄子集释》，中华书局1961年版，第706页）

⑥ 许兮巢兮：巢、许，即“巢父”和“许由”，系尧舜时的隐士。尧帝曾欲传位于巢父，巢父不受；又拟传位于许由，亦被拒。巢父，传说为唐尧时的高士，晋皇甫谧：《高士传》曰：“巢父者，尧时隐人也。山居不营世利，年老以树为巢而寝其上，故时人号曰巢父。尧之让许由也，由以告巢父，巢父曰：‘汝何不隐汝形、藏汝光？若非吾友也。’击其膺而下之。由怅然不自得，乃过清泠之水，洗其耳，拭其目，曰：‘向闻贪言，负吾之友也。’遂去，终身不相见。”（皇甫谧：《高士传》，四部备要本，第5页）许由，见参见本书“枕石傲许由”注。

（《赠琴僧》）

三、“摛辞肇极，成赞厥道，随兴拟之，匪求蚀木于文”

予尝览斯作，颇见开士皆摛辞肇极，成赞厥道，因亦随兴以拟之，匪求蚀木于文也。噫，先觉洪规，可洞照遐古，岂复情谓逾越于其间哉？盖往往学者，抑问勉意不获而已，其或金沙混流，淘之汰之，固必存彼匠手明矣。（《石头大师参同契》）

四、“偶兴而作，宁存于本”

师之形言也，且异乎阳春白雪、碧云清风者也。夫大圭不琢，贵乎天真；至言不文，尚于理实，乃世之衡鉴，岂智识而拟议哉！师自戾止翠峰雪窦，或先德言句渊密，师因而颂之；或感兴怀别贻赠之作，固亦多矣。其有好道者，并录而囊之，一日总缉成二百二十首，乃写呈师。师曰：“余偶兴而作，宁存于本？”不许行焉。禅者应曰：“乃祖闱千载之芳烈也，勿轻舍诸。”师察其悫志，勉弗获已，抑而从之。文政幸侍座机，辄述序引，用识岁时。炎宋天圣十年孟陬月。文政谨序。（文政《明觉禅师祖英集序》）

仲灵契嵩

契嵩(1007—1072年),宋僧。字仲灵,自号潜子。藤州镡津(广西藤县)人,俗姓李。七岁出家,受具后遍参知识,得法于洞山晓聪。善属文。庆历间,住杭州灵隐寺,后移永安精舍。仁宗赐号明教大师①。

契嵩吸取儒家"比德说"以评诗:"(移石)其外峰岠似乎贤人严重而肃物也,其中空洞似乎至人虚心而合道也。"契嵩认为,自然美景有待人的发现和描写,需"振之""光之",才能显现于世,"然物景出没,亦犹人之怀奇挟异者,隐显穷通必有时数"。自然佳景,虽"布于山中,固亦久矣弃置,而未尝稍发",而由人"振之",用诗而"光之",则能"益闻益播,将传之而无穷"。

在诗歌的鉴赏品评上,他提出"由诗以求其志"的主张。在他看来,"夫性之所作,志之所之,小人则以言,君子则以诗。由言、诗以求其志,则君子小人可以尽之。"契嵩高度评价皎然、灵彻、道标、李白、郭功甫等人之诗。他称赞皎然、灵彻、道标说:"雪之昼,能清秀;越之澈,如冰雪;杭之标,摩云霄。"他评价李白:"观其诗,体势才思如山耸海振,巍巍浩浩,不可穷极。"他指出郭功甫之诗,"体平淡,韵高古,格优赡",之能如此,是郭子能"含万象于笔端",因而"动乎则辞句惊出而无穷"。

本书所录文字,据《镡津集》《禅门逸书初编》第3册,第108号。

一、"外峰岠似乎贤人严重而肃物也,中空洞似乎至人虚心而合道也"

《移石诗》,君子之美移石也。始其弃于道傍,虽其瑰怪伟然可观,而路

① 契嵩生平事迹,见《武林高僧事略》《建中靖国续灯录》卷五、《五灯会元》卷一五、《释氏稽古略》卷四、《续传灯录》卷五。

人不顾。无辩师思取而显之，乃用工者计，不崇朝遂致于户庭。巉崪嵌虚，若山耸洞壑，前瞰清沼，后荫茂树。左右益辟三堂，曰石筵，曰照古，曰禅燕者，临之使人悠然有幽思。自是夸者相告，观者趋来，石之美，一旦遂显。无辩复作诗以歌之，贤士大夫与方袍能诗者亦从而赋之，必欲余为叙。然人皆有所嗜之事，而有雅有俗，有淫有正，视其物，则其人之贤否可知也。若石之为物也，其性刚，其质固，其形静，其势方。方者似乎君子强正而不苟也，静者似乎君子不为不义而动也，固者似乎君子操节而不易也，刚者似乎君子雄锐而能立也。然移石之名益美乎是，其外峰岠似乎贤人严重而肃物也，其中空洞似乎至人①虚心而合道也。今无辩以吾道为禅者师，以翰墨与儒人游，取其石而树之于庭，朝观夕视，必欲资其六者以为道德之外奖、操修之默鉴也。及读其诗，求其所以为意者，则未始与此不合。然无辩其心如此之远也，而与世俗之虚玩物者固不足相望。诸君美而赋诗，不亦宜乎！其诗凡若干首，皆诗之豪者也，视之可见，岂卑论所能悉评？某岁月日，某序。（《移石诗叙》）

二、“物景出没，亦犹人之怀奇挟异者，隐显穷通必有时数”

法云昼上人，缮其居之西厦曰“翠樾堂”，以其得山林之美荫也。户其北垣曰“陟崖门”，示其乘高必履正也。始其入林之径曰：“啸月径”，高其所适也。疏其泉曰“夏凉泉”，贵其濯热也。表昔僧之茔曰：“华严塔”，德其人也。指其岭之峻绝者曰“樵歌岭”，乐野事也。名其亭曰：“暎发亭”，取王子敬“山川相映发”②之谓也。目其山之谷（音浴）曰：“杨梅坞”，别嘉果也。榜其阁曰：“清隐阁”，以其可以静也。就竹辟轩曰：“修竹轩”，拟其操也。是十咏者，

---

① 至人：指超凡脱俗，达到无我境界的人。《庄子·齐物论》：“至人神矣！大泽而不能热，河汉冱而不能寒，疾雷破山飘风振海而不能惊。”（清郭庆藩撰，王孝鱼点校：《庄子集释》，中华书局1961年版，第102页）

② 王子敬“山川相映发”：东晋著名书法家王羲之第七子王献之，其书法与其父并称为“二王”。《世说新语·言语》：“王子敬云：‘从山阴道上行，山川自相映发，使人应接不暇。’”（《世说新语笺疏》，中华书局1983年版，第91页）

举属法云精舍。法云宅大慈山之中，与郭相去迨十里。北瞰彻浙江，南通钱唐湖。过重岗复岭，翛然沿溪涉涧，水声泠泠，云木杳霭。校乎垂江濒湖之山，而大慈最为幽深。法云庭宇潇洒，林岭盘郁环翠，比乎慈山之他寺，其又绝出者也。昔吏部郎公以侍郎致政还故乡，多优游名山，尤乐此，以为高蹈之佳处也。每来则逾旬跨月，陶陶而忘反。吏部名德熏于天下，既好是也，人亦斐然从而尚之，故法云胜概，遂远闻播。昼师犹以为未尽其山水之美，乃益揭其十景者，拳拳引诗人咏之。搢绅先生之流，与吴中名僧闻，皆乐为之赋，竞出乎奇词丽句，而风韵若出金石，铿然起人清思。所谓胜概者益闻益播，将传之而无穷也。然物景出没，亦犹人之怀奇挟异者，隐显穷通必有时数。若此十咏之景，所布于山中固亦久矣，弃置而未尝稍发。今昼师振之，众贤诗而光之，岂其数相会亦有时然乎？故贤者虽终身晦之，时命也，不足叹之；忽然曜之，时命也，亦不足幸之。上人既乐得诸君之诗，特属予以为序，然无谓遂能尽其诗之美也矣？（《法云十咏诗叙》）

三、“含万象于笔端，动乎则辞句惊出而无穷”

郭子喜潜子之道，欲资之以正其修辞立诚，潜子可当耶？郭子，搢绅先生之徒，乃独能揭然跂乎高世之风，可重可愧，吾说不足以相资也。然郭子俊爽，天才逸发，少年则能作歌声，累千百言。其气不衰，而体平淡，韵致高古，格力优赡，多多愈切。含万象于笔端，动乎则辞句惊出而无穷。与坐客听其自诵，虽千言必记，语韵清畅，若出金石，使人惊动而好之。虽梅圣俞、章表民①以为李太白复生，以诗张之四海九州，学辈未识郭子者，何限朝廷公卿，孰尝睹郭子如此之盛耶！夫龟龙麟凤，其亦伟奇之物也，使其汩于泥涂，委于荆枳，则君子之所惜。吾恐郭子尽是纡余诞谩，遂与世浮沉，因别，故赋诗以祝之：白石凿

---

① 梅圣俞、章表民：梅尧臣（10020—1060），字圣俞，宣州宣城（今安徽宣州）人，世称宛陵先生，与欧阳修共同倡导诗文革新，一生致力于诗歌创作，论诗强调诗、骚传统，反对西昆体。事迹见欧阳修：《欧阳文忠公集》卷三三、《梅圣俞墓志铭》《宛陵集》首附《梅圣俞诗集序》《宋史》卷四四三。章望之（生卒年不详），字表民，北宋福建浦城人，少年丧父，后潜心读书，钻研学问，志气宏远，为文辩博长于议论。事迹见《宋史》卷四百四十三《列传第二百二》。

凿,蕴尔美璞。君子道晦,君子斯乐。幽兰猗猗,振尔芳姿。淑人不显,淑人不亏。惟是方寸,为尔之本。违之物摇,穷之物乱。静之收之,默默闷闷。熟水泚泚兮可漱可涤,熟山亭亭(或作寥寥)兮可休可适。胡歉屏居,胡羡首迪。(《送郭公甫朝奉诗叙》)

四、"由言、诗以求其志,则君子小人可以尽之"

余读《李翰林①集》,见其乐府诗百余篇,其意尊国家,正人伦,卓然有周诗之风,非徒吟咏情性②、咄呕苟自适而已。白当唐有天下第五世时,天子意甚声色,庶政稍解,奸邪辈得人,窃弄大柄。会禄山贼兵犯阙,而明皇幸蜀,白闵天子失守,轻弃宗庙,故作《远别离》以刺之。至于作《蜀道难》以刺诸侯之强横,作《梁甫吟》伤怀忠而不见用,作《天马歌》哀弃贤才而不录其功,作《行路》难恶谗而不得尽其臣节,作《猛虎行》愤胡虏乱夏而思安王室,作《阳春歌》以诫淫乐不节,作《乌栖曲》以刺好色不好德,作《战城南》以刺穷兵不休,如此者,不可悉说。及放去,犹作《秋浦吟》(一名《东甫吟》),冀悟人主。意不果望,终弃于江湖间,遂纡余轻世,剧饮大醉,寓意于道士法,故其游览、赠送诸诗杂以神仙之说。夫性之所作,志之所之,小人则以言,君子则以诗。由言、诗以求其志,则君子小人可以尽之。若白之诗也如是,而其性之与志,岂小贤哉!脱当时始终其人,尽其才而用之,使立功业,安知其果不能也?迩世说李白清才逸气,但谪仙人耳,此岂必然耶?观其诗,体势才思如山耸海振,巍巍浩浩,不可穷极,苟当时得预圣人之删,可参二《雅》,宜与《国风》传之于无穷,而《离骚》《子虚》不足相比。(《书李翰林集后》)

---

① 李翰林:指唐代诗人李白,因其曾任翰林,故称。

② 吟咏情性:《毛诗序》:"故诗有六义焉:一曰风;二曰赋;三曰比;四曰兴;五曰雅;六曰颂。上以风化下,下以风刺上,主文而谲谏,言之者无罪,闻之者足以戒,故曰风……国史明科得失之迹,伤人伦之废,哀刑政之苛,吟咏情性,以风其上,达于事变而怀其旧俗者也。"(郭绍虞主编:《中国历代文论选》第1册,上海古籍出版社1979年版,第63页)

五、"霅之昼,能清秀;越之澈,如冰雪;杭之标,摩云霄"

唐僧皎然、灵彻①、道标②,以道称于吴越,故谚美之曰:霅之昼,能清秀;越之澈,如冰雪;杭之标,摩云霄,吾闻风而慕其人,因谚所谓,遂为诗三章,以广其意也。(《三高僧诗并叙》)

六、"夫诗与山水,其风味淡且静"

杨从事公济与冲晦晤上人访潜子。明日,乃邀宿灵隐;又明日,如天竺,宿于天竺也。三人者,游且咏,得诗三十六篇,公济请潜子前叙。潜子让公济曰:"吾不敢先朝廷之士。"公济曰:"此山林也,论道不论势,潜子叙非忝也。"潜子曰:"诺,吾叙。"然公济与潜子辈,儒佛其人异也,仕进与退藏,又益异也。今相与于此,盖其内有所合而然也。公济与冲晦以嗜诗合,与潜子以好山水闲适合。潜子亦粗以诗与冲晦合,而冲晦又以爱山水与吾合。夫诗与山水,其风味淡且静,天下好是者几其人哉?故吾属得其合者尝鲜矣。适从容山中,亦以此会为难得,故吻然嗒然,终日相顾相谓,几忘其形迹,不知孰为佛乎?孰为儒乎?晋之时,王、谢、许子③以乐山水友支道林④;唐之时,白公隐庐阜,亦引四

---

① 灵彻:(746—816),唐代僧人,一作灵澈,俗姓汤,字澄源,越州会稽(今浙江绍兴)人。少从严维学诗,工诗,偏好篇章,吟咏情性,尤见所长。常与刘长卿、皎然等唱和郊游。有诗集10卷,酬唱集10卷。事迹见民国《福建高僧传》卷一、《宋高僧传》卷一五、《统要续集》卷二十、《六学僧传》卷一八。

② 道标:(740—823),唐代僧人,富阳(今浙江)人,七岁出家,为灵隐山白云峰海和尚弟子,唐至德二年(757),命为比丘,住天竺寺,后以寺务繁忙,于西岭下葺茅草为堂,不涉人事。通诗章,与吴兴皎然、会稽灵澈等相往来,士大夫与之游者有李吉甫、孟简、白居易、刘长卿等。事迹见《宋高僧传》卷一五、《六学僧传》卷二十、《武林高僧事略》、雍正:《浙江通志》卷一九八。

③ 王、谢、许子:王羲之,谢安,许询。谢安(320—385),字安石,陈郡阳夏(今河南太康)人,东晋政治家,曾戳破桓温篡位的阴谋,赢得淝水之战,又多才多艺,善书法,通音乐。许询,生卒年不详,字玄度,东晋清谈领袖、玄言诗代表作家。

④ 支道林:(314—366),即支遁,东晋僧人,著名佛教学者,般若学派"六家七宗"中"即色宗"的代表人物,字道林,世称"林公"或"支公",陈留(今河南开封)人,一说河东林虑(今河南林县)人。出身于事佛世家,幼有神理,聪明秀脱,与当时名士王洽、刘恢、殷浩、许洵、郗超、孙绰、王羲之等多有来往。喜养马养鹤,玄谈妙美,受到时人激赏。事迹见《梁高僧传》卷四、《六学僧传》卷一一、《释氏稽古略》卷二、《佛祖纲目》卷二五。

释子方外之交，其意岂不然哉？合之道其可忽乎？云与龙贵以气合，风与虎贵以声合，圣与贤贵以时合，君与臣贵以道合，学者贵以圣人之道合，百工贵以其事合，昆虫贵以其类合。不相合，虽道如仲尼、伯夷[1]，亦无所容于世也，天下乌得不重其所合乎！方二君之来也，逼岁除，山郁郁以春意，然代谢相夺，乍阴乍晴，朝则白云青霭绚如也，晚则余冰残雪莹如也。飞泉泠泠，若出金石。幽林梅香，或凝或散。树有啼鸟，涧有游鱼，而二人者，嗜山水，则所好益得；嗜闲适，则其情益乐。胜气充浃，而更发幽兴。优游纡余，吟啸自若。虽傍人视之，不知其所以为乐也；坐客接之，不知其所以为得也。独潜子苍颜敝履，幸其末游，而谓之曰："二君之乐，非俗之所乐也；二君之得，非俗之所得也。是乃洁静逍遥乎趋竞尘累之外者之事也，终之可也。"因评其诗曰：公济之诗赡，冲晦之诗典，如老丽雅健，则其气格[2]相高焉。潜子默者，于诗不专，虽其薄弱病拙，远不及二君，岂谓尽无意于兴也？（《山游唱和诗集叙》）

① 仲尼、伯夷：仲尼，指孔子。伯夷，生卒年不详，商末孤竹国第七任君主的长子，为躲避残暴的商纣王，与其弟叔齐居住在北海之滨，和东夷人一起生活。武王灭纣后，发誓不食周粟，采薇首阳山，最后饿死。伯夷、叔齐是古代贤人的典范。

② 气格：气，指人的精神气质，诗论中，指诗人精神气质流注于作品所形成的蕴含、生机、气势，而不同于具体内容。格，在此指品格，指旨义趣尚，属诗歌内容。

明表净端

净端(1012—1083年),宋僧。字明表。归安(浙江湖州)人,俗姓丘。初习儒业,后祝发吴山解空讲院。参龙华齐岳得法。见弄师子,发明心要。则以彩帛像其皮,常著之,因号端师子。住湖州西余山,佯狂不羁,乞钱济饥寒者,有狂僧号。秦少游闻其道,请升座于广慧。黎庶尊之为散圣。刘谊称净端"诗颂颇多,皆如寒山拾得之流。谛实至理,或有可观。"①定隆②称其"为偈颂,有若戏谑。详味久之,极有深旨"。③

净端批评那些心溺四六、广览诗篇之禅门弟子,是不"悟至理",其"懵懂必落魔边""终日业识扰扰,有甚出头之年"。

本书所录文字,据《吴山端禅师语录》《卍续藏经》(新编)第126册。

"更学文章四六,广览庄老诗篇", "终日业识扰扰,有甚出头之年"

莫怪野老闲言,禅宗近日有多端。第一须会五家宗派④,然后熟念传灯祖源。更谈诸家语录,钞写印版雕镌,连晓至夜看读,也与阇黎⑤一般。更须广走天下,

① 刘谊:《湖州吴山端禅师语录序》。

② 定隆:《湖州吴山端禅师语录序》。

③ 净端生平事迹,见刘谊《湖州吴山端禅师语录序》《建中靖国续灯录》卷八、《嘉泰普灯录》卷三、《五灯会元》卷一二、《续传灯录》卷九、《五灯全书》卷二五。

④ 五家宗派:指禅宗分灯之五家,即临济宗、曹洞宗、法眼宗、沩仰宗、云门宗。

⑤ 阇黎:即"阿阇梨",亦译"阿吒力""阿舍梨""阿祇利""阿遮利耶""阿遮利夜"等,佛教中教授弟子、纠正弟子行为的导师。《筠州洞山悟本禅师语录》:"疏山问:'一切处不乖时如何?'师曰:'阇黎此是功勋边事,幸有无功之功,子何不问?'"(《大正藏》第47册,第1986号,第509页下)

嬴得两腿疼酸。入到知识门下①,先看古老因缘②。长廊下胡喝乱喝③,僧堂内聚话喧喧。料想曹溪④路上,应无如许多般。更学文章四六⑤,广览庄老诗篇。自视风流雅措,且要攀接官员出入。才登宝座,拈起拄杖,敷宣道我即心即佛⑥,举着绝妙绝玄。那个得悟至理,到底肚里颟顸。且是拨无因果⑦,懵

---

① 知识门下:知识,即朋友之异称。我们平时所谓的"知人",即指知其人之心识,引申为所知之人,而不是多知博识之义。就人而言,其人若善,则为善友、善知识;其人若恶,则为恶友、恶知识。说法引导和于善处,是善友,称善知识,又单称知识。《镇州临济慧照禅师语录》:"大德!莫因循过日。山僧往日未有见处时,黑漫漫地,光阴不可空过,腹热心忙,奔波访道,后还得力,始到今日共道流如是话度。劝诸道流莫为衣食,看世界易过,善知识难遇,如优昙花时一现耳。"(《大正藏》第47册,第1985号,第502页下)门下,犹阁下,对人的尊称。

② 因缘:"因"和"缘"的合称,指得以形成事物、引起认识和造就"业报"等现象所依赖的原因和条件。妙空和尚云:"如来藏性,即第八识,含藏识,能生一切善恶种子。悟之则圣,迷之则凡。而一切众生,具此一珠。良由无始劫来,因缘杂深,故不能现。"(灵岩妙空和尚:《证道歌注》,《新编卍续藏》第114册,第893页上)

③ 胡喝乱喝:临济宗临济义玄以其机锋凌厉、棒喝峻烈的禅风闻名于世,但有的僧人不学其精髓而学其形式,对学道僧人不管什么情况,都是一阵猛喝、一阵棒打,实际起不到任何作用。大慧杲云:"近世学语之流,多争锋逞口,快以胡说乱道为纵横,胡喝乱喝为宗旨。一挨一拶,如击石火,似闪电光,拟议不来,呵呵大笑,谓之机锋俊快,不落意根。殊不知,正是业识弄鬼眼睛,岂非谩人自谩,误他自误耶?"(宗杲:《示冲密禅人》《大慧普觉禅师语录》卷二十四,《大正藏》第47册,第1998号,第915页中)

④ 曹溪:或名"曹溪大师",即六祖慧能禅师,因慧能长期于韶州(今广东韶关)曹溪宝林寺弘扬南宗禅法,故有此说。《祖庭事苑》卷一释"曹溪":"《宝林传》:唐仪风中,居人曹叔良施地六祖大师,居之地有双峰、大溪,因曹侯之姓,曰曹溪。天下参祖道者,枝分派列皆其流裔。"(《新编卍续藏》第113册,第3页下)

⑤ 四六:骈文的一种,因以四字六字为对偶得名。骈文以四六对偶,形成于南朝,盛行于唐宋,唐以来,格式完全定型,遂称"四六",也称四六文或四六体。

⑥ 即心即佛:《祖堂集》卷三《慧忠国师》载:"伏牛和尚与马大师送书到师处。师问:'马师说何法示人?'对曰:'即心即佛。'师曰:'是什摩语话?'又问:'更有什摩言说?'对曰:'非心非佛,亦曰:不是心,不是佛,不是物。'师曰:'犹较些子。'"执着佛为实有,称为"佛执",故对此类人说"非心非佛",体现了禅宗不著二边的机锋。(南唐·静、筠二禅师编:《祖堂集》,上海古籍出版社1994年版,第64页下)

⑦ 因果:佛教教义名,梵文意译,"因"与"果"的合称,指因果规律,亦指因果报应,是佛教用来说明世界一切关系并支持其宗教体系的基本理论。"因"亦称"因缘";"果"或称"果报"。任何"因",即思想行为,都会导致相应的后果,"因"在未得"果"之前,不会自行消失;反之,不作一定之业因,亦不会得相应之结果。古庭禅师云:"或者认个业识,向古人方便用处,一印印定。将几册经书搜研,装一肚墨水,以为是一员大善知识。逢场作戏,便有许伎俩,不念因果罪报福业。"(《古庭禅师语录辑略》卷二,《嘉兴藏》第25册,第163号,第244页中)

懂必落魔边。终日业识[①]扰扰,有甚出头之年。(《丰年词》)

① 业识:即"业",佛教教义名词,音译为"羯摩",意为"造作",泛指一切身心活动。"业"一般分三类:"身业",即行动;"语业",即言语;"意业",即思想活动。《袁州仰山慧寂禅师语录》:"沩山又问:'大地众生业识茫茫,无本可据,子作么生知他有之与无?'师云:'慧寂有验处。'"(《大正藏》第47册,第1990号,第584页上)

五祖法演

法演(? —1104 年),北宋临济宗杨岐派僧。绵州巴西(四川绵阳)人,俗姓邓。参谒白云守端禅师而得法。世称“五祖法演”。法嗣颇多,以佛眼清远、太平慧勤、圆悟克勤最著,有“法演下三佛”之称①。法演有多首偈颂,有的形象具体生动,语言朴实,寓意深刻,耐人寻味。

法演以诗喻禅,以诗论禅,在解读《小艳诗》中指出“诗中大有与祖师西来意合处”。

本书所录文字,据《大慧普觉禅师普说》《大慧普觉禅师普说》卷四《正禅人请普说》,《卍正藏》第 59 册,第 1540 页。

“诗中大有与祖师西来意合处”

佛果和尚因思量五祖之言,遂云:“这老和尚未肯我,决有长处。”乃再回五祖,祖见来,便令维那挂搭,请充侍者。方得半月,祖令往罗源山下檀越家致祭。偶西蜀陈提刑爱参禅,来辞五祖,且目望和尚于佛法径捷处指示,庶几归乡,早晚参究。祖云:“提刑曾读《小艳诗》么?”云:“后生时不识好恶,亦曾读来。”祖云:“诗中大有与祖师西来意合处。”②遂举“‘频呼小玉元无事,只要檀

---

① 法演生平事迹,见《法演禅师语录序》《五灯会元》卷十九、《联灯会要》卷十六、《释氏稽古略》卷四。

② 《小艳诗》:“一段风光画不成,洞房深处恼愁情。频呼小玉元无事,只要植郎认得声。”在中国古代,由于封建礼教的束缚,虽是新婚夫妇,白天在一起的机会也不多。在这种礼教习俗之下,新嫁娘独自守在房,心情寂寞。她盼望丈夫回到房中来,因而想出了一个巧妙的能够引起丈夫注意的方法,即不断地呼喊丫鬟小玉做这做那。其目的是想引起夫婿的注意,回到自己身边来。参见皮朝纲:《禅宗美学史稿》第十章《圆悟克勤的禅学与美学思想》,电子科技大学出版社 1994 年版,第 183—185 页。

郎认得声’作么生会?”陈应喏云:“会也会也,只管认声。”祖云:“不是这个道理,你只认声去!”得两日,佛果和尚归来,闻得,遂请问其事。祖云:“他惑杀聪明,却来问老僧径捷做工夫处,老僧因举《小艳诗》‘频呼小玉’话,你要会么?如人家有不良人,与外人私通,乃频频呼小玉,意不在小玉上,正要外人认得声而已①。提刑只管唱喏,一向认声。”佛果和尚便晓得,却问云:“不得认声,又作么生?”祖云:“如何是祖师西来意?庭前栢树子!”佛果当下豁然契悟。出到法堂上,正在思量拟议间,蓦闻鸡啼,方会亦不是声,始打破漆桶②,快活自在。急将香合上方丈,祖云:“正与你说话,如何却抽身出去?”佛果云:“频呼小玉元无事,只要檀郎认得声。”五祖便向这里与他下钳锤。(《正禅人请普说》)

① 在《圆悟佛果禅师语录》《大慧普觉禅师宗门武库》等禅宗典籍中,法演举:《小艳诗》,都是以学人为新郎(檀郎),而在此文本中,则以学人为“外人”(外遇人)。

② 漆桶:指愚昧昏暗不悟者,其心中、眼前一片漆黑,如漆桶然。《云门匡真禅师广录》卷二:“举,盘山云:‘光境俱忘,复是何物?’师云:‘东海里藏身,须弥山上走马。’复以拄杖打床一下。大众眼目定动。乃拈拄杖趁散云:‘将谓灵利。者漆桶!”(《大正藏》第47册,第1988号,第554页下)

道 潜

道潜(1043—?),北宋云门宗僧。本名昙潜,苏轼改名道潜,号参寥子。于潜(今属浙江临安)人,俗姓何。大觉怀琏之法嗣。为神宗、哲宗、徽宗期间的诗僧,通内外典。能文章,工书法,尤喜为诗,与苏轼、秦观游。其诗学陶渊明又似储光羲,而更锻炼刻全。宋吴可评其"风流酝藉,诸诗僧皆不及"①。苏轼以书告文同云:"其诗句清绝,可与林逋相上下。"②其诗雅淡真率,上欲窥陶白,而下有雁行苏黄句,雅不乐与宋人同烟火。有《参寥子集》十二卷传世。世寿不详,一说崇宁五年(1106)入寂。生前哲宗赐"妙总禅师"之号③。

道潜赞赏那些具有"俊逸""优游""清妍"等风格的诗篇,它们正如"霜鸥露鹄元非俗,雪竹风松本自清",雅而不俗,清新自然。

本书所录文字,据道潜《参寥集》《禅门逸书初编》第3册,109号。

一、"俊逸固宜凌鲍照,优游真已逼渊明"

六载南宫何所营,百篇翻复见高情。霜鸥露鹄元非俗,雪竹风松本自清。

① 吴可:《藏海诗话》《历代诗话续编》,中华书局1983年版,第337页。

② 苏轼:《与文与可九》《全宋文》第89册,上海辞书出版社、安徽教育出版社2006年版,第62页。

③ 道潜生平事迹,见陈师道:《后山集》卷十三《送参寥序》、陈师道:《参寥集序》(《参寥子集》卷首)、苏过:《斜川集》卷五《送参寥道人南归序》、明复:《参寥集解题》《释氏稽古略》卷四。

俊逸固宜凌鲍照①,优游真已逼渊明②。征言会有知君者,漫拟钟嵘③试一评。(《览黄子理诗卷》)

水石追摩诘④,风骚类小山⑤。每来窥二妙,恋恋欲忘还。巉绝千峰玉,清妍⑥五字诗。胸中盘爽气,彷佛几人知。(《观宗室赵明发使君所画访戴图并二小诗因次其韵》)

---

① 俊逸固宜凌鲍照:杜甫《春日忆李白》:"白也诗无敌,飘然思不群。清新庾开府,俊逸鲍参军。"(清·仇兆鳌注:《杜诗详注》卷一,中华书局1979年版,第52页)"飘逸"乃中国古代诗学概念,指卓然不群,飘然洒脱的风貌,"俊逸"更是加重形容其美好程度。

② 优游真已逼渊明:"优游"指"优游不迫",系中国古代诗学概念,其风格特点接近于后人所说的阴柔之美,表现为含蓄蕴藉,意在言外、娴雅从容地吟咏性情。陶明濬:《诗说杂记》卷七解释说:"……优游不迫者即陶、韦(应物)一体,从容闲适,举动自如。"(郭绍虞:《沧浪诗话校释》,人民文学出版社1983年版,第9页)。

③ 钟嵘:(约468—约518)南朝文学理论家。字仲伟。颍川长社(今河南长葛东北)人。出生士族。好学有思理。齐时官至司徒行参军。入梁历任临川王行参军、衡阳王、晋安王记室,世称"钟记室"。所著《诗品》品评自汉至梁一百多名诗人,约成书于梁武帝时,为我国现存最早的诗论专著。清章学诚称其为"思深而意远"(清·章学诚:《文史通义·诗话》《文史通义校注》叶瑛校注,中华书局1983年版,第559页)生平事迹见《梁书》卷四九、《南史》卷七二。

④ 水石追摩诘:王维(701—761或698—759),祖籍祁(今山西太原)人。唐玄宗开元九年中进士,累官至给事中,后官至尚书右丞。王维诗、书、画皆有很高的造诣,为诗常冶禅、诗情、画笔为一炉,苏轼称为"味摩诘之诗,诗中有画;观摩诘之画,画中有诗。"(宋·苏轼:《书摩诘南田烟雨图》,孔凡礼点校《苏轼文集》卷七十,中华书局1986年版,第2209页)

⑤ 风骚类小山:宋代词人晏几道(约1030—1106),字叔原,号小山,晏殊第七子。抚州临川(今属江西)人。为人真率疏放,清高孤独介,故落拓一生。早岁流连酒席歌舞间,以词谴怀,常常作词付女伶演唱。后家道中落,故词多追怀往昔,不胜今昔盛衰之感,低回婉转,凄楚诚挚。词体多用小令,于慢词、铺叙日盛之时,独能守《花间》传统,故陈振孙曰:"其词在诸名胜中,独可追逼'花间',高处或过之。"(宋·陈振孙撰,徐小蛮、顾美华点校:《直斋书录题解》,上海古籍出版社1987年版,第618页)生平事迹见《小山词》自序。

⑥ 清妍:是指清新妍媚之风格,表现为秀美、柔美的审美特征。清新,常指清丽新颖的艺术风格。杨慎《清新庾开府》解释"清新":"清者,流丽而不浊滞;新者,创见而不陈腐也。"(杨慎:《升庵诗话》卷九,《历代诗话续编》,中华书局1983年版,第814页)妍媚,乃指妍美流便、婉媚绰约的艺术风格。唐窦蒙曰:"妍,逶迤并行曰妍。媚,意居形外曰媚。"(窦蒙:《述书赋·语例字格》,上海书画出版社、华东师范大学古籍整理研究室选编:《历代书法论文选》上册,上海书画出版社1979年版,第267页)

二、“淳源稽大雅，妙曲和阳春”

蜀国奇男子，能文到古人。淳源稽大雅①，妙曲和阳春②。节物惊摇落，僧坊断四邻。看君新著述，时与短檠亲。（《读子苍诗卷二首》）

吾乡英秀颇能文，子复区区慕《碧云》③。请用三多④为祖式，他时自与古人群。（《观泰师诗书以二绝勉之》之一）

---

① 大雅：《诗经》的组成部分之一，共三十一篇。多为反映西周王室重大措施或事件、歌颂后稷以至武王功业的作品。

② 阳春：刘向《新序》卷一曰：“客有歌于郢中者，其始曰《下里巴人》，国中属而和者数千人；其为《阳陵采薇》，国中属而和者数百人；其为《阳春》《白雪》，国中属而和者数十人而已也；引商刻角，杂以流徵，国中属而和者，不过数人，是其曲弥高者，其和弥寡。”（刘向：《新序》，影印文渊阁四库全书，第696册，第193页下—194页上）

③ 碧云：参见本书《皎然》“碧云”注。

④ 三多：指亲近善友、听闻法音、修不净观。又多供养佛，多事善友，多问法要。《四教仪集解》：“《长阿含》云：三多成就：一近善友；二闻法音；三恶露观。《大般若》云：多供养佛，多事善友，于多佛所请问法要。”（见《四教仪集解》卷二，《新编卍续藏》第57册，第976号，第574页中）

圆悟克勤

克勤(1063—1135 年),宋临济宗杨岐派僧。字无著,号佛果。彭州崇宁(四川省崇宁县)人,俗姓骆。五祖法演法嗣。高宗赐号圆悟。寂后谥真觉禅师①。其著作《碧岩录》享有盛名。克勤大力宣传和推广了文字禅,他的名著《碧岩录》②在中国禅宗史上占有十分重要的地位,它标志着中国禅宗史发展到一个新的阶段,对南宗禅美学补充了新的内容。

克勤指出颂古是“绕路说禅”,而“绕路说禅”是颂古诗的本质特征,是颂古诗的创作原则,这是按照禅不可言说(“禅绝名理”)、禅“不可说破”、只能采用“遮诠”的方法等禅学要求,以及对颂古诗创作经验的总结概括所提炼出来的诗学主张。所谓“颂古”,是指以偈颂(诗)的形式表达对公案中禅心的领悟;而克勤《碧岩录》的“评唱”,则是指对公案、雪窦重显的颂古诗再度进行较为通俗细致的诠释、描述与评说,借以显示公案之禅心的落脚处。因此,克勤对颂古诗的“评唱”展示了雪窦颂古诗是如何绕路说禅的,雪窦是如何表达自己对公案之禅心的领悟的,应如何去探寻雪窦颂古诗中所表达的对公案禅心的领悟的落脚处。克勤高度评价雪窦“他更会文章,透得公案,盘礡得熟,方可下笔”(《碧岩录》第 4 则“评唱”),“雪窦偏会下注脚”,“雪窦知他(公案)落处,所以如此颂”,雪窦“为尔通一线路”,常常为学人“略露些子锋铓”“略露些风规”;他也提醒学人,雪窦诗的“言中有响,句里呈机”,须“参活句,不参死句”,“须是个个自参自究、自悟自会始得”。

佛鉴懃的颂诗(“彩云影里神仙现”)是绕路说禅的典型,克勤指出此颂诗对品鉴、领悟“佛祖机缘”“皆用得着”。这一概括,具有方法论的意义。他高

① 克勤生平事迹,见《嘉泰普灯录》卷一一、《五灯会元》卷一九、《佛祖纲目》卷三七。

② 对《碧岩录》的注释、讲解,可参阅尚之煜校注《碧岩录》,中州古籍出版社 2011 年版;冯学成:《鸟衔花落碧岩前:〈碧岩录〉十五则讲记》,南方日报出版社 2013 年版。

度评价船子德诚之颂诗“最为深妙”。

他明确提出，领会佛法，绝不能从纸墨中寻求，“但向己求勿从它觅”，因为“此段大缘人人具足”，若企图从语言文字中去寻觅，则会走入歧途，因为“形纸墨涉言诠作路布，转更悬远”。

本书所录文字，据《圆悟佛果禅师语录》《碧岩录》《禅宗语录辑要》；《雪堂行拾遗录》《卍续藏经》（新编）第142册；《佛果击节录》《卍续藏经》（新编）第117册。

一、“绕路说禅”

雪窦颂古：圣谛廓然，（箭过新罗。咦！）何当辨的？（过也。有什么难辨？）对朕者谁，（再来不直半文钱。又恁么去也？）还云“不识”？（三个四个中也。咄！）因兹暗渡江，（穿人鼻孔不得，却被别人穿。苍天苍天，好不大丈夫！）岂免生荆棘？（脚跟下已深数丈。）阖国人追不再来，（两重公案。用追作么？在什么处？大丈夫志气何在！）千古万古空相忆。（换手槌胸，望空启告。）休相忆，（道什么？向鬼窟里作活计。）清风匝地有何极？（果然大小雪窦向草里辊。）师顾视左右云：“这里还有祖师么？”（尔待番款，那犹作这去就。）自云：“有！（塌萨阿劳。）唤来与老僧洗脚！”（更与三十棒赶出也未为分外。作这去就犹较些子。）

圆悟评唱：且据雪窦①颂此公案，一似善舞太阿剑相似，向虚空中盘礴，自然不犯锋铓。若是无这般手段，才拈着便见伤锋犯手。若是具眼者，看他一拈一掇，一褒一贬，只用四句，揩定一则公案。大凡颂古，只是绕路说禅②，拈古大纲，据欸结案而已。雪窦与他一拶，劈头便道：“圣谛廓然，何当辨的？”雪窦于他初句下着这一句，不妨奇特。且道毕竟作么生辨的？直饶铁眼铜睛，也摸

① 雪窦：参见本书《雪窦重显》小传。

② “绕路说禅”，就是不直接揭示禅义，也就是“不说破”，而是绕着弯子去说它。可参见周裕锴：《禅宗语言》下编第二章《绕路说禅：禅语的隐晦性》，浙江人民出版社1999年版；周裕锴：《文字禅与宋代诗学》第四章第三节《绕路说禅：从禅的阐释到诗的表达》，高等教育出版社1998年版。

索不着。到这里,以情识卜度得吗?所以云门道:如击石火,似闪电光。这个些子,不落心机意识情想,等尔开口,堪作什么?计较生时,鹞子过新罗。雪窦道:尔天下衲僧,何当辨的?对朕者谁,着个还云不识?此是雪窦忒杀老婆,重重为人处。且道,"廓然"与"不识",是一般两般?若是了底人分上,不言而喻,若是未了底人,决定打作两橛。诸方寻常皆道,雪窦重拈一遍,殊不知四句颂尽公案了。

后为慈悲之故,颂出事迹:"因兹暗渡江,岂免生荆棘?"达摩本来兹土,与人解黏去缚,抽钉拔楔,铲除荆棘,因何却道生荆棘?非止当时,诸人即今脚跟下,已深数丈。"阖国人追不再来,千古万古空相忆。"可杀不丈夫。且道达摩在什么处?若见达摩,便见雪窦末后为人处。雪窦恐怕人逐情见,所以拨转关捩子,出自己见解云:"休相忆,清风匝地有何极?"既"休相忆",尔脚跟下事又作么生?雪窦道:即今个里匝地清风,天上天下有何所极?雪窦拈千古万古之事,抛向面前。非止雪窦当时"有何极",尔诸人分上亦"有何极"!

他又怕人执在这里,再著方便高声云"这里还有祖师么",自云"有"。雪窦到这里,不妨为人赤心片片。又自云:"唤来与老僧洗脚!"太杀减人威光,当时也好与本分手脚①。且道雪窦意在什么处?到这里,唤作驴则是?唤作马则是?唤作祖师则是?如何名邈?往往唤作雪窦使祖师去也,且喜没交涉。且道毕竟作么生?只许老胡知,不许老胡会。(《碧岩录》第 1 则"评唱")

二、"参活句,不参死句"

雪窦颂古:活中有眼还同死?(两不相知,翻来覆去。若不蕴藉,争辨得这汉缁素?)药忌何须鉴作家。(若不验过,争辨端的?遇着试与一鉴又且何妨?也要问过。)古佛尚言会未到,(赖是有伴。千圣也不传,山僧亦不知。)不知谁解撒尘沙。(即今也不少。开眼也著,合眼也著。阇黎恁么举,落在什

① 本分手脚:亦称本分手段,指禅门宗匠着眼于本分大事而采取的引导学人明心见性的手段。大慧杲云:"赵州云:'若教老僧随伊根机接人,自有三乘十二分教,接他了也。老僧这里只以本分事接人,若接不得,自是学者根性迟钝,不干老僧事。思之思之。'"(大慧杲:《答鼓山逮长老》,《大慧普觉禅师语录》卷三十,《大正藏》第 47 册,第 1998 号,第 942 页下)

么处?)

圆悟评唱:"活中有眼还同死",雪窦是知有底人。所以敢颂。古人道:他参活句,不参死句[①]。雪窦道:活中有眼还同于死汉相似,何曾死?死中,具眼如同活人。古人道:杀尽死人方见活人,活尽死人方见死人。赵州是活底人,故作死问验取投子,如药性所忌之物,故将去试验相似。所以雪窦道:"药忌何须鉴作家。"此颂赵州问处,后面颂投子。

"古佛尚言曾未到",只这大死底人[②]却活处,古佛亦不曾到,天下老和尚亦不曾到,任是释迦老子、碧眼胡僧也须再参始得。所以道:只许老胡知,不许老胡会。雪窦道:"不知谁解撒尘沙。"不见僧问长庆:"如何是善知识眼?"庆云:"有愿不撒沙。"保福云:"不可更撒也。"[③]天下老和尚据曲录木床上,行棒行喝、竖拂敲床,现神通,作主宰,尽是撒沙。且道如何免得?(《碧岩录》第41则"评唱")

三、"雪窦偏会下注脚"

雪窦颂古:兔马有角,(斩!可杀奇特,可杀新鲜!)牛羊无角。(斩!成什么模样?瞒别人即得。)绝毫绝厘,(天上天下,唯我独尊,尔向什么处摸索?)如山如岳。(在什么处?平地起波澜。著尔鼻孔。)黄金灵骨今犹在,(截却舌头,塞却咽喉。拈向一边,只恐无人识得伊。)白浪滔天何处著?(放过一著。脚跟下蹉过,眼里耳里著不得。)无处著,(果然却较些子,果然没溺深坑。)只履西归曾失却。(祖祢不了,累及儿孙。打云:为什么却在这里!)

---

① 参活句,不参死句:活句与死句,又称活语死语。活用之句,称活句;不活用之句,称死句。活句,系超越分别的灵妙之句。宋慧洪之:《林间录》卷上举出洞山初禅师之语:"语中有语,名为死句;语中无语,名为活句。"(《卍续藏经》(新编)第148册,第597页下)

② 大死底人:乃指修持者在修定中,已经达到了妄念不生,甚至是内无身心、外无世界等境地。"赵州问投子:'大死底人却活时如何?'投子云:'不许夜行投明须到。'"(《大慧普觉禅师语录》卷十,《大正藏》第47册,第1998号,第851页中)

③ 事见《明觉禅师语录》卷一:"僧问长庆:'如何是正法眼?'庆云:'有愿不撒沙。'保福云:'不可更撒也!'"(《大正藏》第47册,第1996号,第672页上)

圆悟评唱:雪窦偏会下注脚,他是云门下儿孙,凡一句中具三句底钳锤①,向难道处道破,向拨不开处拨开,去他紧要处颂出,直道"兔马有角,牛羊无角"。且道兔马为什么有角?牛羊为什么却无角?若透得前话,始知雪窦有为人处。有者错会道:不道便是道,无句是有句;兔马无角,却云有角,牛羊有角,却云无角。且得没交涉。殊不知,古人千变万化,现如此神通,只为打破尔这精灵鬼窟。若透得去,不消一个"了"字。"兔马有角,牛羊无角。绝毫绝氂,如山如岳。"这四句,似摩尼宝珠一颗相似,雪窦浑沦地吐在尔面前了也。末后皆是据款结案:"黄金灵骨今犹在,白浪滔天何处著?"此颂石霜与太原孚语。为什么"无处著,只履西归曾失却"?灵龟曳尾,此是雪窦转身为人处。古人道:他参活句,不参死句。既是失却,他一火为什么却竞头争?(《碧岩录》第55则评唱)

四、"为尔通一线路""略露些风规"

牛头没,(闪电相似,蹉过了也。)马头回,(如击石火。)曹溪镜里绝尘埃。(打破镜来与尔相见。须是打破始得。)打鼓看来君不见,(刺破尔眼睛,莫轻易好。漆桶!有什么难见处?)百花春至为谁开?(法不相饶,一场狼籍,葛藤窟里出头来。)

圆悟评唱:雪窦自然见他古人,只消去他命脉上一扎,与他颂出:"牛头没,马头回。"且道说个什么?见得透底,如早朝吃粥斋时吃饭相似,只是寻常。雪窦慈悲,当头一锤击碎,一句截断,只是不妨孤峻,如击石火,似闪电光,不露锋铓,无尔凑泊处。且道向意根下摸索得么?此两句一时道尽了也。雪

---

① 一句中具三句底钳锤:指一句中具备了"云门三句"的作用。"云门三句":指"函盖乾坤""截断众流"和"随波逐浪"三句,是对云门宗尤其是该宗开山祖师文偃的禅法思想和教学方法的重要概括。"函盖乾坤"指真如佛性处处存在,万事万物都是真如妙体;"截断众流"指斩断语路意路,驱除分别妄念的机用;"随波逐浪"谓应机接物,依据学人不同根器采用不同的接引手段。此三句是由文偃的弟子德山缘密综合其师的教说加以概括提出的。(《鼎州德山缘密圆明禅师》《五灯会元》《卍续藏经》(新编)第138册,第561页下)

窦第三句,却通一线道,略露些风规①,早是落草。第四句,直下更是落草。若向言上生言,句上生句,意上生意,作解作会,不唯带累老僧,亦乃辜负雪窦。古人句虽如此,意不如此,终不作道理系缚人。(《碧岩录》第5则“评唱”)

雪窦颂古:尽大地是药,(教谁辨的?撒沙撒土,架高处著。)古今何太错!(言中有响,一笔勾下。咄!)闭门不造车,(大小雪窦为众竭力,祸出私门。坦荡不挂一丝毫,阿谁有闲工夫,向鬼窟里作活计?)通途自寥廓。(脚下便入草,上马见路,信手拈来,不妨奇特。)错错!(双剑倚空飞,一箭落双雕。)鼻孔辽天亦穿却。(头落也。打云:穿却了也!)

圆悟评唱:“尽大地是药,古今何太错!”尔若唤作药会,自古自今,一时错了也。雪窦云:“有般汉不解截断太梅脚跟,只管道贪程太速。”他解截云门脚跟,为云门这一句惑乱天下人。云门云:“拄杖子是浪,许尔七纵八横;尽大地是浪,看尔头出头没。”“闭门不造车,通途自寥廓。”雪窦道为尔通一线路:尔若闭门造车,出门合辙,济个甚事?我这里闭门也不造车,出门自然寥廓。他这里略露些子缝罅教人见,又连忙却道:“错错!”前头也错,后头也错,谁知雪窦开一线路也是错!既然“鼻孔辽天”,为什么也“穿却”?要会么?且参三十年!尔有拄杖子,我与尔拄杖子,尔若无拄杖子,不免被人穿却鼻孔。(《碧岩录》第87则“评唱”)

雪窦颂古:藏头白,海头黑,(半合半开,一手抬一手搦。金声玉振。)明眼衲僧会不得。(更行脚三十年。终是被人穿却尔鼻孔,山僧故是口似匾檐。)马驹踏杀天下人,(丛林中也须是这老汉始得。放出这老汉。)临济未是白拈贼。(癞儿牵伴,直饶好手,也被人捉了也。)离四句,绝百非,(道什么?也须是自点检看。阿爷似阿爹。)天上人间唯我知。(用我作什么?夺却拄杖子。或若无人无我无得无失,将什么知?)

圆悟评唱:“藏头白,海头黑”,且道意作么生?这些子,“天下衲僧跳不出”。看他雪窦,后面合杀得好,道直饶是明眼衲僧也会不得。这个些子消

① 通一线路,露些风规:克勤指出,雪窦颂古诗的表现方法之一,就是“却通一线道,略露些风规”“为尔通一线路”“略露些子缝罅”“略露些子锋铓”,即是略略透露一些风光法度,略略泄露一些禅心信息,略略暗示一些体味禅心的门路,以启发、引导学人去领会颂古诗所表达的对公案禅心的领悟。

息,谓之神仙秘诀父子不传。释迦老子说一代时教,末后单传心印,唤作金刚王宝剑,唤作正位,恁么葛藤,早是事不获已。古人略露些子锋铓,若是透得底人,便乃七穿八穴,得大自在;若透不得,从前无悟入处,转说转远也。(《碧岩录》第73则“评唱”)

五、“雪窦知他落处,所以如此颂”

雪窦颂古:江国春风吹不起,尽大地那里得这消息?文采已彰。鹧鸪啼在深花里?喃喃何用?又被风吹别调中。岂有恁么事?三级浪高鱼化龙,通这一路,莫谩大众好。踏著龙头。痴人犹戽夜塘水。扶篱摸壁,挨门傍户,衲僧有什么用处?守株待兔。

圆悟评唱:雪窦是作家,于古人难咬难嚼、难透难见、节角诮讹处,颂出教人见,不妨奇特。雪窦识得法眼关棙子,又知慧超落处①,更恐后人向法眼言句下错作解会,所以颂出。这僧如此问、法眼如是答,便是“江国春风吹不起,鹧鸪啼在深花里”。此两句只是一句,且道雪窦意在什么处?江西、江南多作两般解会道:“江国春风吹不起”,用颂“汝是慧超”。只这个消息,直饶江国春风也吹不起。“鹧鸪啼在深花里”,用颂诸方商量这话浩浩地,似鹧鸪啼在深花里相似。有什么交涉?殊不知,雪窦这两句只是一句,要得无缝无罅,明明向汝道:言也端,语也端,盖天盖地。他问:“如何是佛?”法眼云:“汝是慧超!”雪窦道:“江国春风吹不起,鹧鸪啼在深花里。”向这里荐得去,可以丹霄独步;尔若作情解。三生六十劫。

雪窦第三、第四句忒杀伤慈,为人一时说破:超禅师当下大悟处,如“三级

① 知落处:克勤多次指出,赏评颂古诗,必须要探寻禅家对公案禅心的领悟是如何表现的,其表现又落脚在哪里?此则雪窦颂古,是颂“汝是慧超”公案:《金陵清凉院文益禅师语录》卷一载:“归宗玄策禅师,曹州人,初名慧超。谒师问云:‘慧超咨和尚,如何是佛?’师云:‘汝是慧超?’超从此悟入。”(《大正藏》第47册,第1991册,第591页下)此则公案之旨,在于说明自性是佛,回归本心即入佛境,无须心外求佛。雪窦之颂古诗,绕路说禅,表达了他对此公案的禅心的领悟。“江国春风吹不起”两句,是用江南春天之如画美景,比喻象征那烦恼脱尽、一切现成的禅悟境界。“鹧鸪啼”这一审美意象,禅宗常用以象征万法平等、触目菩提的大全境界。而“三级浪高鱼化龙”两句,则是以鲤鱼跃过龙门化龙而去,比喻慧超已于法眼言下,回归本心而大悟;以痴人夜戽塘水而求鱼,比喻禅人咬言嚼句,误以佛法在法眼言句之中的愚钝。

浪高鱼化龙①，痴人犹戽夜塘水②”。禹门三级浪，孟津即是龙门，禹帝凿为三级。今三月三，桃花开时，天地所感，有鱼透得龙门。头上生角，昂鬃鬣尾，拿云而去，跳不得者点额而回。痴人向言下咬嚼，似戽夜塘之水求鱼相似，殊不知，鱼已化为龙也。端师翁有颂云：“一文大光钱，买得个油糍。吃向肚里了，当下不闻饥。”此颂极好，只是太拙。雪窦颂得极巧，不伤锋犯手。（《碧岩录》第7则“评唱”）

雪窦颂古：出草入草，头上漫漫，脚下漫漫。半开半合。他也恁么，我也恁么。谁解寻讨？顶门具一只眼，阇黎不解寻讨。白云重重，千重百匝，头上安头。红日杲杲。破也。瞎，举眼即错。左顾无瑕，瞎汉。依前无事，尔作许多伎俩作什么？右盼已老。一念万年过。君不见，寒山子，癞儿牵伴。行太早，也不早。十年归不得，即今在什么处？灼然。忘却来时道。渠侬得自由，放过一著。便打。莫做这忘前失后好。

圆悟评唱：“出草入草，谁解寻讨？”雪窦却知他落处，到这里一手抬，一手搦，“白云重重，红日杲杲”，大似“草茸茸，烟幂幂”。到这里无一丝毫属凡，无一丝毫属圣，遍界不曾藏，一一盖覆不得。所谓无心境界，寒不闻寒，热不闻热，都卢是个大解脱门。（《碧岩录》第34则“评唱”）

雪窦颂古：至道无难，（三重公案。满口含霜，道什么？）言端语端。（鱼行水浊。七花八裂，搽胡也。）一有多种，（分开好，只一般，有什么了期？）二无两般。（何堪四五六七，打葛藤作什么？）天际日上月下，（觌面相呈。头上漫漫，脚下漫漫，切忌昂头低头。）槛前山深水寒。（一死更不再活，还觉寒毛卓竖么？）髑髅识尽喜何立？（棺木里瞠眼，卢行者是它同参。）枯木龙吟销未干。（咄！枯木再生花，达摩游东土。）难难！（邪法难扶。倒一说，这里是什么所在，说难说易？）拣择明白君自看。（瞎！将谓由别人，赖值自看。不干山僧事。）

圆悟评唱：雪窦知他落处，所以如此颂，“至道无难”，便随后道“言端语端”。举一隅不以三隅反。雪窦道：“一有多种，二无两般。”似三隅反一。尔且道什么处是言端语端处？为什么一却有多种，二却无两般？若不具眼，向什

① 三级浪高鱼化龙：见本书上编第二章“三级浪高鱼化龙”注。

② 夜塘水：见本书上编第二章“夜塘水”注。

么处摸索？若透得这两句，所以古人道打成一片，依旧见山是山，水是水，长是长，短是短，天是天，地是地；有时唤天作地，有时唤地作天，有时唤山不是山，唤水不是水。毕竟怎生得平稳去？风来树动，浪起船高。春生夏长，秋收冬藏。一种平怀，泯然自尽，则此四句颂顿绝了也。雪窦有余才，所以分开结裹算来也只是头上安头道："至道无难，言端语端。一有多种，二无两般。"虽无许多事，天际日上时月便下，槛前山深时水便寒。到这里，言也端，语也端，头头是道，物物全真，岂不是心境俱忘，打成一片处？雪窦头上太孤峻生，末后也漏逗不少。若参得透，见得彻，自然如醍醐上味相似；若是情解未忘，便见七花八裂，决定不能会如此说。"髑髅识尽喜何立，枯木龙吟销未干。"只这便是交加处。（《碧岩录》第2则"评唱"）

雪窦颂古：六识无功伸一问，（有眼如盲，有耳如聋；明镜当台，明珠在掌。一句道尽。）作家曾共辨来端。（何必也要辨个缁素？唯证乃知。）茫茫急水打球子，（始终一贯。过也，道什么？）落处不停谁解看？（看即瞎。过也，滩下接取。）

圆悟评唱："六识无功伸一问"，古人学道养到这里，谓之无功之功。与婴儿一般，虽有眼耳鼻舌身意，而不能分别六尘，盖无功用也。既到这般田地，便乃降龙伏虎，坐脱立亡。如今人，但将目前万境一时歇却，何必八地以上①方乃如是。虽然无功用处，依旧山是山水是水。雪窦前面颂云"活中有眼还同死，药忌何须鉴作家"，盖为赵州、投子是作家，故云"作家曾共辨来端"。"茫茫急水打球子"，投子道："念念不停流。"诸人还知落处么？雪窦末后教人自著眼看，是故云："落处不停谁解看？"此是雪窦活句，且道落在什么处？（《碧岩录》第80则颂"评唱"）

六、"言中有响句里呈机"

雪窦颂古：钵里饭，桶里水，（露也。撒沙撒土作什么？漱口三年始得。）

① 八地以上：地，大乘菩萨道的修行阶位。大地能生长万物，故佛典中常以"地"来形容能生长功德的菩萨行。大乘菩萨道的修行阶位有"十地"，即指十个菩萨行的重要阶位。参见释一如：《三藏法数》，浙江古籍出版社1991年版，第447页上—中。

多口阿师难下嘴。(缩却舌头。识法者惧,为什么却恁么举?)北斗南星位不殊,(唤东作西作什么?坐立俨然,长者长法身,短者短法身。)白浪滔天平地起。(脚下深数丈。宾主互换。蓦然在尔头上,尔又作么生?打!)拟不拟(苍天苍天!咄!)止不止,(说什么?更添怨苦。)个个无裩长者子。(郎当不少,傍观者哂。)

圆悟评唱:雪窦前面颂云门"对一说"道:"对一说,太孤绝,无孔铁锤重下楔。"后面又颂马祖"离四句,绝百非"①话道:"藏头白,海头黑,明眼衲僧会不得。"若于此公案透得,便见这个颂。

雪窦当头便道:"钵里饭,桶里水。"言中有响,句里呈机②。"多口阿师难下嘴",随后便与尔下注脚也,尔若向这里要求玄妙道理计较,转难下嘴。雪窦只到这里也得,他爱恁么头上先把定,恐众中有具眼者觑破也。

到后面须放过一著,俯为初机,打开颂出教人见:北斗依旧在北,南星依旧只在南。所以道:"北斗南星位不殊,白浪滔天平地起"。忽然平地上起波澜,又作么生?若向事上觑则易,若向意根下寻,卒摸索不著。这个如铁橛子相似,摆拨不得,插嘴不得。

尔若拟议,欲会而不会,止而不止,乱呈懞袋,正是"个个无裈长者子"。寒山诗道:"六极常婴苦,九维徒自论。有才遗草泽,无势闭蓬门。日上岩犹暗,烟消谷尚昏。其中长者子,个个总无裈。"③(《碧岩录》第50则"评唱")

---

① 离四句,绝百非:所谓"离四句绝百非",即是"不说有,不说无,不说非有非无,不说亦有亦无。何也?离四句,绝百非。"(《禅宗正脉》卷八《天宫徽禅师》《卍新纂续藏经》第85册,第1593号,第510页上)意谓超离、摒除一切区别妄心和语言形式。(参见袁宾主编:《禅宗词典》,湖北人民出版社1994年版,第474页)

② 言中有响,句里呈机:即话中有话,言句里呈现出机锋。《宗鉴法林》卷六十七载:"用彰俊(禅师)云:'可谓言中有响,句里呈机。'"(《卍续藏经》(新编)第116册,第845页下)

③ 寒山诗:《六极常婴苦》:见项楚《寒山诗注》,第81页。"无裩"即"无裤",形容极贫。《世说新语·德行》:"(范)宣洁行廉约,韩豫章遗绢百匹,不受;减五十匹,复不受;如是减半,遂至一匹,既终不受,韩后与范共载,就车中裂二丈与范云:'人宁可使妇无裈邪?范笑而受之'。""其中长者子,个个总无裈",典出《太平御览》卷四八五引《桓阶别传》云:"阶贫俭,文帝尝幸其第,见诸子无裈,文帝抟手笑曰:'长者子无裈。'乃抱与同乘。是日拜二子为郎,使黄门赍衣三十囊赐曰:'卿儿能趋,可以裈矣。'"(参见项楚:《寒山诗注》,中华书局2000年版,第83—84页)

七、“须是个个自参自究、自悟自会始得”

雪窦颂古:机轮曾未转,(在这里,果然不动一丝毫。)转必两头走。(不落有,必落无,不东则西。左眼半斤,右眼八两。)明镜忽临台,(还见释迦老子么?一拨便转,破也破也!败也败也!)当下分妍丑。(尽大地是个解脱门。好与三十棒。还见释迦老子么?)妍丑分兮迷云开,(放一线道,许尔有个转身处。争奈只是个外道!)慈门何处生尘埃!(遍界不曾藏。退后退后,达摩来也!)因思良马窥鞭影,(我有拄杖子,不消尔与我。且道什么处是鞭影处?什么处是良马处?)千里追风唤得回。(骑佛殿出三门去也。转身即错,放过即不可,便打。)唤得回,鸣指三下。(前不构村,后不迭店,拗折拄杖子,向什么处去?雪窦雷声甚大,雨点全无。)

圆悟评唱:“机轮曾未转,转必两头走。”“机”乃千圣灵机,“轮”是从本已来诸人命脉。不见古人道:“千圣灵机不易亲,龙生龙子莫因循。赵州夺得连城璧,秦王相如总丧身。”外道却是把得住、作得主,未尝动著。何故他道:“不问有言,不问无言”?岂不是全机处?世尊会看风使帆,应病与药,所以“良久”。全机提起。外道全体会去,机轮便阿辘辘地转,亦不转向有,亦不转向无,不落得失,不拘凡圣,二边一时坐断,世尊才“良久”,他便礼拜。如今人多落在无,不然落在有,只管在有、无处两头走。雪窦道:“明镜忽临台,当下分妍丑。”这个不曾动著,只消个“良久”,如明镜临台相似,万象不能逃其形质。外道云:“世尊大慈大悲,开我迷云,令我得入。”且道是什么处是外道入处?到这里,须是个个自参自究、自悟自会始得。便于一切处,行住坐卧,不问高低,一时现成,更不移易一丝毫;才作计较,有一丝毫道理,即碍塞杀人,更无入作分也。后面颂:“世尊大慈大悲,开我迷云,令我得入。”当下忽然分妍丑。“妍丑分兮迷云开,慈门何处生尘埃!”尽大地是世尊大慈大悲门户,尔若透得,不消一捏,此亦是放开底门户。不见世尊:“于三七日中,思惟如是事。我宁不说法,疾入于涅槃。”①“因思良马窥鞭影,千里追风唤得回。”追风之马,

① 见《妙法莲花经》卷一,《大正藏》第9册,第262号,第9页下。

见鞭影而便过千里,教回即回。雪窦意赏他道:若得俊流,方可一拨便转,一唤便回。若"唤得回,便鸣指三下",且道是点破是撒沙?(《碧岩录》第65则"评唱")

八、"形纸墨,涉言诠,作路布,转更悬远"

觌面相呈,实时分什了也。若是利根,一言契证,已早郎当。何况形纸墨,涉言诠,作路布①,转更悬远。然此段大缘,人人具足,但向己求,勿从它觅。(《示魏学士》)

九、"此颂,凡佛祖机缘,皆用得着也"

圆悟在五祖为座元,有僧请益风穴"语默涉离微②,如何通不犯"因缘。偶佛鉴③来,悟曰:"勤兄可为颂出,布施他。"鉴即颂曰:"彩云影里神仙现,手把红罗扇遮面。急须着眼看仙人,莫看仙人中手扇。"悟深喜之。后其僧看鉴语作此颂,颂《文殊起佛见·法见因缘》,乃问悟。悟曰:"渠此颂,凡佛祖机缘,皆用得着也。"④(《雪堂行拾遗录》)

---

① 露布:亦作"路布",在禅宗典籍中,系指言句、机缘语。《密庵和尚语录》:"截断露布葛藤,突出僧纳巴鼻。"(《大正藏》)第47册,第1999号,第967页)

② 离微:参见本书《雪窦重显》"离微"注。

③ 慧勤(1059—1117),宋僧。亦作惠勤,字佛鉴。舒州桐城(安徽桐城)人,俗姓江。试经得度。读《华严》有省。具戒后参太平法演,数年不印,欲他去,佛果克勤勉之,终于见悟,得受衣钵。继主舒州太平法席。法道大振。政和初,诏令住汴京智海。五年乞归,住建康蒋山。赐紫衣及徽号,世称佛鉴慧勤。事见《五灯会元》卷一九、《新续高僧传四集》卷一一、《统要续集》卷二一、《僧宝正续传》卷二。

④ 圆悟克勤在品评佛鉴勤的颂诗时,指出此颂对品鉴、领悟"佛祖机缘""皆用得着"。这一概括,具有方法论的意义。在他看来,一切"机缘"(包括公案、偈颂、棒喝、扬眉瞬目、一切语言文字),都像仙人手中的红罗扇一样,乃是一种工具、手段,参禅悟道,是必须"急须着眼看仙人",去领悟和把握自己的本来面目,切忌"莫看仙人中手扇"。因为"仙人"(本来面目)在"彩云影里"(如在"五蕴坑中")会时隐时现,而且还用"红罗扇"遮面。如果不掀开罗扇,不拨开彩云,是不会看清仙人的。

十、“唯此一颂最为深妙”

师云:船子和尚三颂,唯此一颂(辑录者按:指“千尺丝纶直下垂”)最为深妙。(《佛果击节录》第三十二则《船子丝纶》)

附　录

元人方回在《碧岩录序》中,指出禅宗“颂古”诗作者,“有深得吾诗家活法者”,克勤也是深得个中三昧的禅门诗学家。

“深得吾诗家活法”

自《四十二章经》入中国,始知有佛;自达摩至六祖传衣,始有言句。曰“本来无一物”为南宗一,曰“时时勤拂拭”为北宗,于是有禅宗“颂古”行世。其徒有翻案法,呵佛骂祖,无所不为;间有深得吾诗家活法者。然所谓第一义,焉用言句?雪窦、圆悟、老婆心切,大慧已一炬丙之矣。嵎中张炜明远,燃死灰,复板行,亦所谓老婆心切者欤?大德四年庚子四月初八日癸丑,紫阳山方回万里序。

惠　空

惠空,北宋僧。福州(今属福建)人,俗姓陈。居洪州翠岩广化。嗣法佛印元①。曾几指出其偈颂系援江西诗派篇章之法而成②。

惠空告诫人们不要痴迷于诗作,否则会堕入"苦海",顾恺之虽然"风流可尚",但他是以"痴为缘"耳。

本书所录文字,据《雪峰空和尚外集》《禅门逸书初编》第3册,第110号。

一、"愿言自信龟手药,无使小子讥便便"

先生词源真汹涌,已如鸣鹤闻于天。隋珠③却把暗投掷,但觉惊捧蛟盘圆。终须负鼎④于明主,况其致治如烹鲜⑤。伊尹⑥未聘独耕野,先生是以由

---

① 惠空事迹见《建中靖国续灯录》卷一一、《续传灯录》卷一〇、《五灯全书》卷三十五。

② 曾几评曰:"江西句法空公得,一向逃禅挽不回。深密伽陀妙天下,无人知道派中来。"(见《罗湖野录》卷二,《卍续藏经》(新编)第142册,第987页上—下。)指出雪峰空和尚之偈颂,系援江西诗派篇章之法而成,人们但服其深密,而不知其所自来。

③ 隋珠:即隋侯之珠。《史记》卷八十三《鲁仲连邹阳列传》:"故无因至前,虽出隋侯之珠,月光之璧,犹结怨而不见德。"(司马迁:《史记》,中华书局2013年版,第2986页)

④ 指的是伊尹背饭锅砧板见成汤并向其建言献策,汤重用伊尹,最终打败夏桀,成立商朝的事。见司马迁:《史记》卷三《殷本纪》。

⑤ 致治如烹鲜:《道德经》第六十章云:"治大国,若烹小鲜。"(王弼:《道德经注》《王弼集校释》上册,中华书局1980年版,第157页)

⑥ 伊尹:商汤大臣,名伊,一名挚,尹是官名。相传生于伊水,故名,是汤妻陪嫁的奴隶,后助汤伐夏桀,汤去世后历佐卜丙、仲壬二王,太甲即位后,因荒淫失度,被伊尹放逐到桐宫,三年后迎其复位。参见《竹书纪年》上,郭沫若:《中国史稿》第二编第二章第一节。

居廛。古人投笔真不浅,为有妙伎非难捐。风流顾恺[1]虽可尚,要之无乃痴为缘。愿言自信龟手药[2],无使小子讥便便。(《才仲出示巨轴佳篇,复惠新诗,降叹不已,又似欲置人于苦海中,惟恐堕其计,而不免次韵奉呈》)

二、“莫生文字见,句句是日用”

公诗妙天下,当与天下共。我欲私藏之,奈此知者众。乃持海一滴,施作无尽供。莫生文字见,句句是日用。净名丈室中,熏炉亦冰雪。持供雪山僧,芦花与秋月。客有问法来,跨门或未瞥。爇尔怀中香,听此石友说。(《谢曾运使惠诗并石炉二首》)

寒山忍寒哦五字,不为世间瓜与瓠。寄庵续之则有馀,法灯[3]拟之不相似。拾得日暮趁牛归,丰干天明骑虎去。可怜辛苦油浇神,年年打供国清寺。(油浇神者,国清寺土地神也。)(《跋白鹿寄庵续寒山诗卷后》)

---

① 顾恺:顾恺之(348—409),字长康,小字虎头,晋陵无锡(今江苏焦溪)人,长于诗赋、书法,尤工绘画,精于人像、佛像、禽兽、山水等,时人称为三绝:画绝、文绝、痴绝。顾恺之作画,意在传神,其“迁想妙得”“以形写神”等论点,对中国传统绘画影响深远。事迹见《晋书》卷九十二本传、《古画品录》《历代名画记》卷五、《宣和画谱》卷一。

② 龟手药:《庄子·逍遥游》载有使手不冻裂的药,即不龟手药。(清郭庆藩撰,王孝鱼点校:《庄子集释》,中华书局1961年版,第37页)

③ 法灯:以灯比喻佛法。谓佛法能照破迷界痴暗,犹如灯火能照亮暗夜,与法光、法炬同义。心地观经卷二:“法宝犹如一切明灯。”又燃此灯者为佛,故指佛为法灯。弘传教法即称传灯。又教法乃自佛智所出,故又称智灯、智火、无漏慧灯,与众生之痴暗相对而称。《法华传记》卷一云:“我撰经典护法城,哀愍覆护愿加威。法灯不断长夜照,迷者因此得佛慧。”(《大正藏》第51册,第2068号,第48页下)

宏智正觉

正觉(1091—1157),宋曹洞宗僧。字宏智。自称比丘普照、长芦觉和尚。隰州(山西隰县)人,俗姓李。丹霞子淳的法嗣。"默照禅"的倡导者。正觉曾出主泗洲普照,高宗建炎间住舒州之太平。谥号宏智①。宏智善书,有"帖"等墨迹流传,在丛林中产生过深刻影响。他在画像的创作与鉴赏上,曾提出了直接涉及丹青与本心关系的不少富有诗意的命题和观点,深化了禅宗书画美学对这一问题的认识。② 他是颂古诗创作高手,有《颂古一百则》传世③。

正觉高度评价雪窦重显的《颂古百则》能"颂出衲僧向上巴鼻",即能抓住(表现)禅家对公案所深蕴的向上一路(禅法至极微妙处)的禅心的领悟的着手处和落脚处。他还充分申述自己(长芦觉和尚)之颂古,是"颂以宣其义""颂见古人之克力",即弘化禅义,表现古德那种语言表达和机锋的准确而简练。

本书所录文字,据《佛果圆悟禅师碧岩录》《大正藏》第48册,第2003号;《宏智禅师广录》《大正藏》第48册,第2001号。

一、"不露风规,颂出衲僧向上巴鼻"

至圣命脉,列祖大机;换骨灵方,颐神妙术。其惟雪窦禅师,具超宗越格正

① 正觉生平事迹,见王伯庠:《勅谥宏智禅师行业记》(《宏智禅师广录》附)、《联灯录》卷二九、《嘉泰普灯录》卷九、《五灯会元》卷一四、《续传灯录》一七、《新续高僧传四集》卷四。

② 宏智禅师有大量的画像赞,主要见于《广录》的卷七、卷九,计550余首(其中《禅人并化主写真求赞》就达510余首)。

③ 正觉:《泗州普照觉和尚颂古一百则》,见《宏智禅师广录》卷二,《大正藏》第48册,第2001号。万松行秀曾高度评价正觉云:"吾宗有雪窦、天童,犹孔门之有游、夏。二师之颂古,犹诗坛之李杜。"参见本书《万松行秀》。

眼，提掇正令①，不露风规②，秉烹佛锻祖钳锤，颂出衲僧向上巴鼻③。银山铁壁，孰敢钻研；蚊咬铁牛，难为下口。不逢大匠，焉悉玄微？

粤有佛果老人，住碧岩日，学者迷而请益，老人愍以垂慈。剔抉渊源，剖析底理，当阳④直指，岂立见知？百则公案，从头一串穿来；一队老汉，次第总将按过。须知赵璧本无瑕颣，相如谩诳秦王⑤；至道实乎无言，宗师垂慈救弊。傥如是见，方知彻底老婆⑥；其或泥句沈言，未免灭佛种族。普照幸亲师席，得闻未闻，道友集成简编，鄙拙叙其本末。时建炎戊申，暮春晦日，参学嗣祖比丘普照谨序。（《碧岩录序》）

二、“颂以宣其义”“颂见古人之克力”

夫至理超名象之阶，真智出思议之外。佛佛祖祖，相印以心；叶叶花花，妙严于本。门庭峻高，而棱棱壁立，各绍其宗；枝派衍远，而浩浩岐流，终归于海。付区分于杖拂，与烹炼于炉锤，道任斯人也；廓吞纳之胸膺，神应求器也。具变通之手段，为万世之龟噬，明觉首唱于其前，追千里之骥游，阿谁步随于其后。

长芦和尚，摭古德机缘二百则，颂以宣其义，拈以振其纲，扬淮壖两席之光，继雪窦百年之踵。烂成春意，东风暖而山被锦云；湛作秋容，半夜寒而水怀

① 正令：指禅门正宗本色的禅机施设，禅家独特的传授心印之法。《汾阳无德禅师语录》卷一：“问：‘学人欲涉云霄去，到后如何为有情？’师云：‘塞外将军行正令，不展红旗得胜归。’”（《大正藏》第47册，第1992号，第603页中）

② 风规：风光、法度，风格、规矩。《明觉禅师语录》卷一：“其或达士切磋，颇逢决战，一拶一捺，略露风规。句滞则岳立磨空，源迷则云横布野。”（《大正藏》第47册，第1996号，第665页中）

③ 巴鼻：本义为抓住鼻子，隐用牵牛拽鼻绳之喻，引申为领悟禅法的着手处、悟入处，亦指禅机、机锋。巴，通把、抓、握。《续传灯录》卷八《庐山栖贤智迁禅师》：“今朝巴鼻，直是黄面瞿昙通身是口，也分疏不下。”（《大正藏》第51册，第2177号，第514页中）

④ 当阳：当面，当场，当下。《圆悟佛果禅师语录》卷一：“上堂云：当阳有路祖佛共知，觌面相呈见闻不隔。万象不能藏覆，千圣无以等阶。”（《大正藏》第47册，第1997号，第717页中）

⑤ 蔺相如完璧归赵事，见司马迁：《史记》卷八十一《廉颇蔺相如列传》。

⑥ 老婆：禅宗大师接引学生，出于慈悲心肠，多用言句施设，称为“老婆”或“老婆心”。《碧岩录》卷一：“此是雪窦忒杀（忒杀：太）老婆，重重为人处。”（《大正藏》第48册，第2003号，第141页上。）虚堂和尚云：“老婆心切日忡忡，恐堕他家齑瓮中。消息得来胡乱后，江西宗派好流通。”（《虚堂和尚语录》卷五，《大正藏》第47册，第2000号，第1020页中）

璧月。纵夺有则，趣舍何心。剪蓁薉而辟正途，颂见古人之克力①；震雷霆而破蛰户，拈彰底事之全机。绵密契同，方圆惣合；凿枘不爽，斤斧亡痕；屈曲相通，肖贯珠之丝蚁；裴回相附，犹布雨之云龙。赤肉团独露真常，髑髅眼沥干漏识。箭锋函盖，影草探竿②，脱功勋而空劫非家，垂方便而通身是手。洗磨鸾鉴，清吹排云梦之氛；胶续凤弦，雅韵奏雪楼之曲。禅人法润集以成编，小子嗣宗序而为引。建炎三年自恣日叙。（《长芦觉和尚颂古拈古集序》）

① 克力：克的之力。克的，准确而简练。《五灯会元》卷四《相国裴休居士》："檗曰：'请相公垂问。'公举前话，檗朗声曰：'裴休！'公应诺。檗曰：'在甚么处？'公当下知旨。如获髻珠。曰：'吾师真善知识也，示人克的若是。何故汩没于此乎？'"（《卍续藏经》（新编）第 138 册，第 151 页下）

② 影草探竿：原意为两种捕鱼方法。影草，割草抛在水中，诱引鱼儿聚集在草影里。探竿，用鹅羽绑在竹竿头上，插在水中诱引鱼儿。影草探竿，用以比喻禅师对于学人的诱导接引。《人天眼目》卷一："首山示众云：老僧寻常问汝道：这里一喝不作一喝用。有时一喝作问行，有时一喝作探竿影草，有时一喝作踞地师子，有时一喝作金刚王宝剑。"（《大正藏》第 48 册，第 2006 号，第 302 页下）

雪堂道行

道行,宋僧。字雪堂。处州(浙江丽水)人,俗姓叶。依泗州普照英得度。参佛眼得法。历住南明、荐福、乌巨,所至道声弘宣,龙象景附。道行有多首颂诗,享誉丛林①。有《拾遗录》四卷②。

道行高度评价正堂明辩的诗偈,认为"只消此赞,可以坐断天下人舌头"。他又提出观览品评禅诗不能陷入"解路",做理性分析,应去体悟禅诗的境界所呈现出的禅味。

本书所录文字,据《安吉州道场正堂明辩禅师》《续传灯录》《大正藏》第51册,第2077号;《雪堂行拾遗录》《卍续藏经》(新编)第142册;《雪堂行传》《补续高僧传》卷十,《卍续藏经》(新编)第134册。

一、"只消此赞,可以坐断天下人舌头"

(安吉州道场正堂明辩禅师)室中垂问曰:"猫儿为甚么爱捉老鼠?"又曰:"板鸣因甚么狗吠?"师家风严冷,初机多惮之。因赞达摩曰:"昇元阁前懡㦬③,洛阳峰畔乖张。皮髓传成话杷,只履无处埋藏。不是一番寒彻骨,争得梅花扑鼻香!"④雪堂行一见大称赏曰:"先师犹有此人在,只消此赞,可以坐断

---

① 《禅宗颂古联珠通集》收录道行颂诗23首。

② 道行事迹见《联灯录》卷一七、《嘉泰普灯录》卷一六、《五灯会元》卷二〇、《续传灯录》卷二九、《指月录》卷三〇。

③ 摩㦬:惭愧,狼狈。密庵和尚云:"二由一有,一亦莫守。一念不生,杨生左肘。达磨大师九年面壁觑不破,黄面老子三百余会道不着,德山、临济咬定牙关,一场懡㦬。"(《密庵和尚语录》,《大正藏》第47册,第1999号,第964页下)

④ 正堂明辩禅师的诗偈("赞达摩"),六句的落脚点在后两句——"不是一番寒彻骨,争得梅花扑鼻香",乃是直接引用黄檗希运的颂诗。

天下人舌头。”由是衲子奔辏。(《安吉州道场正堂明辩禅师》)

二、览诗不能“增其解路”

舒州太平灯禅师,颇习经论,傍教说禅。白云演和尚以偈寄之曰:“白云山头月,太平松下影。良夜无狂风,都成一片境。”①灯得偈诵之,未久,于宗门方彻渊奥。后雪堂和尚云:“后两句,学者往往增其解路,不若只看前两句,自有径正发药人底道理。”(《雪堂行拾遗录》)

三、“烂泥中有刺”

一日示疾,门弟子教授汪乔年至省候,以后事委之,示以偈曰:“识则识自本心,见则见自本性。识得本心本性,正是宗门大病。”注曰:“烂泥中有刺,莫道不疑好。”②黎明沐浴更服,跏趺而逝。(《雪堂行传》)

---

① 白云演和尚:五祖法演。参见本书《五祖法演》小传。此偈题为《送仁禅者》,见《法演禅师语录》卷三,《大正藏》第47册,第1995号,第667页上。

② 在道行看来,对“本心本性”的有意追求,“正是宗门大病”。他在对自己的诗偈的解释(注释)中,明确指出,有意追求识心见性,乃是踏入“烂泥”,而受泥中之“刺”所伤。

慧　洪

慧洪(1071—1128),北宋临济宗黄龙派僧。诗人、画家、评论家。字觉范,又名德洪、寂音尊者。江西瑞州(江西省高安)人,俗姓喻。初随三峰祉、宣秘律师等学俱舍、唯识。后随临济宗黄龙派真净克文修行,七年尽得其道。常住瑞州清凉寺,宋徽宗崇宁年间(1102—1106)遭恶僧诬告而前后入狱四次。后得宰相张商英、太尉郭天民等人之助而获赦。谥号“宝觉圆明”①。

宋代文字禅的兴起,是禅宗美学的发展的重要契机,它为禅宗美学的发展补充了新的内容。慧洪的贡献不仅是理论上对文字禅的合理性的论证,还在于他的诗文创作本身为文字禅的倡导提供了标本,特别是慧洪以苏轼为典型从理论上所提出的“游戏翰墨,作大佛事”的论断,标志着禅宗文艺美学思想已进入自觉时期。

慧洪提出了“诗者,妙观逸想之所寓也,岂可限以绳墨哉”的重要命题,为诗的本质下了一个明确的界说。他提出的“妙观逸想”说,涉及文艺创造的重要原则。他认为杰出文艺家的优秀作品,都是“妙观逸想”的产物。既然以“游戏翰墨”之态对待诗歌活动,那么,往往在创作中,不是有意而为,是“遇事而作,多适然耳”。他十分赞赏“风行水上,涣然成文”的艺术风格,沛然从肺腑中流出,“出于自然”,天人凑泊。他也肯定“豪特”“深清雄丽”的诗作。主张“造语而工”,诗贵含蓄,又特别推崇有“奇趣”之篇。他还强调包括诗歌创作在内的文字语言,是能“增益智识”,有助“学道”的。在鉴赏品评上,主张如九方皋阅马,略其骊黄牝牡,而取其天机神骏。

本书所录文字,据慧洪《石门文字禅》《禅宗全书》第95册;慧洪《冷斋夜

① 慧洪生平事迹,见《石门文字禅》卷二四《寂音自叙》《释氏稽古略》卷四、《佛祖历代通载》卷十九、《嘉泰普灯录》卷七、《五灯会元》卷十七、《画继》卷五、《图绘宝鉴》卷三。

话》，中华书局1988年版；《禅林僧宝传》卷一，《新编卍续藏》第137册。

一、“诗者，妙观逸想之所寓也，岂可限以绳墨哉”

今人之诗，例无精彩，其气夺也。夫气之夺人，百种禁忌，诗亦如之。如富贵中不得言贫贱事，少壮中不得言衰老事，康健中不得言疾病死亡事，脱或犯之，人谓之诗谶①，谓之无气，是大不然。诗者，妙观逸想之所寓也，岂可限以绳墨哉！如王维作画雪中芭蕉②，自诗法眼观之，知其神情寄寓于物③；俗论则讥以为不知寒暑。荆公④方大拜，贺客盈门，忽点墨书其壁曰：“霜筠雪竹钟山寺，投老皈欤寄此生。”坡在儋耳⑤作诗曰：“平生万事足，所欠惟一死。”岂可与世俗论哉！予尝与客论至此，而客不然予论。予作诗自志其略曰：“东坡醉墨浩琳琅，千首空余万丈光。雪里芭蕉失寒暑，眼中骐骥略玄黄⑥”云云。（《诗忌》）

东坡镇维扬，幕下皆奇豪。一日，石塔长老遣侍者投牒⑦求解院，东坡问：

---

① 诗谶：指作诗无意中预示了后来发生的事。《南史·贼臣传·侯景》：“初，简文《寒夕诗》云：雪花无有蒂，冰镜不安台。又《咏月》云：飞轮了无辙，明镜不安台。后人以为诗谶，谓无蒂者，是无帝。”（《南史》卷八十，中华书局1975年版，第2007页）

② 雪中芭蕉：王维有一幅画《雪中芭蕉》，在大雪里面画了一株翠绿色的芭蕉树，大雪是北方寒地才有，而芭蕉则是南方热带的植物。沈括《梦溪笔谈》所引张彦远之语：“王维画物，不问四时，如画花，往往以桃、杏、芙蓉、莲花同画一景。”（陈望衡、成立、樊维纲主编：《中国历代美学文库宋辽金卷》上册，高等教育出版社2003年版，第268页）

③ 寄寓于物：苏轼《宝绘堂记》：“君子可以寓意于物，而不可以留意于物。寓意于物，虽微物足以为乐，虽尤物不足以为病。留意于物，另微物足以为病，虽尤物不足以为乐。”（孔凡礼点校：《苏轼文集》卷十一，中华书局1986年版，第356页）

④ 荆公：王安石（1021—1086），宋代大臣，字介甫，号半山。北宋庆历二年（1042），中进士，熙宁二年（1069）任参知政事，与神宗一起制定新法，元祐元年（1086）四月逝世，追封“荆国公”，谥曰文。青年时代起，即喜禅宗，好与僧论，中年丧子，罢相后退居金陵，诗风因而从青壮年时代的矫健遒劲变为空灵明净，禅理诗精绝于世。事迹见《名公法喜志》卷三。

⑤ 坡在儋耳：苏轼，字子瞻，号东坡居士，绍圣四年（1097），被贬海南儋州。坡在儋耳，指的是苏轼被贬儋州的时期。

⑥ 眼中骐骥略玄黄：《列子·说符》载有九方皋相马一事（见杨伯峻：《列子集释》卷八，中华书局1979年版，第255—258页）九方皋相马所观察的是马的天赋和内在素质，而不是马的颜色和公母等外在形象。

⑦ 投牒：呈递诉状、呈递文辞、投弃授官的簿录，在此指投辞呈。

“长老欲何往?”对曰:“归西湖旧庐。”即令出,别候指挥。东坡于是将僚佐,同至石塔,令击鼓,大众聚观。袖中出疏,使晁无咎①读之,其词曰:“大士何曾出世,谁作金毛之声?众生各自开堂,何关石塔之事?去无作相,住亦随缘。戒公长老开不二门②,施无尽藏③。念西湖之久别,亦是偶然。为东坡而少留,无不可者。一时稽首,重听白槌。渡口船回,依旧云山之色。秋来雨过,一新钟鼓之声。谨疏。”予谓戒公甚类杜子美黄四娘④耳,东坡妙观逸想,托之以为此文,遂与百世俱传也。(《东坡留戒公疏》)

湖山烟翠层,千叶青莲拆。公家莲药间,如眼不自觌。一登功名途,富贵两追迫。开轩延爽气,拄笏望秀色。钟山盘万丈,云破见尾脊。殷勤度邑屋,分此一寸碧。升空带青小,撑汉螺髻出。我亦个中人⑤,登览增眼力。知公寓逸想,喧不碍岑寂。给札令赋诗,相顾愕坐客。愧无莫云词,涴公雪色壁。(《提举范公开轩面钟山名曰寸碧索诗》)

---

① 晁无咎:晁补之(1053—1110),字无咎,济州钜野人,北宋元丰进士第一,为“苏门四学士”之一,论政、论史之作,颇重事功。少时皈依佛法,后与圆通、觉海诸师游,参究有省,每以禅意入书画,气韵飘逸,士林称之。著有《鸡肋集》《晁氏琴趣外编》《晁无咎词》等。事迹见《宋史》卷四四四、《居士传》卷二六、《图书集成·神界典·居士部》卷二一一。

② 不二门:即不二法门。不用语言文字表达,直接以心印受的法门,在禅语录里多指禅法。“不二”还包括一切事理平等如一,没有差异对立的意思。据《维摩经》卷中《入不二法门品》所载,维摩诘居士问文殊师利等三十二位菩萨如何入不二法门。诸菩萨或云生灭不二,或云垢净不二,善恶不二,罪福不二,或有为、无为不二,生死涅槃不二,文殊菩萨则答以“一切法无言无说,无示无识,离诸问答为入不二门”。其次,文殊师利菩萨亦反问维摩诘居士“何等是菩萨入不二法门?”对于文殊此问,维摩则默然不语。维摩这种以静默而不言诠的回答方式,使文殊菩萨大为叹服。乃云:“善哉!善哉!乃至无有文字语言,是真入不二法门。”(《大正藏》第14册,第475号,第551页下)

③ 无尽藏:意谓含藏无穷之德,又作无尽藏海、无尽法藏,即真如法性之理海广阔无边,包藏一切万象。雨山和尚偈云:“从来至理彰时节。榴火蒲烟竞发机。会得目前无尽藏,祖灯由此永长辉。”(《雨山和尚语录》卷四,《嘉兴藏》第40册,第494号,第539页中)

④ 杜子美黄四娘:杜甫:《江畔独步寻花七绝句》之六:“黄四娘家花满蹊,千朵万朵压枝低。留连戏蝶时时舞,自在娇莺恰恰啼。”(仇兆鳌:《杜诗详注》卷十,中华书局1997年版,第818页)

⑤ 个中人:指此中人,局中人,常指深悟其理或亲历其境者。宋苏轼:《送金山乡僧归蜀开堂》:“我非个中人,何以默识子?”(清·王文诰辑注:《苏轼诗集》,中华书局1982年版,第1269页)

东坡居士,……又为无声之语,致此大士①于幅纸之间。笔法奇古,遂妙天下,殆希世之珍,瑞图之宝。相传始作,以寄少游②,卿上人得于少游之家。二老流落万里,而妙观逸想③,寄寓如此,可以想见其为人。余还自海外,见于湘西,谨拜手稽首,为之赞曰:唯老东坡,秀气如春。游戏翰墨,挝雷翻云。偶寄逸想,幻此沙门。了无一事,荷囊如奔。憨腮皤腹,行若不闻。众生狂迷,以利欲昏。如一器中,閙万虻蚊。吾未暇度,驼卧猿蹲。傲倪一世,随处乾坤。(《东坡画应身弥勒赞(并序)》)

二、"游戏翰墨,作大佛事"

东坡居士④,游戏翰墨,作大佛事,如春形容,藻饰万像。(《东坡画应身弥勒赞(并序)》)

---

① 大士:菩萨之通称,或以名声闻及佛。士者凡夫之通称,简别于凡夫而称为大。又,士者事也,为自利利他之大事者,谓之大士。《法华文句记》卷二曰:"大士者,大论称菩萨为大士,亦曰开士。士谓士夫,凡人之通称。以大开简别故曰大等。"(《大正藏》第34册,第1719号,第180页下)

② 秦观(1049—1100),字少游,一字太虚,号淮海居士。扬州高邮(今属江苏)人。秦观为"苏门四学士"之一。工诗、词、文,尤以词著名。其词语工入律、情韵兼胜、凄婉清丽、典雅流畅,为北宋重要之婉约词人。事见《宋史》卷四四四、清秦瀛:《重编淮海先生年谱节要》(四部备要本《淮海集》附)。

③ 妙观逸想:"妙观"之"妙",是精微深远、不可思议之意。"妙观"之"观",系"观照"之义。其"观照",是以般若智慧照见事理。"妙观"者,是指以一种神妙的直觉感知力,仰观俯察,优游灵府,对客观的自然、社会现象的深入观照,以及对内心情感的再度体验,以把握审美对象(外在的客观世界的现象,以及内在的情感体验)的审美意蕴的过程。"逸想"之"逸",是闲适自在、洒脱不羁之意。是指审美构思的出人意外,超尘拔俗,不拘常法的特性。所谓"逸想",乃是指审美创作构思中那种自由自在、洒脱超然、神奇飘逸、变化莫测的审美想象。它是在"妙观"的基础上,打破主体心灵结构原有的平衡,因情起兴,神思飞越,所展开的一种自由适意、超尘脱俗的心灵遨游。而"妙观逸想",则是指审美意象营构活动中,审美主体进行审美观照而后寄形骸之外,神思飞越然后穷变化之端的自由任运的审美心理状态和心理过程。

④ 苏轼(1037—1101),北宋著名文学家与书画家。字子瞻,号东坡居士。诗文书画皆精。绘画推崇王维,提倡"士人画",对文人画理论的创立有重大的贡献。擅长墨竹松石,以书入画,率性而为,不拘形似,对赵孟頫创立元代文人画风有很大启示。事见《宋史》本传、《画继》卷三、《图绘宝鉴》卷三。

渊明[1]作训子诗，可以想见其恺弟，而杜子美乃曰："有子贤与愚，何其挂怀抱。"作《闲情赋》，足以见其真，而昭明太子[2]曰："白璧微瑕，正在此耳。"痴人面前不可说梦，岂子美、昭明亦真痴耶？予自居海上及南归，寄意于一戏，故语不复料理其当否。今录数首以寄幻住庵主，杜子美、梁昭明犹未脱痴病，幻住其能不痴耶？（《题自诗寄幻住庵》）

予始非有意于工诗文，夙习洗濯不去，临高望远，未能忘情[3]，时时戏为语言，随作随毁，不知好事者皆能录之。南州琦上人处见巨编，读之面热汗下，然佳琦之好学，虽语言之陋如仆者，亦不肯遗，况工于诗者乎？因出示，辄题其末。（《题自诗》）

此两诗，唐智闲禅师[4]所作也。世口脍炙之久矣，而莫知主名。岂山谷[5]未敢必谁所作耶？觉思示山谷在华光时笔，此翁以笔墨为佛事，处处称赞般若，于教门非无力者也。今成千古，为之流涕书之。（《跋山谷笔古德二偈》）

---

① 渊明：陶渊明［352 或 365—427，字元亮，一名潜，又称靖节先生、五柳先生，浔阳柴桑（今江西九江）人，博学善属文，不慕荣利。］历任江州祭酒、镇军参军、彭泽令等职，后去职归隐，笃信佛教，与名僧慧远等相处甚厚。诗风平淡，为田园诗开山鼻祖，对后世诗文影响巨大。事迹见《晋书》卷九四、《宋书》卷九三、《南史》卷七五、颜延之：《陶征士诔并序》、萧统：《陶渊明传》及《陶渊明集序》、钟嵘：《诗品》、宋王质：《栗里谱》、清丁晏：《晋陶靖节年谱》、近人梁启超：《陶渊明年谱》。

② 昭明太子：即萧统（501—531），字德施，梁武帝萧衍长子。自幼陪睿，博学多才。立为太子后招贤纳士，商榷古今，编撰古今典诰文言，有《正序》10 卷，《文章英华》20 卷，《文选》30 卷，《文选》对后世文学有重要影响。崇信佛法，与当时名僧大德多有交往，深加敬重，于宫内另立慧义殿，专为法集之地，常设斋会，请高僧登坛讲经，遍览众经，深明佛理。中大通三年（531）四月未及即位病故。事迹见《梁书》卷八、《南史》卷五三、《居士传》传九、《中华佛教人物大辞典》（第 91 页）。

③ 忘情：参见本书《皎然》"忘情"注。

④ 智闲（？—898），唐代禅僧。青州（今山东益都）人。曾参百丈怀海，后参沩山灵祐，不契，而泣辞沩山。一日偶抛瓦砾，击竹作声，忽然省悟，顿领沩山玄旨。遂归沐浴焚香，遥礼沩山曰："当时若为我说破，何有今日之事？"遂为沩仰宗传人。居邓州（令属河南）香岩山，禅侣四集，法化盛行。卒谥"袭灯禅师"。生平事迹见《宋高僧传》卷十三、《景德传灯录》卷十一。

⑤ 山谷：黄庭坚（1045—1105）字鲁直，号山谷道人，晚号涪翁，分宁（江西修水）人，北宋治平进士，"苏门四学士"之一。工诗文，擅行、草书，草书融禅意入书，对后世书法影响深远。诗以杜甫为宗，讲究修辞造句，强调"无一字无来处"，风格奇崛，为江西诗派的开创者。信佛法，向往仙乡佛国，与法秀、祖心、惟清、悟新等禅师多有交往。著作有《豫章黄先生集》《山谷琴趣外篇》等。事迹见黄罃编：《山谷年谱》《宋史》卷四四四、《五灯会元》卷一七、《指月录》卷二八、《居士传》传二六、《五灯严统》卷一七。

予至石门，杲禅①出商老诗偈巨轴，读之茫然，知此道人盖滑稽翰墨者也。又欲入社作云庵客，试手说禅，便吞云门、临济，如虎生三日，气已食牛。衲子哗曰："甘露灭非错下注脚。"（《跋李商老诗》）

昭默老人，道大德博，为丛林所宗仰。虽其片言只偈，翰墨游戏，学者争秘之。非以其书词之美也，尊其道师之德耳！予游诸方，处处见之，开卷辄识其真。精到之韵，骨枯老状，盖其退居时笔也！南岳见方广圆首座，出此为示。噫，圆知敬慕昭默，其亦贤于人远矣！（《题昭默遗墨》）

三、"其语言文字之妙，能录藏以增益其智识"，有助"学道之益人"

予幻梦人间，游戏笔砚，登高临远，时时为未忘情之语。旋踵羞悔汗下，又自觉曰："譬如候虫时鸟，自鸣自已，谁复收录？"宝山言上人乃编而为帙，读之大惊。不复料理其讹，正可为多言之戒。然佳言之好学，虽鄙语如予者亦收之。世有加予数十等之人，其语言文字之妙，能录藏以增益其智识，又可知矣。夫水发岷山，其滥觞至楚国则万物至满，则合之者众也。善学者，其能外此乎？言公其勉之！（《题言上人所蓄诗》）

余幼孤，知读书为乐，而不得其要。落笔尝如人掣其肘，又如暗者之欲语，而意窒舌大，而浓笑者数数然。年十六七，从洞山云庵②学出世法，忽自信而不疑。诵生书七千，下笔千言，跬步可待也。呜呼！学道之益人，未论其死生之际，益其文字语言如此，益可自信也。今三十八年矣，而见云庵平时亲爱之

---

① 杲禅：宋僧。字佛照。世称"佛照杲禅师"。住东京（今河南开封）法云寺。妙年游方，初谒圆通玑甚契，命首众。后参宝峰克文得法。自谓于绍圣三年悟得方寸禅，为南岳下十三世。出住归宗，诏居净因。事迹见《嘉泰普灯录》卷七、《续传灯录》卷二二。

② 洞山云庵：克文（1025—1102），宋代僧人，俗姓郑，字云阉，号真净，对法相、华严二宗甚有研究，后从黄龙慧南、香域顺禅师习禅，是禅宗集大成者，有《住筠州圣寺语录》《住洞山语录》《住金陵报宁寺语录》《住庐山归宗语录》《住宝峰禅院语录》等，均收于《古尊宿语录》卷四十二至四十五卷中。事迹见《五灯会元》卷一七、《续传灯录》卷一五、《指月录》卷二六、《教外别传》卷九。

人佛鉴大师[①]净因于湘中,颓然相向,俱老矣,而故意特未老。又出余少时诗句读之,想见山林之旧游处。诵白公诗曰:“手把杨枝临水坐,闲思往事似前身[②]。”(《题佛鉴蓄文字禅》)

海南道人惠英,字颖孺,生十有二日而失母,年七龄而为沙门,二十岁从予游。予所作语言遍丛林,未尝收录,而英编两巨帙为示。既有愧于九祖,欲焚去之,又念英之好学,为一笑而置之。然流俗寡闻,见少年嗜笔砚者不背数,必腹非之,以谓禅者不当以翰墨为急,宁知龙胜诗流震旦好学者□首,论其动以亿万篇多为言哉,英勉之!老子言“为学日益,为道日损”[③],使其未尝学也,何所损哉?如川之增者,学也;水落石出者,损也。然未易与粥饭僧论此也。(《题所录诗》)

往时丛林老衲多以讲宗为心,呵衲子从事笔砚。予游方[④]时,省息众中多习气,抉磨不去,时时作未忘情之语,随作随弃,如人高笑,幸其不闻。过庐山,见弼上人出一巨轴。读之茫然,不可讳为多言之戒。昔殷浩[⑤]喜作诗,不甚工,尝出示桓温[⑥]。温戏曰:“子勿犯吾,倘见犯,即出子诗示人。”弼上人不见恶,愿勿传乃幸。(《题弼上人所蓄诗》)

余少狂,为绮美不忘情之语,年大来辄自鄙笑,因不复作。自长沙来归,舍龙安山中,无可作做,学坐睡法,饱饭靠椅,口角流涎,自喜以谓得其妙。旁舍有道人隆公,雅好予昔所病者,时时过予,终日而未尝倦。问予昔所作尚能寻

---

① 佛鉴大师:慧勤。参见本书《圆悟克勤》“慧勤”注。

② 前身:前世之身。前世,又做前生、宿世,即过去之生涯。《增一阿含经》卷十云:“目犍连曰:‘天王!此处极为微妙,皆由前身所作福佑故,致此自然宝堂,犹如人间小有乐处,各自庆贺,如天宫无异,皆由前身作福所致。’”(《大正藏》第2册,第125号,第594页上)

③ 为学日益,为道日损:《道德经》第四十八章:“为学日益,为道日损,损之又损,以至于无为,无为而无不为。取天下常以无事,及其有事,不足以取天下。”(楼宇烈:《老子道德经注》《王弼集校释》上册,中华书局2008年版,第127—128页)

④ 游方:指僧人、道士为修行问道或化缘而云游四方。

⑤ 殷浩:(?—356),东晋大臣,字渊源,陈郡长平(今河南西华东北)人。识度清远,少有美誉,尤善玄言。笃信佛教,喜读佛典,读《小品》,作注释二百余条,精微别出。任扬州刺史,兵败被贬,废为庶人。

⑥ 桓温:(312—373),字元子,一作符子,谯国龙亢(今安徽怀远)人,东晋杰出军事家、权臣,谯国桓氏代表人物,东汉名儒桓荣之后,晋明帝司马绍之婿,因剿灭盘踞蜀地的“成汉”政权而声名大振,三次出兵北伐,战功累累。

绎乎，予引纸为录此数篇以遗之，而戏之曰："昔达观禅师[①]居京师，士大夫相从者，皆以能诗答话多之。观笑曰：'解答诸方话，能言五字诗。二般俱好艺，只是见钱迟。'"隆公曰："果尔，吾不复耳。"坐客皆笑之。隆字默翁，湘中清胜者也。(《题自诗与隆上人》)

四、"于文字未尝有意，遇事而作，多适然耳"

予于文字未尝有意，遇事而作，多适然耳。譬如枯株无故蒸出菌芝，儿稚喜争攫取之，而枯株无所损益。宝峰珠上人，湛堂公之高弟。其为人精敏能办事，于佛事欲营之，盖不知艰崄为何等物。在丛林[②]中为众推，盖其气不受控勒。日涉园夫李商老，每于人物特慎许可，而赠珠以诗曰"喷玉渥洼种"者，佳湛堂之有子也。(《题珠上人所蓄诗卷》)

五、"临高赋新诗，妙语发奇趣"

万峰缠烟霏，一线盘空路。丹楹出翔舞，半在生云处。海人猿臂上，哀湍不堪溯。夫子英特人，自是干国具。醉耳厌丝竹，来此良有故。临高赋新诗，妙语发奇趣。便欲抱琴书，亦作东家住。山灵应拊掌，笑公入窘步。自当眠玉堂，莲烛夜枉顾。偶此爱山尔，戏语亦瓦注[③]。富贵本缚公，云泉宁可付。置卷发遐想，湘月微云度。(《次韵游方广》)

---

① 达观禅师：达观(1138—1212)，宋代僧人，俗姓赵，号息庵，婺州(今浙江金华)人。初参应庵于天童，次见无庵于道场，后于净慈水庵室中得悟。开法严州灵岩，移镇江金山，复被旨迁灵隐，晚年归老天童寺。事迹见《增集续传灯录》卷一、《续灯存稿》卷一、《五灯严统》卷二十、《续灯正统》卷七。

② 丛林：亦称禅林，指禅宗寺院，意为僧众和合一处，如树木之丛聚为林，或取喻于草木生长齐整，以示其中规矩法度可循。《祖庭事苑》卷二释"丛林"云："梵语贫婆那，此云丛林。大论云：僧伽，秦言众，多比丘一处和合，是名僧伽。譬如大树丛聚，是名为林。一一树不名为林，如一一比丘不名为僧。诸比丘和合故名僧，僧聚处得名丛林。"(《新编卍续藏》第113册，第29页上)

③ 瓦注：《庄子·达生》："以瓦注者巧，以钩注者惮，以黄金注者殙。"(清郭庆藩撰，王孝鱼点校：《庄子集释》，中华书局1961年版，第642页)

老踪沧海珠[①],道价压千古。莫年还东吴,岂不以亲故。世衰道陵夷,学者例顽鲁。处处如尘沙,纷然不容数。但夸谢公子,乃翁堕江渚。坐令乳臭儿,高论不少惧。安知覆渔舟,甚愧编蒲屦。大师京国来,秀色见眉宇。笑谈出流辈,亦自有佳处。怀亲不能休,饮食忘匙箸。醉翁乡里贤,安角诵翁语。人老尚康健,春寒与秋暑。念之凭高楼,白云入瞻顾。浩然有归兴,掣肘径驰去。遥知到螺江,社林闻布谷。迎门一调笑,欢极但摩拊。童头想怀橘,衣椹应戏舞。聊用慰其心,高追古人步。此诗语散缓,细读有奇趣。譬如食橄榄,入口便酸苦。勿示痴道人,被骂吾累汝(《送觉海大师[②]还庐陵省亲》)

山深久不晴,领略三伏暑。夜凉闻风泉,疑作空阶雨。但觉纸窗明,不知山月吐。阶除偶独立,满庭浩风露。室闲门未掩,时有飞萤度。余生愿俱子,万壑千岩处。艰难百忧中,长恐此心负。今宵复对榻,乐事遽如许。地偏心亦远[③],喜俗忧自去。风光如辋川,窈窕辛夷坞[④],以短暴弟长,正坐功名误。向如庐山阴。一水断世路[⑤]。持远两镜临,于中可无睹。此诗若散缓,熟读有奇趣。便觉陶渊明,仿佛见眉宇。(《十六夜示超然》)

六、"引物连类,折之以至理,而秀杰之气不没"

玉不可种也,而孝之至,则种玉亦生;泉不可呼也,而忠之至,则呼泉亦冽;

---

① 沧海珠:即沧海遗珠,指大海里的珍珠被采珠人所遗漏,比喻被埋没的人才。《新唐书·狄仁杰传》:"仲尼称观过知仁,君可谓沧海遗珠矣。"(欧阳修、宋祁:《新唐书》,中华书局1975年版,第4027页)

② 觉海大师:宋代僧人,俗姓钟,江宁(今江苏南京)人,住东京(今河南开封)相国寺慧林院,称"若冲觉海禅师",为青原下十一世,天衣义怀禅师法嗣。事迹见《五灯严统》卷一六、《五灯会元》卷一六、《续传灯录》卷八。

③ 地偏心亦远:陶渊明《饮酒》其五:"结庐在人境,而无车马喧。问君何能尔,心远地自偏。采菊东篱下,悠然见南山。山气日夕佳,飞鸟相与还。此中有真意,欲辨己忘言。"(逯钦立校注:《陶渊明集》,中华书局1979年版,第89页)

④ 风光如辋川,窈窕辛夷坞:唐代诗人王维有《辋川集》,集中五绝二十首,《辛夷坞》是其中第十八首。

⑤ 一水断世路:指慧远居庐山,送客不过虎溪。《高僧传》卷六《释慧远》:"自远卜居庐阜,三十余年,影不出山,迹不入俗,每送客游履,常以虎溪为界焉。"(《大正藏》第50册,第2059号,第361页上)

虎不可使令也,而有德者役以橐经;乙不可教诲也,而有义者致其同室。予观两张之诗,引物连类,折之以至理,而秀杰之气不没。读之使人一唱三叹,岂笔端有口之徒欤?(《跋张七诗》)

七、"废放山林,其语便尔清熟"

历公以功业著,诗律传者少。自废放山林间,与衲子游,其语便尔清熟。此柳子厚所谓"诗人以穷乃工"[①],殆非虚语。(《跋高台仁禅师所蓄子宣诗》)

八、"喜论列而气长,诗尚造语而工"

临川谢无逸[②],布衣而名重搢绅,于书无所不读,于文无所不能,而尤工于诗。黄鲁直[③]阅其《与老仲元诗》曰:"老凤垂头噤不语,枯木查牙噪春鸟",大惊曰:"张、晁[④]流也。"陈莹中阅其《赠普安禅师》诗曰:"老师登堂挝大鼓,是中那容啬夫喋",叹息曰:"计其魁杰,不减张晁也。"二诗于无逸集中,未为绝唱,而陈、黄已绝倒无余,惜其未多见之耳。然无逸又喜论列而气长,诗尚造语而工,置于文潜、补之[⑤]集中,东坡不能辩。文章如良金美玉,自有定价,殆非虚语也。予方以罪谪海外,无逸适过庐山,见吾弟超然,熟视久之,意折曰:"吾此生复能见觉范乎?"语不成声,乃背去。后三年,予幸蒙恩北还,而无逸

---

① 诗人以穷乃工:"诗人以穷乃工"的观点,非出自柳宗元而是出自宋欧阳修:《梅圣俞诗集序》:"世谓诗人少达而多穷,夫岂然哉!盖世所传诗者,多出于古穷人之辞也……盖愈穷则愈工。然则非诗之能穷人,殆穷者而后工也。"(见陶秋英编选:《宋金元文论选》,人民文学出版社1984年版,第92页)

② 谢无逸:(1066?—1113),谢逸,字无逸,号溪堂,抚州临川(今江西抚州)人,屡举进士不举,后绝意仕进,以诗文自娱,终身隐居。平生多从僧人于山巅水边游赏,以布衣终老而名重缙绅。博览群书,善雅文章,以诗著名于时,为江西诗派中坚。事迹见宋慧洪:《石门文字禅》卷二七《跋谢无逸诗》《宋史翼》卷二六。

③ 黄鲁直:即黄庭坚。

④ 张、晁:即张耒、晁无咎。

⑤ 文潜、补之:即张耒、晁无咎。

乃弃予而先焉。因与超然对榻夜语及之,不自觉泪殷枕也。呜呼!无逸东邻有宁生,二十余以镂刻为菩萨像,每过无逸,恬退趋去。俄游京师,以其役得将仕郎而还,华裾细马,闾里聚观。无逸出门值之,为避路,门弟子为不怿累月。呜呼!无逸有出世之才,年未五十,一命不沾,殒倾大命,曾东邻宁木工之不若?嗟乎,惜哉!(《跋谢无逸诗》)

九、"料理诗情难复难,萦心结思倾毫端"

料理诗情难复难,萦心结思倾毫端。夺回天地英秀气,坐令落纸生风寒。老猿夜月叫苍壁,孤鹤晓霜疏羽翰。精神清韵知几许,付与后来能者看。(《还太首座诗卷》)

十、"平生阅诗如阅马,自怜双眼如支遁"

平生阅诗如阅马,自怜双眼如支遁①。子因句法马群空,爽气横秋太神骏。上苑花光缠肺肠,西湖霜晓磨风韵。较君年少翰墨场,贾生仲舒②觉寒窘。醉中逃禅亦不恶,况复机锋类庞蕴③。奉身一饭聊自珍,富贵功名苦寻趁。凤巢定生五色雏,文章从来论种性。嗟余索寞卧空山,多生垢习消磨尽。但余欲识天下英,毙蛇脊尾犹一振。岁月去人江浪翻,何时仰此摩天峻!

---

① 支遁:支道林。参见本书《皎然》"支公"注。

② 贾生仲舒:贾生,即贾谊(前200—前168),洛阳人,西汉文学家、政治家。文帝时任博士,迁太中大夫,受排斥谪为长沙王太傅,汉初文学家、政论家,颇有文才。事迹见《史记》卷八四、《汉书》卷四八、清汪中《贾太傅年表》、王耕心《贾子年谱》。仲舒,即董仲舒(前179—前104),广川郡(今衡水)人,汉代思想家、哲学家、政治家、教育家,其"天人感应""罢黜百家,独尊儒术"的观点被汉武帝所认可,对后世产生了深远的影响。事迹见《史记》卷一二一、《汉书》卷五六。

③ 庞蕴:字道玄,生卒年不详,衡州衡阳(今湖南衡阳)人,中唐时期的禅门居士,曾谒石头希迁,豁然有省,又与丹霞天然相偕往受科举之选,闻江西马祖之道名,乃悟选择官不如选佛,遂直奔洪州,随马祖参禅而契悟。被誉为达摩东来开立禅宗后"白衣居士第一人",与梁代傅大士并称为"东土维摩"。有传世偈颂近二百首,以模拟佛经偈语的风格,嘱咐学佛者修行,在唐白话诗派中以其重于说理为一特色。事迹见《旧唐书》卷一一九、《新唐书》卷一五〇。

(《寄蔡子因》)

十一、“如观飞菟顿尘,追风趁日”

宣和三年三月,予迁居水西南台寺。初六日,颠风搅林,东轩小寝,俄大雨,起步修廊,复坐,颓然昏睡。南州道崇难者持此轴来,隐几读之,如观飞菟顿尘,追风趁日也。然其诗词所及,皆予故人,而予亦尝落悯怜中,盖方窜海外时帖也。昔曾鲁公问予曰:“苏养直[①]闻齿少而诗老,恨未识之。子见其诗否?”予曰:“李太白诗语带烟霞,肺腑缠锦绣。以予观养直之诗,逮又过之。”鲁公骇予此论。今数诗惜公不见,以验前语耳。(《跋养直诗》)

十二、“涣然成文风行水”

彦章[②]退然才中人,讥诃唾笑皆奇伟。看君落笔挟风雷,涣然成文风行水。坐令前辈作九原,子固精神老坡(苏轼)气。儒生寒酸不上眼,此郎要是天下士。嗟予生计等飞鸟,翩翩吴头复楚尾。去年兴废看京华,笑傲清狂人背指。君独折简坐致我,迎门欢笑自挈履。旧闻牛鸣马不仰,女逐臭夫[③]哪有理。今年黄花南浦岸,忽然见君失声喜。僧房借榻营夜语,灯火照人如梦寐。

---

① 苏养直:(1065—1147),苏庠,字养直,初因病目,自号眚翁,本泉州人,随父苏坚迁居丹阳(今江苏),江西诗派诗人。当时颇有诗名,有的甚至比之为李白,但传世较多的是词,词成就高于诗。事迹见《宋史》卷四百五十九《列传第二百一十八》之《隐逸下》。

② 彦章:汪藻(1079—1154),字彦章,号浮溪,又号龙溪,饶州德兴(今江西)人,北宋末、南宋初文学家,今有《浮溪集》三十六卷。事迹见孙觌:《汪公墓志铭》《鸿庆居士集》卷三四、《宋史》卷四四五。

③ 逐臭夫:即逐臭之夫,指嗜好怪癖,与众不同之人。《吕氏春秋·遇合》:“人有大臭者,其亲戚兄弟妻妾知识无能与居者,自苦而居海上。海上人有说其臭者,昼夜随之而弗能去。”(许维遹:《吕氏春秋集释》,中华书局2009年版,第345页)

怀中卿相且袖手，翰墨风流聊戏耳。行看上书苫块中，凛凛范公[①]只君是。（《南昌重会汪彦章》）

翰墨场中见奇杰，行书半杂欧与薛[②]。此诗押韵如射雕，应弦而落人惊绝。词惟达意非有作，公虽不怪傍人愕。嗟余平生事苦吟，吟笔今真为公阁。涣然成文自湍走，如水与风初邂后。颀然绿发映华裾，人间此客何从有。我诵此生真一寄，禅林枝稳容栖止。敢将丑恶酬绝倡，狗尾续貂堪笑耳。坡谷[③]渊源有风格，光芒万丈余五色。吾闻龙蛇所由生，必也深山并大泽。（《季长见和甚工复韵答之》）

风行水上，涣然成文者，非有意于为文也。余读此传，盖通德娓娓而语，子于笔追而书之，非有意也。然通德所论惠男子，殆天下名言。吾以谓子于之室有此婢，如维摩诘[④]之有天女也。达道手校诸书，而本最美，非好古博雅，何以至是？司马君实[⑤]无所嗜好，独畜墨数百尔。或以为言，君实曰："吾欲子孙知

---

① 范公：范仲淹（989—1052），字希文，北宋著名思想家、政治家、军事家、文学家。他的"先天下之忧而忧，后天下之乐而乐"的思想，对后代士人影响深远。事迹见宋富弼《范文正公墓志铭》《范文正公集》附《褒贤集》、欧阳修《欧阳文忠公集》卷二十《范文正公神道碑铭》、宋楼钥《范文正公年谱》（《范文正公集》附）、《宋史》卷三一四。

② 欧与薛：欧，即唐代书法家欧阳询（557—641），潭州临湘（今湖南长沙）人，字信本，唐代书法家，与颜真卿、柳公权、赵孟頫并称为四大楷书名家，代表作有《九成宫醴泉铭》《皇甫诞碑》《化度寺碑》等，书法论著有《八诀》《传授诀》《用笔论》《三十六法》等。事迹见《旧唐书》卷一八九、《新唐书》卷一九八、《书断》卷中、《法书要录》卷三。薛，即薛稷（649—713），唐代画家、书法家，蒲州汾阴（今山西万荣）人，隋朝内史侍郎薛道衡曾孙，历任黄门侍郎、参知机务、太子少保、礼部尚书等职，后被赐死狱中。与虞世南、欧阳询、褚遂良并列为唐初四大书法家。事迹见《书断》卷下、《法书要录》卷九、《历代名画记》卷九、《唐朝名画录》。

③ 坡谷：即苏轼与黄庭坚。

④ 维摩诘：菩萨名，略作"维摩"，系佛在世时毗舍离城之大乘居士，居闹市，结权臣，入淫舍与酒肆，资产无数，但精通佛理，辩才无碍，神通广大，从心所欲，大慈大悲而善权方便，入世俗之中普度众生。《佛说维摩诘经》卷一："是时，维耶离大城中有长者名曰维摩诘（汉言'无垢称'），在先佛已造行修善，本得法忍，已得辩才，神通不戏，得无所畏，降魔劳怨，深入微妙，出于智度无极，善权方便，博入诸道，令得所愿。人根名德，生而具足，造成大道，所作事胜，佛圣善行，皆已得立，觉意如海，而皆已入。"（《大正藏》第14册，第474号，第520页下）

⑤ 司马君实：司马光（1019—1086），字君实，号迂叟，陕州夏县（今山西夏县）人，北宋政治家、史学家、文学家，历仕仁宗、英宗、神宗、哲宗四朝，生平著甚多，主要有《资治通鉴》《温国文正司马公集》等。事迹见苏轼《司马温公行状》《司马温公神道碑》（均见《司马文正公传家集。附录）、《宋史》卷三三六、明司马露、马峦编：《司马温公年谱》六卷、清顾栋高编：《司马温公年谱》八卷、《遗事》一卷。

吾所用此物何为也。”此达道①之畜书，其亦司马之墨癖也。（《跋达道所蓄伶子于文》）

欧阳文忠②公以文章宗一世，读其书，其病在理不通；以理不通，故心多不能平。以是后世之卓绝颖脱而出者，皆目笑之。东坡盖五祖戒禅师之后身，以其理通，故其文涣然如水之质，漫衍浩荡，则其波亦自然而成文。盖非语言文字也，皆理故也。自非从般若③中来，其何以臻此？其文自孟轲、左丘明、太史公④而来，一人而已。然予有恨，恨其窥梦幻如雾见月，虽老而死，古今圣达所不免，譬如昼则有夜，而东坡喜学炼形蝉蜕之道，期白日而骨飞，竟以病而殁。使其如鲁仲连⑤之不受万钟之位⑥而肆志，则宁复有遗恨哉？佛鉴能珍敬其书，则其趣味乃真是山边水边之人，与夫假高尚之名，心悦孔方道人者异矣。（《跋东坡忱池录》）

莱公少年日，逸气生云泉。定策清东宫，天子为矍然。奇豪不世出，获一以当千。亲征功第一，尚记破虏年。想见和易姿，垂柳春风前。我公嗣前列，刚特才亦全。方持使者节，眉宇秀而渊。高楼独自登，爱公能补天。高情吊陈迹，妙语吐新篇。如风行水上⑦，涣然成漪涟。乃心在王室，何时朝日边。正坐霖雨手，丰年自留连。何必羡遗迹，公自当济川。（《次韵漕使陈公题莱公

① 达道：滕元发（1020—1090），原名甫，字达道，浙江东阳人，范仲淹外孙，自幼能文，曾两中探花，有《达道文集》二十卷。事迹见《宋史》卷三百三十二《列传第九十一》。

② 欧阳文忠：即欧阳修。

③ 般若：参见本书《五祖弘忍》“般若”注。

④ 孟轲、左丘明、太史公：孟轲，即孟子（事迹见《史记》卷七四《孟子荀卿列传》）；左丘明（约前502—约前422），东周春秋末期鲁国都君庄（今山东肥城）人，史学家、文学家、思想家、散文家、军事家，与孔子同时或比孔子年龄略长，所作《左传》和《国语》，记录了不少西周、春秋的重要史事，保存了具有很高价值的原始资料（事迹见《史记》卷十四《十二诸侯年表》）。太史公，即司马迁（事迹见《史记》卷一百三十《太史公自序》《汉书》卷六二）。

⑤ 鲁仲连：又名鲁连，战国末期齐国人，生卒年不详，善于谋划，常周游列国，为人排难解纷却不收报酬。事迹见司马迁《史记》卷八十三《鲁仲连邹阳列传》。

⑥ 万钟之位：钟，指古代粮食量器，万钟之位，指俸禄很高的职位。钟，古量名。《孟子·告子上》：“万钟则不辩礼义而受之，万钟于我何加焉。”（朱熹：《四书章句集注》，中华书局1983年版，第333页）

⑦ 风行水上：《易·涣》：“象曰：风行水上，涣。”（魏王弼、晋韩康伯注，唐孔颖达疏：《周易正义》，清·阮元校本：《十三经注疏》，中华书局1980年版，第70页上）后以“风行水上”比喻自然流畅，不矫揉造作。

祠堂》)

屋角早梅开遍，墙阴残雪消迟。帘卷一场春梦，窗含满眼新诗。文章风行水上，岁月舟藏壑中。自怪顶明玉钵，人疑笔梦春红。舅相决予十载，尘埃羡子清闲。孤坐定非禅病①，剃头犹有诗斑。（诗斑：指因作诗辛苦则生出的花白头发。苏轼《次韵道潜留别》："已喜禅心无别语，尚嫌剃发有诗斑。"）（《寄巽中三首》）

十三、"豪特之气凌跨前辈""龙蛇飞动，凌跨韩、柳之气"

世称唐文物特盛，虽山林之士，辄能以诗自鸣。以余观之，如双井茶，品格虽妙，然终令人咽酸冷耳。巽中②下笔，豪特之气凌跨前辈，有坡、谷之渊源。予见之，未视名字，辄能辩。大率句法如徐季海③之字，字外出骨，骨中藏棱。读者当置轴䌷绎，想见瘦行清坐时也。使巽中闻此语，当以予为知言。（《题权巽中诗》）

予绍圣初，留都下，闻士大夫藉藉诵《青石牛》诗，而此四绝尤著闻，恨不见此老。阅三年，游石门林下，识君实（君实：即司马光）骨面，善谈笑，相从最久。时珠禅垢面不袜，然已超卓。后二十余年，予还自海外，而君实化去久矣。丁酉坐夏洞上，有鸭步而至者。问之，乃吾向所识不袜公也，于是甘吾老矣。夏休，珠将经行湘山，袖此卷来，读之，龙蛇飞动，凌跨韩、柳④之气，糠秕王侯之韵，如其无恙时。阴晚坐觉山川增胜，爽然忘其孤废也。湘山多高人，识

---

① 禅病：佛教教义名词，指修习禅定过程中出现的种种身心畸变。禅者失去理性指导，容易产生生理或心理上的疾病。在宋居士沮渠京声译《治禅病秘要法》中，对禅病的病相和对治方法有详细叙述。（见《大正藏》第15册，第620号）

② 巽中：善权，宋代僧人，俗姓高，字巽中，靖安（今江西）人，善诗，与谢逸和、慧洪等交好，属江西诗派诗人，作品有《真隐寺》三卷，已佚。事迹见《靖安县志》《江西诗征》卷八八、同治《南昌府志》卷六二、《中华佛教人物大辞典》（第587页）。

③ 徐季海：徐浩（703—783），唐代书法家，字季海，越州（今浙江绍兴）人，少举明经，肃宗时，授中书舍人，四方诏令多由徐浩所书。著有《论书》一篇，擅长八分、行、草书，尤精于楷书。事迹见《旧唐书》卷一百三十七、《新唐书》卷一百六十、《法书要录》卷三、《墨池编》卷三。

④ 韩、柳：即韩愈、柳宗元。

《青石牛》甚众,珠可以示之,使其韵摩搏衡、霍固不佳哉?(《跋珠上人山谷酺池诗》)

十四、“韵如春水初含风,秀如兰芽新出丛”

韵如春水初含风,秀如兰芽新出丛。人间何从有此客,坐令衰老忘龙钟。新词锵金纷满眼,妙语屑玉霏无穷。读之置卷欲仙去,风度绝似欧阳公(欧阳公:即欧阳修)。儒生寒酸不上眼,江南风流翻手空。那知此郎蹶然起,笔端五色回春工。只今陛下固天纵,文章星斗悬高穹。天生尧舜稷契主,君宜置在明光宫。雪中呵手研破砚,诗成一笑天开容。(《读庆长诗轴》)

十五、“深清雄丽”

右惠照院见太师镇国吕公①留题一首,深清雄丽,有爱君报国之志。时公方尉新昌,实生太尉。吉甫以道德为神考所敬,与舒王上下议论,遂参大政。文章翰墨,雷霆一时;福禄寿考,逮事三朝,天下学者宗之。昔李邵以高才博学为南郑幕门候吏,而其子固为东汉名臣。岂所谓隐德报应,不身尝之,而及其子孙者乎予?于太师镇国公亦云。(《跋吕镇公诗》)

十六、诗有“句含蓄”“意含蓄”“句意俱含蓄”

诗有句含蓄②者,如老杜曰:“勋业频看镜,行藏独倚楼”,郑云叟曰:“相看临远水,独自上孤舟”是也。有意含蓄者,如《宫词》曰:“银烛秋光冷画屏,

---

① 吕公:吕璹(?—1070)字季玉,吕惠卿之父。吕惠卿(1032—1111),字吉甫,泉州南安人,北宋政治家、改革家。嘉祐二年进士,为王安石变法中第二号人物,曾任太子中允、崇政殿说书、知谏院、知制诰、翰林学士、参知政事等。事迹见《宋史》卷四百七十一。

② 含蓄:指诗意深远、含而不露、意在言外的一种艺术风格。唐司空图:《二十四诗品》:“含蓄:不著一字,尽得风流。语不涉己,若不堪忧。是有真宰,与之沉浮。如渌满酒,花时反秋。悠悠空尘,忽忽海沤。浅深聚散,万取一收。”(郭绍虞:《诗品集解》,人民文学出版社2005年版,第21页)

轻罗小扇扑流萤。天街夜色凉于水,卧看牵牛织女星”,又《嘲人》诗曰:“怪来妆阁闭,朝下不相迎。总向春园里,花间笑语声”是也。有句意俱含蓄者,如《九日》诗曰:“明年此会知谁健,醉把茱萸子细看”,《宫怨》诗曰:“玉容不及寒鸦色,犹带朝阳日影来”,是也。(《诗句含蓄》)

十七、“此诗句句有法,盖其胸次如春之盎盎,着物成容”

道乡①以说禅口谈医国法门,雷霆一世,初非以诗鸣也。而此诗句句有法,盖其胸次如春之盎盎,着物成容。今既已矣,万人何赎哉?俨师题于衡山之麓。(《跋道乡居士诗》)

十八、“种性自然,如五色凤”

道乡文章,种性自然,如五色凤②。此诗乃浴天池时容光也。其雏笔法已能追踪山谷之气,读之令人想见蹇驴风帽,如宗武扶子美醉吟诗③也。(《跋邹志完诗乃其子德久书》)

十九、《参同契》“指其宗而示其趣”

丛林故宿相传,谓石头《参同契》④明佛心宗,后辈鲜有深识其旨者,独清

---

① 道乡:邹浩(1060—1111),字志完,号道乡,晋陵人,宋神宗熙宁五年进士,曾任太学博士、龙图阁直学士,为人谦虚诚恳,中正不阿。事迹见《宋史》卷三百四十五。

② 五色凤:传说凤有五种,红色的朱雀,青色的青鸾,紫色的鸑鷟,黄色的鹓雏,白色的鸿鹄。

③ 宗武:杜甫儿子,在杜甫湖、湘流浪时去世。

④ 《参同契》:见本书《雪窦重显》“参同契”注。

凉大法眼禅师注文,发明居多,故南唐后主[①]读至“玄黄不真,黑白何咎”处,爽然开悟。余谓后主所悟,盖悟法不真而已,非因其语以了石头明暗本意也。

如安禅师破句读《楞严》而悟,句读且尔,矧所谓义味乎?然安于心法无疑也,予尝深考此书,凡四十余句,而以明暗论者半之。篇首便曰:“灵源明皎洁,枝派暗流注。”乃知明暗之意根于此。又曰:“暗合上中言,明明清浊句。”调达开发之也。至指其宗而示其趣,则曰:“本末须归宗,尊卑用其语。”故其下广叙明暗之句,奕奕缀联不已者,非决色法虚诳,乃是明其语耳。洞山悟本得此意,故有“五位偏正”之说。至于临济之“句中玄”,云门之“随波逐浪”,无异味也。而晚辈乘其言,便想像明暗之中,有相藏露之地,不亦谬乎?大率圣人之言,不明于后世,注疏之家汩之,非独此文也。余不可以不辨。(《题清凉注参同契》)

二十、“老宿之语,皆不苟然”

洞山悟本禅师[②]作《五位颂》有曰:“兼中到,不落有无谁敢和。人人尽欲出常流,折合终归炭里坐。”予初以谓坐炭中之语别无意味,及读此偈百余首,有曰:“侬家住处岂堪偎,炭里藏身几万回。不触波澜招庆月,动人云雨鼓山雷。”乃知古老宿之语,皆不苟然。符,临济真子,而悟本自为洞山之宗。道本同也,而学者不,了以私异之。惜哉!(《题克符道者偈》)

二十一、《宝镜三昧》“其词要妙”

赞曰:《宝镜三昧》[③]其词要妙,云岩以受洞山,疑药山所作也。先德惧属流

---

① 南唐后主:李煜(937—978),五代时南唐国主,字重光,是南唐中主李璟之子,酷信佛法,世称李后主,宋开宝八年(975),宋兵攻破金陵,李煜请降,后被毒死。李煜善诗文,工书画,知音律,以词最为有名。事迹见《旧五代史卷一三四》《新五代史》卷六二、马令:《南唐书》卷五、陆游《南唐书》卷三、《佛法金汤编》卷十、《中华佛教人物大辞典》(第227页)。

② 悟本禅师:即洞山良价,参见本书《洞山良价》小传。

③ 《宝镜三昧》:又作《洞山良价禅师宝镜三昧》《宝镜三昧》,洞山良价(807—869)撰。此篇系咏叙曹洞正偏回互之玄旨。而偏正回互之说,实渊源于石头希迁所撰之《参同契》。其后,石头传药山,药山传云岩,云岩传洞山,至洞山始集五位说之大成。故本歌与《参同契》同为曹洞宗之宗典而备受重视。(参见慈怡主编:《佛光大辞典》,中国台湾省佛光出版社1988年版,第6766页)

布,多珍秘之。但《五位偈》《三种渗漏》之语,见于禅书。大观二年冬,显谟阁待制朱彦世英,赴官钱塘,过信州白华岩,得于老僧。明年持其先公服,予往慰之。出以授予曰:“子当为发扬之。”因疏其沟封,以付同学,使法中龙象,神而明之。尽微细法执,兴洞上之宗,亦世英护法之志也。(《禅林僧宝传》卷一)

彦　　琪

彦琪，宋僧。住舒州梵天寺①。

彦琪充分肯定《证道歌》是“以所证法门发言为歌，以警未悟”。指出它对丛林影响深远，“自后天下丛林无不知也”。而“诸方老人或注或颂，以至梵僧传皈印土翻译受持”，都是因为对佛心有深刻的领悟所致，“若非深契佛心，其孰能与于此哉?”

本书所录文字，据《证道歌注》《卍续藏经》(新编)第111册。

《证道歌》“以所证法门发言为歌，以警未悟”

永嘉真觉大师②者，乃祖席之英人也。法讳玄觉，少而落彩，聪敏颇异。始者习天台智者教观③，即左溪同时也。于是遍历讲肆，参寻知识。忽一日，

---

① 彦琪事迹见《舒州梵天琪和尚注证道歌并序》题署。

② 永嘉真觉：玄觉(664—713)，又名元觉、宿觉、真觉、无相大师、永嘉大师，俗姓戴，字明道，永嘉(今浙江温州)人，早岁出家，因玄朗介绍，参曹溪慧能，得无生旨意，留一宿即返，时人称为“一宿觉”，返回温江弘法，学者云集。有《证道歌》和《永嘉集》，影响深远。事迹见《宋高僧传》卷八、《景德传灯录》卷五、《统要续集》卷三、《联灯录》卷三。

③ 天台智者教观：天台，即天台宗，又作法华宗、天台法华宗、台宗等，我国十三宗之一，由六朝时智𫖮大师倡立，提倡一心三观、三谛圆融之理，依观心之法以期速疾顿成的大乘宗派。“有宋四明尊者，法智大师，佛子罗睺再来，专修密行，依天台教观，创立大悲三昧行法，十科行道，十乘观心，並是佛祖秘要，万法总持，岂徒以音声色相为观美哉。”(《灵峰蕅益大师宗论》卷五，《嘉兴藏》第36册，第348号，第348页下)《晁待制作纪赠法智大师诗序》：“今天台教观之徒，称四明尊者，追配古人，其言为国中之法也，可谓盛矣。”(《四明尊者教行录》卷六，《大正藏》第46册，第1937号，第913页下)天台宗倡一心三观之说，谓于一心中观缘起法，即空、即假、即中。据《佛祖统纪》卷六：北齐慧文读《中论·四谛品》至“三是偈”，顿有所悟，曰：“诸法无非因缘所生，而此因缘，有不定有，空不定空，空有不二，名为中道。”(《大正藏》第49册，第2035号，第178页下)谓事物因缘所生，故为假有；虚假不实，故名为空；空、假不可分离，非空非假，即为中道。空、假、中的三种道理真实不虚，故名“三谛”；于一心中同时观悟三谛，称“一心三观”。

因览《涅槃大经》洞明法旨，即往曹溪，六祖印可。祖叹其深证，即时遽然告归，祖少留一宿，故号为“一宿觉”焉。则以所证法门发言为歌，以警未悟。师复预期冥感，即时定中观，见字字化作金色满虚空界，自后天下丛林无不知也。诸方老人或注或颂，以至梵僧传皈印土翻译受持。若非深契佛心，其孰能与于此哉？彦琪山居暇日，因学者所问，故乐为其说，许彼所录，录成直叙大略，题于卷首。时绍圣丁丑仲夏十八日列岫轩书。（《舒州梵天琪和尚注证道歌（并）序》）

大慧宗杲

宗杲(1089—1163),宋临济宗僧。字昙晦。法号大慧、妙喜,谥号普觉。宁国(安徽宣州)人,俗姓奚。参谒昭觉克勤禅师而得法,是杨歧派第五世著名禅师。他在南宋时代鼓吹公案禅(看话禅),与提倡默照禅的宏智正觉并称①。宗杲不仅说法的语言高妙,其书法风貌也别具一格,他所书写的不少偈颂尺牍,哪怕是断片残纸,后学也视为珍宝,他的墨迹,曾东传日本,为东京国立博物馆收藏。

大慧宗杲以诗喻禅,提出了"颂(诗)却是经(禅),经却是禅"的论断,他以诗的天然活泼、明净空灵境界,譬喻无事于心、无心于事的一片晶莹澄澈的佛禅之心。他还提出了"闻韶忘味有余乐,方识诗人句外奇"的命题,指出上乘之作,有"忘味"之"余乐",鉴赏者应体悟诗句之外的奇境(意境)奇味(韵味)。他还指出包括诗歌创作在内的一切"世间文章技艺"都崇尚"悟门",只有证悟,"然后得其精妙"。

本书所录文字,据《大慧普觉禅师语录》《普觉宗杲禅师语录》《大慧普觉禅师宗门武库》《人天眼目》《禅宗语录辑要》《卍续藏经》(新编)第121册、《大正藏》第47册。

一、"颂却是经,经却是颂"

示谕:求一语与信道人做工夫。既看《圆觉经》②,经中岂止一语而已哉!

---

① 宗杲生平事迹,见《五灯会元》卷一九、《佛祖通载》卷二〇、张浚:《大慧普觉禅师塔铭》、祖咏《大慧普觉禅师年谱》。

② 《圆觉经》:全称《大方广圆觉修多罗了义经》,亦称《圆觉修多罗了义经》,唐佛陀多罗译,一卷。"圆觉"直译为圆满的灵觉,实为如来藏、真如、佛性、一真法界的别名。此经说"十方众生,圆觉清净""本来成佛",只因有"恩爱贪欲"和"妄念",才流转生死,如能舍弃一切情欲,破除一切迷误,"于清静心,便得开悟"。(《大正藏》第17册,第842号,第916页中)

诸大菩萨各随自所疑处发问,世尊据所疑一一分明剖析。大段分晓,前所给话头,亦在其中矣。经云:"居一切时不起妄念,于诸妄心亦不息灭。住妄想境不加了知(此语最亲切),于无了知不辩真实。"老汉昔居云门庵时,尝颂之曰:"荷叶团团团似镜,菱角尖尖尖似锥。风吹柳絮毛球走,雨打梨花蛱蝶飞。"但将此颂放在上面,却将经文移来下面。颂却是经,经却是颂。试如此做工夫看,莫管悟不悟。心头休热忙,亦不可放缓。如调弦之法,紧缓得其所,则曲调自成矣。归去但与冲辈相亲,递相琢磨,道业无有不办者。祝祝。(《答林判院(少瞻)》)

二、"闻韶忘味有余乐,方识诗人句外奇"

抬搦由来作者知,个中一字两头垂。同生同死何时晓,双放双收举世疑。照胆蟾光沉碧汉,拍天沧海浸须弥。闻韶忘味①有余乐,方识诗人句外奇。(《大慧颂》)

三、"世间文章技艺,尚要悟门"

世间文章技艺,尚要悟门,然后得其精妙,况出世间法……(《郑成忠请普说》)

四、"文字语言乃标月指也"

道明座主亦是讲经者,知得那一著,决定不在文字语言中,文字语言乃标月指也。念欲求善知识②理会这离言说相、离文字相、离心缘相底③一著

① 闻韶忘味:孔子在齐国闻《韶》后,入迷得三个月不知肉味。《史记》卷四十七《孔子世家》记载:"孔子适齐,为高昭子家臣,欲以通乎景公。与齐太师语乐,闻韶音,学之,三月不知肉味,齐人称之。"(司马迁:《史记》,中华书局 2013 年版,第 2303 页。)

② 善知识:见本书《明表净端》"知识门下"注。

③ 离言说相、离文字相、离心缘相:指真如自性不依赖言语论辩,不依赖文字阐述,不依赖义理思维,它不生不灭、不增不减、不垢不净,任何想从思想逻辑中分离出真如本意的方法,都是无意义的。《大乘起信论》:"一切法从本已来,离言说相,离名字相,离心缘相,毕竟平等,无有变异,不可破坏,唯是一心,故名真如。"(《大正藏》第 32 册,第 1666 号,第 576 页上)

子,故得得来寻妙喜[1]。妙喜怜其至诚,直书此一段公案示之……(《示道明讲主》)

当知读经看教,博览群书,以见月亡指,得鱼亡筌[2]为第一义,则不为文字语言所转,而能转得语言文字矣……(《示莫宣教(润甫)》)

---

① 妙喜:即大慧宗杲,见本书《大慧宗杲》小传。

② 得鱼亡筌:《庄子·外物篇》:"筌者所以在鱼,得鱼而忘筌;蹄者所以在兔,得兔而忘蹄;言者所以在意,得意而忘言。"(清郭庆藩撰,王孝鱼点校:《庄子集释》,中华书局1961年版,第944页)

仲温晓莹

晓莹,生卒年不详。南宋临济宗僧。字仲温,号云卧。洪州(江西)人。嗣法于大慧宗杲。晚归隐江西罗湖,杜门不与世接。长于诗文,《四库全书总目提要》称:晓莹"颇解吟咏。其《南昌道中》一律,载《宋高僧诗选》中。绍定间,释绍嵩作《江浙记行诗》,广集唐宋名句,晓莹亦与焉。则在当时亦能以词翰著也。"①有《罗湖野录》四卷、《云卧纪谈》二卷,深受丛林禅僧及士大夫的欢迎②。

晓莹主张借诗词"以畅情乐道",如能讴吟于水云间,实为"真解脱游戏"。在他看来,诗歌可以呈现禅家所领悟的禅心("道"),在其"乐于讴吟"中,则可"见道",这也是一种"善巧方便",是参禅悟道的方便法门。他主张诗偈应从禅家"胸襟流出",是禅家心性的直接表露,是"直截根源"之心声。禅家的"高风逸韵",也往往"于诗可见"。

本书所录文字,据《罗湖野录》《卍续藏经》(新编)第142册。

一、"所献二公偈,并出禅悦游戏"

湖州西余净端禅师③,字表明,出于湖之归安丘氏。甫六岁,事吴山解空

① 永瑢等撰:《四库全书总目》,中华书局1981年版,第1239页上。

② 晓莹生平事迹,见《明高僧传》卷六、《佛祖通载》卷二十、《续灯正统》卷十、《续传灯录》卷三二。

③ 净端禅师(1032—1102),宋代僧人,俗姓丘,字明义,自号安闲和尚,归安(今浙江嘉兴)人,初习儒业,后弃俗出家,入吴山解空院受业。见村人舞狮子,忽明心要,后参龙华齐岳禅师得悟,因喜翻身作舞狮状,丛林号曰"端狮子"。住湖州西余山,佯狂不羁,辩才猛锐,百姓尊之曰"散圣"。吕惠卿、章惇、秦观、苏辙等,皆与之游。事迹见《建中靖国续灯录》卷八、《嘉泰普灯录》卷三、《五灯会元》览一二、《续传灯录》卷九、《五灯全书》卷二五。

院宝暹为师。暹数欲以赀补端，谢曰："志不愿为进纳僧，当肆业与三宝数，亦未晚耳。"年二十有六，始获僧服。既而观弄狮子，顿契心法。乃从仁岳法师①受《楞严》要旨。一日，岳以经中疑难十数，使其徒答之，唯端呈二偈曰："七处征心心不遂，懵懂阿难②不瞥地。直饶征得见无心，也是泥中洗土块。"又曰："八还之教③垂来久，自古宗师各分剖。直饶还得不还时，也是虾跳不出斗。"岳视而惊异，曰："子知见高妙，必弘顿宗④。"于时齐岳师⑤住杭之龙华，道价照映东吴。端往参礼，机缘相契，不觉奋迅翻身，作狻猊状。岳因可之，自是丛林雅号为"端狮子"。端天资慈祥，戒捡不违，恤饥问寒，如切诸己。章丞相子厚⑥，由枢政归吴，致端住灵山，继遇有诏除拜，适乃翁体中不佳，进退莫拟。端投以偈曰："点铁成金⑦易，忠孝两全难。子细思量着，不如个湖州长兴灵山孝感禅院老松树下无用野僧闲。"又尝往金陵，谒王荆公，以其在朝更新庶务，

---

① 仁岳法师：(992—1064)，宋代僧人，俗姓姜，字寂静，自号潜夫，霅川(今浙江嘉兴)人，历主昭庆、石壁、灵芝、净社等大寺，宣扬净土教义。著有《会解》十卷，《弥陀经疏》二卷，作《指归记》二卷以释之。事迹见《佛祖统纪》卷二二、《释氏稽古略》卷四。

② 阿难：全称为"阿难陀"，亦名"庆喜""欢喜""无染"等，是佛祖十大弟子之一，为释迦牟尼叔父斛饭王之子，于释迦回乡时跟随出家，此后二十余年间为释迦牟尼的随侍弟子，长于记忆，听闻最多，故称"多闻第一"，释迦牟尼逝世后的第一次结集中，由他诵出经藏。《杂阿含经》卷二三：佛"复示阿难塔，语王言：'此是阿难塔，应当供养。'王曰：'彼有何功德?'答曰：'此人是侍佛者，多闻第一，撰集佛经。'"(《大正藏》第 2 册，第 99 号，第 168 页中)

③ 八还之教：指佛陀"八相皆还"的教导，"八相"为明暗、通塞、同异、清浊。《首楞严义疏注经》卷二："举此明暗、通塞、空有、染净八种之相，皆仗因托缘以立其象也。"(《大正藏》第 39 册，第 1799 号，第 847 页下)而"空有""亦云同异，亦云动静"(同上书，第 846 页上)

④ 顿宗：禅宗传至五祖弘忍，弘忍传神秀与慧能。神秀一支称为北宗，亦称渐宗；慧能一支称为南宗，亦称顿宗。《释氏稽古略》卷三："祖(慧能)灭后二十年间，曹溪顿宗沈废于荆吴，嵩狱渐门盛行于秦洛。师(神会)于天宝四载入京著《显宗记》，以订两宗南能顿宗北秀渐宗也。"(《大正藏》第 49 册，第 2037 号，第 828 页上)

⑤ 齐岳禅师：从谷隐蕴聪受法。住杭州龙华寺。事迹见《五灯会元》卷一五、《五灯严统》卷一五、《续传灯录》卷四。

⑥ 章丞相子厚：章惇，(1035—1105)字子厚，号大涤翁，自谓"墨禅"，浦城(今福建南平)人，嘉祐二年(1057)进士，不仕，再次参考，进士甲科高中，政绩卓著，开发两江、五溪，经制蛮事，出将入相，极力维护新法，哲宗亲政时为丞相。事迹见《宋史》卷四百七十一《列传第二百三十》、《书录》卷中、《书史会要》卷六、《佩文斋书画谱》卷三十四。

⑦ 点铁成金：指点化古人语文入自己诗文，以提高其表现能力。语出宋黄庭坚《答洪驹父书》："古之能为文章者，真能陶冶万物。虽取古人之陈言人于翰墨，如灵丹一粒，点铁成金也。"(陶秋英编选：《宋金元文论选》，人民文学出版社 1984 年版，第 197—188 页)此说后为江西派诗人所推崇，影响颇广，其内涵亦有所扩大。

故作偈曰:“南无观世音,说出种种法。众生业海①深,所以难救拔。往往沈没者,声声怨菩萨。”吴兴刘焘撰《端塔碑》,荆公平时见端偈语,称赏之曰:“有本者故如是。”然所献二公偈,并出禅悦游戏。使不以方外有道者遇之,其取诟厉也必矣。此可谓相忘于道术也欤?

二、“开廓正见,雅为精峭偈句”

空室道人②者,直龙图阁范公珣之女。幼聪慧,乐于禅寂③,因从兄守官豫章之分宁,遂参死心禅师④于云岩,既于言下领旨,寻以偈伸赞死心曰:“韶阳死心,灵源甚深。耳中见色,眼里闻声。凡明圣昧,后富前贫。利生济物,点铁成金。丹青徒状,非古非今。”死心问之曰:“死心非真,向甚么处赞?若赞死心,死心无状;若赞虚空,虚空无迹。无状无迹,下得个甚么语?若下得语,亲见死心。”对曰:“死心非真,真非死心。虚空无状,妙有无形。绝后再稣,亲见死心。”于是死心笑而已。灵源禅师⑤遂以空室道人号之,自尔丛林知名。政和间,居金陵。圆悟禅师住蒋山,佛眼禅师亦在焉。因机语相契,二师称赏。然道韵闲淡,似不能言者。至于开廓正见,雅为精峭偈句,有《读法界观》曰:“物我元无二,森罗镜像同。明明超主伴,了了彻真空。一体含多法,交参帝

① 业海:参见本书《惠空》注。

② 空室道人:空室道人智通,黄龙悟新禅师之法嗣,龙图阁直学士范珣之女,嫁给丞相苏颂之孙苏悌,不久厌离世相,号空室智通道人。父母亡后于死心禅师处得予印可,后落发为尼,法名惟久,挂锡于姑苏西竺寺,僧俗二众争相前来师事请益,从其得法者甚众。事迹见《五灯会元》卷一八、《续比丘尼传》卷二。

③ 禅寂:指禅僧坐禅入定。禅者梵语,译为静虑。寂静思虑之义。修禅以寂静念虑。《维摩经方便品》曰:“一心禅寂,摄诸乱意。”(《大正藏》第14册,第475号,第674页上)《无量义经》曰:“其心禅寂,常在三昧。”(《大正藏》第9册,第276号,第384页中)

④ 死心禅师:死心悟新(1044—1115),韶州人,俗姓王,自号死心叟,北宋黄龙一派著名禅师。出家悟道,继参黄龙宝观、祖心禅师,为上首弟子,为南岳下十三世。与黄庭坚等交好,学人云集,著有《死心悟新禅师语录》。事迹见《续传灯录》卷二二、《联灯会要》卷一五、《嘉泰普灯录》卷六、《五灯全书》卷三八。

⑤ 灵源禅师:灵源惟清(?—1117),宋代僧人,俗姓陈,字宽夫,号灵源叟,武宁(今江西)人,谒黄龙祖心禅师得法,初住舒州(今安徽潜山)太平寺,后祖心年老辞位,众迎其继师之席,衲子争赴,盛绝一时,能文善咏,徐德占、黄庭坚皆师从之。事迹见《嘉泰普灯录》卷六、《五灯会元》卷一七、《续传灯录》卷二二、《教外别传》卷九、《五灯严统》卷一七。

网中。重重无尽意，动静悉圆通。”又设浴于保宁，揭榜于门曰：“一物也无，洗个甚么？纤尘若有，起自何来？道取一句，子玄乃可。大家入浴，古灵只解揩背，开士何曾明心。欲证离垢地时，须是通身汗出尽。道水能洗垢，焉知水亦是尘。直饶水垢顿除，到此亦须洗却。”后于姑苏西竺院薙发为尼，名惟久。宣和六年，趺坐而终。道人生于华胄，不为富贵笼络，杰然追踪月上女，直趣无上菩提①。又变形服，与铁磨为伍，至于生死之际，効验异常，非志烈秋霜，畴克尔耶？

三、“高风逸韵于诗可见”

西蜀广道者，住筠阳九峰，为云庵真净②之嗣。天资纯至，脱略世故。有颂赵州勘婆话曰：“指路婆婆在五台，禅人到此尽痴呆。一拳打破扶桑国，杲日当空照九垓。”一日，有戒上座者，善于医术，分卫而归，命广说法，戒出致问曰：“如何是九峰境？”答曰：“滔滔双涧水，落落九重山。”进曰：“如何是境中人？”答曰：“长者自长，短者自短。”进曰：“人境已蒙师指示，向上宗乘事若何？”答曰：“吃棒得也未？”戒作礼而退。广遂问侍者曰：“升座为何事？”侍者曰：“戒药王请。”广曰：“金毛狮子子，出窟便咆哮。”“且道金毛狮子子是阿谁？”良久，云：“即是今晨戒药王。”便下座。广晚年依同门友深公于宝峰，雪夜，深与拥炉，语论之久，潜使人戏去广卧榻衾褥。及就寝，摸索无有，置而不问，须臾熟睡，鼻息如雷，其忘物忘我如此。逸人季商老寄以诗曰：“已透云庵向上关，熏炉茗椀且开颜。头颅无意扫残雪，毳衲从来着坏山。瘦节直宜青嶂立，道心长与白鸥闲。归来天末一回首，疑在孤峰烟霭间。”广之高风逸韵，于诗可见矣。妙喜老师亦尝与游，从言其大概。是时丛林以道者目之，真名称厥实也。

---

① 无上菩提：参见本书《五祖弘忍》“无上菩提”注。

② 云庵真净：克文。参见本书《慧洪》“洞山云庵”注。

四、"乐于讴吟，因而见道，不失为善巧方便，随机设化之一端"

潼川府天宁则禅师，蚤业儒，词章婉缛，既从释，得法于俨首座，而为黄檗胜之孙。有《牧牛词》，寄以满庭芳调曰："咄！这牛儿身强力健，几人能解牵骑？为贪原上绿草嫩离离，只管寻芳逐翠奔驰，后不顾顾危。争知道山遥水远，回首到家迟。牧童今有智，长绳牢把，短杖高提。入泥入水，终是不生疲。直待心调步稳，青松下，孤笛横吹。当归去，人牛不见，正是月明时。"世以禅语为词，意句圆美，无出此右。或讥其徒以不正之声混伤宗教，然有乐于讴吟，则因而见道，亦不失为善巧方便，随机设化之一端耳。

五、"胸襟流出，直截根源"

徐龙图禧，元丰五年自右正言出知渭州。既归分宁，请黄龙晦堂和尚就云岩为众说法，有疏曰："三十年前说法，不消一个莫字。如今荆棘塞路，皆据见向开门，只道'平地上休起骨堆'，不知那个是佗平地；只道'吃粥了洗钵盂去'，不知钵盂落在那边。不学溷绝学语言，在根作归根证据。木刻鹞子，岂解从禽？羊蒙虎皮，其奈吃草。故识病之宗匠，务随时而叮咛，须令向千岁松下讨茯苓，逼将上百尺竿头试脚步。直待骸骨回回，方与眼上安眉，图佗放匙把箸自由，识个啜羹吃饭底滋味。不是镂明脊骨，骨胜末后拳椎？法门中如此差殊，正见师岂易遭遇。昔人所以涉川游海，今者乃在我里吾乡，得非千载一时事。当为众竭力，袒肩屈膝，愿唱诚于此会人天，挑屑拔钉，咸归命于晦堂和尚。狮子广座，无畏吼声。时至义同，大众虔仰。"噫，今之疏带俳优而为得体，以字相比丽而为见工，岂有胸襟流出，直截根源若此。黄太史为擘窠大书，镌于翠琰，高照千古，为丛林盛事之传云。

六、“其咏闲适情，可谓得之至矣”

临川化度淳藏主，乃宝峰祥公参徒之杰者，该洽内典，愽综外乘，高尚潇洒，备见于自述山居诗，凡数十解。今记十有二而已：“拙直自知趋世远，疏愚赢得住山深。现成活计无佗物，只有鳞皴枝一寻。”“屋架数椽临水石，门通一径挂藤萝。自缘此处宜投老，饶得溪云早晚过。”“自笑疏狂同拾得，谁知痴钝若南泉[①]。几回食饱游山倦，只么和衣到处眠。”“无心闲淡云归洞，有影澄清月在潭。此景灼然超物外，本来成现不须参。”“随身只有过头杖，饱腹唯凭折脚铛。几度遣闲何处好，水声山色里游行。”“瓦炉爇处清烟霭，铁磬敲时晓韵寒。一穿数珠粗又重，拈来百八不相谩。”“一瓢颜子非为乐，四壁相如未是高[②]。争似山家真活计，屋头松韵泻秋涛。”“数行大字贝多叶，一炷粗香古柏根。石室静筵春昼永，杜鹃啼破落花村。”“渔父子歌甘露曲，拟寒山咏法灯诗。深云勿谓无人听，万像森罗历历知。”“坐石已知毛骨冷，漱泉长觉齿牙清。个中有味忘归念，身老无余合此情。”“幽岩静坐来驯虎，古涧经行自狎鸥。不是忘机[③]能绝念，大都投老得心休。”“怕寒懒剃鬔松发，爱暖频添榾柮柴。栗色伽梨[④]撩乱挂，谁能劳力强安排。”其咏闲适情，可谓得之至矣，倘非

---

① 南泉：即南泉普愿（748—834），俗姓王，郑州新郑（今河南新郑）人，九岁时跪请父母同意他出家，三十岁受具足戒，后随马祖道一学习禅法。贞元十一年（795）挂锡池阳南泉山，建南泉禅院，自种自给，不离开南泉山达三十年。事迹见《宋高僧传》卷一一、《景德传灯录》卷八、《统要续集》卷四、《联灯录》卷四、《五灯会元》卷三。

② 一瓢颜子非为乐，四壁相如未是高：颜回，孔子弟子，孔子称其“一箪食，一瓢饮，在陋巷，人不堪其忧，回也不改其乐。贤哉，回也。”（《论语》卷三《雍也》，朱熹《四书章句集注》，中华书局 1983 年版，第 87 页。）司马相如，早期曾家徒四壁。《史记》卷一百一十七《司马相如列传》载：“相如之临邛，从车骑，雍容闲雅甚都；及饮卓氏，弄琴，文君窃从户窥之，心悦而好之，恐不得当也。既罢，相如乃使人重赐文君侍者通殷勤。文君夜亡奔相如，相如乃与驰归成都。家居徒四壁立。”（司马迁：《史记》，中华书局 2013 年版，第 3614 页）

③ 忘机：忘却机心。参见本书《齐己》“忘机”注。

④ 伽梨：僧伽梨，即袈裟。原意“不正色”“坏色”，因僧人所着法衣用“不正色”（杂色）布制成。为三衣之一。即九条以上之衣。又因必须割截后始制成，故称重衣、复衣、重复衣。因其条数多，故称杂碎衣。为外出及其他庄严仪式时著之，如入王宫、聚落、乞食，及升座说法、降伏外道等诸时所著用，故称入王宫聚落衣。又以其为诸衣中最大者，故称大衣。用九条布乃至二十五条布缝制而成。从布的条数说，也称“九条衣”或“九品大衣”。

中有所养,孰能尔耶?

七、"藉以畅情乐道,而讴于水云影里,真解脱游戏耳"

湖州甘露寺圆禅师,有《渔父词》二十余首,世所盛传者一而已:"本是潇湘一钓客,自东自西自南北。只把孤舟为屋宅。无宽窄,幕天席地人难测。顷闻四海停戈革,金门懒去投书策,时向滩头歌月白。真高格,浮名浮利谁拘得。"遂以是得名于丛林。盖放旷自如者,藉以畅情乐道,而讴于水云影里,真解脱游戏耳。

八、"肆意成歌,有以讽于浮竞"

南岳芭蕉庵主泉禅师,生于泉南,祝发于崇福院。既出岭,造汾阳,参礼昭禅师,受其印可。隐于衡岳,佯狂垢污,世莫能测。以楮为帔,所至聚观,遂自歌曰:"狂僧一条纸帔,不使毳针求细意。披来只么且延时,忍观蚕苦劳檀施。纵饶罗绮百千般,济要无过是御寒。僧来玩,俗来玩,黑喷云霞山水现。五岳烟凝是翠缣,四溟浪白为银线。佗人云,甚摸样,刚把渔笺作高尚。虽多素质混然成,免效田畦凭巧匠。逞金襕,与紫袍,狂僧直是心无向。迦叶头陀①遥见时,定将白氎来相让。向伊言,我不换,老和尚。"泉平时慈明,厚之以友,于老南敬之以叔父。至于放旷自任,简脱无捡,岂非所谓百不为多、一不为少耶?其制楮为帔,无乃矫于侈饰,肆意成歌,有以讽于浮竞?由是而观,未容无取也。

九、"风韵高妙,于事理尤为圆融"

福州空首座,在江西云门庵。一日,妙喜老师问其香严上树话,对以"好

① 迦叶头陀:全名大迦叶、摩诃迦叶,佛陀十大弟子之一,为佛陀弟子中最无执著之念者。《经律异相》卷一三:"时弥勒佛,申右手指,以示迦叶,告诸民人,过去久远释迦佛弟子,名曰迦叶,头陀第一。"(《大正藏》第53册,第2121号,第66页上)

对春风唱鹧鸪”,及征之“是树上语,是树下语”,空罔然。寻避寇之曹溪,复趋临川疏山,时草堂清和尚在焉,因看前话有所证,自谓顿见妙喜用处。遂归闽,寓古田秀峰,道望净禅师有四驰,而屡却名刹之招。东禅偈调之曰:“山龟有殼藏头尾,七十二钻不奈何。恰似秀峰空首座,嘉招不肯出烟萝。”答曰:“敢将不出以为高,朽索其如六马何? 赖有舀溪长柄杓,不妨霜月在松萝。”空之偈句,风韵高妙,于事理尤为圆融。如赠撮药道人曰:“当阳拈出大家看,来处分明去处端。总是诸人自遮护,先生毫发不相谩。”又贻修漏道者曰:“是处丛林走一遭,敲砖打瓦不辞劳。忽然踏着通天窍,始觉从前立处高。”又雪中和僧偈曰:“盖覆乾坤似有功,洞然明白又无踪。其如未识无踪处,玉屑霏霏落眼中。”曾侍郎吉甫尝有诗寄之曰:“江西句法[①]空公得,一向逃禅[②]挽不回。深密伽陀[③]妙天下,无人知道派中来。”其为名公击节如此。

十、“以小技溷掩道望,以故情谬紊师承”不可“为后世矜式”

西蜀显禅师者,落发师乃绍觉白公。有偈送之南游曰:“古路迢迢自坦夷,临行不用更迟疑。佗时若到诸方日,为我分明举似伊。”既至海会,参礼演和尚。一日,演语曰:“我固知你见处,只是未过白云关。”是时圆悟为侍者,显

① 江西句法:指宋代江西诗派的创作主张,如点铁成金、夺胎换骨,要求无一字无来处、以故为新,提倡重读书、以故为新,追求平淡有味、涵咏深沉的审美境界。参见陶秋英编选:《宋金元文论选》,人民文学出版社 1984 年版,第 187—188 页;慧洪撰,陈新点校:《冷斋夜话》,中华书局 1988 年版,第 15—16 页。

② 逃禅:即学佛。“临安府赵太守”诗云:“不作人间骨肉僧,霜威隐隐骨棱棱。金芝三秀诗坛瑞,宝树千花法界清。得句逃禅宁缚律,即心是性不传灯。我来问道无余事,云在青天水在瓶。”(《济颠道济禅师语录》《新编卍续藏》第 11 册,第 25 页下)或谓逃禅犹如逃墨、逃杨,但一般多以逃禅为学佛。

③ 深密伽陀:深密,即《解深密经》,略称《深密经》,唐朝玄奘译,是中期大乘经典。《祖庭事苑》卷六释“伽陀”云:“伽陀,又作伽他、偈佗、偈,广义指歌谣、圣歌,狭义指经文末尾以句联结成的韵文。此云讽颂,亦云不颂。颂谓不颂,长行故,或名直颂,谓直以偈说法故。今儒家所谓游扬德业,褒赞成功者,讽颂也。所谓直颂者,自非心地开明,达佛知见,莫能为也。今时辈往往谓颂不尚绮靡,率尔可成殊。不知难于世间诗章远甚。故齐己《龙牙》序云:‘其体虽诗,其旨非诗者,则知世间之雅颂,与释氏伽陀固相万矣。’”(《新编卍续藏》第 113 册,第 183 页下)

密以白云关意扣之。圆悟曰:“你但直下会取。”已而演自城归,显偕圆悟入城,相值于兴化。演曰:“记得在那里相见来?”显曰:“全火祗候。”演顾圆悟曰:“这汉饶舌矣。”由是机语相契。久而辞归蜀,演为小参曰:“离乡四十余年,一时忘却蜀语。禅人回到成都,切须记取鲁语。”显旋成都,绍觉住昭觉,使显应长松之命。开堂拈香曰:“一则炉鞴功精;二则磨淬极妙。二功并着,理孰为先?不见道:本重末轻,当风可辨。此香奉为绍觉和尚爇向炉中,令教普天帀地,寘沟塞壑,使天下衲僧无出气处。”呜呼!言浮其实,欲隐弥露,无乃计之左乎?其与一宿觉盖相万也。至于蚤善戴嵩之笔,故丛林目为“显牛子”。既以小技溷掩道望,以故情谬紊师承,而为后世矜式,其可耶?

十一、“品题形貌之衰惫,摸写情思之好尚,可谓曲尽其妙”

苏州定慧信禅师,蚤以百丈野狐颂得丛林之誉。其颂曰:“不落不昧,二俱是错。取舍未忘,识情卜度。执滞言诠,无绳自缚。春至花开,秋来叶落。错,错,谁知普化摇铃铎。”又贻老僧曰:“俗腊知多少,庞眉拥毳袍。看经嫌字小,问事爱声高。暴日终无厌,登阶渐觉劳。自言曾少壮,游岳两三遭。”信为明眼宗匠。此乃其游戏耳,然品题形貌之衰惫,摸写情思之好尚,抑可谓曲尽其妙矣。

率庵梵琮

梵琮，宋僧。字率庵。得法于佛照德光。住江州云居①。

梵琮指出，“诗中有禅”“禅中有诗”，诗禅一致，不可割裂。

本书所录文字，据《率庵梵琮禅师语录》《卍续藏经》（新编）第121册。

“诗中有禅”“禅中有诗”

上堂：一日，二僧相访。一僧云：“我能作诗。”一僧云：“我能说禅。”说禅僧笑作诗僧云：“你但做得尖新语句，不知祖师向上巴鼻。”作诗僧笑说禅僧云：“你但识得向上巴鼻，不知诗中眼目②。”二人争之不已。庵主和会曰：“诗中有禅，‘东湖湖上浪滔天，一叶扁舟破晓烟。’禅中有诗，‘手把乌藤出门去，落花流水不相知。’禅与诗何所为断？送二翁出门去，得闲唱个哩啰嗹。”

---

① 梵琮事迹，见《增集续传灯录》卷一本、《续灯存稿》卷一、《续灯正统》卷一一、《五灯全书》卷四七。

② 参见本著第二章“别提眼目”注。在此处“眼目”的意思是指诗的关键所在。

全庵齐己

齐己,宋僧。字全庵。邛州(四川邛峡)人,俗姓谢。年二十五出家。依灵隐瞎堂慧远受法,为圆悟克勤法孙。初住鹅湖,迁广慧,后住庆元府东山。淳熙中退居天童。通儒经,能诗。寂于嘉泰间①。

全庵齐己对偈颂之体制(体式)作了分析,指出,一、偈颂之体制(体式)虽同于诗,但其旨(旨归、旨趣)并非是诗:"虽体同于诗,厥旨非诗也。迷者见之而为抚掌乎?"二、偈颂乃是托像寄妙,必含深意:"凡托像寄妙必含大意。犹夫骊颔蚌胎炟耀波底。"三、人们在玩味体验中,会有强烈的审美效应,令人神思澄澈,诗绪流荡,如游寥廓太虚:"试捧玩味,但觉神虑澄荡,如游寥廓,皆不若文字之状矣。"

本书所录文字,据《禅门诸祖师偈颂》《卍续藏经》(新编)第116册。

偈颂"虽体同于诗,厥旨非诗也"

禅门所传偈颂,自二十八祖止于六祖国,已降则亡厥。后诸方老宿亦多为之,盖以吟畅玄旨也。非格外之学,莫将以名句拟议矣。洎咸通初有新丰、白崖二大师所作,多流散于禅林。虽体同于诗,厥旨非诗也。迷者见之而为抚掌乎?近有升龙牙之门者,编集师偈乞余序之。龙牙之嗣,新丰也。凡托像寄妙必含大意,犹夫骊颔蚌胎炟耀波底。试捧玩味,但觉神虑澄荡,如游寥廓,皆不若文字之状矣。且曰:鲁仲尼与温伯雪子②扬眉瞬目示其道,而何妨言语哉!乃为之序云耳。偈颂凡九十五首。(《龙牙和尚偈颂(并序)》)

---

① 全庵事迹见《嘉泰普灯录》卷二〇,《五灯会元》卷二〇、《五灯严统》卷二〇、《揞黑豆集》卷一。

② 鲁仲尼与温伯雪子:参见本书《雪窦重显》"仲尼温伯雪"注。

普庵印肃

印肃(1115—1169),宋临济宗僧。字普庵。袁州宜春(今属江西)人,俗姓余。年十五从邑之寿隆院出家。二十七落发受具。谒牧庵法忠于大沩,受印契。寻开法慈化寺①。

印肃指出,"书诗写颂",是"对病用医",是作为教诲学人"应超有漏"、了脱生死大事的方便,而且"对病用医,发药施香",乃是"真常佛事"。他还把撰写诗颂作为"游戏法喜禅悦",即主张在游戏三昧中,获得审美愉悦。

本书所录文字,据《普庵印肃禅师语录》《卍续藏经》(新编)第120册。

一、"书诗写颂,对病用医"

应超有漏②,不出此心……信知佛祖,只是自心。卜度真诠,皆为我语。方始发大誓愿,救接迷徒,自然而百众来瞻,不求而殊胜自至。我以法身净妙,犹若大虚。智体双彰,慧身一合。对机演教,随事呈心。开方便而不离其心,释邪魔而不凭别法。是以五年三载,自在如然。从佗毁誉,而我道无心。任彼诘征,而无少欠。书诗写颂,对病用医。发药施香,真常佛事。不苟分文之利养,巨刹圆成。不求一个之众生,法施具足。修桥布路,迥不同凡。演道讽经,山林佛韵。如斯善境。安不快哉。(《为众行童小参》)

---

① 印肃生平事迹,见《年谱》《悟道因缘》《塔铭》(均见《普庵印肃禅师语录》)、《续补高僧传》卷一九、《五灯全卷》卷四六、《续传灯录》卷三三、《释氏稽古略》卷四。

② 有漏:漏,即烦恼,特别是那些使人无法摆脱生死轮回的种种烦恼;有漏,就是有烦恼。一切世间之事体,尽为有漏法,离烦恼之出世间事体,尽为无漏法。《毗婆沙论》曰:"有者,若业,能令后生续生,是名有义。漏者,是留住义,谓令有情留住欲界色界无色界故。"(《毗尼止持会集》卷一,《卍续藏经》(新编)第61册,第666页上)

二、“游戏法喜禅悦”

蜀僧道存,于绍兴十九年七月,谒疎山得悟,特往悯道者处印证(蜀僧存公,生缘受业,及得法之师,始终详悉,后人未之知,此但据普庵所录云耳)。遍历诸方求友,其人希有。后辛巳冬月节,忽到南泉,与普庵契合。祖道说见,无有二解。各以无相三昧①,重相诘问。直得心心相印,法法融通。针芥相投,毫厘不隔。忽有行者请益,蜀僧乃指雪书颂一首,普庵随后。一句加三句,遂成八颂。游戏法喜禅悦②,二人相笑。不觉到这里,败阙一场。(《加颂蜀僧雪颂,并序》)

① 无相三昧:三三昧门之第二,又云无相解脱门。无相门,又称无想门。《三藏法数》:“(出法界次第)解脱,即自在之义也。门,即能通之义。谓由此三解脱门,则能通至涅槃,故名三解脱门。(梵语涅槃,华言灭度。)……无相解脱门,谓既知一切法空,故观男女、一异等相,实不可得;若能如是通达诸法无相,即得自在,故名无相解脱门。”(释一如:《三藏法数》,第68页中—下)

② 法喜禅悦:法喜,又作法悦。指听闻佛陀教法,因起信而心生喜悦。旧译《华严经》“赞阿弥陀偈”云:“佛音能起欢悦心,普令众生得法喜。”(《大方广佛华严经》卷二,《大正藏》第9册,第278号,第403页中)禅悦,指进入“禅定”境界中,人会感到身心安然愉悦。《华严经》曰:“世间爱味,若噍食时,当愿众生禅悦为食,法喜充满。”(《大正藏》第9册,第278号,第432页中)《维摩经·方便品》曰:“虽复饮食,而以禅悦为味。”(《大正藏》第14册,第475号,第539页上)《维摩义记》卷一曰:“禅定释神,名之为悦。”(《大正藏》第38册,第1776号,第441页上)

知　讷

知讷(1158—1210),高丽曹溪宗僧人。高丽中期僧侣,韩国禅宗"中兴祖"。其所传曹溪宗,是将九山禅门集大成的禅宗宗派。俗姓郑,自号牧牛子。京西洞州(黄海道瑞兴郡)人。神宗三年(1200),于松广山吉祥寺组织"定慧社",前后十一年广宣禅教。熙宗元年(1205),改松广山定慧社为"曹溪山修禅社",提倡先悟后修、定慧双修,成为朝鲜禅的根本道场(即今曹溪山松广寺)①。

知讷对《证道歌》是"著歌以证道"作了充分肯定。《证道歌》虽然义理深奥,但言辞通俗,朗朗上口,风靡民间,"乳儿灶妇,亦能钻仰此道""争诵遗章",士庶同唱,"士夫衲子,蚁慕云骈"。

本书所录文字,据灵岩妙空和尚《证道歌注》《卍续藏经》(新编)第114册。

"著歌以证道"

余尝览吾家渔猎文字语言极多,而腾耀古今、脍炙人口者亦少。至于永嘉著歌以证道②,悭于二千言,往往乳儿灶妇,亦能钻仰此道,争诵遗章断稿。况在士夫衲子,蚁慕云骈,不待云后论。由是观之,莫非宿植德本,行解相应,虽借舌端三昧,游戏人间世,而脱身向佛祖外行履。学者穷讨其源,大似持螺酌海,执管窥天。信夫,西土谓之证道经,名不诬矣。余每念此一段佛事,挂之牙

① 知讷生平事迹,见金君绥所撰:《佛日普照国师碑铭》、何劲松:《韩国佛教史》第十章《知讷与曹溪宗》(社会科学文献出版社 2008 年版)、任继愈:《中国佛教史》第十章第一节第二项《知讷和曹溪宗—朝鲜民族化佛教宗派》(中国社会科学出版社 1993 年版)。

② 永嘉著歌以证道:《永嘉证道歌》,见《大正藏》第 48 册,第 2014 号,第 369 页中。

颊间，虽至造次，未能忘。群才辈，枯禅外，单闻浅识，抠衣问难，遂延及此。岂意小师德最，从余之久，日就月将，编以成集，一日出示，求序于余，将授诸来者，余为之骇然。良久，诘曰："一藏半藏，皆为切脚。以字八字，翻成名邈。达磨面壁不言，如来无法可说。昔永嘉已是剜肉作疮，讵可于疮瘢上更加针芥耶？子无乃贩卖葛藤①累我乎？"答曰："痛念佛法，危如累卵，前辈凋谢。后生无闻，有愧丁宁提耳之勤。如师所言，皆大根上智，一闻千悟，不待鞭影而行者所能领解。然钝根末学，必假筌蹄，师既无言，小子何述焉！"如是累番推卸，无何拟蛇画足，为虎插翅，谩以第二机示之。坐间适有梅知县者，栖神内典，念兹在兹。一见斯文，感悟流涕，出金缕板，庶几他日，携手同游华严胜会，亦岂小补哉！因点笔为之引。（《苏州灵岩妙空佛海和尚②注证道歌序》）

---

① 葛藤：喻指公案语句，有讥讽意。中峰和尚云："任以百千聪明，一一把他三乘十二分教，千七百则陈烂葛藤，百氏诸子，从头注解得盛水不漏，总是门外打之绕，说时似悟，对境还迷。"（《中峰和尚遗诫门人》《缁门警训》卷五，《大正藏》第48册，第2023号，第1067页上）葛藤：葛藤缠树蔓生，比喻事物之纠缠、言语之夹杂。禅宗多以执著言语、公案而不直捷见性者为"葛藤"："禅家者流，凡见说事枝蔓不径捷者，谓之葛藤。"（《丛林盛事》卷上，《卍续藏经》（新编）第148册，第63页上）

② 妙空：参见本书《灵岩妙空》小传。

无明慧性

慧性(1162—1237),宋僧。字无明。达州巴渠(四川达川地区)人,俗姓李氏。才祝发即南游,首谒佛照德光,又造松源崇岳,得其衣钵。出世蕲之资福,寻迁智度。扑庵居士守姑苏,振其道誉,勉之主阳山尊相,继又税驾双塔①。

慧性以禅说诗。慧性以为,寒山之诗执著"解脱",未能达到双忘之境,而是"坐在解脱深坑"。

本书所录文字,据《无明慧性禅师语录》《卍续藏经》(新编)第121册。

"寒山子坐在解脱深坑"

上堂:举寒山子②诗云:"吾心似秋月,碧潭清皎洁。无物堪比伦,教我如何说。"③师云:寒山子坐在解脱深坑,若是北山门下,打你头破额裂。

---

① 慧性事迹见颜汝勋:《塔铭》《无明慧性禅师语录》附。

② 寒山:参见本书《寒山》小传。

③ 见项楚:《寒山诗注》,中华书局2000年版,第137页。项楚指出,寒山的"那些禅悟诗,能够在具体形象的描绘中,创造出一种哲人的悟境,予人以深刻的启迪和悠长的回味",而"寒山笔下的碧潭秋月,不沾纤尘,犹如心性大放光明,不沾丝毫的烦恼杂念,这是禅宗追求的最高境界,也能净化读者的心灵,引起无限的沉思遐想"(项楚:《寒山诗注》"前言")。

长翁如净

如净(1163—1228),宋僧。号长翁。明州(浙江宁波),俗姓俞。参足庵鉴于雪窦,看庭前柏树子话有省,鉴领之。出世屡主名刹,前后六坐道场,两奉天旨,住天童最久,学众辐辏,风范四方①。

如净明确提出"借诗说教,要与衲僧点眼"的主张,即是通过"借诗说教",去开发学人的智慧,打开学人的法眼,使之转迷为悟。"借诗说教"不仅是解诗之法,更是教授学人的重要手段与渠道。他用杜诗"绿竹半含箨""新梢才出墙""雨洗娟娟净,风吹细细香"等所描绘的绿竹的三种状态,来比喻"序品第一"、"正宗第二"、"流通第三"。

本书所录文字,据《如净和尚语录》《禅宗语录辑要》,上海古籍出版社1992年版。

"借诗说教,要与衲僧点眼"

上堂:"绿竹半含箨",序品第一。"新梢才出墙",正宗第二。"雨洗娟娟净,风吹细细香。"②流通第三。净慈借诗说教③,要与衲僧点眼,莫有眼开底

---

① 如净事迹见《五灯会元续略》卷一、《续灯存稿》卷一一、《五灯严统》卷一四、《续指月录》卷一、《继灯录》卷一。

② 杜甫《严郑公宅同咏竹》:"绿竹半含箨(tuò),新梢才出墙。色侵书帙晚,阴过酒樽凉。雨洗涓涓净,风吹细细香。但令无剪伐,会见拂云长。"(仇兆鳌:《杜诗详注》卷十四,中华书局1979年版,第1184页)

③ 参见本书上编第三章第一"'借诗说教(禅),要与衲僧点眼':禅宗弘法的诗化景观"之分析。

么？咄！向者里跳出草窠。其或未然，华亭旧有能言鸭[1]，越国今无写字鹅[2]。

① 华亭旧有能言鸭：似指船子德诚而言。德诚曾隐于华亭吴红畔，垂钓度日，人号船子和尚，善诗。参见本书《船子德诚》小传。

② 写字鹅：王羲之"性爱鹅，会稽有孤居姥养一鹅，善鸣，求市未能得，遂携亲友命驾就观。姥闻羲之将至，烹以待之，羲之叹惜弥日。又山阴有一道士，养好鹅，羲之往观焉，意甚悦，固求市之。道士云：'为写《道德经》，当举群相赠耳。'羲之欣然写毕，笼鹅而归，甚以为乐。其任率如此。"（《晋书》卷八十《列传第五十》，中华书局 1974 年版，第 2100 页）

北涧居简

居简(1164—1246),宋临济宗僧。字敬叟。世称北涧居简。潼川府(四川三台)人,俗姓王(一说姓龙)。进谒育王德光,参学凡十五年,得其法印①。居简也工书法,曾有墨迹东传日本。

居简提出了诗歌创作应“以自己为准的”的重要主张,强调诗歌应抒写自己之情志,他指出“事与境触,情与物感,发之于言,惟志之所之,不至,学孙吴顾方略何如耳!”他吸收儒家诗学观,赞同“诗者,志之所之,发于言而义在”之说。他还吸收儒家诗教说(“厚人伦,美教化,移风俗”),重诗之功用,批评“末流著工夫于风烟草木,争妍取奇,自负能事尽矣”之风。居简指出,佳山胜水之美,“如王佐才,可就不可致”,有待诗人“发奇怪之蕴”,因“天秘未龠,隐德弗耀,非胸中丘壑,扪萝陟险,履嶔蹈,极幽邃,穷遐隐,何以发奇怪之蕴?”居简论诗,重“炼意、炼句、炼字”。他推崇风格“清深秀整,不为斩绝刻削”和“清警”而独特的诗篇,它能给人强烈的审美感染,“不觉毛发噤”。他充分肯定船子“咏歌道妙”“脱略笔墨畦畛”。

本书所录文字,据《北涧集》《禅宗全书》第100册。

一、“以自己为准的”

竹岩懒翁钱德载问余曰:“子于诗,以前辈谁为准的?”余曰:“以自己为准的。”竹岩笑曰:“子何言之诞也!”余曰:“事与境触,情与物感,发之于言,惟志之所之,不至学孙吴,顾方略何如耳!”竹岩曰:“审若子之言,陶谢②其犹病诸?

① 居简生平事迹,见《补续高僧传》卷二十四、《五灯会元》卷二十、《新续高僧传四集》卷三、《续传灯录》卷三十五、《增集续传灯录》卷一、《五灯严统》卷二十。

② 陶谢:即陶渊明、谢灵运。

虽然，陶谢亦人耳。少陵号称诗史，又曰集大成。老坡比之太史迁，学崐体①者，目之村夫子。或又谓文章至李义山②特一厄，学郊岛③则工于一二新巧字，谓之字面，已见笑于商周庸人小夫，余用力陶谢，博约少陵，十数年所得于风涛尘土中，古律相半，盍为我观之，欲观子嗜好与我何如?”时括苍太守安僖诸孙希明欲刊诸郡斋，于是择其警拔者得三之二，合二百五十余，名曰《竹岩拾稿》。嘉定纪元重阳后五日，北涧某书于丹丘般若精舍。(《跋常熟长钱竹岩诗集》)

屿山非闻寺，近海不数里，余姚在其左一舍强半。宣和间，待制葛公次仲、丞相魏公南夫尉余姚时，留句壁间，寺因有闻，而后生益懋勉。吾不识两君子，徒诵其诗，得其心，其功在太常，事在太史，文章在天下。后世不以富贵称，而称其文章，不与富贵磨灭，如流俗臭腐，而与此山俱传也如此。(《跋屿山葛魏二诗》)

二、“申导志义，发于言而义在”

经、子、史、传记皆序，下至杂录、小说亦莫不然，序棋、序饮、序画，未易一一数，然则于倡酬为尤宜。畏斋何智夫迟次家食，容与三益，笑麈间二三友更倡迭和以相勉，使书其后。序所以申导志义，诗者志之所之④，发于言而义在，

① 崐体：即西昆体，是宋初诗坛上声势最盛的一个诗歌流派，以《西昆酬唱集》而得名，是以杨亿为首的十七位宋初馆阁文臣互相唱和、点缀升平的诗歌总集，其诗人中成就较高的有杨亿、刘筠和钱惟演等。欧阳修《六一诗话》：“盖自杨刘唱和，西崑集行，后进学者争效之，风雅一变，谓西崑体。繇是唐贤诸诗集，几废而不行。”(何文焕辑：《历代诗话》上册，中华书局 1981 年版，第 266 页)

② 李义山：即李商隐(约 813—约 858)，字义山，号玉溪生，荥阳(今河南荥阳)人，晚唐诗人，曾任秘书省校书郎、弘农尉等，因卷入“牛李党争”备受排挤，一生困顿不得志，与杜牧并称为“小李杜”，其诗构思新奇，风格秾丽，有《李义山诗集》。事迹见《旧唐书》卷一九〇、《新唐书》卷二〇三、《唐诗纪事》卷五三、《唐才子传》卷七、张采田：《玉谿生年谱会笺》、杨柳：《李商隐评传》、董乃斌：《李商隐传》。

③ 郊岛：孟郊与贾岛。

④ 诗者志之所之：《毛诗序》：“诗者，志之所之也，在心为志，发言为诗。情动于中而形于言，言之不足故嗟叹之，嗟叹之不足故永歌之，永歌之不足，不知手之舞之，足之蹈之也。”(郭绍虞主编：《中国历代文论选》第 1 册，上海古籍出版社 1979 年版，第 63 页)

兹尚何序?(《浔溪酬倡序》)

三、“骎骎末流,著工夫于风烟草木,争妍取奇,自负能事尽矣”

少陵得《三百篇》之旨归,鼓吹汉魏六朝之作,遂集大成。《离骚》《大雅》铿然盈耳。晚唐声益宏,和益众,复还正始。厥后为之弹压,未见气力宏厚如此。骎骎末流,著工夫于风烟草木,争妍取奇,自负能事尽矣。所谓厚人伦,美教化,移风俗①,果安在哉?山阴菊涧高九万,得句法于雪巢林景思,于后山为第五世。尝出唐律数十篇,活法天机,往往擅时名者并驱争先。加以数年沉潜反复,树《离骚》《大雅》之根,长汉魏六朝之干,发少陵劲正之柯,垂晚唐婆娑之阴。撷百氏余芳,成溜雨四十围,俾困顿于风烟草木者,息阴休影。方有事于吴门,吴号多士,赵静斋子野、卢蒲江申之柄此能事。第往,必以吾言为然。(《送高九万菊涧游吴门序》)

四、“诗之严句与字,均若浑钢百炼”

学陶、谢不及则失之放,学李、杜不及则失之巧,学晚唐不及则失之俗。泉南珍藏叟学晚唐,吾未见其失,亦未见其止,骎骎不已,庸不与姚贾方轨!“薄霭遮西日,归雕带北云”,题金山也。永嘉诗人刘荆山抵掌而作曰:“应是我辈语。”暇日裴回孤山南北宕,吊天乐墓田,憩参寥泉,论炼意与炼句、炼字之别。噫,适然得之者,意何炼为?《书》曰:“尔有嘉谋嘉猷,则入告尔后于内,尔乃顺之于外,曰斯谋斯猷,惟我后之德。”凡二十九言。《诗》则曰:“讦谟定命,远猷辰告。”八言尽厥旨。诗之严句与字,均若浑钢百炼。书以遗珍,识是日博约。(《书泉南珍书记行卷》)

---

① 厚人伦,美教化,移风俗:《毛诗序》:“情发于声,声成文谓之音。治世之音安以乐,其政和;乱世之音怨以怒,其政乖;亡国之音哀以思,其民困。故正得失,动天地,感鬼神,莫近于诗。先王以是经夫妇,成孝敬,厚人伦,美教化,移风俗。”(郭绍虞主编:《中国历代文论选》第1册,上海古籍出版社1979年版,第63页)

五、“蕃尠约丰，课有责空”

天地间奇诡莫若吟，吟果何事哉？蕃尠约丰，课有责空。蒐揽情状，挑剔万象。学诗学仙，功成蜕蝉。纷纷后生竞浮靡，文浅率，欲谢晻䨴、乘滉瀁而友倏忽，闯吾彭窔传载，弗望洋向若，吾不信也。因作而言曰：“声成文，文成音，逸响兮沉沉，悠悠兮我心。”(《跋钱彭窔吟仙传》)

六、“寓意不留，意何伤乎”

蓄奇玩，衲子所深戒，惧丧志也。然寓意不留，意何伤乎？亮清真得小米云树半幅，桃源太守勾献可久假而不归，留诗以为谢，江东部使者孟藏春次韵补其虚橐。舍画而得诗，与嗜画何异哉！虽然，殆不足与畅法师①白玉麈尾同日语。(《跋清真亮老所得勾献可孟藏春诗》)

七、“佳山水如王佐才，可就不可致”，需人“发奇怪之蕴”

佳山水如王佐才，可就不可致。天秘未龠，隐德弗耀，非胸中丘壑，扪萝陟险，履嵚蹈，极幽邃，穷遐隐，何以发奇怪之蕴？暨阳五泄，越绝佳处，相攸者默，唐僧也，编茨拾橡，不啻大厦广居，食前方丈。洞山诸老，崭然见头角。自是始有五泄之名，喧传淛东西。由唐而宋，名胜接武。把麾而至者，自集贤校理刁约始，所谓“近模雁宕形容小，远较庐山气势高”，乃其诗也。持节而至者，自尚书主客杨杰始，则曰“堪笑兴公游未到，都将佳语赋天台。”自是梬岩虚窦，嵌石倒涧，奇咏芳什，翰墨相照映，往往蚀苔藓，着薜荔，日远日益漫。某人萃而裒之，欲锓诸梓，示游观者，使其新思油然而作。然后窥五汲，问两源，

---

① 畅法师：一作元畅，南朝僧人，泰州(今陕西天水)人，出家后住建康，齐永明年间与法献同时敕任僧正，与齐武帝谈话，称名而不坐。事迹见《钦定大清一统志》卷一百九十九、《中华佛教人物大辞典》(第14页)。

濯县水,蹑飞磴,袭诸贤逸迹,钉两公旧题,援毫而赋,赋罢而歌,勺泉以酹此山之灵,而勒回俗驾,或未已也。(《五泄留题集叙》)

八、"清深秀整,不为斩绝刻削"

权风烟,柄月露,判薰莸,一喧寂,弹压今古,驱驾万象。寓思于嵌谷邃窦、边云墟雾,严扃镝而司其籥。腾踏震耀,诎信变故,触物遇事,挈骚、雅之矩而为之发,锵乎玲然于天地间,八音①相表里。良金华玉,岂龙断尘滓市人能定其价？世兴伯仲以文章鸣,文固不相下,诗则清深秀整,不为斩绝刻削,澄渟涵蓄,驰骤作者阃奥,人谓白眉最良。间关戎马间,悲歌慷慨,一昌于吟,崭然行辈中,落落不谐俗。幢幢云锦,莫知其几,一班仄管,庸尽全豹,徒识相遇之岁月于其后,命之曰《读世兴杜子忻吟草》。(《跋杜濠州诗稿》)

九、"清警特殊绝""不觉毛发噤痒"

晚唐之作,武尽美矣。李、杜、韩、柳,际天涛澜,注于五字、七字,不渗涓滴,铿锵畏佳,尽掩众作。或曰晚唐日新,唐风日不竞,莫不哗而咻之。淳熙初,四明张武子续遗响,数十年间相应酬者,较奇荐丽,眂昔无愧。今出新篇逾百,客窗夜檠,昏花为之落蒂,清警特殊绝,其尤者吾不得而形容。退之招杨之罘云:"之罘南山来,文字得我惊。"今得新篇,不觉毛发噤痒。(《跋卧云楼诗》)

十、"诗带庄骚偈蜕玄妙"

朴翁②诗偈一十五,诗带庄骚,偈蜕玄妙。非无玄妙也,如古画工,投胶于

---

① 八音:我国古代八种制造乐器的材料,通常为金、石、丝竹、匏、土、革、木。泛指音乐。

② 朴翁:葛天民,生卒年不详,字无怀,越州山阴(浙江绍兴)人,字朴翁,曾为僧,其后返初服,居杭州西湖,与姜夔、赵师秀等多有交往,其诗为叶绍翁推崇,有《无怀小集》。

丹碧,求痕于胶空云鸟迹,虽离娄子[①]莫得其眹。缁时一,敛髻后十四。缁时非不佳,终不若敛髻后衡从恣横,弗可加以准绳而不失准绳,信手方圆,毛发无遗。恨好者徒得其迹于平时,其《兰亭》[②]真迹,独吾与乌有生相眡而笑。于其泊然之顷,当与知者道。(《跋朴翁诗葛天民》)

十一、船子"咏歌道妙""脱略笔墨畦畛"

诚禅师[③]号船子,蜀东武信人。在药山三十年,尽药山之道。逮其散席,浮一叶,往来华亭朱泾上下百余里林塘佳处,意所适则维舟汀烟渚蒲间,咏歌道妙。其言与志公、元觉诸老脱略笔墨畦畛处,若合符节。识者味其满船载月,未尝不叹其汲汲于得人,以为不负祖宗计。夹山去后,覆舟而归,乃知佛祖在人间世,断无他事。《西亭》三咏,照耀天地,虽乳儿灶妇能歌之。即其言观其行,廪廪所不死者,不与凡辈共尽。自是松泽山水益明秀,至今称水国名胜。一经品题,千古改观。妙贤企遗烈,结茅于咏歌处,曰"西亭兰若"。樊圃树艺,一竹一石,皆有次序。菱芡浮实,苹蓼交映,落帆半夜,荷笠亭午,开扉相延,抵掌啸咏。冀遇如船子者,求一言之益,而拔俗于千仞之上,使其徒若圭问予所以相遇之道,则谓之曰:"船子之昭昭,如日丽天;尔之拳拳,如水在地。彼以不息照临,尔以不息流注,均具不息之道,故曰天行健,君子以自强不息[④]。又何俟一语之益,然后为得哉?"书以授圭,使归以告贤。(《西亭兰若记》)

---

① 离娄子:古代传说中视力极佳者,《孟子·离娄上》:"孟子曰:'离娄之明,公输子之巧,不以规矩,不能成方圆。'"其注曰:"离娄,古之明目者,黄帝时人也。黄帝亡其玄珠,使离朱索之。离朱,即离娄也,能视于百步之外,见秋毫之末。"(汉赵岐注,宋孙奭疏:《孟子正义》,清·阮元:《十三经注疏》,中华书局1980年版,第2717页上)

② 《兰亭》:王羲之行书《兰亭序》,被誉为天下第一行书。可参见宋桑世昌撰:《兰亭考》(共十二卷),影印文渊阁四库全书,第682册。

③ 诚禅师:参见本书《船子德诚》小传。

④ 天行健,君子以自强不息:《周易·乾卦》:"天行健,君子以自强不息。"(魏王弼、晋韩康伯注,唐孔颖达疏:《周易正义》,清·阮元:《十三经注疏》,中华书局1980年版,第14页下)。

万松行秀

行秀(1166—1246),元僧。字万松。河内(河南沁阳)人,俗姓蔡。出家荆州净土寺,师事净赟。后于磁州大明寺谒雪岩,契悟心印。寻还祖庭,构万松轩以自适。金明昌四年(1193),召师问道,赐锦绮大僧衣。承安二年,诏住西山栖隐寺,迁报恩、洪济、万寿,退居从容庵。三阅藏教,恒以《华严》为业。有《祖灯录》《从容录》《请益录》《鸣道集辨宗说》等著作①。

行秀高度评价雪窦、天童之颂古诗"犹诗坛之李杜"。并概括指出了天童颂古诗的特色:天童之"片言只字,皆自佛祖渊源流出";"天童余才,曲尽奇妙";"天童歌咏入无言诗,可谓杨修见幼妇,一览便知妙";"天童近取诸身,唯用一指。简易之道,要而不繁";"颂不居阴界,不涉众缘,可谓善行无辙迹";"用寒山诗,若合符节";"大有含蓄功夫";"不落思惟,文彩自备"。

本书所录文字,据《万松老人评唱天童觉和尚颂古从容庵录》《禅宗语录辑要》,上海古籍出版社1992年印影《大正藏》本。

一、雪窦、天童之"颂古,犹诗坛之李杜",天童"片言只字,皆自佛祖渊源流出"

吾宗有雪窦、天童,犹孔门之有游、夏。二师之颂古,犹诗坛之李杜。世谓"雪窦有翰林之才",盖采我华,而不摭我实。又谓"不行万里地,不读万卷书,毋阅工部诗",言其博赡也。拟诸天童老师颂古,片言只字,皆自佛祖渊源流出,学者罔测也。柏山大隐集出其事迹,间有疎阔不类者。至于拈提苟简,但

① 行秀生平事迹,见《续灯存稿》卷一一、《续指月录》卷七、《新续高僧传四集》卷一七、《补续高僧传》卷一八。

据款而已。万松昔尝评唱，兵革以来废其祖稿，迩来退居燕京报恩，旋筑蜗舍，榜曰从容庵，图成旧绪。适值湛然居士劝请成之，老眼昏华，多出口占，门人笔受。其间繁载机缘事迹，一则旌天童学海波澜，附会巧便；二则省学人检讨之功；三则露万松述而不作，非臆断也。窃比佛果《碧岩集》，则篇篇皆有示众为备，窃比圆通《觉海录》，则句句未尝支离为完。至于著语出眼笔削之际，亦临机不让。壬午岁杪，湛然居士书至，坚要拈出，不免家丑外扬，累吾累汝也。癸未年上巳日，万松野老因风附寄，不宣。（《〈评唱天童从容庵录〉寄湛然居士书》）

二、“颂不居阴界，不涉众缘，可谓善行无辙迹”，“用寒山诗，若合符节”

天童颂古：云犀玩月灿含辉，（暗通一线，文采已彰。）木马游春骏不羁。（百花丛里过，一叶不沾身。）眉底一双寒碧眼，（不曾趁蛇蜉队。）看经那到透牛皮！（过也！）明白心起旷劫，（威音前一箭。）英雄力破重围。（射透两重关。）妙圆枢口转灵机，（何曾动著？）寒山忘却来时路，（暂时不住如同死人。）拾得相将携手归。（须是当乡人。）

万松评唱：破题两句，颂不居阴界①，不涉众缘已了……沩山警策道：“教理未尝措怀，玄道无因契悟。”②《宝藏论》：“可怜无价之宝，隐在阴入之坑。何时得灵光独耀，迥脱根尘去？”③天童“云犀玩月灿含辉”，古诗有“犀因玩月

---

① 阴界：五阴十八界。五阴：五蕴的旧译，阴是障蔽之意，能阴覆真如法性，起诸烦恼。（参见释一如：《三藏法数》，浙江古籍出版社 1991 年版，第 207 页中—下。）十八界：《三藏法数》：“〔出法界次第〕界即界分，谓众生心、色俱迷，故开色为十界，开心为八界；令其观此色、心二法，皆从虚妄因缘而生，起惑造业，轮转生死。若达此妄源无有实体，绝名离相，则不为惑染所迷也。（开色为十界者，谓眼耳鼻舌身五根，色声香味触五尘，皆属于色，故开之为十也。开心为八界者，谓眼识、耳识、鼻识、舌识、身识、意识，及意根、法尘，皆属于心，故开之为八也。）（释一如：《三藏法数》，浙江古籍出版社 1991 年版，第 507 页上—下）

② 语出《沩山大圆禅师警策》，见《缁门警训》卷一，《大正藏》第 48 册，第 2023 号，第 1042 页下。

③ 《宝藏论·广照空有品第一》：“如何以无价之宝，隐在阴入之坑，哀哉哀哉！”（《大正藏》第 45 册，第 1857 号，第 145 页下）《销释金刚经科仪会要注解》卷二：“可惜无价之宝，隐在阴入之坑。何日得灵光独耀，迥脱根尘去？”（《卍续藏经》（新编）第 92 册，第 284 页上）

纹生角”①,好言语可惜折合向文才情思上。“木马游春骏不羁”,此颂出息不涉众缘,可谓善行无辙迹也。“眉底一双寒碧眼”,洛浦道:“单明自己法眼未明,此人只具一只眼。若要双眼圆明,除是不居阴界、不涉众缘,‘无影林中高悬日月,不萌枝上暗辨春秋’始得。”“看经那到透牛皮”,长庆云:“眼有何过?”《楞严经》云:“汝今谛观此会圣众,用目循历,其目周视,但如镜中,无别分析。”②这里蹉过。药山道:“底牛皮也须穿透。”……“妙圆枢口转灵机”,《尔雅》:“枢谓之椳。”郭璞注云:“门扉枢也。”③流水不腐,中枢不蠹。言其活也。尊者未点先行,不拨自转,这边那边无可不可。天童披沙拣金,分星擘两,花判了也。末后两句更有余才道:“寒山忘却来时路,拾得相将携手归。”此颂国筵海众钻纸穿窗,尊者老婆略与。“钩帘归乳燕,穴纸出痴蝇”,用寒山诗,若合符节。诗云:“欲得安身处,寒山可长保。微风吹幽松,近听声愈好。下有斑白人,唠唠读黄老。十年归不得,忘却来时道。”④闾丘胤访后与拾得相携,出松门更不还寺。有本云“喃喃读黄老”。此颂弱丧忘归,与迷人指路也。(第三则“东印请祖”)

三、“天童余才,曲尽奇妙”,“大有含蓄功夫”

天童颂古:不起一念须弥山,(一句便了。)韶阳法施意非悭。(天童也不少。)肯来两手相分付,(只恐尔承当不下。)拟去千寻不可攀。(徒劳斫额。)沧海阔,(涵天浴日无涯岸。)白云闲,(伴鹤随风得自由。)莫将毫发着其间。(已太多生。)假鸡声韵难谩我,(真不掩伪。)未肯模胡放过关。(西天令严。)

万松评唱:尔问我“不起一念有过无过”,我便掇出一坐须弥山在尔面前相似,其法施之利,固非悭恪。永嘉道“大施门开无壅塞”⑤,非但今日也。梵

① “天童觉云:宾主不谙,二俱有过,各与二十棒。祇如向上一窍又作么生?犀因玩月纹生角,象被雷惊花入牙。”(《宗鉴法林》卷四九,《卍续藏经》(新编)第116册,第623页上)

② 引文见《楞严经》卷三,《大正藏》第19册,第945号,第119页上。

③ 《尔雅·释宫》云:“枢,谓之椳。”郭璞注:“门户扉枢。”(李学勤主编:《中华汉语工具书书库》第43册,安徽教育出版社2002年版,第34页上)

④ 见项楚:《寒山诗注》,中华书局2000年版,第62页。

⑤ 见《永嘉证道歌》《大正藏》第48册,第2014号,第369页中。

语须弥，此云妙高，四宝所成曰妙，独出众峰曰高。四天下山中，须弥最为第一。尔若自肯，我便两手分付。古诗道："待伊心肯处，是我命通时。"其实此事常显露，如须弥山嶕屼峥嵘，谁能盖覆？未分付时，尔岂无分？分付与尔，岂是新得？不见长庆道"万象之中独露身，唯人自肯乃方亲"①？天童颂到这里大有含蓄功夫。尔若拟议不来，千里万里仰望不及。璩源道："此事如崖颓石裂，壁立千仞，不可攀揽。"②其实尔亦不曾离，我亦不曾夺。此与上句迷悟相反，对偶分明。教中说："须弥山入水八万瑜缮那，出水八万瑜缮那，非娑竭海不能涵容。"③山既古今不动，云亦出没常闲。洞山道："青山白云父，白云青山儿。白云终日倚，青山总不知。"④天童余才，颂须弥山如海阔云闲，曲尽奇妙。这里容得一念起灭吗？所以道"沧海阔，白云闲，莫将毫发著着其间"。此又与雪窦道"眼里着沙不得"同参，若论韶阳不悭法施，却又眼里著得须弥山也。此须弥山颂中筑著磕著，血脉贯通，拍拍是令，非妄生穿鉴增长识情也。其实不起一念底人，岂可更问有过无过？直饶常在不起一念处点检将来堪作什么？所以道"假鸡声韵难谩我，未肯模胡放过关"。孟尝君入秦为相，人或说王："孟尝君贤，又齐族也，今相秦必先齐而后秦，秦其危矣。"王囚君欲杀，君因幸姬求解。姬曰："妾愿得君狐白裘。"此时裘已献王，下客能为狗盗者，取裘献姬，君得出。夜半至函谷关，关法鸡鸣而出客，下客凭谖善为鸡鸣，群鸡皆鸣，君脱秦难⑤。师拈拄杖云：万松今日把关也，有学鸡鸣者出来！复靠却拄杖

---

① 见《福州长庆慧棱禅师》《五灯会元》卷七，《卍续藏经》（新编）第 138 册，第 250 页下。

② 据《建中靖国续灯录》卷二十一《衢州璩源山善政禅院普印禅师》载璩源语云："此事犹崖颓石裂相似，无提掇处，无凑泊处。良由非语默而可穷，岂计挍而能及。"（《卍续藏经》（新编）第 136 册，第 311 页下。）

③ 《圆觉经类解》卷二："须弥山，亦云妙高峰，此喻圆觉。然此山，出水八万四千逾缮那，入水八万四千逾缮那，又安可用不真之火而拟燎者哉？"（《卍续藏经》（新编）第 15 册，第 844 页上。）《法华经三大部补注》卷五云："逾缮那，亦云逾阇那，又云由旬，或云由延，此云量也、合也。一似此方古之王者，一日行量也，或十六里、四十里等，如诸文辨。"（《卍续藏经》（新编）第 44 册，第 108 页上。）由旬，亦译"俞旬""揄旬""由延""逾阇""逾缮那"等。古印度长度单位。按照《俱舍论》的说法，三节（人中指的中节）等于一指；二十四指等于一肘；四肘等于一弓；五百弓等于一俱庐舍；八俱庐舍等于一由旬。大体是人一日所行走的距离。《大唐西域记》卷二称："逾缮那者，自古圣王一日运行也。旧传一逾缮那四十里矣，印度国俗乃三十里。"

④ 见《筠州洞山悟本禅师语录》卷一，《大正藏》第 47 册，第 1986 号，第 512 页上。

⑤ 参见司马迁：《史记》卷七十五《孟尝君列传》，中华书局 2013 年版，第 2849 页。

云:放过一著!(第19则“云门须弥”)

四、“天童歌咏入无言诗,可谓杨修见幼妇,一览便知妙”

天童颂古:弦筈相衔,(高低普应。)网珠相对。(左右逢原。)发百中而箭箭不虚,(对扬有准。)摄众景而光光无碍。(独耀无私。)得言句之总持,(出语成章。)住游戏之三昧。(举动合拍。)妙其间也宛转偏圆,(如珠走盘。)必如是也纵横自在。(看取令行时。)

万松评唱:失在弦上,不可不发,此颂云门问处,机锋不可触。“网珠相对”,此颂乾峰答处,宾主交参,问在答处,答在问处。百发百中,颂云门“某甲在迟”。智觉道:“如人射地无有不中之理。”交光相罗,事事无碍,颂乾峰“恁么那”。《华严疏》:“帝释殿贯珠成网,光影互现,重重无尽。”①此颂公案大意,不必句句配属,胶柱调弦也。云门道:“将谓侯白,更有侯黑。”隋朝有侯白,字君素,滑稽辩给之士也。大将军杨素见知,撰《旌异记》,人神报应甚详,亦可尚也②。唐朝有李白能诗,后有李赤效之,甚不类也。人传为笑。今言侯黑,亦其类也。有本云:“我早侯白,伊更侯黑”,言更甚也。总持有三:多字、一字、无字③。总持一切法门,三昧正定也。天童偏圆犹事理也。观国师云:“理圆言偏,言生理丧。”《天台止观》云:“圆伊三点,非如点水之纵,亦非列火之横,又竖穷三际名高,横遍十方名广。”故《法华》云:“其车高广。”④天童傍通教海,洞贯义天。云门乾峰,立无字碑。天童歌咏入无言诗,可谓,杨修见

---

① 《大方广佛华严经随疏演义钞》卷二云:“重重交映若帝网之垂珠者,第七因陀罗网境界门。如天帝殿珠网覆上,一明珠内万像,俱现诸珠尽。然又互相现,影影复现,影重重无尽故。”(《大正藏》第36册,第1736号,第10页中)

② 参见《隋书》卷五十八《列传第二十三·陆爽侯白》,中华书局1982年版,第1421页。

③ 密宗总持法门有三种:多字,一字,无字。总持:梵语陀罗尼,译言总持。总一切法和持善不失,持恶不起之义。密教之总持门为咒总持,称真言陀罗尼。密教用以解释梵字真言时,多字之义,能体现在一字上,也能体现在无字上。《略述金刚顶瑜伽分别圣位修证法门》卷一云:“夫真言陀罗尼宗者,是一切如来秘奥之教,自觉圣智顿证法门。”(《大正藏》第18册,第870号,第287页下)

④ 见《妙法莲华经》卷二,《大正藏》第9册,第262号,第12页下。

“幼妇”，一览便知“妙”[①]。（第 40 则“云门白黑”）

五、“不落思惟，文采自备”

天童颂古：驴觑井，（五更侵早起，）井觑驴。（更有夜行人。）智容无外，（天下衲僧跳不出。）净涵有余。（万象莫能逃影质，）肘后谁分印？（天眼龙睛不可窥。）家中不蓄书。（真文不醋。）机丝不挂梭头事，（花又不损，）文采纵横意自殊。（蜜又得成。）

万松评唱：般若无知，靡所不知，故“净涵有余”也……丛林又有肘后符，《春秋后语》：赵简子告诸子曰：“吾藏肘后宝符于常山上，先得者赏。”诸子驰山上，求无所得。唯襄子母恤还曰：“恤已得之符矣，他人皆不可分。”简子请奏之，母恤曰：“从常山上下临代可取也。”简子曰：“母恤贤矣。”立为太子[②]。云岩示众云：“有个人家儿子，问著无有道不得底。”洞山出云：“他屋里有多少书籍？”岩云：“一字也无。”洞山云：“得恁么多知？”岩云：“日夜不曾眠。”洞山又云：“问一段事得也无？”岩云：“道得即不道。”[③]“肘后谁分印”，深密自得之道，他人皆不可分也。“家中不蓄书”，得恁多知？生而知之上，学而知之次也。这“驴觑井”“井觑驴”，还许分割领览分也无？还许学解传布也无？夹山云：“闻中生解，意下丹青。目下即美，久蕴成病。”[④]青山与白云，从来不相到。“机丝不挂梭头事，文采纵横意自殊”。嘉祥一路，智者知疎。瑞草无根，贤者不贵。天童末后全用夹山一联，以明此话不落思惟，文采自备。且道具何三昧便得如斯？只个无巴鼻，诸般没奈何！（第 52 则“曹山法身”）

六、“天童近取诸身，简易之道，要而不繁”

天童颂古：俱胝老子指头禅，（缩却驴蹄。）三十年来用不残。（至今跷手

---

① 杨修见幼妇：参见本书上编第一章“杨修见幼妇”注。

② 参见司马迁：《史记》卷四十三《赵世家》，中华书局 2013 年版，第 2145 页。

③ 见《筠州洞山悟本禅师语录》卷一，《大正藏》第 47 册，第 1986 号，第 508 页上。

④ 见《联灯会要》卷二十一《澧州夹山善会禅师》《卍续藏经》（新编）第 136 册，第 772 页下。

乱下。)信有道人方外术,(这里使不着。)了无俗物眼前看。(犹嫌少在。)所得甚简,(啚塞乾坤,)施设弥宽,(不消一捏。)大千刹海饮毛端。(不留涓滴。)鳞龙无限落谁手?(天童犹在。)珍重任公把钓竿。(不妨惊人手段。)师复竖起一指云:看!(惭惶杀人。)

万松评唱:万古常空,一朝风月,岂止三十年用不残?《庄子·大宗师篇》:"孔子曰:彼游方之外者也,而丘游方之内者也。"[①]若无方外之术,争得世出世间全在一指头上见彻根源?古诗道:"眼前无俗物,多病也身轻。"天童近取诸身,唯用一指,简易之道,要而不繁。《维摩》"毛吞大海",名小不思议经;《华严》"尘含法界",名大不思议经。《楞严》"于一毛端,遍能含受十方国土"[②],又云"于一毛端现宝王刹,坐微尘里转大法轮"[③]。《庄子》:"任公子为大钩巨缁,五十犗以为饵,蹲乎会稽,投竿东海,旦旦而钓,期年不得鱼。已而大鱼食之,牵巨钩没而下,惊扬而奋发,白波若山,海水震荡,声侔鬼神,焯赫千里。任公子得若鱼,离而腊之自制,浙河以东,苍梧以北,莫不厌若鱼者。"[④]所谓"钓竿斫尽重栽竹,不计功程得便休。"[⑤]后来接得断指童子,国泰瑫别峰相见,嘉山来误入桃源。(第84则"俱胝一指")

① 清郭庆藩撰,王孝鱼点校:《庄子集释》,中华书局1961年版,第267页。

② 《大佛顶如来密因修证了义诸菩萨万行首楞严经》卷二,《大正藏》第19册,第945号,第111页下。

③ 《大佛顶如来密因修证了义诸菩萨万行首楞严经》卷四,《大正藏》第19册,第945号,第120页下。

④ 见《庄子·外物篇》,清郭庆藩撰,王孝鱼点校:《庄子集释》,中华书局1961年版,第925页。

⑤ 《船子和尚拨棹歌》:"二十年来江上游,水清鱼现不吞钩。钓竿斫尽重栽竹,不计功程得便休。"(华东师范大学出版社1987年版,第33页)

古月道融

道融，宋代临济宗黄龙派僧。字古月。涂毒智策之法嗣。偶读《罗湖野录》，深有所感，遂以三十年间于丛林之见闻，编集一部近古之名僧善行录，即《丛林盛事》二卷[宁宗庆元五年(1199)刊行]①。

道融从月庵果禅师改诗，指出创作出上乘之作的关键，是“当辨衣单下本分事”，即参禅悟道，明心见性，识得自己的本面目，而“不在攻外学”，这样获得对禅心的领悟的人，自然“久久眼开”，具有很高识别力和创造力的法眼，而“做工夫眼开底人，见处自是别”，“自然点出诸佛眼睛，况世间文字乎”？

在道融看来，禅师应专心本分事，弘扬佛法，使道誉四驰，而不应用心“攻诗”，以诗名世。他以“崇野”为例，告诫后学，指出崇野“虽道誉不甚四驰，唯有诗名流于世”，非禅家本色，只能如齐己、贯休一样，只能称诗僧而已。

本书所录入文字，据道融《丛林盛事》《卍续藏经》(新编)第148册。

一、“当辨衣单下本分事，不在攻外学，久久眼开，自然点出诸佛眼睛”

绍兴间，有一仕宦至焦山，题风月亭曰：“风来松顶清难立，月到波心淡欲沈。会得松风元物外，始知江月似吾心。”前后观者莫不称赏。唯月庵果②行

① 道融生平事迹见《丛林盛事序》。丛林盛事：凡二卷。笔记体著作。古月道融撰。本书被列入禅门七书。主要辑录其平日于丛林之所见所闻，及有关古今诸禅师、居士之嘉言善行。内容包括程大卿参黄龙、佛印解东坡玉带、宝峰祥叉手等，计一百四十一条。

② 月庵果：善果(1079—1152)，宋僧。号月庵。铅山(今属江西)人，俗姓余。幼依七宝院元浃剃发。游方鹅湖，闻二童子戏语，有省。嗣法开福道宁。出世道吾、福严，徙闽中黄檗及东西禅，晚居大沩。事迹见《联灯录》卷一七、《嘉泰普灯录》卷一七、《五灯会元》卷二十、《续传灯录》卷二九。

脚到此，观之曰："诗好则好，只是无眼目[①]。"同坐者曰："哪里是无眼目处？"果曰："小僧与伊改两字，即见眼目。"同坐曰："改甚字？"果曰："何不道：会得松风非物外，始知江月即吾心。"坐者大服，信之。做工夫眼开的人，见处自是别，况月庵平昔不曾习诗，而能点化[②]如此，岂非龙王得一滴水，能兴云起雾者耶？兄弟家行脚，当辨衣单下本分事，不在攻外学。久久眼开，自然点出诸佛眼睛，况世间文字乎？

二、"虽道誉不甚四驰，唯有诗名流于世，后进当以崇为戒"

崇野堂，四明人，久依天童宏智禅师[③]。以大事不决，竟上江西见草堂。未几，果有所得，后住育王，乃拈香为草堂之嗣。雪窦[④]持以四句戏宏智曰："收得一宗（翠岩宗白头也），失却一崇。面前合掌，背后搥胸。"闻者莫不大咲。崇幼年多攻诗，尝题庐山三峡桥曰："萧萧石径蟠苍松，山腰忽断来悲风。坐寒欲作暮天雪，人静似发山林钟。落崖千古流寒玉，眩眼百丈飞长虹。倚栏深省十年梦，坐看云吞五老峰。"后安国按部见之，大加称赏，遂彻去诸家诗牌，唯留此一篇。自兹，虽道誉不甚四驰，唯有诗名流于世。后进当以崇为戒，所谓齐已、贯休[⑤]名重地也。

---

① 参见本书第二章"眼目"注。

② 点化：指禅师教化、教导弟子或其他人。天隐和尚云："历代祖师从这拄杖头上点化群迷天下，老和尚从这拄杖头上指东话西。"（《天隐和尚语录》《嘉兴藏》第25册，第171号，第515页上）

③ 宏智禅师：参见本书《宏智正觉》小传。

④ 雪窦：参见本书《雪窦重显》小传。

⑤ 齐已、贯休：参见本书《齐已》小传、《贯休》小传。

石溪心月

心月(？—1254),宋僧。字石溪。眉州(四川眉山)人,俗姓王。依金山善开受法①。

心月指出,丛林偈颂,乃是游戏翰墨之举,禅家"往往禅宴之暇",以"一歌一咏,以淘汰业识,疏通性源"。但是,偈颂并不能"单明直指"心印,否则"错砻言句,滋培道根",是无益于参禅悟道的。

本书所录文字,据《石溪心月禅师杂录》《卍续藏经》(新编)第123册。

"禅宴之暇,一歌一咏,以淘汰业识,疏通性源"

丛林以偈颂为禅悦②余味者,盖黄梅③有曰"此偈亦未见性",法眼(清凉文益。)有曰"此颂可续吾宗",此皆因语而识人也。往往禅宴之暇,一歌一咏,以淘汰业识,疏通性源,亦未敢仿佛单明之旨。否则错砻言句,滋培道根,其损益又从而可知。学者不可不审。顷在四明,同清凉范长老游大梅,或索《和花光师墨梅十题》,题曰《悬崖放下》;曰《绝后再苏》;曰《平地春回》;曰《淡中有味》;曰《一枝横出》;曰《五叶联芳》;曰《高下随宜》;曰《正偏自在》;曰《幻花灭尽》;曰《实相常圆》。首尾托物显理,借位明功,以形容禅家流工夫,从入道

---

① 心月生平事迹,见刘震孙:《石溪心月禅师语录·序》、《五灯会元续略》卷五、《增集续传灯录》卷四、《续灯存稿》卷四、《五灯严统》卷二十一。

② 禅悦:参见本书《普庵印肃》"法喜禅悦"注。

③ 黄梅:即五祖弘忍。

应世。至于得旨归根边事①,无准于实相常圆②。著语云:"黄底自黄青底青,枝头一一见天真。如今酸涩都忘了,核子如何说向人。"予愧短乏,哦咏非素习,不得已,亦勉强思量,到思量不及处,果幻花灭尽耶?墨梅无下口处耶?懡㦬中不觉失笑。噫,绝后再苏耶?平地回春耶?于凑泊不及处凑泊,成二百八十字。字韵句意不拣重复,但不失题意而已。掉在无事甲中。十见青黄,一日与畏友艮岩火炉头夜话之。艮岩亦忻然成十章,并录之放笔一笑。是淘汰业识耶?是错砻言句耶?必有为我划去者。(《墨梅一题序》)

① "归根边事":即"己躬下事",即"本分事"。而"本分事",指禅家本身份内之大事——获得禅悟、超脱生死,见到本来面目的大事。大慧杲云:"世间粗心于本分事上,十二时中不曾照管微细流注,生大我慢,此是业主鬼来借宅。如此而欲舍利流珠诸根不坏,其可得乎?"(宗杲:《宗门武库》《大正藏》第47册,第1998号,第947页中)

② 实相:实相:原意为本体、实体、真相、本性等;引申指一切万法真实不虚之体相,或真实之理法、不变之理、真如、法性等。以世俗认识之一切现象均为假相,唯有摆脱世俗认识才能显示诸法常住不变之真实相状,故称实相。如《金刚经》所说:"凡所有相,皆是虚妄。"(《大正藏》第8册,第235号,第749页上)

法　应

法应，宋僧。自称“传法宝鉴大师”，南宋淳熙间住池州报恩光孝禅寺①。

法应明确指出，颂古有重要的作用，它是以“譬喻言词说法开示，欲令众生悟佛知见”，“彻见当人本来面目”。

本书所录文字，据《禅宗颂古联珠通集》《卍续藏经》（新编）第115册。

“譬喻言词说法开示，欲令众生悟佛知见”

法应自昔南游访道，禅燕之暇，集诸颂古，咨参知识，随所闻持同学讨论，去取校定三十余年。采摭机缘②三百二十五则，颂二千一百首，宗师一百二十二人，编排成帙，命名《禅宗颂古联珠集》，愿与天下学般若菩萨共之。虽佛祖不传之妙，不可得而名言，初无字书，安有密语③？临机直指④，更不覆藏，彻

① 法应事迹见《续藏目录》。

② 机缘：机，根机；缘，因缘。众生之根机具有接受佛、菩萨等教化之因缘，称为机缘；凡说法教化皆以机根之纯熟为缘而起。此外，禅宗师家教化弟子时，极强调顺应各种机缘而施行其教法。《镇州临济慧照禅师语录》：“尔看眉毛有几茎，这个具机缘，学人不会，便即心狂。”（《大正藏》第47册，第1985号，第500页中）禅师临机应缘的问答语句、举止作略，也称机缘。《镇州临济慧照禅师语录》卷一《行录》：“首参黄檗，次谒大愚，其机缘语句载于行录。”（《镇州临济慧照禅师语录》《大正藏》第47册，第1985号，第506页下）

③ 密语：指佛陀真实、秘密之言语与教示。佛陀真意自表面之理解而言，是隐藏的，称为密意。圆悟克勤云：“如来有密语，迦叶不覆藏。迦叶不覆藏，乃如来真密语也。当不覆藏即密，当密即不覆藏。此岂可与系情量、立得失、存窠窟作解会者举耶？”（《圆悟佛果禅师语录》卷一五，《大正藏》第47册，第1997号，第782页上）

④ 临机直指：临机，面临机缘，面对禅机。临机直指，是指禅师在弟子面对禅机之时，不通过语言文字，不通过中间步骤，直接识见本心就自我成佛。法应《禅宗颂古联珠旧集本序》：“虽佛祖不传之妙，不可得而名言。初无字书，安有密语。临机直指，更不覆藏。彻见当人本来面目故，诸佛以一大事因缘出现于世，譬喻言词，说法开示，欲令众生悟佛知见，岂徒然哉！”（《中华藏》第78册，第1720号，第622页上）

见当人本来面目[①]故。诸佛以一大事因缘[②],出现于世,譬喻言词,说法开示,欲令众生悟佛知见,岂徒然哉!池阳信士,裒金刻板,以广见闻,为大法光明之施。淳熙二年乙未腊八日,编次谨书。(《禅宗颂古联珠旧集本序》)

① 本来面目:指人人本来具有不迷不悟之面目,又作本地风光、本分田地、自己本分、本分事。《六祖大师法宝坛经》卷一:"慧能云:'不思善,不思恶,正与么时,那个是明上座本来面目?'惠明言下大悟。"(《大正藏》第48册,第2008号,第349页中)

② 一大事因缘:谓佛陀出现于世间之唯一大目的,是为开显人生之真实相,此即所谓一大事。释一如云:语"出《法华经》。一即一实相也。其性广博,故名为大。如来出世度生之仪式,故名为事。众生具此实相而能成机感佛,故名为因。如来证此实相而能起应度生,故名为缘。一切如来出现于世,皆为开示一切众生本有实相,令其咸得悟入佛之知见。舍此则非如来出世本怀,经云:如来惟以一大事因缘故出现于世。是也。"(释一如:《三藏法数》,浙江古籍出版社1991年版,第3页中)

无文道灿

道灿，宋僧。字无文，号柳塘。吉安泰和（今属江西）柳塘村人，俗姓陶。十八岁剃度，从杞室和尚受业，历参笑翁无准、痴绝道冲，而得法于杨歧派禅师笑翁妙堪，为南岳十八世。尝住饶州荐福寺、庐山开先寺，并复兴故乡的慈观寺。自开庆元年（1259）辞归荐福寺后，其事迹不详。其《语录》于咸淳九年（1273）刊行。其诗文、法语，传诵禅林①。

道灿主张诗歌创作以“心为宗”，这是禅宗诗学的重要主张：“苟得其宗矣，可以晋魏，可以唐，可以宋，可以江西，投之所向，无不如意，有本者如是，难与专门曲学泥纸上死语者论也。”

道灿的《赠明侍者》，提出了诗歌创作的重要观点：一、好诗、至文成功之秘，“学之无他术，先要心路绝”，即要摒弃思维，摒弃分别心，有一个澄澈空明的心胸。二、其方法，“兀坐送清昼，万事付一拙。如是三十年，大巧自发越”，参禅静坐，无思无虑，作一个无事于心，无心于无事的如拙如愚之人，长期坚持，大巧顿显。三、如此，则“万象赴陶冶，百怪乞提挈”，百怪万象纷至沓来，供您驱使、陶铸。

道灿提出的“眼中有庐山”“胸中有庐山，笔下有庐山”，暗示诗歌创作的过程，就是从“眼中庐山”到“胸中庐山”到“笔下庐山”的过程。道灿指出了诗人审美胸襟建构的重要性，“诗天地间清气，非胸中清气者，不足与论诗”。他批评近时诗家之弊，乃是追求“艳丽新美，如插花舞女，一见非不使人心醉，移顷则意败无他，其所自出者有欠耳！”其根本原因是“不以性情而以意气，不以学问而以才力甚者，务为艰深晦涩，谓之托兴幽远”。

---

① 道灿生平事迹，见《增集续传灯录》卷二、《续灯存稿》卷二、《五灯全书》卷五三、《四库全书》提要、明复：《柳塘外集解题》。

道灿吸收儒家“诗主性情，止礼义”的诗学观，指出“非深于学者，不敢言”。并肯定营玉涧能读万卷书，本儒家之学“以浚其源”，能行万里路，“游观远览以利其器”，又能返观内照，修身养性，“反闻默照以导其归”，从而使绚烂之极，因“千锻万炼以归于平易”“自大江大河而入于短浅”，其诗“轻不浮，巧不淫，肥不腴，癯不瘠”。道灿高度推崇“清而活”的诗篇，把“清不癯，活不放”作为理想境界。

本书所录文字，据《无文道灿禅师语录》《卍续藏经》（新编）第150册；《柳塘外集》《禅门逸书初编》第5册，第115号。

一、诗以“心为宗”

南岳去江西千余里，去浙三千余里，士之游江西已少，游浙绝少。予来江湖，不独少见，见之亦不满人意。嘉熙庚子，然松麓偕庐陵颖钝翁访天童，三夕遂别，不暇尽记所蕴，然逆知其为佳士。后七年相会径山，学问声实已与年俱长。明年侍记，又明年掌记，盖沅江九肋鳖[①]也。松麓有大志，不修细行，遇事如暴风迅霆不可禁遏，移顷则风休雨霁不见涯涘。属文不凡，为歌诗有纪律，故先无准喜之。无准没，省亲西上，予语之曰：“他日登山，与子相劳。”徘徊其处问：“可行藏于苍烟白鸟？”莫有能为予言者。方孤闷不自聊，南昌东溪以诗集来，清整丽密，思致风度俱不凡，欣然与可酬酢。所谓孤闷遂亡去，岂可有灵以是慰吾牢落邪？不然，何东溪诗来与予，不自聊者适相偶也。或问诗以何为宗？予曰：心为宗。苟得其宗矣，可以晋魏，可以唐，可以宋，可以江西，投之所向，无不如意，有本者如是，难与专门曲学泥纸上死语者论也。风来一阵药花香，可晚年所进，亦岂在纸上哉！东溪曾从吴越诸公游，出语波峭，吾见其进，未见其止，更于所宗者留意，他日能事，当不在可下。（《送然松麓归南岳序》）

---

① 九肋鳖：一般的中华鳖只有八对肋板，但湖南沅江流域却产有九对的鳖，称为“九肋鳖”，是传说中的异龟。“九肋鳖”用以比喻稀少或难得的人才。五代王定保：《唐摭言·自负》：“袁州出举人，亦犹沅江出龟甲，九肋者盖稀矣。”（王定保撰，姜汉椿校注：《唐摭言》，上海社会科学院出版社2003年版，第254页）宋叶梦得：《避暑录话》卷上：“唯故人二三辈与门生时时相过，文采议论，灿然可观，求子微、怀一，盖沅江九肋也。”（叶梦得：《避暑录话》，《文渊阁四库全书·子部十·杂家类三·杂说之属》第863册，第863—864页）

二、“学之无他术,先要心路绝”

好诗无音律,至文难言说。学之无他术,先要心路绝。兀坐送清昼,万事付一拙。如是三十年,大巧自发越。万象赴陶冶,百怪乞提挈。兴来忽运笔,妙处无前哲。古来翰墨士,外此别无诀。明也江南来,俊气方烈烈。乘潮观海门,入越探禹穴。须从言外参①,莫向纸上窃。此方吾必秘,为子轻漏泄。慎勿语俗子,只可自怡悦。(《赠明侍者》)

三、“非胸中清气者,不足与论诗”

诗天地间清气,非胸中清气者,不足与论诗。近时诗家艳丽新美,如插花舞女,一见非不使人心醉,移顷则意败无他,其所自出者有欠耳!仲刚生长藕花汀洲间,天地清气固以染其肺腑,久从北涧②游,受诗学于东嘉赵紫芝③,警拔清苦,无近世诗家之弊。晚登华顶,窥雁荡酌飞泉,萧散闲谈,大异西湖北山,但惜北涧紫芝不及见也。自风雅之道废,世之善诗者,不以性情而以意气,不以学问而以才力甚者,务为艰深晦涩,谓之托兴幽远,斯道日以不竞。风月三千首,自怜心尚在,顾予病长学落,不得与吾仲刚讲明此事。(《潜仲刚诗集序》)

诗至于唐,风雅已不竞,元和以后,体弱而徘,气惫而索,声浮而淫,诗道几亡矣!天台周衡屋,学唐三十年,积诗三百篇,顷见故人南叔凯于南湖为予说,衡屋咄咄不绝口吟,今观其诗,益信叔凯之不吾欺也。或谓衡屋年益日高,诗益日富,而功名之途日益左,岂非山川英灵之气,取之伤廉,阴阳开阖之机,发之太尽,故造物乘除之理,厄之至此邪?予曰,不然,南溪之上,有秫数十亩,有菊数百本,

---

① 言外参:指参禅不能执着于文字。

② 北涧:见参见本书《北涧居简》小传。

③ 赵紫芝:赵师秀(1170—1219),字紫芝,号灵秀,永嘉(今浙江温州)人,南宋诗人,是“永嘉四灵”中较出色的诗人,诗学姚合、贾岛,有《赵师秀集》二卷,别本《天乐堂集》一卷,已佚。事迹见释居简《北涧集》卷十《祭上元长官赵紫芝》《宋诗纪事》卷八五、《宋史翼》卷二八。

有书数千卷,衡屋未穷于诗也。养性使全,养心使正,养气使直,养吾胸中之清明者,塞乎天地之间①,然后发而为吟,则唐季诸子②,将北面稽首于衡屋之下矣!菊田方君方柄兹能事,衡屋东还试举似之。(《周衡屋诗集序》)

四、“眼中有庐山”“胸中有庐山,笔下有庐山”

胸中有庐山,笔下有庐山,窗下有庐山,眼中有庐山,别山十七年,见山一日间。韵险落鬼胆,语妙破天悭。永怀看山人,恨不同跻攀。摩娑青石砚,负山良厚颜。天风几时来,乘之欲西还。(《题源虚叟庐山行卷》)

五、“诗主性情,止礼义,非深于学者,不敢言”

诗主性情,止礼义,非深于学者,不敢言。大历元和后,废六义,专尚浮淫新巧,声固艳矣,气固娇矣,诗之道安在哉?然当时君子要未必不学,特为风声习气所移,迷不知返耳!数十年东南之言诗者,皆袭唐声,而于根本之学未尝一日用其力,是故浅陋而无节,乱杂而无章,岂其所自出者有欠欤?予友莹玉涧,早为诸生,游场屋数不利,于是以缁易儒,胸中所存,浩浩不可遏,溢而为诗。本之礼义以浚其源,参之经史以畅其文,游观远览以利其器,反闻默照以导其归,由千锻万炼以归于平易,自大江大河而入于短浅,轻不浮,巧不淫,肥不腴,癯不瘠。吾是以知有本者如是,而非前所谓不学者所能也。予常谓,惟俨③诗不传于后世,而

---

① 养吾胸中之清明者,塞乎天地之间:《孟子·公孙丑》:“曰:‘我知言,我善养吾浩然之气。’‘敢问何谓浩然之气?’曰:‘难言也。其为气也,至大至刚,以直养而无害,则塞于天地之间。其为气也,配义与道;无是,馁也。是集义所生者,非义袭而取之也。行有不慊于心,则馁也。’”(朱熹:《四书章句集注》,中华书局1983年版,第232—233页)

② 唐季诸子:指唐文宗太和、开成之后到唐亡的七八十年的晚唐时期的诗人,代表诗人有杜牧、李商隐、陆龟蒙、罗隐、皮日休等。

③ 惟俨:药山惟俨(737—834),别号药山,唐代高僧,石头希迁禅师法嗣,绛州(今山西侯马市)人,俗姓韩,是曹洞宗始祖之一,是联系马祖道一和石头希迁禅系的重要禅师,在禅宗历史上有着举足轻重的地位。事迹见《宋高僧传》卷一七、道光《广东通志》卷三二八、《五五灯会元》卷五、《景德传灯录》卷一四。

托名于欧阳一序，参寥[1]诗可传者十数解，藉东坡一语而盛行世，无二公孰知玉涧者，虽然玉涧岂托人以传哉！（《营玉涧诗集序》）

六、“诗清而活”

雪屋入天童室已参活句[2]，晚入康山宴坐绝顶，一足不印人间地，乾坤清气，尽入其手，无怪乎诗之清而活也。予与雪屋未即一日雅，大雪没屋，行吟梅花树下，甚想见其人，顷游吴越间，见所刊《兔园集》，反覆阅之，不无毫发遗恨，欲告雪屋未能。今观此编，前之遗恨者毫发不存，岂雪屋晚年所见亦与予暗合邪？诗至于清而止于活，清之失也癯，活之失也放，此近日诗家大病，无他，学不胜才，气不胜识，理不胜词，故未得其真，先得其似耳。学也气也理也，难与今之有唐声者言也。雪屋大肆其力于是三者久，故清不癯，活不放，黎然有当于人心。呜呼，微雪屋，吾将谁与论哉？（《韶雪屋诗集序》）

七、“短歌数十丈，长句三两言，实其有也空。”

外不见有法，内不见有我，此空岩所以得名。然名字一立，则空即有矣！短歌数十丈，长句三两言，实其有也空。崖道人轩渠而言曰：大般若[3]六百卷，重宣复演数千言，其所诠者性空[4]而已。文字语言，何尝与空为碍哉？尔乃无

---

① 参寥：道潜（1043—1106），北宋诗僧，俗姓何，字参寥，赐号妙总大师，于潜（今浙江临安）人，自幼出家，与苏轼诸人交好，轼谪居黄州时，曾专程探望，著有《参寥子诗集》。事迹见陈师道《后山集》卷十三《送参寥序》、陈师道《参寥集序》（《参寥子集》卷首）、苏过《斜川集》卷五《送参寥道人南归序》、明复：《参寥集解题》《释氏稽古略》卷四。

② 参活句：参见本书《圆悟克勤》“参活句”注。

③ 大般若：全称《大般若波罗蜜多经》，简称《大般若经》，是大乘般若类经典的汇编。唐玄奘将全书译出，共六百卷。此经认为世俗认识及其面对的一切对象，均属“因缘和合”，假而不实，唯有通过“般若”对世俗认识的否定，才能把握佛教“真理”，达到觉悟解脱。这是大乘佛教的基础理论。

④ 性空：“性”即“空”，或“自性空”，谓一切“有为法”，皆由因缘和合而成，无其固有的、永恒不变的体性，故诸法法性不待破析，即是空无，属“十八空”之一。《大智度论》卷二十：“诸法诸

说，我乃无闻，谓此故也。诸君遗我以无言之言，公当赠我以无文之文，空兮有兮乌乎论！（《空明颂集序》）

法自性空。”（《大正藏》第25册，第1509号，第213页中）《大智度论》卷三一：“复次，舍利弗！菩萨摩诃萨欲住内空、外空、内外空、空空、大空、第一义空、有为空、无为空、毕竟空、无始空、散空、性空、自相空、诸法空、不可得空、无法空、有法空、无法有法空，当学般若波罗蜜！”（《大正藏》第25册，第1509号，第285页中）

淮海原肇

元肇，宋僧。亦作原肇。通州静海（江苏南通）人，俗姓潘。幼从邑之妙观出家，年十九薙染受具，参径山淛翁如琰得法，嗣为南岳十八世。掌记室甚久。绍定六年（1233）琰寂，出世安吉道场寺①。

元肇论诗，吸收儒家“诗本乎情性，正乎礼义”的诗学观，严厉批评江湖吟社“率皆沽衒相高，有如龙断”，使“风雅之道熄矣”。他肯定刘清轩“卒老于吟，多悲歌感古之直气，未尝以事干谒，可谓知本者也”。

本书所录文字，据《淮海外集》，明复主编《禅门逸书续编》第1册，第209号。

“诗本乎情性，正乎礼义”

诗本乎情性，正乎礼义②，不蕲世知而知之者也。年来江湖吟社，率皆沽衒相高，有如龙断③，风雅之道熄矣！清轩辙半天下，卒老于吟，多悲歌感古之直气，未尝以事干谒④，可谓知本者也。（《题刘清轩吟卷》）

---

① 元肇生平事迹，见《增集续传灯录》卷五、《五灯全书》卷五三、《五灯会元续略》卷三、《五灯严统》卷二二、明复：《淮海外集解题》（明复主编：《禅门逸书续编》，第1册，第209号）

② 诗本乎情性，正乎礼义：《毛诗序》：“诗者，志之所之也，在心为志，发言为诗。情动于中而形于言，言之不足故嗟叹之，嗟叹之不足故永歌之，永歌之不足，不知手之舞之，足之蹈之也。”（郭绍虞主编：《中国历代文论选》第1册，上海古籍出版社1979年版，第63页）

③ 龙断：即垄断，本指独立的高地，引申为独占其利。《孟子·公孙丑下》：“人亦孰不欲富贵？而独于富贵之中，有私龙断焉……有贱丈夫焉，必求龙断而登之，以左右望而罔市利。”（朱熹：《四书章句集注》，中华书局1983年版，第248页）

④ 干谒：对人有所求而请见，多指为某种目的求见地位高的人。杜甫：《自京赴奉先县咏怀五百字》：“以兹悟生理，独耻事干谒。”（仇兆鳌：《杜诗详注》，中华书局1999年版，第266页）

云贲心闻

心闻，临济宗僧。名云贲。永嘉人。育王介谌之法嗣①。

心闻贲和尚以艺喻禅，用“李白诗歌”“公孙舞剑”“张颠草书”来诠释临济“三要”，就是用鉴赏品评艺术的方法，来譬喻学人领会导师言说的要点与方法、参究公案的要点与方法。

心闻严厉批评雪窦重显的颂古诗败坏了禅门宗风：“雪窦以辩博之才，美意变弄，求新琢巧，继汾阳为颂古，笼络当世学者，宗风由此一变矣”。

本书所录文字，据《续古尊宿语要》《卍续藏经》（新编）第119册；《禅林宝训》《大正藏》第48册，第2022号。

一、以艺（诗、书、舞）喻“三要”

师云：云峰②只知认许多路头走，不知背后被人点背，然后如是健行阔步，能有几个？而今或有人问长芦③“如何是第一要④？”“李白歌诗。”⑤“如何是

① 心闻生平事迹见《五灯会元》卷十八、《续传灯录》卷三十三、《禅林宝训顺朱》卷四、《续刊古尊宿语要》第四集。

② 云峰：即云峰文悦（998—1062），宋僧。南昌（今属江西）人，俗姓徐。七岁剃发龙兴寺。十九游江淮，谒大愚守芝求法，服勤八年而愚殁。东游三吴，初住西山翠岩，旋移南岳，十年不出户，道益显著。后住法轮，迁云峰终老。生平事迹，见《五灯会元》卷一二、《禅林僧宝传》卷二二、《佛祖历代通载》卷一八、《联灯录》卷一四。

③ 长芦：即长芦清了。清了（1090—1151），宋僧。字真歇。绵州（四川绵阳）人，俗姓雍。年十八，试《法华经》得度。往成都大慈习经论，后出蜀至沔阳，见丹霞子淳悟旨。复抵真州长芦，谒祖照，得其法，继其席。历主天封、雪峰、育王、龙翔、径山诸寺。寂溢悟空禅师。生平事迹，见《五灯会元》卷一四、《指月录》卷二八、《教外别传》卷一五。

④ 三玄三要：乃临济宗师接引学人的三个原则和三种要点。“三玄三要”，指在说法时，一句话中要做到机趣无穷，圆转灵动，要有“权”（灵活性）、“实”（具体性）、“照”（清晰性）、“用”（实践性）。也可以说是一种语言观。三要即三种要点，这是配合三玄而说。所谓“一玄门须具三要”，即是在言说中应当具有此三种要点，而学人领会导师言说与参究公案，也应掌握此三个要点。

⑤ 心闻贲和尚以“李白歌诗”释“第一要”。李白“天才豪逸”若仙，其“横放”“惊动千古”。

第二要？“公孙舞剑。”①“如何是第三要?”“张颠草书。”②长芦走得脚步更阔，汝等诸人，还有赶上来的吗？若不得流水，还应过别山。(《续古尊宿语要》)

二、雪窦“美意变弄，求新琢巧，笼络当世学者，宗风由此一变矣”

心闻曰：教外别传之道，至简至要，初无他说。前辈行之不疑，守之不易。天禧间，雪窦以辩博之才，美意变弄，求新琢巧，继汾阳为颂古，笼络当世学者，宗风由此一变矣。逮宣政间，圆悟又出己意，离之为《碧岩集》。彼时迈古淳全之士，如宁道者③、死心④、灵源⑤、佛鉴⑥诸老，皆莫能回其说。于是新进后

对太白诗的鉴赏，应像清代诗论家黄子云所说的那样：“学古人诗，不在乎字句，而在乎臭味。字句魄也，可记诵而得；臭味魂也，不可以言宣。”(黄子云：《野鸿诗的》，王夫之等撰：《清诗话》下册，上海古籍出版社1978年版，第847—848页)即是说，要不受“字句”的局限，要求之于象外(“求无象于窅冥惚恍之间”)，体味诗歌之“臭味”，直探诗人之“元珠”(灵府)。这就如像参究公案要破除对外界物相的执著，要求不受语言的束缚，而去体悟和把握它的禅意(本心)一样。

① 心闻贲和尚以“公孙舞剑”释“第二要”。公孙大娘乃唐代著名舞蹈家，其剑器舞(女子着军装之舞)在内外教坊独享盛名。观公孙舞剑，应从其迅速变化(“霍如羿射九日落，矫如群帝骖龙翔”——满堂旋转，腾空飞翔)的雄健刚劲的姿势和淋漓顿挫的节奏中，领略其舞蹈的入神之境，不执著于舞姿形象的外在表现，而直探、体悟公孙大娘的生命律动。正如参究公案要随机应变，灵活妙用一样，要从语言的迷离性、多义性中去把握旨趣。

② 心闻贲和尚以“张颠草书”释“第三要”。唐代著名草书家张旭，醉后往往号呼狂走，索笔挥洒，变化无穷，有癫狂之态，故人称张颠。张旭草书，放纵潇洒，笔势连绵，变化多端，是他的心灵的直接呈现。因此，对张旭草书之“变动犹鬼神，不可端倪”的观赏，应如宋代书论家董逌所言：“观其书者，如九方皋见马，必得于‘若恤若失，若亡其一’，不可求于形似之间也。”(董逌：《广川书跋》卷七《张旭千字》，崔尔平选编：《历代书法论文选续编》，上海书画出版社1999年版，第123页)应如参究公案，必须超出一般常规逻辑推理形式，去体悟把握书法家的心灵律动与情感逻辑。(参见冯学成：《千首禅诗品析》上卷，四川文艺出版社1996年版，第497—499页)

③ 宁道者：道宁(1053—1113)，宋僧。歙溪(安徽歙县)人，俗姓汪。以头陀入禅林，人以“宁道者”呼之。系大鉴下第十五世五祖演禅师法嗣。道宁生平事迹见《嘉泰普灯录》卷一一、《五灯会元》卷一九、《补续高僧传》卷一〇。

④ 死心：悟新(1043—1114)，宋僧。字死心。韶州曲江(广东韶关)人，俗姓黄。壮依佛陀院德修祝发。进具后游方，至黄龙，谒晦堂悟旨。初住云崖，次迁翠崖。晚住黄龙。生平事迹见《续传灯录》卷二二、《联灯会要》卷一五、《嘉泰普灯录》卷六、《五灯全书》卷三八。

⑤ 灵源：惟清(？—1117)，宋僧。字觉天，号灵源。武宁(今属江西)人，俗姓陈。年十七为僧。谒黄龙宝觉祖心得法。初住舒州太平，衲子归投。复主黄龙，法筵益盛。黄鲁直、程伊川皆与为友。谥佛寿禅师。生平事迹见《嘉泰普灯录》卷六、《五灯会元》卷一七、《续传灯录》卷二二、《教外别传》卷九、《五灯严统》卷一七。

⑥ 佛鉴：即希陵。参见本书《虚谷希陵》小传。

生，珍重其语，朝诵暮习，谓之至学，莫有悟其非者，痛哉！学者之心术坏矣。绍兴初，佛日入闽，见学者牵之不返，日驰月骛，浸渍成弊，即碎其板，辟其说，以至祛迷援溺，剔繁拨剧，摧邪显正，特然而振之，衲子稍知其非而不复慕。然非佛日高明远见，乘悲愿力，救末法之弊，则丛林大有可畏者矣（心闻昙贲《与张子韶书》《禅林宝训》）。

第三章

元代禅宗诗学著述录要

横川行珙

如珙(1222—1289),元代临济宗僧。字子璞,号横川,又称行珙。永嘉(浙江温州)人,俗姓林。曾参灵隐寺石田法薰。后往天童山参谒灭翁文礼,以疑而请益之,忽有省悟,遂随侍其旁①。

行珙提出诗“要写心源”“发本有天真”之说。并指出领悟把握“心源”应“在目前”即在当下,应返观自心,即目兴怀,目击道存。他还以自己的创作实践,说明诗歌“皆清净性中流出”。

本书所录文字,据《横川行珙禅师语录》《卍续藏经》(新编)第123册。

“只要写心源”“发本有天真”

做诗无题目,只要写心源②。心源虽难搆,浅深在目前。白云抱幽石,藤花树上纡。丰干③不识你,道你是文殊④。(《寒山》)

---

① 如珙生平事迹,见《五灯会元续略》卷三上、《天童寺志》《新续高僧传四集》卷一七、《补续高僧传》卷十二、《增集续传灯录》卷四、《续灯存稿》卷四、《五灯严统》卷二一。

② 心源:就是生命律动的本源,也就是一切艺术创造的本源。禅宗千言万语,无非教人认识本心,返回心源(本来面目):“祖师西来,唯直指单提,令人返本还源而已。”(《密云悟禅师语录》卷六《示林道人》《嘉兴藏》第10册,第158号,第38页上)

③ 丰干:又作封干,唐代禅僧,居天台山国清寺。人或借问,只对曰“随时”二字,更无他语。白天舂谷,夜则吟咏,言语无准。先天(712—713)年间,行化于京兆(治今陕西西安),曾为太守闾丘胤治病。有诗数首附载《寒山子诗集》中。事迹见《宋高僧传》卷一三、《景德传灯录》卷二七。

④ 文殊:即文殊师利菩萨,亦称“曼殊师利”。意为“妙德”“妙吉祥”等,简称“文殊”。以智慧辩才著称,为大菩萨中第一,故尊号为“大智文殊”。传说居东方清凉山(即五台山)。《五灯会元》卷二有“文殊菩萨”章。《法演语录》卷上:“文殊、普贤、观音、势至,各踞一方,助佛扬化。”(《大正藏》第47册,第1995号,第649页上—中)

寒山[1]做诗，无题目，发本有天真[2]。予独处山寮，眼见耳闻底，皆清净性[3]中流出，不觉形言，凡二十首。戊子夏午。(《偈颂》)

① 寒山：参见本书《寒山》小传。

② 天真：天然而不假造作的真理。《止观辅行传弘决》卷一云："理非造作，故曰天真。"(《大正藏》第46册，第1912号，第143页下)

③ 清净性：指清净自性，乃人的无疑净信之心。离恶行之过失，离烦恼之垢染，云清净。自性乃自身本有之性，即人人本来具备的佛性。《南宗顿教最上大乘摩诃般若波罗蜜经六祖慧能大师于韶州大梵寺施法坛经》曰："自性常清净""世人性净，犹如清天。"(《大正藏》第48册，第2007号，第339页上)清净乃教义名词，来自梵文，是"净法"(即没有垢染的无漏法)的略称，与"不净""染"相对，泛指烦恼扰动、不受生死缠缚以及涅槃和达到涅槃的出世间法。

林泉从伦

从伦(1223—1281),元初曹洞宗禅僧。号林泉。报恩行秀法嗣。对投子义青之颂古一百则与丹霞子淳之颂古一百则均加以着语与评唱,汇集为《空谷集》《虚堂集》①。

林泉从伦关于颂古诗的评唱(鉴赏与品评),涉及了一些重要的原则:一、颂古诗常是"用比兴连类以喻至道"。由于颂古诗是绕路说禅,因而常常是用比兴的方法,以象征或譬喻来表现公案的禅心(心性),在品评和赏鉴以领悟公案之禅心时,应按照"世法即佛法,佛法即世法"的要求,去领会禅心的着落处。二、"慎勿以世间语言诗思文学,恣纵妄情,流落生死"。在从伦看来,如果用"世间语言诗思文学"之世谛观、分别识去解读颂古,不仅会远离公案之禅心,而且会"总纵妄情,流落生死"。他批评石室善道、云岩、道吾、骆宾王的种种诠释,"也是妄生比并"。三、他特别强调创作与品评颂古应具备"正法眼",即不同于常人的识别力、创造力与鉴评力。他基于曹洞宗的立场,反复申说正偏五位、君臣五位之说。四、他赞赏优游平易之诗,认为"诗到平常处,方知格调高"。

关于颂古诗的创作和品鉴问题,他有一系列的重要命题与论断,诸如:"近取诸身,远取诸物,以喻至极之道";"虽设铺陈之意,皆有语中之无语";不应"逐句寻言",而要"知根达本";"休于言下觅,莫向句中求";"假言说而趣般若";"应须着意声前,莫便死于句下";"暗中通一线,云影上东岩";"以言遣言"与"以理显理"。

从伦的"评唱"力图用比较通俗的描述来说明投子义青与丹霞子淳的颂古诗对公案之禅心的领悟处。这一领悟的着落点在于其用生动形象所呈现的

① 从伦生平事迹,见《五灯会元续略》卷一、《五灯严统》卷十四、《五灯全书》卷六十一。

正偏兼带、理事圆融、内外和合、非染非净、非正非偏的禅境之中。而他所提出的有关颂古诗的创作和赏评的原则和方法，实是对颂古诗创作经验的总结与概括。

本书所录文字，据《林泉老人评唱投子青和尚颂古空谷集》《林泉老人评唱丹霞淳禅师颂古虚堂集》《卍续藏经》（新编）第117册、第124册。

一、"诗具六义，曰风赋比兴雅颂，用比兴连类以喻至道"

投子青①颂古：三更月落两山明（清光何处无），古道程遥苔满生（几人能履践）。金锁摇时无手犯（谁敢动着），碧波心月兔常行（莫乱走）。

林泉评唱：师举洞山《颂偏正五位》首篇云："正中偏，三更初夜月明前。莫怪相逢不相识，隐隐犹怀旧日嫌。"②且道旧日嫌甚？今日嫌甚？迷悟到头

① 义青（1032—1083），宋僧。青社（山东青州北）人，俗姓李。七岁于妙相寺出家。试经得度。入京听《华严》有省。人称青华严。去叩禅林，参浮山法远于圣严寺，随侍六年，洞下宗旨，悉皆究明。远即付大阳警玄所遗顶相、皮履、直裰。嘱曰：代我续其宗风。寻见圆通法秀，意气相投，自是道声遐迩。初住建州白云山，寻迁舒州投子山，举大阳宗风，故有投子之号。寂后敕谥慈济。有《空谷集》《语录》。事见《嘉泰普灯录》卷二、《五灯会元》卷一四、《续传灯录》卷六、《高僧摘要》卷一。

② 《颂偏正五位》：见《瑞州洞山良价禅师语录》《大正藏》第47册，第1986号，第525页下。曹洞宗的五位说，有正偏五位、功勋五位、君臣五位、王子五位四种，构成了一个完整的严密的思想体系。正偏五位、功勋五位由洞山良价创立，君臣五位和王子五位，是曹山本寂提出。其中，正偏五位是五位说的基本理论，君臣五位乃是五位说的特色所在。"五位君臣"说集中体现了真如体和现象世界关系的观点，成为该宗"回互"学说的关键部分，同时也是该宗区别于禅宗其他各家的主要内容。"五位君臣"说，是用以分析真如佛性和现象世界，即理与事的关系，并用以作为教授不同对象的方法。它是用"正""偏""兼"三个概念来表示。其中"正"代表本体界，表示理、体、空、净等，"正位即属空界，本来无物"，立于"朕兆未生"之位。"偏"代表现象界，表示事、用、有、染等，"偏位即色界，有万形象"，是"朕兆已生"之位。"兼"代表理事融合，非染非净，非正非偏。以"正""偏""兼"三个概念配以"君""臣"之位而成五种关系，这就构成了"五位君臣"："正中偏""偏中正""正中来""兼中至""兼中到"。按曹山本寂的解释："正位即空界，本来无物。偏位即色界，有万象形。正中偏者，背理就事。偏中正者，舍事入理……君为正位，臣为偏位。臣向君是偏中正。君视臣是正中偏。"（《五灯会元》卷十三《曹山本寂禅师》）可见，第一、第三是"背理就事"，第二、第四是"舍事入理"，都是以世俗论之，从而将本体界与现象界、本与用割裂。只有"君臣道合"，名为"兼中到"，这是强调既要承认万事万物由本体派生而出，又不可否认万事万物的本质是空无自性，只有如此，方可避免上述的片面认识，而达到"冥应众缘，不堕诸有，非染非净，非正非偏"，"不落有无""体用俱泯"（同上）的理想境界。

俱莫恋，眼中金屑[1]自难留。唐耿沣[2]诗云："返照入闾巷，愁来与谁语。古道无人行，秋风动禾黍。"[3]诗具六义，曰风赋比兴雅颂，用比兴连类以喻至道，嗟此尘中无人绵历，唯余禾黍而已。故《华严经》云："世法即佛法，佛法即世法。休于世间法中分别佛法，莫于佛法中分别世间法。"[4]方信道会得途中受用，不会则世谛流布，其斯之谓欤？况金锁摇时，非智者难明。徒劳识浪翻波漫浸，蟾宫玉兔虽能跳，枉费精神。何故？须信转身无异路，没踪迹处莫藏身。（《林泉老人评唱投子青和尚颂古空谷集》，第 8 则"僧问石霜"）

二、"慎勿以世间语言诗思文学，妄生比并"

投子青颂古：圆缺曾伸问老翁（不惜唇皮），石龟衔子引清风（拿空攫空）。昨朝木马潭中过（不得拖泥带水），踏出金乌半夜红（莫便眼花）。

林泉评唱：师举石室善道禅师与仰山玩月次：仰问："月尖时，圆相甚么处去？圆时尖相又甚么处去？"室云："尖时圆相隐，圆时尖相在。"云岩云："尖时圆相在，圆时尖相无。"道吾云："尖时亦不尖，圆时亦不圆。"[5]故骆宾王诗云："既能圆似镜，何用曲如钩。"[6]这一队老冻脓评论圆缺，更不小可。有的道，从偏入正，摄正归偏；有的道，事不碍理，理不碍事；有的道，理事混融，正偏兼带。直饶似镜如钩，也是妄生比并。争如道"月落潭空夜色重，云收山庋秋容多"。论至理极忘情谓处，殃及石龟衔子漫引清风，木马奔驰空踏碧浪；直得金乌东

---

① 眼中金屑：即"金屑翳眼"。"金屑"，指佛经中的片言只语、佛法中的一知半解。"眼"，指"慧眼""法眼""佛眼"。临济义玄云："金屑虽贵，落眼成翳。"（《镇州临济慧照禅师语录》卷一，《大正藏》第 47 册，第 1985 号，第 503 页下）比喻执著文字、知见，反而成为修行障碍。

② 耿沣：唐诗人。河东（今山西永济）人。宝应二年（763），登进士第，初授周至县尉。大历中入朝为左拾遗（一作右拾遗），十一年（776）奉使江南检括图书，所历题咏唱和甚多。贞元初贬为许州司法参军。为"大历十才子"之一。诗长于五律，善以浅近语道世情。元辛文房称其"诗才俊爽，意思不群"（《唐才子传》）。今传《耿沣集》。事见《新唐书》卷二〇三、《唐诗纪事》卷三〇、《直斋书录解题》卷一九、《唐才子传》卷四。

③ 其诗见《全唐诗》卷 269，中华书局 1980 年版，第 3002 页。

④ 此段引文，不见于《华严经》。

⑤ 参见本书上编第二章"注释"。

⑥ 骆宾王：《玩初月》："忌满光先缺，乘昏影暂流。既能明似镜，何用曲如钩？"（《全唐诗》卷 79，中华书局 1980 年版，第 863 页）

出，玉兔西沉，日午打三更，天明方半夜。慎勿以世间语言诗思文学，恣纵妄情，流落生死。故《楞严经》云："但有语言，俱无实义。"[①]又《涅槃经》云："吾四十九年说法，未尝道一字。"[②]所据三乘十二分教，皆是止啼黄叶[③]。咦！若知无说说，何必口喃喃。（《林泉老人评唱投子青和尚颂古空谷集》，第97则"投子月圆"）

三、"非具正法眼者，头头蹉过，件件相违"

丹霞淳颂古：海底龙吟云雨润（神通广大），林中虎啸谷风清（变化多般）。莫言满路生荆棘（小心必胜），况是家贫少送迎（稍能守分）。

林泉评唱：师云："寂然不动，感而遂通。"易既无体，神自无方。一任龙吟雾起，从教虎啸风生。显诸仁兮，妙体本来无处所。藏诸用兮，通身那更有踪由。以此观来，佛法大意，千变万化，世智难明。虽则竖穷三际，横亘十方，非具正法眼[④]者，头头蹉过，件件相违。认破木杓为先祖髑髅，将马鞍鞒作阿耶下颔，岂非太谬乎？个里本无意路，荆棘何生！就中不有情关，踪迹安在！所以香严道："去年贫，未是贫。今年贫，始是贫。去年无卓锥之地，今年和锥也无。"[⑤]据恁么道，肯送迎不送迎？还知么，赤穷新活计，清白旧家风。慢唱阳关曲，惭惶杯已空。（《林泉老人评唱投子青和尚颂古虚堂集》，第26则"洛浦佛法"）

---

① 《楞严经》："但有言说，都无实义。"《大正藏》第19册，第945号，第117中。

② 《金刚经注讲》卷二："所以我佛说法，四十九年，未尝道一字。"（《卍续藏经》（新编）第92册，第796页下）

③ 止啼黄叶：为止住小孩之啼哭，乃用杨树的黄叶哄之，小孩误以为是金钱而停止啼哭。佛经中用来比喻佛说天上之极乐，以引导众生向善去恶。禅宗强调此系权宜之教，方便法门，都不是根本大法，都是虚幻假象。仰山慧寂云："汝等诸人，各自回光返照，莫记语言。汝无始劫来，背明投暗，妄想根深，卒难顿拔。所以假设方便，夺汝粗识，如将黄叶止啼。"（《袁州仰山慧寂禅师语录》卷一，《大正藏》第47册，第1990号，第585页下）

④ 正法眼：参见本著上编第34页"正法眼"注。

⑤ 香严偈，见《景德传灯录》卷十一《袁州仰山慧寂禅师》《大正藏》第51册，第2076号，第283页中。

四、“诗到平常处，方知格调高”

举：僧问云居简禅师：“孤峰独宿时如何（舒脚自由展脚自在）？”居云：“九间僧堂里不卧，谁教你孤峰独宿（巧说不如直道）。”

林泉评唱：师云：（南康军云居道简禅师）僧问：“维摩岂不是金粟如来？”曰：“是。”云：“为甚么却在释迦会下听法？”曰：“他不争人我。”又问：“路逢猛虎时如何？”曰：“千人万人不逢。为甚么阇黎偏逢？”又问：“孤峰独宿时如何？”曰：“九间僧堂里不卧，谁教你孤峰独宿？”①云居答话例皆如此。可谓佛法中迷却多少人，世法中悟却多少人。端的还丹一粒，点铁成金。至理一言，转凡成圣。若能恁么直截会得，何必咬文嚼字，究妙穷玄。合璧联珠，攒花簇锦。所以道，众生被解碍，菩萨未离觉。这僧大似卖弄孤危不立道方高，殊不知坐着白云宗不妙。故云居答处优游平易，殊无艰难险阻之态，真所谓诗到平常处，方知格调高。（《林泉老人评唱投子青和尚颂古虚堂集》，第71则“孤峰独宿”）

五、“近取诸身，远取诸物，以喻至极之道”

丹霞淳颂古：白云槛外思悠哉（无心能出岫，有意伴孤鹤），密密金刀剪不开（浑仑无缝罅）。幽洞不拘关锁意（去住自由），纵横无系去还来（跋涉不易）。

林泉评唱：师云：“体空成事，任妄念而漂沉。不变随缘，守真心而寂灭。”不有妙觉，其孰能达斯理乎？况此白云摇曳，碧落清明，槛外岩前，天涯海角，无心而出，应缘舒卷，而济物无私。有感必通，知时休沐，而润泽有准。随风浩荡，映日飘飖。若垂天之翼，悠悠漾漾者哉！犹事理之相兼，真俗之通贯，体用之双彰，境智之相半，绵绵密密，雄雄堂堂，所以金刀剪不开也。既幽洞不拘关

① 事见《景德传灯录》卷二十《云居山昭化道简禅师》《大正藏》第51册，第2076号，第362页下。

锁,想纵横必使优游。此实近取诸身,远取诸物,以喻本分事之不本分也。其或于此未明,独鹤有时常伴水,好云无事不离山。(《林泉老人评唱投子青和尚颂古虚堂集》,第4则“船子夹山”)

丹霞淳颂古:腥臊洪烂不堪亲(莫动着),触动轻轻血污身(我道甚来)。何事杳无人着价(不识便宜),为伊非是世间珍(希逢罕遇)。

林泉评唱:师云:古人近取诸身,远取诸物,以喻至极之道。故以死猫儿头对之。臊腥洪烂者,秽恶狼藉之甚也,故不堪亲近,而况大道窅漠,虚廓寂寥,小根小智之流,贪奢侈乐荣华,妆饰画瓶,留连浊世,那肯趣寂寥之大道乎!此乃不堪亲之繇绪也。“触动轻轻血污身”者,于事易晓,于理当明。若肯念兹在兹,将错就错,常作不净观,顿弃有为身胖胀青瘀臭恶现前,此岂非浓血恒污心田者也!曹山举处无人着价,不可恠伊,为非同世间珍宝而眩惑人眼。此正合着石头道:“住此庵,休作解,谁夸铺席图人买。回光返照便归来,廓达灵根非向背。”①林泉恁么镂冰琢雪,关空锁梦,掉老婆舌,念合婴孩,是与曹山着价不着价?还知么,自古以来常恁道,卖金不遇买金人。(《林泉老人评唱投子青和尚颂古虚堂集》,第45则“甚物最贵”)

六、“虽设铺陈之意,皆有语中之无语”

丹霞淳颂古:蚌含明月珠生腹(物类相成),龙拥深云雨洒空(天使其然)。莫向平田翻巨浪(无事休生事),直须点点尽潮东(应须契本源)。

林泉评唱:师云:“理无二相,事有千差。凡情圣解,何足奢华。”古诗云:“犀因玩月纹生角,象被雷惊花入牙。”②此皆物类相感致之然也。《尚书·禹贡》“淮夷玭珠”,孔颖达疏云:“玭是蚌之别名,此玭出珠,遂以为名。”③故云

① 见《石头和尚草庵歌》《景德传灯录》卷三十,《大正藏》第51册,第2076号,第461页下。

② 宋僧石田法薰:《颂古十首》之十:“曾到未到俱吃茶,为君抉出眼中花。犀因玩月纹生角,象被雷惊花入牙。”《石田法薰禅师语录》卷二,《卍续藏经》(新编)第122册,第39页下。

③ 《尚书·禹贡·夏书》《尚书正义》卷六,阮元校刻:《十三经注疏》上册,中华书局1980年版,第148页中。

吸月精神横宇宙,产珠光彩照山河。《说文》曰:“龙者,鳞虫之长,能幽能明,能小能大。”[①]前汉邹阳书云曰:“蛟龙骧首,则云雨咸集。”[②]夹山虽设铺陈之意,皆有语中之无语也。不可胶柱调弦,刻舟记剑,系驴橛上,枉觅骅骝。不见道“莫向平田翻巨浪,直须点点尽潮东”? 此岂非叮咛付嘱,休骋狂情,随波逐浪,四散钻研,当合一一返本还源,咸归性海。不负狂澜怒浪卷而东之,汪哉洋哉,莫可量哉。广矣大矣,无以加矣。还知夹山富有天池之量么? 浮幢气象如天远,那比蹄涔窄更微。(《林泉老人评唱投子青和尚颂古虚堂集》,第 11 则“夹山示境”)

七、“暗中通一线,云影上东岩”

丹霞淳颂古:月沉碧海龙非隐(大小明白),雾锁苍梧凤不知(却最亲切)。劫外森森无影木(根非生下土),垂阴自有未萌枝(叶不坠秋风)。

林泉评唱:师云:“有句非宗旨,无言绝圣凡。暗中通一线,云影上东岩[③]。”虽是月沉碧海,雾锁苍梧,龙非隐而或跃在渊,凤不知而了无依倚。玄微莫测,幽奥难明。空劫外灵木迢然,朕兆前意根豁尔。由是高悬日月,森森郁郁而别有壶天;暗度春秋,密密严严而非同世境。所以道无影树下永劫清凉,不响山中长年普应。未萌枝清阴匝地,没蒂花殊色辉天。唯除具眼人,方省其中意。只如底事合作么生分析? 不是知音徒侧耳,悲风流水岂相干。(《林泉老人评唱投子青和尚颂古虚堂集》,第 13 则“夹山上堂”)

---

① 许慎:《说文解字》第十一,中华书局 1978 年影印本,第 245 页下。

② 邹阳:《上吴王书》:“臣闻蛟龙骧首奋翼,则浮云出现,雾雨咸集,圣人砥节修德,则游谈之士,归义思名。”萧统编,李善注:《文选》卷三十九,中华书局 1987 年版,第 546 页下。

③ 从伦指出,丹霞子淳颂古诗的表现手法,是“暗中通一线”,有如“云影上东岩”,虽然是“月沉碧海”“雾锁苍梧”,但“龙非隐而或跃在渊,凤不知而了无依倚”,所以说“未萌枝清阴匝地,没蒂花殊色辉天”,那片禅心,那个禅境(由生动形象、深邃意境所呈现的正偏兼带、理事圆融的禅境),不是历历在胸吗?

八、不应“逐句寻言”，而要“知根达本”

丹霞淳①颂古：“卓尔难将正眼窥（睥睨有分），迥超今古类何齐（果见参差）苔封古殿无人侍（玉宇深沉），月锁苍梧凤不栖（争肯坐着）。”（第1则“青原阶级”②）

林泉评唱：师云：“彩云影里仙人现，手把红罗扇遮面。急须着眼看仙人，莫看仙人手中扇。”③有等饿眼禅和，贪观云外月，失却掌中珠④。漫自逐句寻言，不务知根达本。况此不落阶级的人，磊磊落落雄雄堂堂，其机不可触，其锋不可当。用之则行，舍之则藏，活泼泼，转辘辘。虽是面门出入，无形影而难审其详。此其所以难将正眼莫可窥窬者欤？故临济嘱三圣云：“吾迁化后，不得灭却吾正法眼藏。”圣云：“争敢灭却和尚正法眼藏。”济曰：“忽有人问汝作么生祇对？”圣便喝。济曰：“谁知吾正法眼藏向这瞎驴边灭却。”⑤林泉道：谁知口苦心甜处，倒楔杷头兜豁伊。只如三圣与么喝，正法眼藏可窥不可窥，见彻见不彻，诸人试斫额看。其实此事自古及今，比类难齐，言说不到，若“苔封古殿”“月锁苍梧”，臣趑趄而莫侍尊严，凤戢翼而潜升霄汉。且道不堕功勋⑥一句，合作么生道？圣凡情已尽，何用立阶梯？（《林泉老人评唱投子青和尚颂

---

① 子淳（1065—1118），宋僧。亦称德淳，梓潼（今属四川）人，俗姓贾。年二十七祝发、受具。礼道凝为师，尽教乘之旨。复至大阳访芙蓉道楷，语下大悟，嗣之。崇宁间主南阳丹霞山，后迁唐州大乘山、大洪山，道声益著，座下多贤哲。寂于保寿。有《虚堂集》《语录》。事见《嘉泰普灯录》卷五、《五灯会元》卷一四、《续传灯录》卷一二、《指月录》卷二七。

② 自此以下录自《林泉老人评唱丹霞淳禅师颂古虚堂集》

③ 此乃宋僧慧勤颂诗。参见本书《圆悟克勤》“注释”。

④ 林泉强调指出，应像慧勤所说的那样，“急须著眼看仙人，莫看仙人手中扇”，不能像“饿眼禅和”那样，“贪观云外月，失却掌中珠”。参见本书《圆悟克勤》“注释”、《达观真可》“注释”、《古林》“注释”。

⑤ 见《镇州临济慧照禅师语录》卷一，《大正藏》第47册，第1985号，第506页下。

⑥ 功勋：功勋五位由洞山良价创立，据《人天眼目》卷三之《五位功勋图》所载，其术语与《五位君臣》稍有不同：一、正中偏是君位；二、偏中正是臣位；三、正中来是君视臣；四、兼中至是臣向君；五、兼中到是君臣合。其术语与《瑞州洞山良价禅师语录》所载洞山良价的《五位君臣颂》之意思大体相同。见《人天眼目》卷三，《禅宗语录辑要》，上海古籍出版社1992年版，第886页中；《瑞州洞山良价禅师语录》《禅宗语录辑要》，上海古籍出版社1992年版，第31页下。

古虚堂集》,第1则"青原阶级")

丹霞淳颂古:云自高飞水自流(彼此不相干),海天空阔漾虚舟(随流方得妙)。夜深不向芦湾宿(风力扶帆行不棹),迥出中间与两头(笛声唤月下沧洲)。

林泉评唱:师云:云本无心,出岫高飞,远飏而普荫群萌;水非有意,兴波驾险,乘虚而令达彼岸。既恁海天空阔,独漾虚舟,当从花藏优游,顿抛浮世。休愁魔说,莫结佛冤。不即不离兮,性本如如。无增无减兮,情非逸逸。运慈航于岛屿,拨短棹于芦湾。既能不涉春秋,争肯经停宿夜。这边那畔不滞其踪,内外中间匪留其迹。非止随流得妙,况兼住岸不迷。塞断狂澜,抉残怒浪。放词源之浩瀚,纵性水之澄渟。直饶绝点纯清,未免天机漏泄。不必寻言逐句,应须舍妄归真。休因一句随他语,谩使千山走衲僧。(《林泉老人评唱投子青和尚颂古虚堂集》,第69则"依经解义")

丹霞淳颂古:月筛松影高低树(无二无二分),日照池心上下天(无别无断故)。赫赫炎空非卓午(别有一壶天),团团秋夜不知圆(身圣不觉圣)。

林泉评唱:师云:洞山初禅师道:"言无展事,语不投机。承言者丧,滞句者迷。"[①]若于言句上寻,情识中觅,而与展钞叠科,不相远也。永嘉云:"直截根源佛所印,摘叶寻枝我不能。"[②]虽道月筛松影,普应高低。意不在言,言非有意。日照池心,权分上下。波不离水,水即是波。不见道"落霞与孤鹜齐飞,秋水共长天一色"?[③] 恁么看来,赫赫炎空,日非卓午,而正不居正。团团秋夜,月不知圆,而偏岂垂偏。林泉老汉虽恁持蠡酌海,握管窥天,岂免人嗤老婆心切。还知么,待伊心肯处,是我命通时。(《林泉老人评唱投子青和尚颂古虚堂集》,第28则"洛浦祖教")

九、"休于言下觅,莫向句中求"

丹霞淳颂古:寒月依依上远峰(光分万象),平湖万顷练光封(影散千波)。

---

① 见《襄州洞山第二代初禅师语录》《古尊宿语录》卷三十八,《卍续藏经》(新编)第118册,第648页下。

② 见《永嘉证道歌》《大正藏》第48册,第2014号,第396页上。

③ 王勃:《秋日登洪府滕王阁饯别序》《全唐文》卷一八一,中华书局1985年版,第1846页下。

渔歌惊起汀洲鹭(已往不咎),飞出芦花不见踪(许伊具眼)。

林泉评唱:师云:团团离海峤,渐渐出云衢。此夜一轮满,清光何处无。赵州云:“至道无难,唯嫌拣择。才有语言,是拣择是明白。老僧不在明白里,是汝还护惜也无。”时有僧问:“和尚既不在明白里,护惜个甚么?”州云:“我亦不知。”僧云:“既不知,为甚么不在明白里?”州云:“问事即得,礼拜了退。”①林泉道:莫承言,休滞句。行则行,住则住。不应频爇返魂香,直须斫倒栴檀树。况平湖万顷绝点纯清,巨浪千寻真当流注。泛钓舡于峡口,停短棹于滩头。渔歌惊起鹭双飞,芦苇岸边寻不见,转功就位。月临洲渚而踈影微分,借位明功。烟锁沙汀而寒光独耀,具眼禅人若为回互隐显全该如委悉,正偏兼带自分明。(《林泉老人评唱投子青和尚颂古虚堂集》,第50则“二鼠侵藤”)

丹霞淳颂古:故国清平久有年(阿谁不知),白头犹自恋生缘(老不歇心)。牧童却解忘功业(人不得〔莫想〕),懒放牛儿不把鞭(且莫粗心大胆)。

林泉评唱:师云:长安虽是闹,我国本翛然。历劫常如是,休云久有年。不见石霜道:“休去歇去,一念万年去。”②若然则正是鬼窟里作活计,从始至末自少及老并不遗时失候。虽是念兹在兹,大似不舍生缘而已。所以太白山明和尚作十牛图具明斯事。故云:“人牛俱不见,正是月明时。”直饶物我一如,心法无二,更索向林泉门下参三十年。何故如斯?不见僧问英州大容殊禅师:“如何是禅?”曰:“秋风临古渡,落日不堪闻。”云:“不问这个蝉?”曰:“你问那蝉?”云祖师禅曰:“南华塔畔松阴里,饮露吟风又更多。”③恁么举似将来,还会得也么?休于言下觅,莫向句中求。(《林泉老人评唱投子青和尚颂古虚堂集》,第60则“问百岩禅”)

---

① 《赵州和尚语录》卷一,《嘉兴大藏经》第24册,第137号,第360页中。

② 禅家以“死心”(摒除烦恼,不在“鬼窟里作活计”,绝不是死人),为第一步工夫。在此基础上,再转身,就是“活”,进入一个新的境界。《宏智禅师广录》卷二载:九峰在石霜作侍者,霜迁化。后众欲请堂中首座接续住持,峰不肯,乃云:待某甲问过,若会先师意,如先师侍奉。遂问。先师道:“休去歇去,一念万年去,寒灰枯木去,一条白练去。”且道:“明什么边事?”座云:“明一色边事。”峰云:“恁么则未会先师意在。”座云:“尔不肯我那装香来。”座乃焚香云:“我若不会先师意,香烟起处脱去不得。”言讫便坐脱。峰乃抚其背云:“坐脱立亡则不无,先师意未梦见在。”(《大正藏》第48册,第2001号,第27页上)

③ 见《续传灯录》卷二十《英州保福殊禅师》《大正藏》第51册,第2077号,第604页下。

十、“应须着意声前,莫便死于句下”

丹霞淳颂古:岩前虽有云千顷(舒卷自由),户内殊无半夜灯(一点难明)。极目危峦今古秀(观之不足),暮天斜照碧层层(玩之有余)。

林泉评唱:师云:虽是无心出岫,本非有意为霖。岩前既迭千顷,从教摇曳平沉。然假今时言句总持,岂碍劫外游戏三昧?寥寥户内,殊无半夜之青灯;寂寂窗前,不有三更之皓月。晦明交互,隐显该罗。应须着意声前,莫便死于句下。入廛垂手,方便提携。为物横身,尽情诱诲。极目危峦,自古及今而挺秀。莫天斜照,通上彻下而分光。非唯岌岌堆青,何止层层锁翠。莫道远观不审,须知近睹分明。恁么话会,为复是有言是无言?况《楞严经》云:“于一毫端现宝王刹,向微尘里转大法轮。”①焉用白泽图屏除此妖怪,此皆电光石,火水月空花,拟涉思量,乡关万里。莫有就路还家者么?向此草鞋跟断处,举头无不是家山。(《林泉老人评唱投子青和尚颂古虚堂集》,第25则“洛浦一毫”)

丹霞淳颂古:月中玉兔夜怀胎(看你怎生),日里金乌朝抱卵(有谁能见)。黑漆昆仑踏雪行(正偏兼到),转身打破瑠璃椀(罄快平生)。

林泉评唱:师云:金乌东出,玉兔西没。晓夜相续,人皆知有。怀胎抱卵,妙密难明。识情卜度知无数,到了终非杜撰成。况此一事,藉言显理,理本无言,若认无言死于句下,恰与口欲谈而辞丧,心欲缘而虑忘为道侣也。汝岂不闻《花严大经》云:“世法即佛法,佛法即世法,莫于佛法中,分别世间法,世间法中,分别佛法。”又《般若经》云:“粗言及细语,皆归第一义。”②古不云乎,是处语言皆合道,谁家弦管不传心。明明百草头,明明祖师意,岂虚语哉。又云:明暗相参杀活机,大人境界普贤知。非久参上士,莫可得而措置者也。“黑漆

① 《大佛顶如来密因修证了义诸菩萨万行首楞严经》卷四:“于一毛端现宝王刹,坐微尘里转大法轮。”(《大正藏》第19册,第945号,第120页下)

② 《宗镜录》卷二十九:“所以经偈云:粗言及细语,皆归第一义。”(《大正藏》第48册,第2016号,第585页下)

昆仑踏雪行”处，正偏兼带，理事叶通[1]，非言可及，非说可说。言说俱忘，犹带识在。不见道，除时又起一重尘，直得转身吐气及尽玄微，返本还源剿绝渗漏。问甚瑠璃椀琥珀盃，收拾将来都合摵碎。何也？向此若能离法爱，不妨袖手伴闲云。（《林泉老人评唱投子青和尚颂古虚堂集》，第 43 则“僧问曹山”）

丹霞淳颂古：沧海无风波浪平（高低普应），烟收水色虚涵碧（上下冥通）。寒光一带望何穷（观之不足），谁辨个中龙退骨（罕逢明鉴）。

林泉评唱：师云：天共白云晓，水和明月秋。渔舟别古岸，停棹宿滩头。管甚无明海阔，业习风恬。识浪狂波，任伊平稳。直得烟收雾敛，龙隐鱼潜。水色虚涵，而碧落寂寥。寒光潋滟，而丹霄缥缈。枉将有限拟趁无穷，劫波空处妙难传。至理明时应自委，深深莫辨，隐隐那窥。匹似个中觅苍龙之退骨，争如向上看丹凤之冲霄。不拘这畔那边，论甚今时劫外。昧之者触途成滞，明之者到处优游。活句休同死句参，鹧鸪啼在深花里。（《林泉老人评唱投子青和尚颂古虚堂集》，第 46 则“枯木花开”）

十一、“假言说而趣般若”

丹霞淳颂古：妙峰孤顶偏肥腻（今古咸闻），天产灵苗不触地（识情难测）。翠叶无风常自摇（感而遂通），清香那逐春光媚（混不得类莫齐）。

林泉评唱：师云：梵语须弥卢，此云妙高。释曰：四宝所成曰妙，独出众峰曰高。向此妙峰孤顶，有肥腻香草。虽是天产灵苗，而不触于地者，非造化之可生成，非阴阳之可滋孕。婆娑翠叶，无风而常自倾摇。旖旎清香，终不逐春光取媚。大抵理由言彰，言不越理。因言会道，以道明心。幸不以胶柱调弦，刻舟记剑。执妄迷真，弃本就末，故假言说而趣般若者，此之谓也。故经云

---

[1] 正偏兼带，理事叶通：即五位君臣中的第五位“兼中到”。这是圆满总收前四位，挟妙而归正位，亦能冥应众缘，动静施为，平常自在。良价颂曰：“不落有无谁敢和？人人尽欲出常流，折合还归炭里坐。”（《瑞州洞山良价禅师语录》《禅宗语录辑要》，上海古籍出版社 1992 年版，第 31 页下）这种正偏兼带，理事圆融，内外和合，非染非净，非正非偏，便是达到了理想的境界。

"文字性空"①,信不诬矣。只如恁么,是韶山家风,不是韶山家风?具眼者辨看。(《林泉老人评唱投子青和尚颂古虚堂集》,第30则"韶山家风")

丹霞淳颂古:木人来问青霄路(指空话空),玉女年尊似不闻(耳边风过)。携手相将归故国(同行无疎伴),暮山岌岌锁重云(不教人见转风流)。

林泉评唱:师云:"竺土不传无字印,祇园刚道寄书来。"当此之时,木人问路②,枉向青霄,谁敢临岐妄传消息。故年尊玉女,听风柯而闻似不闻③,齿缺泥牛,耕月色④而见如不见。无中唱出,信手拈来,击碎疑团,歌残狂解。所以教离心意识,参出凡圣路。学浅知浅见,争免向舌上钻研,狭智狭闻,宁不于言中采摭。此皆生死根本,妄想端倪。古人慈悲太甚,行愿弘深,藉有言欲显无言,假无说要知真说。为垂只手方便提携,拟使初心殷勤趣向。虽暮山之岌岌,五眼难窥,奈秋月之辉辉,寸心不昧。锁重云漫教紧俏,滞玄关枉使因循。放开一线许商量,不惜双眉通秘诀。还相委悉么?妙体本来无处所,通身那更有踪由。(《林泉老人评唱投子青和尚颂古虚堂集》,第2则"石头曹溪")

十二、"以言遣言"与"以理显理"

丹霞淳颂古:虽然答尽深深意(一手抬)。争奈投机句未亲(一手搦)。欲会本来无垢的(愿闻佳作)。更须入水见长人(须是一回亲到始得)。

林泉评唱:师云;家有诤子,国有诤臣。有智不拣笄年,无智漫劳百岁。古

① 《金刚般若经疏论纂要》卷一:"文字般若即是经体,文字即含声名句文,文字性空即是般若。"(《大正藏》第33册,第1701号,第155页上)

② 木人问路:葛洪《西京杂记》:"予(葛稚川)所知陈缟,质木人也。入终南山采薪,还晚,趋舍未至,见张丞相墓前石马,谓为鹿也。即以斧挝之,斧缺柯折,石马不伤。此二者亦至诚也。卒有沈溺缺斧之事。何金石所感之偏乎?"(《祖庭事苑》卷三,《卍续藏经》(新编)第113册,第74页上)

③ 参见《心赋注》:"听风柯之响,密可传心。"(《卍续藏经》(新编)第111册,第56页下)《大方广佛华严经疏》卷三:"极乐佛国听风柯而正念成,丝竹可以传心,目击以之存道。既语默视瞬皆说,则见闻觉知尽听。苟能得法契神,何必要因言说。"(《大正藏》第35册,第1735号,第519页中)

④ 参见泥牛耕月:《百愚禅师语录》卷六:"师云:泥牛耕月浑忘倦,木马游春俊不羁。"(《嘉兴大藏经》第36册,第359号,第643页下)

德云:“意到句不到,句到意不到。意句俱到,意句俱不到。”[1]久参上士,皆悉知矣。然船子道:“一句合头语,万劫系驴橛者。”[2]其奈宗趣不同,施设各异。有时建化门中着脚,有时实际理地安身。有时以言遣言,有时以理显理。把定则真金失色,放行则瓦砾生光。若解系驴橛上翻身,合头语中脱绊,无不可也。昔外道问佛:“昨日说何法?”曰:“定法。”云:“今日说何法?”曰:“不定法。”云:“昨日说定法,今日何说不定法?”曰“昨日定,今日不定。”[3]若向这里会得,投机一语,转见新鲜。至赜幽微,不言可晓。“入水见长人者”“按耀禅师录:唐武后诏嵩山老安、北宗神秀入禁中供养[4],因澡浴以宫姬给侍,独安怡然无他。后叹曰:‘入水始知有长人矣。’”[5]还知丹霞意句俱到处么?不劳重举似,何必别商量。(《林泉老人评唱投子青和尚颂古虚堂集》,第35则“天盖浴室”)

① 《人天眼目》卷六《句意》:“句到意不到,‘古涧寒泉涌,青松带露寒。’意到句不到,‘石长无根草,山藏不动云。’意句俱到,‘天共白云晓,水和明月流。’意句俱不到,‘青天无片云,绿水风波起。’”(《人天眼目》《禅宗语录辑要》,上海古籍出版社1992年版,第901页下)

② 见《景德传灯录》卷十四《华亭船子和尚》《大正藏》第51册,第2076号,第315页中。

③ 见《五灯会元》卷一《释迦牟尼佛》《卍续藏经》(新编)第138册,第4页上—下。

④ 嵩山老安、北宗神秀事迹,见《景德传灯录》卷四《北宗神秀禅师》《嵩岳慧安国师》,《大正藏》第51册,第2076号。

⑤ 入水见长人:见《祖庭事苑》卷一,《卍续藏经》(新编)第113册,第15页下。

亚愚绍嵩

绍嵩，宋僧。号亚愚，别号樵衲。庐陵（江西吉安）人。初习儒术，中岁入道，能通教外别传之法。博学能诗。绍定中，主嘉禾大云寺。工于集句。有《江浙纪行诗》①。

绍嵩借永上人之口，指出禅心与诗心有相似相通之处，“谈禅则禅，谈诗则诗，是皆游戏”。他主张诗歌应“畅其性情”，应“信口而成，不工句法”。

本书所录文字，据《禅门逸书续编》第1册，第205号。

“谈禅则禅，谈诗则诗，是皆游戏”

予以禅诵之暇，畅其性情，无出于诗。但每吟咏，信口而成，不工句法，故自作者，随得随失。今所存集句也，乃绍定己丑之秋，自长沙发行，访游江浙，村行旅宿，感物寓意之所作。越壬辰五月中澣，嘉禾史君、黄公尹元，以大云②虚席，俾令承乏。八月初九日，永上人③来访，盘礴旬余。茶次每炷香，请曰：“师游江浙，集句谅多，可得闻乎？”予谢曰：“不敢！”永曰：“禅心④，慧也；诗心，志也。慧之所之，禅之所形；志之所之，诗之所形。谈禅则禅，谈诗则诗，是

① 绍嵩事迹见《宋诗纪事》卷九三。

② 大云：又称大云寺，大云院，一般的文献记载的大云寺位于山西省平顺县城西北23公里龙耳山中，始建于五代后晋天福三年（938），初名“仙岩院”，宋太平兴国八年（983），奉敕改称为“大云禅院”。现存山门、天王殿、后殿及两庑，均为清代建筑。大佛殿为五代遗构，圆柱方额，斗拱五铺作，飞檐起翘，九脊顶满覆琉璃，巍峨壮丽，寺内历代碑刻甚多。但是，绍嵩并未去过山西，只在嘉禾（今嘉兴市嘉善县）大云寺任过住持，所以此处的大云寺应是嘉兴的。据《嘉善县志》记载：“北宋乾德二年（964）建造净众寺，治平二年（1065）改称大云寺，香火旺盛，渐聚成市。”

③ 上人：参见本书《五祖弘忍》“上人”注。

④ 禅心：参见本书《齐己》“禅心”注。

皆游戏①,师何愧乎?"予谢曰:"不敢!"力请至再至三,又至于四,遂发囊与其编录,得三百七十有六首,离为七卷,题曰《江浙纪行》以遗之。二十一日庐陵亚愚樵衲绍嵩序。(《亚愚江浙纪行集句诗序》)

① 游戏:又作游戏三昧。三昧乃三摩地之意,为禅定之异称,即将心专注于一境。游戏三昧者,犹如无心之游戏,心无牵挂,任运自如,得法自在。亦即言获得空无所得者,进退自由自在,毫无拘束。《六祖坛经·第八顿渐品》云:"见性之人,立亦得,不立亦得,去来自由,无滞无碍,应用随作,应语随答,普见化身,不离自性,即得自在神通游戏三昧,是名见性。"(《大藏经》第48册,第2008号,第358页下)

芳庭斯植

斯植，宋僧。字建中，号芳庭。住衡山南岳寺。工诗。明复称："师诗清冷空灵，神韵高雅，盖规抚晚唐之作也。"①

释斯植主张诗歌要"乐情性"，并非"关于风教者"。

本书所录文字，据斯植《采芝续稿》《禅门逸书续编》第1册，第207号。

诗"乐于情性而已，非所以有关于风教者"

诗，志也，乐于情性而已，非所以有关于风教②者。近于览卷之暇，心忘他用，得之如篇目之曰续稿。然不可谓之无为也。

① 斯植事迹见明复：《采芝集解题》《宋诗纪事》卷九三。

② 风教：古代诗学概念。语出《毛诗序》："《关雎》后妃之德也，风之始也，所以风天下而正夫妇也。故用之乡人焉，用之邦国焉。风，风也，教也；风以动之，教以化之。"（汉毛亨传，汉郑玄笺，唐孔颖达疏：《毛诗正义》卷一，清阮元校刻本：《十三经注疏》，中华书局1980年版，第269页）汉儒认为，风为《诗经》"六义"之一，《关雎》为《诗经·周南》之开篇。《毛诗序》通过对《关雎》诗意的附会，引出了诗歌的教育感化作用，进而把诗歌作为安邦治国的工具。

云外云岫

云岫(1242—1324),元代曹洞宗僧。字云外,别号方岊。浙江昌国人,俗姓李。从直翁德举得度,并嗣其法。历住慈溪石门、象山、智门、天宁等寺,移住天童寺,阐扬宗风①。工诗,陈晟评其诗"有盛唐浑厚之风"(《云外和尚语录序》)。

云岫高度重视山居诗,指出它可以成为展示、传播佛法的经典:"一卷山居诗更好,焚香只可作经看。"

云岫对诗与境的关系的论述,具有理论色彩。他是以山水诗(艺术)与自然山水作比较:一、诗胜境("名山胜境"):"诗胜境,则境归于诗。"山水诗所刻画的艺术之境(艺境),如果概括力强,比自然之境("名山胜境")更形象生动,富有艺术魅力,则"境归于诗",即艺境之美已超过了"名山胜境""名山胜境"已在艺境之中,让人从诗看到了"名山胜境"之美。二、境("名山胜境")胜诗:"境胜诗,则诗不入境。"山水诗所刻画的艺术之境(艺境),如果概括力不强,不形象生动,没有表现出"名山胜境",而"名山胜境"更有吸引人的魅力,则此诗就没法让人看到"名山胜境"之美。三、只有"诗与境合,见诗即见境";或"境与诗合,见境即见诗""苟不然,则诗境两失。"以山水诗与自然山水两相契合——或曰诗境逼真,作为审美理想。

云岫充分肯定《联珠颂古通集》的成就,"变本加丽,勾章棘句,愈出而愈多",有"如蜂房酿百华之蜜,蚁丝穿九曲之珠。食其蜜者念其蜂,好其珠者慕其蚁"。

本书所录文字,据《云外云岫禅师语录》《卍续藏经》(新编)第124册。

① 云岫生平事迹,见《云外云岫禅师语录》文琇所撰《天童云外禅师传》《五灯会元续略》卷一、《五灯全书》卷六十一。

一、“一卷山居诗更好，焚香只可作经看”

陈年佛法[①]无人问，黄叶堆金[②]不转官。一卷山居诗[③]更好，焚香只可作经看。(《寄广恩藏山和尚》)

二、“诗胜境”与“境胜诗”

名山胜境，古今题咏者多。诗胜境，则境归于诗。境胜诗，则诗不入境。诗与境合，见诗即见境。境与诗合，见境即见诗。苟不然，则诗境两失。日本旨禅者作《天童十咏》，句意不凡，书此以实其美。(《南游集序》)

三、“如蜂房酿百华之蜜，蚁丝穿九曲之珠”

《联珠颂古通集》，变本加丽，勾章棘句，愈出而愈多。如蜂房酿百华之蜜，蚁丝穿九曲之珠。食其蜜者念其蜂，好其珠者慕其蚁。余作是说，有客进曰：“遇不食蜜、不好珠、不嗜语言文字者，此集又将奚为?”余曰：“病其病者，不能自病。”客惭而退，于是乎书。至治春天童云岫题。(《禅林颂古集跋》)

---

① 陈年佛法：积存多年的佛教教义。佛法，佛所说之教法，包括各种教义及教义所表达的佛教真理。《成实论》卷一举出六种“佛法”之同义语，称为佛法六名，即：(一)善说，如实而说。(二)现报，使人于现世得果报。(三)无时，不待星宿吉凶而随时得修道。(四)能将，以正行教化众生至菩提。(五)来尝，应当自身证悟。(六)智者自知，智慧者自能信解。(《大正藏》第32册，第1646号，第244页上)又佛法为佛教导众生之教法，亦即出世间之法；对此，世间国王统治人民所定之国法，则称为“王法”。广义而言，“佛法”一词，包含极广，举凡诸法本性、一切世间之微妙善语，乃至于其他真实与正确之事理等，皆属佛法。狭义而言，则一般所说之佛法多指佛所说之教法。

② 黄叶堆金：同“黄叶为金，止小儿啼”或“止啼黄叶”。参见本书《林泉从伦》“止啼黄叶”注。

③ 山居诗：佛教自古就有山居的传统，目的是摒除外缘、一心参禅。山居诗是禅师们在山间隐居时吟咏的反映禅心禅意的诗歌。在佛教文学中，大量以《山居诗》为题的作品，散见于灯录、语录、僧传、笔记、类书、僧诗总集等各种佛教典籍中，尤其在唐宋元明时期为盛，“山居诗”数以千计，乃至有专门的《高僧山居诗》及《续编》这样的集子编刻印行。

虚谷希陵

希陵(1247—1322),元僧。字虚谷,号西白。义乌(今属浙江)人,俗姓何。年十九,薙发于东阳资寿院。得法于仰山祖钦。尝于净慈石林掌记室,后出世仰山三十年、径山六年。世祖诏对说法,赐号佛鉴,成宗加号大圆,仁宗更加号慧照禅师。有《瀑崖集》①。

希陵高度评价船子拨棹歌,称"其吐一字一句,皆发扬佛祖无上妙道";充分肯定克勤对重显《颂古百则》的"评唱"是"显列祖之机用,开后学之心源"。

本书所录文字,据《船子和尚拨棹歌》,华东师范大学出版社1987年版;《佛果圆悟禅师碧岩录》《大正藏》第48册,第2003号。

一、"其吐一字一句,皆发扬佛祖无上妙道"

船子和尚②初参药山,征诘次,拟对,山以手掩其口,即豁然大悟。后离药山,遁迹朱泾,泛一舟,或吟或歌,自乐于山水之间。然观其吐一字一句,皆发扬佛祖无上妙道,非今时蛙鸣蝉噪者比。后来诸大老过其地,或睹其像,乃仰其高风盛德,有感于中,咸留偈赞以美之。法忍坦上人今总裒为一集,欲锓梓流通,请题其后。余嘉坦之志,能尊其祖,有激于世,故为之书。至治壬戌仲春住径山虚谷叟希陵。(《船子和尚拨棹歌跋》)

---

① 希陵事迹见《山庵杂录》卷上、《增集续传灯录》卷五、《新续高僧传四集》卷六一。

② 船子和尚:参见本书《船子德诚》小传。

二、"显列祖之机用,开后学之心源"

圆悟禅师①"评唱"雪窦和尚②《颂古一百则》,剖决玄微,抉剔幽邃,显列祖之机用,开后学之心源。况妙智虚凝,神机默运,晶旭辉而玄扃洞照,圆蟾升而幽室朗明,岂浅识而能致极哉?后大慧禅师③,因学人入室下语颇异,疑之才勘而邪锋自挫,再鞠而纳款自降曰:我《碧岩集》中记来,实非有悟。因虑其后不明根本,专尚语言以图口捷,由是火之以救斯弊也。然成此书、火此书其用心则一,岂有二哉?嵎中张明远偶获写本后册,又获雪堂刊本及蜀本,校订讹舛,刊成此书,流通万古。使上根大智④之士,一览而顿开本心⑤,直造无疑之地,岂小补云乎哉!延佑丁巳迎佛会日,径山住持比丘希陵拜书以为后序。(《佛果圆悟禅师碧岩录》)

---

① 圆悟禅师:参见本书《圆悟克勤》小传。

② 雪窦和尚:参见本书《雪窦重显》小传。

③ 大慧禅师:参见本书《大慧宗杲》小传。

④ 上根大智:义同"上根利智",指具有上等根器与杰出智慧者。上根,指上等之根器,即眼、耳、鼻、舌、身、意六根之上利者,或修行佛道之能力特优者,又指"信、进、念、定、慧"等五根锐利之修道者。《圆悟佛果禅师语录》卷四:"所以道:诸佛不出世,四十九年说。祖师不西来,少林有妙诀。若人识佛祖,当处便超越。上根利智,千里同风。一刀两段,聊闻举著。彻骨彻髓,剔起便行。随处作主,随缘即宗。"(《大正藏》第47册,第1997号,第730页中)

⑤ 本心:参见本书《五祖弘忍》"自性"注。

实 存 英

释英，元僧。一作僧英，号实存。杭州（今属浙江）人，俗姓厉。幼而力学，稍长喜为诗，壮益刻苦。响慕贯休、齐己。游闽浙江淮。一日登径山，闻钟声有省。遂为浮屠，结茅天目山数年。历参诸方尊宿，皆得印可。其诗超然。①

释英提出的“禅心诗思共依依”，是一个十分重要的命题，它揭示了“禅心”与“诗思”是契合无间、相洽相融的。他关于“诗从心悟得，字字合宫商”的主张，强调了“心悟”在诗歌创作中的重要性。他还指出，参禅与吟诗，并非易事，其微妙之处，是不可言说的，只有悟后方知：“参禅非易事，况复是吟诗。妙处如何说，悟来方得知。”

他还主张诗歌创作应得“活法”。在诗歌风格和境界上，他推崇“淡中有含蓄，平处忽巍峩”，即重“平淡”，淡中有味，平处见奇。

对句法则要求“句法清圆旨趣空”——“句法清圆”者，清新活脱也；“旨趣空”者，脱去尘浊，空灵澄澈也。

释英还指出，诗与画的“真趣”是相通相同的，其机趣在网象之外，其妙是不可言说的。

释英的论诗诗（《言诗寄致佑上人》），是一篇重要的诗学著述，它涉及以下诗学观点：1.诗有体式，诗含六义。2.分别指出陶潜、杜甫、李白、许浑、郊（孟郊）岛（贾岛）元（元稹）白（白居易）、休（贯休）己（齐己）、显（雪窦）洪（慧洪）等人的诗歌特点。并指出他们“专门各宗尚，家法非一致”，各有宗尚，家法不同。3.指出这些诗人创作成功之关键，在于胸襟的高洁，毫无尘俗之气：“精英炯胸臆，芳润沃肠胃。发为韶濩音，净尽尘俗气”。4.声称他自己是吟诗

① 事见牟巘、赵孟頫等人《白云集序》《元诗选》《余杭县志》。

寄志:“长吟复短吟,聊以寄我志。”参禅悟道,带来诗思的萌生,意兴的获得:“竭来入禅门,忽得言外意。”

本书所录文字,据《白云集》《禅门逸书初编》第6册,第117号。

一、“禅心诗思共依依”

世事无因到翠微,禅心①诗思共依依。白云为被石为枕,卧看岩前雪瀑飞。(《山中作》)

二、“诗从心悟得,字字合宫商”

诗从心悟得,字字合宫商。一点梅花髓,三千世界②香。卷翻灯影断,叶堕漏声长。远想人如玉,何时叩竹房。(《夜坐读珣禅师潜山诗集》)

三、“妙处如何说,悟来方得知”

参禅非易事,况复是吟诗。妙处如何说,悟来方得知。天风吹沆瀣,霜月照涟漪。赖有师兼善,当今一白眉。(《呈径山高禅师》)

四、“诗体得活法,禅心如死灰”

僧中麟一角,尊宿遍参来。诗体得活法③,禅心如死灰。看云寒坐石,踏

---

① 禅心:参见本书《齐己》“禅心”注。

② 三千世界:同“三千大千世界”。佛教认为以须弥山为中心,以铁围山为外界,是一个小世界。一个小世界合为小千世界,一千个小千世界合为中千世界,一千个中千世界合为大千世界,总称“三千大千世界”。《黄檗断际禅师宛陵录》:“山河大地,日月星辰,总不出汝心,三千世界,都来是汝个自己。”(《大正藏》第48册,第2012号,第385页下)

③ 活法:指作诗无一定之法规,不拘泥于某一诗法。宋曾季狸《艇斋诗话》:“后山论诗说换骨,东湖论诗说中的,东莱论诗说活法,子苍论诗说饱参,入处虽不同,然其实皆一关捩,要知非悟入不可。”(丁福保辑:《历代诗话续编》,中华书局1983年版,第296页)

雪夜寻梅。湖上经行熟,沙鸥见不猜。(《赠净慈沅禅师》)

五、"淡中有含蓄,平处忽巍峩"

一编才百首,诗好不须多。半世尚清苦,五言能琢磨。淡中有含蓄,平处忽巍峨。深夜挑灯看,使人消睡魔。(《读李芳卿吟卷》)

六、"句法清圆旨趣空"

新编寄我白云中,句法清圆旨趣空。底事略无烟火气,吟时和露立松风。(《书朱性夫吟卷后》)

七、"要识诗真趣,如君画一同"

要识诗真趣,如君画一同。机超罔象①外,妙在不言中。珠蚌照沧海,玉蟾行碧空。安能起摩诘②,握手话高风。(《答画者问诗》)

八、"作诗有体制,作诗包六艺"

作诗有体制,作诗包六艺。名世能几人,言诗岂容易。渊明天趣高,工部③法

---

① 罔象:本为道教名词,指虚妄之象,在道教丹法中又指出神开天窗时,思维意识处于相对静止,达到忘我的状态。亦作"象网",为《庄子》寓言中的人物,含无心、无形迹之意。《庄子·天地》云:"黄帝游乎赤水之北,登乎昆仑之丘而南望,还归,遗其玄珠。使知索之而不得,使离朱索之而不得,使喫诟索之而不得也。乃使象罔,象罔得之。"(清郭庆藩撰,王孝鱼点校:《庄子集释》,中华书局 1961 年版,第 414 页)

② 摩诘:指王维。参见本书《道潜》"王维"注。

③ 工部:指杜甫。杜甫(712—770),唐代伟大诗人,字子美,与李白齐名,世称"李杜"。其诗风多"沉郁顿挫"。唐代诗人严武曾表其为节度参谋、检校工部员外郎,后世人称"杜工部"以此。生平事迹见《元稹集》卷五六《唐故工部员外郎杜君墓系铭》《旧唐书》卷一九〇、《新唐书》卷二〇一、《唐诗纪事》卷一八、《唐太子传》卷二。

度备。谪仙①势飘逸，许浑语工致。郊岛事寒瘦，元白②极伟丽。休已碧云流，显洪(雪窦显觉范洪)大法器。精英炯胸臆，芳润沃肠胃。发为韶濩③音，净尽尘俗气。禅月悬中天，古风扇末世。专门各宗尚，家法非一致。参幻习唐声，雕刻苦神思。竭来入禅门，忽得言外意。长吟复短吟，聊以寄我志。匪求时人知，眩鬻幻名利。始信文字妙，妙不在文字。食蜜忘中边，无味乃真味。寒山题木叶，此心颇相似。霜重千林空，啼蛩四壁起。古人不复作，三叹而已矣。(《言诗寄致佑上人》)

附 录

以下选录了牟巘、赵孟頫、林昉、赵孟若等人为《白云集》所写的序，涉及了诗禅关系问题。牟巘认为，诗人往往既逸而之禅又逸而之诗的重要原因，是禅与诗有共同之处，是二者都能超然物外，摆脱世俗烦恼的束缚，使胸襟放旷逸荡："往往逸而之禅，又逸而之诗，二者实能外事物，旷荡可喜，故人亦乐为之称道。"赵孟頫指出，"夫诗不离禅，禅不离诗，二者廓通而无阂，则其所得，异于世俗宜也。"林昉指出，诗与禅都重参与悟："诗有参，禅亦有参；禅有悟，诗亦有悟。"因而，诗与禅之悟是无差别的。他引英上人之论："诗悟必通禅"，

---

① 谪仙：李白的别号。李白(701—762)，唐代伟大诗人，字太白，号青莲居士，人称李翰林或李谪仙，与杜甫齐名，世称"李杜"。其诗各体均工，尤擅乐府、绝句，诗风豪放飘逸，李阳冰谓"其艳多天仙之辞"。生平事迹见《全唐文》卷四三七李阳冰：《草堂集序》、魏颢：《李翰林集序》、卷六一四范传正：《唐左拾遗翰林学士李公新墓碑并序》《旧唐书》卷一九〇、《新唐书》卷二〇二。

② 元白：指唐代诗人元稹、白居易。白居易在《刘白唱和集解》自称："江南士女，语才子者，多云'元白'。"《新唐书·白居易传》："(白)初与元稹酬咏，故号'元白'。"宋严羽至称二人诗体为"元白体"(《沧浪诗话》)。二人文学观点接近，同为新乐府运动倡导者，诗风平易浅切，通俗流丽。元稹生平事迹见《白居易集》卷七〇《唐故武昌军节度使元公墓志铭》、《旧唐书》卷一六六、《新唐书》卷一七四。白居易生平事迹见《樊南文集》卷八《刑部尚书致仕赠尚书右仆射太原白公墓碑铭》《旧唐书》卷一六六、《新唐书》卷一一九。

③ 韶濩：汤乐名。《左传·襄公二十九年》："见舞韶濩者。"杜预注："殷汤乐。"孔颖达疏："以其防濩下民，故称濩也……韶亦绍也，言其能绍继大禹也。"(阮元校刻：《十三经注疏》下册，中华书局 1980 年版，第 2008 页中)韶，又称箫韶、韶箾；濩，《墨子·三辩》作"护"，《吕氏春秋·仲夏纪》作"大护"，《周礼》与《通典》作"大濩"。一说为舜乐和汤乐。后亦以指庙堂、宫廷之乐，或泛指雅正的古乐。汉桓宽：《盐铁论·论菑》云："盖越人美嬴蚌而简太牢，鄙夫乐咋唶而怪韶濩。"(王利器：《盐铁论校注》，中华书局 1992 年版，第 556 页)

“妙处如何说，悟来方得知”。赵孟若认为，诗禅无差别，皆从三昧出：“诗禅从三昧出，不可思议，拈花微笑，梦草清吟，曷常有二哉?”他指出，英上人是“夙悟于禅，而发于诗”的。

一、“近世士之怀能抱艺者，往往逸而之禅，又逸而之诗”

近世士之怀能抱艺者，往往逸而之禅，又逸而之诗，二者实能外事物，旷荡可喜，故人亦乐为之称道。钱唐英上人，盖其绝出者也，未祝发时已识之矣。予老而不化，病卧一室，木石是同，诗与禅要非所解，上人过辄来共谭，予茫乎无以答，然其诗圆活而清雅，读之使人爽然。不但诸公赏音不解如予，亦心知其为佳句也。厉氏本名族，诗有家传，况气貌甚整，见闻甚博，意胸中耿耿者故在，恨不能冠巾之耳，以白云集重求序。夫万物未有不本于天者，诗云：英英白云，露彼菅茅，此乃山川之神气，天地之和气，氤氲轮囷，霏润四布，下为草木之根芽华实，皆其晶英之所发见，而天则溥万物而无心焉。上人既以此自名，又以名其诗。白云固吾庭户间物，山空宇定，焚香隐几，尝试以是观之。至元壬辰菊节，蜀人牟巘巘翁书。（牟巘《白云集原序》）

二、“夫诗不离禅，禅不离诗，二者廓通而无阂”

白云诗集者，实存英上人所为诗也。上人俗姓厉氏，其先出汉义阳侯温，至唐有名文才者，官都督名玄者，官侍御史，侍御自陕出镇，于婺因家焉，与姚合贾岛，同时皆以诗名。迨宋太师屏山公诗益昌，而上人父石田居士，徙家于杭，故今为杭人。幼而力学，稍长喜为诗有能，诗声为一时名公所知赏，壮益刻苦，慕贯休、齐己，从知旧走闽浙江淮燕汴，厌于世故，一日登径山，闻钟有所感悟，遂去为浮屠，结茆天目山中，数年遍参诸方，有道尊宿皆印可之。故其诗超然，有出世外之趣。夫诗不离禅，禅不离诗，二者廓通而无阂，则其所得，异于世俗宜也。予往年识上人都下及闲居，吴兴上人亦南来，出此集属为序引，乃为叙之。如此诗凡一百五十首分三卷，后所作者将甲乙第之。上人名英，实存其自号云。吴兴赵孟頫子昂。（赵孟頫《白云集原序》）

三、“禅有悟，诗亦有悟，诗禅之悟宁有二哉”

诗有参，禅亦有参；禅有悟，诗亦有悟。实存英上人所作白云集，脱然已入空趣，其参而悟者欤？唐人夜半之钟，非诗人得句，即高僧悟道，诗禅之悟宁有二哉？集中谓“诗悟必通禅”，又“妙处如何说，悟来方得知”，上人尝自道之

矣。余复何言，粤人石田林昉书。（林昉《白云集原序》）

四、"诗禅从三昧出，不可思议"

诗禅从三昧[1]出，不可思议，拈花微笑，梦草清吟，曷常有二哉？实存英上人，夙悟于禅，而发于诗。白云一集，无蔬笋气，有泉石心，造清虚冷淡之境，扫尘腐粗率之谈，唐人所谓中宵吟有雪空屋语无灯，涉此地后有此诗，有此诗即悟此禅，山中白云肯持寄否？尚洗耳听之。春洲居士赵孟若书。（《白云集原序》）

① 三昧：指心专注一境而不散乱。系梵语音译词，亦作"三摩地"，意译作"定"。《法演语录》卷上："逐意习经书，任运行三昧。"（《大正藏》第47册，第1995号，第654页中）《佛光国师语录》第一卷："浮幢王刹广无边。劫火三灾不能坏。此是诸佛三昧境。愿圣人福亦如是。"（《大正藏》第80册，第2549号，第131页中）

原叟行端

行端(1255—1341),元僧。字景元,号原叟。台州临海(今属浙江)人,俗姓何。参杨岐派径山藏叟珍得旨,嗣其法。大德七年(1303),赐号“慧文正辩禅师”。皇庆元年(1312),加赐“佛日普照”号。寂后徒众尊称为寂照禅师①。行端擅长诗文,曾作《拟寒山子诗》百篇,“皆真乘流注,四方衲子多传诵之”②。他在布化之余,“以余力施于篇翰,尤精绝古雅,自称‘寒拾里人’。”③

端指出,无畏琳公既通玄理,尤擅吟诗,其诗“高古”,既是“诗禅”,诗人之禅,诗中有禅(禅意);又是“禅诗”,禅人之诗,禅人心性的写照。行端强调诗歌应“歌咏本地风光”,即呈现诗人的本来面目——内在生命。他高度评价赵子昂之诗,“韵高而气清,才长而工熟”。

本书所录文字,据《元叟行端禅师语录》《卍续藏经》(新编)第124册。

一、“诗禅”与“禅诗”

昔无畏琳公,玄理外,吟笔尤高古。一时士大夫,皆与为方外④交。苏文忠⑤尝擘窠大书云:“琳老诗禅,或曰禅诗。”丛林至今,以为美谭。

① 行端事迹,见黄溍《塔铭》(《元叟行端禅师语录》卷八)、《南宋元明禅林僧宝传》卷一〇、《续传灯录》卷三六、清顾嗣立编:《元诗选二集》。

② 黄溍:《(行端)塔铭》,《元叟行端禅师语录》卷尾,《卍续藏经》(新编)第124册,第68页上。

③ 自称“寒拾里人”,见清顾嗣立编:《元诗选二集》之《元叟禅师行端》,中华书局1987年版,第1382页。

④ 方外:方,乃“道”之意;方外,犹言世外。道外之人,多指舍世之人,后世则专指佛教徒。慧远《沙门不敬王者论》《出家第二》云:“出家则是方外之宾,迹绝于物。”(《大正藏》第52册,第30页中)

⑤ 苏文忠:即苏轼。参见本书《慧洪》“苏轼”注。

今心远同知，于前山翁其所书，既已暗合孙吴。五峰之激赏，雪庵[①]之品评，咸不在熙丰诸老下。岂今人中，果无古人耶？（《跋心远同知、五峰参政题高前山诗卷墨迹》）

二、“开口动舌，歌咏本地风光”

朴翁学诗蓬居，而青于蓝。由鄮峰[②]悟旨之后，开口动舌，无非歌咏本地风光[③]。松源三句注脚，脱出语言窠臼，灭翁谓其深得彭郎家训，岂必然耶？（《跋名公帖》）

三、“韵高而气清，才长而工熟”

子昂[④]此二诗，韵高而气清，才长而工熟，非韦苏州[⑤]、柳河东[⑥]则不能为

---

① 雪庵：（1117—1200）宋代临济宗僧，俗姓郑，永嘉（浙江）楠溪人，号雪庵，法名从瑾。拜谒心闻昙贲有所省悟，并嗣其法。历住江苏灵岩寺、浙江天童山。庆元六年示寂，世寿八十四。全身葬于心闻之塔左侧。有雪庵从瑾禅师颂古集一卷行世。事迹见《增续传灯录》卷一、《续灯存稿》卷一。

② 鄮峰：指南宋政治家、文学家史浩（1106—1194）。史浩，字直翁，号真隐，为明州鄞县，青年时期就隐居鄮峰读书，自号真隐居士。著有《尚书讲义》二十卷、《鄮峰真隐漫录》五十卷传世。生平事迹见《宋史》卷三九六。

③ 本地风光：比喻人的本心本性，也指众生本自具备的佛性。《圆悟佛果禅师语录》卷五：“若以真实正见契寂如如，虽二六时中不思不量、无作无为，至于动静语默觉梦之间，无不皆是本地风光、本来面目，现诸祥瑞，现诸奇特。”（《大正藏》第47册，第1997号，第735页上）《密庵和尚语录·葛主簿请跋先知府信斋遗偈》：“盖为最初发一念时，撞入母胎中，便具正因正见，炼磨纯熟。才出头来，一拨便转，本地风光，顿尔现前。”（《大正藏》第47册，第1999号，第980页下）

④ 子昂：元代著名的书法家、画家、文学家、诗人赵孟頫（1254—1322），字子昂，号雪松道人，又号水晶宫道人。吴兴（今浙江湖州）人，是宋太祖赵匡胤子秦王赵德芳的后裔。诗文书画，无所不工。诗以七律最佳，书法绘画皆为绝妙，尤其是以“赵体”楷书闻名于世。有《雪松斋文集》传世，生平事迹见欧阳玄《圭斋文集·赵文敏公神道碑》《元史》卷一七二。

⑤ 韦苏州：即韦应物，参见本书《皎然》“韦应物”注。

⑥ 柳河东：即柳宗元（773—819），唐文学家。字子厚，祖籍河东（今山西永济）人，世称柳河东。生平事迹见《昌黎先生集》卷三二《刘子厚墓志铭》《全唐文》卷六〇五《唐故尚书礼部员外郎柳君文集序》《旧唐书》卷一六〇、《新唐书》卷一六八。

也。昔相遇于钱塘廨舍,举以为示。尝诘之云:“清净安得有障?”子昂云:“厌垢秽,爱清净,去彼取此,是非障与?”予曰:“将谓是个翰林官人,元来却是个冠巾和尚!”胡卢一笑而罢。子昂复云:“老母出某之夕,梦一异僧入室,故平生酷嗜佛书。禅门诸祖语,虽不全解,一见皆略知其意。”千濑惯与子昂言诗,不知曾言及此否?(《书子昂千濑唱酬诗后》)

天隐圆至

圆至(1256—1298),元僧。字牧潜,号天隐。高安(今属江西)人,俗姓姚。年十九依仰山慧朗祖钦出家。务进退,寡交识,怡然以道味自尚。历荆、襄、吴、越,体禅理而外,工诗文。元贞间主建昌府能仁。后寂于庐山①。都穆《南濠诗话》称其"工于古文,而诗尤清婉"②。

圆至指出,诗之功用乃是"宣民风而畅其壅",因而他主张诗应"得性情之正",反对"务为险艰奇苦以角其能"。他主孟子的养气言志说,认为"言者,志之动,气之宣,无所养而敏于言,是拔其根、责其末之茂也"。他重视诗法③,主张"寓言以托讽","具文以见意",赞赏"语意含蓄,情景混融"之作。

本书所录文字,据圆至《牧潜集》《禅门逸书初编》第6册,第118号;圆至《笺注唐贤绝句三体诗法》《四库全书存目丛书》集部第289册,齐鲁书社1997年版。

一、"诗之用与乐合,皆所以宣民风而畅其壅"

古者赋以观志,类于片语之间,占其终身所享。盖机发于心,形于声,成于文,若或使之,虽言者不自知其然也。宋景文之《落花》,寇平仲之《孤舟》,皆布衣贫贱之辞,而识者许其为富贵之兆,彼二子者,岂注心设意求为如是之言

① 圆至生平事迹,见《续灯存稿》卷六、《补续高僧传》卷二四、《续灯正统》卷二三。

② 都穆:《南濠诗话》《历代诗话续编》,中华书局1983年版,第1361页。

③ 圆至有《笺注唐贤绝句三体诗法》,该书为宋人周弼辑,圆至笺注,共二十卷。其书内容分为"绝句体""七言体""五言体"三个部分。"绝句体"下分为"实接""虚接""用事""前对""后对""拗体""侧体";"七言体"下分为"四实""四虚""前虚后实""前实后虚""结句""咏物";"五言体"下分为"四实""四虚""前虚后实""前实后虚""一意""起句""结句"等。《笺注唐贤绝句三体诗法》,见《四库全书存目丛书》集部第289册,齐鲁书社1997年版。

哉？其受于天者异，故发于辞气之形容者不掩也。盖诗之用与乐合，皆所以宣民风而畅其壅，故必有和平之音，然后能养其和平之性。而孟郊、贾岛之徒，抉肝劘肺，务为险艰奇苦以角其能，既以穷其身，又以愁于人，使读者忾然不愉，如处呻冤号痛者之侧，则亦何乐于诗而为之而读之耶？修川淦君，余尝见其诗于邻僧之座，丰融畅茂，虽备其刻绘之巧，然终无艰难困窘之态。余固占其为福德所寓，非臞儒饿士蓬巷茨檐叹戚之作也。已而君过余所止，余往谢焉。入其乡，则邻童巷叟嬉迎笑揖，陶然如化国之人；闯其门，则窗弦壁诵，联合声合响；与族居邻处之塾，更答而互应；进其堂，二子侍侧，即之语，文而礼。甥孙旅立，丰庭秀角，称家之相颀然。而君以康恬寿恺之身，优游数者之间，日引其客，升堂而饮，坐亭而赋。以抚花问竹，嘲云剧月为笑乐，不知世有穷亨得丧戚喜之事。余然后知占于君者果信而古之，验其人，于所赋者不吾欺也。君出诗数百篇，使余引其首。余奔走天下，遇厄穷困苦，虽激于中，若羹火之沸、钲鼓之考，终不能以哀思怨愤噍杀之言。喜君所存，得性情之正，于余心不期而合也，故不让而言之。(《淦明甫诗集序》)

二、“观人之道，言为着，审其音，而中之正慝见矣”

夫所谓言者，气志之形容尔。浩然溢乎中，沛然发于外，不可欺也。孟子善养气，故其言铿横磬辨，肆出不慑。而《礼》称，风之哀乐，亦由其志和怨。然则言者，志之动，气之宣，无所养而敏于言，是拔其根、责其末之茂也。故观人之道，言为著，审其音，而中之正慝见矣。余居庐山，友人恩以仁、印廷用来自钱塘，出其道途所为诗数十篇，号《庐山游》，读之宽恬清平，壮浪豪快，泰然如得意者。然视其人，则柴肩木项，穴衣苞屦，貌服丧其常度。怪而诘焉，则曰：“舟覆于盗，仅脱者身耳！”嗟乎！君之家以声货为乡智驰力取，为俗咄嗟指顾，足以自奋，反舍其所乐，自弃于荒穷绝僻，以背其进取之势，其所趣固与人异，而又冲涛波，犯寇敚，漂沈颠陨濒死，而后济其困且劳。如是，使无所养者居之，方戚戚相叹泣不暇，何暇为赋咏谈笑，取无憀之乐？而二君曾不少动其志，有哀思怗懘悔沮之言，则其所养又可知矣。然则，是诗之工，文词之美，固君余事不足言，余独繁言之者，盖欲览者知二君气志所养如此。(《庐山游集序》)

三、“寓言以托讽”,“具文以见意”“语意含蓄,情景混融”[①]

(评杜常《华清宫》[②])此诗盖讥玄宗惑于神仙之事,与秦皇汉武同。遗迹荒凉,俱为后人感慨之具。长杨、华清,相去道里辽远,况秦汉旧宫,至唐唯未央尚在,长杨已不存,乃诗人寓言以托讽耳。王建《华清宫》亦云“武帝自知身不死,看修王殿号长生”[③],其讥意亦同,但不若此诗语意含蓄、情景混融耳![④]

(评王建《宫词》[⑤])此篇乃全用甘泉宫事,以刺世主违礼而好怪异[⑥]。奇器不入宫,君不乘奇车,况作非礼之器,为服食以求不死,御鬼神之车服以淫祀乎?辞惟序事而讥自见,此杜元凯所谓“具文见意”[⑦]者也。人多以宫词为情诗者,非也。按建《宫词》百篇,有情者,有事者,有怨者,有刺者,指不一也。而或者概以情怨说《宫词》,误矣。

(评薛能《吴姬》[⑧])此诗凿说者不一,多失作者之意。今观薛能《吴姬》词凡八首,皆以女自喻。古诗多有此体,如“妾薄命”之类是也。盖能早负才名,

---

① 以下选自圆至:《笺注唐贤绝句三体诗法》,见《四库全书存目丛书》集部第289册,齐鲁书社1997年版。

② 杜常:《华清宫》:“行尽江南数十程,晓星残月入华清。朝元阁上西风急,都入长杨作雨声。”(《全唐诗》卷七三一,中华书局1980年版,第8370页)

③ 王建:《晓望华清宫》:“晓来楼阁更鲜明,日出阑干见鹿行。武帝自知身不死,看修玉殿号长生。”(《全唐诗》卷三〇一,中华书局1980年版,第3435页)

④ 周弼把杜常:《华清宫》、王建:《宫词》、薛能:《吴姬》三首,辑入“绝句体”的“实接”中。他论“实接”云:“绝句之法,大抵以第三句为主,首尾率直而无婉曲者,此异时所以不及唐也。其法非惟久失其传,人亦鲜能知之。以实事寓意而接,则转换有力;若断而续,外振起而内不失于平妥,前后相应,虽止四句,而含蓄不尽之意焉。此其略尔。详而求之,玩味之久,自当有所得。”(《笺注唐贤绝句三体诗法》,见《四库全书存目丛书》第289册,齐鲁书社1995年版,第292页)

⑤ 王建:《宫词》:“金殿当头紫阁重,仙人掌上玉芙蓉。太平天子朝元日,五色云车驾六龙。”(《全唐诗》卷三〇二,中华书局1980年版,第3445页)

⑥ 异:此字原书模糊不清,疑为“异”。

⑦ 具文见意:语出杜预(元凯)《春秋序》:“四曰尽而不汙,直书其事,具文见意。丹楹刻桷、天王求车、齐侯献捷之类是也。”见孔颖达:《春秋左传正义》,阮元校刻《十三经注疏》(下册),中华书局1980年版,第1706页下。

⑧ 薛能:《吴姬》:“身是三千第一名,内家丛里独分明。芙蓉殿上中元日,水拍银盘弄化生。”(《全唐诗》卷五六一,中华书局1980年版,第6520页)

自谓当作文字官，及为将常怏怏不平，数赋诗以见意。此诗乃矜其少日才望之盛，而不平之意，隐然言外。

（总评杜常《华清宫》、王建《宫词》、薛能《吴姬》三首）伯弜立此，而不著其说。以余观之，其例不一。若绝句，则以第三句为主。或以其句法相似，或字面相同；或第三句唤第四句者，或不唤而第四句申其意者；或纯以景物者，或景物中有人者。但第三句皆如是，则聚为一类。曰已上若干首，其首尾三句，则不必同，而又必篇篇声势轻重相似。其揣摩称停，用心之精，可谓细入忽微，非苟然者，故不显示其旨，欲使观者自得焉。

（评钱起《归雁》①）瑟中有《归雁操》。诗意谓潇湘佳境，水碧沙明，何事即回，我瑟夜弹方悲，汝却飞来乎？又一说以二十五弦弹夜月，为湘妃鼓瑟。诗意谓潇湘佳境雁不应回，乃湘瑟之怨，不可留耳。此诗人发兴之言。其说亦通。

（评张藉《逢贾岛》②）按张衡《四愁诗序》云："效楚词以香草比君子，以雪霏水深比小人。"③此诗用其体，以款冬花耐寒寂比岛，以春雪比小人，以日斜比时昏，而伤己与岛未知所托也。杜云："风涛暮不稳，舍棹宿谁门？"④全用杜意。

（评张继《枫桥夜泊》⑤）霜夜客中愁寂，故怨钟声之太早也。"夜半者"，状其太早而甚怨之之辞。说者不解诗人活语，乃以为实半夜，故多曲说，而不知首句"月落乌啼霜满"，乃欲曙之时矣，岂真半夜乎？孟子曰："'周余黎民，靡有孑遗'，信斯言也，是周无遗民也。故说诗者，不以文害辞，不以辞害

---

① 参见钱起：《归雁》："潇湘何事等闲回，水碧沙明两岸苔。二十五弦弹夜月，不胜清怨却飞来。"（《全唐诗》卷二三九，中华书局1980年版，第2688页）

② 参见张藉：《逢贾岛》："僧房逢著款冬花，山寺行吟日已斜。十二街头春雪遍，马蹄今去入谁家？"（《全唐诗》卷三八六，中华书局1980年版，第4360页）

③ 张衡：《四愁诗序》："屈原以美人为君子，以珍宝为仁义，以水深雪氛为小人。"（见萧统编，李善注：《文选》卷二十九，中华书局1997年版，第414页上）

④ 杜甫：《冬深》："花叶随天意，江溪共石根。早霞随类影，寒水各依痕。易下杨朱泪，难招楚客魂。风涛暮不稳，舍棹宿谁门。"（《全唐诗》卷二三〇，中华书局1980年版，第2524页）

⑤ 参见张继：《枫桥夜泊》："月落乌啼霜满天，江枫渔火对愁眠。姑苏城外寒山寺，夜半钟声到客船。"（《全唐诗》卷二四二，中华书局1980年版，第2721页）

意。”①斯亦然矣。

（评许浑《秋思》②）谓思少年之时如昨日，今日头白矣，言老之易，非真谓昨日少年而今日白头。不可以辞害意。此与“夜半钟声”法同。

（评唐彦谦《韦曲》③）此诗暗用王羲之事。羲之当晋乱，终日拈花嗅香无言，时人不会其意，盖忧晋乱也。按《唐史》云：彦谦，乾符末河南北盗起，两都复没，旅于汉南，为王重荣参佐，光启末重荣杀死④。所谓“练澁”“低摧”者也。故末句忧思之意悠然见于辞，讽之愈有味。

（评杜牧《宣州开元寺》⑤）或谓月色高低如千山之雪者，非也。此诗乃雪后月霁登楼孤赏，思昔日之欢游，而叹今夕之无侣。详味词意，情思殊甚。首句所谓同鹤栖者，恐是与妇人同宿，托名鹤尔。唐人多如此。退之“园花巷柳”⑥，李商隐“锦瑟”⑦，韩翃“章台柳”⑧，皆是也。

（评顾况《山中》⑨）诗意谓本爱山中宿，况仙境之胜。然不可留者，以庭

① 见《孟子·万章章句上》，朱熹《四书章句集注》，中华书局1983年版，第306页。

② 评许浑：《秋思》：“琪树西风枕簟秋，楚云湘水忆同游。高歌一曲掩明镜，昨日少年今白头。”（《全唐诗》卷五三八，中华书局1980年版，第6139页）

③ 参见唐彦谦：《韦曲》：“欲写愁肠愧不才，多情练澁已低摧。穷郊二月初离别，独傍寒村嗅野梅。”（《全唐诗》卷六七二，中华书局1980年版，第7687页）

④ 《新唐书》卷八十九载：“彦谦字茂业，多通技艺，尤工为诗，负才无所屈。乾符末，避乱汉南。王重荣镇河中，辟幕府，累表为副，历晋、绛二州刺史。重荣军乱，彦谦贬兴元参军事。节度使杨守亮表为判官，迁副使，终阆、壁二州刺史。”（中华书局1975年版，第3762页）

⑤ 杜牧：《宣州开元寺》：“松寺曾同一鹤栖，夜深台殿月高低。何人为倚东楼柱，正是千山雪涨溪。”（《全唐诗》卷五二四，中华书局1980年版，第5993页）

⑥ 韩愈：《夕次寿阳驿题吴郎中诗后》：“风光欲动别长安，春半城边特地寒。不见园花兼巷柳，马头惟有月团团。”（《全唐诗》卷三四四，中华书局1980年版，第3864页）

⑦ 李商隐：《锦瑟》：“锦瑟无端五十弦，一弦一柱思华年。庄生晓梦迷蝴蝶，望帝春心托杜鹃。沧海月明珠有泪，蓝田日暖玉生烟。此情可待成追忆？只是当时已惘然。”（《全唐诗》卷五三九，中华书局1980年版，第6144页）

⑧ 《古今诗话》据孟棨《本事诗》：韩翃少负才名，家贫，经邻居李氏资助并撮合，与妓女柳氏结合。后韩翃成名，淄溜青节度使辟为从事。“韩以世方扰，不敢以柳同行，置之郡下，期至而迓之。三岁，不果，寄之诗曰：‘章台柳，章台柳，颜色青青今在否？纵使长条似旧垂，也应攀折他人手。’柳答曰：‘杨柳枝，芳菲节。可惜年年赠离别。一叶随风忽报秋，纵使归来不堪折。’”（郭绍虞辑：《宋诗话辑佚》，中华书局1980年版，第194页）

⑨ 顾况：《山中》：“野人自爱山中宿，况近葛洪丹井西。庭前有个长松树，半夜子规来上啼。”（《全唐诗》卷二六七，中华书局1980年版，第2965页）

树啼鹃牵客思也。

（评刘言史《过春秋峡》[①]）似者，呈似之似，犹言向也，言史北人南游见景候之异，不如此感。刘公卿云："江花独向北人愁。"[②]亦同此意。偏令破愁字，则不含蓄有余味矣[③]。

（评王建《宫词》[④]）此篇盖比而兴也。"残红"，色衰也。东西分飞，君与己相背也。"贪"，慕也。"结子"，有宠有成也。"五更风"，君心之飘忽也。诗意谓使我不贪结子而入宫，则安有今日之愁。不可恨君也，色衰宠去矣。然惟自咎其初心，不以怨君，厚之至也。荆公甚爱此诗。

（评韦应物《滁州西涧》[⑤]）欧阳永叔曰：滁州城西，乃是丰山[⑥]。无所谓西涧者，独城北有一涧，水极浅不胜舟，又江湖不至。此岂诗家务作佳句而实无此景也。[⑦]

---

① 参见刘言史：《过春秋峡》："峭壁苍苍苔色新，无风晴景自胜春。不知何树幽崖里，腊月开花似北人。"（《全唐诗》卷四六八，中华书局1980年版，第5324页）

② 刘长卿：《初闻贬谪续喜量移登干越亭赠郑校书》："青青草色满江洲，万里伤心水自流。越鸟岂知南国远，江花独向北人愁。生涯已逐沧浪去，冤气初逢涣汗收。何事还邀迁客醉，春风日夜待归舟。"（《全唐诗》卷一五一，中华书局1980年版，第1567页）

③ 周弼把刘言史《过春秋峡》、王建《宫词》二首，辑入"绝句体"的"虚接"中。周弼论"虚接"云："谓第三句以虚语接前两句也。亦有语虽实而意虚者，于承接之间略加转换，反与正相依，顺与逆相应，一呼一唤，宫商自谐，如用千钧之力而不见形迹，绎而寻之，有余味矣。"（《笺注唐贤绝句三体诗法》，见《四库全书存目丛书》第289册，齐鲁书社1995年版，第306页）

④ 参见王建：《宫词》："树头树底觅残红，一片西飞一片东。自是桃花贪结子，错教人恨五更风。"（《全唐诗》卷三〇二，中华书局1980年版，第3445页）

⑤ 参见韦应物：《滁州西涧》："独怜幽草涧边生，上有黄鹂深树鸣。春潮带雨晚来急，野渡无人舟自横。"（《全唐诗》卷一九三，中华书局1980年版，第1995页）

⑥ 参见欧阳修：《丰乐亭记》："修既治滁之明年夏，始饮滁水而甘，问诸滁人，得于州南百步之近。其上丰山耸然而特立，下则幽谷窈然而深藏，中有清泉滃然而仰出。俯仰左右，顾而乐之。于是疏泉凿石，辟地以为亭，而与滁人往游于其间。"欧阳修《醉翁亭记》："环滁皆山也。其西南诸峰，林壑尤美。望之蔚然而深秀者，琅琊也。山行六七里，渐闻水声潺潺，而泄出于两峰之间者，酿泉也。峰回路转，有亭翼然临于泉上者，醉翁亭也。"（见《欧阳修全集》卷三十九，中华书局2001年版，第575、576页）

⑦ 周弼把韦应物的《滁州西涧》辑入"绝句体"的"拗体"中。周弼论"拗体"云："此体必得奇句，时出而用之，姑存此以备一体。"（《笺注唐贤绝句三体诗法》，见《四库全书存目丛书》第289册，齐鲁书社1995年版，第317页）

（总评“五言体”中“起句”所选畅当《军中醉饮沈八刘叟》①、司空曙《题江陵临沙驿楼》②、周贺《送耿山人游湖南》③、僧栖蟾《宿巴江》④等四首）按伯弜分此而不著其说，唯此卷只四首。分而为二者，以前两首起句太重为一例，后两首起句稍轻终篇均停为一例，具如卷首所评，其意最为明白。以此观之，他可触类而知矣。⑤

---

① 参见畅当：《军中醉饮沈八刘叟》：“酒渴爱江清，余酣漱晚汀。软莎欹坐稳，冷石醉眠醒。野膳随行帐，华音发从伶。数杯君不见，都已遣沉冥。”（《全唐诗》卷二八七，中华书局1980年版，第3284页）

② 参见司空曙：《题江陵临沙驿楼》：“江天清更愁，风柳入江楼。雁惜楚山晚，蝉知秦树秋。凄凉多独醉，零落半同游。岂复平生意，苍然兰杜洲。”（《全唐诗》卷二九三，中华书局1980年版，第3330页）

③ 参见周贺：《送耿山人游湖南》：“南行随越僧，别业几池菱。两鬓已垂白，五湖归挂罾。夜涛鸣栅锁，寒苇露船灯。去此应无事，却来知不能。”（《全唐诗》卷五〇三，中华书局1980年版，第5717页）

④ 参见僧栖蟾：《宿巴江》：“江声五十里，泻碧急于弦。不觉日又夜，争教人少年。一汀巫峡月，两岸子规天。山影似相伴，浓遮到客船。”（《全唐诗》卷八四八，中华书局1980年版，第9608页）

⑤ 参见周弼论“五言体”中的“起句”云：“发首两句，平稳者多，奇健者予所见惟两篇，然声太重，后联难继。后两篇发句亦佳，声稍轻，终篇均停。然奇健不及前两篇远矣。故著此为法，使识者自择焉。”（《笺注唐贤绝句三体诗法》，见《四库全书存目丛书》第289册，齐鲁书社1995年版，第368页）

古林清茂

清茂(1262—1329),元僧。字古林,别号休居叟。乐清(今属浙江)人,俗姓林。参横川清洪于雁山能仁,开悟受法。皇庆间(1312—1312),两度奉旨开堂,赐号佛性禅师。元泰定丙寅间,说法于金陵保宁①。清茂有墨迹东传日本,其代表作有《送别偈》和《与月林道皎偈》,其书风遒劲,堪称上乘。

清茂指出,自然之境"亦足资吾法喜禅悦之乐",触目兴怀,"不觉形之于言,唱而为偈"。他高度评价无准师范的诗偈,有一种横放自然之美,"如风行水面,自然成纹"。

本书所录文字,据《古林清茂禅师拾遗偈颂》《卍续藏经》(新编)第123册。

一、自然之境"亦足资吾法喜禅悦之乐","不觉形之于言,唱而为偈"

友人断江首座,留山中,会予田间归。方出迎,即曰:"仆来吴数年矣,以灵岩虎丘二诗未就为欠。比来白云山深水寒,冥会二境之妙,辄易搜索,今成矣,冀剪裁之。"予曰:诗非吾所长,方将以佛祖之道为己任。痛法社之衰微,惜后学之不振,行其所未到,笃其所不能。使其各各契证本地风光②,开凿人天眼目③,相与绍续,尚未有毫发之利,何暇事声律哉。比来小院,无可任之

① 清茂生平事迹,见梵仙:《古林清茂禅师语录》"后记"、《五灯会元续略》卷五、《增集续传灯录》卷五、《五灯严统》卷二一。

② 本地风光:参见本书《原叟行端》"本地风光"注。

③ 人天眼目:六卷。宋代晦岩智昭编。淳熙十五年(1188)刊行。此书是晦岩智昭费时二十年收集的禅宗五家宗旨的纲要书。首先记载该宗祖师略传,然后列举该宗重要祖师的语句、偈颂、机关、宗纲,并收集先德对此所作的拈提与偈颂,以助读者理解。收入《嘉兴藏》《续藏经》《大正藏》。

力，事无大小，必躬为之。洎往田间索租，而民奸佃猾。租瘠田肥，触境遇缘，皆贪瞋痴三业[①]之事。以无上妙道[②]，诱控之罔如也。然芦边柳下，鹭冷鸥寒，水肃霜清，风休月白，亦足资吾法喜禅悦[③]之乐。不觉形之于言，唱而为偈，遂成十首。目之曰《田中讴》，实非诗可比也。试以录呈。（《田中十首并序（今收九首）》）

二、"风行水面，自然成纹"

荷担佛祖之道，至彻法源底。辩说无碍，如珠走盘，然后可谓能起人必死之疾。今观此轴，当铺纸运笔之际，如风行水面，自然成纹，岂有意于措置者耶？东山法门[④]开发正见，光明显露，如青天白日，予谓老圆照[⑤]得之。（《跋无准和尚偈语》）

---

① 贪瞋痴三业：贪瞋痴，是指贪欲、瞋恚与愚痴三种烦恼，三业为身、口、意三处之所作，即身不履邪径，不染恶习，不任伤生，即不杀、不盗、不淫，则身业清静；口不妄言、绮语、两舌、恶口，则口业清静；不贪、不嗔、不痴，则意业清静。《受菩提心戒》："贪瞋痴不善，三业诸烦恼。"（《大正藏》第18册，第915号，第940页下）

② 无上妙道：同"无上妙觉"，如来所得之觉体，不可思议，最胜而无有过之者，故称无上妙觉。妙道，即最上道、无上道，通常亦为佛道、佛陀教法等语之代称。《圆觉经》云："无上妙觉，遍诸十方，出生如来。"（《大正藏》第17册，第842号，第917页下）

③ 法喜禅悦：参见本书《普庵印肃》"法喜禅悦"注。

④ 东山法门：是禅宗五祖弘忍在东山弘传的一种禅法。禅宗从初祖达摩到三祖僧璨，都是行头陀苦行，居无定处，三衣一钵，随遇而安。到了四祖道信和五祖弘忍时代，这种漂泊的生活就彻底结束了。道信于唐武德元年（618）住蕲州黄梅（今湖北黄梅县）西北的双峰山（又名破头山），徒众达500多人。弘忍自小跟随道信学禅，也居于住蕲州黄梅（今湖北黄梅县）西北双峰山，自继承道信法席后，门庭更加兴旺，徒众达500多人。因参学者日盛，便在黄梅县的冯墓山（黄梅山）另辟道场。因该山双峰山东部，又称东山，所以禅界将弘忍的道法称为"东山法门"，也称"黄梅意旨"。《宋高僧传》卷八《弘忍传》："拥纳之侣，麇至蝉联。商人不入于化城，贫女大开于宝藏。入其趣者，号东山法门欤。"（《大正藏》第50册，第2061号，第754页上—中）

⑤ 圆照：唐代僧人，生卒年不详，京兆（陕西）蓝田人，俗姓张。十岁时，依西明寺景云律师出家，研钻维摩、法华、因明、唯识等诸经论，旁究儒典，特精律藏。唐开元年间，奉敕译经；大历年间，帝诏两京律师十四人，定新旧两疏之律条，师与超侪等共任笔受之职，写成敕佥定四分律疏。编有《贞元新定释教目录》三十卷、《续开元释教录》三卷、《大唐安国利涉法师传》十卷等十九种。事迹见《宋高僧传》卷十五、《佛祖统纪卷》四十一、《佛祖历代通载》卷十九。

无见先睹

先睹(1265—1334),元杨岐派僧。字无见,号瞎驴。仙居(今属浙江)人,俗姓叶。净慈伦禅师法孙、瑞崖宝禅师法嗣。曾在天台山华顶,一住四十年,以善兴禅寺为基地,倡导看话禅。寂后赐号真觉。丛林把他与中峰明本视为南方最有影响的两位禅师①。

在诗歌品评论上,先睹提出了“闲情只把诗消遣”的命题,只把诗作为闲情时消遣之手段。

本书所录文字,据《无见先睹禅师语录》《卍续藏经》(新编)第122册。

“闲情只把诗消遣”

枕石眠云仰看松,从来佛法自流东。闲情只把诗消遣,妙道难将理性穷②。依约天花飞木末,丁东檐铎响空中。寄言役役阎浮③客,莫用机心辊业风。(《和永明禅师韵》)

---

① 先睹生平事迹,见陈垣:《释氏疑年录》卷九、昙噩:《无见睹和尚塔铭(并序)》(《无见先睹禅师语录》附)、《续指月录》卷七、《补续高僧传》卷一三、《增集续传灯录》卷六。

② 妙道难将理性穷:无上道是难以将实性本体穷尽的。理性:指始终不变之本具理体。性,乃不待其他因缘,无始以来,法尔存在之本具因种。如以无常、苦、空、无我等为一切法共通之理性。《摩诃止观》卷五上,则以实性即为理性。(《大正藏》第46册,第1911号,第53页上)

③ 阎浮:即阎浮提。佛教有“四大部洲”之说。“四大部洲”又称“须弥四洲”“四洲”“四大洲”“四天下”。位于须弥山四方,乃人类所居住的洲渚。东为弗婆提(东胜身洲),南为阎浮提(南赡部洲),西为瞿耶尼(西牛货洲),北为郁单越(北俱卢洲)。而阎浮提乃梵语音译词。又作阎浮利、赡部提、阎浮提鞞波。阎浮是地名,又有胜金洲、好金土之译名。阎浮是树,提是洲名。因树立称,故名阎浮提,此洲在须弥山南,故称南阎浮提。阎浮提原本系指印度之地,后则泛指人间世界。《智度论》卷三十五曰:“如‘阎浮提’者,‘阎浮’树名,其林茂盛,此树于林中最大,‘提’名为洲。此洲上有此树林;林中有河,底有金沙,名为阎浮檀金;以阎浮树故,名为‘阎浮洲’。此洲有五百小洲围绕,通名阎浮提。”(《大正藏》第25册,第1509号,第320页上)

樵隐悟逸

悟逸（？—1334），元临济宗僧。字樵隐。怀安（今属河北）人，俗姓聂。得法于净慈愚极慧。三住雪峰崇圣寺，百废具修，诚法门盛事。赐佛智号[①]。

在诗的鉴赏品评上，悟逸推崇“闲淡之趣”。在悟逸看来，赋诗乃在“遂志”。

本书所录文字，据《樵隐悟逸禅师语录》《卍续藏经》（新编）第150册。

一、“闲淡之趣”

白云山中之云，闲中有淡。玉山庵中之云，淡中有闲。为雨从龙，出游归隐，先后不同，闲淡之趣[②]一也。吁！世事浮华，颓波日靡；白云苍狗，倏忽变更。何当缚茅挂，长松眼，吟翁之诗，继翁之韵，以遂素志。偶阅此卷，实获我心。（《痴绝和尚和白云和尚山居诗卷后》）

二、“力于笔耕，以遂其丘园之志”

澧阳鳌山，天下旅邸也。自七家村土地，家残户破，藉没赀财之后，历四百

---

① 悟逸生平事迹，见《续藏目录》《增集续传灯录》卷五、《五灯全书》卷一一九。

② 闲淡之趣：即在闲暇之时体会到的佛道清净之趣。闲，又译作有暇，即有闲暇可修行佛道之处，如人道，淡，薄味。中峰明本云：“水村云郭惯驰神，闲淡生涯自得真。李氏香中半孤影，林家鹤外一全人。横溪咲我吟心苦，堕砌羞渠醉眼尘。千种芳菲总凋丧，还因底事独行春。”（《冯海粟梅花诗百咏》之一，《天目明本禅师杂录》卷三，《新编卍续藏》第122册，第796页）

余载,愿受一廛,而为氓者几希!玄峰①山人,力于笔耕,分债半堵,以遂其丘园②之志。鸡鸣狗吠,四境相闻,争先庆贺,仍欲鄙野一语其后。遂谓之曰:家贫愿邻富。(《玄峰通书记房扁七家村民卷后》)

① 玄峰:(1266—1349)元代僧人,俗姓周。原为楚人,因祖父仕宦滇南,遂落籍昆明。少聪慧颖达,12 岁博通儒典,14 岁厌弃尘俗烦劳,依雄辩法师出家,首具足戒后,往参宝积坛主,与雪庭禅师为友,然不得契悟,闻鸠鹊啾噪,忽有所悟,又东游天目山,参中峰明本,获印证,嗣其法,为临济宗传人。返回云南,出往华亭,大弘法化,道风远被。著有《高僧传》。并有语录行世。事迹见虚云《增订佛祖道影》卷二。

② 丘园:原指乡村,此处指隐逸。宋代范仲淹《翰长学士》:"或稍宁息,或得将帅,即有丘园之请,以全苦节,养生俟死,此其志也。"(范仲淹:《范文正公全集》之《范文正公尺牍》卷下,四川大学出版社 2002 年版,第 681 页)《景德传灯录》卷三:"王父暨考,皆干名不利,贲于丘园,其母始娠,移月而光照庭室,终夕若昼。"(《大正藏》第 51 册,第 2076 号,第 222 页中)

月江正印

正印，元代临济宗僧。字月江，晚年自号松月翁。连江（今属福建）人，俗姓刘。参径山虎崖净伏得法。至治年间（1321—1323）奉旨于镇江金山建水陆法会，升座说法①。

正印高度评价船子德诚之拨棹歌，指出其“千尺丝纶直下垂”一首，就“足以起药山之宗”。

本书所录文字，据《船子和尚拨棹歌跋》，华东师范大学出版社 1987 年版。

“棹歌一集，只消‘千尺丝纶直下垂’一首，足以起药山之宗”

船子和尚一生脚跟下浮，逼逼地，若不得夹山，几乎无折合。棹歌一集，只消“千尺丝纶直下垂”②一首，足以起药山③之宗，其余总是游戏三昧④尔！八

---

① 正印生平事迹，见李王庭：《法玺印禅师语录·序》、余三瀛：《法玺印禅师语录·序》。

② 千尺丝纶直下垂：“千尺丝纶直下垂，一波才动万波随。夜静水寒鱼不食，满船空载月明归。”（《船子和尚拨棹歌跋》，华东师范大学出版社 1987 年版，第 21 页）此偈是以“鱼”喻“道”，以垂钓喻求道。德诚把垂钓的过程分为三个阶段：由苦苦追求到求而不得，再到放弃追求而收获满船明月，它象征参禅悟道的三个阶段，即由心中存道以求道，到求道而不可得，再到无求无不求，任运委化，一切随缘，其“满船空载月明归”所表达的，就是这种色即是空、空即是色，色空相即、空有不二的境界（参见洪修平、张勇：《禅偈百则》，中华书局 2008 年版，第 59 页）

③ 惟俨（751—834），唐僧。绛州（山西新绛）人，俗姓韩。年十七，依潮阳西山慧照出家。大历八年（773）纳戒于衡阳希澡。博通经论，严持戒律。后谒石头希迁，参马祖道一，言下契悟，侍奉三年。及还，终为石头法嗣。遂往澧州药山结庵，法道大行。寂谥弘道大师。事见《宋高僧传》卷一七、道光《广东通志》卷三二八、《五灯会元》卷五、《景德传灯录》卷一四。

④ 游戏三昧：参见本书《亚愚绍嵩》“游戏”注。

百年来，者一只船，打篙的打篙，摇橹底摇橹，终无一人动着古道。坦首坐推开其蓬，驾之游于萨婆若①海。虽然只恐船子老人未肯横点头在。至元丁丑春前住育王松月正印拜题。（《船子和尚拨棹歌跋》）

① 萨婆若：通常译为一切智、一切智者、一切种智。指在佛果上了悟一切法之智（一切智），从而引申为证得佛果者之称号（一切智者），就是诸佛究竟圆满果位的大智慧。《圆觉大疏钞》卷一曰："萨婆若，此云一切种智，即诸佛究竟圆满果位之智也。种谓种类，即无法不通之义也。谓世出世间种种品类无不了知故，云一切种智。"［《卍续藏经》（新编）第14册，第446下。］

石屋清珙

清珙(1272—1352),元僧。字石屋。常熟(今属江苏)人,俗姓温。事崇福永惟为师。初参高峰,服勤三年。次参道场及庵宗信有省。后入吴兴霞雾山天湖,躬自薪蔬,吟咏自得。朝廷闻名,赐香币、金磨衲衣。寂谥佛慈慧炤禅师①。

清珙提出"偶成偈语自娱"之说。

本书所录文字,据《石屋禅师山居诗》《禅门逸书初编》第6册,第121号。

"偶成偈语自娱"

余山林多暇,瞌睡之余,偶成偈语②自娱,纸墨少便不欲纪之。云衲禅人③请书,盖欲知我山中趣向。于是静思,随意走笔,不觉盈帙。故掩而归之,

---

① 清珙事迹,见《续灯存稿》卷七、《新续高僧传四集》卷一七、《补续高僧传》卷一三、《五灯全书》卷五一。

② 偈语:偈颂体之语句。定字数结四句者,不问三言四言乃至多言,要必四句。颂者,美歌。伽陀者,联美辞而歌颂之者,故译曰颂。《顺正理论卷》四十四谓偈颂:"有二、三、四、五、六句等。"(《大正藏》第29册,第1562号,第595页上)《大智度论》卷三十三谓:"一切偈名'祇夜',六句、三句、五句。句多少不定,名'祇夜'亦名'伽陀'。"(《大正藏》第25册,第1509号,第307页上)

③ 云衲禅人:云水之衲僧或云水僧,亦称"云衲""行脚僧""游方僧"等。指到处行乞或参禅之僧人,亦泛指行踪不定,到处说法之僧人。因如行云流水,无固定居处,故称。《佛祖历代通载》(云峰高禅师传)曰:"云衲四来,三堂皆溢。"(《大正藏》第49册,第2036号,第721页下)

复嘱慎勿以此为歌咏之助，当须参意①，则有激焉。(《四言古诗“小序”》)

附　录

我们选录了《石屋禅师山居诗》编者潘是仁的《石屋禅师引》，他提出诗僧应“解禅”，禅僧应“解诗”，在他看来，“诗僧不解禅，总于道业无裨；禅僧不解诗，亦是慧心未彻。”

诗僧应“解禅”，禅僧应“解诗”

诗僧不解禅，总于道业无裨；禅僧不解诗，亦是慧心②未彻，以故传灯③诸祖不废偈言，授钵高缁仍参秘语。(潘是仁《石屋禅师引》)

---

① 参意：同“参禅”，参入禅道之意。指于师家之下坐禅修行，引申为于禅定中参究真理。《无门关》第一则：“参禅须透祖师关，妙悟要穷心路绝。”(《大藏经》第48册，第2005号，第292页下)《正法眼藏三昧王三昧》：“参禅者，身心脱落也，只管打坐始得，不要烧香、礼拜、念佛、修忏、看经。”(《大正藏》第82册，第2582号，第243页下)

② 慧心：即智慧心，心体明了，能达观事理者，人通过“内善知识”来对自心的内观和照察，人们就可以发现本来具有的情景佛性。善入佛法，造心分别为慧。谓精进之心，既已现前，则纯真之慧，自然发显。释一如云：“善入佛法，造心分别为慧。谓精进之心，既已现前，则纯真之慧，自然发显。经云：心精现前，纯以智慧，名曰慧心。”(释一如：《三藏法数》，浙江古籍出版社1991年版，第443页上)

③ 传灯：传承禅法。禅家将禅法喻为明灯，因其能驱除众生心中之迷暗，故称传承禅法为“传灯”。《景德传灯录》卷三〇，永嘉玄觉《证道歌》：“建法幢，立宗旨，明明佛敕曹溪是。第一迦叶首传灯，二十八代西天记。”(《大正藏》第48册，第2014号，第396页中)

云屋善住

善住(1278—?),元代僧。字无住,别号云屋。苏州人。曾居于吴都之报恩寺,闭关念佛,修净土行。工诗,每与仇远、白挺、虞集、宋无诸人往返酬唱①。

善住指出,“儒释门虽异”,但“诗书味颇同”,儒释两家的诗、书,在韵味上有相通相同之处。他的“旅情随水远,诗思见山多”“满目青山总是诗”“北山水石增吟兴”,表明了江山为诗思之助的思想。在善住看来,唐诗“典雅”,宋诗“粗豪”,但它们都有韵味,都能给人以美的享受,只有“狂妄末流徒好恶”,有所偏爱。在诗歌的鉴赏品评上,他很推崇“清新”之作,洗尽铅华,不“染凡尘”之作。

本书所录文字,据《谷响集》《禅门逸书初编》第6册,第119号。

一、“儒释门虽异,诗书味颇同”

儒释门虽异,诗书味颇同。有心依涧壑,无意谒王公。午鼎篆烟碧,夜灯花穗红。曾闻少年日,几度过辽东。(《寄宋子虚二首》之二)

二、“北山水石增吟兴”“满目青山总是诗”

闻说临平路,扁舟此度过。旅情随水远,诗思见山多。湖外无青草,村边有白鹅。濛濛烟雨里,攲枕听吴歌。(《临平道中》)

---

① 善住生平事迹,见《四库提要》卷一六六、云栖袾宏:《往生集》卷一、《净土晨钟》、嘉庆:《松江府志》卷七二、乾隆:《苏州府志·人物志·释道门》、明复:《谷响集解题》。

昭时丹凤雏崇冈，吐出神珠埒夜光。眼见笺麻才只尺，耳闻名姓几星霜。北山水石增吟兴，南荡弦歌助酒狂。千载不须嗟寂寞，已留遗墨遍炎方。（《书鲜于伯机诗后兼用其韵》）

春泥路滑轿行迟，满目青山总是诗。两度入山皆过雨，未知何时值晴时。（《春日雨中至福严精舍》）

三、“典雅始成唐句法，粗豪终有宋人风”

是非不到白云中①，高卧冥冥碧汉鸿。典雅始成唐句法，粗豪终有宋人风②。智愚愿作登坛将，茅土偏旌盖代功。狂妄末流徒好恶，岂知到海味还同。（《论诗》）

四、“眼惊篇什思清新，锦绣心肠语不尘”

失喜朝来得句新，篇成惟恐染凡尘。自收草具藏筠篋，且啜花瓷雪乳春。（《暮春杂兴十首》）

眼惊篇什思清新③，锦绣心肠语不尘。好跨玉龙游汗漫，朗吟闲看十洲春。（《春字十绝，无功巳尝见和，子虚诸公亦蒙见和，遂复用元韵，为诗十首答之》）

---

① 是非不到白云中：是非，辨别是非，评议。白云，禅林用语，以白云之自在去来转喻人之了无执著与自由无碍；又一般喻指隐者。《景德传灯录》卷十四：“道悟问：‘如何是佛法大意？’师曰：‘不得不知。’悟曰：‘向上更有转处也无？’师曰：‘长空不碍白云飞。’”（《大正藏》第51册，第2076号，第309页下）

② 典雅始成唐句法，粗豪终有宋人风：典雅，系唐司空图对诗歌作品庄重雅致风格意境的概括。其所著《诗品》列有“典雅”一品：“玉壶买春，赏雨茅屋。坐中佳士，左右修竹。白云初晴，幽鸟相逐。眠琴绿阴，上有飞瀑。落花无言，人淡如菊。书之岁华，其曰可读。”（郭绍虞：《诗品集解》，人民文学出版社2005年版，第12页）粗豪，即粗疏豪放或豪放。司空图《诗品》中有“豪放”一品：“观花匪禁，吞吐大荒。由道返气，处得以狂。天风浪浪，海山苍苍。真力弥满，万象在旁。前招三辰，后引凤凰。晓策六鳌，濯足扶桑”。（郭绍虞：《诗品集解》，人民文学出版社2005年版，第23页）

③ 清新：清爽新鲜，不落俗套。关于清新，是一种自然天成的诗歌审美风貌。明代诗论家杨慎《清新庾开府》释“清新”云：“清者，流丽而不浊滞；新者，创见而不陈腐也。”（杨慎：《升庵诗话》卷九，《历代诗话续编》，中华书局1983年版，第814页）

笑隐大䜣

大䜣(1284—1344),元代临济宗僧。字笑隐。江州(江西九江)人,俗姓陈。参谒百丈山之晦机元熙(大慧宗杲下四世),得嗣其法。在诲机元熙住持杭州净慈寺时担任过书记。文宗时赐“广智全悟大禅师”之号。顺帝时又加赐“释教宗主兼领五山寺”之号。大䜣博学多闻善辩,擅长诗文,与赵孟頫、邓文原等士人关系良好。黄溍品评其文曰:“公所为文,无山林枯寂之态,变化开合,奇彩烂然,而议论磊落,一出于正,未尝有所偏蔽。虞公(虞集)称其如洞庭之野,众乐并作,铿鋐轩昂;蛟龙起跃,物怪屏走,沉冥发兴。”①元时南方临济宗,一般都因袭大慧杲传统,行“看话禅”,而大䜣则反对之。他肯定“行棒行喝”之禅风,与原叟行端相近;而又重述“直指人心,见性成佛”之义,未忘禅门宗旨②。

大䜣十分重视诗歌的教育功能。他指出,中峰和尚之诗,是殷勤劝世之诗,教诲学人回归净土,“中峰劝世何殷勤,如客忆家子忆亲”。其诗有强大的感染力,如“天乐自奏华自雨,彼美人兮西方人”;有深入人心的教育作用,“声香味触入正受,见闻觉知总如旧。刹刹圆成清泰都,人人具足无量寿”。大䜣称赞大慧之偈,乃是“负刚直之气,纵无碍之辩,发挥道妙”,而且“信笔而书,肆口而说,衮衮万言不穷”。大䜣肯定石窗禅师之偈,“详密委曲”“以小喻大”,有“佛祖传心之妙”,有很大的教育作用。大䜣强调诗歌创作应遵守“佛制”,不能溺于世俗文艺。他还强调写景之诗,应是诗人对自然景观“身临而

---

① 黄溍:《元大中大夫广智全悟大禅师住持大龙翔集庆寺释教宗主兼领五山寺䜣公塔铭》,《笑隐大䜣禅师语录》卷四,《卍续藏经》(新编)第121册,第253页上。

② 大䜣生平事迹,见虞集:《元广智全悟太禅师太中大夫住太龙翔集庆寺释教宗主兼领五山寺笑隐欣公行道记(有赞)》(《笑隐大䜣禅师语录》附)、《四库全书总目提要》《五灯会元续略》卷四、《五灯全书》卷五十五、《增集续传灯录》卷四、《续稽古略》卷一、《续灯存稿》卷五。

目击者”，不要未“尝至其处，徒想像形容之”，他以禅宗“传心之妙”指出“必亲证悟而后言可征信”。他以人品论诗歌，指出从诗篇“可见其人品”。

本书所录文字，据《笑隐大欣禅师语录》《卍续藏经》（新编）第121册；《蒲室集》《禅宗全书》第95册。

一、“中峰劝世何殷勤，如客忆家子忆亲”

释迦誓居五浊世①，折伏众生令出离。弥勒示现安养国，摄受接引②登佛地。譬如雨露与霜雪，滋濡肃杀各不同；阴阳寒暑运四时，生成万物均化工，诸佛愿力③本一心，融摄十方诸国土，无有三世去来今。众生性中清净海，纤豪瞥起成障碍。流转三界④不知归，劳彼圣贤久相待。中峰⑤劝世何殷勤，如客

① 五浊世：浊世，原指乱世，在佛教中则指尘世、凡界，意为充满五浊之恶世。五浊，即劫浊、见浊、烦恼浊、众生浊、命浊。《阿弥陀经》卷一：“娑婆国土，五浊恶世。”（《大正藏》第12册，第366号，第348页上）《悲华经》卷二：“今我世尊，何因何缘处斯秽恶不净世界，命浊、劫浊、众生浊、见浊、烦恼浊，于是五浊恶世之中，成阿耨多罗三藐三菩提？在四众中说三乘法？以何缘故，不取如是清净世界，而不远离五浊恶世？”（《大正藏》第3册，第157号，第174页下）

② 摄受接引：摄受，又曰摄取，佛以慈心摄取、救济众生。《大方广佛华严经》卷二十八曰：“普能摄受一切众生。”（《大正藏》第10册，第279号，第151页下）接引，又称摄引、接化，为引导摄受之意，谓诸佛菩萨引导摄受众生，或师家教导引接弟子。《观无量寿经》曰：“以此宝手接引众生。”（《大正藏》第12册，第365号，第344页上）

③ 愿力：誓愿的力量，多善愿功德之力。本愿力，指本愿之力用，略作愿力，又作宿愿力、大愿业力。即诸佛菩萨于过去世未成佛以前之“因位”所起誓愿之力用，于果位而得发显成就。依天亲菩萨之《往生论》所说，佛之本愿力，能速疾成满如大宝海之无量而殊胜之功德。又据唐代善导大师之《观无量寿经疏》卷一所说，一切善恶之凡夫，无不凭借阿弥陀佛之大愿力为增上缘，而得往生净土。或将“本愿”与“力”分开为二：谓本愿指因位之誓愿，力指果上之神力。如昙鸾于《往生论注》解释“观佛本愿力”一文中所说：“依本法藏菩萨四十八愿，今日阿弥陀如来自在神力，愿以成力，力以就愿，愿不徒然，力不虚设，力愿相符，毕竟不差，故曰成就。”（《大正藏》第40册，第840页上）

④ 三界：指的是欲界、色界和无色界，是有情众生存在的三种境界。释一如云：“三界者，欲界、色界、無色界也。”（释一如：《三藏法数》，浙江古籍出版社1991年版，第1页上）此三界为迷界，必须从中解脱达到“涅槃”才是最高境界。

⑤ 中峰：中峰明本（1263—1323），元代临济宗僧人，字中峰，自号幻住，法号智觉。杭州钱塘（今浙江杭县）人，俗姓孙，又称智觉禅师、普应国师。幼于天目山参谒高峰原妙，二十四岁从高峰出家，其后并嗣其法，朝廷重之，学人丛聚。仁宗闻名，特赐号佛慈圆照广慧禅师。事迹见《佛祖通载》卷三六、《增集续传灯录》卷六、《续稽古略》卷一、《新续高僧传》卷一七。

忆家子忆亲。天乐自奏华自雨,彼美人兮西方人。朝兹夕兹念在兹,万年一念同须臾。念而无念能所绝,无念而念心境如。[①] 声香味触入正受,见闻觉知总如旧。刹刹圆成清泰都,人人具足无量寿。(《题中峰和尚净土诗后》)

二、“信笔而书,肆口而说”

佛日祖,负刚直之气,纵无碍之辩,发挥道妙,信笔而书,肆口而说,衮衮万言不穷。苏子瞻称张方平[②]谓:“直行无前,有碍即止。放为江河,汇于沼沚者。”似之矣。又胸次暴白,议论耿介,虽王公卿相,面折不阿,至患难濒九死不少挠。此偈示廖等观,谓其改官不得,依旧妄想不已。以直言激之,廖受之无难色,亦信道之笃者。视今人与士大夫交。而以软语相媚悦者,可愧矣。(《题大慧禅师示廖等观偈》)

开先一山和尚谓云:“痴绝住山,以一篋付侍者,有求其语,令以纸投篋中。定钟后,令侍者以篋进秉烛书之,随纸多寡俱尽,日为常规。”且曰:“无孤其诚意。”后雪嵒亦肆口而说,信笔而书,盖其见处亲切,如所见而行,如所行而言,不自知其然而然,岂求其辩博哉!故学者亦遵其训而力行之,孰若今之以赠言为藻饰清事也。庐山景南首座,得痴翁雪岩三偈示予,读之有恨生晚之叹。而一山翁亦化去矣。并书其语于后,以识吾所感云。(《题痴绝雪岩二墨迹》)

三、“详密委曲,以小喻大”

右石窗禅师示徒长偈,详密委曲,似乃祖《宝镜三昧》。其家法授受有自

① 念而无念,无念而念:净土宗念佛的功夫有三等,最上的功夫就是“理一心不乱”,即“念而无念,无念而念”,第二是“事一心不乱”,第三是“功夫成片”。《金刚经易解》卷二:“奈众生不知此理,随逐妄念,变幻流转。以故心念之多,无有穷极,是为生灭法。若任念起,心不随之,则念而无念,无念而念,纵有三心万念,不能为碍矣。”(《新编卍续藏》第92册,第919页上)

② 张方平:(1007—1091),字安道,号乐全居士,应天府南京(今河南商丘)人,中茂才异等科,又中贤良方正科,历任昆山知县、睦州通判、知制诰、翰林学士、御史中丞、参知政事等职,反对王安石,反对新法,苏轼评其“似于孔北海、诸葛孔明”。事迹见《宋史》卷三百一十八《列传第七十七》《居士传》卷二一、《佛法金汤编》卷一二。

来矣,孰若黄檗接临济施六十痛棒①! 至吾祖妙喜,犹以竹篦背触用事,岂有唇吻嗫嚅如姑息者为哉? 在《易·家人》"嗃嗃,悔厉吉,妇子嘻嘻,终吝。"彼世教主恩尚以威克爱,况吾佛祖传心之妙②乎! 以小喻大,可不为训,唯通宗者辩之。(《题石窗恭禅师偈》)

四、应遵"佛制""毋溺于文艺"

邓善之为予言,肯堂王公与果长老厚善,迨果化去而继学于是夕生。今年夏继学来为南台侍御,质之云:"先公尝指予言,果长老将化而来别,云复有廿年之聚。予二十余,先公弃世。"则善之之言为然也。继学居官不数月而去,视予若宿契,每作诗必录示。吾党和之者百篇,而永嘉安雪心为书。继学喜,而尤喜雪心书,后有作率令书之。雪心取予稿命题其后,予闻佛制,其徒毋溺于文艺,恐其偏重若溺,而力不能以自举。惟大乘者假之,以护教御侮可也。不识果老③为何如人,得非所谓溺者乎? 智永④好书而为房次律⑤则可,戒公

① 黄檗接临济施六十痛棒:指临济义玄问佛法于黄檗,多次遭到黄檗的棒打。《圆悟佛果禅师语录》卷八:"临济在黄檗三度设问,吃六十棒,及至大愚面前不觉道:'元来黄檗佛法无多子。'似此得处,岂不惊群。"(《大正藏》第47册,第1997号,第749页下)此公案详见《镇州临济慧照禅师语录·行录》《大正藏》第47册,第1985号,第504页中—505页上。

② 传心:即以心传心,意为不用文字语言,通过师徒心灵的契会,使禅僧接受佛法,顿悟佛性。《禅源诸诠集都序》卷一:"达摩受法天竺,躬至中华。见此方学人多未得法,唯以名数为解,事相为行。欲令知月不在指,法是我心故,但以心传心,不立文字。"(《大正藏》第48册,第2015号,第400页中)

③ 果老:张果老,传说中的八仙之一,以长寿闻名。

④ 智永:参见本书《亚栖》注。

⑤ 房次律:房琯(696—763),字次律。河南缑氏(今河南偃师缑氏镇)人。少好学,以荫补弘文生。博学多闻,与吕向隐居陆浑山读书。开元十二年(724)献《封禅书》,官至给事中。天宝五年(746)谪守宜春,"首立学宫",琯"历慈溪、宋城、济源县令,所在为政,多兴利除害,缮理廨宇,颇著能名"。曾拜左庶子,迁刑部侍郎。授金紫光禄大夫,封清河郡公。房琯身为宰相,却"与庶子刘秩、谏议李揖、何忌等高谈虚论,说释氏因果、老子虚无而已"。(《旧唐书》卷一百一十"本传",中华书局1975年版,第3320页)房琯空谈"释氏因果、老子虚无",可见其佛、道并尊,有融合三教之意趣。赞宁:《义福传》在区分房琯与张均的基础上,则高度赞扬房琯的奉佛功德。传中记载,义福预言"张公将有非常之咎,名节皆亏",后义福即"提房手曰:'必为中兴名臣,其勉之!'"(赞宁《唐京兆慈恩寺义福传》,《宋高僧传》卷九,《大正藏》第50册,第2061号,第760页中)可见义福对儒家思想的吸收。

以传宗自任而为苏子瞻[①],则吾法不取也。吾与雪心可以为鉴云。(《书金陵十诗后》)

予十岁祝发,则绮语口业便当绝之。而父师命,犹令不离学馆。至十八游方,始弃文字,然为人所强,往往不工,有愧作者,故力辞谢。又取人憎恶,年及衰迈,犹不能脱然净尽。信宿习染人,未易洗涤。或谓菩萨假诸伎艺,以如幻三昧[②],因事摄化,则吾不能知。天目具上人,命书旧作,将使吾知过责悔以自新耶?其以世俗喜文,而谓我能随机善导耶?知我罪我,当有识者。(《书商学士画山水图诗后》)

五、"吾宗传心之妙,必亲证悟而后言可徵信"

南昌饶益寺,去城四十里,与予族最相近。予甚幼时,族人往往抱携至寺。及予从伯父祝发,城居,惟岁时归省,得寓宿焉。寺耆年平山端公,遇予犹子侄然。后予以授徒留浙,继受命来金陵而不能归者,三十二年矣。平山之孙大亨如渊,出方外从予游,渊以寺有楼,求赋咏于所交名士临川危太朴,以可望五老西山之胜,命曰"凝翠",而为记文诗章者累轴。渊为予执侍,常勉之进道,以其将归而征赠言也。因以兹楼喻之子得诸公之赋,无不尽工。然无一人尝至其处,徒想像形容之,求身临而目击者,莫予若也,虽不能言庸何伤?亦犹吾宗传心之妙,必亲证悟而后言可征信。子归拜,而祖质之而承颜于謦欬叱咤,或盎而春倏而雷电,蔚然虎变而龙跃,则吾亦不能知也。虽篇什之多,将何以为哉?(《题凝翠楼诗卷后》)

士贵明道,而不知道之所以明,其有得于师友讲论之绪,余则资于润色文辞、发明着述,自足名世传后,孰有泥见闻、绝思虑,超然独得于笔授口受之外,

---

① 苏轼曾言"前身即戒和尚",事见《居士分灯录》卷二《苏轼(东林常总禅师法嗣)》:"母程氏方娠,梦一僧至门,瘠而眇。后弟辙官高安时,真净文、圣寿聪时时相过从。一夕三人同梦迎五祖戒。俄而轼至,理梦事。轼曰:'某年七八岁,尝梦身是僧,往来陕右。'真净曰:'戒禅师陕右人也,暮年弃五祖,来游高安。'终于大愚逆数,盖五十年,而轼时年四十九,又戒眇一目。乃悟轼前身即戒和尚云。"(《卍续藏经》(新编)第147册,第901页下)

② 如幻三昧:指观法如幻的禅定,四卷本《楞伽经》卷三:"观察觉了如幻等法,悉无所有,身心转变,得如幻三昧及余三昧门。"(《大正藏》第16册,第670号,第497页下)

以振天地、穷万世而独存者乎？吾游方外，辱交名公，士夫慕其雄文，硕望者固多矣。而以道相求，心无间然，独得常公道夫。公天歷间，辞西台照磨，遍游名山，东探禹穴以极于海，西逾岷峨，南渡滇池，北入穷发，意所欲必至万里跬步也。凡魁儒隐士，禅宗山老，必卑已谘询，及言忘神会，脱然有得于语默耳目之所不及，而亲造之妙，则又若身至目睹之不可诬也。自是而麾斥八极，磅礴万物，以与天游矣。后至元中，连为三台御史，犯颜极谏，锄击奸邪，有古亮直之风。陞云南宪副行省，百司敬之犹神明，士民爱之如亲友。公辞归省宪，交讼人益以重公。公家关右，少仕江南，中年归葺庐墓教二子，皆为名儒使奉祭祀。于是放情山泽，时从一僮，或单已独往，日百里如飞，与野老竖牧杂处忘归。冬夏一裘葛泊如也，及临政言事，虽斧质在前，不为少阻。盖能一死生齐祸福①，而威武可屈乎？视身世物我如邂逅，而富贵贫贱能易其虑乎？吾尝爱宋杨次公之为人，而公则庶几之。至正三年，宣政院奏公断事，官未几移疾来金陵，留旬月，又将有武夷游。吾羁官寺而不能去，乃书所愧以与之别。（《送常道夫游武夷诗序》）

六、《证道歌》乃传“心法之精微”

神光见达摩②，三拜起立付以衣法；真觉参曹溪③，绕床振锡而定宗旨。

---

① 一死生齐祸福：最早见于《庄子·齐物论》，庄子认为，其实万事万物并没有什么区别，死和生、祸和福，都只是道的运动的不同状态而已。（见清郭庆藩撰，王孝鱼点校：《庄子集释》，中华书局1961年版，第43—113页）

② 神光见达磨：指神光向达摩祖师断臂求法之事，达摩印可，改神光为慧可，是为禅宗二祖。《景德传灯录》卷三载：“时有僧神光者，旷达之士也。久居伊洛，博览群书，善谈玄理。每叹曰：‘孔老之教，礼术风规。庄易之书，未尽妙理。近闻达摩大士住止少林，至人不遥，当造玄境。’乃往彼晨夕参承。师常端坐面墙，莫闻诲励。光自惟曰：‘昔人求道，敲骨取髓，刺血济饥，布发掩泥，投崖饲虎。古尚若此，我又何人？’其年十二月九日夜，天大雨雪，光坚立不动，迟明积雪过膝。师悯而问曰：‘汝久立雪中，当求何事？’光悲泪曰：‘惟愿和尚慈悲，开甘露门，广度群品。’师曰：‘诸佛无上妙道，旷劫精勤，难行能行，非忍而忍，岂以小德小智，轻心慢心，欲冀真乘，徒劳勤苦。’光闻师诲励，潜取利刀，自断左臂，置于师前。师知是法器。乃曰：‘诸佛最初求道，为法忘形。汝今断臂吾前，求亦可在。’师遂因与易名曰慧可。”（《大正藏》第51册，第2076号，第797页上）

③ 真觉参曹溪：指永嘉玄觉往慧能处参禅之事。玄觉（665—713），唐僧。参见本书《彦琪》“永嘉真觉”注。

盖心法之精微非言所及,后来诸祖行棒行喝,辊球作舞,打鼓振铎,以大机大用发扬为己为人之妙,而所谓东土有大乘根器传佛心宗者,正谓是也。唯大乘菩萨能为己为人,独觉、声闻则不能之,是知吾宗授受岂细事哉!近时丛林不古,或少有见解而无真履实践,失其体也;或有静定工夫而不能提唱纲要以利生接物,失其用也;若体用兼资行解俱备,江淮之间惟竺源禅师①而已。师蚤遍参名宿,佛祖教典无不探赜,而卓然以己躬大事为任。末见无能教公,机语契合遂嗣其法。两住番之妙果也,倦于涉世,谢归南巢,海内禅衲大至,室无所容。有以真觉《证道歌》,师随问析之,学者笔录成帙。姑熟陈善会愿刻诸梓,以惠来学,而征序于予。予谓理之悟则一,事之修则无穷。故华严四法界②终之以事事无碍者,谓其不舍一法而无一物不得其当也。真觉始由教观修行,如人之治田园居室既富,且有特契券未之明允。及见六祖,犹持券入官一印印定,永保家业。与马祖、百丈、黄檗、临济、南阳、大珠如契经说法,莫不由斯,而虽道人乌足语此哉?吾又闻无能益通经教儒老百氏,而师则辩博过之。故其发挥真觉之蕴,特应酬余事耳。若夫室中征诘机迅雷电,揭示衲僧向上巴鼻,当逢作者别为拈出。至元六年庚辰岁秋八月龙翔比丘(大欣)拜书。(《竺原禅师注证道歌序》)

---

① 竺源禅师:水盛(1275—1347),元僧。字竺源,自号无住翁。饶州乐平(江西乐平)人,俗姓范。年十七落发,依罗山常受具。尝谒蒋山月庭忠、孤舟济,方自信法决可证,因发誓曰:"吾此生不能作佛,当入无间狱。"天历间,主西湖妙果寺,宗风大振。水盛曾注《证道歌》,注法为在每句下作短评,合数句而加以注释论述,其后附颂。事迹见《佛祖纲目》卷四一、《续稽古略》卷一、《续灯存稿》卷六、《补续高僧》卷一二。

② 华严四法界:四法界,为华严宗所立,即事法界、理法界、理事无碍法界、事事无碍法界。代表了从凡夫到佛智对世界不同层次的认识,只有事事无碍法界,才是佛智的最高境界。事法界即现象界,世间万法差别之相,各有其不同,不能混淆,名事法界。理法界是本体界,真如平等的理体,为万法所依,名理法界。理事无碍法界是比理法界高一级的认识,真如能生万法,故万法即是真如,理体事相,互融互具,无碍通达,理遍于事中,事全摄理,理即是事,事即是理,名理事无碍法界。事事无碍法界又是比理事无碍法界更高一级的认识,诸法互摄,重重无尽,不相妨碍,一多相即,大小互容,举一全收,具足相应,名事事无碍法界。(参见释一如:《三藏法数》,浙江古籍出版社 1991 年版,第 123 页中—下)

竺仙梵仙

梵仙(1292—1348),元僧。字竺仙,自号来禅子。象山(今属浙江)人,俗姓徐。童年出家,秉戒游方,晋谒晦机、中峰老宿,得悟于保宁古林茂。游方荆楚。天历间,僧明极赴日本,挽与偕行,既至,馆于大庆宅,寻应平氏元帅高时请,出住净妙,迁净智、无量寿、南禅诸刹。住南禅日,太上皇帝临,对答称旨。晚年主建长寺①。

梵仙在编录古林清茂偈颂时,作了一些批语②,反映了他的诗学观和旨趣。他称清茂诗有"奇句",无人"能拟";诗"活"而"自为之喜";出于"参禅""以示人真正法眼"之需,"临时落笔",不"拘拘为韵";诗句豪迈飘逸,"似李白诗""逼似李白诗";诗乃"有感"而发。

本书所录文字,据《古林清茂禅师拾遗偈颂》《卍续藏经》(新编)第123册。

一、"可谓奇句",无人"能拟"

梵仙批语:"金莺飞处白云飞,师子吼时芳草绿",若以诗人取之,亦可谓奇句耶!然此非诗也。又此二句,每上四字,人能道之。而每下三字,曰"白云飞""芳草绿",以接其上,孰能拟乎?

清茂诗:五台山上清凉国,山中尽是黄金色。重叠烟霞不见人,闻道文殊半天出。当年无着曾未知,南方佛法成浇漓。三百五百何太少,前三后三多更

① 梵仙生平事迹,见《延宝传灯录》卷五、《扶桑五山记》卷二、《本朝高僧传》卷二七、《增集续传灯录》卷六。

② 见梵仙:《刊古林和尚拾遗偈颂绪》。

奇。至今眼底数不足,但见青山与幽谷。金莺啼处白云飞,师子吼①时芳草绿。上人自是寒拾②流,翩然忽作台山游。神光③万里露片额,布褐一领青双眸。众生热恼思甘露,大施门开为流布。佗日悬崖撒手归,莫道东西没吩咐。(《送僧之五台》)

二、“可谓活矣”

梵仙批语:“金莺白云”之句,此老人亦自为之喜欤?于是不觉重出也。而其于下所承之句又别,可谓活④矣。

清茂诗:家山好家山好,绝壁危峦分鸟道。昔不曾来今不归,知心尚有寒山老。寒山作诗无题目,石上松根寄幽独。金莺啼处白云飞,黄叶落时歌一曲。休居平生懒开口,咄咄拟题三百首。正音决定有谁知,古也不先今不后。南阎浮提⑤人我山,上者极易下者难。去与溪边石头语,他日重来结心侣。(《送怠侍者归天台兼简东屿和尚》)

三、“舟中有感”而作

梵仙批语:题曰《舟中有感》,乃有“万事灭料想”,并“殉物聊俯仰”,及“明朝到匡庐”之句,盖是赴永福之命时所作欤?又有《赴番易》《请舟至池口》《阻风所成》者,以所写本脱误殊甚,故不复收。

---

① 师子吼:又作狮子吼。佛家通常会将释迦牟尼说法比作师子吼,后来也用作比喻得道高僧的说法。《景德传灯录》卷一:“佛初生刹利王家,放大智光明,照十方世界。地涌金莲华,自然捧双足。东西及南北,各行于七步,分手指天地,作狮子吼声:‘上下及四维,无能尊我者!’”(《大正藏》第51册,第2076、197页上)

② 寒拾:寒山,拾得。参见本书《寒山》小传、《拾得》小传。

③ 神光:(487—593)禅宗二祖。北魏僧人。俗姓姬,初名神光,又作僧可。虎牢人。北魏正光元年(520),于嵩山少林寺从达摩祖师从学六年,其后三十年,在邺都(今河北临漳)解说《楞伽经》。慧可圆寂后,隋文帝谥号“正宗普觉大师”。事迹见《续高僧传》卷一六、《唐高僧传》卷一九、《释氏六帖》卷一一、《景德传灯录》卷三、《天圣广灯录》卷七。

④ 活:参见本书《圆悟克勤》“参活句,不参死句”注。

⑤ 南阎浮提:参见本书《无见先睹》“阎浮”注。

清茂诗:我生近桑榆,万事灭料想。幽居傍深林,回首脱尘鞅。看云但高歌,对月或抚掌。乘风度涧壑,坐听松韵响。枕石傲许由①,麾手谢元毫。胡为事行役,徇物聊俯仰。孤踪若萍蓬,飘忽随荡飏,揭来江海游,波浪驾轻桨。风餐晓气浮,水宿夜潮涨。篙人拂晨霜,飞雪洒头上。新春有余寒,旭日照万象。明朝到匡庐,足以慰嘉赏。(《舟中在感》)

四、"大达宗师临时落笔,但以示人真正法眼",不"拘拘为韵"

梵仙批语:宗门达士,所倡法句②,非同新学小生,习为声律嘲风咏月之诗,乃拘拘为韵也。但以声音聊彷佛相近,即押为韵耳。然若夫浙人雅音,出口成章,自然谐叶,必不押"毛"字同"和"字作韵。唯福建问尊宿,往往押"高、刀、毛、毫"等字于歌戈韵内耳。虚谷和尚,乃婺州人,婺虽在浙,而语音甚为聱牙。今押"毛"字于"和、讹"字间为韵,盖其乡音耳。又每见福建间语音,高音、歌刀音、多毛音、摩豪音和,且如于今东山空禅师偈颂,盛行于世,概可见也。如《四威仪颂》,押"到"字与"坐、个"字作韵,又押"做"字与"住、醋"字作韵,又押"道"字与"座"字作韵。如此者,盖亦略相近耳。又凡人曰:蛇虎等尾曰"尾巴",乃正书"巴蛇"之"巴"字,

---

① 枕石傲许由:字武仲,上古隐士,生卒年已不可考。据传说尧听闻许由的贤名,想让天下与给他,许由拒绝之后,隐于箕山;尧帝时代,又欲准备给他封官,而许由认为这样的说法即是污染了他的耳朵,于是洗耳于颍水之滨。死后,葬于箕山顶,尧号为"箕山公神",以配食五岳也作。成语"漱流枕石"等就是形容隐士的生活。《庄子·内篇·逍遥游》中写道:"子治天下,天下既已治也。而我犹代子,吾将为名乎?名者,实之宾也。吾将为宾乎?鹪鹩巢于深林,不过一枝;偃鼠饮河,不过满腹。归休乎君,予无所用天下为!庖人虽不治庖,尸祝不越樽俎而代之矣。"不受而逃去。(清郭庆藩撰,王孝鱼点校:《庄子集释》,中华书局1961年版,第23页)

② 法句:《法句经》,意为"真理之语言",又作《法句集经》《法句集》《法句录》《昙钵经》《昙钵偈》,古印度法救撰集。是采取散见于早期佛经十二部经、四阿含中的偈颂,分类编集而成。是佛道入门的指南,系为策励学众精进向道,富有感化激发力量的偈颂集,行文多平易简洁,间杂巧妙的譬喻,内容更教示以佛教真理观、社会观的根本义理。现存《法句》的不同诵本,完整无缺者,有二十六品本、三十九品本、三十三品本。20世纪初期,叶均居士参考法舫禅师旧稿,并且对大部分内容进行了重新整理,取名《法句》。

平声，邦加切。而东山送琏兄之《云门偈》，押在去声韵内，字作“尾靶”，乃去声，必驾切；且“靶”者，乃是辔革，御人所把处物也。此乃大达宗师临时落笔，但以示人真正法眼①，谁管谁何。今者后生，略去参禅，唯欲学习言句，又奚可同年而语也！

清茂诗：出袖入袖金锤，从来佛祖传持。不问是凡是圣，一槌击碎无遗。信手拈来不择，物物头头暴白。须知万里神光，到处辉腾显赫。岂在多多和和，特地讨缝吹毛。若不当头坐断，转见以讹传讹。渠深自然有水，空洞元无表里。行看五髻②峰头，井底蓬尘竞起。摩尼③吒哩悉哩，总是吾家奥旨。（《次虚谷和尚韵送觉侍者》）

五、“似李白诗”

梵仙批语：此一首又别前六句声音，似李白诗。后六句不似也。又自第四句至第五第六，乃逼似。

---

① 法眼：指能够彻见佛法正理的智慧眼，为佛家五眼之一，即肉眼、天眼、慧眼、法眼、佛眼。法眼能够见到法之实相，从而分明观达缘生等差别法。菩萨为度众生，以清净法眼遍观诸法，能知能行，得证是道；又知一切众生之各各方便门，故能令众生修行证道。《祖堂集》卷一九，临济：“黄檗和尚告众曰：‘余昔日同参大寂道友，名曰大愚。此人诸方行脚，法眼明彻。’”（《祖堂集》，上海古籍出版社 1994 年版，第 363 页上）

② 五髻：谓将发结成五髻。将发结成五髻之谓。于密教尊像之五髻每用表五佛、五智。如文殊菩萨结前、后、左、右、中五髻之发，称为五髻文殊。《大日经疏》卷五：“画文殊师利，身郁金色，顶有五髻（中略）。首有五髻者，为表如来五智久已成就。”（《大正藏》39 册，第 1796 号，第 635 页上）

③ 摩尼：即摩尼珠。梵语音译词。又名如意宝、如意珠，如意摩尼等。有珍珠，宝珠之意。摩尼珠，是宝珠的统称。各种颜色映入宝珠，会随着方位的变换显示不同的颜色。《圆觉经》卷一：“善男子，譬如清净摩尼宝珠，映于五色，随方各现。诸愚痴者，见彼摩尼，实有五色。”（《大正藏》第 17 册，第 842 号，第 914 页下）摩尼珠又叫牟尼珠。牟尼是圣人之意，牟尼宝珠意谓圣人之智慧，是般若大智慧，是一种体悟了五蕴皆空的法界实相之后生起的智慧。晋法显《佛国记》云：“（师子国）多出珍宝珠玑，有出摩尼珠地，方可十里。”（《大正藏》第 51 册，第 2085 号，第 864 页下）《真心直说》指出，“真心”“有时号曰牟尼珠”。（《大正藏》咸 48 册，第 2019 号，第 1000 页上）赤松领禅师《示怀元侍者》云：“妙年成圣果，为有牟尼珠。若遇英灵子，得来志不殊。”（《赤松领禅师语录》卷三，《嘉兴藏》第 39 册，第 451 号，第 520 页上）

清茂诗:胜义谛中真实义[①],八万四千尘劳门。一句不来惭拙讷,黄河九曲出昆仑。珠有采而川媚,玉无瑕而石温。行尽吴头楚尾[②],衍头清浊须分。飏下犀牛扇子,等闲坐断乾坤。四七二三俱罔措,百千诸佛竞头奔。(《送义侍者游浙》)

六、“律体”“变为古体”

梵仙批语:此亦是律体[③],变为古体[④]也。

清茂诗:江浙迢迢去复来,水餐风宿兴悠哉。须知入林不动草,从教古路生苍苔。僧问字但与说,不说此道今如灰。君不见,峰头万仞龙门开,宿客不来鱼曝腮。(《送福藏主游径山》)

---

① 真实义:《菩萨善戒经》卷二《菩萨地真实义品第五》:“云何名真实义?真实义者有二种:一者法性;二者法等。复有四种:一者世流布;二者方便流布;三者净烦恼障,四者净智慧障。”(《大正藏》第30册,第1582号,第968页上)是说诸法真实之义有四种,(一)世流布真实义,谓众生见地即言是地,见火即言是火,终不言水为火,凡此世间之法,虽为假名立相,然称认皆相同,此为世流布真实义。(二)方便流布真实义,谓世间有智之人先以心意筹量,随宜方便,造作经书论议以开导世人,此为方便流布真实义。(三)净烦恼障真实义,谓声闻缘觉以无漏道破诸烦恼,得无碍智,此为净烦恼障真实义。(四)净智慧障真实义,谓声闻缘觉虽得无碍智,然犹未能显中道之理,故称智慧障;佛菩萨断此障,中道之理自然显现,此为净智慧障真实义。

② 吴头楚尾:今江西北部与安徽西南部一带(今安徽宿松县周边地域),春秋时是吴、楚两国交界的地方,它处于吴地长江的中上游,楚地长江的中下游,好像首尾互相衔接。

③ 律体:包括律诗和绝句。律诗分为五言、七言和五、七言排律。律诗是八句三韵或四韵,每句有一定平仄,中间两联要求对偶,一般押平声韵。十句以上的成为排律。绝句分为五言和七言,每章四句,要求字有定声,偶句押韵。

④ 古体:又叫“古风”“古体诗”。参见本书《齐己》“古风”注。

普　　会

普会，元僧。号鲁庵，钱塘人，成宗元贞年间曾居义乌普济山院。世祖至元十三年（1277）至仁宗延祐五年（1318）间，曾为绍兴路天衣万寿禅寺主持①。

普会强调颂古诗有发人体悟禅道的功用。在他看来，“道虽不在于言，言而当终日言，了道庸何伤？否则，一语犹以为赘也。”他引用佛鉴勤诗云：“五云影里神仙现，手把红罗扇遮面。急须着眼看仙人，莫看仙人手中扇。”

本书所录文字，据《禅宗颂古联珠通集》《卍续藏经》（新编）第115册。

“道虽不在于言，言而当终日言”

夫鼻祖西来，不立文字②，直指③而已。时门人又有所谓不执文字、不离文字而为道用，已向第二机矣。故有汝得吾皮之记，道不在言也审矣。子以为何如？曰：非也。道虽不在于言，言而当终日言，于道庸何伤，否则一语犹以为

---

① 普会事迹见《续藏目录》。

② 不立文字：指的是禅法的传承，悟道的内容，无法以文字言语传述，不需要著录典籍，必须由师心直接传予弟子心，要超离言语知解，此种以心传心之境地，称为不立文字。据说，此语是释迦牟尼在灵山法会上所言。据《五灯会元》卷一，释迦牟尼：世尊在灵山会上，拈花示众，是时，众皆默然，唯迦叶尊者破颜微笑，世尊曰：“吾有正法眼藏，涅槃妙心，实相无相，微妙法门，不立文字，教外别传，付嘱摩诃迦叶。”（《新编卍续藏》第138册，第7页上）

③ 直指：众生本有佛性，自心就是佛心，所以只要直接领悟禅法，就可入佛。《碧岩录》第一则：“达摩遥观此土，有大乘根基，遂泛海得得而来，单传心印，开示迷途，直指人心，见性成佛”。（《大正藏》，第48册，第2003号，第140页下）

赘也。爰自一华敷而五叶联芳①，方世传而两派支衍②。机缘③公案④五灯烨⑤，如诸祖相继，有拈古焉，有颂古焉。拈古，则见之于《八方珠玉类要》等集；颂古，则有宝鉴大师，宋淳熙间，居池阳报恩，采集佛祖至茶陵机缘，凡三百二十有五则颂古，宗师一百二十有二人，颂二千一百首，目之曰《禅宗颂古联珠》。丛林尚之，而板将漫灭。因念淳熙至今垂二百载，其间负大名尊宿，星布林立，颂古亦不下先哲。惜乎联继之作阙如也。每惭滥厕宗门，且有年矣。禅无所悟，道无所诣，欲作之复止之，趑趄者亦屡矣。元贞乙未，叨尸义乌普济山院，事简辄事续稿，仅得一二。萍梗之踪，或出或处，随见随笔，二十三四年间稍成次序。机缘先有者，颂则续之，未有者，增之加机缘。又四百九十又三则，宗师四百二十六人，颂三千丹五十首，题曰《禅宗颂古联珠通集》。将募板行，与后学共惑者，曰："道不在是，拈华微笑⑥，三拜得髓，初无一语与之，而昭

---

① 一华敷而五叶联芳：又称一花五叶、一华开五叶。禅宗在六祖慧能以后，分为曹洞、临济、云门、沩仰、法眼五派，所以有一花五叶之说。《景德传灯录》卷三菩提达摩条："吾本来兹土，传法救迷情；一花开五叶，结果自然成。"（《大正藏》第51册，第2076号，第219页下）

② 方世传而两派支衍：指五祖弘忍以后，禅宗分为南北两宗。南宗以慧能、神会、马祖、石头为代表，因为慧能主要在广东传法，故称南宗。北宗以神秀、普寂为代表，因为此派在北方盛行，故称北宗。敦煌本《坛经》："时祖师居曹溪宝林，神秀大师在荆南玉泉寺。于时两宗盛化，人皆称南能北秀。故有南北二宗顿渐之分，而学者莫知宗趣。"（《大正藏》第48册，2007号，第337页下）

③ 机缘：参见本书《法应》"机缘"注。

④ 公案：又称因缘、话。本义为官府中判决是非之案例。禅家常用此词，用来指规范或者是典型的机缘语句、禅机施设。指点学人，在言语或动作上的垂示，叫做公案。此一风气倡始于唐代，至宋代大行。禅宗最初仅有独家语录，其后语录之书日伙，遂有编选汇辑成公案之书，其中以《碧岩录》《从容录》《无门关》《正法眼》藏、《景德传灯录》等五灯录，及《人天眼目》《指月录》《续指月录》等为著。《碧岩录》三教老人序："尝谓祖教之书谓之公案者，倡于唐而盛于宋，其来尚矣。二字乃世间法中史牍语。"（《大正藏》，第48册，第139页下）

⑤ 五灯烨：即《五灯会元》，为《景德传灯录》《广灯录》、三《续灯录》、四《联灯录》、五《普灯录》的总称。五灯对禅门宗旨、法语及支派等源流有详细记载，因为其在内容上的过多重复，普济删繁就简，合五为一，称为《五灯会元》。该书主要是记载禅师的法语。书中语言简练精要，尤其是书中记载大量公案，语言上富有生趣，深为后世僧侣和文人士大夫所喜。由于删减的成分过多，在内容和引用上不及原书完备。

⑥ 拈华微笑：公案。指佛陀拈华示众，迦叶尊者因了悟而破颜微笑之典故。全称拈华瞬目破颜微笑。又作拈花微笑。后世引申为默然两心相通之意。据《五灯会元》卷一，释迦牟尼：世尊在灵山会上，拈花示众，是时，众皆默然，唯迦叶尊者破颜微笑，世尊曰："吾有正法眼藏，涅槃妙心，实相无相，微妙法门，不立文字，教外别传，付嘱摩诃迦叶。"（《新编卍续藏》第138册，第7页上）佛祖拈花，迦叶微笑，表明迦叶已经和佛祖心心相印，并且领悟到佛祖的微妙佛法。

昭于心目之间。道播无垠，乌有如今日叶音韵事，言句簧鼓，后人俾其弃本逐末，诚可叹哉！”予笑而不答，良久乃歌曰：“五云影里神仙现，手把红罗扇遮面。急须着眼看仙人，莫看仙人手中扇。”已而谓之曰：“子所论者手中扇也，予所集者果在扇邪？噫，知我罪我其惟此集乎？”时延祐戊午六月旦，前住绍兴路天衣万寿禅寺，钱唐沙门普会自序。（《禅宗颂古联珠通集序》）

天如惟则

惟则(？—1354),元僧。字天如。庐陵(江西吉安)人,俗姓谭。中峰明本的法嗣①。

惟则充分肯定黄檗之颂诗"尘劳永脱事非常"为"十分切当",因为它体现了"有志之士,誓欲直截根源,亲见本来面目,与诸佛把臂并行"的信心与修行实践。

本书所录文字,据《天如惟则禅师语录》《卍续藏经》(新编)第122册。

"黄檗此语可谓十分切当"

今夫有志之士,誓欲直截根源,亲见本来面目,与诸佛把臂并行,也须是你自家做个转变始得。早刻诸禅侣共集师子林,请为普说,开示方便。当知方便尽在汝边,老僧开示处别无方便,纵有方便也是我底,在汝分上总用不著。莫道我说底用不著,纵使你将芭蕉主丈子,横挑一大藏教②,及十方诸佛一肩担荷,绕须弥山③走百千匝,归来依旧水连天碧。岂不见黄檗示众云:"这些关捩

---

① 惟则生平事迹,见欧阳玄:《师子林菩提正宗寺记》(《天如惟则禅师语录》附)、《增集续传灯录》卷六、《五灯会元续略》卷三十、《新续高僧传四集》卷一七。

② 一大藏教:指以释迦佛所说之经、律、论三藏教法,为全佛教之教说,故称一大藏教。《碧岩录》第2则云:"设使三世诸佛只可自知,历代祖师全提不起,一大藏教诠注不及,明眼衲僧自救不了。"(《大正藏》第48册,第2003号,第141页中)

③ 须弥山,又作苏迷卢山、须弥卢山、须弥留山、修迷楼山。略作弥楼山。意译作妙高山、好光山、好高山、善高山、善积山、妙光山、安明由山。原为印度神话中之山名,佛教之宇宙观沿用之,谓其为耸立于一小世界中央之高山。以此山为中心,周围有八山、八海环绕,而形成一世界(须弥世界)。佛教宇宙观,主张宇宙系由无数个世界所构成,一千个一世界称为一小千世界,一千个小千世界称为一中千世界,一千个中千世界为一大千世界,合小千、中千、大千总称为三千大千世界,此即一佛之化境。每一世界最下层系一层气,称为风轮;风轮之上为一层水,称为水轮;水轮之上为一层金,或谓硬石,称为金轮;金轮之上即为山、海洋、大洲等所构成之大地;而须弥山即位于此世界之中央。(可参见《长阿含经》卷十八《阎浮提洲品》之详细记载。)

子甚是容易，自是你不肯去下死志做工夫，只管道难了又难，好教你知那得树上自生底木杓，你也须自去做个转变始得。"[1]又云："尘劳永脱事非常，紧把绳头做一场。不是一番寒彻骨，争得梅花扑鼻香。"[2]黄檗此语可谓十分切当。而今看来也是过后死语，不足以活人。山僧别用一机为他翻欵，诸人试听取。良久云："要得梅花香扑鼻，还他彻骨一番寒。"(《宗乘要义》)

① 见《黄檗断际禅师宛陵录》卷一，《大正藏》第48册，第2012号，第387页上。

② 希运颂诗为："尘劳迥却事非常，紧把绳头做一场。不是一番寒彻骨，争得梅花扑鼻香。"(《黄檗断际禅师宛陵录》《大正藏》第48册，第2012号，第387页中)

愚庵智及

智及(1311—1378),元末临济宗大慧派禅僧。字以中,号愚庵,又称西麓。江苏吴县人,俗姓顾。径山寂照行端法嗣。至正二年(1342),于浙江隆教禅寺开堂,其后历住普慈禅寺、杭州净慈报恩禅寺、径山兴圣万寿禅寺。赐号“明辨正宗广慧禅师”①。

智及明确指出,吟咏诗词乃“游戏翰墨,无非佛事”。而作诗赠诗则是利益众生的“四摄法”之一(“同事摄”)。他在回答关于尊宿“不以本分事接人,遗之以诗,有失大体”之责问时,明确指出:“不然。上乘菩萨善巧利生,乃至示现种种形象,与其同事,岂非四摄之一也。”在智及看来,“达人大观”,吟咏诗词,乃“游戏翰墨,无非佛事”,其旨在:“盖欲咨决大事因缘,碎尘劳窟宅,拔生死根株,岂吟咏云乎哉?”

本书所录文字,《愚庵智及禅师语录》据《卍续藏经》(新编)第124册。

一、赠诗乃利益众生的“四摄之一”

河南褚士文,博学而尤精书法。四方多士,咸愿游从。尝与太白佛海,为方外交。征言于海,海时年八十有五,能作冻蝇细字,手书旧诗数十篇,酬之。士文宝秘珍惜,时一展玩,如见古道颜色,虽隋珠卞璧②不换。或谓佛海,为一代尊宿,不以本分事接人,遗之以诗,有失大体。予曰:不然。上乘菩萨,善巧

① 智及生平事迹,见宋濂:《塔铭》(《愚庵智及禅师语录》附)、《增续传灯录》卷四、《续稽古略》卷二、《佛祖纲目》卷四十一、《续灯存稿》卷五、《五灯严统》卷二十二。

② 隋珠卞璧:历史上著名的两件宝物是隋侯的珠与和氏之璧。《史记》卷八十三《鲁仲连邹阳列传》:“虽出隋侯之珠,夜光之璧,犹结怨而不见德。”(司马迁:《史记》,中华书局2013年版,第2986页)

利生,乃至示现种种形相,与其同事。佛海遗诗,岂非四摄[①]之一也!噫,儒与释,分两涂。迹虽不同,道实靡间,苟非达而不拘者,往往肝胆楚越[②]。观士文佛海之风,亦当少愧。(《天童佛海禅师遗墨》)

二、吟咏诗词乃“游戏翰墨,无非佛事”

普应国师中峰和尚[③],说法如云如雨。《莲花吟》一篇,岂亦怀净国之游而作耶?赵魏公[④]因而画之为图,冯待制又从而大书特书,合成一卷,可谓三绝矣。京口张天民,获之于烽尘澒洞之际,不翅夜光明月。谓是卞山幻住,旧所藏者,即归诸吴门幻住照用庵,为传家之券,张亦有德者欤?噫,中峰为东南大善知识,据师子岩,作师子吼,垂三十年。气吞佛祖,道重王臣,如赵魏公、冯待制,皆儒林钜擘,往来参扣,咸称弟子。盖欲咨决大事因缘[⑤],碎尘劳窟宅,拔生死根株[⑥],岂吟咏云乎哉?然达人大观,游戏翰墨,无非佛事。用庵为中峰

---

① 四摄:意指菩萨摄受众生,令其生起亲爱心而引入佛道。开悟有四种方法:一布施摄。谓若有众生乐财则布施财,若乐法则布施法,使因是生亲爱之心,依我受道也。二爱语摄。谓随众生根性而善言慰喻,使因是生亲爱之心,依附我受道也。三利行摄。谓起身口意善行利益众生,使由此生亲爱之心而受道也。四同事摄。谓以法眼见众生根性,随其所乐而分形示现,使同其所作沾利益,由是受道也。《仁王经》曰:“行四摄法:布施,爱语,利行,同事。”(《大正藏》第35册,第1708号,第184下)

② 肝胆楚越:比喻有着密切关系的双方,变得互不关心或互相敌对。语出《庄子·德充符》:“自其异者视之,肝胆楚越也。”(清郭庆藩撰,王孝鱼点校:《庄子集释》,中华书局1961年版,第190页)

③ 普应国师中峰和尚:参见本书《笑隐大䜣》“中峰”注。

④ 赵魏公:赵孟頫(1254—1322),元代著名文学家,书画家。字子昂,号松雪道人。吴兴人(今浙江湖州)人。赵孟頫是宋太祖赵匡胤之子秦王赵德芳的后裔,宋亡后一度在元朝为官,官至累拜翰林学士承旨、荣禄大夫,至治二年(1322)卒,年六十九,封魏国公,谥文敏,故称“赵文敏”。赵孟頫博学多才,能诗善文,尤以书画享有盛名,其自创“赵体书”,开创元代文人画风,被称为“元人冠冕”。诗文有《松雪斋文集》传世。事迹见元·欧阳玄:《圭斋文集·赵文敏神道碑》、《元史》卷一七二。

⑤ 大事因缘:参见本书《法应》“一大事因缘”注。

⑥ 生死根株:同生死根本。指的是众生陷于三界轮回,不能超脱生死的根本原因。《圆悟语录》卷一二:“而今参学兄弟,直须是箭锋相拄,针芥相投,内外绝消息始得。若只寻见寻闻,求知求解,只成个生死根本。”(《大正藏》第47册,第1997号,第770页上)

直下的孙,得此宝诸,宜矣。倘能捩转面皮,伸出毛手,付诸丙丁①,则老和尚大寂②定中,必为破颜一笑。(《中峰和尚莲花吟卷》)

① 丙丁:火日,借指火。指用火烧掉。《大方广佛华严经随疏演义钞》卷十九:"南方丙丁火,其色赤为赤帝。"(《大正藏》第36册,第1736号,第149页中)《翻译名义集》卷三:"阿卢那,此云赤色。南方丙丁,荧惑属火。"(《大正藏》第54册,第2131号,第1109页下)

② 大寂:又作大涅槃、大灭度,泛指佛教徒逝世。《景德传灯录》卷二,鸠摩罗多:"吾今寂灭时至,汝当绍行化迹。"(《大正藏》第51册,第2076号,第213页上)

恕中无愠

无愠(1309—1386),明僧。字恕中,别号空室。台州(今属浙江)临海人,俗姓陈。昆山荐严妙道禅师之法嗣①。

无愠对"颂"(诗)下了定义:"夫吾宗所谓颂者,宜借事显理,晓人心地。"是借事显理,开悟人的本心,使心通达。提出了创作"颂"的原则:"使理事混融,纯一无杂"。指出了它的功效:"有如醒醐之味,薝卜之香,使人鼻舌,略经触受,落不通乎心,畅乎四体,洒然清爽。"并非世人"所谓美盛德之形容而已哉"!在他看来,要创作颂诗,创作者必须具备相应的禅学修养、知识结构与创作能力,才能达到用颂以"吟畅玄旨"的目的:"自非契证深密,傍通坟典,取之左右逢原,用之头头合辙,而托此以吟畅玄旨,不能也。"

本书所录文字,据《恕中无愠禅师语录》《卍续藏经》(新编)第123册;性音《杂毒海》《四库未收书辑刊》第5辑,第13册,北京出版社1995年版。

一、"吾宗所谓颂者,宜借事显理,晓人心地"

余初作《竺先号颂》,或谓是赠偈,非号颂也。余生平好闻过,而改之不吝,故重作《竺先颂》。夫吾宗所谓颂者,宜借事显理,晓人心地,使理事混融,纯一无杂。有如醍醐之味,薝卜之香,使人鼻舌,略经触受,落不通乎心,畅乎四体,洒然清爽。岂若世书,所谓美盛德之形容而已哉!宋季咸淳间,诸尊宿凡寓兴赠别,及申咏字号之类,皆有颂。以四句为准,其作至精。假使减去名目,而其义自昭显,犹省题诗。自非契证深密,傍通坟典,取之左右逢原,用之

① 无愠生平事迹,见乌斯道:《天台空室愠禅师行业记》、宋濂:《瑞岩恕中和尚语录序》《南宋元明禅林僧宝传》卷十二、《增集续传灯录》卷六、《佛祖纲目》卷四一、雍正《浙江通志》卷二〇〇。

头头合辙，而托此以吟畅玄旨者，不能也。后之为者，既不知所宗，又尠才学，惟务雄快，直致以矫咸淳之习。或得理而遗事，或得事而遗理，甚至事理胥失者有之。不察己病，反轻议先辈盛作。如见之即扬眉哆口，为侮慢态，若将浼焉。间遇当世有超越格量，称性而说者，视之茫然莫测，必指以为非。而欲牵引证据，诳诱新学，则又曰咸淳所制如彼，而今所为反是。吁，甚矣，其矫乱也！余每不惬于中，兹因再作《竺先颂》。故发余之绪言，而备书之于后，识者毋诮焉。（《题竺先颂后》）

二、版行偈颂，“其于法门，不为无补”

昔妙喜老祖[①]，居洋屿庵，凡有所唱说，侍僧宏首座者皆录之，而名之曰《杂毒海》，盖取老祖所谓“参禅不得多是杂毒入心”之语也。是故后之学者，凡遇宿师硕德偈颂佛事等语，手录成帙，亦以“杂毒海”目之，其来久矣。龙山仲猷禅师，一日阅其所录，厌其讹劫，遂删其繁冗，摭其精要，分类成卷，始版行之。其心盖欲不负作者之心，永永为后学之懿范也。或谓师之用心固善，其如戾妙喜之训何。然文字语言，以不著为尚，譬如鸩毒人饮之则死，曹瞒[②]饮之则无害，在学者取舍何如耳。然则是编之行，其于法门，不为无补，故为之说。洪武十七年鞔峰无愠题。（《杂毒海序》）

① 妙喜老祖：即大慧宗杲。参见本书《大慧宗杲》小传。

② 曹瞒：即曹操（155—220），字孟德，小名阿瞒，沛国谯县（今安徽亳州）人。东汉末年杰出的政治家、军事家、文学家。曹朝是建安文学的代表，是邺下文人集体的核心。他的主要文学成就在于诗歌，其代表作皆为乐府歌辞，主要书写个人抱负和反映东汉末年的社会现实，其中曹操喜欢“用乐府题自作诗”，从而开创后世文人自拟乐府题创作诗歌的先河。其诗歌风格悲凉慷慨，是“建安风骨”的代表。有遗著《魏武帝集》，已轶，现存的是明人辑录。其事迹见《三国志》卷一。

国家社会科学基金资助项目（14XZW008）

四川轻化工大学出版资助

何清 皮朝纲 著

禪宗詩學著述研究

下

CHANZONG SHIXUE ZHUSHU YANJIU

人民出版社

目　　录

下　　册

第四章　明代禅宗诗学著术录要

第五章　清代禅宗诗学著述录要

第四章

明代禅宗诗学著述录要

季潭宗泐

宗泐(1318—1391),明初临济宗僧。字季潭,号全室。台州(浙江临海)人,俗姓周。八岁从笑隐大䜣学法。后随侍笑隐大䜣任龙翔寺开山,旋拜谒元叟于径山寺,掌记室之职。系南岳二十代传人,临济宗十六世祖师①。他以擅长诗文著名于当时。陶宗仪《书史会要》卷七称:宗泐"诗文澹雅,隶书亦古拙。"②

宗泐提出了"诗乃性情流至者"的命题,指明了诗的本质是诗人性情的流露与呈现。他还强调,如果诗歌创作是"本性情而发",那么作品就会出自胸臆,会具自然之美,"则如风行水面,自然成文"。宗泐还提出"禅心与诗思,何用不超遥",指明在"超遥"这一点上,禅心与诗思是相通相同的。

本书所录文字,据宗泐《全室外集》《禅门逸书初编》第7册,第124号。

一、"诗乃性情流至者,苟本性情而发,则如风行水面,自然成文"

诗乃性情流至者,苟本性情而发,则如风行水面,自然成文。今王君达善《梅花诗》是已。况其天姿英迈,出人意表,一夕之间,百篇具就,既敏且美,虽

① 宗泐生平事迹,见明复《全室外集解题》《释氏稽古略续集》卷二、《南宋元明禅林僧宝传》卷十三、《增集续传灯录》卷五。

② 陶宗仪:《书史会要》,卢辅圣主编:《中国书画全书》第3册,上海书画出版社1993年版,第67页下。

七步之才[①]不足多也。故书之左方，以告赏音者焉！（《跋王达善梅花诗》）

二、“禅心与诗思，何用不超遥”

风月堂清绝，江山夜寂寥。寒光吟处白，灵籁静中消。脉脉照林薄，翛翛送海潮。禅心[②]与诗思，何用不超遥。（《江风山月堂诗为文起周作》）

① 七步之才：指有七步成诗的才能。常常用来比喻文思的敏捷。南朝宋·刘义庆：《世说新语·文学》：“文帝尝令东阿王七步中作诗，不成者行大法；应声便为诗曰：‘煮豆持作羹，漉菽以为汁；萁在釜下燃，豆在釜中泣；本自同根生，相煎何太急！’帝深有惭色。”（余嘉锡：《世说新语笺疏》，中华书局1983年版，第244页）

② 禅心：参见本书《齐己》“禅心”注。

豫章来复

来复(1319—1391),临济宗松源派禅僧。字见心,号蒲庵,世称豫章来复。豫章(江西)丰城人,俗姓王。嗣法径山之南楚师悦①。欧阳玄称赞来复:“盖见心以敏悟之资,超卓之才,于禅学之暇,发于文辞,其叙事简而明,其造理深而奥,其吐词博而赡,其寓意幽而婉。”(《蒲庵集叙》)

来复《路国公张蜕庵诗序》,提出了重要的诗学主张:一、指出诗之功能,是“陶冶性灵,而感召休征,有关于治教,功亦大矣”。二、勾勒了诗歌自“删诗”至明代之变迁史。三、概括了张蜕庵诗作之“冲澹”“浑涵”“清峻”“俊迈”“流丽”特色,其“写情赋景,兼得其妙,读之使人兴起,诚为一代之诗豪者矣”。

来复指出,自然山水往往倚人而重:“夫山岳之雄丽,必有不世出之材而镇之,故其云霞水石草木禽兽,亦得托名不朽,往往倚人而重也”。而诗歌又能“增耀泉石”之美,“一歌一咏,足以警发于人而增耀泉石者,其巨量哉!”

本书所录文字,据来复《蒲庵集》《禅门逸书初编》第7册,第125号。

一、“陶冶性灵,而感召休征,有关于治教,功亦大矣”

呜呼,诗岂易言也哉!大雅希声②,宫徵相应③,与三光五岳之气并行。

---

① 来复生平事迹,见杨士奇:《题蒲庵诗集后》。(《蒲庵集》附)、《钱氏列朝诗人传·蒲庵禅师传》《补续高僧传》卷二十五、《增续传灯录》)

② 大雅希声:《大雅》为《诗经》的组成部分之一,这里指《诗经》。希声,语出《老子》第四十一章:“大音希声,大象无形。”王弼注曰:“听之不闻名曰希。大音,不可得闻之音也。有声则有分,有分则不宫而商矣。分则不能统众,故有声非大音也。”(楼宇烈:《王弼集校释》上册,中华书局1980年版,第113页)

③ 宫徵相应:宫、商、角、徵、羽是音乐的五声,其中宫声和徵声是相互生发、相互应和的。明韩邦奇撰:《苑洛志乐》卷三云:“宫徵、商羽,两倡两和,四声已具,再起倡声。”(影印文渊阁四库全书,第212册,第231页上)

天地间一歌一咏，陶冶性灵，而感召休征，有关于治教，功亦大矣。然自删后，至于两汉，正音犹完。建安以来，寖尚绮丽，而诗道微矣。魏晋作者，虽优不能兼备诸体，其铿鍧轩昂，上追风雅，所谓集大成者。唯唐有以振之，降是无足采焉！逮及于元，静修刘公①，复倡古作，一变浮靡之习，子昂赵公②起而和之，格律高深，视唐无愧。至若德机范公③之清淳，仲弘杨公④之雅赡，伯生虞公⑤之雄逸，曼硕揭公⑥之森严，更倡迭和，于延佑天历中，足以鼓荡学者而风厉天下，亦盛矣哉！河东仲举张公，生于数君子之后，以诗自任五十余年，造语命意，一字未尝苟作。至正丙午春，其方外友北山杼禅师，以公手稿选次而刊行之，来征言为序，犹记公之言曰："王者迹熄而诗亡，诗未尝亡也，而所以为诗者亡矣。善赋之者，往往主乎性情，而工巧非足尚。盖性情所发，出于自然，不假雕绘。"观公之诗，知公之所蓄厚矣。春空游云，舒敛无迹，此其冲澹也；昆仑雪霁，河流沃天，此其浑涵也；灏气横秋，华峰玉立，此其清峻也；平沙广漠，万马骤驰，此其俊迈也；风日和煦，百卉竞妍，此其流丽也。写情赋景，兼得其妙，读之使人兴起，诚为一代之诗豪者矣。顾余谫材，何足以铺张盛美。然托契于公非一日，而又重北山之高谊不得辞，姑僭序之以冠篇首云。（《潞国公

---

① 静修刘公：刘因（1249—1293），元代著名理学家、诗人。字梦吉，号静修。容城人（今属河北）。得南宋人元理学家传授程朱之书，杜门深居，专精理学，因为爱诸葛亮"静以修身"之语，名所居曰"静修"。卒后赠翰林学士，追封容城郡公，谥文靖。其诗风平正通达，力矫时弊。遗有《静修先生文集》。事迹见元苏天爵：《滋溪文稿》卷八《静修先生刘公墓表》《元史》卷一七一。

② 子昂赵公：赵孟頫。参见本书《愚庵智及》"赵魏公"注。

③ 德机范公：元代诗人范椁（1272—1330），字亨父，一字德机，人称文白先生。清江（今江西漳州）人。"元诗四大家"之一。诗主盛唐，诗作多为抨击世事，讥嘲弊政，其代表作《郡中即事十二韵》，悲壮之气直追杜甫。有《范德机诗》七卷传世。事迹见《元史》卷一八一。

④ 仲弘杨公：即为元代诗人杨载。杨载（1271—1323）字仲弘，杭州人。"元诗四家"之一。《元史本传》称："其文章一以气为主，博而敏，直而不肆，自成一家言。而于诗文尤有法。"其笔力奔放似李白，晚年多叹老蹉卑之作。遗有《杨仲弘诗集》八卷。事迹见《元史》卷一九〇。

⑤ 伯生虞公：即元代诗人虞集。虞集（1272—1348）字伯生，号道园，人称邵庵先生，今四川仁寿人。"元诗四家"之一，元代中期诗坛盟主，诗文俱佳。诗宗唐风，存世诗歌虽然多为唱和应酬之作，格律颇为严谨。有《道园学古录》五十卷、《道园类稿》五十卷等传世。事迹见《元史》卷一八一。

⑥ 曼硕揭公：即元代诗人揭傒斯。揭傒斯（1274—1344），字曼硕，号贞文，龙兴富州（今江西丰城杜市镇大屋场）人，元诗四大家之一。《元史》本传称其"为文章叙事严整，语简而当。诗尤清婉丽密"。有《揭文安公集》传世。事迹见《元史》卷一八一。

张蜕庵诗序》)

二、“一歌一咏,足以警发于人而增耀泉石者”

夫山岳之雄丽,必有不世出之材而镇之,故其云霞水石草木禽兽,亦得托名不朽,若增荣耀者,往往倚人而重也,山川岂能自鸣其胜哉?衡岳司南于江汉间,绵亘千里,七十二峰环峙左右,浮图之宫星列云布,而福严最居秀绝。思大禅师①开基于陈,多着灵迹。其后大惠让公②接马祖③于唐,宗风盛行,雷动一世。至若慈明圆公④、黄龙南公⑤、雪窦显公⑥,皆尝弘法其地。其所以激扬祖道,感通天人,而福佑邦家,实足为王化之一助也。虽曰宫室之宏,体座之广,成坏相因,然所谓常住不灭者,固与三光并耀而未尝熄,此又非世间诸相可

---

① 思大禅师:南北朝时代高僧。武津(河南上蔡)人,俗姓李。世称南岳尊者、思大和尚、思禅师。为我国天台宗第二代祖师(一说三祖)。从陈帝受大禅师之号,因云思大。更尊而云思大禅师,或云思大和尚。佛祖统纪六曰:“帝可之,令随师还山。将行,饯以殊礼,称为大禅师。思大之名,盖得于此。”事迹见《续高僧传》卷十七、《弘赞法华传》卷四、《佛祖统纪》卷六、《景德传灯录》卷二十七、《佛祖历代通载》卷十一。

② 大惠让公:怀让(677—744),唐僧。金州安康(陕西石泉南)人,俗姓杜。弱冠依荆南玉泉寺恒景薙发。受具后与坦然同往嵩丘参慧安。安令诣曹溪六祖得法。侍祖十五年,祖入灭,出住南岳般若寺,开法弘阐,四远辐辏,道一、智远、道峻等,均集门下。寂后敕谥大慧禅师。事迹见《祖堂集》卷三、《宋高僧传》卷九、《景德传灯录》卷五。

③ 马祖:马祖道一(709—788),俗姓马,名道一,世称“马祖”“马祖道一”。汉州什方(今四川什邡马祖镇)人。“洪州禅”的创始人。主张“心外无别佛,佛外无别心”。弟子有百丈怀海等139人。谥号大寂禅师。《景德传灯录》中辑有《江西大寂道一禅师语录》。另有《马祖道一禅师广录》及《语录》各一卷传世。事迹见《宋高僧传》卷十、《景德传灯录》卷六。

④ 慈明圆公:慈明禅师(986—1039),宋代禅僧。名楚圆,嗣汾阳昭,临济六世之孙。俗姓李。全州清湘人(今属广西)。少为儒生,22岁出家。曾侍奉临济普昭十二年,尽得其旨。先后主持石霜山崇胜寺,衡山福严寺,后在潭州兴化寺圆寂。卒谥“慈明禅师”。遗有《石霜楚园禅师语录》一卷,嗣法弟子中以黄龙慧南和杨岐方会最为著名。事迹见《天圣广灯录》卷十八、《建中靖国续灯录》卷四、《嘉泰普灯录》卷二、《五灯会元》卷十二。

⑤ 黄龙南公:即宋僧慧南(1002—1069),临济宗黄龙派初祖,宋代信州人,俗姓章,世称黄龙慧南。11岁出家,19岁受具足戒,师从楚圆禅师。曾经历任同安崇胜院,庐山归宗寺,筠州黄檗山,隆兴黄龙山住持,毕生致力弘扬“触事即真”的禅法,世称“黄龙慧南”,开创临济宗黄龙派。卒谥“普觉禅师”。事迹见《续传灯录》卷七、《禅宗正脉》卷十七、《五灯严统》卷十七、《释氏稽古略》卷四。

⑥ 雪窦显公:参见本书《雪窦重显》小传。

得而测量之也。是以嗣兴而振其宗者，代不乏才，人境之胜抑又播咏于高僧逸士之述作，使人读之，若景与事，钜细毕陈，有不待足迹所履而尽得之矣。庐陵北山杼公，淹贯宗学，尤工于文词，漫游四方，驻锡于燕蓟者特久，以福严乃受经之地，自兵革艰棘而弗能归，今老矣，慨想胜韵梦寐不忘，于是集古今名贤所题，汇类成帙，至正间尝托翰林编修马易之镂板于鄞。既而板废不存，今乃重刻而传之，来征余叙其后。嗟夫，天地间名山胜水着于当世者，固不可以指屈，然旷百千载登览而歌咏其美者，讵可以数计？是知宇宙之无穷，来者亦无尽也。来者无尽，则观感之间，一歌一咏，足以警发于人而增耀泉石者，其叵量哉！盖以言辞虽幻，犹足纪载诸事，使有志思道者，因言以观得失，奋焉特起以显于宗，固将与灵岳争高而并峙者矣。然则是集之行，实足权舆斯道，要不可视为绮语而外之也。余因序其颠末而归之，俾后之绍法于兹山者，有以自勖焉。(《南岳福严寺题咏诗集序》)

南石文琇

文琇(1345—1418),明僧。字南石。崑山(今属江苏)人,俗姓李。出家淞南绍隆院,礼智兴为师。尝询法于虎丘行中仁,得言外旨。永乐中,奉诏纂修《永乐大典》①。

文琇指出,禅门宗师“善于诗文”的主旨,是“敷畅佛理,晓人心地”,即弘扬佛法,启人心智,返观内心,了脱生死。他还指出,禅门宗师为诗词偈颂,是为“饶益诸群生”;而他们因“得处亲切,见处明白”,才“发为文章诗词偈颂”。他充分肯定寒山诗的感染力量和教育作用,“虽未形点画,文采光陆离。渴读即止渴,饥读即止饥”。

本书所录文字,据《南石文琇禅师语录》《卍续藏经》(新编)第124册。

一、善于诗文者,“欲敷畅佛理,晓人心地耳”

吾宗先德,善于诗文者,非以此自多。欲敷畅佛理,晓人心地耳。明教曰:“禅伯修文岂徒尔,要引人心通佛理。”此之谓也。今观薤室和尚答梅坡诗,有云:“坐到忘言处,萧然似旧时。”正如闹市里飏禄砖。打着者方知。(《北涧和尚墨迹为渐藏主题》)

二、“发为文章诗词偈颂”“饶益诸群生”

经书咒禁术,工巧诸伎艺。尽现行此事,饶益诸群生。故宗师家,得处亲

① 文琇事迹,见姚广孝撰:《径山南石和尚语录序》《五灯会元续略》卷四、《续灯存稿》卷六、《五灯严统》卷二二、《五灯全书》卷五六。

切，见处明白，发为文章诗词偈颂。至于戏笑怒骂，咄嗟棒喝①，无非揭示向上一著，诱接来学，岂有他哉？四尊宿遗墨，今中吴万寿住持象初瓒公，宝而藏之在此也。凡展卷者，亦当如是而观。若只重其语句合作，字画得体，正如盲者摸象，但逐其头尾耳牙鼻足而已，安能识象之全体也哉！（《薤室西庵梅洲蒲室四尊宿墨迹》）

三、"渴读即止渴，饥读即止饥"

手里生苕，犹放不下。赢得埃尘，遍满华夏。那一句子，不在思量。擎蕉执笔，雁过潇湘。拾得磨玄玉，寒山把毛锥。拟向万仞崖，写此一首诗。虽未形点画，文采光陆离。渴读即止渴，饥读即止饥。除却老丰干②，知音今有谁？不是颠狂不是痴，或看经卷或吟诗。闾丘曾被丰干误，却向枯椿觅兔蹊。拾得展卷，寒山指月。用无所用，说无所说。惹得丰干饶舌，闾丘屈节。谓其起佛见法见③，贬向二铁围山。也是唤鹿作马④，证龟为鳖⑤。别别别，大洋海底辊红尘，六月炎天飞白雪。（《寒山拾得》）

---

① 棒喝：又称用棒，或用大喝。指棒击和吆喝，是禅宗祖师接化弟子的方式。棒打，或是大喝一声，以此来暗示或是启悟对方，杜绝其虚妄思惟或考验其悟境。《汾阳语录》卷上："问：'古人以棒喝接人，未审和尚如何接人？'师云：'总不用。恁么则不用诸方也。'师喝，便打。"（《大正藏》第 47 册，第 1992 号，第 594 页上）《碧岩录》卷一，第二则："殊不知，这老汉平生不以棒喝接人，只以平常言语。"（《大正藏》第 48 册，第 2002 号，第 140 页下）

② 丰干：唐僧。参见本书《横川行珙》"丰干"注。

③ 佛见法见：一是指佛之真正知见，又称佛知见；二是指对佛法的执着，禅宗反对一切的执着，包括对佛法的执着，也被认为是一种偏执，应该被摒弃。佛知见，即了知照见诸法实相理之佛智慧。《法华文句》卷四曰："佛以一切种智知，佛以佛眼见，开此智眼乃名佛知见。"（《大正藏》第 34 册，第 1718 号，第 50 页上）《法华玄义》卷九曰："灵智寂照名佛知见。"（《大正藏》第 33 册，第 1716 号，第 792 页下）

④ 唤鹿作马：比喻故意黑白颠倒，不辨是非。《史记》卷六《秦始皇本纪》载："赵高欲为乱，恐群臣不听，乃先设验，持鹿献于二世，曰：'马也。'二世笑曰：'丞相误邪？谓鹿为马。'问左右，左右或默，或言马以阿顺赵高。"（司马迁：《史记》，中华书局 2013 年版，第 341 页）

⑤ 证龟为鳖：比喻法眼不明，颠倒黑白，认知错误。《续传灯录》卷三十三，西婵西秀禅师："秋光将半，暑气渐消。鸿雁横空，点破碧天似水。猿猱挂树，撼翻玉露如珠。直饶对此明机，未免认龟作鳖。"（《大正藏》第 51 册，第 2077 号，第 697 页下）

呆庵普庄

普庄(1347—1403),明初临济宗杨岐派禅僧。号呆庵。又称敬中。台州(浙江)仙居人,俗姓袁。于天童山出家,后参谒天宁寺了堂惟一,为其法嗣。洪武十二年(1379),住于江西北禅寺,次移居江西云居山真如寺。二十六年春,奉诏入内庭说法;秋,于庐山修法,帝赐衣一袭;冬,敕住径山兴万圣寿寺①。

普庄指出,无准和尚之为诗,乃是于"传宗说法之暇,以诗辞翰墨,为游戏三昧"。

本书所录文字,据《五灯会元续略》卷七、《增续传灯录》卷六、《续稽古略》卷三。

"传宗说法之暇,以诗辞翰墨,为游戏三昧"

正续老人,传宗说法之暇,以诗辞翰墨,为游戏三昧②。故其片言只字,流落人间,得之者,不啻隋珠卞璧。今善世摭侍者,宝此真迹,出以示余,请著语于后。因谓之曰:"话到夜阑山月吐,又骑白鹿入深云。"切忌便作诗会。汝为直下子孙,要见此老用处,更须高著眼③始得。(《跋无准和尚诗》)

---

① 普庄事迹,见《呆庵普庄禅师语录》所附《塔铭》《五灯会元续略》卷三、《继灯录》卷五、《南宋元明僧宝传》卷一三、《增续传灯录》卷六。

② 游戏三昧:参见本书《亚愚绍嵩》"游戏"注。

③ 高著眼:谓从高处、远处观察、考虑。圆悟克勤禅师云:"万仞峰头高著眼,大千沙界一浮沤。"(《圆悟佛果禅师语录》卷一,《大正藏》第47册,第1997号,第715页下)"更须高著眼,免使头虚白。"(《圆悟佛果禅师语录》卷五,《大正藏》第47册,第1997号,第736页上)

九皋妙声

妙声，明僧。字九皋。吴县(今属江苏)人。居常熟慧日寺，师事古庭学，洞明《止观》，博综内典，兼善诗文。后主平江景德，洪武初迁北禅。三年，与万金同被召主天下僧教，顾问称旨，赐金还山①。

妙声主张诗乃"发乎性情者"之说，在他看来，诗歌"发乎性情者，今犹古也"。他还明确提倡诗应"宣寄大化而善世"，反对有意于"华靡之辞"。他批评丛林一些人"倍其师说，托焉以自放，假之以为高，絺章缋句，若专以其业者"的不正之风，指出这"无当于道，无得于己，无益于物"。在诗歌创作上，妙声也重"物感"说，在他看来，"离则思，思则咏歌形焉，咏歌既形，则凡物之感于中者，皆足以寄情而宣意"。妙声倡"比德"说："苟可以比德焉，虽草木之微在所不弃"。

本书所录文字，据妙声《东皋录》《禅门逸书初编》第7册，第126号。

一、"发乎性情者，今犹古也"

古者咏歌谣咢之辞，多出于草野，所以写其悲忧愉佚之情，著其俗尚美恶之故，诗之《国风》是已。若夫宗庙朝廷，则公卿大夫之述作，《雅》《颂》在焉。自采诗之官废而诗道息，然发乎性情者，今犹古也。故齐讴楚歌吴歈越吟，遇事而变，杂然并兴，盖有不可胜纪者矣。诗道曷尝息哉！《三吴渔唱集》者，郑君伯仁之诗也。伯仁怀抱利器，未得施用，以其所蕴，悉发为诗，宜有愤怼怨刺，而和平清适方退托于渔樵，非得于诗者不能也。伯仁越人也，而系于吴，非忘本也。盖触物引兴有不能自已者，况吴越之同风哉！伯仁家为东南名儒，其

① 妙声事迹，见《吴都法乘》卷八、《列朝诗集》闰二。

过庭之学[①]有自来，异时用之朝廷，鸣国家之盛者，不在斯人乎？于是为《三吴渔唱集序》。(《三吴渔唱集序》)

二、“宣寄大化而善世，无事乎华靡之辞”

昔庐山远法师[②]，与入社群贤着《念佛三昧诗》行于世。近世楂庵[③]严教主，作《怀净土诗》，为七言四韵。虽非为诗而作，而情辞凄婉，往往有佳句可诵。尔后作者非一，篇什益多，盖有不可胜禄者矣。然骛高者弗切，徇俗者近俚，鲜克当乎人心，识者病焉。吴之东，宏其教者曰无隐法师，自罢讲净信[④]，即冥神西域，行业纯白，人从而化，制《怀净土偈》四十篇，述其志以劝。观其出入经论，比物连类，直而信，质而尽，盖摣庵流亚也。且夫净土之教，本乎心，心与佛如，境借智合，则生佛土成佛道也。何有自天台发明其旨，而四明继之，造修之法粲然大备，凡欲从事于斯者，舍此其无术矣。无隐天台氏之学者也，故其精诣浩博如此。嗟夫，吾徒之为文，所以宣寄大化而善世云尔，无事乎华靡之辞也。世远道衰，学者倍其师说，托焉以自放，假之以为高，絺章缋句，若专以其业者，无当于道，无得于己，无益于物，则亦何乐而为之也哉！呜呼，无惑乎吾道之弗振也，无隐盖有见于此者矣，于是独探原本，具训以警其有功于名教者乎？无隐俾为序，引为之三复而题其端云。(《怀净土偈序》)

---

① 过庭之学：典出《论语·季氏》。孔鲤“趋而过庭”，子曰：学诗乎。对曰：未也。子曰，不学诗，无以言。鲤退而学诗。后因以“过庭”指承受父训或径指父训，亦喻长辈的教训。(魏何晏著，宋邢昺疏：《论语注疏》，阮元校刻《十三经注疏》，中华书局1980年版，第502页)

② 庐山远法师：即庐山慧远法师。参见本书《皎然》“安远”注。

③ 楂庵：有严(1021—1101)，宋僧。字昙武。临海(今属浙江)人，俗姓胡氏。幼依灵鹫，年十四受具。往东山侍神照学天台教。初主无相慧因，迁赤城崇善。晚年隐居故山东峰，结茅楂木之下，号曰摣庵。事迹见《佛祖统纪》卷一三、二八，《佛祖纲目》卷三七，《释门正统》卷六，《净土圣贤录》卷三，《新续高僧传四集》卷二七。

④ 净信：本来指对佛教的信心，后来也用来指佛教徒。刘棐：《景德传灯录后序》：“广募净信，复偻其板。缁素赞叹而助成焉。”(《大正藏》第51册，第2076号，第466页上)《瑜伽师地论》卷八十三云：“闻彼功德及与威力殊胜慧已，即于彼法处所，而起随顺理门，故名净信。即由如是增上力故，身毛为竖悲泣堕泪，如是等事是净信相。”(《大正藏》第30册，第1579号，第760页上)

三、“凡物之感于中者，皆足以寄情而宣意”

夫君子未有不须友以成者，丽泽之乐，切偲之益，盖不可一日而离也。离则思，思则咏歌形焉，咏歌既形，则凡物之感于中者，皆足以寄情而宣意，此风人托物之旨，而陶渊明所以有停云之赋①也。余尝谓是诗兴寄高远，感慨之深见于言外，非止思友而已，此当与知者道也。陇西李伯高，信义人也。事亲之暇，方汲汲于求友，于是榜其燕集之轩曰“停云”，盖取陶诗也。陶之诗，举世能诵之；陶之心，则识者或寡矣。伯高慕陶，其亦知陶之心乎？抑将取以文其外者也。余闻伯高逊敏好学，诵诗读书，尚友古人，其知陶之心者哉！夫得古人之心者，其行必合于古，苟合于古，则取友之道其庶几乎？“停云”之名，其有闻于世也必矣！钱唐吴君既为之记，从而咏歌，着于篇者凡若干人，伯高请文冠其首。余乐伯高能顺乎亲而获友之多也，故序之，采诗者将有取于斯焉！（《停云轩诗序》）

四、“苟可以比德焉，虽草木之微在所不弃”

会稽吴景贤善取友，其行四方，遇有合焉者，辄与游弗置。尝得时贤所画松竹兰三物，苍古可爱，因玩之无斁。命曰“三友”，求能赋者咏歌之。既而授简于余，俾引其首焉。夫君子之取友，顾何取于草木之微乎？古之取友者，于一乡、于一国、于天下犹以为未也，又尚友古之人，古人远矣，求之于今，而未足也，又取诸物之似者而友之。盖友者，所以成德也，苟可以比德焉，虽草木之微在所不弃之三者，所以获友于君子也。且夫松之为物也，劲正独立，善建不拔，不为寒暑而少变。竹则秉德有恒，以虚受益，有坚贞匪石之节。若兰也，幽洁自持，无俟于外，而苾芬不可掩，是故君子无不爱之贤之，或从而君。公之其为世所重如此，夫劲正不拔，非直与秉德有恒，非谅与幽洁苾芬，非多闻与是足为

① 停云之赋：陶渊明有《停云》诗，其序云：“停云，思亲友也。罇湛新醪，园列初荣，愿言不从，叹息弥襟。”（逯钦立校注：《陶渊明集》，中华书局1979年版，第11页）

益者之道矣，宜景贤乐之而弗释也。景贤尝长长洲幕，廉慎敏事，吴人怀之，异时德愈修友道日广，而得行其志，庸非三者之助乎！诸君之赋所谓与人为善，盖莫非圣贤之徒也可无述哉！（《三友图诗序》）

空谷景隆

景隆(1388—1466),明临济宗僧。字空谷,号祖庭。姑苏(江苏苏州)洞庭鼋山人,俗姓陈。曾礼懒云智安和尚,嗣其法,为南岳二十四世①。擅诗文,"其诗多合盛唐音,尤能外生苑,忘物我,如天马行空,大鹏运海,显其道于光沉影绝之境,导后学于正途究竟之地。"②

景隆提出"心也者,一身之枢,妙道之本",强调诗人的品德修养,明确提出"当益厉其志,益固其行,益崇其教,益弘其道,尊贤容众,启迪后昆",方"不谬为沙门释子续佛慧命者也"。

本书所录文字,据景隆《空谷集》《禅门逸书续编》第2册,第215号。

"心也者,一身之枢,妙道之本"

晏子曰:"君子赠人以言。"夫赠者,增也。人之所闻嘉言善行也,有所不足而增益之。古人赠行,其本乎此,非徒耀于声誉也。吾徒识心达本源③,故号为沙门。又不止于嘉言善行而已。心也者,一身之枢,妙道之本,人所得之,无往不可必也。笃其志,慎其行,遵其教,明其道,然后陆沉众中,潜行密用,长养圣胎,忽尔清风四闻,因缘会遇,人所推举,住持一方,为人师范,岂小事哉!固当益厉其志,益固其行,益崇其教,益弘其道,尊贤容众,启迪后昆,庶不谬为

① 景隆生平事迹,见明复:《空谷集解题》《续灯存稿》卷九、《五灯全书》卷五十八。

② 明复:《空谷集解题》,明复主编:《禅门逸书续编》第2册,第215号。

③ 本源:指人之根本在于自性清净心,虽然会因为世俗烦恼失去,但是只要勤于修习,即可还原清净本心。裴休:《圆觉经略疏序》:"所谓真净明妙,虚彻灵通,卓然而独存者也;是众生之本源,故曰心地。"(《大正藏》第39册,第1795号,第523页中)

沙门释子续佛慧命[1]者也。吾郡洞庭古源徵长老，乃安岩和尚之高弟子也。资禀淳粹，志之于道，亲炙于冷泉无极和尚久矣。入室侍香，继司藏教[2]，日进之益乃可知矣。武康翠峰禅寺者，吴兴之名刹也。久虚其席，谓古源堪荷斯任，既惬舆情僧司，申名教府，历试中选，持檄而归，未几将往补其处，而儒释诸彦惜其别，咸赋诗偈为赠，属余言以弁群玉之首，辞不容辄，以沙门之大略而以告云。(《送徵古源住持翠峰诗偈序》)

① 慧命：意谓具寿命。又作具寿，对有德比丘的尊称。《摩诃僧祇律》卷十三："佛住舍卫城时，慧命罗睺罗到。"(《大正藏》第22册，第1425号，第332页下)

② 藏教：全称为三藏教，小乘教之别称。为天台大师智顗所立"化法四教"之一。藏是指含藏之义，说的是经律论各含一切文理，所以称为藏教。《四教义》卷一载："释三藏教名者，此教明因缘生灭四圣谛理，正教小乘，傍化菩萨。所言三藏教者，一修多罗藏，二毗尼藏，三阿毗昙藏；……此之三藏教的属小乘。"(《大正藏》第46册，第1929号，第721页上)

天奇本瑞

本瑞（？—1508），明僧。世称瑞禅师。字天奇，号茕绝。钟陵（江西进贤西北）人，俗姓江。年二十依荆门无说能薙落。参佛照遇翼，谒楚山雪峰各有悟入。后得法于南京高峰明瑄。出世竟陵荆门。有《茕绝集》①。

禅宗诗学思想史里面关于颂古诗的品鉴形式十分丰富，常用的包括序、跋、题词、书信、诗偈（颂）、评唱等诸多形式。此外，还有一种"注释"的形式，比如，本瑞的《直注雪窦显和尚颂古》采用的形式就是对雪窦重显的《颂古百则》进行句句"直注"。他明确解释道："直注者，直指灵机，免堕叠叠之贯花。当机者，当央直领，咸达雄雄之本妙。方知此理，非修非证，岂沦机境之中；了明斯道，本成本现，炳逾阶级之外？不假功用，了然自契。"简言之，本瑞是直接点出雪窦颂占所表达之禅心（"灵机"），赏评者也应直下承当，返观自心，了然自契本心。本瑞之弟子初依受登指出乃师之直注的特点是"虽注而尚直"，"虽直而尚古"："故虽注而尚直，此犹以直称也。其趣非直，如以直则了无余致，如世语者不少矣。故虽直而尚古，况其间释事实，必目击意晓，而不牵陈言枝蔓之繁"，"洵禅关之枢钮。后学之指南也"。他又概括此直注的特点的几个方面：（一）"明理体"："必亲证现行，而不落阴界离微之窟。"（二）"解语句"："必投机展事，而不堕实法与人之过。"（三）"显照用"："必妙叶同时，而不溺留情转位之偏。"（四）"别提眼目"："若明镜之孤悬。"（五）"潜通血脉"："如金针之暗度。"②

本书所录文字，据《茕绝人天奇直注雪窦显和尚颂古》《卍续藏经》（新

---

① 本瑞生平事迹，见《五灯会元续略》卷四上、《稽古续集》卷三、《揞黑豆集》卷三、《五灯全书》卷六〇。

② 受登：《茕绝老人颂古直注序》《茕绝人天奇直注雪窦显和尚颂古》《卍续藏经》（新编）第117册。

编)第117册。

“直注者,直指灵机,免堕叠叠之贯花”

道本无差,因修有异。宇博人浩,心殊见冗。非乎大智大德,恶能圆通圆济者哉?盖先德见其学者沉机滞境,所以行慈运悲,借主借宾,就问就答,排乎古而例乎今;指通指塞,为颂为拈,发乎智而拔乎愚。有体无用,必丧孤危。有用无体,全是虚诈。体用双全。陷于平实。体用双超,执乎尊贵。有功无位。名之外绍。有位无功,名之内绍。功位双具,正偏兼到①。功位两绝,独明向上。计略齐施,言中有响。理事通行,句里呈机②。以机夺机,就身打劫。以权占权,劈箬夺窝。见执破执,是名拈情。就计遮计,是名盖覆。前露后拂,狮子迷踪。圣出凡超,丹凤冲霄。言思路穷,名为绝待。贴体无私,名无意路。不犯思议,直下承当。不立玄妙,当阳③直指。意绝边疆,信手拈来。法无彼此,一律平怀。达境即心,就路还家。纯真绝相,大功一色。纯真两绝,正位一色。理事浑然,今时一色。三色高超,始名本分家风。三色随宜,故名入廛垂手。滞有者心之不忘,滞无者守空失旨。百般方便,总名善巧。破差别之紊执,明真实之本源。私欲一申,公正自昧。天理一明,群机自绝。弃万川之异流,独游大海。出十界之贪欲,茕飞高汉。直注者,直指灵机,免堕叠叠之贯花。当机者,当央直领,咸达雄雄之本妙。方知此理,非修非证,岂沦机境之中?了明斯道,本成本现,炳逾堦级之外?不假功用,了然自契。余因幼小小,期胡跪请而绝示。倘乎略有所通,誓愿刊而普及。不违先盟,以补今亏。聊将管见,权接断途之桥。莫嫌草药,微消沉疴之疾。请乎大德大仁,莫令断绝。启乎重刊重示,远接后来。合十海岳,酬愿故述。时弘治岁次戊申太簇月上元吉旦,洪都隆兴沙门本瑞述。(《茕绝直注四家颂古叙》)

---

① 曹洞宗的五位说,有正偏五位、功勋五位、君臣五位、王子五位四种,构成一个完整的严密的思想体系。参见本书《林泉从伦》注。

② 言中有响,句里呈机:参见本书《圆悟克勤》“言中有响,句里呈机”注。

③ 当阳:参见本书《宏智正觉》“当阳”注。

永中如卺

永中，元僧。临济宗禅师中峰明本之法嗣。元皇庆二年(1313)将编者未详之《缁林宝训》加以增补而成《缁门警训》二卷①。如卺，明僧。临济宗禅师空谷景隆之法嗣。明成化十年(1474)，如卺从其师空谷景隆领受该书，复添加自己追补之续集二卷而刊行于世。

本书所录入文字，涉及的诗学思想：明确标举孔门的诗学观："不学诗无以言。"并明确提出"弘道须习文翰"的主张。又提出精通"诗礼""诗式"等"外学"的主张，指出佛门弟子应"既精本业"，又应"钻极以广见闻，勿滞于一方"。应懂得"学不厌博"之理，因在"魔障相陵"时"必须御侮"，而"御侮之术，莫若知彼敌情"。但有的禅师则视习"琴瑟诗赋""读外书典"等为"真破戒"，要背负"十种恶名"。

本书所录文字，据兰吉富主编《禅宗全书》第33册。

一、"不学诗无以言"，"弘道须习文翰"

言善，则千里之外应之；言不善，则千里之外违之。诗陈褒贬，语顺声律。国风敦厚，雅颂温柔。才华气清，词富彬蔚。久习，则语论自秀。才诵，乃含吐

---

① 缁门警训：凡十卷。永中补，如卺续补。元皇庆二年(1313)，永中将将宋代择贤所撰之《缁林宝训》一卷加以增补，而成《缁门警训》二卷。明成化十年(1474)，嘉禾真如寺如卺从其师空谷景隆领受该书，复添加自己追补之续集二卷而刊行于世。但现存者皆为十卷本，可能系经后人所增补而成。书中收录先圣古德之示众、警策、训诫、箴铭等，自沩山警策至梁皇舍道事佛诏等共计一百七十余篇。

不俗。彼称四海习凿齿[1]，此对弥天释道安[2]。陈留阮瞻[3]时忽嘲曰："大晋龙兴，天下为家，沙门何不全发肤去袈裟，释梵服被绫纱。"孝龙对曰："抱一以逍遥，唯寂以致诚。剪发毁容，改服变形，彼谓我辱我弃彼荣。故无心于贵而愈贵，无心于足而愈足，此乃气蕴兰芳，言吐风采。虽不近乎聋俗，而可接于清才。佛法既委王臣，弘道须习文翰。支遁[4]投书北阙，道林方逸东山。自非高才，岂感君主，宜省狂简之言，徒虚语耳！"（《不学诗无以言》《姑苏景德寺云法师务学十门（并序）》）

二、佛门弟子应"既精本业"，又应"钻极以广见闻，勿滞于一方"

夫学不厌博，有所不知，盖阙如也。吾宗致远，以三乘法[5]而运载焉。然或魔障相陵，必须御侮。御侮之术，莫若知彼敌情。敌情者，西竺则韦陀，东夏则经籍矣。故祇桓寺中，有四韦陀院，外道以为宗极。又有书院大千界[6]内所有不同，文书并集其中，佛俱许读之。为伏外道，而不许依其见也。此土古德高僧，能慑伏异宗者，率由博学之故。譬如夷狄之人，言语不通，饮食不同，孰能达其志通其欲？其或微解胡语，立便驯和矣。是以习凿齿、道安以

---

① 习凿齿：（？—382）东晋文学家。字彦威。襄阳人。少有才气，博学洽闻，以文笔著称。事迹见《晋书》卷八二。

② 释道安：（312—385）东晋僧。参见本书《皎然》"安远"注。

③ 陈留阮瞻：（公元？—312）字千里，陈留尉氏人。生年不详，约卒于晋怀帝永嘉末年，年三十岁。"竹林七贤"阮咸之子。性清虚寡欲，神气冲和。善琴，人多往求听，不问贵贱长幼，皆不拒。事迹见《晋书》四九。

④ 支遁：（314—366）东晋名僧。参见本书"支遁"注。

⑤ 三乘法：乘，即运载之义。谓佛祖教化度脱众生的三种方法，一般是指声闻、缘觉、菩萨。三乘教法系佛权宜方便之说，并非根本是法。《黄檗传心法要》："遂设方便，说有三乘。乘有大小，得有深浅，皆非本法。"（《大正藏》第48册，第2012号，第379页上）

⑥ 大千界：大千世界的简称。佛教的宇宙观，其说认为以须弥山为中心，以铁围山为外郭，同一日月所照的空间，成为"小世界"。一千个小世界称为小千世界，一千个小千世界称为中千世界，一千个中千世界称为大千世界。《景德传灯录》卷三十："亦无垢，亦无净，大千同一真如性。"（《大正藏》第51册，第2076号，第196页上）

诙谐而伏之，宗雷[①]之辈慧远[②]以诗礼而诱之，权无二复礼以辨感而柔之，陆鸿渐、皎然[③]以诗式而友之。此皆不施他术，唯通外学耳。况乎儒道二教，义理玄邈，释子既精本业，何妨钻极以广见闻，勿滞于一方也。（《右街宁僧录勉通外学》）

三、“琴瑟诗赋”“读外书典”等为“真破戒”

僧尼破戒者，所谓……讲说相难，好喜音乐……琴瑟诗赋，围棋双陆，读外书典，高语大笑。嫌恨诤竞，饮酒食肉。绫罗衣服，五色鲜明。勤剃须发，爪利如锋。畜八不净，财宝富足。于此等事，贪求爱著，积聚不离，名真破戒。经云。此等比丘名秃居士，名披袈裟贼，名秃猎师，名三涂[④]人，名无羞人，名一阐提[⑤]，名谤三宝[⑥]，名害一切檀越[⑦]眼目，名生死种子，名障圣道。远离此等十种恶名，即为净心。（《诫观破戒僧尼不修出世法》）

---

① 宗雷：参见本书《皎然》“宗炳”“雷次宗”注。

② 慧远：（334—416）东晋僧人，佛教思想家。参见本书《皎然》“安远”注。

③ 皎然：参见本书《皎然》小传。

④ 三涂：三恶道的别名，指的是生死轮回中的地狱、恶鬼、畜生三种趋向。《景德传灯录》卷一五，德山宣鉴：“汝但无事于心，无心于事，则虚则灵，空而妙。毫厘系念，三途业因；瞥尔生情，万劫羁琐。”（《大正藏》第51册，第2076号，第317页中）

⑤ 阐提：梵文音译词，又译为“一阐提迦”“一颠迦”。指的是“不具慧根者”和无信的人。《涅槃经》卷五：“一阐提者，断灭一切诸善根本，心不攀援一切善法。”（《大正藏》第12册，第374号，第393页中）又说：“无信之人名一阐提；一阐提名不可治。”（《大正藏》第12册，第374号，第391页下）

⑥ 三宝：又称三尊。指为佛教徒所尊敬供养之佛宝、法宝、僧宝等三宝。佛，乃指觉悟人生之真象，而能教导他人之佛教教主，或泛指一切诸佛；法，指根据佛陀所悟而向人宣说之教法；僧，指修学教法之佛弟子集团。以上三者，威德至高无上，永不变移，如世间之宝，故称三宝。那拘罗长者白尊者舍利弗：“我已超、已度，我今归依佛、法、僧宝，为优婆塞，证知我，我今尽寿归依三宝。”（《杂阿含经》卷五，《大正藏》第2册，第99号，第33页中）

⑦ 檀越：指“施主”。即施与僧众衣食，或出资举行法会等之信众。《明觉语录》卷一：“洞庭檀越与明州专使相争，纭纭不已。”（《大正藏》第47册，第1996号，第669页上）

云谷法会

法会(1500—1579),明僧。字云谷。嘉善(今属浙江)人,俗姓怀。幼投邑之大云寺出家。初修天台止观,后得天宁法舟济开示禅要,遂悉心参究。偶食际,碗忽堕地,猛然有省。自是韬晦丛林。入京寓天界毗卢阁下,复结庵栖霞千佛岭。太宰陆五台坚清主栖霞,师举素庵以代。紫柏、憨山皆钦其道,屡就山谒之,后常于天界、普德、二寺开讲①。

云谷强调指出,参禅学道,“别无玄门要路,须是当人自悟始得”。在他看来,包括诗歌在内的“百工伎艺,亦各有悟门”。云谷重视以诗说禅、以词说禅。在他看来,诗词能够寓禅、说禅:“或诵贯休山居诗,或歌柳耆卿词,谓之不是禅可乎?”他认为吟诵贯休诗,歌咏柳永词,可以获得禅意,关键在于能否通过歌颂去真切体验领悟诗词中的禅意,即是说鉴赏品评者要有鉴赏力,其“见处”要“逮古人”;而且,不能“如优场演史”,优孟衣冠,虽“体之忘倦”,但“非真史”,其“见处不逮古人”,体悟和表现的并非诗词中所寄寓的禅意。

本书所录文字,据《云谷和尚语录》《卍续藏经》(新编)第127册。

一、“诸子百家百工伎艺,亦各有悟门”

参禅学道,别无玄门②要路,须是当人自悟③始得。若端的一回悟去,见

---

① 法会生平事迹,见《续稽古略》卷二、《五灯严统》卷二三、《新续高僧传四集》卷二〇。

② 玄门:又称佛门、空门、真门。指玄的法门,深奥的妙理,是佛法的总称。《资持记》卷上一下:“佛法深妙,有信得入,故曰玄门。”(《大正藏》第40册,第1805号,第179页中)

③ 自悟:禅宗的要义之一。所谓“悟”,指的是念念不起执著,自心本性自然显现,见性成佛。悟是个人的体验,无须外在的言词说教。敦煌本《坛经》:“善知识!我于忍和尚处,一闻言下大悟,顿见真如本性。是故将此教法流行后代,令学道者顿悟菩提。”(《大正藏》第48册,第2007号,第338页下)

山不是山，见水不是水；然后见山是山，见水是水①。若不悟去，见被见碍，为物所转，为境所迷。所谓业识忙忙，无本可据。不见古德道："参禅须是悟，悟了须是遇人。若不遇人，尽是依草附木精灵。"又道："参禅无别路，彻底须自悟。悟与未悟时，毫发不差互。"岂虚语哉！譬如诸子百家，百工伎艺，亦各有悟门。若得悟去，自然脱白露净，便有精妙之理。颜子坐忘②，衍胃子曰唯。岂非脱白露净，般投其斧，良舍其策？岂非精妙之理耶？（《告香普说》）

二、"或诵贯休山居诗，或歌柳耆卿词，谓之不是禅可乎"

南堂说法，或诵贯休③山居诗，或歌柳耆卿④词，谓之不是禅可乎？近世尚奇怪生娇，苟见处不逮古人，如优场演史，谈刘项⑤相似事，便体之者忘倦，其奚非真史也。若有所见，虽无此录，谁无此录？既无所见，虽有此录，谁有此录？或曰："子论太高，天下无语录矣。云谷望士，安可使之无传？"余拱手谢曰：善，得罪得罪！戊辰九月朔日书。

---

① 见山不是山，见水不是水；然后见山是山，见水是水：宋代青原惟信提出参禅的三重境界，阐释了修禅的三个不同的阶段。上堂："老僧三十年前未参禅时，见山是山，见水是水。及至后来亲见知识，有个入处，见山不是山，见水不是水。而今得个休歇处，依然见山只是山，见水只是水。大众，这三般见解，是同是别？有人缁素得出，许汝亲见老僧。"（《续传灯录》卷二十二《吉州青原惟信禅师》《大正藏》第51册，第2077号，第614页中）

② 坐忘：内心空明虚静，凝神专一，达到与宇宙大道契合无间的境界。《庄子·大宗师》："堕肢体，黜聪明，离形去知，同于大通，此谓坐忘。"（清郭庆藩撰，王孝鱼点校：《庄子集释》，中华书局1961年版，第284页）

③ 贯休：参见本书《贯休》小传。

④ 柳耆卿：柳永（约984—约1053），原名三变，字景庄，后改名柳永，字耆卿，因排行第七，又称柳七，福建崇安人，北宋著名词人，婉约派代表人物。事迹见元郭荐：《大德昌国图志》卷六。

⑤ 刘项：刘邦和项羽。刘邦（前195—前247），即汉高祖，西汉开国皇帝。秦二世元年（前209），爆发陈胜起义，起兵响应，称沛公。后在楚汉战争中战胜项羽，于公元前202年建立汉朝。现在流传下来的诗作有《大风歌》。事迹见《史记》卷八及《汉书》卷一。项羽（前232—前202），楚国贵族，秦末领导农民起义军推翻秦朝，后来在和刘邦的帝王之争中兵败垓下，最后在乌江自刎身亡。今存诗《垓下歌》。事迹见《史记》卷七，《汉书》卷三一。

冬溪方泽

方泽，明僧。字觉之，一字冬溪。嘉善（今属浙江）人，俗姓任。剃染于槜李密印寺。参天宁济得法。住嘉兴精严寺。戒学俱高，诗偈清真。陆光祖称其能于参禅宏法之余，“乃出其余绪，时游戏于翰墨之场，抽豪属草，澹不经意。迨其成也，翩翩焉辞腴义晰”，名流佩服。但“师之指意，务归于畅达宗性，阐扬至教，以语言文字而为佛事，非惊心与雕虫篆刻者竞妍拙也”①。有《冬溪集》。②

方泽提出了“夫诗，形心者也”的命题。他充分肯定宗沕季潭诸人之诗“清新雄赡，含章道妙”。

本书所录文字，据方泽《冬溪外集》《禅门逸书初编》第7册，第127号。

一、“夫诗，形心者也”

余童稚时，闻先生力学好古，旁通老释百家，窃独景之。又十余年，余始获交先生，先生盖刚方自信人也。迨领乡荐及仕为维扬别驾，出处异途，莅官志行，邈不闻者，又若干年。厥后解官，亦以持法失权近意。然则先生刚方自立，诚有素矣。比还绝迹城府，去家里许，构草堂数楹，左图右书，树桑艺秫，老于其间。暇则往徕东塔白莲山中，与老禅秀衲者游，赓酬诘辩，翛然自适。于是余得闲为草堂宾焉。先生称引多维摩楞伽经③，语惊深赏奥雅，有特见。间亦出近制诗，长吟短讽，翩翩自喜。窃以为善永年者也。嘉靖甲子，先生七十夏

① 陆光祖：《刻冬谿禅师集序》。

② 方泽事迹，见《五灯会元续略》卷七、《续灯存稿》卷一〇、雍正：《浙江通志》卷一九九、《五灯严统》卷二三。

③ 维摩楞伽经：参见本书《五祖弘忍》“楞伽经”注。

六月，以微疾竟不起，伤哉！乙丑，子有民裒先生诗暨文若干首，谋于伯父两川君梓之家，以示后世。梓成，余览之，又曰：于诗，吾见先生之心益审。夫诗形心者也。先生家食时无抑郁之辞，在官无希援之什，归田无咨愤之声，烦惋之撰，先生之心其殆定矣。诗之体裁音响非所先也。嗟乎！使高第显官，而或不能保身完名，以不负所学。即其诗薄曹刘掩颜谢[①]也，亦将为人藐矣。然则观先生诗者，不当别具眼哉？（《序维扬别驾徐蚕湖诗集》）

二、"清新雄赡，含章道妙"

《萝壁图》，王叔明画也。中有国初名僧泐季潭、玘太朴、道存翁、简南屏、祥止庵诸老题咏。诸老在高皇帝时，道德行解，光映江表，以次皆承诏问对扬称旨，或署两街，或专名刹，禅丛讲苑，为天下冠。皆又学该藏海，艺挺词林。其诗清新[②]雄赡，含章道妙，虽或未登作者之堂，而颉颃当代名流，自不少让。顷在项墨林家，披玩良久，想见开国时弘法之人，龙骧骥骤，相与扶树宗乘[③]，如此而陵夷，至于今日贤圣并隐，伤哉！于是赋律诗一首书其后。然昏衢爝火，徒以慕朝曦之光尔！（《题萝壁图诗后并序》）

---

① 薄曹刘掩颜谢：曹刘：曹植和刘祯。颜谢：颜延之、谢灵运。词人元稹论李白、杜甫之优劣时云："至于子美，盖所谓上薄风骚，下该沈宋，言夺苏李，气吞曹刘，掩颜谢之孤高，杂徐庾之流丽，尽得古今之体势而兼人之所独专矣。"（元稹：《唐故工部员外郎杜君墓系铭并序》《元稹集》卷五十六，中华书局 1982 年版，第 601 页）

② 清新：参见本书《云屋善住》"清新"注。

③ 宗乘：指各宗所弘之宗义及教典。《祖堂集》卷二，弘忍："慧明云：'某甲虽在黄梅剃发，实不得宗乘面目。今蒙行者指授，也有入处，如人饮水，冷暖自知。从今向后，行者即是慧明师。今便改名，号为道明。'"（《祖堂集》，上海古籍出版社 1994 年版，第 44 页下）

云栖袾宏

袾宏(1532—1612),明僧。字佛慧,号莲池。仁和(杭州)人,俗姓沈。年十七补诸生,以学行称。栖心净土。年三十二,作《七笔勾》以见志,投西山性天祝发。谒遍融、笑岩诸老,参念佛是谁,过东昌有省。隆庆五年(1571),居杭之云栖,广修众善,盛弘净土,躬践力行,定十约与众同遵。清雍正中,赐号净妙真修禅师①。在中国禅宗史上,他被推崇为“法门之周孔”,被列为月心德宝(1512—1582)之法嗣②。在净土宗史上,他被堆尊为莲宗第八祖③。

袾宏高度肯定雪窦和圆悟在颂古诗及颂古诗评论史上的价值和意义,称雪窦为“颂古之圣”,圆悟为“评唱之圣”。袾宏认为,只要“穷心禅道”“参禅有悟”,其歌偈就会有“见力,笔力,断案力,擒纵杀活神奇变换不思议力”而成“古今绝唱”。因为上乘之作,“皆自真参实悟”中来,“皆从真实心地大光明藏中自然流出”,它“溢于中而扬于外”。他很重视以诗文为佛事,重视诗歌的教化作用,“足于人世间警策懦玩悟觉迷醉者”,高度评价普明《牧牛图颂》“象显而意深,言近而旨远”,可使学人“因之审德稽业,俯察其已臻,仰希其所未到,免使得少为足,以堕于增上慢地”,而真歇了禅师之诗“凄惋警切,令人悲感兴起”。他告诫学人,世俗之诗书画皆为“魔事”,绝不能“耽诗耽书耽画”,而“学诗、学文、学字、学尺牍,种种皆法门之衰相也,弗可挽矣”。他强调“当于自家本分事上用心”,“要以德行为本”,“不可以五字七字浪费光阴”。

---

① 事见《高僧摘要》卷一、《正源略集》卷八、《新续高僧传四集》卷四三、《补续高僧传》卷五。

② 参见吴立民主编:《禅宗宗派源流》之《附录1 中国禅宗宗派传承图·杨歧系法脉(十)》,中国社会科学出版社1998年版,第669页。

③ 参见吴应宾:《莲宗八祖杭州古云栖寺中兴尊宿莲池大师塔铭并序》《云栖法汇·手著》(江北刻经处本),第5135页。

本书所录文字，据《云栖法汇》（江北刻经处本），福建莆田广化寺佛经流通处影印。

一、“雪窦百则颂古，先德谓是颂古之圣；而圆悟始为评唱，又评唱之圣也”

圆悟作《碧岩集》①，妙喜②欲入闽碎其板，浅智者遂病圆悟，不知妙喜特一时遣著语耳！夫雪窦百则颂古③，先德谓是颂古之圣；而圆悟始为评唱④，又评唱之圣也。而不免为文字般若⑤，愚者执之，故妙喜为此说，碎学人之情识⑥也，非碎《碧岩集》也。其言碎者，仿佛云门一棒打杀⑦之意也。神而明之，《碧岩》寸寸旃檀；执而泥之，一藏板皆可碎也。噫！可与知者道也。（《碧岩集》——《竹窗随笔》）

---

① 圆悟作《碧岩集》：圆悟，参见本书《圆悟克勤》小传。《碧岩集》凡十卷，全称《佛果圆悟禅师碧岩录》，又称《碧岩录》。系根据雪窦重显（980—1052）之《颂古百则》，加以评唱，又经过他的门人编集而成。《碧岩录》的内容：一百则古则公案，及每则公案均有“垂示”“本则”“颂古”“着语”“评唱”五种文字所构成。

② 妙喜：见本书《大慧宗杲》小传。

③ 雪窦百则颂古：雪窦重显，参见本书《雪窦重显》小传。他从禅宗语录中寻出百则公案（以云门宗公案为重点），在每则公案后用诗句加以评说（颂），以教示学禅者，后称此书为《颂古百则》。

④ 评唱：“评唱”是在“本则”及“颂古”后面所附的文字。有的非常长。它们是对本则或颂古里的因缘故事，详细讲解，并且作一概括的总评，以便启发开导学人的见地。

⑤ 文字般若：三种般若之一：“文字般若、观照般若、实相般若。一切经论中文字，皆名文字般若；若依文字，解其义理，起观照行，则名观照般若；若依观照，窥见心性，彻证实相，则名实相般若。文字是工具，观照是手段，实相是目的，此三般若，是整套的，一贯的。”（陈义孝编：《佛学常见词汇》，宁夏人民出版社 1996 年版，第 69 页）文字虽非般若，但能诠般若，又能生般若，故称之为般若。《大乘义章》卷十云：“此非般若，能诠般若，故名般若……又此文字能生般若，亦名般若。”（《大正藏》第 44 册，第 1851 号，第 669 页上）

⑥ 情识：指俗情妄识。《圆悟语录》卷二：“祖祖相传传底事，佛佛授手不唯他。共存情识论知解，耳里尘沙眼内华。”（《大正藏》47 册，第 1997 号，第 719 页下）《碧岩录》卷一，第九则：“诸方升堂入室，说个什么？尽是情识计较。”（《大正藏》第 48 册，第 2003 号，第 149 页中）

⑦ 云门一棒打杀：“一棒打杀”是指挥拳棒喝，表现禅机之禅语。系禅师接引弟子所用之严格机锋，以之驱除学人之恶见妄想。《云门匡真禅师语录》卷中：“世尊初生下，一手指天，一手指地，周行七步，目顾四方云：‘天上天下，唯我独尊。’师云：‘我当时若见，一棒打杀与狗子吃却，贵图天下太平。’”（《大正藏》第 47 册，第 1988 号，第 560 页中）

予少时读书月塘庵，友人周春江者，示予以《西崖先生拟古乐府》①，仅半帙，且咏且叹，作而曰："此古今绝唱也！"予后偶获全书，宝而藏之有年矣，恐遂沦没，乃重录而寿之梓。夫诗亡也而有乐府，乐府之渐变也而有歌曲。歌曲无论，即魏汉隋唐以来所称"乐府"，及至周、柳、秦、苏②诸名家词调，虽各穷藻丽擅工巧，伟哉鸣当时而声后世，然大都摹情写思，缘物缀景，可以裨世道淑人心者千一而已。

此诸篇什，一一从先生大学问中发，而为大议论，岂惟雄盻百代，盖直追风雅以前，天壤间殆不可多见者。顾自云"拟古乐府"。古乐府安足以拟先生欤？

或曰："子禅人也，是编非经律论，非尊宿注疏语录文字，是世谛中言也，奚以刻为？"噫！子独不观雪窦老人《颂古》乎？识者品题谓"颂古之圣"。今先生特未知究心禅道与否，假使参禅有悟，时而出之一拈一评一偈一句，其见力，笔力，断案力，擒纵杀活神奇变幻不思议力，当必与雪老驰骋上下，可无传乎哉？乃重录而寿之梓。（《重刻〈西崖先生拟古乐府〉跋》）

二、绝唱"皆自真参实悟"，"皆从真实心地大光明藏中自然流出"

永明、石屋、中峰③诸大老，皆有山居诗，发明自性，响振千古，而兼之乎气

① 《西崖先生拟古乐府》：李东阳（1447—1516），字宾之，号西崖。生平事迹见《明史》卷一八一、《国朝献征录》卷一四。他一生著作颇为丰富。著有《拟古乐府》一百首。

② 周、柳、秦、苏：北宋著名词人周邦彦、柳永、秦观和苏轼。秦观、苏轼二人见本书《慧洪》注。周邦彦（1056—1121）：字美成，自号清真居士，钱塘（今浙江杭州）人。其诗、赋、词俱有成就，而尤以词的成就最高，影响最大。著有《玉片词》《清真集》。生平事迹见《宋史》卷四四四、王国维：《清真先生遗事》。柳永（约987—约1057）：宋词人。参见本书《云谷法会》"柳耆卿"注。

③ 永明、石屋、中峰：永明：延寿（904—975），宋僧。字仲玄，号抱一子。余杭（今属浙江）人，俗姓王。少为华亭镇将，归心佛乘，文穆王异之，放令出家。以四明翠岩为师，居杭州龙册寺，恒行《法华忏》法，备极精恳。后参天台韶国师，而悟玄旨，受法。初住奉化雪窦，迁杭州灵隐，移永明，世因尊称永明大师。忠懿王钱俶归师，为建西方香严殿，助其禅静双修。计度弟子一千七百。四众钦服，声被异域。寂后谥智觉禅师。事迹见《宋高僧传》卷二八、《景德传灯录》卷二六、《佛祖统记》卷二七、《五灯会元》卷一〇。石屋；石屋清珙。参见本书《石屋清珙》小传。中峰：参见本书《笑隐大䜣》"中峰"注。

格雄浑①,句字精工,则《楠堂四十咏》尤为诸家绝唱。所以然者,以其皆自真参实悟,溢于中而扬于外,如微风过极乐之宝树②,帝心感乾闼之瑶琴③,不搏而声,不抚而鸣。是诗之极妙,而又不可以诗论也。不攻其本而拟其末,终世推敲,则何益矣!? 愿居山者学古人之道,毋学古人之诗。(《楠堂山居诗》)

或问:“古人皆有颂古、拈古④,子独无,何也?”答曰:“不敢也。”

古人大彻大悟之后,吐半偈,发片言,皆从真实心地大光明藏中自然流出,不假思惟,不烦造作,今人能如是乎? 国初尊宿言公案有二等:如“狗子佛性”⑤、

---

① 气格雄浑:气格,参见本书《仲灵契嵩》“气格”注。雄浑,指雄壮浑厚的艺术风格,表现出壮美、崇高的审美特征。唐司空图《二十四诗品》将它列为首品。其《诗品·雄浑》云:“大用外腓,真体内冲,返虚入浑,积健为雄。具备万物,横绝太空,荒荒油云,寥寥长风。超以象外,得其环中,持之匪强,来之无穷。”“雄”指至大至刚之谓;“浑”指浑成厚重之意。“雄”与“浑”结合,组成审美风格的特点表现为:骨力雄健,气势磅礴雄伟。

② 极乐之宝树:极乐:梵名,即指阿弥陀佛之净土,又称极乐净土、极乐国土、西方净土、西方、安养净土、安养世界、安乐国。宝树:珍宝所成之树林,指极乐净土之草木。《无量寿经卷》下:“四方自然风起,普吹宝树,出五音声,雨无量妙华。”(《大正藏》第 12 册,第 360 号,第 273 页下)又劫波树(略称劫树)之异称。劫波树生于帝释天之喜林园中,能应时而出衣裳、饰物等一切所需之物,故有宝树之称。此外,于密教金刚界法中,以宝树为十七杂供养之一。《华部心仪轨》:“结萨埵三昧,应作是思惟:如是劫树等,能与种种衣,严身资具者,彼皆为供养,而作事业故,我今当奉献。”(《大正藏》第 18 册,第 873 号,第 308 页上)

③ 乾闼之瑶琴:乾闼即乾闼婆,亦作“健达缚”“犍陀罗”等。佛经中经常提到的“天龙八部”中的一类乐神。《维摩诘经·佛国品》:“并余大力诸天、龙神、夜叉、乾闼婆、阿修罗……悉来会坐。”(《大正藏》14 册,第 475 号,第 537 页中)《法苑珠林》卷四:“黑山北有香山,其山常有歌舞唱妓音乐之声。山有二窟,一名为尽,一名善尽,七宝所成,柔软香洁,犹如天衣妙音,乾闼婆王从五百乾闼婆在其中止。”(《大正藏》第 53 册,第 2122 号,第 279 页)按,《翻译名义集·八部》“乾闼婆”注引鸠摩罗什曰:“天乐神也。”(请查《大正藏》第 54 册,第 2131 号,第 1079 页上)

④ 拈古:谓拈出古则公案加以评议,以点化参禅之学人。又称为拈提、拈则。在禅林之中,禅师常拈举古则公案以开发学人之心地。如《碧岩录》卷一,第一则:“大凡颂古,只是绕路说禅,拈古大纲,据疑结案而已。”(《大正藏》第 48 册,第 2003 号,第 141 页上)

⑤ 狗子佛性:系唐代禅师赵州从谂之著名公案。又作赵州狗子、赵州佛性、赵州有无、赵州无字。此乃禅宗破除执著于有、无之公案。古来即为禅徒难以参破之问答,古德于此多下过惨淡之工夫。《从容录》第十八则:“僧问赵州:‘狗子还有佛性也无?’州云:‘有。’僧云:‘既有,为甚么却撞入这个皮袋?’州云:‘为他知而故犯。’又有僧问:‘狗子还有佛性也无?’州曰:‘无。’僧云:‘一切众生皆有佛性,狗子为什么却无?’州云:‘为伊有业识在。’”(《大正藏》第 48 册,第 2004 号,第 238 页中)赵州从谂系借狗子之佛性以打破学人对于有无之执著。而赵州所指之有无,非为物之有无,乃表超越存在的佛性之实态。

“万法归一”①之类是一等；又有最后极则淆讹，谓之“脑后一槌”②，极为难透。予于前“狗子”“万法”，尚未能无疑，何况最后！故不敢恣其臆见，妄为拈颂也。(《颂古拈古(一)》)

三、“此土以音声为佛事”，“优优乎有风人之遗焉，诵之能使人兴起也”

予向为《往生集》③，盖净土善人传也，纪事也；此书则《净土善人咏》也，奇其事而叹之、赏之、歌颂之之谓也。夫所称善人者，非“对恶名善”之善也，非“十善生天”之善也。心净而土净，在娑婆则莲花比德，生极乐则莲台托身，超三界④，悟无生⑤，以至成等正觉⑥，善中之善，故经云“诸上善人”也。

然必形之乎咏者，何也？此土以音声为佛事。而是咏也，约而该，质而不俚，褒而核，温厚和平，优优乎有风人之遗焉，诵之能使人兴起也。昔李济效胡

① 万法归一：这是禅宗“万法归一，一归何处”的话头。这个话头源自赵州从谂的公案。有僧问赵州：“万法归一，一归何处？”从谂答：“老僧在青州作得一领布衫，重七斤。”(《景德传灯录》卷十，《大正藏》第51册，第2076号，第278页上）赵州公案的本意是作为启悟学者，斩断分别思维。通过对此话头的参悟，使参学者疑情顿发，疑结满怀，由此导致物我两忘，情识俱尽。

② 脑后一槌：一槌又作一椎。槌，为木制八角之锤。乃禅宗丛林所用之器。意为禅师在接引学人时，随即给予脑后一槌，使其可彻底大悟。这是形容禅师点化学人开悟的一种犀利、灵活的手段。《碧岩录》第四十六则中云：“一槌便成，超凡越圣。”(《大正藏》第48册，第2003号，第182页中）

③ 往生集：云栖袾宏撰，共三卷。本书集录我国与印度往生西方者，计分九类。

④ 三界：参见本书《笑隐大䜣》“三界”注。

⑤ 无生：在佛教看来，无所谓生也就所谓灭。佛教认为一切事物的真实性质是无生无灭的，这种认识称为“无生”。慧能说：“外道所说不生不灭者，将灭止生，以生显灭，灭犹不灭，生说不生。我说不生不灭者，本自无生，今亦不灭，所以不同外道。”(《六祖法宝坛经》《大正藏》第48册，第2008号，第360页上）

⑥ 等正觉：“正觉”梵语意指真正之觉悟。又作正解、等觉、等正觉、正等正觉、正等觉、正尽觉。等者，就所证之理而言；尽者，就所断之惑而言。即无上等正觉、三藐三菩提之略称。梵语音译三菩提。谓证悟一切诸法之真正觉智，即如来之实智。“成等正觉”即是指成佛。以上系就正觉之广义而言。若狭义言之，则特指释尊于菩提树下金刚座上觉悟缘起之法，证得解脱。《长阿含经》卷二：“佛昔于郁鞞罗尼连禅水边，阿游波尼俱律树下，初成正觉。”(《大正藏》第1册，第1号，第15页下）

曾周昙而为咏史①,所叙才二十一人,其人则太略也。又有咏而无述,览之者无所稽其实也。

曩予得此于友人,破简蠹帙瓤瓤欲尽,贮奁中二十稔而重寿诸梓者,恐其遂沦亡也。噫!神栖安养之有赋也,拟《归去来》②之有辞也,中峰西斋诸怀净土者之有诗③也,及济之有史咏也。合而观之,兼美焉,独庵之有《善人咏》也。(《重刊〈净土善人咏〉序》)

净土之为教大矣!昭揭于经,恢弘于论,穷微极深于诸家之疏传辩议,而羽翼其间者,又从而赋之、辞之、偈颂之、诗之。诗也者,又偈颂之和声协律,委婉游扬,俾人乐而玩,感慨而悲歌,不觉其情谢尘寰而神栖宝域者也。诗之为益于净土亦大矣!

自古怀净土诗相望后先,而惟中峰大师百咏,事理兼带,性相圆通④,息参禅念佛之哓诤,定即土即心之平准。涂毒于文鼓,倾耳则五内崩;伏砒于旨肴,染指则命根断。美哉洋洋乎,其诸阳春一曲,响穷百代者乎!

大中丞省吾金公,盟心净土,乃重授锲人以广流通,嘱予序诸首简。予老

---

① 李济效胡曾周昙而为咏史:胡曾、周昙,晚唐著名咏史诗人。胡曾,号秋田。邵阳(今属湖南)人,又说长沙人,有《咏史诗》三卷传世。《全唐诗》编为一卷,《全唐诗续补遗》补诗一首,《全唐诗续拾》补诗二首。《全唐文》存其文四卷,《全唐文拾遗》又补收两篇。事见《直斋书录解题》卷一九、《唐诗纪事》卷七一、《唐才子传校笺》卷八。周昙,生平未详。《全唐诗》存诗二卷,皆为咏史之作,按事见顺序分列唐虞、三代、春秋战国、秦、前汉、后汉、三国、晋、六朝及隋十门,以七绝形式概括叙述帝王将相以及史事。周昙有咏史诗八十首,胡曾周昙的咏史诗一百五十二首等等。李济(约776—825),字躬恕,陕西成纪人。高祖李渊六世孙,于唐德宗至宪宗年间活跃政坛。享年五十,宝历元年正月十日寝疾而殁。

② 归去来:东晋陶潜所作。见《陶渊明集》。

③ 中峰西斋诸怀净土者之有诗:中峰,元代临济宗僧中峰明本,参见本书《笑隐大䜣》"中峰"注。西斋,明代禅僧楚石梵琦(1296—1370)。明州(浙江)象山人,俗姓朱。字楚石,小字昙曜。十六岁受具足戒,二十二岁为道场寺侍者,又典藏钥。后参究径山之元叟行端,遂嗣元叟之法。其后历住海盐福臻寺、天宁永祚寺、杭州凤山报阁寺、嘉兴本觉寺。帝赐号"佛日普照慧辩禅师"。事迹见《楚石梵琦禅师语录序》《佛日普照慧辩禅师塔铭》《释氏稽古略续集》卷二、《南宋元明禅林僧宝传》卷十、《续灯正统》卷十五。中峰有《怀净土诗》一百零八首,见《乐邦文类》卷五,《大正藏》第47册,第1969号。楚石梵琦所撰:《西斋净土诗》共三卷,集录二百五十余首礼赞净土的依正二报,或寄社会世相而广劝念佛的诗歌而成,见《净土十要》卷八,《新编卍续藏》第108册。

④ 事理兼带,性相圆通:参见本书《林泉从伦》"正偏兼带,理事叶通"注。

矣，沉疴枕席，久置笔砚，偶斯胜缘，虽心生喜跃，然力不能作一语，爰命童子录其平日所常谈者以应。（《〈中峰禅师净土诗〉序》）

四、“庶几旁敲暗击，亦婆娑世界以音声为佛事”

世谛之言，符于实相；刍荛之言，择于圣人。是故禹拜昌言①，而舜察迩言②。拜昌言易，察迩言为尤难。人忽之，舜察之，此其所称“大知”也。谋臣以牛后悟主③，衲僧以饭袋得心，则不必圣经贤传，锦字瑶编，取其足以利人而已。

至于排场戏曲，古诗古乐府之余音也，盛行于元。流通于今日，慧业文人，与庸夫孺子，所共传唱而愉情者也。奈何淫荡猥亵之语杂于其间，人只以侑壶觞供笑谑，而不知反而后和。

① 禹拜昌言：正当、正直的言论称为“昌言”。《尚书·大禹谟》：“禹拜昌言曰：‘俞！’班师振旅。”孔传：“昌，当也。以益言为当，故拜受而然之。遂还师，兵入曰振旅，言整众。”孔颖达疏：“‘昌，当也’，《释诂》文。禹以益言为当，拜舜而已即还。”（汉孔安国传，唐孔颖达疏：《尚书正义》卷四，《清阮元校刻十三经注疏》，中华书局 1980 年版，第 137 页中）《汉书·王莽传》：“嘉新公国师以符命为予四辅，明德侯刘龚、率礼侯刘嘉等凡三十二人皆知天命，或献天符，或贡昌言，或捕告反虏，厥功茂焉。”颜师古注：“昌，当也。”（清·班固撰，颜师古注：《汉书》，中华书局 1962 年 6 月版，卷 97 中，第 4119—4120 页）

② 舜察迩言：“迩言”浅近之言，常人之语。《礼记·中庸》：“舜好问，而好察迩言。”郑玄注：“迩，近也。近言而善，易以进人。”（汉郑玄注，唐孔颖达疏：《礼记正义》卷第五十二，清阮元校本《十三经注疏》，中华书局 1980 年版，第 1626 页上）朱熹集注：“迩言者，浅近之言。”（宋朱熹撰：《四书章句集注》《新编诸子集成》第一辑，中华书局 1983 年版，第 20 页）

③ 谋臣以牛后悟主：此乃“宁为鸡口，无为牛后”典故的化用。比喻宁可做小者的首脑，不做大者的后随。《史记》卷六十九《苏秦列传》中记载，苏秦曰：“大王事秦，秦必求宜阳、成皋。今兹效之，明年又复求割地。与则无地以给之，不与，则弃前功而受后祸。且大王之地有尽，而秦之求无已。以有尽之地而逆无已之求，此所谓市怨结祸者也，不战而地已削矣。臣闻鄙谚曰：‘宁为鸡口，无为牛后。’今西面交臂而臣事秦，何异于牛后乎？夫以大王之贤，挟强韩之兵，而有牛后之名，臣窃为大王羞之。”“于是韩王勃然作色，攘臂瞋目，按剑仰天太息曰：‘寡人虽不肖，必不能事秦。今主君诏以赵王之教，敬奉社稷以从。’”（司马迁：《史记》，中华书局 2013 年版，第 2723 页。）

被围而援琴，是日哭而不歌①，歌固宣尼平时所不废矣！乃摘其有裨风化者约为三科：一曰忠孝节义；二曰感慨悲歌；三曰警悟解脱。庶几旁敲暗击，亦婆娑世界以音声为佛事，“先以欲钩牵，后令入佛智”之一端也。

噫！抱七年之沉疴者，俟黄于牛喉，割胆于蚺腹，采云母于广连之阴谷，凿空青于越隽之铜阿，不胜其得之之难，而疗病者顾昭昭乎目前，古所谓“善为医者，遍地皆良药”也。《宝训》②日陈于闹市，《金诰》③时播于梨园，孰为谚乎？孰为曲乎？吾于是谟之典之。(《〈谚谟曲典〉序》)

五、“足于人世间警策懦玩悟觉迷醉者”

香山居士《长庆集》④，今所传凡七十一卷，中为诗三十有八，大都雅淡平易，不刻意而意已独至。乃予更摘取其明了解脱，足于人世间警策懦玩悟觉迷醉者别为一小帙，名《警悟选》。若《琵琶》《长恨》等，虽感慨讽谕，无忝风雅，

---

① 被围而援琴，是日哭而不歌：“被围而援琴”出自《史记》卷四十七《孔子世家》：“孔子迁于蔡三岁，吴伐陈。楚救陈，军于城父。闻孔子在陈蔡之间，楚使人聘孔子。孔子将往拜礼，陈蔡大夫谋曰：‘孔子贤者，所刺讥皆中诸侯之疾。今者久留陈蔡之间，诸大夫所设行皆非仲尼之意。今楚，大国也，来聘孔子。孔子用于楚，则陈蔡用事大夫危矣。’于是乃相与发徒役围孔子于野。不得行，绝粮。从者病，莫能兴。孔子讲诵弦歌不衰。子路愠，见曰：‘君子亦有穷乎？’孔子曰：‘君子固穷，小人穷斯滥矣。’”指孔子被围困在陈蔡，仍“讲诵弦歌不衰”。（司马迁：《史记》，中华书局 2013 年版，第 2325 页）“是日哭而不歌”语出《论语·述而》：“子于是日哭，则不歌。”《论语注疏》上的解释是：“此章言孔子于是日闻丧或吊人而哭，则终是日不歌也。若一日之中，或哭或歌，是亵渎于礼容，故不为也。”（魏何晏集解，宋邢昺疏：《论语注疏》卷七，中华书局 1980 年版，第 2482 页上）

② 宝训：凡四卷。又称《禅门宝训》《禅门宝训集》。南宋净善重编。收录南岳下十一世黄龙惠南至十六世佛照拙庵等宋代诸禅师之遗语教训，凡三百篇，各篇终皆记其出典。本书始为妙喜普觉、竹庵士圭二禅师于江西云门寺所辑录，经年散逸，南宋淳熙年间（1174—189），净善得之于老僧祖安，因惜其年深蠹损，首尾不备，乃寻之语录传记，加以重集，即现行之禅林宝训。

③ 金诰：指皇帝或朝廷颁布的命令。明金銮：《出队子·早春宴徐王孙西园》套曲：“一簇儿綵花金诰，耀龙文宫锦袍。”明杨士奇：《题熊尚初经历茂恩堂》：“五花金诰出金门，白髪庭闱拜帝恩。”（杨士奇：《东里续集》卷五十九，影印文渊阁四库全书，第 1239 册，第 487 页上）

④ 香山居士：《长庆集》：香山居士是唐代诗人白居易（772—846）的自号。参见本书《贯休》“白居易”注。

而以摹情写思，备极妍巧，恐失其旨者则翻滋欲本，姑置弗录。惟此百篇，试展卷而诵之咏之，长歌而细味之，未必非大睡梦床前两部鼓吹，入乎耳，动乎心，恍然而寤，了然拭目乎明空皎日之下也，不亦快乎?!

居士之自道也曰："达哉达哉白乐天。"是谓真语实语。(《跋〈长庆集警悟选〉》)

六、"是其为图也，象显而意深；其为颂也，言近而旨远"

《遗教经》[①]云："譬如牧牛，执杖视之，不令纵逸，犯人苗稼。"则牧牛之说自起也。嗣是马祖问石巩[②]："汝在此何务"：答曰"牧牛。"又问："牛作么生牧?"答曰："一回入草去，蹇鼻拽将来。"则善牧之人也。又大沩安公[③]之在沩山也，曰："吾依沩山住，不学沩山禅，但牧一头水牯牛。"又白云端公之于郭功

① 遗教经：全一卷，为后秦鸠摩罗什译。又称《佛垂般涅槃略说教诫经》《遗经》《佛临涅槃略诫经》《略说教诫经》《佛遗教经》。收于《大正藏》第12册。内容叙述释尊在拘尸那罗之桫罗双树间入涅槃前最后垂教之事迹，谓佛入灭后，当以波罗提木叉(戒条、戒本)为本师，以制五根，离嗔恚、骄慢等，勉人不放逸，而精进道业。禅门尤重此经，与《四十二章经》《沩山警策》合称佛祖三经。

② 石巩：即慧藏，唐代禅僧。抚州(今属江西)人。曾以弋猎为务，恶见沙门。大历(766—799)年间，马祖道一在龚功山居住时，慧藏因逐鹿从马祖的庵前经过，马祖接以禅机，当下便顿悟了。于是折毁弓矢，自截其发，依马祖出家，终获心印。后入石巩山结茅而居，世称"石巩和尚"凡有参叩者，即以弓矢拟之，罕有应机者。《景德传灯录》卷六载："一日在厨中作务次，祖问曰：'作什么?'曰：'牧牛。'祖曰：'作么生牧?'曰：'一回入草去，便把鼻孔拽来。'祖曰：'子真牧牛。'师便休。师住后，常以弓箭接机。"(《大正藏》第51册，第2076号，第248页下)事见《景德传灯录》卷六、《五灯会元》卷四、《五灯全书》卷六。

③ 大沩安公：大安(983—883)，唐代禅僧。号懒安。福州长庆人，俗姓陈。幼年出家。元和十二年(817)于建州浦(今属福建)乾元寺受具足戒。曾住黄山习律乘，至临川(今属江西)石巩山参慧藏禅师。后止沩山，礼灵祐禅师，灵祐圆寂后，众接踵住持。晚年归闽中，住怡山院。卒谥"圆智禅师"。《景德传灯录》卷九载："安在沩山三十来年，吃沩山饭，屙沩山屎，不学沩山禅，只看一头水牯牛。若落路入草，便牵出，若犯人苗稼，即鞭挞。调伏既久，可怜生受人言语，如今变做个露地白牛，常在面前，终日露逈逈地，趁亦不去也。"(《大正藏》第51册，第2067号，第267页中)事见《宋高僧传》卷十二、《景德传灯录》卷九、《五灯会元》卷四、《指月录》卷十一。

辅也,诘之曰:“牛淳乎?”①而若自牧,若教他牧,层见垒出于古今者益彰彰矣。

后乃有绘之乎图,始于未牧,终于双泯,品而列之为十,其牛则如次初黑继白,以至于无粲如也!而普明②复一一系之以颂。普明未详何许人,图颂亦不知出一人之手否。今无论,惟是其为图也,象显而意深;其为颂也,言近而旨远。学人持为左券,因之审德稽业,俯察其已臻,仰希其所未到,免使得少为足,以堕于增上慢地③,则裨益良多,遂录而重寿诸梓。

外更有寻牛以至入廛亦为图者十,与今大同小异,并及教中分别进修次第,可比例而知者,俱附末简,以便参考。若夫一超直入之士,无劳鞭挽,而天然露地白牛④,不落阶级,而刹那能所双绝,则图成滞货,颂成剩语,览之当发一笑,吾无强焉。(《〈牧牛图〉⑤序》)

---

① 白云端公之于郭功辅:白云守端(1025—1072),宋代临济宗杨岐派僧。俗姓周,一作葛,衡阳(今湖南)人。少工翰墨,不乐尘劳。20岁依茶陵仁郁出家,茶陵仁郁圆具后参临济宗杨岐方会禅师得悟,随侍多年,承其法嗣。28岁住持江洲(今江西九江)承天寺。后历住法华、龙门、兴化、海会等寺,所至禅众云集。胆识过人,学者敬而畏之。事见《续传灯录》卷十三、《五灯会元》卷十九、《释氏稽古略》卷四。郭功辅:《禅林宝训合注》卷一:“提刑郭正详,字功辅,号净空居士,问道于白云端。”“功辅自当涂(太平州也)绝江,访白云端和尚于海会。白云问公:‘牛淳乎?’公曰:‘淳矣。’白云叱之,公拱而立。白云曰:‘淳乎淳乎?’南泉大沩,无异此也。仍赠以偈曰:‘牛来山中,水足草足。牛出山去,东触西触。’又曰:‘上大人,化三千,可知礼也。’(行状)”(《禅林宝训合注》《卍续藏经》(新编)第113册,第329页上)

② 普明:五代后晋禅师。天福间移嘉禾,建普明寺。有《牧牛十颂》,复系之以图。云栖袾宏特为之作序,收入《嘉兴大藏经》第23册,第129号第357上。普明生平事迹,见光绪《嘉兴府志》卷六二。普明的《牧牛图颂》中,把心性修养,比如牧牛。享誉丛林,名闻遐迩,影响深远。

③ 增上慢地:“增上慢”,即对于教理或修行境地尚未有所得、有所悟,却起高傲自大之心。《俱舍论》卷十九曰:“于未证得殊胜德中,谓已证得,名增上慢。”(《大正藏》第25册,第1558号,第101页上)《法华经·方便品》曰:“此辈罪根深重,及增上慢,未得谓得,未证谓证,有如是失。”(《大正藏》第9册,第262号,第7页上)“增上慢地”即堕入上述高傲,比较之心的境地。

④ 露地白牛:禅家常把门外之空地称为露地,譬喻平安无事之场所;而把白牛譬喻为清净之牛。法华经譬喻品中,以白牛譬喻一乘教法,禅宗著作中多矣比喻微妙禅法,从而指无丝毫烦恼污染之清净境地为露地白牛。《容录第十二则》:“我衲僧家慵看露地白牛。”(《大正藏》第48册,第2004号,第234页下)

⑤ 牧牛图:又名《十牛图》,是禅宗修行的图示,有多种版本。至今流传较广的十牛图,是普明禅师与廓庵师远禅师的版本,各有十幅。普明禅师的《牧牛图颂》,在每首颂前,配以对应的一幅图,用同一条牛逐渐由黑色到白色的渐变,形象地显示了修行的禅人从迷到悟的渐修过程。禅门中因图而再作颂者,不在少数,这都是因为《牧牛图》(又称“十牛图”)有启发学人、检验学人是否悟证的重要意义所在。云栖袾宏特为之作《〈牧牛图颂〉序》,梦庵格禅师辑牧牛图颂目录刊牧牛图颂序时,再作序,并收录云栖袾宏原序。(《嘉兴藏》第23册,第129号,第357页下)

七、“凄惋警切,令人悲感兴起”

真歇了禅师[①]有《涅槃堂诗》一律,凄惋警切,令人悲感兴起。予乃续成四律,置之堂中,未必非病僧药石云。

原作:访旧论怀实可伤,经年独卧涅槃堂。门无过客窗无纸,炉有寒灰席有霜。病后始知身是苦,健时多半为人忙。老僧自有安闲法,八苦交煎总不妨。(《题涅槃堂》及原作)

“曾为浪子偏怜客”,一段苦心具见之矣! 虽然,前之所得,拈向一旁,百尺竿头,更须进步。(《答雪峤圆信(信时具陈行脚)》)

八、诗文不应“抽黄对白,竞巧争奇,于理不协,于人无益,艰险诡异”

有颠倒为称而人莫觉者,以古文为时文,以时文为古文是也。何也?

今士子所作,应制举业文字[②],皆命题于《学》《庸》《论》《孟》《易》《书》《诗》《春秋》《礼记》,则二帝、三王、周孔、颜、孟诸圣贤之言也。而士子作文,如画工写真,一一若诸圣贤口中流出,岂不谓之“古文”,而反称之曰“时”。今古文者,若传若记,若辞若赋,种种所作,随代不同,随人各异,皆目前事,岂不谓之“时文”? 而反称之曰“古”。

嗟乎,文亦何古何时之有? 但其不悖于理,有利于人,正大光明,庄重典雅,达之天下而无能议,传之万世而不可易者,皆“古”也;抽黄对白[③],竞巧争奇,于理不协,于人无益,艰险诡异,而读之不可以句者,皆

---

① 真歇了禅师(1089—1151):即真歇清了,参见本书《云贲心闻》“长芦”注。

② 应制举业文字:为考取科考而炮制的应试之作。

③ 抽黄对白:谓只求对仗工稳。唐柳宗元:“眩耀为文,琐碎排偶,抽黄对白,啽哢飞走。”(《柳宗元集·卷十八·乞巧文》,中华书局1979年版,第489页)清钱泳:“笔力沉雄,直接汉魏,非抽黄对白家所能道也。”(《履园丛话·杂记下·唐竹庄》,张伟校点,中华书局1979年版,第646页)

"时"也。惟诗亦然，岂必合选诗之格而即谓之"古体"，五言七言之律而便谓之"近体"乎哉？此二论者，必大不惬人意，而吾无恤也。(《古文时文》)

九、"耽诗耽酒、耽书耽画等，亦魔也"

魔大约有二：一曰天魔；二曰心魔。天魔易知，且置勿论。心魔者，不必发疯发癫，至于亵尊慢上，无复顾忌，囚首褫衣，不避讥嫌，而后为魔也。一有所著，如耽财耽色、耽诗耽酒、耽书耽画等，亦魔也。岂惟此哉？妄意欲功盖一时，名垂百世，亦魔也。岂惟此哉？即修种种诸善法门，妄意希望成佛，亦魔也。岂惟是哉？即如上所说者诸魔，普悉无之，而曰"我今独免于魔"，亦魔也。微矣哉！魔事之难察也。(《魔著》)

凡看古人语录文字，不可专就一问一答、一拈一颂，机锋峻利，语妙言奇处，以爽我心目、资我谈柄，须穷究他因何到此大彻大悟田地。其中自叙下手功夫，刻苦用心处，遵而行之，所谓"何不依他样子修"也。若但剽窃模拟，直饶日久岁深，口滑舌便，俨然与古人乱真，亦只是剪彩之花、画纸之饼，成得甚么边事？(《看语录须求古人用心处》)

世人耽著处，不舍昼夜。曰"昼短苦夜长，何不秉烛游"①，耽赏玩也；"百年三万六千日，一日须倾三百杯"②，耽曲糵也；"野客吟残半夜灯"③，耽诗赋也；"长夏惟消一局棋"④，耽博弈也。古有明训曰："是日已过，命亦随减，当

① "昼短苦夜长，何不秉烛游"：语出《古诗十九首·生年不满百》。见梁萧统编，唐李善等注：《六臣注文选》卷二十九，中华书局 1987 年版，第 542 页上。

② 百年三万六千日，一日须倾三百杯：李白：《襄阳歌》："鸬鹚杓，鹦鹉杯，百年三万六千日，一日须倾三百杯。"(《全唐诗》卷 29，中华书局 1980 年版，第 421 页)

③ 野客吟残半夜灯：语出唐末五代禅僧延寿的《偈一首》："孤猿叫落中岩月，野客吟残半夜灯。此境此时谁会意，白云深处坐禅僧。"(傅璇琮、倪其心等主编：《全宋诗》卷二，北京大学出版社 1991 年版，第 28 页)

④ 长夏惟消一局棋：李远《句》："青山不厌三杯酒，长日惟消一局棋"(《全唐诗》卷 519，中华书局 1980 年版，第 5936 页)

勤精进，如救头燃。”①今出家儿，耽曲蘗者固少，而前后三事或未免焉。将好光阴蓦然空过，岂不大可惜哉?（《时光不可空过(一)》）

十、“不得吟作诗文，书写真草题帖对联”

不得吟作诗文，书写真草题帖对联，修饰尺牍，泛览外书，议论他人得失长短，乃至教凭臆见而高心著述，禅未悟彻而妄臆拈评。缄口结舌，一心正念。(《自警(七条)》之四“不得吟作诗文”)

衰病日深，渐成风痹，颓龄有限，剧事无涯。恳此陈情，万惟慈谅：

一、尊客枉顾，趋陪应对不能尽礼。

二、安期起会等来相呼召者，皆不能赴。

三、序、跋、诗、颂，一切文词皆不能作。

四、一切事相托者皆不能处。

五、诸赐翰礼，或时不便，不能答书。

六、病体事事不能简点，诸凡获罪，幸望教示，使得忏谢。(《老病谢客帖》)

十一、“学诗、学文、学字、学尺牍，种种皆法门之衰相也”

儒者之学，以《六经》《论》《孟》等书为准的，而《老》《庄》乃至佛经禁置不学者，业有专攻，其正理也，不足怪也。为僧亦然。乃不读佛经而读儒书；读儒书犹未为不可，又至于读《庄》《老》；稍明敏者，又从而注释之，又从而学诗、学文、学字、学尺牍，种种皆法门之衰相也，弗可挽矣！(《僧务外学》)

---

① 是日已过，命亦随减，当勤精进，如救头燃：《法句经》：“是日已过，命亦随减。”(《大正藏》第4册，第210号，第559页上)头燃，谓头发为火所燃。比喻事情之急迫。经中常借此语比喻不顾他事，一心勤行精进之情态。《摩诃止观》卷七上：“眠不安席，食不甘哺，如救头然，白驹乌兔，日夜奔竞，以求出要。岂复贪著世财，结构诸有，作无益事，造生死业耶?”(《大正藏》第46册，第1911号，第94页上)

十二、“当于自家本分事上用心，不可以五字七字浪费光阴”

青年美质，当于自家本分事①上用心，不可以五字七字浪费光阴，贻日后之悔也。大事已明，咏吟未晚。（《示无隅大方》）

十三、“非只要学文艺，要以德行为本”

一者习举业，非只是望取科第。读圣贤书，须要学做圣贤。孟子云：“达则兼善天下，穷则独善其身。”②不羡汝达，不瞋汝穷，惟愿汝无愧于二“善”字也。

二者做文字，非只要哄试官，叨进取。文字即是本人精神心术。艰险怪异，小人之文也；正大光明，君子之文也。得失自有命在，不可见有艰险怪异而得者，便效之也。

三者从师，非只要学文艺，要以德行为本。但教我以文艺而不教我以德行者，非贤师也。若遇贤师，须亲如父母，敬如神明，终身依附可也。（《示童子三事》）

十四、“毋错认风流放旷为高僧也”

吴郡刻一书，号《禅余空谛》，下著不肖名，曰：“云栖袾宏著”。刻此者本为殖利，原无恶心，似不必辩；然恐新学僧信谓不肖所作，因而流荡，则为害非细，不得不辩。书中列春夏秋冬四时幽赏，凡三十三条，姑摘一二以例余者：

一条云“孤山月下看梅花”，中言黄昏白月，携樽吟赏。夫出家儿不于清

---

① 本分事：参见本书《石溪心月》“归根边事”注。

② 穷则独善其身，达则兼善天下：语出《孟子·尽心上》。见宋朱熹撰：《四书章句集注》，中华书局1983年版，第351页。

夜坐禅，而载酒赏花，是骚人侠客耳。不肖斤斤守分僧，安得有此大解脱风味？一笑。

一条云"东城看桑麦"。不肖住西南深山中，去东城极远，不看本山松竹，而往彼看桑麦耶？

一笑。一条云"三塔基看春草"。平生不识三塔基在何所，一笑。

一条云"山满楼观柳"，中言楼是不肖所构。自来无寸地片瓦在西湖，何缘有此别业？一笑。

一条云"苏堤看桃花"，中以桃花比美人。此等淫艳语，岂剃发染衣人所宜道？即不肖未出家时亦不为也。一笑。

一条云"苏堤观柳"，中引如诗不成，罚依金谷酒数。不肖从出家不曾与人联诗，何况斗酒！一笑。

一条云"雪夜煨芋谈禅"，中所谈皆鄙浅语，何人被伊唤醒？一笑。

诸好心出家者，当知不肖定无此语。既作锱流，必须持守清规，饬躬励行，毋错认风流放旷为高僧也。袾宏谨白。（《〈禅余空谛〉辨伪》）

十五、应"从时王万世成规"，不"从前代一夫之鄙见"

沈约《韵书》①，"东、冬""送、宋"之类，音同而部别，"文"之与"元"，大不同也，反为一韵。而古今用之，如奉王敕，如遵圣经，丝毫不敢逾越。其言曰："唐李杜诸名家所为律诗，必用其韵，一有差池，遭人点简。"噫！沈约非尧舜文武也，李杜辈非夫子之祖述宪章也，而遵信之若是！且夫非天子不考文，今《洪武正韵》②，一"东"二"冬"，皆合并为一韵，而圣谕侍臣，有韵学坏于六朝

① 沈约：《韵书》：沈约生平事迹见本书《皎然》"沈与谢"注。沈约《韵书》即指《四声谱》，又称《四声类谱》。《南史·沈约传》："又撰《四声谱》，以为'在昔词人累千载而不语，而独得胸襟，穷其旨妙'。自谓人神之作。武帝（梁萧衍）雅不好焉，尝问周舍曰：'何为四声？'捨曰：'天子哲是也'然帝竟不甚遵用约也。"（《南史·沈约传》《南史》卷五十七，中华书局 1975 年版，第 1414 页）《梁书·沈约传》所载略同。

② 洪武正韵：明乐韶凤、宋濂奉敕于洪武时编撰。凡十六卷。此书的文字义训，以宋毛晃的《增修互注礼部韵略》为蓝本，分韵归字，则以周德清的《中原音韵》为依据，并平、上、去三声各为二十二部，入声为十部，于是历来相传的 206 韵，并而为 76 韵。

之言，明指约矣！不从时王万世之成规，而从前代一夫之鄙见，吾不知其说也。（《诗韵》）

十六、“古谓诗人托物比兴，不必实然是也”

东坡诗有“远公沽酒延陶令，佛印烧猪待子瞻”①之句。予谓大解脱人不妨破格相与，然沽酒犹可，烧猪不已甚乎?！假令侠客借口子瞻，狂僧效颦佛印，初始作俑，谁当其辜？故此事未可信。古谓诗人托物比兴，不必实然是也。脱有之，子瞻且置，佛印依律趁出院。（《佛印》）

十七、“莫论清浓奇平种种体格，亦不必迎合主司趋附时尚”

莫论清浓奇平种种体格，亦不必迎合主司趋附时尚，但只要文字好。文字好者，谓与题目相应也，作时文如写真相似，但贵肖像彼人耳；否则，虽笔仗之尖耸，颜色之华丽，何益也？（《答洪大慈居士（三条）》之三“莫论清浓奇平”）

十八、“此‘恰恰’二字，下得极妙，分明画出心体，非有千钧笔力不能及此”

问：《永嘉集》引“恰恰用心时，恰恰无心用”②，解者谓学人用心之际又要无心，师言此处未说工夫，且显心体义犹未明，望为详论。

---

① 远公沽酒延陶令，佛印烧猪待子瞻：慧远（334—416），东晋僧。参见本书《皎然》“安远”注。“远公沽酒延陶令，佛印烧猪待子瞻”语出苏东坡《戏答佛印》一诗。（清·王文诰辑注，孔凡礼点校《苏轼诗集》卷四十八，中华书局1982年版，第2654页）。佛印（1032—1098）宋僧。参见本书：《灵岩妙空》“佛印”注。

② 《永嘉集》引“恰恰用心时，恰恰无心用”：《永嘉集》凡一卷。全称禅宗永嘉集。又称《永嘉禅集》《永嘉禅宗集》《玄觉永嘉集》。唐代永嘉玄觉（665—713）撰，庆州刺史魏静辑。《永嘉集》中，有唐朝著名禅师牛头法融之言：“恰恰用心时，恰恰无心用；无心恰恰用，用心恰恰无。”（《大正藏》）第48册，第2013号，第369页中）

答:凡看经教不可先看注脚,宜先熟玩正文十句二十句乃至百句,务令首尾贯通,然后以注和会。今见学者读正文毕,即便看注,致令理不圆彻,皆由于此。

所问二句,今详论之:夫修行人所以不成圣道,流入偏见者,都缘不识心之本体故耳。执心是有者落常见①,执心是无者落断见②,离此二路,虽知有无兼带,然又以为有而后无,无而后有,此亦未达心之玄妙者也,岂知"恰恰用心时,恰恰无心用"?

"恰恰",俗言"恰好"也,不差前后,不隔丝毫,恰恰正好之谓也。恰好正用心时,恰好无心可用,盖正当念虑起处,你试反观谁为念虑?谁是念虑者?犹云:"当处出生,随处灭尽"③,不是用心已毕,少时却乃无心,即时用心,即时无心,不差前后,不隔丝毫,既有而无,乃见心之妙处。

若是有智慧人,不执死句,便可再叠二句云:"恰恰无心时,恰恰有心用。"古人语中自具此意。今不言者,省文耳,故曰:"无心恰恰用,常用恰恰无"也。故又曰:"今说无心处,不与有心殊"也。

惟其心体本来如是,是以下面方说惺寂工夫两不可废。偏于寂寂,是不知"无心恰恰用"之理也;偏于惺惺,是不知"常用恰恰无"之理也。故首四句直出心体,立下文止观之张本,以见止观之法全是本地风光④,不是于心体⑤之

---

① 常见:又作常邪见、常论。二见之一,为"断见"之对称。主张世界为常住不变,人类之自我不灭,人类死后自我亦不消灭,且能再生而再以现状相续,即说我为常住;执著此见解,即称常见。《大慧普觉禅师语录》卷二十六:"常见者,不悟一切法空,执著世间诸有为法,以为究竟也。"(《大正藏》第47册,第1998号,第923页中)

② 断见:又称断灭论。二见之一。为"常见"之对称。即偏执世间及我终归断灭之邪见。《大正句王经》云:"是时有王名大正句,都尸利沙城。其王先来不信因果,每作是言:'无有来世,亦无有人,复无化生。'常起如是断见。"(《大正藏》第1册,第45号,第831页上)《佛性论》卷二云:"若见真为有,则是增益,名为常见。若见俗定无,则是损减,名为断见。"(《大正藏》第31册,第1610号,第794页下)所谓断常二见,系概括而言外道之种种偏见。据《大毗婆沙论》卷二〇〇所载,诸恶见趣虽有多种,皆不出有见、无有见二见之中;有见即指常见,无有见即指断见。以此二见皆为边见,故释尊主张离常、离断,而取中道。

③ 当处出生,随处灭尽:出自《楞严经》,佛言:"阿难,汝犹未明一切浮尘诸幻化相。当处出生,随处灭尽。"(《大正藏》第19册,第945号,第114页上)

④ 本地风光:参见本书《原叟行端》"本地风光"注。

⑤ 心体:参见本书《五祖弘忍》之"自性"注。

外别立一法，不过用止观以复其寂照之本体耳。

此“恰恰”二字，下得极妙，分明画出心体，非有千钧笔力不能及此。若不精思默会，只么随文逐句草草看过，千载而下辜负古人之苦心矣！

以后听教切须细心，虽在讲筵，无忘禅观①。庶使心光内灼，而临文之辨益精；圣教外熏，而资神之力弥固。学悟兼济，定慧交通，入理妙门，无越于此矣。（《杂问一章》）

① 禅观：坐禅观法。指坐禅时修行种种观法。《景德传灯录》卷二《师子尊者章》：“有波利迦者，本习禅观。”（《大正藏》第51册，第号，第214页下）《宋高僧传》卷二《善无畏传》曰：“总持禅观，妙达其源。”（《大正藏》第50册，第2061号，第714页下）

达观真可

真可(1543—1603),字达观,晚号紫柏,门人称为紫柏尊者,俗姓沈,江苏吴江人。他一生参叩诸方尊宿,并没有专一的师承。他虽立志复兴禅宗,但对于佛教禅教各派,乃至儒、释、道三家的思想,均采取调和的态度。真可在晚明是一位很有影响的人物,他与李贽被称为当时的“两大教主”①。他的好友憨山德清称他的宗风足以“远追临济,上接大慧”②,可见其在明末佛教界的声望。

真可提出“文字语言,道之光华”“一切文字语言,皆自心之变”的命题,并指出“知其如此,可以为诗,可以为歌,可以为赋,可以悲鸣,可以欢呼”。

真可引黄庭坚肯定寒山诗之语,明确指出诗有强大的教育功能,“乃沃火宅清凉之具”。他高度评价寒山诗“天趣自然”,能“即物而无累者”。

他高度评价东坡“凡作文作赞作偈,发挥不传之妙”,其《阿弥陀佛颂》“颂旨晓然,如日出大地,光无不烛”。其《十八大阿罗汉颂》“思致幽深,辞气诞幻,发挥不传之妙”。真可高度评价唐修雅法师《听法华经歌》:他以此歌与《法华经》相较,认为《法华》虽然“演说妙法,不为不广,然皆死句”,而“惟雅得活句之妙,能点死为活”。恰如“一切瓦铄铜铁,丹头一点,皆成黄金白璧”,又如“月在秋水,春着花枝”,其“清明秾鲜”。他又高度评价《毗舍浮佛颂》“包括大藏,透彻禅源,靡不罄矣”。

真可提出了阅读和解读颂古诗的步骤和方法:由评唱→颂古→机缘→自

---

① 真可生平事迹,见憨山德清:《达观大师塔铭》(《紫柏尊者全集》)、甬东、陆符:《紫柏尊者传略》(《紫柏尊者别集》附)、《续释氏稽古略》卷三、《五灯严统》卷十六、《五灯全书》卷一二〇、嘉庆:《松江府志》卷六三。

② 德清:《径山达观可禅师塔铭》《憨山老人梦游集》卷二十七,《卍续藏经》(新编)第127册,第595页下。

心→祖意;因为,颂古诗的创作的过程,乃是创作者在参禅悟道中,体悟了祖意,把握了自心,获得了机缘,"由机缘而颂古作,由颂古而评唱集,由评唱而所谓秘要者行",即由(祖意→自心→)机缘→颂古作→评唱集→秘要行。

本书所录文字,据《紫柏尊者全集》《紫柏尊者别集》《卍续藏经》(新编)第126册、127册。

一、"文字心之光""文字语言,道之光华"

若微文字薪,观照火无附。若微观照火,身心薪不然。薪然俄成灰,灰飞身心尽。湛然实相灯,光明无内外。自烧复烧人,一灯传百千。百千传无穷,终古常若旦。十方无夜时,文字薪功德。是故有智者,即文字得心。心外了无法,文字心之光。以光照眼根,无色能待眼。以光为雷音,耳闻耳识空。以雷为妙香,嗅鼻鼻无得。以香为上味,舌尝尝即智。以味为触尘,觉触身根遗。生死在何处,龟毛缚兔角。以触为法则,五尘落谢影。缘非因缘变,分别变所缘。影影各具三,种子①习气②现。虽经千万劫,六根更无量。四生③七趣④

① 种子:法相宗将阿赖耶识中,能生一切法的功能,叫做种子,说它好像植物的种子能开花结果。释一如云:"种子即眼等八种识之种子也。谓眼识依眼根种子而能见色,耳识依耳根种子而能闻声,鼻识依鼻根种子而能闻香,舌识依舌根种子而能尝味,身识依身根种子而能觉触,意识依意根种子而能分别。第七识依染净种子而能相续,第八识依含藏种子而能出生一切诸法,以诸识各依种子而生,故种子为眼根等诸识之缘也。"(释一如:《三藏法数》,第374页上)《六祖大师法宝坛经》付嘱品第十之五:"汝等佛性,譬诸种子,遇兹沾洽,悉得发生。承吾旨者,决获菩提;依吾行者,定证妙果。"(《大正藏》第48册,第2008号,第361页中)

② 习气:系长期养成的难以改变的行为、语言和意向(尤以烦恼)。它经常生起,其熏习于人们心中之习惯、气分、习性、余习、残气等,称为习气。如由纳香之箧中取出香,箧内犹存香气;用以比喻虽灭烦恼之正体(称为正使),尚存习惯气分。佛典中所记载,如难陀之淫习、舍利弗及摩诃迦叶之嗔习、毕陵伽婆跋之慢习、摩头婆私吒之跳戏习、憍梵钵提之牛业习等,均为习气之例;唯有佛乃能永断正使及其习气。

③ 四生:指六道众生的四种出生状态:卵生(如鸡从蛋中诞生),胎生(如人从母胎中出生),湿生,亦称因缘生(如蛆虫等在潮湿环境中产生),化生(如诸天等借业力而生,无所依托)。参见《增一阿含经》卷十七、《俱舍论》卷八所述。

④ 七趣:地狱趣、饿鬼趣、畜生趣、人趣、神仙趣、天趣、阿修罗趣。《楞严经》卷九曰:"如是地狱饿鬼畜生,人及神仙,天洎修罗,精研七趣,皆是昏沈,诸有为相,妄想受生,妄想随业。"(《大正藏》第19册,第945号,第147页上)

中，浮沈难可数。种子习现等，熏种影不乱。不乱各有则，故以法则名。我作文薪偈，名缘因佛性①。熏汝了与正，实相灯传永。无论冤与亲，皆入光明海。（《文薪偈》）

本一精明，暂应六根。应而不返，望流迷源。大悲菩萨，教我观音。不以耳听，目视禅深。禅深莫测，一六陈迹。锦绣刍狗，既陈勿惜。一为无量，无量为一。事理无成，慈及万物。循业发现，我本平常。三十二应，尘刹放光。若出有心，菩萨病狂。鼻祖东来，眉山奇才。《大悲阁记》②，捏聚放开。卷舒自在，理彻无碍。桄榔林中，长公放赖。熊罴虎豹，视以侪辈。出怒入娱，了不惊怪。吾生公后，知公三昧。得自禅老，语言黼黻。晔若春花，春容衒态。不善观者，离花觅春。春不可得，泣岐沾巾。文字语言，道之光华。何必排摈，始谓不差。（《大悲菩萨多臂多目解并铭》）

二、"一切文字语言，皆自心之变也"

夫待三合③而执有鸣，五合④而执有闻，此众人也。废三而执无鸣，废五而执无闻，亦众人也。惟三五合而不执有，三五废而不执无者，此非众人之所

① 缘因佛性：天台宗有三因佛性说，即正因佛性、了因佛性、缘因佛性。正因佛性，即人人与生俱来的真如佛性；了因佛性，即能够认识真如佛性的智慧；缘因佛性，即能开启智慧，从而证悟真如佛性的各种条件。

② 大悲阁记：为苏轼之作。真可有《跋苏长公〈大悲阁记〉》，作了高度评价："予闻东坡尝称：'文章之妙，宛曲精尽，胜妙独出。无如楞严。'兹以二记观之，非但公得《楞严》死者之妙，苟不得《楞严》活者，乌能即文字而离文字，离文字而示手目者哉？"（真可：《跋苏长公〈大悲阁记〉》，《紫柏尊者全集》卷十五，《卍续藏经》（新编）第126册，第901页下—第902页上）

③ 三合：指发声、吟咏、歌唱，离不开咽喉、唇、口舌三者之有机协同动作。乐器之发音，则在"木""弦""人智"之"三合"。

④ 五合：五合：指宫、商、角、徵、羽这五音和合。宋蔡节编：《论语集说》卷二释"翕如""纯如"云："五音六律不具，不足以为乐。'翕如'，言其合也，五音合矣。清浊高下，如五味之相济而后和，故曰：'纯如'，合而和矣。"（宋蔡节编《论语集说》，影印文渊阁四库全书，第200册，第578页上）

知也。予读东坡《法云寺钟铭》①，大悟语言三昧陀罗尼②，盖一切文字语言，皆自心之变也。知其自心之变，则合三而有鸣，合五而有闻，废三而无鸣，废五而无闻。譬如画水成文，成文水也，不成文亦水也。合，心也；废，亦心也。既皆是心，岂有心取心乎？心舍心乎？知其如此，可以为诗，可以为歌，可以为赋，可以悲鸣，可以欢呼。文字如花，自心如春。春若碍花，不名为春。花若碍春，不名为花。惟相资而无碍，故即花是春也。花可以即春，尘亦可以即根矣，岂根独不可以即尘耶？根既可相即，又独不可以互用之耶？铭曰："耳视目可听，鸣寂寂时鸣。大圆空中师，独处高广座。卧士无所著，人引非引人。二俱无所说，而说无说法。法法虽无尽，问则应曰三。汝应如是闻，不应如是听。"又此数句，共六十字。字若譬花，句即春也；句若譬花，义即春也。义若譬花，理即春也；理若譬花，心即春也。然坡公此作，文严义精，苟非识妙者，直以为纸花耳，何春之有？盖坡翁以为吾所以得悟六根互用之义，六尘皆道之妙，苟微三合之鸣，五合之闻，推至于三五合而无鸣无闻者，终不可得也。故"钟"以师名，酬其德也。有师而无座，有座而不高广，何以大？称大则无外，无外则卧士不可得矣。此举钟而略撞，非略之也，实摄之也。故撞有士之名，而无士之实也。如夺情不尽，则至理终不精彻，以人夺师士矣，师士夺而人不夺，犹未臻妙。又继而夺其人矣。三者互夺，则用存而功忘矣。夫用存则情见自枯，功忘则义路自断。义路断而情见枯，得全我性命之微，岂昧三五，而执鸣执闻者之所能也？予初曰："读东坡钟铭，而大悟语言三昧陀罗尼"者，非绮语也，非妄语也。有能读予文，而知东坡作铭之意，则予又大圆师之仲弟也。（拈东坡钟铭）。（《拈古》）

---

① 法云寺钟铭：即《法云寺钟铭（并叙）》，宋代文学家苏轼作。《法云寺钟铭（并叙）》有云："元丰七年十月，有诏大长老圆通禅师法秀住法云寺。寺成而未有钟。大檀越驸马都尉武胜军节度观察留后张敦礼，与冀国大长公主唱之，从而和者若干人。元祐元年四月，钟成，万斤。东坡居士苏轼为之铭。曰：'有钟谁为撞？有撞谁撞之？三合而后鸣，闻所闻为五。阙一不可得，汝则安能闻？汝闻竟安在？耳视目可听。当知所闻者，鸣寂寂时鸣。大圆空中师，独处高广座。卧士无所著，人引非引人。二俱无所说，而说无说法。法法虽无尽，问则应曰三。汝应如是闻，不应如是听。'"（《苏轼文集》，孔凡礼点校，中华书局1986年版，第561—562页）

② 陀罗尼：本为一种记忆术，后世则称诵咒为"陀罗尼"，指对佛法义理"总持不忘"。《一切经音义》卷十云："梵语陀罗尼，此云总持。"（《大正藏》第54册，第2128号，第368页下）

三、“夫身心者，死生好恶之鹄也”

诗曰：“莫谓山居便自由，年来无日不怀忧。竹边婆子常偷笋，麦里儿童故放牛。栗蟥地蚕伤菜甲，野猪山鼠食禾头。施为便有不如意，只得消归自己休。”夫身心者，死生好恶之鹄也。鹄不忘，则矢不已。矢不已，则害我者宁有穷哉？然害我者，大抵不出有心无心之域。故至人去此不去彼，此去则彼无主矣。主无而敌恣，何殊矢射虚空耶？故此老以消归自己为归宿。旨哉言乎！（《跋石屋禅师山居诗》）

四、“物即心而心外无物，心即物而物外无心”

“鸟囚不忘飞，马系常念驰。静中不自胜，莫若任所之。贫贱苦形劳，富贵嗟神疲。作堂名静照，此语子谓谁？江湖隐沦士，岂无适时资？”此东坡《静照堂诗》①也。呜呼！心外无法，触目其谁？动之与静，富贵贫贱，但有名言，初非他物。眉山可谓了得便用，何异绳锯木断，水滴石穿。断则根尘不到，主宾梦醒；穿则十虚通达，生杀机穷。谓物即心而心外无物，谓心即物而物外无心。解用则宾不抗主，自然接拍成令；不解用则主逐宾队，触处成乖。故曰：“若能转物，即同如来。”且道转物一句，孰能吐得？荣辱交加分主客，根尘暂唤作常光。（《书东坡诗后》）

《秀州僧本莹静照堂》：“鸟囚不忘飞，马系常念驰。静中不自胜，不若听所之。君看厌事人，无事乃更悲。贫贱苦形劳，富贵嗟神疲。作堂名静照，此语子为谁。江湖隐沦士，岂无适时资。老死不自惜，扁舟自娱嬉。从之恐莫见，况肯从我为。”

---

① 静照堂诗：苏轼：《秀州僧本莹静照堂》：“鸟囚不忘飞，马系常念驰。静中不自胜，不若听所之。君看厌事人，无事乃更悲。贫贱苦形劳，富贵嗟神疲。作堂名静照，此语子为谁。江湖隐沦士，岂无适时资。老死不自惜，扁舟自娱嬉。从之恐莫见，况肯从我为。”（《苏轼诗集》，清王文皓辑注，孔凡礼点校，中华书局1982年版，第234—235页）

五、文字如花，自心如春

夫自晋宋齐梁，学道者，争以金屑翳眼。而初祖东来，应病投剂，直指人心，不立文字。后之承虚接响，不识药忌者，遂一切峻其垣，而筑文字于禅之外。由是分疆列界，剖判虚空。学禅者，不务精义；学文字者，不务了心。夫义不精，则心了而不光大；精义而不了心，则文字终不入神。故宝觉欲以无学之学，朝宗百川而无尽，叹民公南海波斯，因风到岸，标榜具存，仪刑不远。呜呼，可以思矣！盖禅如春也，文字则花也。春在于花，全花是春；花在于春，全春是花。而曰："禅与文字，有二乎哉？"故德山临济，棒喝交驰①，未尝非文字也。清凉天台②，疏经造论，未尝非禅也。而曰："禅与文字，有二乎哉？"逮于晚近，更相笑而更相非，严于水火矣。宋寂音尊者③忧之，因名其所著，曰"文字禅"④。夫齐秦构难，而按以周天子之命令，遂投戈卧鼓，而顺于大化，则文字禅之为也。盖此老子，向春台撷众芳，谛知春花之际，无地寄眼，故横心所见，横口所言，斗千红万紫于三寸枯管之下。于此把住，水泄不通；即于此放行，波

---

① 德山临济，棒喝交驰：同"德山棒，临济喝"，指唐代德山宣鉴禅师与临济义玄禅师采用棒打与吆喝的禅机设施。《禅林僧宝传》卷一六，翠岩芝："德山棒，临济喝，独出乾坤解横抹。从头谁管乱区分，多口阿师不能说……此叙德山临济宗派也。"（《新编卍续藏》第 137 册，第 509 页上一下）《圆悟佛果禅师语录》卷一四："所以德山棒、临济喝，皆彻证无生，透顶透底，融通自在。"（《大正藏》第 47 册，第 1997 号，第 775 页下）

② 清凉天台：清凉：唐华严宗第四祖澄观大师。唐贞元间，德宗圣诞，召入内殿阐扬华严宗旨，帝朗然觉悟，谓"以妙法清凉朕心"，遂赐号"清凉国师"。参见《佛祖统记》卷二十九《法师澄观》《大正藏》第 49 册，第 2035 号，第 293 页中—下。天台：隋智顗大师栖止天台山，倡立一宗之教观，世称天台大师，遂以所立之宗称为天台宗，或称台教。（参见《佛祖统记》卷六《四祖天台智者智顗》《大正藏》第 49 册，第 2035 号，第 180 页下—184 页上）

③ 寂音尊者：慧洪。参见本书《慧洪》"小传"。

④ 文字禅：指以文字语言来参究竟禅宗语录、公案而把握禅理的禅学形式，或以诗文参悟禅理，或以参禅来帮助领悟诗理。即非《答云叟禅士》："来问公案，贵在神悟，难以言传，纵有可传，皆文字禅耳！惟高明察之。"（《即非禅师语录》卷一四，《嘉兴藏》第 38 册，第 425 号，第 688 页中）破山《复嘉兴众孝廉》云："接手教，知诸公以乡情话拔我，以文字禅益我，以师资礼尽我，诚然是灵山佛口所生之子也，我何敢辞！"（《破山禅师语录》卷十二，《嘉兴藏》第 26 册，第 177 号，第 49 页中）又作葛藤禅。指以文字言语作解说禅法之法门。《虚堂和尚语录》卷六《觉范和尚在同安》："说文字禅，笼络虚空。骂古塔主，不明要旨。"（《大正藏》第 47 册，第 2000 号，第 1033 页下）

澜浩渺。乃至逗物而吟，逢缘而咏，并入编中。夫何所谓“禅”与“文字”者？夫是之谓“文字禅”，而禅与文字有二乎哉？噫！此一枝花，自瞿昙[①]拈后，数千余年，掷在粪扫堆头，而寂音再一拈似，即今流布，疏影撩人，暗香浮鼻，其谁为破颜者？（《石门文字禅序》）

月在秋水，春在花枝，若待指点而得者，则非其天矣。吾读半山老人《拟寒山诗》，恍若见秋水之月，花枝之春，无烦生心而悦，果天耶？非天耶？具眼者试为荐之。（《半山老人拟寒山诗跋》）

受持千百万过，心地花开，香浮鼻孔。鼻孔生香，香不闻香。善知此者，则半山老人，舌根拖地，亦不分外也。（《跋半山老人拟寒山子诗》）

六、“凡作文作赞作偈，发挥不传之妙”

大眉山，凡作文作赞作偈，发挥不传之妙，纵横诞幻，使人莫得窥其藩篱者，盖其所得众生语言陀罗尼三昧，于大雄氏[②]未睹明星之前久矣。故能从是处说出非来；从非处说出是来；从是非处，说出不是不非来；从不是不非处，说出是是非非来。长亦可，短亦可；高亦可，下亦可；浅亦可，深亦可；近亦可，远亦可。凡其可者，皆千古不拔之定见也。定见如盘，其语言如珠，珠走盘中，盘盛其珠，而横斜曲直，冲突自在，竟不可方所测。如有生心测之者，辟如以网张风，以篮盛水也。知其难测，而甘心终不敢测者，益非矣。东坡氏，岂三头六臂异乎人者耶？亦横眉竖鼻，无所异乎人耶？但事理之障，障他不得，所以无不可耳。又事理之障，不能障他，妙在何处？妙在不传也。只此“不传”者，孔氏得之而为万世师，老氏得之而为群有师，释氏得之而为无师之师。今有人于此，能知无师之师住处，则不可传之妙，许渠独得焉。（《跋苏长公集》）

---

① 瞿昙：梵语译名，即“乔答摩”，为释迦牟尼佛的姓氏，常用来代指释迦牟尼佛。《镇州临济慧照禅师语录》：“文殊仗剑杀于瞿昙。”（《大正藏》第47册，第1985号，第502页下）

② 大雄氏：即大雄，释迦牟尼佛的尊称，意为伟大的英雄。《景德传灯录》杨亿序：“盖大雄付嘱之旨，正眼流通之道，教外别行，不可思议者也。”（《大正藏》第51册，第2076号，第196页中）

七、"思致幽深,辞气诞幻,发挥不传之妙"

予读眉山苏轼《供十八大阿罗汉颂》[①],爱其思致幽深,辞气诞幻,发挥不传之妙。如月在秋水,无烦指点,朗然现前。使人见之,不觉心游象先,遗物独立也。若非得无所得心者,乌能致是哉?然以是知黄面老人,并诸尊者,离是无所得心,亦无别奇胜。或问曰:"无所得心可得闻乎?"对曰:"若不可得闻,而问闻者,又谁耶?"虽然,心不知心,眼不见眼,知此则得无所得,如哑人食蜜,甜与不甜,岂可以口舌穷之哉?(《跋苏东坡十八大阿罗汉颂》)

八、"包括大藏,透彻禅源,靡不罄矣"

此颂四句二十八字,包括大藏,透彻禅源[②],靡不罄矣。但众生浮浅,忧虑弗深,立志苟且,见卵而求时夜,见苗而求腹果,是以读者虽多,获效则寡耳。予持此,凡十五易寒暑,而犹精持不休,每触逆顺憎爱交加之地,必以此颂为前茅,覆军杀将,亦不知其几。今人持未满千万过,遂尤其不效,复求效者持之。辟如掘井,去土三尺而无水,寻易地而掘之,复无水,复易之,水终不得,而精神竭,渴终不解。苟有志持此颂者,能知掘井之喻,而持之无懈,若无灵效,老僧舌根,定当腐坏。(《毗舍浮佛颂跋》)

---

① 《供十八大阿罗汉颂》:苏轼文《十八大阿罗汉颂》。苏轼谪居海南儋州时,为蜀金水张氏所作十八大阿罗汉画像所感,题写十八首诗予以称颂。(《苏轼文集》,孔凡礼点校,中华书局1986年版,第586页)

② 禅源:禅门的根本道理。唐·宗密:《〈禅源诸诠集〉都序》:"《禅源诸诠集》者,写录诸家所述,诠表禅门根源道理、文字句偈,集为一藏,以贻后代,故都题此名也。禅是天竺之语,具云禅那,中华翻为思惟修,亦名静虑,皆定慧之通称也。源者是一切众生本觉真性,亦名佛性,亦名心地。悟之名慧,修之名定,定慧通称为禅那。此性是禅之本源,故云禅源。"(宗密:《禅源诸诠集都序》,中州古籍出版社2008年版,第13页)

九、“得活句之妙,能点死为活”

夫心法本妙,无闲圣凡,乃今在圣人,则能六根[①]互用。凡夫则甘坐丰蔀之愚,以为眼惟能见,而不能闻,耳惟能闻,而不能见,殊不知凡夫以遍计不了,谓藤是蛇,故六根似不能互用耳。如遍计情消,则依他本妙,根尘无得,能所不断,匪涉情解,日用现证。故曰:“佛法在日用处,所作所为,举心动念,却又不是也。”吾大雄氏,于法华会上三周九喻,横说竖说,形容妙法,可谓曲尽慈肠矣。然终不若是歌,拈提本妙,使大心凡夫,一读其歌,当处现前。而《法华》[②]富有六万余言,演说妙法,不为不广,然皆死句也。惟雅得活句[③]之妙,能点死为活。譬如一切瓦砾铜铁,丹头一点,皆成黄金白璧。又如月在秋水,春著花枝,其清明秾鲜,岂待指点然后知其妙哉?(《跋唐修雅法师听法华经歌》)

十、“恼乱禅心魔是诗”

恼乱禅心[④]魔是诗,怪将岁月废浮辞。念头未起光无量,情识生时苦不知。抱瓮灌园休道拙,攻城云栈谩为奇。何如石室披衣坐,方寸澄来别有机。(《过慈寿寺有感》)

潦倒无心作解嘲,乾坤谁复可论交。澄潭信是苍龙窟,华屋终非野鹤巢。饭罢只堪闲坐卧,诗成何必苦推敲。遥知大范耽光景,静里清虚恐未抛。(《奉答万思默学宪》)

---

① 六根:指眼、耳、鼻、舌、身、意的六种感觉器官或认识能力。《修习止观坐禅法要》:“观此心念,以内有六根、外有六尘,根尘相对,故有识生。”(《大正藏》第46册,第1915号,第467页上)

② 法华:即《妙法莲华经》,略称《法华经》《妙法华经》。为大乘佛教要典之一,共有二十八品。妙法,意为所说教法微妙无上;莲华经,比喻经典之洁白完美。该经主旨,认为小乘佛教各派过分重视形式,远离教义真意,故为把握佛陀之真精神,乃采用诗、譬喻、象征等文学手法,以赞叹永恒之佛陀——久远实成之佛。

③ 活句:参见本书《圆悟克勤》“参活句,不参死句”注。

④ 禅心:参见本书《齐己》“禅心”注。

十一、"寒山诗,为沃火宅清凉之具"

宋黄庭坚,号"山谷"。有贵人以绢求山谷书自所作文,山谷笑曰:"庭坚所作文乌足宝?惟寒山诗,乃沃火宅清凉之具。"遂书与之,复嘱之曰:"寒山诗虽佳,然源从《七佛偈》①流出。"故山谷凡所行乐之地,书《七佛偈》最多。而《七佛偈》中,《毗舍浮佛偈》②尤为殊胜。所以然者,盖过去千佛,微此佛则莫能成其终;现在千佛,微此佛则莫能成其始。成始成终,实系此偈。是故读诵书写受持乐说,流布《毗舍浮佛偈》者,十方三世诸佛并其神力,现出广长舌相③,赞叹是人功德不少。毗舍浮佛,此言"一切自在觉"。呜呼!一切自在觉,一切不自在障,初非异源,故曰:"心佛及众生,是三无差别。"但诸佛善用其心,则无往而非自在;众生不善用其心,则无往而非障碍。然此障碍,不从天降,不从地生,亦非人与,以其见有我身,则死生荣辱至矣;以其见有我心,则好恶烦恼至矣。夫死生荣辱好恶烦恼,皆以我身我心为本源。苟有勇猛丈夫,能直下拔其本,塞其源,则众生之障碍。未始非诸佛之解脱也。《八大人觉经》曰:"心为恶源,形为罪薮。"予以是愈信山谷谓寒山诗,为沃火宅清凉之具,源

---

① 七佛偈:为西天第一祖"毗婆尸佛"至第七祖"释迦牟尼佛"之七首偈。毗婆尸佛:"身从无相中受生,犹如幻出诸形像。幻人心识本来无,罪福皆空无所住。"尸弃佛:"起诸善法本是幻,造诸恶业亦是幻。身如聚沫心如风,幻出无根无实性。"毗舍浮佛:"假借四大以为身,心本无生因境有。前境若无心亦无,罪福如幻起亦灭。"拘留孙佛:"见身无实是佛身,了心如幻是佛幻。了得身心本性空,斯人与佛何殊别。"拘那含牟尼佛:"佛不见身知是佛,若是有知别无佛。智者能知罪性空,坦然不怖于生死。"迦叶佛:"一切众生心清净,从本无生无可灭。即此身心是幻生,幻化之中无罪福。"释迦牟尼佛:"法本法无法,无法法亦法。今付无法时,法法何曾法。"(《七佛偈》之原文见《祖堂集》卷一,上海古籍出版社 1994 年版,第 4 页下—第 5 页上)

② 毗舍浮佛偈:毗舍浮佛:即毗舍婆佛,佛名,过去七佛的第三佛。"毗舍婆"意为"一切胜""一切自在"。《长阿含经》卷一云:即彼三十一劫中,有佛名毗舍婆如来至真出现于世。时人寿六万岁。毗舍婆佛出于刹利种姓,"坐博洛叉树下,成最正觉。"(《大正藏》第 1 册,第 1 号,第 1 页下)

③ 广长舌相:为佛三十二大人相之一。又作广长轮相。略称长舌相、广长舌、舌相。诸佛之舌广而长,柔软红薄,能覆面至发际,如赤铜色。此相具有两种表征:第一,语必真实;第二,辩说无穷,非余人所能超越者。《大智度论》卷八:"若人舌能覆鼻,言无虚妄,何况乃至发际?我心信佛必不妄语。"(《大正藏》第 25 册,第 1509 号,第 115 页中)

从《七佛偈》流出,无欺焉。或问曰:"枯恶源,空罪薮,有道乎?"应之曰:"假借四大[①]以为身,心本无生因境有。"此半偈能读而诵,诵而思,思而明,明而达,则恶源之枯不枯,罪薮之空不空。子自知之,非予口舌所能告也。(《释毗舍浮佛偈》)

寒山子诗曰:"庭际何所有,白云抱幽石。"世之高明者,无论今昔,皆味之而不能忘。岂不以其天趣自然,即物而无累者乎?(《积庆庵缘起》)

十二、"颂旨晓然,如日出大地,光无不烛"

予读东坡《阿弥陀佛颂》[②],异其颂旨晓然,如日出大地,光无不烛。奇哉,长公!昔人谓五祖戒公[③]之前身,不亦宜乎?夫圆觉倒想,初非有常。倒想在诸佛,即名"圆觉"。圆觉在众生,即名"倒想"。如众生能善用其心,孰非无量寿觉?娑婆孰非莲花净土[④]?必曰:"外众生而得佛,外娑婆而生净土",此为钝根聊设化城尔。今天下请其入化城,则欣然皆喜。延之宝所,莫不攒眉而去。何耶?(《跋东坡〈阿弥陀佛颂〉》)

十三、"由机缘而颂古作""机缘者,活句耳"

予客代之清凉山,一夕梦一僧蒙师子皮,自东而西。斜阳在天,光烛其面。

---

① 四大:佛教称地、水、风、火为"四大",认为四大是构成世界万物(包括人体)的基本要素。《镇州临济慧照禅师语录》:"是尔四大色身不解说法听法,脾胃肝胆不解说法听法,虚空不解说法听法,是什么解说法听法?是尔目前历历底,勿一形段,孤明,是这个解说法听法。"(《大正藏》第47册,第1985号,第497页中)

② 阿弥陀佛颂:苏轼偈颂诗。阿弥陀佛,梵文音译名,亦作"阿弥多佛",略称"弥陀""阿弥"等。"阿"意为"无","弥陀"意为"量",故又译为"无量佛",通常称作"无量寿佛"。另有"十二光佛"名号和众多别称、誉称。西方极乐世界教主。

③ 五祖戒公:戒禅师,宋僧。名无择。得法于东京慧林寺若冲,初住杭州西湖,迁扬州石塔,退席渡江。时东坡知扬州,疏请再临主持,声名由是大振。后东坡并为作《戒衣铭》,传诵一时。"五祖",寺名,戒禅师曾住五祖寺,故名"五祖戒"。事迹见《补续高僧传》卷二三、《五灯全书》卷三五、《续传灯录》卷一六。

④ 莲花净土:东晋慧远等创莲花社,为净土宗之始。"慧远",参见本书《皎然》"安远"注。

忽然启齿，口如血盆，牙似霜剑。梦窃（原文为‘切’字）自计曰：“如彼者我当为之。”及读端师子[1]语录，惊其脱略窠臼，大用纵横，不从轨则。果若金毛师子，跳掷露地，百兽闻风，靡不脑裂者也。呜呼，去古既远，宗门爪牙希遘，率皆如妖狐怪狗，软暖委靡。凡见可欲，摇尾乞怜。万态迎合，一充其欲。阎罗老汉，叱咤其前，犹不暇顾，况顾我道哉！至于由机缘而颂古作，由颂古而评唱集，由评唱而所谓秘要者行。秘要行，则后之学者，评唱不知，安知颂古？颂古不知，安知机缘？机缘不知，安知自心？自心不知，安知祖意？夫机缘者，活句耳。生杀自在，抑扬莫测。凡圣路穷，是非药病。苟非其人，道不虚行，唯了悟自心者。即病为药，即药为病。即生而杀，即纵而夺。正抑乃扬，正杀乃生。以棒喝为广长舌，以铁钉饭木札羹为供养。临机哮吼，天龙欣悦，狐兔魂销。若然者，今之以秘要，自谓正传。慢侮法道，宁不有愧于师乎？（《题师子端禅师语录》）

十四、《证道歌》“得教外别传之妙”，“千红万紫，如方春之花”

皖山[2]、永嘉[3]，并得教外别传之妙，贵在坐断语言文字，直悟自心。而《信心铭》[4]《证道歌》，则千红万紫，如方春之花。果语言文字耶？非语言文字耶？有旁不禁者试道看。虽然，花果碍春乎？花如碍春，春则不花可也。知碍而春必花之，则春之痴矣。春而不痴，花果碍春哉！如此则语言文字，与教外别传，相去几许。（《拈古》）

---

① 端师子：指北宋高僧吴山净端禅师。参见本书《明表净端》小传。

② 皖山：指皖公山，代三祖僧璨（？—606）。僧粲，于东魏天平二年（535），参禅宗二祖慧可开悟，嗣其法。北周武帝灭佛时，往来于舒州（治今安徽潜山）司空山、皖公山。著有《信心铭》。事迹见《景德传灯录》卷三。

③ 永嘉：即永嘉玄觉。参见本书《彦琪》“永嘉真觉”注。

④ 信心铭：禅宗著述，隋僧粲著，一卷，为四言体韵文。全文共一百四十六句，五百八十四字，内容为歌颂信心不二，不二信心的境界。作者提倡一即一切、相互通融的华严思想。本篇与傅大士的《心王铭》、牛头宗法融的《心铭》的主旨相近，对于初期禅宗思想的形成影响很大，是禅宗的早期文献，对研究中国禅宗史有史料价值。见载于《景德传灯录》卷三〇。

汉留侯①状如美妇人，本朝刘诚意②亦状如妇人，然皆临大事，决大几，若镜中见眉目然，当世无与等者。永嘉大师，虽云外枯禅，貌亦柔秀。宋寂音尊者③，初读其《证道歌》，至“大丈夫，秉慧剑”句，寂音以为此老貌必杰特，威掩万僧者，及礼其道影，始知体不胜衣，貌如少年。宣律师④乃叹曰：“断不可以言貌观人！”盖此老平生践履明白，心智猛利，故吐辞等刀锯耳。譬如香象，摆脱五欲缰锁，超然而去，真大丈夫哉！迩来去圣转遥，人根薄劣，凡所谓出家者，皆产于荒寒昧略之乡，其父母不过为儿女负重，舍而出家，为其一身衣食之计，非为求出世而来；次则逋逃之徒，宪网张迫，以我缁林，为其渊薮，乃一时偷生之计，岂有成佛志乎？余浪迹江海，三十余年，足迹遍天下，在在处处，所见缁流黄冠，率饱食横眠，游谈无根，靡丑不作，污佛污老，退人信心。若使一宿老人，肉目睹此，安得不痛哭流涕哉？夫子房龙门，设不为经世用，出家求无上菩提⑤，当不在永嘉下风。昔崔赵公⑥问径山国一钦禅师⑦曰：“弟子出得家不？”钦曰：“出家乃大丈夫事，岂将相之所能为？”赵公心服之。故曰：谛审先宗，是何标格。乃今狐兔成群，龙象腾逝，则释迦老子，正当为酒肉班头，呜呼痛哉！（《跋证道歌》）

---

① 汉留侯：即张良（约前250—前186），秦末汉初杰出谋士、大臣，司马迁：《史记》卷五十五《留侯世家》对张良生平有专门记载。

② 刘诚意：即刘基（1311—1375），字伯温，晚号犁眉公。青田（今属浙江）人。元末明初军事家、政治家、文学家，明朝开国元勋，明洪武三年（1370年）封诚意伯，故又称刘诚意。事迹见《明史》卷一二八《列传第十六》本传。

③ 寂音尊者：慧洪。参见本书《慧洪》“小传”。

④ 宣律师：道宣（596—667），唐僧。字法遍。丹徒（今属江苏）人。一云长城（浙江长兴）人。吏部尚书钱申之子。十六落发。隋大业中，从智者习律，深得四分之旨。乃隐终南山白泉寺，创立化制二教，开南山宗，为世所重，尊号南山律师。唐武德中，京师西明寺成，诏充上座。及玄奘还，诏与翻挥。德行淳厚，缁素共仰。咸通初，谥号澄照。有《唐高僧传》《广弘明集》等五十多种。事迹见《释氏六帖》卷一一、《宋高僧传》卷四、《神僧传》卷六、《六学僧传》卷四。

⑤ 无上菩提：注参见本书《五祖弘忍》“无上菩提”注。

⑥ 昔崔赵公问径山国一钦禅师：事见李肇：《唐国史补》卷上，上海古籍出版社1979年版，第21页。

⑦ 径山国一钦禅师：道钦（715—793），唐僧。或作法钦，字国一。崑山（今属江苏）人，俗姓朱氏。初业儒，年二十八，依润州鹤林玄素落发。参智威得法。住杭州之径山，法席大盛。代宗召至京，赐号国一。寂谥大觉。世称径山禅师。事迹见《指月录》卷六、《教外别传》卷四、《五灯严统》卷二、《宋高僧传》卷九、《景德传灯录》卷四、《五灯会元》卷二。

十五、"'云'之与'扇'者,即五蕴坑中,烦恼执著也"

眼光照境,初无憎爱,不为旃檀先照,不为狗粪后照,是谓平等光也。此片平等之光,在佛祖分上,一喜一怒,一哀一乐,无往而非本光。于凡夫分上,热恼云中,时一迸露,而现行力猛,即复蔽之。故曰:"彩云影里神仙现,手把红罗扇遮面。急须著眼看神仙,莫看神仙手中扇。"所谓"云"之与"扇"者,即五蕴①坑中,烦恼执著也。故善造道者,能于好恶难克之际,此光迸露之顷,著眼窥彻,不被现行所转,是谓豪雄。少不精彩,痴云顿合。始作观照,则力费排遣。如一夫当万,幸克者几人哉。于光露之时,一肩领过,积劫无明当下冰消,如兵不血刃,天下太平矣。(《法语》)

① 五蕴:又作五阴、五众,五聚。三科之一。参见本书《万松行秀》"阴界"注。

雪浪洪恩

洪恩(1545—1608),明僧。字三怀,号雪浪。金陵(江苏南京)人,俗姓黄。生性超迈,爽朗不群。年十三投报恩寺无极湛出家。广读佛书,博综外典,旁及诗词歌赋,医卜星相,尝曰:不读万卷书,不知佛学。三吴名士,切磨殆遍。所出诗篇,脍炙人口,被推为明代第一诗僧。住宝华雪浪山,说法三十年,不设高座,一茗一炉,据几称性而谈,法席之盛,东南无出其右者①。

洪恩明确指出诗"是普贤万行",可为佛事,是教诲学人的方便法门。但他同时指出,不可沉溺于"作诗写字",因那是"无益"之举,否则会堕入"迷途"。

本书所录文字,据洪恩《雪浪续集》、如愚《空华集》《禅门逸书续编》第2册,第218号、第219号。

一、"诗是普贤万行,可为方便门者"

诗是普贤万行②,可为方便门者,利人之一端。(于若瀛《空华集序》)

---

① 洪恩生平事迹,见《梦游集》《华严佛祖传》《贤首宗传》《新续高僧传四集》卷七、《宝华山志》《北固山志》《焦山志》卷一〇、《上江合志》。

② 普贤万行:普贤菩萨所修之法门,"谓依圆融法门,随修一行,即具一切诸行,是名普贤行。(一行者,即于四十二位之中,随修一行,即摄一切余行也)"普贤菩萨,于佛教四大菩萨中,以大行著称。"普贤者,谓其居伏道之顶,体性周遍曰普;断道之后,邻于极圣,曰贤。菩萨者,梵语具云菩提萨埵,华言觉有情,谓觉悟一切有情众生也。(伏道者,伏即潜伏之义。谓普贤能伏初起微细无明,居等觉位,在众菩萨之首,故云伏道之顶。断道者,谓断初起微细无明惑也。邻者,近也。极圣者,佛也)"(释一如:《三藏法数》,第22页上、61页下—62页上)

二、“作诗写字用工夫”;“雪夜萤窗竟无益”

作诗写字用工夫,搜索枯肠撚断须。雪夜萤窗竟无益,一声佛号出迷途。

寻文数墨枉思量,算遍河沙路转长。一句弥陀登彼岸,时中常现白毫光。(《劝念佛偈贻云山居士》)

憨山德清

德清(1546—1623),字澄印,号憨山,俗姓蔡,全椒(今安徽全椒)人。十九岁出家受具足戒,并至栖霞山从法会受禅法,系临济宗系统下的禅师。但他一生竭力提倡禅净合一,特别是他晚年更为突出。德清的"为学三要"(即"不知春秋不能涉世,不精老庄不能忘世,不参禅不能出世")之说,自17世纪以来成为僧人所遵奉之准则,也是三教合一的准则。德清更是穷毕生之心力,以禅家的心法遍注儒、道、佛三家经典,系统阐释禅宗的重要理论问题,从而为禅宗哲学与美学的发展作出杰出贡献①。

德清特别对禅宗哲学美学与文艺美学中的本体范畴"禅"进行了深入探讨,关于"心乃本体""心为宗极"的明确提出与内涵界定,是禅宗文艺美学思想的重要成果。他明确提出"文者,心之章"的命题,指出"学者不达心体",是不"可为文"的,只有文章"向自己胸中流出,方始盖天盖地"。

德清充分肯定"古人之诗,妙在于情真境实"。他高度评价《法华经歌》,指出此歌"可谓深入法华三昧者",具有极大的感染力,"每一展卷,不觉精神踊跃,顿生欢喜无量,往往书之,以贻向道者"。

德清指出,古人参禅求道,乃是为明"生死大事",而必欲究此大事"直须将妄想恶习,文字知见,一齐吐却"。他批评丛林中一些人是只会"逗凑几句诗,作两首偈,当悟的道理,消遣日子",而"世间种种伎俩,作诗写字","皆是颠倒痴迷之事"。

德清提出"诗乃真禅"的重要命题,他以陶潜和李白为证,声称他们能"自造玄妙""造乎文字之外"。

---

① 德清生平事迹,见《憨山老人自序年谱实录》(载《憨山老人梦游集》卷五十三、卷五十四)、《五灯全书》卷一二〇、《续灯存稿》卷一二、《正源略集》卷八。

本书所录文字，据《憨山老人梦游集》《卍续藏经》（新编）第127册。

一、“禅者，心之异名”，“心乃本体”

心乃本体，为主；意乃妄想思虑，属客，此心意之辨也。今要心正，须先将意根下一切思虑妄想，一齐斩断，如斩乱丝，一念不生，则心体纯一无妄，故谓之诚，盖心邪由意不诚，今意地无妄，则心自正矣。（《大学纲目决疑题辞》）

然此般若①，非向外别求，即是吾人自心之本体。本自具足，故今修行，但求自心，更不别寻枝叶。佛祖教人，只是返求自心，故云：“识心达本源，故号为沙门。”②又云：“若人识得心，大地无寸土。”③以我自心，元是般若光明，本来无物。但因一念之迷，故日用而不知。（《示说名道禅人》）

禅者，心之异名也。佛言万法惟心，即经以明心，即法以明心。心正而修齐治平举是矣，于禅奚尤焉。（《春秋左氏心法序》）

所云坐禅，而禅亦不属坐。若以坐为禅，则行住四仪④，又是何事？殊不知禅乃心之异名。若了心体寂灭，本自不动，又何行坐之可拘。苟不达自心，虽坐亦剩法耳。（《答许鉴湖锦衣》）

二、“佛法宗旨之要，不出一心”

佛法宗旨之要，不出一心。由迷此心，而有无常苦，以苦本无常，则性自

---

① 般若：参见本书《五祖弘忍》“般若”注。

② 识心达本源，故号为沙门：本源：参见本书《空谷景隆》“本源”注。《马祖道一禅师广录》载马祖语云：“一切法，皆是心法。一切名，皆是心名。万法皆从心生，心为万法之根本。经云：识心达本源。故号为沙门。”（《马祖道一禅师广录》《卍续藏经》（新编）第119册，第812页上）

③ 若人识得心，大地无寸土：《沩山警策句释记》卷下载：“古德云：‘若人识得心，大地无寸土。’斯则一念顿悟自心，而三界二十五有，了不可得，是为破矣。”（《沩山警策句释记》卷下，《卍续藏经》（新编）第111册，第337页上）

④ 四仪：即四威仪。乃佛教之规仪。佛教徒的坐、卧、住、行皆须遵循戒规或专门戒约，以保持佛徒庄肃凝重之感，显示出佛法威严之仪表。《菩萨善戒经》卷八云：“若行，若住，若坐，若卧，于一切行不失道心。”（《大正藏》第30册，第1582号，第100页下）

空。空,则我本无我。无我,则谁当生死者?此一大藏经,佛祖所传心印,盖不出此六法,总之不离一心。若迷此心,则有生死无常之苦。若悟此心,则了无我,无我则达性空,性空则生死亦空。殆非离此心外,别有妙法,而为真空也。从前有志向禅者多,概从心外觅玄妙,于世外求真宗,所以日用错过无边妙行,将谓"别有佛法"。殊不知吾人日用寻常,应缘行事,种种皆真实佛法也,但以有我无我之差,故苦乐不同。而圣凡亦异,端在迷悟之间耳。以"我"为众苦之本也。明府索书禅语,故录旧作《六咏诗》,复记其事,且为他日证此法门之左券云。(《六咏诗跋》)

三、"文者,心之章也"

文者,心之章也,学者不达心体,强以陈言逗凑,是可为文乎?须向自己胸中流出,方始盖天盖地。(《示陈生资甫(吉水人)》)

四、"直须将妄想恶习,文字知见,一齐吐却"

古人为生死大事不明,走向山中吊影单栖,专为究明己躬下事,故云:"大事未明,如丧考妣。"不是养懒图安闲,任意度时也。必欲究此大事,只可运粪出,不可运粪入。直须将妄想恶习,文字知见,一齐吐却,放得胸中干干净净,了无一法当情,只是一个话头作自己命根。古人三十年不杂用心,正是此耳。若今住山,任意悠悠,随情放旷。妄想起来,又要逗凑几句诗,作两首偈,当悟的道理,消遣日子。如此只是一个养懒的痴汉,如何唤作住山道人?不唯唐丧光阴,抑且虚消信施,挨到腊月三十日,将什么见阎老子?不是将一首诗,一首偈,便可抵得他过也。禅人当思为甚住山,毕竟要讨个下落,方不负百劫千生,一遇之胜缘。古德云:"三途[①]地狱受苦者,未是苦也。向袈裟下失却人身,诚为苦也。"可不念哉!(《示石镜一禅人》)

出家人,先须要知出家割爱辞亲,本为求出生死。若为生死大事,要知世

① 三途:参见本书《永中如卺》"三涂"注。

间一切诸法，皆是苦本。身是苦聚，必要发心修行，求出苦之道，先须看破现在身心境界。当观此身，乃地水火风，四大假合成形。四大各离，今者妄身，当在何处？如此看破，则不为此身谋求种种受用之乐。次要看破现前见闻知觉，全是妄想用事，总非真心①，以此妄心②，造种种业。起心动念，无非是业，无非是罪，即此一念，便是生死苦本，切不可随他妄想流转。日用密密观察，妄想起处，就要看破，当下消灭，切不可随他相续，攀缘往而不返。若观察不定，无巴鼻③时，但将一声"阿弥陀佛"作话头，紧紧抱定，念念不忘。有此话头作主，但见妄想起处，即提起佛来，是为正念④现前，则妄念⑤不待遣而自消矣。如此二六时中，密密用心，唯此一念为主，其余一切妄想皆为客。客主若分，久久纯熟，则妄想自消，真心自显矣。禅人若果有志，为生死大事，但以此一念为真，其余世间种种伎俩，作诗写字，乃至攀缘，交游放浪，皆是颠倒痴迷之事也。若不慕实行，专事虚浮，纵放六情，游谈无根，空丧光阴，不唯虚生浪死，抑恐恶业难逃，千生百劫，无出头时也。（《示无知鉴禅人》）

---

① 真心：亦称"本觉真心""无分别心""自性清净心""如来藏"。与"妄心"相对。指绝对纯净真实的心性或心体，是不变易的，能现万物。"真心"相对于"妄心"而言。"妄心"是妄生分别的污染之心。《楞严经》卷一云："从无始来，生死相续，皆由不知常住真心，性净明体。用诸妄想，此想不真，故有轮转。"（《大正藏》第19册，第945号，第106页下）佛教认为，"真心"是万物的本源。《宗镜录》卷第十说："一切诸法，真心所现，如大海水，举体成波，以一切法无非一心故。"（《大正藏》，第48册，第2016号，第467页上）

② 妄心：指虚妄分别之心。即杂染虚假，生灭转变之心。即指能生起善恶业之妄识。大乘起信论所举之四种薰习中，即有"妄心薰习"之说。由妄心而生之境界，称为妄境界；盖诸法之本体，本来无自性而不可得，然因妄缘之故，以为实有，故妄境界又称妄法、妄境、妄有。《金刚顶瑜伽中发阿耨多罗三藐三菩提心论》卷一曰："妄心若起，知而勿随。妄若息时，心源空寂。"（《大正藏》，第32册，第1165号，第573页中）《大乘起信论》卷一曰："一切众生，以有妄心，念念分别。"（《大正藏》，第32册，第1166号，第576页中）

③ 巴鼻：参见本书《宏智正觉》"巴鼻"注。

④ 正念：正确的念头，亦即时常忆念正道，不使思想行为有错误，是八正道之一。《中阿含》卷七《分别圣谛经》云："云何正念？谓圣弟子念苦是苦时；习是习，灭是灭，念道是道时；或观本所作，或学念诸行，或见诸行灾患，或见涅槃止息，或无著念观善心解脱时；于中若心顺念背不向念，念遍，念忆，复忆心，心不忘，心之所应，是名正念。"（《大正藏》第1册，第26号，第469页中）

⑤ 妄念：指虚妄之心念。亦即无明或迷妄之执念。此系因凡夫之迷心不知一切法之真实义，而遍计构画颠倒之情境，产生错误之思考。据《大乘起信论》载，此妄念能搅动平等之真如海，而现出万象差别之波浪，若能远离，则得入觉悟之境界。"所谓心性不生不灭，一切诸法唯依妄念而有差别，若离妄念则无一切境界之相。"（《大正藏》第32册，第1666卷，第576页上）

五、“妙在于情真境实耳”

雷阳正当南极，东坡题曰：“万山第一。”所谓水穷山尽处也。形家称为“尽龙”，故古之忠臣义士，被谪者多在于此，气使然也。寇公居之未久，至今父老侈谈。昔东坡谪儋耳，子由亦迁至。而西湖遗事，寇公有祠，苏公有亭，山川之胜，景物依然。然僧来戍者，昔宋之大慧徙梅阳，觉范戍珠厓[①]。噫！二老去余五百年矣。今余蒙恩遣至此，盖亦上下千载奇事。惟我圣朝僧戍者，独我始祖南洲洽禅师[②]，为护建文驾获罪，成祖赦之，以其弟子德录[③]戍于此，寻即放还。及某二百余年矣。顷亦为国祝厘，获罪而至此，岂无谓哉？余至，主于城西古寺，坡公亭中，士子争谈坡公，如昨日，及访觉范故事，则杳然矣。天南风物，迥异中洲，四时之气，亦不与天地准，如乾之纯阳，变而为离，离，火方也。万物皆相见，郁为炎热，皆为文明。人但见景物之郁，不见通畅之妙，故于文章词赋，不能尽其造化之微。余初至时，遭岁厉，遂于此中注《楞伽经》，自谓深窥佛祖之奥，盖实有资于是也。向不求工于诗。自从军来此，诗传之海内，智者皆以禅目之，是足以征心境混融，有不自知其然者。由是亦知古人之诗，妙在于情真境实耳。紫垣君侯出册，命书之，聊书之以供覆瓿，并发一笑。(《题从军诗后》)

集称“梦游”，何取哉？曰：三界[④]梦宅，浮生如梦，逆顺苦乐，荣枯得失，乃梦中事时。其言也，乃纪梦中游历之境，而诗又境之亲切者，总之皆梦语

---

① 大慧徙梅阳，觉范戍珠厓：大慧即大慧宗杲。参见本书《大慧宗杲》小传。大慧徙梅阳事，见《大慧普觉禅师年谱》《嘉兴藏》第1册，第42号，第802页上。觉范，即慧洪，自号寂音。参见本书《慧洪》小传。政和元年，因为张商英、郭天民事件受到牵连，被发配到崖州(今海南三亚)。见《寂音自序》，《石门文字禅》卷二十四，《嘉兴藏》第23册，第135号，第696页上。

② 南洲洽禅师：溥洽禅师，明代禅僧(1346—1426)，字南州，字南洲，晚号迂叟，又称一雨翁。山阴(浙江绍兴)人，俗姓陆氏。依郡之普济寺出家，礼雪庭祥为师。从上天竺东明日、普福具庵玘，精研教观。洪武四年(1371)，出住孤山玛瑙寺，寻移姑苏北禅寺。太宗召为僧录右讲经，入京住大报恩寺及天禧寺，升左善世，复为右善世。事迹见《吴都法乘》卷六下、《金陵梵刹志》《补续高僧传》卷二五、《国朝献征录》一一八、《明人小传》卷五。

③ 德录：事迹不详。

④ 三界：参见本书《笑隐大䜣》“三界”注。

也。或曰:“佛戒绮语。若文言已甚,况诗又绮语之尤者。且诗本乎情,禅乃出情之法也。若然者,岂不堕于情想耶?”予曰:不然!佛说:“生死涅槃,犹如昨梦。”故佛祖亦梦中人,一大藏经,千七百则,无非呓语,何独于是?僧之为诗者,始于晋之支远,至唐则有释子三十余人,我明国初,有楚石、见心、季潭、一初①诸大老,后则无闻焉。嘉隆之际,予为童子时,知有钱塘玉芝一人,而诗无传。江南则予与雪浪创起。雪浪刻意酷嗜,遍历三吴诸名家,切磋讨论无停晷,故声动一时。予以躭枯禅,蚤谢笔砚,一钵云游。及守寂空山,尽唾旧习,胸中不留一字。自五台之东海,二十年中,时或习气猛发,而稿亦随弃,年五十矣。偶因弘法罹难,诏下狱,滨九死,既而蒙恩放岭海,予以是为梦堕险道也。故其说始存,因见古诗之佳者,多出于征戍羁旅,以其情真而境实也。且僧之从戍者,古今不多见,在唐末则谷泉,而宋则大慧、觉范二人,在明则唯予一人而已。谷泉②卒于军中,所传者,唯临终一偈,曰:“今朝六月六,谷泉受罪足。不是上天堂,便是入地狱。”言讫而化。大慧徙梅阳,则发于禅语,有《宗门武库》③;觉范贬珠厓,则有《楞严顶论》④,其诗集载亦不多。顾予道愧先德,所遭过之,而时且久,所遇亦非昔比也。丙申春二月,初至戍所,疠饥三年,白骨蔽野,予即如坐尸陀林中,惧其死而无闻也,遂成《楞伽笔记》。执戟大将军辕门,居垒壁间,思效大慧冠巾说法,构丈室于穹庐,时与诸来弟子,作梦幻佛事,乃以金鼓为钟磬,以旗帜为幡幢,以刁斗为钵盂,以长戈为锡杖,以三军为法侣,以行伍为清规,以呐喊

---

① 楚石、见心、季潭、一初:楚石:梵琦(1296—1370),参见本书《云栖祩宏》“西斋”注。见心,即来复禅师,元末明初禅僧。参见本书《豫章来复》小传。季潭,即明代宗泐禅僧。参见本书《季潭宗泐》小传。一初,元僧。居分宜福胜寺。能诗。虞道园极称之。事迹见《江西诗征》。

② 谷泉:宋僧。泉南(福建泉州)人。尝谒汾阳善昭,昭奇之,受其法。南归湘中,闻慈明住道吾,往省,横机不让。后登衡岳灵峰寺,移芭蕉庵,歌咏自傲。嘉祐中坐诬言,发配彬州,寂于牢城。事迹见《五灯会元》卷一二、《续传灯录》卷三、《佛祖纲目》卷三五、《五灯全书》二三。其“临终一偈”事,见慧洪:《林间录》卷二,《新编卍续藏》第148册,第623页下—624页上。“今朝六月六,谷泉受罪足。不是上天堂,便是入地狱。”语见《卍续藏经》,第148册《林间录》,第624页上。

③ 宗门武库:全称《大慧普觉禅师宗门武库》,宋代大慧宗杲撰写,主要辑录了前世或当代禅林故事和高僧机语,文笔类似诗话、词话风格,可视为“禅话”。

④ 楞严顶论:宋代禅师慧洪著。

为潮音，以参谒为礼诵，以诸魔为眷属，居然一大道场也。故其所说，若法语偈赞，多出世法，而诗则专为随俗说也。虽未升法堂，踞华座，拈槌竖拂，而处尘劳，混俗谛，顿入不二法门[1]，固不减毗耶。特少一散花天耳。其说不纯。以对机不一，乃应病之药，固无当于佛祖向上关，其实为上下千载法门，一段奇特梦幻因缘。及蒙赐还初服，之南岳匡庐，又若梦游天姥也。二十余年，侍者福善，日积月累，门人通炯，从居五乳，编次成帙，向有求者，未敢拈出，恐点清净界中。新安仰山门人海印，请先以诗次第梓之。予知醒眼观之，如寒空鸟迹，秋水鱼踪，若以文字语言求之，则瞖目空华，终不免为梦中说梦也。天启元年岁在辛酉春王正月上元日。匡山逸叟憨山老人释德清，书于枯木庵中。(《梦游诗集自序》)

余少时，读陈思王《洛神赋》“翩若惊鸿，婉若游龙”，只作形容洛神语[2]。常私谓“惊鸿”可睹，“游龙”则未知也。昔居海上时，一日侵晨，朝霞在空，日未出红，万里无云，海空一色。忽见太虚片云乍兴，海水倒流上天，如银河挂九天之状，大以为奇。顷见一龙，婉蜒云中，头角鳞甲，分明如掌中物，自空落海，其婉蜒之态，妙不可言，世间之物，无可喻者。始知古人言非苟发。因回思非特龙也，佛之利生，威仪具足，故称大人行履，如龙象云。(《杂说》)

余以弘法罹难，蒙恩发遣雷阳。丙申春二月入五羊，三月十日抵戍所。时值其地饥且疠，已三岁矣。经年不雨，道殣相望。兵戈满眼，疫气横发，死伤蔽野。悲惨之状，甚不可言。余经行途中，触目兴怀，偶成五言律诗若干首。久耽枯寂，不亲笔砚。其辞鄙俚，殊不成章。而情境逼真，谅非绮语。聊纪一时之事云。(《从军诗(有引)》)

---

① 不二法门：参见本书《慧洪》“不二门”注。

② 陈思王：《洛神赋》：《洛神赋》，赋篇名，三国魏曹植著。见《昭明文选》卷一九，赋前有序。赋中描述了曹植与洛神的一段悲欢离合的故事，表达对理想的追慕和失望的哀愁，辞藻华丽精美，情感浓郁深致，极具艺术感染力，为曹植辞赋的代表作。见李善等：《六臣注文选》，中华书局1987年版，第353页上—355页下。

六、“可谓深入法华三昧者，每一展卷，不觉精神踊跃，顿生欢喜无量”

余少时即知诵此歌，可谓深入法华三昧[①]者。每一展卷，不觉精神踊跃，顿生欢喜无量，往往书之，以贻向道者。顷来曹溪，为六祖整顿道场，业将十年，忘形从事，百废具举，山门改观。不意魔僧内障，自坏法门，颠倒狂惑，构讼公府，以致予羁栖郡城，悠悠二载。时在郡归依护法者，独黄居士，二年一日，朝夕无间，祁寒溽暑，奔走不爽毫发。予因感昔觉范禅师，遣海外，亲知朋友，鸟惊鱼散，独胡强仲[②]一人，为之周旋，送至韶阳，师为序以别之。即今读其文，想见其为人。今予以流离患难之身，孑然处污辱是非之场，有居士为之木舌，公庭之事，了然如揭日月，此缘岂浅浅哉？今事竣将行，予乃为书《听诵法华经歌》一首以贻之，令其诵习，以结法喜之缘，且以此纸传之子孙，使后世亦知乃公能与憨山老人眉毛厮结，即以此善根福及子孙，世世享之，可谓不虚此会良缘矣。故并记之。(《题书法华经歌后》)

七、“诗乃真禅也”

昔人论诗，皆以禅比之，殊不知诗乃真禅也。陶靖节云：“采菊东篱下，悠然见南山。山气日夕佳，飞鸟相与还。”末云：“此中有真意，欲辨已忘言”。此等语句，把作诗看，犹乎蒙童读“上大人，丘乙己也。”唐人独李太白语，自造玄妙，在不知禅而能道耳。若王维多佛语，后人争夸善禅。要之岂非禅耶？特文字禅[③]耳。非若陶李，造乎文字之外。(《杂说》)

---

① 法华三昧：三昧：参见本书《实存英》“三昧”注。而法华三昧，指以焚身苦行的信心和决心而深入的一种禅定，由此把握《法华》，通达法相，达到从禅生慧的目的。

② 胡强仲：居士，慧洪好友。慧洪写于“政和元年十二月十九日”之《邵阳别胡强仲序》，详述了自己受难时，只有胡强仲一人为他奔走，胡对他的关怀与帮助，乃是“强仲高义，密行追配”(《石门文字禅》卷二十三，《嘉兴藏》第23册，第135号，第690页下)

③ 文字禅：参见本书《达观真可》“文字禅”注。

湛然圆澄

圆澄(1561—1626),明僧。字湛然,别号散水道人。会稽(浙江绍兴)人,俗姓夏。家贫为邮卒。年三十谒妙峰剃发。逾年,得戒于云栖莲池。得法于大觉方念。万历中,匡徒说法,以平易简亮,推重一时。初于绍兴开显圣道场,宗风大畅。后移广孝及杭之径山、嘉禾东塔①。

湛然圆澄主张诗歌创作,应有自然朴素之美,无造价穿凿之痕:"我诗无造作,素性懒穿凿","我诗无奇特,一味老实头","我诗无巧句,摸写实功夫"。又主张率性而吟,独抒胸臆,出自天然:"我诗有便宜,终不费心机。信口道长短,适意无是非。"

本书所录文字,据《湛然圆澄禅师语录》《卍续藏经》(新编)第126册。

一、"我诗无造作,素性懒穿凿"

我诗无造作,素性懒穿凿。有漏②即笊篱,大乘③是井索。吉凶可判然,何用求龟灼。问我西来意④,榼槌研木杓。(《同陶石篑伯仲诸友夜游》)

---

① 圆澄生平事迹,见《稽古续集》卷三、《续灯存稿》卷一一、《五灯全书》卷六二、《正源略集》卷三、《新续高僧传四集》卷七。

② 有漏:参见本书《普庵印肃》"有漏"注。

③ 大乘:佛教分为大乘和小乘两大宗派。大乘于公元一世纪左右在印度形成。大乘提倡大慈悲心,普度众心,为大众服务,追求成佛济世,建立佛国净土。大乘的主要经典有《般若经》《维摩经》《法华经》《华严经》等。大乘从北传入中国、朝鲜、日本等国,故又称为北传佛教。《黄檗传心法要》:"菩萨者,深信有佛法,不见有大乘、小乘,佛与众生同一法性,乃谓善根阐提。"(《大正藏》第48册,第2012号,第381页下)

④ 西来意:"祖师西来意"的省略说法。指的是禅宗始祖菩提达摩所传的禅法。《临济录》载:"龙牙问:'如何是祖师西来意?'师云:'与我过禅板来。'牙便过禅板与师,师接得便打。"(《大正藏》第47册,第1985号,第504页中)

我诗无奇特，一味老实头。下得一箩种，秋成三担收。客来分煮粥，米少熟熬油。清淡虽云苦，人前省告求。（《同陶石篑伯仲诸友夜游》）

我诗无巧句，摸写实功夫。撅得一段地，种成两样蔬。不栽葱与韭，多半是葫芦。拟学赵州老①，谭禅只说无。（《山居杂咏》）

二、“我诗有便宜，终不费心机”

我诗有便宜，终不费心机。信口道长短，适意无是非。如来释迦老，孔子是仲尼。问我如何者，回他啰啰哩②。（《山居杂咏》）

芟草街除下，闲吟几句诗。看心当动处，着意在忙时。惜菊勤浇水，梳花摘故枝。子规声太切，连叫我何如。（《山居杂咏》）

三、“题诗寄寥寂，乘兴步前廊”

题诗寄寥寂，乘兴步前廊。明月如有意，筛金落草堂。（《山居杂咏》）

水面优游意兴多，何方渔曲畅婆娑。移舟棹打天边月，品笛声沈水底歌。失宿江雏空露胫，逃钩烧尾背浮波。形容万一无能补，难把余情仔细哦。（《山居杂咏》）

---

① 赵州：（778—897）唐代禅僧。曹州郝乡（一说青州临淄）人，俗姓郝。法号从谂，南泉普愿禅师法嗣、南岳下四世。其后，历参黄檗、宝寿、盐官、夹山、五台等诸大德。八十岁时，住赵州（广东省）观音院达四十年，人称“赵州古佛”，举扬恬淡的禅风，有众多公案，如“狗子佛性”“至道无难”等语俱脍炙人口。卒谥“真际大师”。著有真际大师语录三卷。事迹见《景德传灯录》卷十、《宋高僧传》卷十一、《联灯会要》卷六、《五灯会元》卷四、《佛祖历代通载》卷十七。

② 啰啰哩：为和声词。参见周广荣：《敦煌〈悉昙章〉歌辞源流考略》《敦煌研究》2001 年第1期。

雪山法杲

法杲(1566—1608),明僧。亦名慧杲,字雪山。吴县(今属江苏)人。雪浪洪恩法嗣。能诗书画,乃明代有名诗僧①。

法杲主张诗应有"寄寓",在解读《诗三百》和《古诗十九首》时,应探索它的寄寓之所在,"幸勿以相思别离作情会也"。他十分赞赏吴氏之诗作"澄莹""孤秀""灵蜕""典雅",浓纤相济,真幻相依,这是诗人"妙识文字源,泄笔但直写"即有高度的文字表现力,并放笔直抒胸臆的结晶。

本书所录文字,据法杲《雪山草》《禅门逸书续编》第3册,第221号。

一、佳诗应有"所寄寓","幸勿以相思别离作情会"

《三百篇》②则以夫妇之昵,托于禽兽草木间;而古《十九首》③,又以君臣暌违之私,寄托于夫妇。今之企慕圣谛者,独无所寄寓哉?读者幸勿以相思别离作情会也。(《所思二首并引》)

---

① 法杲生平事迹,见明复:《雪山草解题》《吴都法乘》卷六下、《列朝诗集·闰集》。

② 《三百篇》:即《诗经》,是我国最早的一部诗歌总集,共收录西周至春秋时期的诗作三百零五篇,故亦称《诗》或"诗三百",分为《风》《雅》《颂》三部分,西汉时被尊为儒家经典。

③ 古《十九首》:即《古诗十九首》,最早见于梁萧统《文选》,选自无名氏《古诗》,作者无法考订。《古诗十九首》所抒发的,是人生最基本、最普遍的情感和思绪,语言朴素自然,描写生动真切,刘勰称为"五言之冠冕"。(刘勰:《文心雕龙》卷二《明诗》,范文澜:《文心雕龙注》,人民文学出版社1978年版,第66页)王阮亭称之为"天衣无缝,不可学已。"(郎廷槐编:《师友诗传录》《清诗话》,上海古籍出版社1978年版,第133页)

二、“妙识文字源，泄笔但直写”，“绮错纤且浓，神幻真可假”

山川与云物，历历在平野。焰者驰渴鹿，波者逐奔马。不波复不焰，仿佛落空洒。务核而躭华，一概都土苴。昨读《啸轩集》，并日不去把。妙识文字源，泄笔但直写。摩物殊灵蜕，控事绝典雅。汩泅无端倪，蝼龙争上下。澄莹既夺潘①，孤秀复逼贾②。绮错纤且浓，神幻真可假。何必子长氏，然后称作者。若君读书真读书，索之牝牡骊黄余。不似他人守虫蠹，一字一句为程除。况君磊落负奇骨，倒却智囊翻理窟。时人若问宋窗鸡，诘朝啼破空山月。(《读吴子羽啸轩稿》)

---

① 潘：即西晋潘岳。

② 贾：即唐诗人贾岛。

密云圆悟

圆悟(1566—1642),明代临济宗僧。字觉初,号密云。谥号"慧定禅师"。江苏宜兴人,俗姓蒋。二十九岁投龙池院幻有正传出家。万历三十年(1602)正传入京,师即任禹门寺监院。三十九年幻有传以衣钵,四十五年继席龙池祖庭。其后历住天台山、黄檗山、天童山等名刹,前后三十余年,宗风大振,被称为临济中兴①。

圆悟以自己的创作实践经验,讲出了诗歌创作中的灵感现象:天机、机趣。"野老欲吟诗,偶得天机趣","自得忘机趣,诗成不假言"。

本书所录文字,据《密云禅师语录》《嘉兴藏》第10册,第158号。

一、"野老欲吟诗,偶得天机趣"

野老欲吟诗,偶得天机②趣。忽闻檐雨声,滴滴惊人句。(《次尽我居士韵》)

---

① 圆悟生平事迹,见黄端伯:《密云禅师语录序》、王谷所撰密云禅师《行状》、徐之垣所撰《全身塔铭》、唐元竑重订《天童密云禅师年谱》。(以上见《密云禅师语录》《五灯全书》卷六十四、《天童寺志》卷八)

② 天机:指天赋灵机。中国古代美学认为"天机"乃是文学艺术家心理上的最佳创作机制,只有天机自动,方能产生上乘之作。《庄子·大宗师》:"其音欲深者,其天机浅。"郭象注云:"深根宁极,然后反一无欲也。"成玄英疏云:"夫耽耆诸尘而情欲深重者,其天然机神浅钝故也。若使智照深远,岂其然乎!"(清郭庆藩撰,王孝鱼点校:《庄子集释》,中华书局1961年版,第228—229页)成玄英还把"天机"解释为"天然机关",并指出其运行与心智活动无关:其"运动而行,未知所以,无心自张,有同喷唾"。(《庄子·秋水》,同上书,第593页)他们都认为有意之追求会妨碍天赋灵机的发挥。沿此意,陆机正式以"天机"论文,其《文赋》云:"方天机之骏利,夫何纷而不理。"他认为文艺家能否创作却不完全取决他们自己,似乎有一种外在的力量在支配,这就是"天机",而"天机"之"开"(创作才思之启动)与"塞"(创作才思之关闭),他声称,"吾未识夫开塞之所由"。(晋陆机撰,金涛声点校:《陆机集》,中华书局1982年版,第4页)

行到山穷水际时[①],偶然句得半联诗。满口向人言不尽,谩将东海作书池[②]。(《登会稽海口大峰山顶兼似墨池王居士》)

二、“自得忘机趣,诗成不假言”

自得忘机趣[③],诗成不假言[④]。松风宣雅韵,涧水吐清联。我本无心听,伊何到耳传?只因吾独惺,物物皆灵然。(《静中偶成》)

老僧乘老兴,经行不知蹙。人或玩山水,吾只乐吾乐[⑤]。信步重岩上,四顾靡不豁[⑥]。诗人作诗句,道人谈道朴。直下发本机,弹指超无学[⑦]。一一事无别,头头我自觉。(《因见雪公远禅人登玲珑岩诗次韵示之》)

---

① 行到山穷水际时:王维:《终南别业》:“中岁颇好道,晚家南山陲。兴来每独往,胜事空自知。行到水穷处,坐看云起时。偶然值林叟,谈笑无还期。”(唐王维撰,清赵殿成笺注:《王右丞集笺注》,上海古籍出版社2014年版,第35页)

② 东海作书池:晋卫恒:《四体书势》云:“弘农张伯英者,因而转精其巧。凡家之衣帛,必先书而后练之。临池学书,池水尽墨。”(唐房玄龄等撰《晋书》,中华书局1974年版,第1065页)“临池”义出此。宋·曾巩:《墨池记》载:“羲之尝慕张芝,临池学书,池水尽黑,此其为其故迹,岂信然邪?”(宋曾巩撰,陈杏珍、晁继周点校:《曾巩集》,中华书局1998年版,第279页)王羲之亦有墨池故迹在临川(今属江西)城东。

③ 自得忘机趣:忘机:道家语,意为消除机巧之心。常用以指甘于淡泊,忘掉世俗,与世无争。参见本书《齐己》“忘机”注。

④ 诗成不假言:诗歌出自天机,不需要借助语言,有“得鱼忘筌”“得意忘言”之意。

⑤ 乐吾乐:仿《孟子·梁惠王上》:“老吾老,以及人之老;幼吾幼,以及人之幼”之句,以自己的快乐为乐事。

⑥ 靡不豁:应为“靡不豁目”的省略。豁目即开阔视野,南唐李中:《登毗陵青山楼》诗:“高楼闲上对晴空,豁目开襟半日中。”(清彭定求等编:《全唐诗》,中华书局1979年版,第8528页)

⑦ 弹指超无学:弹指间即可超过无学的果位。出自《楞严经》卷五:“幻法从何立?是名妙莲华,金刚王宝觉;如幻三摩提,弹指超无学。此阿毗达磨,十方薄伽梵,一路涅槃门。”(《楞严经》《大正藏》第19册,第945号,第124页下)

雪峤圆信

圆信(1571—1647),明僧。字雪峤,号语风。四明(浙江宁波)人,俗姓朱。年二十九弃家。访秦望山妙祯山主,引起参究疑情,欲往天台求知识印证,忽抬头见古云门三字,豁然大悟。缚茅双髻峰。后游宜兴龙池,依幻有正传,与磐山圆修、天童圆悟,许为破网金鳞。出主临安径山、嘉禾东塔、会稽云门等①。

圆信认为,禅者"有本分事在"(参透生死大事),这是"所谓急债",必须偿还。绝不要热衷诗文,"将心用坏了"。作诗文,是"了事后,说几句闲淡语",这些"闲淡语"却是"字字印心","俱发光明,心地般若,亦复如是"。圆信充分肯定寒山诗是"字字言真实"。

本书所录文字,据《雪峤信禅师语录》《乾隆藏》第154册,第1638号。

一、"做诗字文章",是"已了事后"

住山人不必将心用坏了,有本分事②在,所谓急债。宽做诗字文章,海内多多,未称尊贵,大彻悟光扬祖庭者,实为希有。他悟的人,转身吐气,别有一家风,颇见前代已了事后,说几句闲澹语,字字印心③,不说别处,如星月在天,俱发光明,心地般若,亦复如是。朽记得昔年往西峰时,云拕如绵,幽然可喜,

① 圆信生平事迹,见《续灯存稿》卷十、《五灯全书》卷六四、《新续高僧传四集》卷四四、雍正《宁波府志》卷三二、《揞黑豆集》卷五。

② 本分事:参见本书《石溪心月》"归根边事"注。

③ 字字印心:佛家谓印证于心而顿悟。宋·苏轼:《书〈楞伽经〉后》:"吾观震旦所有经教,惟《楞伽》四卷可以印心。"(宋正受集注释:《楞伽经集注》,上海古籍出版社2011年版,第114页)明宋濂:《新刻〈楞伽经〉序》:"卿言《楞伽》为达磨氏印心之经,朕取而阅之,信然。人至难持者,心也。"(罗月霞主编:《宋濂全集》,浙江古籍出版社1999年版,第1239页)

偶占“晚来雨过苍峦静，一片白云又进山”，复云“断崕花冷千峰吼，松落烟光集地香。狮子岩中苦心事，如何分半到朝阳。振衣亭下旧题目，冷地思量我是谁？龙树长成三抱半，扶苏夜月雪为皮”。尝思复住西峰，奈山中难得卓锥之地，所以几回念起几回休。今老矣，视听不聪，身疲力倦，冷坐语风，待天年而已，不复游山问水也。禅人既住西目庵中，冷静无事，正可进向脚前脚后事丢向他方世界，倘得三年中改头换面①，得好消息，不辜此往，那时方来吃杌拄杖②。思之勉之。(《示卓庵禅人》)

二、“我见寒山③诗，字字言真实”

我见寒山诗，字字言真实。东行及西行，竹筒盛败物。饱餐残莱滓，身披破直裰。化物④不用情，形类乎凡质。(《拟寒山三首》)

---

① 改头换面：本义指在生死轮回中托生为相貌不同之其他众生。这里指参禅悟道后的“换却眼睛”。由于参禅悟道实践，祛除了无明烦恼，由迷入悟，“迷眼”解蔽而“慧眼”敞亮，“慧眼”换却“迷眼”。如：南华昺云：“捩转鼻孔，换却眼睛，若无这个手段，如何扶竖宗乘？”(《宗门统要续集》卷十五，《永乐北藏》第155册，第1519号，第79页下)

② 拄杖：“拄杖子”，就是僧人行脚助力的棍子。禅家常以此指禅僧修行的方法与手段，而且常常以“拄杖子”作为话头，来讲说有关禅法问题。《云门匡真禅师广录》卷二云：“师或拈拄杖示众云：‘拄杖子化为龙，吞却乾坤了也，山河大地甚处得来？’”(《大正藏》第47册，第1988号，第558页中)

③ 寒山：参见本书《寒山》小传。

④ 化物：感化外物；化育外物。《淮南子·俶真训》：“夫化生者不死，而化物者不化。”高诱注：“化生者天也，化物者德也。”(何宁撰：《淮南子集释》，中华书局1998年版，第150页)

无念深有

深有，明僧。字无念。麻城(今属湖北)人，俗姓熊。偶游荡山，有宿衲谓曰：十方一粒米，大如须弥山，若还不了道，披毛戴角还。师闻之悚然，遂往五台伏牛，遍叩知识。一夕，闻哭笑二声相触有省。后住瑞州黄檗。深有为明末著名禅师，深得憨山、袁宏道、李卓吾诸人之推崇①。

无念明确指出，今人热衷"歌赋诗词，事事要通，言言要妙"之举，是"不得圆通"之病的重要原因之一，因为热衷歌赋诗词，乃是"蔽真智而求外慧，被知解遮障"。他还指出，中海禅师虽然诗偈的造诣很高，"较诸古今诗偈，更无等者"，然而他还未"谙本分事"，若不"拼命一下""不免被圣证魔缚"。

本书录入文字，据《黄檗无念禅师复问》《嘉兴藏》第20册，第98号。

热衷"歌赋诗词"是"蔽真智而求外慧"

问：今人不得圆通，未审病在甚么处？师曰：或病在穷今博古，歌赋诗词，事事要通，言言要妙②，不知蔽真智而求外慧，被知解遮障；或病在取舍二边，忧厌生死，贪乐涅槃③，知教是尘执吝不舍，不知爱一文不值一文；或病在断恶

---

① 深有生平事迹，见《五灯严统》卷一六、《高僧摘要》卷二、《正源略集》卷八、《五灯全书》卷一二〇。

② 言言要妙：要妙，亦作"要眇"，美好。唐·韩愈：《荆潭唱和诗序》："和平之音淡薄，而愁思之声要妙，欢愉之辞难工，而穷苦之言易好也。"(屈守元、常思春主编：《韩愈全集校注》，四川大学出版社1996年版，第1671页)

③ 涅槃：意译作灭、寂灭、灭度、寂、无生。与择灭、离系、解脱等词同义。或作般涅槃(般，为梵语之音译，完全之义，意译作圆寂)、大般涅槃(大，即殊胜之意。又作大圆寂)。后世称僧侣之死为圆寂、归寂、示寂、入寂等。(参见慈怡主编：《佛光大辞典》，台湾佛光出版社1988年版，第4149页)

修善,不知背真宗,而向知觉认识神而作元明。古云:金屑虽贵,落眼成翳①。(《酬问》)

接来教,知造诣,非昔读佳韵,字字入圣超凡,较诸古今诗偈,更无等者。要谙本分事,犹有圣证量在,未得拼命一下,不免被圣证魔缚,使自不觉祖师门中不容是事。若有一毫圣情不尽②,即是我见未忘,就中妄立圣凡同异等障……(《复中海禅师》)

① 金屑虽贵,落眼成翳:参见本书《林泉从伦》"眼中金屑"注。

② 圣情不尽:圣情,即是那种见色不乱、无所住心、摆脱世间利害得失,是非好恶诸烦恼的超尘出世之情。《景德传灯录》卷第十一:"沩山和尚云:'凡圣情尽,体露真常,事理不二,即如如佛。'问:'如何是祖师意?'师以手于空作圆相,相中书佛字。"(《大正藏》册51,第110号,第283页上)

汉月法藏

法藏(1573—1635),临济宗僧。号汉月,字于密。梁溪(江苏无锡)人,俗姓苏。十五岁出家。天启四年(1624),至金粟寺参诣密云圆悟,蒙其印可付法。开法于苏州虞山中之三峰清凉禅寺(三峰禅院),世称三峰藏公。其后,历住北禅大慈寺、杭州安稳寺、苏州圣恩寺等名刹。曾著《五宗源》,指责当世曹洞宗抹杀五家宗旨,仅单传释迦拈华一事,而强调自威音王以来,无一言一法非五家宗旨之符印。清代雍正年间,帝以政令指其教为魔说,毁其书,黜其徒,三峰一脉遂绝①。

法藏探讨了什么是诗即诗的本质问题,他指出:一、"言不言,而象示者,声诗咏叹也。"在他看来,诗是不言而言,用艺术形象呈现某种不可言说而只可意会的意蕴。二、它是"揭山云海月禽兽草木之形,以直指乎人之本天",即用描绘自然物象之形(经人的灵府镕铸过的"形"),直接展示"人之本天"(本真生命)。三、它是"吟山云海月禽兽草木之韵,以曲发乎人之本天",即运用吟咏自然物象之韵(经人的心灵提炼出的韵味、韵律),委婉呈现"人之本天"(本真生命)。四、诗人在创作中,如果胸襟"绝情理者"(即运用形象思维、直觉观照),则能领悟"象外之旨,而超乎作用之表";如果胸襟"溺情理者"(即运用逻辑思维、理性观察),则会"荡脱其象外之趣,而见乎言意之中"。

本书所录文字,据《三峰藏和尚语录》《嘉兴藏》第34册,第299号。

① 法藏生平事迹,见弘储编:《三峰和尚年谱》(载《三峰藏和尚语录》)、《五灯严统》卷二十四、《五灯全书》卷六十五。

“言不言，而象示者，声诗咏叹也”

夫不言言[①]，而象示者，图书卦画也。言不言[②]，而象示者，声诗咏叹也。揭山云海月禽兽草木之形，以直指乎人之本天[③]，吟山云海月禽兽草木之韵，以曲发乎人之本天。俾绝情理者，豁悟其象外之旨[④]，而超乎作用之表；溺情理者，荡脱其象外之趣，而见乎言意之中，故诗之示斯道也，远矣微矣！然究其所以远所以微，以其不言也，以其无意也，而得其所以切、所以着者，以其绝情也，以其绝理也。惟理绝情亡而情理得矣，不言无意而言意伸矣，乃曰：“鸢飞戾天，鱼跃于渊[⑤]。唐棣偏翻，而室不远矣[⑥]。”《三百篇》之言，亡道而道弥着，是古诗靡间于风之变正也。五七言之句泯理而道益深，是唐诗之最妙于时之初盛也。退则求深而失浅，求理而失微，其晚唐宋学之谓乎？犹伐柯而睨视也[⑦]。迄我明中叶，气象堂皇，音声铿激，所涵泳尚深蓄乎不言之表。近体则

① 不言言：“图书卦画”：“图书”：《周易》云：“河出图，洛出书，圣人则之。”孔颖达疏云：“龙图发洛，龟书感河，图有九篇，洛书有六篇。孔安国以为河图则八卦是也，洛书则九畴是也。”（魏王弼、晋韩康伯注，唐孔颖达疏：《周易正义》卷七，阮元校刻：《十三经注》，中华书局1980年版，第82页下）“图书卦画”，是不言而言，即不用语言言说，而用图象符号（“卦画”，如《周易》之卦象、爻象）表示（“言”）。

② 言不言：“声诗咏叹”，是言而不言，即用艺术形象（“言”）呈现某种不可言说而只可意会的意蕴。

③ 本天：本来具有的天性——为人先天具有的固有属性。在佛教禅宗那里，指本具的本性，真心，真如佛性。达观真可云：“一念不生，诸尘无待。光景无边，岂须钱买。七情炽然，蔽亏本天。”（真可：《足轩铭（有引）》，《紫柏尊者全集》卷二十二《新编卍续藏》第126册，第1023页上）

④ 象外之旨：唐司空图：《与极浦书》对诗歌意境的创造提出了“象外之象，景外之景”。（郭绍虞主编：《中国历代文论选》第二册，上海古籍出版社1979年版，第201页）

⑤ 鸢飞戾天，鱼跃于渊：《诗经·大雅·旱麓》：“鸢飞戾天，鱼跃于渊。岂弟君子，遐不作人。”（汉毛亨传、汉郑玄笺、唐孔颖达疏：《毛诗正义》卷十六，阮元校刻：《十三经注疏》，中华书局1980年版，第516页上）

⑥ 唐棣偏翻，而室不远：《论语·子罕》：“唐棣之华，偏其反而。岂不尔思？室是远尔。”子曰：“未之思也，夫何远之有？”（宋朱熹：《四书章句集注》，中华书局2003年版，第116页）

⑦ 伐柯而睨视：《中庸》：“《诗》云‘伐柯伐柯，其则不远。’执柯以伐柯，睨而视之，犹以为远；故君子以人治人，改而止。”（宋朱熹：《四书章句集注》，中华书局2003年版，第23页）

字句尖生，华致脆薄，良恐空音霞绮之飘[1]，而于不言之象远矣！余曩泊舟张泾，得顾子方陈本符二居士，促膝夜谈，初谈禅既而谈道，续而谈诗，维时子方未弱冠也，而其诗沉蔚奇切，有子美东野[2]之度，本符以所遭少闻问，而子方信道弥笃，参禅受戒，茹素断酒，积有岁年，忽出新刻一编，而其诗一变遂为淡远弘脱，不涉今人古人口吻，有唐汉《三百篇》言外之响[3]，以直指夫图书卦画之玄象，其必有得于不师心[4]而为心之师者欤？子方既不以予不知诗而属予序，予不敢辞者，欲因诗以进子方于道也。子方其勉之。(《顾子方诗集序》)

① 空音霞绮：空音，清越的乐声。南朝梁江淹：《水上神女赋》："非丹山之赫曦，闻琴瑟之空音。"(明胡之骥：《江文通汇注》，中华书局 1984 年版，第 25 页)霞绮，艳丽多彩如锦绮的云霞。谢玄晖《晚登三山还望京邑》："灞涘望长安，河阳视京县。白日丽飞甍，参差皆可见。余霞散成绮，澄江静如练。喧鸟覆春洲，杂英满芳甸。去矣方滞淫，怀哉罢欢宴。佳期怅何许，泪下如流霰。有情知望乡，谁能鬒不变？"(《昭明文选》卷二十七《诗戊・行旅下》，李善等注：《六臣注文选》，中华书局 1987 年版，第 505 页下)

② 子美东野：即杜甫、孟郊。

③ 言外之响：言外之响系"言外之味，弦外之响"的简略。王国维：《人间词话》四二："古今词人格调之高，无如白石。惜不于意境上用力，故觉无言外之味，弦外之响，终不能与于第一流之作者也。"(王国维：《人间词话》，上海古籍出版社 2000 年版，第 10 页)

④ 师心：以心为师，自以为是。师法自己的成心，执着于自己的成见。《庄子・人间世》："夫胡可以及化！犹师心者也。"成玄英疏："夫圣人虚己，应时无心，譬彼明镜，方兹虚谷。今颜回预作言教，方思虑可不，既非忘淡泊，故知师其有心也。"(清郭庆藩撰，王孝鱼点校：《庄子集释》，中华书局 1961 年版，第 145 页)北齐颜之推《颜氏家训・文章》："学为文章，先谋亲友，得其评裁，知可施行，然后出手；慎勿师心自任，取笑旁人也。"(王利器：《颜氏家训集解》，中华书局 1996 年版，第 257 页)

无异元来

无异元来(1575—1630),明代曹洞宗僧。一名元来,字无异。庐州(今安徽境内)舒城人,俗姓沙。无明慧经禅师之法嗣①。

无异指出,作诗作偈,只能成诗僧,“与参禅总没交涉”,而作诗作偈乃是“思维”——思量,而“做工夫,最怕思惟”。他明确指出,“诗赋词章文艺”,“悉是魔也”。他虽然认为,诗可“陶情”,但诗会“劳思”,应“清损之”。元来严厉批评一些人“于本分上”(于生死大事)“既不用心”,又将业识抱住不放,只知“学诗学字,学颂古学开示”。他认为,即使“诗过李杜,字压钟王,颂古如云兴,开示如瓶泻”,也“只唤作业识茫茫”,他尖锐斥责这种“假知识,如厕中虫,如净地上荆棘,如清风里臭鸦,又唤作无惭愧人,无廉耻人”。他还指出,丛林中有一种人,是“以习学诗赋词章工巧技业,而生狂解”。他大声疾呼,“于生死分中留心者,不可不先烛破此虚妄境界”。他充分肯定希运颂诗“语最亲切”、良价诗偈“真妙得很”。

本书所录文字,据《博山无异大师语录集要》《嘉兴藏》第27册,第197号;《无异元来禅师广录》《卍续藏经》(新编)第125册;《博山参禅警语》《卍续藏经》(新编)第112册。

① 无异元来生平事迹,见《续灯正统》卷三八、《新续高僧传四集》卷五五、嘉庆:《庐州府志》卷三八、《五灯全书》卷六二。

一、“诗赋词章文艺……悉是魔也”

何谓魔也？欢喜是魔也，烦恼是魔也，昏沉①是魔也，掉举②是魔也，惧动是魔也，厌静是魔也，喜谈论是魔也，爱游行是魔也，乃至斥像毁经、破律③犯戒、拈颂机缘④、擅开异解、诗赋词章文艺、杂学并贪求说法，悉是魔也！（《上堂》）

二、“做诗做偈做文赋等，与参禅总没交涉”

做工夫，最怕思惟。做诗做偈做文赋等，诗偈成则名诗僧，文赋工则称文字僧，与参禅⑤总没交涉。凡遇着逆顺境缘，动人念处，便当觉破，提起话头⑥，不

---

① 昏沉：是指使身心沉迷、昏昧、沉郁、钝感、顽迷，而丧失进取，积极活动的一种精神作用。昏沉与清醒正好相反，人在睡眠不足，体力透支时，容易昏沉。《成唯识论》卷六云：“云何昏沉？令心于境无堪任为性，能障轻安、毗钵舍那为业。有义昏沉痴一分摄，论唯说此是痴分故，昏昧沈重是痴相故。”（《大正藏》第31册，第1585号，第34页上）

② 掉举：心所名。指心浮躁不安之精神作用，为“昏沉”之对称。俱舍宗以此心所属大烦恼地法之一，十缠之一；唯识宗则以之为随烦恼之一。《成唯识论》卷六云：“云何掉举？令心于境不寂静为性，能障行舍，奢靡他为业。有义掉举贪一分摄，论唯一说此是贪分故，此由忆昔乐事生故。”（《大正藏》第31册，第1585号，第34页上）

③ 破律：打破戒律。宋慧洪《渡海》诗：“万里来偿债，三年堕瘴乡。逃禅解羊负，破律醉槟榔。”（慧洪：《石门文字禅》卷九，《嘉兴藏》第23册，第135号，第616页下）

④ 机缘：参见本书《法应》“机缘”注。

⑤ 参禅：参禅是禅宗用以学人求证真心实相的一种行门，即静心审思，探究禅法。《镇州临济慧照禅师语录》卷一：“只如山僧，往日曾向毗尼中留心，亦曾于经论寻讨。后方知是济世药，表显之说。遂乃一时抛却，即访道参禅。”（《镇州临济慧照禅师语录》《大正藏》第47册，第1985号，第500页中）

⑥ 话头：佛教禅宗和尚用来启发问题的现成语句。往往拈取一句成语或古语加以参究。也同“话”。《大慧普觉禅师语录》卷十九：“‘赵州狗子无佛性’话，喜怒静闹处亦须提撕。第一不得用意等悟。若用意等悟，则自谓我即今迷执迷待悟，纵经尘劫，亦不能得悟。但举话头时，略抖精神，看是个什么道理。”（《大慧普觉禅师语录》《大正藏》第47册，第1998号，第891页中）

随境缘[1]转，始得。或云“不打紧”，这三个字，最是误人，学者不可不审。（《示初心做工夫警语》）

三、“诗过李杜……只唤作业识茫茫”

迢递三千里，因循十二时，支那[2]都走遍，可惜脚跟皮。汝才入门时，便识汝了也。东走西撞，图个甚么？若是皮下有血底汉子，自当择一本分宗师，三二十年，搬柴运水，垦土掘地，未为分外。今时有一等假知识，魔魅人家男女，开口便云：“有甚么禅可参，有甚么工夫可做，直下承当，蚤是迟了八刻。”由此谓之俊捷，谓之英灵，谓之天然，谓之超拔。于本分上，既不用心，将者些业识[3]，销磨不去。噇了施主饭，学诗学字，学颂古学开示，只饶学得口头便利。诗过李杜[4]，字压钟王[5]，颂古[6]如云兴，开示[7]如瓶泻，只唤作业识茫茫。纵谎得人信向礼拜供养，只装束得一个皮袋子。一朝败坏时，手忙脚乱，阎王老子放他不过，镬汤垆炭，剑树刀山，百劫千生未有了底日子。出得头来，知是几多劫数。以清净眼观此等假知识，如厕中虫，如净地上荆棘，如清风里臭鸦。

---

① 境缘：唯识名词：生识的九缘之一，境指色、声、香、味、触五尘之境。若无色等五种尘境作对，则五识无由能发，故境为五识之缘。五识：眼识、耳识、鼻识、舌识、身识。（参见释一如：《三藏法数》，浙江古籍出版社 1991 年版，第 373 页中）

② 支那：古代某些国家对中国的别称。也作脂那、至那、震旦、真丹等，唐义净《南海寄归内法传》卷三《二十五师资之道》：“且如西国名大唐为支那者，直是其名，更无别义。”（《大正藏》第 54 册，第 2125 号，第 222 页上）

③ 业识：参见本书《明表净》“业识”注。

④ 李杜：李白，参见本书《实存英》“谪仙”注。杜甫，字子美。参见本书《实存英》“工部”注。

⑤ 钟王：钟繇（151—230），三国魏书法家，字元常，颍川长社（今河南许昌长葛西）人。他才思敏捷，学识渊博，东汉末孝廉，官尚书郎，迁尚书仆射，东武亭侯。是我国古代很有名望的书法家之一。他和东汉张芝合称为“钟张”，与东晋王羲之并称为“钟王”。王羲之：参见本书《贯休》“王右军”注。

⑥ 颂古：参见本书《惠空》“颂古”注。

⑦ 开示：开，开发之意；即破除众生之无明，开如来藏，见实相之理。示，显示之意；惑障既除则知见体显，法界万德显示分明。《法华经》卷一《方便品》云：“诸佛世尊欲令众生开佛知见，使得清净，故出现于世；欲示众生佛之知见，故出现于世；欲令众生悟佛知见，故出现于世；欲令众生入佛知见道，故出现于世。舍利弗！是为诸佛以一大事因缘故，出现于世。”（《妙法莲花经》《大正藏》第 9 册，第 262 号，第 7 页上）

又唤作无惭愧人,无廉耻人。(《与善来禅人》)

吾祖师门下,贵在转位旋机[①]底一条活路。居士肯向着衣吃饭处,轻轻觑破,大笑一场,始瞥地耳!然大章不妨流通与天下人作点眼药[②],非文字也,慧命中实受用也。贫衲意谓,宗门中长处,只欲居士亲到耳!诗酒二事故乃陶情,然诗能劳思,酒乃伤脾,台下高年,幸清损之,慰所怀也。(《报阮澹宇郡伯》)

四、"以习学诗赋词章、工巧技业,而生狂解"

复次,从语言中作解,未得彻悟者,流出无边狂解。有以"日用事无别,惟吾自偶偕",而生狂解。有以"随流认得性,无喜亦无忧",而生狂解。有以"神通并妙用,运水及搬柴",而生狂解。有以"本来无一物[③],何处惹尘埃",而生狂解。有以"对境心数起,菩提作么长",而生狂解。有以"山河及大地,全露法王身",而生狂解。有以"无明实性即佛性,幻化空身即法身[④]",而生狂解。有以入门便打,而生狂解。有以答问机缘,口头快便,而生狂解。有以不必参究,直下承当,而生狂解。有以入门便骂,而生狂解。有以习学诗赋词章、工巧

① 转位旋机:此系曹洞宗的"五位君臣"思想。在教义和教学方法方面,曹洞宗提出了"五位君臣"说,用以分析真如佛性和现象世界,即理与事的关系,并用以作为教授不同对象的方法。"五位君臣"说是用"正""偏""兼"三个概念来表示。参见本书《林泉从伦》"《颂偏正五位》"注。"转位旋机",是要学人转识成智,"转凡夫性得圣人性故转位"(智俨:《华严五十要问答初卷》之《十八佛转依义,地品同相不同相释》《大正藏》第45册,第1869号,第521页中)。做到"君臣道合",名为"兼中到",也就是既承认森罗万象的万事万物由本体派生,又承认万事万物本质是空无自性,才能克服片面认识,而达到"冥应众缘,不堕诸有,非染非净,非正非偏","不落有无","体用俱泯"的理想境界。参阅本书《林泉从伦》之"《颂偏正五位》"注。

② 点眼药:点眼:点开法眼,见如净:《如净和尚语录》卷一:"借诗说教,要与衲僧点眼。"(《大正藏》第48册,第2002号,第124页中)

③ 本来无一物:禅宗用语。意为世界的本质是空,第一义空;森罗万象并非真实存在。人们因颠倒之见、妄想分别,故执万物为实有。而真正的解脱便是达到"本来无一物"的体悟。语出《坛经》:"菩提本无树,明镜亦非台;本来无一物,何处惹尘埃!"按:敦煌本《坛经》此句作"佛性常清静"。(《大正藏》第48册,第2007号,第338页上)

④ 见永嘉玄觉禅师所著《证道歌》。

技业，而生狂解。有以放下又放下，开口即错[1]，而生狂解。嗟呼！醍醐上味[2]，为世所珍。遇斯等人，反成毒药。良以正法倾颓，邪魔炽盛，相续眷属，弥满世间。于生死分中留心者，不可不先烛破此虚妄境界也。更有三句葛藤，不可不为居士说破。古德云："如何是禅？""猢狲上树尾连颠。""如何是禅？""猛火着油煎。""如何是禅？""碌砖[3]。"即此是祖师传的葛藤[4]。然虽如是，分明向汝道，相续也大难。（《宗教答响三》）

五、"此语最亲切"

黄檗禅师云："尘劳迥脱事非常，紧把绳头做一场。不是一翻寒彻骨，争得梅花馥鼻香"。此语最亲切。若将此偈时时警策，工夫自然做得上，如百里程途，行一步则少一步。不行，只住在这里，纵说得乡里事业了了明明，终不到家，当得甚么边事？（《博山禅警语》）

六、"者个偈，真妙得很"

将心求道，将心学禅，穷劫尽形，终不能得。所以道，饶你学到佛边，犹是杂用心。山僧从小，为者一着子，喜乐不过。记得古人一段机缘，真个痛快。

---

① 开口即错：佛教人四依法，其中的依意不依语就是针对凡夫修行时把认知当作真相，当做智慧，执着于语言文字，因此按文字言语去理解道，理解般若智慧就会大错特错，开口说话，想用文字语言完整准确无误表示般若智慧也是不可能的。因此言语断道，心行处灭，开口便错，动念即乖。《金刚经》卷一云："凡所有相，皆是虚妄。若见诸相非相，即见如来。"（《金刚经》《大正藏》第8册，第235号，第749页上）《碧岩录》卷九云："把定世界不漏丝毫，截断众流不存涓滴，开口便错，拟议即差。"（《碧岩录》《大正藏》第48册，第2003号，第211页中）

② 醍醐上味：从酥酪中提制出的油。《大般涅槃经·圣行品》："譬如从牛出乳，从乳出酪，从酪出生稣，从生稣出熟稣，从熟稣出醍醐。醍醐最上。"佛教常用"醍醐"比喻"无上法味"（最高教义）、"大涅盘""佛性"等。《楞严经》卷三："酥酪醍醐，名为上味。"（《大正藏》第19册，第945号，第116页上）

③ 碌砖：《圆悟佛果禅师语录》卷十五载："僧问石头：'如何是禅？'头云：'碌砖。'僧云：'如何是道？'头云：'木头。'"（《圆悟佛果禅师语录》《大正藏》第47册，第1997号，第783页下）

④ 葛藤：参见本书《知讷》"葛藤"注。

昔洞山辞云岩，问："百年后，忽有人问还邈得师真否，如何祇对？"岩良久云："只者是"。山沈吟。岩云："价阇黎[①]，承当个事，大须审细。"[②]此时洞山尚涉疑。后因过水睹影[③]，方悟前旨。有偈云："切忌从他觅，迢迢与我疎。我今独自往，处处得逢渠。渠今正是我，我今不是渠。应须恁么会，方得契如如。"者个偈，真妙得很。你看打头两句，人还会得。"我今独自往，处处得逢渠"，便难会也。然尚有一关，"渠今正是我，我今不是渠"，五位君臣[④]，都从此出。忆寿昌师翁拈云："渠今正是我，大地难包裹。我今不是渠，千圣不能知。"深得洞山意旨。（《示众》）

① 阇黎：参见本书《明表净端》"阇黎"注。

② 事见《筠州洞山悟本禅师语录》卷一，《大正藏》第47册，第1986号，第508页上。

③ 过水睹影：洞山良价禅师因过水睹影，大悟前旨，有偈："切忌从他觅，迢迢与我疏。我今独自往，处处得逢渠。渠今正是我，我今不是渠。应须恁么会，方得契如如。"（《筠州洞山悟本禅师语录》卷一，《大正藏》第47册，第1986号，第508页上）

④ 五位君臣：曹洞宗创始人洞山良价与曹山本寂对于禅法的阐述系统，也是该宗接引学人的特殊方法。用君位（正位）和臣位（偏位）的五种配合，说明不同的禅法认识及参禅的情况。参见本书《林泉从伦》"《颂偏正五位》"注。

天隐圆修

圆修(1575—1635),明僧。字天隐。宜兴(今属江苏)人,俗姓闵。幼失怙,鬻蔬奉母。弱冠听《楞严》,遂投龙池,依幻有正传薙染。掩关两载,一夕闻驴鸣,豁然大悟。万历末(1620),结茅磬山,渐成大刹。门下人才之众,与天童密云相埒①。

圆修指出诗颂创作的先决条件,是超脱一切"圣凡迷悟三乘学解",成为一个"依真道人"。为此,必须参究公案,"密密体究","掀翻窠臼,扫绝踪由","直至无疑无悟之地"。只有到此田地,有了今人所说的"前理解""前结构",做到了"见在机先,意超言外",那么,"汝欲颂耶,不拨舌而松风浩然","汝欲诗耶,未启唇而云鸟悠然"。

本书所录文字,据《天隐和尚语录》《嘉兴藏》第25册,第171号;《天隐修禅师语录》,《乾隆藏》第151册,第1639号。

一、为诗颂必须超脱一切"圣凡迷悟三乘学解",成为一个"依真道人"

吾子卓然独立于阳山之巅,拔群峰而上,岁序已久,操守稳密,行致纯白,于苦寒无极,而确志不移,古今忘躯为道之士,曷以加焉!然有其志,必期超佛越祖②而后已,所见所证,决要到佛祖不到处。如思大住山时,志公勉彼出世

① 圆修生平事迹,见《五灯会元续略》卷四下、《续灯存稿》卷一〇、《揞黑豆集》卷五、《正源略集》卷一。

② 超佛越祖:又作杀祖杀佛。意为超越佛祖之究极境界;即不执著任何事物,达绝对自由之心境。《景德传灯录》卷十七:"问:'如何是超佛越祖之谈?'师曰:'老僧问汝!'曰:'和尚且置。'师曰:'老僧一问尚自不会,问什么超越佛祖之谈!'"(《大正藏》第51册,第2076号,第339页上)

云:“目视云汉作么?”思云:“三世诸佛[①]被我一口吞尽[②],何处更有众生可度?”他不是单守这一个干萝卜头,无所施设,无所作为,实乃圣凡迷悟三乘[③]学解一齐超脱活脱无依真道人也!今人未到这田地,紧紧须看古人无义味语,种种因缘[④],密密体究,看他是个什么道理,一一俱要透过,不被他瞒,直至无疑无悟之地,七穿八穴,拶到古人不到处,则所悟既真,所行必到,所学既实,所证要明,最亲切处更加亲切,然后苏醒得来,掀翻窠臼,扫绝踪由,把从前学解的、见闻的、悟证的一抛抛向那边更那边。漫漫拈龟毛拂子[⑤],指东话西,系风点雨,捉兔角,杖敲空作响,搂角推山,横拈倒用,都合其宜,了非分外。有时将一大藏教[⑥]收向杖头,说权说实;有时假千七百则拈露拂柄,谈妙谈玄,无文处着文,得句时铲句;或说非以夺是,即非是而迁;或据是以破非,即是非而遣,不涉思惟,炽然作用,不动真觉,遍界周圆。所以搅长河为酥酪,变大地作黄金[⑦],岂奇怪事,法尔如然。盖觉性平等,所以目前法法,无非空劫之寥寥也。空劫寥寥,即是目前之法法也。要以见在机先,意超言外,与夫飞泉落涧、清韵长吟,可以激扬般若之真机;空谷行风,玄音和雅,可以提挈纲宗之妙诀。汝欲颂耶,不拨舌而松风浩然,岂非颂也?汝欲诗耶,未启唇而云鸟悠然,岂非诗

① 三世诸佛:乃统称全宇宙中之诸佛。即过去、现在、未来等三世之众多诸佛。又作一切诸佛、十方佛、三世佛。《云门匡真禅师广录》卷二:“师因吃茶了,拈起盏子云:‘三世诸佛听法了,尽钻从盏子底下去也。见么见么?若不会,且向多年历日里会取。’”(《大正藏》第47册,第1988号,第555页下)

② 一口吞尽:谓包容一切事物而无遗漏。《碧岩录》第11则:“黄檗示众云:‘(打水碍盆,一口吞尽,天下衲僧跳不出)汝等诸人,尽是噇酒糟汉!’”(《大正藏》第48册,第2003号,第151页中)

③ 三乘:参见本书《永中如吾》“三乘法”注。

④ 因缘:参见本书《明表净端》“因缘”注。

⑤ 龟毛拂子:龟本无毛,兔本无角。用以指虚有名称而并无实物,常用来说明万事万物虚幻不实,因此不应区分对立。《祖堂集》卷五《三平和尚》:“问:‘三乘十二分教学人不疑,乞和尚直指西来意。’师云:‘大德!龟毛拂子、兔角拄杖藏著何处?’僧对曰:‘龟毛、兔角岂是有耶?’师云:‘肉重千斤,智无铢两。’荷玉颂曰:‘龟毛拂,兔角杖,拈将来,随处放。古人事,言当下,非但有,无亦丧。’”(《祖堂集》,上海古籍出版社据高丽复刻本1994年影印,第106页下)

⑥ 一大藏教:参见本书《天如惟则》“一大藏教”注。

⑦ 搅长河为酥酪,变大地作黄金:《续传灯录》卷九《南岳云峰文悦禅师》:“若见诸相非相,即山河大地并无过咎。诸上座,终日著衣吃饭,未曾咬著一粒米,未曾挂著一缕丝,便能变大地作黄金,搅长河为酥酪。”(《大正藏》第51册,第2077号,第519页上)

也？如是，则古人公案，方许拈提。否则，不得造次依稀。快须猛着精彩，不是信口胡乱。必欲直入灵源，不是依样画描，自有别通消息，不是抱椿摇橹，要当放浪虚舟。思之思之，切须仔细，继续佛慧，承躅先宗，讵是细事？当发高远之志，彻底穷源，迈古超今，发言吐气，盖天盖地，始不负吾所嘱，又何患乎晚成也哉！（《示印中授徒》）

二、"兴如珠走盘无碍，遐迩纵横得自在"

支笻漫步出云壑，为君伯仲来城郭。长公笑迎坐草堂，不见子仲心如索。想见虎邱磐礴地，谁共盘桓月明里。石上题诗佳句多，寄来起我寒岩意。山间树色夏阴浓，理策还巅遐想公。兹游识得山水趣，蹋破千峰与万峰。兴如珠走盘无碍，遐迩纵横得自在。石磐山前古洞幽，一到管教君意快。颁白头陀立岩侧，伫望摇摇徒慨息。也知缁素等霄壤，个中解脱安可测！渊明昔日入莲社[①]，百般放下惟酒癖。远公[②]彻底顺机宜，却怜根器人豪杰。我诗没韵且无味，信口说来原不计。非禅非道非言诠[③]，不足启君秀眉宇。君家兄弟高才华，落笔迥出惊人句。文章气欲吞风雷，如龙得云直飞去。丛林外护宿有缘，愿力[④]了知金石坚。神交无论隔面远，道念纯真不假鞭。浮生百岁太虚电，邂逅之际光中圆。一年一回一百回，谁保百年人不迁。茫茫三界浸苦海，那个回头驾铁船[⑤]。忆昔

---

① 莲社：亦称"白莲华社""莲社"。净土宗的念佛组织。传说由东晋慧远在庐山东林寺邀集俗共十八人（即十八高贤）所立。入社者一百二十三人，外者不入社者三人。十六高贤为：慧远、慧持、道佛陀耶舍（觉明）、佛陀跋陀罗（觉贤）、慧叡、昙顺、道敬、昙桓、道昺、昙铣、刘遗民、雷次棕、宗炳、张野、张诠和周续之。《净土十疑论》称："晋慧远法师，与当时高士刘遗民等，结白莲社于庐山，盖致精诚于此尔。其后七百年，僧、俗修持，获感应者非一，咸见于净土传记，岂诬也哉？"（《大正藏》第47册，第1961号，第77页中）

② 远公：慧远大师（334—416），东晋名僧，参见本书《皎然》"安远"注。

③ 言诠：谓以言语解说，以语言文字来表达义旨。与"依言""依诠"等语同义。《古尊宿语录》卷三十二《舒州龙门佛眼和尚普说语录》："古人不得已，向无言诠处假立言诠，无方便中巧施方便。"（《新编卍续藏》第118册，第572页上）

④ 愿力：参见本书《笑隐大䜣》"愿力"注。

⑤ 驾铁船：《金刚经集注》："颂曰：佛祖垂慈实者权，言言不离此经宣。此经出处还相委，便向云中驾铁船。切忌错会。"（明朱棣：《金刚经集注》，齐鲁书社2007年版，第59页）

宋时山谷老①,洗心曾叩黄龙禅②。愤志决了生死事,触著顿悟玄中玄。堪笑岩阿修道者,怀人不觉歌长篇。(《访迪美昆玉子文去虎邱不遇寄怀》)

诗兴年来阁一边,偶逢新霁得长篇。砚尘有墨刚才洗,笔秃无毫写不联。山色润濛青更碧,溪光泛澜绿逾鲜。凉生殿角微风里,好听南薰③第几弦。(《山居三十首》)

羡君鹤骨最孤清,云水从来自有声。堪笑老僧疏懒态,也无诗兴接高明。(《答汰如讲主》)

---

① 山谷老:黄庭坚。参见本书《慧洪》"黄山谷"注。

② 黄龙禅:黄龙慧南禅师(1002—1068);参见本书《豫章来复》"黄龙南公"注。

③ 南薰:亦作"南熏"。指《南风》歌。相传为虞舜所作,歌中有"南风之薰兮,可以解吾民之愠兮"等句。《史记》卷二十四《乐书》曰:"昔者舜作五弦之琴,歌《南风》之诗。"(司马迁:《史记》,中华书局2013年版,第1417页)

永觉元贤

元贤(1578—1657),明清间僧。字永觉。又称鼓山元贤。建阳(今属南平)人,俗姓蔡。曾参寿昌慧经,经迁化后,依止同门博山元来受具。其思想以调和禅净与儒释为主,并力图调和禅宗内部及临济、曹洞两派间之对峙,以提倡洞上心法为己任,又阐扬临济宗旨①。

元贤引道家(庄子)“诗以道性情”和儒家“温柔敦厚诗教”之论,提出“诗惟在得其性情之正而已”之说。他批评有的诗家“反是专以雕琢为工,新丽为贵,而温柔敦厚之意,索然无复存者。是岂诗之教哉?”

他赞赏潭阳立上人之诗,“有古之道焉,其情宛而至,其气肃而和,其辞雅而温,其趣清而逸,无非率其性情之正发其所欲言者而已。”他高度评价杨惟逊之诗“苍雅沉郁”,是“忠义之气,时勃勃见于笔端”,是“寒素食贫”“困郁无聊之气,悉愤而发之于诗”。他还高度评价谢皋羽之诗,是“力追唐辙”,“古风诸什,则与李贺、张籍并驾。五言近体,则与孟郊、贾岛齐肩”,“无片言只字,落宋人口吻”。

元贤对韩柳李杜有微词,在他看来,“韩柳李杜,特雕虫刻楮之雄而已,丈夫竖立,可不图其大哉!”元贤对慧洪也有微词,认为其文字“是名家,僧中稀有”,但论佛法“则醇疵相半”,而“世人爱其文字,并重其佛法,非余所敢知也。”他引灵源对慧洪的告诫,指出“文字之学,不能洞当人之性源,徒与后学障先佛之智眼。病在依他作解,塞自悟门”。

元贤评四家颂古,指出“当以雪窦为最,天童次之”。而“雪窦如单刀直

① 元贤生平事迹,见林之蕃:《福州鼓山白云峰涌泉禅寺永觉贤公大和尚行业曲记》《新续高僧传四集》卷六三、《续灯存稿》卷一一。

入,立斩渠魁。天童则必排大阵,费力甚矣”。但“天童学甚赡博,辞必典雅,然反为所累,故多不得自在也”。

元贤《参同契注》是对石头希迁古体寓道诗的注解,特别明确指出《参同契》为“洞宗之源”,指出“心”为“本”、为“宗”,为“诸佛之秘要,列祖之玄旨”,有重要的理论意义。

本书所录文字,据《永觉元贤禅师广录》《卍续藏经》(新编)第125册。

一、“苍雅沉郁,方轨作者”

今春之仲,予以祝厘事趋行在,得晤杨君惟逊氏。见其英锐超逸,真奇杰之士,犹疑其必工于诗。久之出近稿相示,则见其苍雅沉郁①,方轨作者。而忠义之气,时勃勃见于笔端,乃知惟逊之果工于诗也。然余谓,其资可以进道,其才可以应世,而何独致工于是?其无乃家本寒素食贫有日,其困郁无聊之气,悉愤而发之于诗,故其诗独工乎?则予悲惟逊之能有是诗也。今避乱入闽,遭逢圣主拔主驾部,岂可仍前作雕虫之业②,固宜戮力勤公,勖勦王事,荡平海内,复我青毡。然后作长歌短赋,以粉饰太平,不亦快乎!故予不愿惟逊之独有是诗也。予本山野枯衲,以禅为业。今于惟逊,不能以禅学进,而乃以功名劝,何哉?盖当此卧薪尝胆之日,受人之爵,食人之禄,而以禅自高,则非人心也,惟逊岂其人乎!俟他日功成名就之后,布袍黄冠,访予于石鼓峰头,固当自有别论。(《杨惟逊主政诗集序》)

---

① 沉郁:一种诗歌风格。梁钟嵘在《诗品序》中称赞梁武帝萧衍“体沉郁之幽思,文丽日月,赏究天人,昔在贵游,已称首。”(清何文焕辑:《历代诗话》,中华书局2006年版,第4页)

② 雕虫之业:比喻从事不足道的小技艺。常指写作诗文辞赋。南朝梁刘勰《文心雕龙·诠赋》:“虽读千赋,愈惑体要;遂使繁华损枝,膏腴害骨,无贵风轨,莫益劝戒:此扬子所以追悔于雕虫,贻诮于雾縠者也。”(范文澜:《文心雕龙注》,人民文学出版社1987年版,第136页)扬雄《法言》:“或问‘吾子少而好赋’。曰:‘然。童子雕虫篆刻。’俄而,曰:‘壮夫不为也。’”(汪荣宝撰,陈仲夫点校:《法言义疏》,中华书局1987年版,第45页)

二、“诗惟在得其性情之正而已”

昔庄生论诗云:“诗以道性情。”“温柔敦厚①诗教也。”即此观之,则诗惟在得其性情之正而已。后世之论诗者,反是专以雕琢为工,新丽为贵,而温柔敦厚之意,索然无复存者。是岂诗之教哉?潭阳立上人素不学诗,然亦有其诗。盖逢缘遇境,偶有倡和。若诗若偈,各若干首。今夏来剑州宝善,出其全帙示余,予见其诗,盖有古之道焉。其情宛而至,其气肃而和,其辞雅而温,其趣清而逸,无非率其性情之正,发其所欲言者而已。至若末世妖丽之形,刻画之苦,烦嚣之气,浮冗之辞,毫无所与于其间。其于庄生所论,不既近之乎!夫诗之道,其废久矣。不意子之能若是,但非世俗所尚,世鲜有能知之者。然子亦非求知于世也。老子曰:“知希者贵。”②子之诗其可贵者矣。故特为弁其首,以贻诸后云。(《澹轩集序》)

三、“力追唐辙”,“与李贺、张籍并驾……与孟郊、贾岛齐肩”

《晞发集》者,宋遗民谢皋羽③所著也。皋羽抱长材负大志,适逢世难,跉踦他乡,而艰贞自守,志不少易,慷慨悲歌,以终其身。闻者莫不义之。余读

---

① 温柔敦厚:中国古代儒家诗教观。《礼记·经解》:“其为人也温柔敦厚,《诗》教也……其为人也,温柔敦厚而不愚,则深于《诗》者也。”唐代孔颖达《礼记正义》云:“诗依违讽谏,不指切事情,故云温柔敦厚是诗教也。”(汉郑玄注,唐孔颖达疏:《礼记正义》卷第五十二,清阮元校本《十三经注疏》,中华书局1980年版,第1609页下)

② 知希者贵:《老子》第七十章:“知我者希,则我者贵。”(楼宇烈:《老子道德经注校释》,中华书局2009年版,第176页)

③ 谢皋羽:谢翱(1249—1295),南宋爱国诗人一。字皋羽,一字皋父,号宋累,又号晞发子。原籍长溪人,徙建宁府浦城县(今属南平市浦城县)。恭帝年间文天祥开府延平,率乡兵数百人投之,任谘议参军。文天祥兵败,脱身避地浙东,往来于永嘉、括苍、鄞、越、婺、睦州等地,与方凤、吴思齐、邓牧等结月泉吟社。事迹见明徐沁:《谢皋羽年谱》(《丛书集成续编》第260册)、任士林《谢皋传》、方凤《谢皋羽行状》。(以上见明程敏政:《宋遗民录》卷二、卷三,《丛书集成新编》第101册、《笔记小说大观》第12册)

《宋遗民录》[1]及《婺州志》[2],已知皋羽之志节卓然,为宋季奇士。及得是集观之,始知其诗,若文皆力追唐辙。古风诸什,则与李贺、张籍并驾。五言近体,则与孟郊、贾岛齐肩。至其所撰诸记,则出入于昌黎、柳州之间。总之无片言只字,落宋人口吻。杨升庵[3]谓"为宋季文人之冠",其然乎?然愚谓,士所竖立节义文章,千载并重,若皋羽者,其孤愤一腔,血泪数斗,直可上追采薇,下同楚骚[4],非杜子美、李青莲辈,所可恍惚也。且予见《黄潜集》中,称其风节行谊,为世所尊师,后进争亲炙之。杖履所临,一言一笑,无非教也。若然则皋羽,又非激烈任侠,为一节之士也,是岂止为宋季文人之冠哉?予适丁世难方殷之日,屏息山林,忆其人论其世,不得不三复是集,故为序而行之。(《晞发集序》)

四、"韩柳李杜,特雕虫刻楮之雄而已"

论曰:鼓山之名,唐以前未着,故诗文亦少见闻。朱梁时,有徐寅《灵源洞记》及《十二咏》,皆轶弗传。自宋以后,始见篇什,而传者盖亦寡矣。至我明永乐间,僧善缘始辑之,为《灵源集》。嗣有僧古鉴,再辑之。至万历间,谢武林徐兴公始为志,搜罗称大备焉。迨今几三十载,兴公复收之为续志。余乃得

① 宋遗民录:明程敏政撰。其卷二、卷三收录有任士林:《谢皋传》、方凤:《谢皋羽行状》。见《笔记小说大观》第12册,江苏广陵古籍刻印社1983年版。

② 婺州志:婺州,隋开皇中置,治所在吴宁县(今浙江金华市)。大业初改为东阳郡。唐武德四年复为婺州,开宝元年又改为东阳郡,乾元元年复名婺州。元至正十三年升为婺州路。(参见史为乐主编:《中国历史地名大辞典》,中国社会科学出版社2005年版,第2640页)

③ 杨升庵:杨慎(1488—1559),明代文学家、藏书家。字用修,号升庵。四川新都人。正德六年(1511)举进士第一。授翰林院修撰。世宗时,充经筵讲官,以直言直谏名。后因事坐籍,谪至云南永昌卫,不久病死云南。天启中,追谥文宪。他于书无所不览。明代记事之博、著述之富,他为第一。诗文有复古倾向,尤在贬谪之后,特多感愤之作。工度曲,对民间文学也颇重视。其论古考证之作,范围颇广。事迹见《国朝献征录》卷二十一、李调元校:《升庵先生年谱》。(《丛书集成新编》第103册)

④ 上追采薇,下同楚骚:采薇,《小雅·采薇》出自《诗经·小雅·鹿鸣之什》。全诗六章,每章八句。是一首戎卒返乡诗。诗歌表现了将征之人的思家忍苦之情。楚骚:指《离骚》。南朝梁裴子野《雕虫论》:"若悱恻芳芬,楚骚为之祖。"(清·严可均校辑:《全上古三代秦汉三国六朝文》,中华书局1985年版,第3262页)

因二志,而更益之。盖斯文未坠,人握隋珠①,将来源源,未有艾也。予独悲夫江山如故,佛国长存,而搦管登坛者,卒如浮云幻影,倏忽有无。虽曰名存,实将安在。况久之名亦不存,则立言称不朽②者,不亦难乎!是必有贯今古,参天地,卓然而不可泯者,固不在区区名字之末也。或者犹思希踪韩、柳,比肩李、杜,谓名决可不坠。愚以为,韩柳李杜,特雕虫刻楮之雄而已。丈夫竖立,可不图其大哉!(《艺文志论》)

五、"文字之学,不能洞当人之性源,徒与后学障先佛之智眼"

洪觉范③书有六种,达观老人④深喜而刻行之。余所喜者,文字禅⑤而已。此老文字,的是名家,僧中稀有。若论佛法,则醇疵相半。世人爱其文字,并重其佛法,非余所敢知也。当其时,觉范才名大着,任意贬叱诸方,诸方多惮之。唯灵源深知其未悟,尝有书诫之曰:"闻在南中,时究《楞严》⑥,特加笺释,非

① 人握隋珠:隋侯之珠,古代与和氏璧同称稀世之宝。《搜神记》卷二十:"隋县溠水侧,有断蛇丘。隋侯出行,见大蛇,被伤中断,疑其灵异,使人以药封之。蛇乃能走,因号其处'断蛇丘'。岁余,蛇衔明珠以报之。珠盈径寸,纯白,而夜有光明,如月之照,可以烛室。故谓之'隋侯珠',亦曰'灵蛇珠',又曰'明月珠'。"(汪绍楹校注:《搜神记》,中华书局 1980 年版,第 238 页)

② 立言称不朽:古人提出的"三不朽"之一。《左传·襄公二十四年》:"'大上有立德,其次有立功,其次有立言。'虽久不废,此之谓三不朽。"杨伯峻注:"谓立德为最高,立功其次,立言又次之。"(杨伯峻:《春秋左传注》,中华书局 2012 年版,第 1088 页)"三立"即修养完美的道德品行,建立伟大的功勋业绩,确立独到的论说言辞。亦即做人、做事、做学问。

③ 慧洪:参见本书《慧洪》小传。

④ 达观老人:参见本书《达观真可》小传。

⑤ 文字禅:参见本书《达观真可》"文字禅"注。

⑥ 楞严:经名,全名《大佛顶如来密因修证了义诸菩萨万行首楞严经》,唐般剌密帝译,十卷。阐明心性本体。文义皆妙。属大乘秘密部。无法不备。无机不摄。"首楞严"为佛所得三昧(三摩提)之名,万行之总称。本经阐明"根尘同源、缚脱无二"之理,并解说三摩提之法与菩萨之阶次,乃学佛之要门。

不肖所望。盖文字之学,不能洞当人之性源,徒与后学障先佛之智眼[①]。病在依他作解,塞自悟门,资口舌则可胜浅闻,廓神机终难极妙证。故于行解[②],多致参差。而日用见闻,尤增隐昧也。"予善觉范,慧识英利,足以鉴此。倘损之又损,他时相见,定别有妙处耳。灵源此书,大为觉范药石,然其痼疾弗瘳,亦且奈之何哉。(《续寱言》)

六、"四家颂古,当以雪窦为最,天童次之"

世所传四家颂古,当以雪窦[③]为最,天童[④]次之。雪窦如单刀直入,立斩渠魁。天童则必排大阵,费力甚矣。盖天童学甚赡博,辞必典雅,然反为所累,故多不得自在也。(《续寱言》)

七、《参同契》"此洞宗之源也"

此洞宗之源也。宋有法眼大师注,世所共宗,今已湮没不可考。故余不自揣,辄为效颦。

"竺土大仙心,东西密相付。人根有利钝,道无南北祖":首拈出"心"字,标宗也。心如何可付?乃是以心印心,不落言诠,故曰密付。南北二宗,虽分顿渐,正由人根性不同,为利根说顿法,为钝根说渐法,方便各异。道本无殊,总之契此妙心而已。

"灵源明皎洁,枝派暗流注。执事元是迷,契理亦非悟":灵源,心也,本不

---

① 智眼:指能够观照事物真相的智慧之眼,法眼。《祖堂集》卷一八,仰山:"又云:'汝三生中,汝今在何生?实向我说看。'仰山云:'想生相生。仰山今时,早已淡泊也。今正在流注里。'沩山云:'若与摩,汝智眼犹浊在,未得法眼力人,何以知我浮沤中事?'"(南唐静筠二禅师编撰:《祖堂集》,上海古籍出版社1994年版,第348页下)

② 行解:为"行"与"解"之并称。行,修行之意,即依循教理而实践躬行;解,知解、智解、认知,即从各种见闻学习而领解教理。通常多称为解行,为佛教各宗派欲达佛果圣道之二大基本法门。(参见慈怡主编:《佛光大辞典》,中国台湾省佛光出版社1988年版,第2563页)

③ 雪窦:参见本书《雪窦重显》小传。

④ 天童:参见本书《宏智正觉》小传。

落名言，因明而见其皎洁。枝派，事也，本无有实体。因暗而见其流注，枝派流注，是谓执事。认妄为真，固是迷矣。灵源皎洁，是谓契理，有理可契，岂为真悟乎？此言明之与暗，总妄明之显晦，学者不可依之以自惑也。

“门门一切境，回互不回互。回而更相涉，不尔依位住”：门，根也；境，尘也。诸根境，有回互不回互二义。言回互者，谓诸根境互相涉入，如帝网珠①也。不回互者，谓诸根境各住本位，未尝混杂也。虽互相涉入，而实各住本位。虽各住本位，而实互相涉入，此非意识之境。

“色本殊质象，声元异乐苦。暗合上中言，明明清浊句。四大性自复，如子得其母”：此明色声诸法，炽然殊异。暗则上中莫辨，明则清浊攸分，此皆滞于迹，而不能反于性也。若反于性，岂有明暗之可言哉？正如子得其母，天然妙契。而知与不知，俱不足言矣。

“火热风动摇。水湿地坚固。眼色耳音声。鼻香舌咸醋。然于一一法。依根叶分布。本末须归宗。尊卑用其语”：诸法虽殊，总根于心。心，本也；诸法，末也，然必有宗焉。宗者，诸佛之秘要，列祖之玄旨。不达此宗，则本末俱妄，能达此宗，则本末俱真。此宗既得，由是出一言，行一令，无非毗卢②之正印，孰能不遵用之乎？

“当明中有暗，勿以暗相遇。当暗中有明，勿以明相睹。明暗各相对，比如前后步”：此重破明暗之非实也。当其明时，中便有暗，特其暗之相不可遇。当其暗时，中便有明，特其明之相不可睹。其义云何？以明暗对待而立，正如人行步，前步因后步而得名。若无后步，何名前步。后步又因前步而得名，若无前步，何名后步。明暗之义亦如是。大都明待暗成，故言明中有暗。暗待明立，故言暗中有明。生灭互显，非为真实。若是本有妙光，绝无对待。岂有生灭之可言哉？迷固不存，悟亦不立，始为妙性之真明也。

---

① 帝网珠：指华严境界，是佛教的宇宙观，佛教的宇宙模式。帝网珠，谓帝释殿前千珠宝网，光相交映互摄无碍。帝释悬宝珠网，以装饰宫殿，这些宝珠的光明互相辉映，一珠现一切珠影，一切珠尽现一珠之中，各各如是，重重影现。《华严经行愿品疏》卷一：“四句之火莫焚，万法之门皆入。冥二际而不一，动千变而非多。事理交彻而两亡，以性融相而无尽。若秦镜之互照，犹帝珠之相含。重重交光历历齐现。”（《新编卍续藏》第7册，第471页上）

② 毗卢：佛名。毗卢舍那（亦译作毗卢遮那）之省称，即大日如来。一说，法身佛的通称。毗卢：梵语，佛光普照的意思。

“万物自有功，当言用及处”：前就心上言明暗之非实，此就境上言万物之非实。世俗执万物为实者，以其各自有功也。若果自有功，当言其用之及物为何如。今观其用之所及，悉皆藉外缘而后成，若无外缘，不能及物，是知自本无功也。自既无功，则同为虚妄而已。

“事存函盖合，理应箭锋拄①。承言须会宗，勿自立规矩”：执心境为实，则事理俱乖。达心境为妄，则事理俱妙。事存，言不必遣事，自然与理相合而不差。理悬，言发之于用，自然箭锋相拄而不爽。此无他，以能会其宗也。所以承言必须会宗，若违背宗旨，自立规矩，则事理乖谬，非愚即狂矣。

“触目不会道，运足焉知路。进步非近远，迷隔山河固。谨白参玄人，光阴莫虚度”：此总结，而劝其勤求会道也。大道祗在目前，触目皆是。若非法执法，则不能会。故如盲者运足，进趋末由，岂路之有远近哉？盖不迷，则运足知路，无远弗届。迷，则山河永固，咫尺难通。参玄②之人，可不勤求会道哉！若与道会，庶光阴不至虚度。不然，虚生浪死而已。昔法眼注此云：“住！住！”恩大难酬，意深哉！（《参同契注》）

---

① 箭锋拄：即箭锋相拄（拄：顶、抗），意谓禅机如箭锋，迅速准确，互相契中。《碧岩录》卷一第7则：“这般公案，久参者，一举便知落处。法眼下谓之箭锋相拄。更不用五位君臣，四料简，直论箭锋相拄，是他家风如此。一句话便见，当阳便透。”（《大正藏》第48册，第2003号，第147页中）《明觉语录》卷一：“莫是与上座相争？然则论战也个个力在箭锋相拄，又须是个特达汉始得。”（《大正藏》第47册，第1996号，第675页上）

② 参玄：探究玄义，亦即参禅。《祖堂集》卷四《石头和尚》：“谨白参玄人，光阴勿虚度。”（南唐静筠二禅师编撰：《祖堂集》，上海古籍出版社1994年版，第78页上）

颛愚观衡

观衡(1579—1646),明僧。字颛愚,别号伞居。霸州(今属河北)人,俗姓赵。憨山大师法嗣①。

观衡对“偈”是诗歌作出了明确的论述,提出“诗偈无别”的主张:首先指出诗偈无别,只道理有别,“偈句也诗,离句何以言之?是则诗偈无别,但道理别耳。”其次进一步指出,诗偈不以道理为别,以辞之风雅为别,“又道理乃性情之所游也,诗果拒道理,而性情何由出耶?是知诗偈不以道理为别,以辞之风雅为别耳。”第三指出,诗不在词藻,而在志审,“诗若徒以清淡藻雅为重,而为诗者何益哉?……仲尼云:‘春秋作诗,道衰矣。’又何言欤?书云:‘见山思高,见水思明。’此诗之正训也。知此诗不在词藻,而在志审矣。”他还主张诗应“清”(意清):“诗不清,则不贵。”批评选诗者多不上选僧诗,是不知“僧之性情”(意清,超尘脱俗):“古今禅讲诗集盛多,如寒山子,不可备举,纵词未精细,而意岂不清耶?而选诗者多不上选,岂选者不知性情耶?”

观衡以诗说教(禅),和以教(禅)说诗:他或以禅颂诠释禅偈,以揭示禅旨;或以公案诠释禅偈,以揭示禅旨。

他明确提出“文章山水之精灵,因人所显”的命题,指出“人之精神,著于诗文,出没有时”,是因为“文章山水千古之下,以待其人”,“因人所显”,需人的发宣昭著。

观衡以比量与现量论诗。明确指出佳诗源于“现量亲得”,乃诗人“耳之所接,目之所到,鼻之所纳,舌之所吐,身之转侧,意之取与”,是诗人“妙入融会受用境界,大似现量亲得也”。他还进一步指出,佳什成功的先决条件,是

① 观衡生平事迹,见正印《行状》、熊文举《塔铭》(《紫竹林颛愚衡和尚语录》卷附)、《新续高僧传四集》卷八。

摒除俗事俗念:“犹恐俗事间之,因斯闭户以书经,藉经以净心,心净境现,境寂心融,意在密护自得之妙”。

本书所录文字,据《紫竹林颛愚衡和尚语录》《嘉兴藏》第28册,第219号。

一、“诗偈无别”

尝闻论诗者以谈道理为偈,不谈道理为诗,所以选诗者多不选僧诗,以偏道理故也。余虽不知诗,闻此说,恐非达者之论,且诗偈之分不知出何人之言。偈句也诗,离句何以言之?是则诗偈无别,但道理别耳。又道理乃性情之所游也,诗果拒道理,而性情何由出耶?是知诗偈不以道理为别,以辞之风雅为别耳。诗若徒以清淡藻雅为重,而为诗者何益哉?仲尼云:“春秋作诗,道衰矣。”又何言欤?书云:“见山思高,见水思明。”此诗之正训也。知此诗不在词藻,而在志审矣。若论志,佛可无志耶?而世出世间有超过佛志者耶?又似离佛语,都不足言诗也。佛经诸有颂句都不论,只《华严·净行》①一品,凡所见闻,皆诵四句,此真诗之奥府,正见闻、正性情、正动止,莫尚于斯矣。但译人未拣工拙,世之学者尚于词藻,致使佛甚深诗道置而不诵,不惟不诵,而反呕耳。斯言有异于众,乃是不知之言,谅众不我罪。又诗不清,则不贵,古今禅讲诗集盛多,如寒山子,不可备举,纵词未精细,而意岂不清耶?而选诗者多不上选,岂选者不知性情耶?大都僧诗乃僧之性情,世之学者乃世之性情,僧之性情与世之性情差别远矣。且浅说如寒山诗中,诙谐好杀生者,而世之学者几能戒荤茹耶。于戏!无怪乎僧之不中选,不中吟咏,有以哉。僧诗亦有一二入选者,乃僧诗中屈节就世语耳。余病思无以遣,拟古长诗以述志,或谓余言过长于古,过俗于古,大浅轻,大陋鄙,是断语,是偈句,余总承受。但余不在词,而在志耳。(《拟古长诗述志序》)

---

① 华严净行:指《华严经·净行品》,中国华严宗依据之本经,又称《杂华严》。《开元释教录》卷一一称:《菩萨本业经》(吴月支优婆塞支谦译)、《诸菩萨求佛本业经》(西晋清信士聂道真译),是《华严经·净行品》之“异译”。(《大正藏》第55册,第2154号,第590页中)

二、以诗说教(禅)和以教(禅)说诗

今足下曾梦为傅大士后身,今又为船子偈释,使非傅大士后身,决是船子后身重来,翻腾自己千百年无人所知之公案,非彼即此,信无疑矣。船子当时赤穷担板,一生乐于山水,末后只得夹山一人,其精神亦埋没多载,而今方露。是人之气运与精神相等也。船子四偈,古来无人发挥者,因船子印夹山云"钓尽烟波,金鳞始遇"之句阁误了,只说船子意在求人,所以不曾在宗旨上照管。今睹足下之释,始犹为疑。偶忆船子有歌云:"有一鱼兮伟莫裁,混虚包纳甚奇哉。能变化,吐风雷,下线何曾钓得来",正合"夜静水寒鱼不饵"之句,恍然开悟,合爪赞叹希有,千载奇遇也。衡素未精文字于佳稿,未免有隔碍,观前二释最精肯,无容拟议,后二释尚未悟释中幽旨。据鄙见,"本是钓鱼船上客,偶除须发著袈裟",正是"藏身处没踪迹""佛祖位中留不住,夜深依旧宿芦花",正是"没踪迹处莫藏身",此是船子纲宗。又"本是钓鱼船上客",是三十年前山是山水是水;"偶除须发著袈裟",是三十年中山不是山水不是水;"佛祖位中留不住,夜深依旧宿芦花",是三十年后山依旧是山水依旧是水。足下"大悟彻后"四字,见得极的当。又"一波才动万波随"之句,总收上来"藏身处没踪迹,没踪迹处莫藏身",一动一切动,一有一切有,一空一切空,空有融通,事理无碍。通属者边事,总不与那边相干,所以云"夜静水寒鱼不饵,满船空载月明归。"①有僧问一禅师:"是非不到处还有句也无?"师云:"一片白云不露丑。"天童拈云:"尽力推爷向里头。"亦同此旨。不知高明可其说否?原稿璧上,希照入。(《答孝则车公》)

① 观衡和尚对船子德诚的"四偈"(参见《锦江禅灯》卷二,《卍续藏经》(新编)第145册,第538页上)作了诠释。他是以船子和尚之偈(诗)与雪窦重显之颂(诗)相比较,用雪窦重显之颂(诗),以揭示船子和尚之偈(诗)之"纲宗""宗旨"。他还用青原惟信禅师的"三般见解"之论(见《吉州青原惟信禅师》《五灯会元》卷十七,《卍续藏经》(新编)第138册,第670页上)阐释雪窦重显之颂(诗)的禅意,这是以公案诠释禅诗(偈)。

三、"文章山水之精灵……因人所显"

道理流行,显晦有时。山水与人物,发动有时。人之精神,著于诗文,出没亦有时也。曾读谭子《诗归序》云:"素所得名之诗,或有不能例次者,亦必其人之精神至今日而当止。间有收无名之篇,若今日始新出于纸,亦必古人之精神,至今日而当一出,此非人之精神著于诗文而隐显有时耶?建于功业者亦然。"吾考《梵网经》①上卷,从古来经历多少智人,未有得其句者,今有伞山从而释之。新安黄山从古来未开,今有普门头陀开之。文章山水千古之下,以待其人,岂非文章山水之精灵,得无因人所显耶?洪觉范禅师所著《僧宝》《智证》等传,及《石门文字禅》②诸书,至我朝世宗年间埋没,多不闻其名者,达观禅师③一出,策杖寰海,遍搜寻之,一一皆得,随得随梓,海内遍传。若今日始出入,谓达观大师乃觉范后身,重来翻腾故书,观其所行若实然。(《答孝则车公》)

四、佳诗源于"现量亲得",是诗人"妙入融会受用境界"

王介公之吴越未几年,余得诗二百多篇,其两地嘉山水奇观妙响,收拾殆尽。携来归菉园中,园与主相逢仍旧,而人与境别有一新。何也?介公未出门

---

① 梵网经:凡二卷。全称《梵网经卢舍那佛说菩萨心地戒品第十》。又作《梵网经菩萨心地品》《梵网戒品》。相传为后秦鸠摩罗什译,然未能确定。收于大正藏第二十四册。系说明菩萨修道之阶位及应受持之十重四十八轻之戒相。其广本之卷数,有诸多异说,据僧肇:《梵网经序》所载,凡六十一品百二十卷,此为第十品。盖以大梵天王之因陀罗网,重重交错无相障阂,诸佛之教门亦重重无尽,庄严法身无所障阂,一部所诠之法门重重无尽,譬如梵王之网,故称《梵网经》。

② 石门文字禅:凡三十卷。宋代僧慧洪(1071—1128)撰,觉慈编。略称文字禅。又称《筠溪集》。收于《宋诗钞初集》卷四、《四部丛刊》卷一〇八。系辑录江西筠溪石门寺慧洪觉范之诗、文、词、疏及记、铭等而成。

③ 达观禅师:指达观真可。参见本书《达观真可》小传。明万历丁酉(二十五年,1579)达观曾为《石门文字禅》作序。

时，图书古史罗列，盈轩天下，古今绝境胜概，虽集聚目前，其中受用不过比量而已。今则以一诗府贮来，吴越江楚，云涛月峤，张布园中，时与相对。然菉园非展小而为大，吴越未缩大而为小，妙入融会受用境界，大似现量亲得也。余是以拟介公耳之所接，目之所到，鼻之所纳，舌之所吐，身之转侧，意之取与。虽有园内，而闲旷悬邈回薄，超越菉园之外远矣，非笔舌能示。是故园主仍旧，而人境别有一新可知也。兹乃介公自住自受用处，共之者鲜矣。犹恐俗事间之，因斯闭户以书经，藉经以净心，心净境现，境寂心融，意在密护自得之妙，此介公闭户之底旨也。继鸣之于诗，曰“闭户吟”，属余序，余久阁笔砚，但就户内芳迹括之一二，以复之然。公之诗文深致，及户外远举，余又何能知焉？是为拟语。（《王介公闭户吟序》）

五、“诗文得到妙处，俱无短长矣”

衡出自贫里，少读书，及为僧，又懒学，空在法门三十多载，一无所得。自南来，亦二十余年，多在深山孤顶，以掩其拙。庚戌登祝融，藏迹于石廪峰下，以终残喘为计。不意根器鄙陋，山灵为妒，顿遭异癖，不啻百死一生，仅游游一丝未尽耳。山中艰于医药，幸为旧知己接至云阳调理，以业未尽，其疾痊而复返，但言多受风，四肢如泥，因此禁言。甲寅春又为驻鹤坊主人接来，邵陵有仁人君子，以孤病僧为悯，频来顾盼。有问不能言，辄以笔代舌，人皆谓余能书。因神弱不及多言，凡答止以四句停笔，人皆谓余能诗。余实不知诗书，而诗书之名乃人误唱耳。从是有索书幅者，有索书扇者，自以孤病无倚，不得已而应之，只是不免识者笑也。顷孝则车公以诗归遗余，凡瞌睡之余，借一寄目，其中幽旨未知，且不求知。但见长诗一首有三百五十多句，不觉惊讶，不知诗可以能长耶？以一向未见诗故耳。诗归掀完，其诗有二句、三句、四句、五句、六句、七句、八句乃至有三五十句，甚至有二三百句者，虽古律有分，而诗名均也。是知诗文得到妙处，俱无短长矣。（《拟古长诗述志序》）

六、《证道歌》“古今称为甚深法施，绝妙声句”

有云：诸佛出兴，唯为一事，此一事者，乃一念未生前，无迷无悟，无修无证，无有身心世界，亦无诸佛众生，究竟本无，所有向上一事也。是则，黄面老子，示寂人世，始之处胎降生，终之示疾入灭。其中种种动止，放光入定，降伏魔外，应供人天，一说多说，尘说刹说，乃至举拳垂手，掩室拈花，总此一事。盖此方教体，在音与闻。如以音声语言，宣示此事，为正传；如言说之外，别以放光动地，举拳垂手，掩室拈花，或密语或良久，发明此事，为别传。正别之传不同，所传之事一耳。所以阿难尊者问迦叶尊者：“世尊，金襕外别传，所传何事?”迦叶尊者呼“阿难”，阿难应“诺”。迦叶尊者曰：“倒却门前刹干著!”阿难尊者有省。观二尊者问答，而别传之旨可知。试观诸经论，何处不先标本有！又观诸祖相传，何人不终藉言说！而初学座主，黄口禅流，妄以宗说分优劣者，徒增戏论之失。又则正中有别，别中有正，如是妙密，在于主持佛法者，观机逗教，善于发用耳！爰真觉大师①，初习台宗教观②，深入法界，游戏性海，如狮子王纵横无畏，末上曹溪见六祖大师，唯印可而已。非别有指示，此是教中没量大人，知此则知教之所以教也。真觉大师，歌咏此事，以发悟后学，名《证道歌》，古今称为甚深法施，绝妙声句，所以从古至今，偏方僻域，咸珍诵于口角。元至元年间，有法慧宏德禅师③，从而著语注述，复为之颂，精肯晓了义路，本位圆明无碍，上智下愚各从其游猎，是此一拈弄，实为初学大开一方便门。从元至元至于今日，三百余年，此作全不闻于世。偶愚谷姚居士得之于书斋，阅而喜之，如获至宝，欲梓行以广于世，属余序。余展玩三次，亦喜透露几微，平实稳当。观姚居士，丰姿飘扬，器度闲淡，庄重和雅，与此注作气味相合。拟法慧禅师，乃愚谷公之前身，今特来翻誊自己旧时公案，不然，何此书已沉没

---

① 真觉大师：玄觉(664—713)，又名元觉、宿觉、真觉、无相大师、永嘉大师。参见本书《彦琪》“永嘉玄觉”注。

② 台宗教观：天台宗，简称“台宗”，中国佛教宗派，创始人是陈、隋之际的智顗，因为经常居住在浙江天台山而得名。又因为主要以《妙法连华经》为立宗之旨，又叫做“法华宗”。其根本修习是“止观双修”，认为这也是体验“实相”的根本途径，比其他宗派都重视禅法的功能。

③ 法慧宏德禅师：即竺源禅师。参见本书《笑隐大䜣》“竺源禅师”注。

三百余年,不曾遇着一个知己?何因何缘,独今日撞著姚居士,如涉大川,拾得一如意宝,岂不奇哉?岂不是宿因所使?昔紫柏老人①海内周旋三十余年,搜寻洪觉范禅师文集,尽觉范大师所有诸作,紫柏老人尽得而梓之,一一能新人耳目。紫柏老人未梓之前,世已绝闻若亡矣。人谓紫柏老人是觉范大师后身,今来拶寻自己遗书,此语可证。此书堙没多年,今日重复炳耀,亦是此书之精神,当于此时发现。一切因缘时节,各有待焉!骈语。(《永嘉禅师证道歌注颂重刊序》)

① 紫柏老人:明代禅僧真可号"紫柏"、紫柏老人,世称"紫柏大师"。参见本书《达观真可》小传。

见如元谧

元谧(1579—1649),清僧。字阒然,一字见如。南城(今属江西)人,俗姓王氏。年二十一随父谒无明于宝方,求薙度不可。乃走临川礼金山铠落发。次年复谒明,命充火头。一日推磨,闻蛙鸣彻证。明寂,继席寿昌①。

元谧指出,参禅悟道原为明了生死大事,了脱生死,“参禅学道,原为生死两字,不为别事”。而作颂作偈、作诗作赋,就属于“别事”,“尽是作有为之事,于道无益”。

本书所录文字,据《见如元谧禅师语录》《卍续藏经》(新编)第125册。

“作颂作偈”“作诗作赋”“尽是作有为之事,于道无益”

示众:参禅②学道,原为生死两字,不为别事。所谓别事者何?即今生心动念处便是,有作有为便是,有取有舍便是,有修有证便是,有净有秽便是,有圣有凡便是,有佛有众生便是。乃至作颂作偈便是,作诗作赋便是,论禅论道便是,论是论非便是,论古论今便是。种种作法,不是为生死两字上事,总是别事。实要为生死两字,不须外求,只向穿衣吃饭处,屙屎放尿处,行住坐卧处,一切处不得丝毫走作。如人见猛虎相似,一味躲身逃命。又如人上阵,只是要杀却贼魁,取头到手方休。管甚取舍净秽凡圣是非等耶?不然,尽是虚费工夫,何日得个太平时节也。如此做去,于生死两字,有少分相应。不然,尽是作

---

① 元谧生平事迹,见《五灯会元续略》卷二、《续灯存稿》卷一一、《江西诗征》卷九〇。

② 参禅:参见本书《无异元来》“参禅”注。

有为之事,于道无益。先和尚云:莫拘小享,直须到古人田地,始得生死自由[1]。不然,尽是生死岸头边事,实无了期也。珍重!

[1] 生死自由:即"生死去住,脱著自由"之简称,意谓生死来去,如同着衣脱衣一般平常自在。是禅悟者对待生死的超脱的态度。《临济语录》:"尔若欲得生死去住,脱著自由,即今识取听法底人,无形无相,无根无本,活泼泼地,应是万种施设,用处只是无处。"(《大正藏》第47册,第1985号,第498页下)

大　香

大香(1582—1636),明僧。号香公。俗名鼎芳,字凝父。苏州(今属江苏)人,俗姓吴。少工诗文,留心梵乘。年四十母故,乃入云栖剃染,自号唵嗷。于莲池像前,遍叩诸方,志在扶教。清苦持戒,勤于参省。开讲湖州圣日峰,道风秀出①。

大香主张作诗以"自娱方外"。

本书所录文字,据大香《云外集》《禅门逸书初编》第8册,第134号。

"但可自娱方外,莫教流落人间"

父子祖席同函一窣堵,在昔未闻,倡自及庵、石屋②二师。余登霞幕山,展礼庵中天河泉卧道石,宛然无恙。览古伤今,不能已矣。因阅《石屋禅师语录》,继有《山居诗》一卷。世外人空中思咳唾落九天,随风成珠玑③。孤峰顶上,盘诘烟云,宜乎此老,独擅其美。嗟乎!古今作者,纷纷不习钟鼓音即受糟粕气,妄厕词林,终假稗贩。惟中唐二三子颇近此道,然非本色,禅流未足与语也。天启崇祯间,挂衲瞿昙庵,得与天河密迩,时玄冥在驾,积雪满空山,人影罕觌,汲灶之余,和七言近体如干数,以见异时缱绻之怀。若云嗣

① 大香生平事迹,见《宗统编年》卷三一、《列朝诗集》闰集三。

② 石屋禅师:参见本书《石屋清珙》小传。

③ 思咳唾落九天,随风成珠玑:出自李白《妾薄命》中的"咳唾落九天,随风生珠玉。"王琦注:夏侯湛《抵疑》:"咳吐成珠玉,挥袂出风云。"(清·王琦:《李太白全集》,中华书局1977年版,第267页)可形容诗歌品质随意挥洒,独具标格。

响,能不厚颜,但可自娱方外,莫教流落人间。呼婢断流迦婆蹉,宿习犹存,闻琴起舞,大迦叶异生仍现①。(《山居诗自序》)

① 闻琴起舞,大迦叶异生仍现:大香认为大迦叶闻琴起舞,是"宿习犹存"。《大方便佛报恩经》卷三:"尔时复有一乾闼婆子,名曰闼婆摩罗,弹七宝琴,往诣如来所,头面礼足,却住一面,鼓乐弦歌出微妙音—其音和雅,悦可众心。声闻辟支佛等,不觉动身起舞,须弥山王涌没低昂。"(《大正藏》第3册,第156号,第137页中)《大智度论》卷十:"揵闼婆是诸天伎,与天同受福乐,有智慧能别好丑,何以不得受道法?……如屯仑摩甄陀罗王、揵闼婆王,至佛所,弹琴赞佛,三千世界皆为震动,乃至摩诃迦叶不安其坐。如此人等,云何不能得道?"(《大智度论》《大正藏》第25册,第1509号,第135页下)

广真吹万

广真(1582—1639),明僧。字吹万,法号聚云,法讳广真。宜宾(今属四川)人,俗姓李。得法于瑞池月和尚,为南岳下第二十八代。万历四十六年(1618)说法于潇湘湖东禅院,次迁忠州聚云、夔州宝峰及云来兴龙诸刹①。

吹万充分肯定寒山诗的特色:通俗流畅,"拈语不黏唇";有强大的感染力,有如"风吹野火",可以燎原;有很强的审美教育作用,能"唤惺众生心"。他又高度评价丰干之诗,是"言粗"而"理真",即诗句直朴粗犷,诗意真实深刻(真谛):"言粗令人怕,理真令人钦。"

广真指出"诗书六艺亦有成佛之种子",是一个重要的命题。在他看来,十住位中,自在主童子,"所修书数算印等法,即得悟入一切工巧神通智慧门",因而"诗书六艺,亦有成佛之种子,此即心中发明,如净琉璃之治地住也"。

吹万重视诗歌的审美教育作用,指出"所以颂古诗,则与古人期。"他还引用毛诗序,说明他的诗作乃是抒写情志:"山野逃诸法苑久矣,策杖风尘,栖迟岩薮,果独无言乎?言且出而不觉成句,句成而不觉带有咏焉,或长或短,或歌或叹,吾莫知其所以然。"其"吾莫知其所以然"者,表明他之诗篇,是无意为之,出自自然。吹万提出"诗境"何来的问题:"何事与君堪敌节,何境与君共题诗?"那就是千姿百态的大自然:"唯有白雪乱山巅,梅花依旧吐寒枝。"吹万提出了"夫诗何以称也"即什么才叫诗、写诗为什么的论题。诗是什么?他说:是"发圣贤之奥窍,影君子之规模,写骚客之清狂,摹隐逸之雅况",是抒写内在心灵、独特个性。他在举出皎、灵、欧、苏、寒山、舡子之"挑商刻羽""赓韵联吟""写溪岫之影相""赋钓竿之浮沉"之后,明确指出,他们的诗歌创作的出发点,都不在诗,而在于游戏三味,"要皆不在诗,而在游戏三昧也",而"游戏三昧之妙,得之心而寄之诗也。"诗歌创作的出发点,不在诗,而在于游戏三味,是一个非常重要的理论

① 广真事迹见《禅林僧宝传》卷一五、《续灯正统》卷十六。

观点。他还指出，可以从“山花啼鸟松声草色而赏吾之般若法身”，即可以体悟我之生命与宇宙法性是合二为一的。他在回答“或谓诗者，歌咏性情也，何拘拘于响韵哉”的疑问时，强调诗应协韵合律。

吹万提出了“盖诗家法即禅家法也”的重要命题。他揭示之曰：“顿然悟后，再不挨门傍户，所谓拈来无不是用处，莫生疑也。”即诗家禅家均重顿悟，而有创新，脱离程式束缚，信手拈来，头头是道。他还提出“诗之法有四，至工有二”：“四者，兴趣意理也；二者，炼字错综也。”并以《山居诗》《春雪诗》《对桃花诗》《交秋诗》《量虚诗》《过折系咼诗》为例说明之。他还进一步“做诗不参禅，不是好诗”，“托诗参禅，不唯有好诗，兼有好禅”的重要命题。指出：“好禅”（获得禅悟，进入禅境）就有佳“情境”：“好禅道出口头，不须情境，而挺特情境也。”

吹万广真指出临济义玄的诗偈《颂风林》的主旨，是指明“大道”“人人本具，个个不无”，但绝不是“以击石火、闪电光举了便会，以为落处”，这只能“引人业识茫茫，无有了期。”临济义玄的这首诗偈，是他游方时过凤林，与凤林禅师的一场斗机锋（“法战”）之后留下的①。此诗指出了“大道”（佛性、禅心）是无所不在的，因而可任向东南西北，但它又是独立绝待的，不苟同于物的。而对“大道”的领悟，往往是“石火莫及，电光罔见通”。在禅师们的机锋“法战”中，所表现出的神韵及其境界，也往往如石火电光一样，稍纵即逝，不可捕捉。而临济义玄的言行举止，无不表现着这首诗偈的精神。

本书所录文字，据《一贯别传》《嘉兴藏》第40册，第480号；《聚云吹万真禅师语录》《嘉兴藏》第29册，第238号；《吹万禅师语录》《嘉兴藏》第29册，第239号。

一、“我爱寒山子，拈语不黏唇”，“又爱拾得子，言粗而理真”

我爱寒山子②，拈语不黏唇，因风吹野火，唤惺众生心。又爱拾得子③，言

① 见《镇州临济慧照禅师语录》《大正藏》第47册，第1985号。

② 寒山子：参见本书《寒山》小传。

③ 拾得子：参见本书《拾得》小传。

粗而理真，言粗令人怕，理真令人钦。丰干太饶舌，寒山太做作。拾得虽风狂，去后无踪迹。好个吕台州，眼中添三屑①。打鼓弄琵琶，还须吹万诀。寒岩三贫士，却也爱风流。在在捏空花，处处泛虚舟。一朝被人破，只得向石游。问取均提儿，金毛岂是牛？厨下洗器者，解泛火中波。不吹离骚韵，便唱紫芝歌。衲衣披破云，木履登爱河。相看只一笑，吾莫如之何。丈中独无事，寒山傍雪飞。谓我闲些个，劳他相似危。出锡烟霞卷，归来泉石辉。不是爱如此，身心已离微。老人怕我笑，我怕老人哭。哭非陵行婆，笑是弥勒佛。一个肚皮大，两眼光如烛。手里把猪头，舌上青莲出。穷子不就父②，含饴枉弄孙。个里须知机，可中自有人。何以乐吾趣，笑指松柏新。吩咐善财儿，无劳过百城。红尘飞野马，朽御莫可把。拟欲烹小鲜③，谁是陶渔④者。不然化人居，虚心不肯下。归之塞上翁，得失无生也。野里有人家，轻烟深树杪。溪凫岸上飞，停停落个小。园翁不厌贫，山叟岂辞老。我去喜相逢，笑杀芝兰草。郭外羊肠路，湾湾曲转斜。薄暮马蹄轻，行人不耐些。缘火山头出，惊心入鬼家。回向月轮孤，满地洒银沙。（《阅寒山诗数偈》）

---

① 眼中添三屑：三屑：据《南海寄归内法传》卷一称："其器及手必须三屑净揩（豆屑、土、干牛粪），洗令去腻。"（《大正藏》第54册，第2125号，第207页中）佛教最早是把杨枝（即"齿木"——净齿的木片）列为僧人必备的十八种日用器物之一。僧人每天早晨及食罢，都要在屏处将"一齿木"的一头嚼成絮状，缓缓剔除齿间滞垢，再将"齿木"撕开刮舌。每片"齿木"用后即弃。"口嚼齿木，疏牙刮舌，务令清洁"，然后才能诵经礼拜。"齿木"虽为洁齿之物，若使用不当，入眼则为害。禅宗以"眼中添屑"喻之。《续传灯录》卷十七载："南岳法轮文昱禅师上堂。以拄杖卓一卓喝一喝，曰：'雪上加霜，眼中添屑，若也不会，北欝单越。'"（《大正藏》第51册，第2077号，第576页中）

② 穷子不就父：《法华经》卷二《信解品》第四："世尊！尔时穷子佣赁展转，遇到父舍，住立门侧。遥见其父，踞师子床，宝几承足，诸婆罗门、刹利、居士皆恭敬围绕，以真珠璎珞，价值千万，庄严其身，吏民、僮仆，手执白拂，侍立左右。覆以宝帐，垂诸华幡，香水洒地，散众名华，罗列宝物，出内取与，有如是等种种严饰，威德特尊。穷子见父有大力势，即怀恐怖，悔来至此。"（《大正藏》第9册，第262号，第16页下）

③ 烹小鲜："治大国若烹小鲜"，语出老子《道德经》第六十章："治大国，若烹小鲜。"王弼注："治大国若烹小鲜，以道莅天下，则其鬼不神也。"（楼宇烈校释：《老子道德经校释》，中华书局2009年版，第157页）

④ 陶渔：谓制陶与捕鱼。《孟子·公孙丑上》："自耕、稼、陶、渔以至为帝，无非取于人者。取诸人以为善，是与人为善者也。"朱熹注："舜之侧微，耕于历山，陶于河滨，渔于雷泽。"（宋朱熹撰：《四书章句集注》，中华书局2003年版，第239页）

二、“诗书六艺，亦有成佛之种子”

十住位中，自在主童子者，所修书数算印等法，即得悟入一切工巧神通智慧门。可见诗书六艺，亦有成佛之种子①，此即心中发明，如净琉璃之治地住也。（《入法界品》）

三、“所以颂古诗，则与古人期”

余独偏爱书，又复偏爱字。非是性偏爱，古人亦如是。晦堂②无余金，却有闲书史。担囊两竹笼，妙喜称之至。所以读古书，则与古人居。所以颂古诗，则与古人期。孔氏之家训，学者亦可师。唯有坐禅箴③，又不当如此。见山不是山，见水不是水④。但得透过来，依旧是山水。幻人写幻字，幻人作幻书。遗与幻人读，读之成幻佛。幻佛既属真，法王大地身⑤。五千四十八，则则是传心。眉毛原来直，鼻孔亦非横。风流自不得，何关万象形。（《简古人书字偈》）

---

① 成佛之种子：参见本书《达观真可》“种子”注。

② 晦堂：祖心（1025—1100），北宋临济宗黄龙派僧。广东始兴（今广东始兴县西北）人。俗姓邬，号晦堂。年十九依龙山寺惠全出家。翌年，试经得度，住受业院奉持戒律。后入丛林谒云峰文悦禅师。居三年，又参黄蘖山慧南禅师，亦侍四年。机缘未发，遂辞慧南，返文悦处。时文悦示寂，乃依石霜楚圆。一日，阅《传灯录》，读多福禅师之语而大悟。后随慧南移黄龙山，慧南示寂后，继黄龙之席。谥号“宝觉禅师”。事迹见《豫章黄先生文集》卷二四《黄龙心禅师塔铭》《建中靖国续灯录》卷一一、《嘉泰普灯录》卷四等。

③ 坐禅箴：全一篇。宋代宏智正觉撰。说坐禅之要。全文见《宏智禅师广录》卷八，《大正藏》第48册，第2001号，第98页中。

④ 见山不是山，见水不是水：宋代青原惟信提出参禅的三重境界参见本书《云谷法会》“见山不是山，见水不是水”注。

⑤ 法王大地身：法王：佛之尊称。王有最胜、自在之义，佛为法门之主，能自在教化众生，故称法王。《无量寿经》卷下：“佛为法王，尊超众圣，普为一切天人之师。”（《大正藏》第12册，第360号，第275页中）《大慧曾觉禅师语录》卷六：“上堂：‘扑落非他物，纵横不是尘。山河及大地，全露法王身。’”（《大正藏》系47册，第1998号，第835页中）

四、言出而成诗,“吾莫知其所以然”

卜子夏[①]曰:“诗者,志之所之也,在心为志,发言为诗,情动于中而形于言,言之不足,故嗟叹之,嗟叹之不足,故咏歌之,咏歌之不足,不知手之舞之,足之蹈之也。”山野逃诸法苑[②]久矣,策杖风尘,栖迟岩薮,果独无言乎?言且出而不觉成句,句成而不觉带有咏焉,或长或短,或歌或叹,吾莫知其所以然。无奈侍者集而梓之,罪过罪过。(《自序》)

五、“何事与君堪敬节,何境与君共题诗”

何事与君堪敬节,何境与君共题诗?唯有白雪乱山巅,梅花依旧吐寒枝。莫来林下空脱落,邀得卢仝[③]为君酌。休将此兴诘赵州[④],含金杨柳机未作。(《岁暮过石坪庵访大休法师[⑤]坐兴》)

六、“游戏三昧之妙,得之心而寄之诗也”

夫诗何以称也,发圣贤之奥窍,影君子之规模,写骚客之清狂,摹隐逸之雅况,所以皎灵二沙门,打破铁瓮之余,挑商刻羽;欧苏两夫子,开了关钥之后,赓

---

① 卜商:字子夏。孔子弟子,事见司马迁《史记》卷六十七《仲尼弟子列传》。

② 法苑:法义之庭苑。佛教之范围法义丛在,故称法苑。《佛说宝雨经》卷五:“云何菩萨得爱乐法?善男子!如月天子于一切时爱乐欲乐。菩萨如月,于一切时爱法苑乐,不爱欲乐。”(《大正藏》第16册,第660号,第304页下)

③ 卢仝:(约771—835),唐诗人,祖籍范阳(今河北涿州),曾隐居济源(今属河南),其地有玉川泉,因自号玉川子。贞元间,寓居扬州。元和五年(810),卜居洛阳。家贫,自扬徙洛,唯书一船而已。有诗名,其诗构思、意象、用语均趋险尚怪,多用散文句法,杂以议论,宋代严羽:《沧浪诗话》称为“卢仝体”。生平事迹见《新唐书》卷一七六、《唐诗纪事》卷三五、《唐才子传》卷五。

④ 赵州:(778—897),俗姓郝,法号从谂参见本书《湛然圆澄》“赵州”注。

⑤ 大休法师:参见本书《大休净珠》小传。

韵联吟，即寒山①写溪岫之影相，舡子②赋钓竿之浮沉，要皆不在诗，而在游戏三昧也。游戏三昧③之妙，得之心而寄之诗也。余尝读《法华歌》，至"我亦当年好吟咏，将谓冥搜乱禅定④。今日亲闻诵此经，何妨笔砚资真性"之句，不觉精神舒展，手足舞蹈，呻之曰，是先得我心也。得不以山花啼鸟松声草色而赏吾之般若⑤法身⑥耶？有忠南任维摩鲁揭云：座下无事日静坐，有事时应酬，内守一，外处和，步伍彻颠，讴歌赞咏，其隐括容仪，吾莫知其所以然，惟愿授之何若？余曰：公自桂林中来，秋月犹存蒲，珠玉运风雷，虽假托于毗耶⑦城，而器壤尘坌已卓越久矣，其风雅赋颂兴观群怨⑧之工，亦不思而自得焉！余不过以麈隐草之名，而为公引鹧鸪号意耳，又何必区区青莲拈之于指上也哉。(《麈隐草序》)

七、"善观者不可泥于韵而求义，当于韵而求响"

伶伦⑨取蟹谷之竹为龠，音律成而鸾凤皆舞。善知童子，唱四十二字，厥

---

① 寒山：参见本书《寒山》小传。

② 船子：即唐代禅僧德诚。参见本书《船子德诚》小传。

③ 游戏三昧：参见本书《亚愚绍嵩》"游戏"注。

④ 禅定：静心思虑，专注一境。《天真毒峰善禅师要语》卷一："须知因戒生定，因定生慧，禅定智慧，持戒为本。"(《嘉兴藏》第25册，第159号，第138页上)六祖慧能对"禅定"有独特解释，敦煌本《坛经》："何名为禅定？外离相曰禅，内不乱曰定……外禅内定，故名禅定。"(《大正藏》第48册，第2007号，第339页上)此解释对后世禅界颇有影响。

⑤ 般若：参见本书《五祖弘忍》"般若"注。

⑥ 法身：佛"三身"之一，意谓其身具备一切佛法。《黄蘗传心法要》卷一："法身说法，不可以言语音声形相文字而求。"(《大正藏》第48册，第2012号，第382页上)

⑦ 毗耶：地名，即毗耶离城。古印度著名的维摩诘居士的居处。《梵琦语录》卷一八《明真颂》："昔有维摩大士，示疾毗耶城里。"(《新编卍续藏》第124册，第253页下)

⑧ 兴观群怨：是孔子对诗的社会作用的高度概括，对诗的美学作用和社会教育作用的深刻认识。出自《论语·阳货》："子曰：'小子！何莫学夫《诗》？《诗》可以兴，可以观，可以群，可以怨。迩之事父，远之事君。多识于鸟兽草木之名。'"(宋朱熹撰：《四书章句集注》，中华书局2003年版，第178页)

⑨ 伶伦：伶伦又称泠伦，是古代汉族民间传说中的人物。泠伦传说为皇帝的乐官，是中国古代发明律吕据以制乐的始祖。《吕氏春秋·仲夏纪·古乐》："昔黄帝令伶伦作为律。伶伦自大夏之西。"高诱注："伶伦，黄帝臣。"(陈奇猷校释：《吕氏春秋校释》，上海古籍出版社2001年版，第288页)

义串三贤十圣萨埵位。曹子建游鱼山聆穴中之音而作梵①,则东西两土韵响始相协矣。或谓诗者,歌咏性情也,何拘拘于响韵哉?山野继而示之曰:但闵老子大圣人也,尚美频伽未出之卵,盖重其音也。夫音借韵以成句,续句以成章,章之长短即言之长短也。是而有风焉,有雅焉,有三颂焉,复又稽之乐经总之五音也,析显刚柔之声,一之六律也。潜通岁时之气,故音变则声变,律变则气变,所以《毛诗》之后有《离骚》,《离骚》之后有《十九首》,《十九首》之后变辞为绝,敲乐为律。殆捋龙门积石之源,涌于唐海,金波玉浪,大地皆响矣。譬之尼俱树荫覆五十由旬,实有数十万石究其根,种则如芥子许。噫,世界一希声也,布而为音为律为辞,可令人念兹在兹咏兹在兹,惺惺成大丈夫,相时而击竹,唱易水之歌②。时而饭牛作南山之韵③,时而执爨题问影之诗④,时而蹑屏调天衢之句⑤,优哉游哉,诚众甫中之真逍遥也。中如居士既聆□谷之音,又听童子之唱,梵呗⑥华音,若指诸掌,乃取唐人之语,编为上下六册。仿佛古乐,俾尔识韵归响矣。善观者不可泥于韵而求义,当于韵而求响,斯可与言诗,并可与语道。(《唐诗响韵联珠题辞》)

---

① 曹子建游鱼山聆穴中之音而作梵:梁释慧皎著:《高僧传》卷十三《经师传论》:“始有魏陈思王曹植,深爱声律,属意经音。既通办遮之瑞响,又感鱼山之神制。于是删治《瑞应本起》,以为学者之宗。传声则三千有余,在契而四十有二。”(梁慧皎撰,汤用彤校注:《高僧传》,中华书局1992年版,第507页)

② 易水之歌:《史记》卷八十六《刺客列传》:“太子及宾客知其事者,皆白衣冠以送之。至易水之上,既祖,取道,高渐离击筑,荆轲和而歌,为变徵之声,士皆垂泪涕泣。又前而为歌曰:‘风萧萧兮易水寒,壮士一去兮不复还!’复为羽声忼慨,士皆瞋目,发尽上指冠。”(司马迁:《史记》,中华书局2013年版,第3058页。)

③ 饭牛作南山之韵:《艺文类聚》卷九四引《琴操》:“宁戚饭牛车下,叩角而商歌曰:南山矸,……生不逢尧与舜禅,短布单衣裁至骭,长夜漫漫何时旦,齐桓公闻之,举以为相。”《说苑·尊贤》:“宁戚故将车人也,叩辕行歌于康之衢,桓公任以国。”(向宗鲁校订:《说苑校证》,中华书局1987年版,第178页)诸书所载多不同。叩角,亦作“扣角”;商歌,一说为悲怆之歌,一说为商旅人之歌,歌词见载于诸书者亦不同。再,百里奚未遇时曾饭牛;释慧洪:《冷斋夜话》载有道人圆观亦曾扣牛角而歌。然后世用典,多取宁戚事。

④ 执爨题问影之诗:未详。

⑤ 蹑屏调天衢之句:未详。

⑥ 梵呗:以曲调诵经,赞咏、歌颂佛德。又作声呗、赞呗、经呗、梵曲、梵放、声明。略称梵。呗,全称呗匿,又作婆师、婆陟,即赞叹、止断之意。因依梵土(印度)曲谱咏唱,故称为梵呗。记录梵呗之书册,称为呗策。又清晨唱偈、念经之声音,称为晓梵。密教之梵呗,则特称密呗。(参见慈怡主编:《佛光大辞典》,中国台湾省佛光出版社1988年版,第4645页)

八、"诗家法即禅家法也"

南宾郡北有坛,坛后有峦峦之畔,奇花异木,时禽好鸟,迁转求友于其间,盖香山居士①种荔枝作荔枝图序处也。又下石磴十余步,旁有小涧,雨久其声与梵音相杂。又有卷石之山者二,可呼作小小蓬莱。山面有室,额题曰诗室。顷间一僧,秀眉微髯,昂昂藏藏,自竹径中来。与之踟蹰,与之忆顾,谓是唐之贾阆仙②耶?阆仙未必有若是之寿者相也。

谓是宋之端狮子③耶?狮子之衣帽非坏色也。造其前,揖而问之不答。但袖出一册,题曰《游戏三昧》,彻读之,句句非溟海④尾闾也,乃龙门积石也,昆仑也。何以知之?盖诗家法即禅家法也。顿然悟后,再不挨门傍户,所谓拈来无不是用处,莫生疑也。设暗窃古人之句者,如盗狐白之裘⑤;明取古人之义者,似夺和氏之璧⑥,令人知而不能行,见而不敢效也。况诗之法要有四,至工有二。四者,兴趣意理也;二者,炼字错综也。如册中友人《山居诗》曰:"彩凤自栖青菉竹,瑞麟惟向紫灵芝。从来隐士居幽处,山色浮光水色奇。"此兴

---

① 香山居士:即白居易。参见本书《贯休》"白居易"注。

② 贾阆仙:唐诗人。字浪仙,一作阆仙。贾岛,参见本书《贯休》"贾岛"注。

③ 端狮子:即《端狮子赞》,作者为宋僧释如净,其词曰:"咄哉捏怪老狐狸,披起金毛狮子皮。弄尽任从天外去,尾巴败露已多时。"(《如净和尚语录》卷二,《大正藏》第48册,第2002号,第131页中)

④ 溟海:神话传说中的海名。《列子·汤问》:"终北之北有溟海者,天池也。"《释文》云:"《十洲记》云:水黑色谓溟海。"(杨伯峻撰:《列子集释》,中华书局1985年版,第156页)

⑤ 狐白之裘:以狐腋白毛部分制成的皮衣。《史记》卷七十五《孟尝君列传》:"此时孟尝君有一狐白裘,直千金,天下无双,入秦献之昭王,更无他裘。"(司马迁:《史记》,中华书局2013年版,第2849页)

⑥ 和氏之璧:历史上著名的美玉,在它流传的数百年间,被奉为"价值连城"的"天下所共传之宝"。春秋时,楚人卞和在楚山,一说荆山(今湖北南漳县)看见有凤凰栖落在山中的青石板上,依"凤凰不落无宝之地"之说,他认定山上有宝,经仔细寻找,终于在山中发现一块玉璞。《韩非子·和氏》:"楚人和氏得玉璞楚山中,奉而献之厉王。厉王使玉人相之,玉人曰:'石也。'王以和为诳,而刖其左足。及厉王薨,武王即位,和又奉其璞而献之武王。武王使玉人相之,又曰:'石也。'王又以和为诳,而刖其右足。武王薨,文王即位,和乃抱其璞而哭于楚山之下,三日三夜,泣尽而继之以血。王闻之,使人问其故。曰:'天下之刖者多矣,子奚哭之悲也?'和曰:'吾非悲刖也,悲夫宝玉而题之以石,贞士而名之以诳,此吾所以悲也。'王乃使玉人理其璞而得宝焉,遂命曰:'和氏之璧。'"(陈奇猷校注:《韩非子新校》,上海古籍出版社2000年版,第271页)

也。《春雪诗》曰:“春山不见天花树,一夜殊沙到处明。”此趣也。《对桃花诗》曰:“不为东风展笑颜,机含此日露天班。”此意也。《交秋诗》曰:“只有一瓢情不更,四时掬水当衔杯。”此理也。又集《量虚诗》曰:“梁高茅露骨,芦久壁生芽。”此炼字也。《过折系岩诗》曰:“白堕枝头桐萼放,青推岩畔石林横。”此错综也。已而揖别其僧曰:余翠屏吹万头陀也,举世皆于梦处醒,故醒不醒,吾心能于醒处梦,故梦不梦,则于世有所不容,而假此以适意耳!其志不在乎诗也,幸勿流其言,足见知己。(《诗僧传》)

九、“做诗不参禅,不是好诗”

做诗不参禅,不是好诗;作文不透宗,不是好文。托诗参禅,不唯有好诗,兼有好禅。以文透宗,不唯得真文,兼得真宗。真宗运夫笔端,不须学问,而显了学问也。好禅道出口头,不须情境,而挺特情境也。“山前一块闲田地,叉手叮咛问祖翁。几度卖来还自买,为怜松竹引清风”,此白云端会悟语也,何尝不是诗?身名者,乃是大患之本也。愚人无闻为妄见所侵,惜其所不惜,而不惜其所应惜,不亦哀哉!“吾蒙佛之遗法,不复有尔也”,此提婆尊者示外道语也,何尝不是文?惠崇①“烟雨芦雁,坐我潇湘洞庭,欲唤扁舟归去,旁人谓是丹青”,此山谷居士②诗也,何尝不是禅?“言而足终日言而尽道,言而不足终日言而尽物,道物之极言默不足以载,非言非默义有所极”,此漆园傲吏③文也,何尝不是宗?吾愿诸学人,体是四老,则浸种插秧、饥餐困寝,此夏亦不空过。(《勉学说》)

---

① 惠崇:(约960—约1030),宋代僧人。建阳(今福建建宁)人。一说淮南人。工诗善画,为北宋九诗僧之七。诗作以五言为佳。有集。所绘以山水小景为佳,江南春色、烟雨芒雁,情景交融,颇具特色。事迹见《图画见闻志》《六一诗话》《湘山野录》《清波杂志》《佩文斋书画谱》卷五二、民国《福建高僧传》卷四。

② 山谷居士:黄庭坚。参见本书《慧洪》“黄山谷”注。

③ 漆园傲吏:喻孤傲不仕的人。《史记》卷六十三《老子韩非列传》载:“楚威王闻庄周贤,使使厚币迎之,许以为相。庄周笑谓楚使者曰:‘千金,重利;卿相,尊位也。子独不见郊祭之牺牛乎?养食之数岁,衣以文绣,以入大庙。当是之时,虽欲为孤豚,岂可得乎?子亟去,无污我。我宁游戏污渎之自快,无为有国者所羁,终身不仕,以快吾志焉。’”(司马迁:《史记》,中华书局2013年版,第2596页)

十、"人人本具,个个不无"

"大道绝同,任向西东。石火莫及,电光罔通①。"此临济老人②语。若论此事,人人本具,个个不无。为甚么有凡有圣,有智有愚,有得有不得,似不可谓之同。若能凡圣情尽,智愚见销,得失关破,任运无碍,又不可谓之异。到斯境界,同则不同,异则不异,自西自东,自南自北,何不可者,岂可以石火及之、电光通之耶?多见今之参禅人,但以击石火、闪电光举了便会,以为落处,引人业识③茫茫,无有了期。慧岳禅人,始侍憨公④,继参博老,复以榆里之怀,参见聚云,请示行脚,信手书之,第一不得道老僧住在这里。(《法语·示慧岳禅人》)

---

① 石火莫及,电光罔通:石火电光,形容事物象闪电和石火一样一瞬间就消逝,比喻禅机迅疾,稍纵即逝。《临济语录》:"师乃有颂:'大道绝同,任向西东,石火莫及,电光罔通。'"(《大正藏》第47册,第1985号,第506页中)

② 临济老人:唐代禅僧,临济义玄和尚(?—867),山东东明人,俗姓邢。幼时聪敏,以孝闻名。居讲肆,以为教学不合济世,即投于黄檗会下,行业纯真。曾参于大愚,接得机用,悟得黄檗佛法,受其印可。曾到河北,住镇州小院,后改为临济禅院,举行棒喝。逃避兵乱于河南,太守王敬初,受其接化,住河北兴化寺。禅风单刀直入,机锋峻峭。提出四料简、四宾主、四照用的认识原则和教学方法。事迹见《宋高僧传》卷一二、《景德传灯录》卷一二。

③ 业识:参见本书《明表净端》"业识"注。

④ 憨公:参见本书《憨山德清》小传。

瑞白明雪

明雪(1584—1641),明末曹洞宗僧。字瑞白,号入就。安徽桐城人,俗姓杨。得湛然圆澄之印可①。

在诗歌创作上,明雪指出,大自然有“天开画图之妙”“频观兴愈清”“快意乐天真”,诗歌的上乘之作,总是写即目所见。

本书所录文字,据《入就瑞白禅师语录》《嘉兴藏》第26册,第188号。

一、“举目偶见”,遂有诗作

任运②禅人搬木回,至五龙湫憩息。举目偶见一水瀑布,喷珠而下,遂有瀑布泉五龙湫之诗,以呈老僧。老僧亦击节和之,故得瀑布泉五龙湫之二景矣。惊蛰节届久雨初晴,偕二三子,步于南墺之石濠。见一岭似凤蹲立有所待焉,遂指曰:“蹲凤岭。”从凤岭而去不里许,有冈若怒龙奔海,腾空而过,指曰:“飞龙冈。”诸子各呈诗,老僧亦占拙偈,不觉四景流落人间也。(《又题四景(并引)》)

二、“频观兴愈清”“快意乐天真”

乙卯夏,崆峒闲居养病自适,晚餐之暇,夕阳初落,余晖散彩,祥云呈奇,变

① 明雪生平事迹,见大音:《行状》、寂蕴:《行状》(《入就瑞白禅师语录》卷十八)、《五灯会元续略》卷二、《五灯严统》卷二十五、《增订佛祖道影》卷三。

② 任运:犹言自然,任法之自运动,而不加人之造作之义,指非用造作以成就事业。亦即随顺诸法之自然而运作,不假人之造作之义。与“无功用”同义。一般以七地及七地以前为有功用,八地以上则为无功用而任运自然。《往生礼赞偈》载:“自然任运,自利、利他,无不具足。”(《大正藏》第47册,第1980号,第439页上)此乃显示极乐净土自然任运之德,具足自利、利他之行。

幻莫测。或为狮儿返踯,或作象王[1]嚬呻,或现海马腾波,或现凤凰展翅,楼台殿阁,人畜龙仙,无所不有。时余与二三子,酌清泉,纵奇观,偶占偈一首,诸子亦各有和韵。可谓不负天开画图之妙耳。

远望夕阳,落斜晖映。彩云神奇莫可测,变化几般形。携杖同诸子,频观兴愈清。烹泉亦敷坐,快意乐天真。觌体非他物,不知谁肯惺。(《观奇云偈(并叙)》)

① 象王:譬喻佛之举止如象中之王。据《大般若波罗蜜多经》卷三八一载,佛有八十种好,进止如象王,行步如鹅王,容仪如狮子王。又以之譬喻菩萨,《无量寿》经卷下记载,菩萨犹如象王,以其善调伏之故:"犹如象王,善调伏故。"(《大正藏》第12册,第360号,第274页上)《长阿含经》卷三:"阿难!时,善见王有八万四千象,金银校饰,络用宝珠,齐象王为第一。"(《大正藏》第1册,第1号,第23页上)

雪关智訚

智訚(1585—1637),亦作道訚,明代曹洞宗僧。号雪关。信州(江西上饶)人,俗姓傅。博山无异元来之法嗣①。

雪关认为,禅门中有些人的"偈颂诗赋"创作,乃是"光影禅之病"的产物,是"不解方便,纯在妄想上作活计,依稀彷佛,捏出许多光景",是"外魔从想阴中潜入心腑"。雪关评诗,涉及品评标准:一、好诗无人间俗气,"其吐词不带烟火"。二、佳诗体制形式灵活,不受程式束缚,"脱去筌蹄"。三、能运无思之思,即非思量,"妙拨无思关捩"。是无心于佳乃佳,"字学无心诗偶工,个中活句难思议"。他以画师"能尽谙水法"即得"心水之法"比之:"譬画师画水,以能尽谙水法,故信笔一挥,如风涛怒作,波澜荡折,至观壁间悄然,初无动静掀涌之相。"究其原因,实作者心无沉浊,"性海澄清,得此心水之法",因而,无意于佳乃佳,"故有时滔天不有,有时湛碧非无,初未尝求工于翰墨,然笔端自莫能秘其天巧"。四、观赏佳诗,应有相应的审美能力,"当一别具一只眼,始可打关破寨,通其梗塞,渐入坦夷真境"。他高度评价寒山之诗:一、不拘时人窠臼,打破程式束缚,"我爱寒山诗,不入时人调"。二、诗的意句清新,勿事华藻,句句能涤除尘情忘识。三、且能让人玩味,"乍看意句新,转玩滋味好"。

本书所录文字,据《雪关禅师语录》《嘉兴藏》第27册,第198号。

一、"偈颂诗赋……此光影禅之病也"

何谓光影?有等参禅,不解方便,纯在妄想上作活计,依稀仿佛,捏出许多

① 智訚生平事迹,见曹学佺:《博山雪关智訚禅师传》、黄端伯:《信州博山能仁寺雪关大师塔铭(有序)》(以上见《雪关禅师语录》卷十三、《正源略集》卷三、《新续高僧传四集》卷六二、《佛祖道影》卷三、《五灯全书》卷六三)

光景。或见华台①宝座，楼阁庄严，或见山河国土，人物异常，种种境像，随意识到处无不显现在前。终日搬弄，正是活了死不得。古德云："颜色规模恰似真，人前拈弄越光新。有时入火重烹炼，到底终归是假银。"此等如抽傀儡相似，直待线断方休。若还被业识所使，一向心欣胜妙境界，不觉非真，耽玩不舍，遂有外魔，从想阴中潜入心腑，愈滋显现，以至偈颂诗赋，冲口便成，渐到年深月久，无人警觉，陷入邪网，殆不可救者。此光影禅之病也。楞严云：若著圣解，即受群邪。如人途路经过，虽流览山川景物，终不恋著，必以到家为乐也。(《光影禅》)

二、"吐词不带烟火，脱去筌蹄，妙拨无思关捩"

余读相国二水居士《庵居偈》，其吐词不带烟火，脱去筌蹄，妙拨无思关捩，譬画师画水，以能尽谙水法，故信笔一挥，如风涛怒作，波澜荡折，至观壁间悄然，初无动静掀涌之相。居士性海澄清，得此心水之法。故有时滔天不有，有时湛碧非无，初未尝求工于翰墨，然笔端自莫能秘其天巧。陶歇庵居士②亦云：人胸中有无限好诗好字，特以此窍不开，所以壅而不泄。余谓：读白毫庵主人③诗，当别具一只眼，始可打关破寨，通其梗塞，渐入坦夷真境，不然，非但被此老笔端热瞒，即雪关舌头亦瞒人不少。或谓得底人何烦纸墨！余曰：得底人

① 华台：指佛菩萨之台座。佛菩萨之台座大都以莲华所成，故称华台。《大毗卢遮那成佛经疏》卷一五卷十五："如世人以莲华为吉祥清净，能悦可众心，今秘藏中亦以大悲胎藏妙法莲华为最深秘吉祥，一切加持法门之身，坐此华台也。"(《大正藏》第39册，第1796号，第733页下)

② 陶歇庵：陶望龄(1562—1609)，明诗人，字周望，号石篑，明会稽(今浙江绍兴)人。万历十七年(1589)进士。授翰林编纂，官至国子监祭酒。其为学"谈玄说妙""泛滥于方外"(《明儒学案》)，诗文创作亦务在适性，信心而言，信口而发，不拘于一格一体。论诗偶"偏至"之说，反对"求全于所短"。认为"独至之所造，夫是之谓日新"(《马曹稿序》)，与李攀龙所称"拟议成变""日新富有"之说针锋相对。又提出"常怪相倚"(《稗海序》。主张作诗但求真性灵，或常或怪均无所不可。著有《歇庵集》，生平事迹见《明史》卷二一六)

③ 白毫庵主：张瑞图(1570？—1644)，明代书法家。字长公，号二水、果亭山人等。晋江(今属福建省)人。张瑞图于万历三十五年(1607)殿试探花，天启七年(1628)召入内阁。张瑞图工书画。他善画山水，师法元代黄公望，苍劲有骨。他尤精书法，成就较高。人们把他与董其昌、邢侗、米万钟合称为明代后期四大书法四大家。事迹见《明史》卷三百六《列传第一百九十四》黄立极顾秉谦传、《无声诗史》卷四、《图绘宝鉴续纂》卷一。

虽终日打葛藤,都是巧心妙手,亦能令人证入无声三昧①,文字奚赘哉?居士乃亲作小楷寄余,年高兴逸,笔法精绝,余固宝为眉山之带,留镇三门,因步韵赓和,以缀其末,大似投璚报李,不善献酬,博居士一粲可也。(《和相国张二水白毫庵韵》)

三、"字学无心诗偶工,个中活句难思议"

虚堂宴坐清无事,开缄远承瑶帙寄,新诗百首手自书,锥沙截铁饶风致。词家三昧属何人,公于翰墨聊游戏,一毫端上现神通,笔扎大小神全備。夭矫香海出游龙,挥霍长风抟妙翅,谁谓笔腕疲精思,恰似希夷偷打睡②。字学无心诗偶工,个中活句难思议,山中多少缚茅僧,输与白毫庵主意。无门锁子缝轻开,没底船儿篙惯刺,逢人借问绿葡萄,满盘拓出鲜红荔。读公诗,无义味,空空洞洞欺边笥,舌头原是肉生成,挥洒千篇无一字。(《复和张相国二水居士》)

四、"我爱寒山诗,不入时人调,句句洗尘情,安在事华藻"

我爱寒山诗,不入时人调,句句洗尘情,安在事华藻。至人宁逐物,廓然飞空鸟,岂但出樊笼,兼忘脱矰缴。俯视天壤间,几个离沈掉,长眠松下石,兴来歌浩浩。拊掌笑如狂,东颠复西倒,高挥石壁上,暗书木叶杪。乍看意句新,转玩滋味好,冷眼观戏场,热闹何时了。相逢拾得来,快把笤帚扫,垢面与蓬头,不令俗子晓。恰被阎丘生,觑破神通小,至今天台山,白云封海峤。日日松风吹,夜夜江月照,此意人不知,对面千里邈。我唤渠即来,来处

① 三昧:参见本书《实存英》"三昧"注。

② 希夷偷打睡:陈抟(871—989),字图南,号扶摇子,赐号"白云先生""希夷先生",北宋著名的隐士和易学家。唐咸通十二年(871),陈抟出生于亳州真源或普州崇龛。《宋史》卷四百五十七《列传第二百一十六·隐逸上·陈抟传》:"每寝处,多百余日不起。"(元脱脱等撰:《宋史》,中华书局 1977 年版,第 13420 页)

亦不道。(《读寒山诗作》)

五、“赋草随时得,心花信手拈”

本是金轮裔,何须紫气占,群灵皆翼卫,百福自庄严。道不繇师悟,才真与德兼,神全多蕴藉,语至绝廉纤。秘笈探龙藏,新诗吐凤笺,屏翰宗社倚,城堑法门瞻。赋草随时得,心花信手拈,光风难再睹,去棹欲留淹。(《上樊山主》)

苍雪读彻

读彻(1587—1656),清僧。字苍雪,又字见晓,号南来。呈贡(今属云南)人,俗姓赵氏。童年出家昆明妙湛寺,为寂光水月侍者。年二十五,受戒杭之云栖。参雪浪于望亭,至吴门依一雨禅师于铁山。后住支硎中峰寺。道风郁卺,学侣多趋座下。工诗善画,与文震孟、姚希孟、吴伟业、钱牧斋诸公往复酬唱①。

读彻提出了"禅机诗学,总一参悟"的命题,指出诗学与禅机在参悟上是相通相同的。

本书所录文字,据吴伟业《梅村诗话》《吴梅村全集》,上海古籍出版社1990年版。

"禅机诗学,总一参悟"

苍雪师,云南人。与维杨汰如师生同年月日,相去万里,而法门兄弟,气谊最得。苍住中峰,汰住华山,人以比无著、天亲②焉。汰公早世,其徒道开能诗兼书画,后亦卒。而苍公年老有肺疾,然好谈诗。以壬辰腊月过草堂,谓余曰:

---

① 读彻事迹,见《宗统编年》卷三二、《滇释纪》卷三、《新续高僧传四集》卷六三、《江苏诗征》卷一七九。

② 无著天亲:天亲:梵名婆数盘豆,又曰婆修盘陀,译曰天亲,新作伐苏畔度,译曰世亲。古印度佛教哲学家,大乘佛教瑜伽宗开创者无著之弟。唐王维:《过乘如禅师萧居士嵩邱兰若》诗:"无着天亲弟与兄,嵩邱兰若一峰晴。"赵殿成笺注:"《稽古要录》:初天竺国无着大士。频升知足天宫。咨参慈氏惟识宗旨。及其弟天亲菩萨生西度罗阅国。发明大乘。遂相与制论。通塞志。天竺国无着出世阐教。其弟天亲所造小乘论五百部。后因无着开悟。复造大乘五百部。世称千部论师。翻译名义。无着是初地菩萨天亲之兄。佛灭千年。从弥沙塞部出家。"(赵殿成笺注:《王右丞笺注》,上海古籍出版社1984年版,第188页)

"今世狐禅①盛行,一大藏教②将坠于地矣。且无论义学,即求一诗人不可复得,乃幸与子遇。我襆被来,不曾携诗卷,当为子诵之。"是夜风雨大作,师语音伧重,撼动四壁,疾动,喉间咯咯有声,已呼茶复话,不为倦。漏下三鼓,得数十篇,视阶下雨深二尺矣。当其得意,轩眉抵掌,慷慨击案,自谓生平于此证入不二法门③,禅机诗学,总一参悟。其诗之苍深清老,沉著痛快,当为诗中第一,不徒僧中第一也。(《吴梅村全集》第58卷)

---

① 狐禅:禅门指妄称开悟、流入邪僻者。后亦泛指异端邪说。一般亦称为"野狐禅",即禅宗对一些妄称开悟而流入邪僻者的讥刺语。《无门关》第二则:"百丈和尚,凡参次,有一老人,常随众听法,众人退,老人亦退。忽一日不退,师遂问:'面前立者复是何人?'老人云:'诺!某甲非人也。于过去迦叶佛时,曾住此山。因学人问:大修行底人还落因果也无?某甲对云:不落因果。五百生堕野狐身。今请和尚代一转语,贵脱野狐。'遂问:'大修行底人,还落因果也无?'师云:'不昧因果。'老人于言下大悟。"(《大正藏》第48册,第2005号,第293页上)

② 一大藏教:参见本书《天如惟则》"一大藏教"注。

③ 不二法门:参见本书《慧洪》"不二门"注。

觉浪道盛

道盛(1592—1659),明末曹洞宗僧。号觉浪,别号杖人。福建浦城人,俗姓张。无明慧经法嗣①。

在禅宗诗学着述中,专门论诗的专论极少,道盛的《诗论》弥足珍贵。道盛论诗,乃充分吸取儒家的诗学观。如曰“诗者,志之所之也,持也,时也”,如引“六义”说、“兴观群怨”之“四可”说,并对之作了阐释。他还提出诗是“传心光”之论:“声气实传心光,心不见心,以寓而显,故诗以风始,是曰心声。”

道盛论诗,十分重视吸收儒家和道家的诗学观,又特别强调一个“怨”字和“怒”字:“孔子言诗,虽兴观群怨并发,其秘密藏而纯归于一怨字”,“此怨字,发人情后天之密,非到怨处,不足以兴,不足以观,不足以群。到群,又不能不怨。不怨则不能归根复命于绝后重苏,亦不能使贞下起元为可兴可观也。”“予以庄生善怒字,屈原善怨字,孟子尤善怨怒二字。盖未有怨而不怒,怒而不怨也”。“凡此以正直之气,发天地人物不平之气,以会归于天地中和者,皆怨怒功也。世间法如此,参禅学道视此生死性命之怨怒果何物乎。”在他看来,“怨”“怒”最能反映诗人的内在的本真生命。他还在对孔子诗学观的阐释中,提出“怨”之一字,乃是“造化之玄枢,性命之秘藏”,指出“文章辞令,为天下之风教”,表明其对诗文功能作用的高度重视。他还认为,儒门之一“怨字”(诸如“诗之可以怨等”),“乃禅家所谓疑情,必欲求其故而不得也。”

他引用孔子之诗论,提出“可与言诗,即可与言道”的命题。在他看来,“一草一木,一喙一羽,无不可以引触而用为素绘、寓其磋磨”,其关键在诗人

---

① 道盛生平事迹,见刘余谟:《传洞上正宗三十三世摄山栖霞觉浪大禅师塔铭(并序)》(《天界觉浪盛禅师语录》附)、《五灯全书》卷六三、《正源略集》卷三、《揞黑豆集》卷五、《五灯会元续略》卷一下。

的审美心理结构如何,“视其人之正志所感何端耳!性情橐于心,而龠于思,思无邪而正用之,则性其情,而旁通曲成之情皆正矣!”

道盛明确提出用诗写志的主张,他说:“予叹赏其风神,亦步十诗之韵为忆嵩诗,以写吾志。”他又明确提出“天下有真人”“始有真文章”的命题:“吾故谓天下有真人,始有真性情;有真性情,始有真知见;有真知见,始有真事业;有真事业,始有真文章。”

在诗歌创作上,道盛提出“独贵生机”说:“吾宗提唱,独贵生机,机生则句活也,句活则不与人躲根,能令人起疑发悟,亦可八面受敌不死于人句下。文辞之妙,亦必得此始为可传。故诸尊宿每拈古诗,以激扬玄旨,盖有取于此。”

他主张偈颂创作应奇正相兼,才能免怪与俗之病:“奇而不出乎正,则涉怪诞矣。机昧终始能免乎正,而不寓乎奇,则涉鄙俗矣。”他充分肯定石溪道者之禅偈,“皆出于佛祖宗旨之奇。惟奇能使人疑而悟,惟正能使人思无邪”。

他主张诗应含蓄。他批评李太白诗也有不含蓄而太露处,“太白才高时有露处”。但他肯定《玉阶怨》含蓄有味,诗外之韵味(特别是诗人之“神情”),令人咀嚼玩味:“玉阶露白,旋生浸人,则空庭独立,夜分已久,直是彻骨冰冷,形影无依,不可攀援,而四顾踌蹰,只有明月在天耳。一笔到底,不寂寞而寂寞已甚,不言悲怨而悲感凄怨极矣。作诗者之神情,原在诗外,所以谓之仙人也。”

道盛指出,唐诗“不言禅而可禅”即不说禅而有禅味,乃是因“其意句俱活,不死于法,而机趣跃跃然在言外”,不受法式束缚,富有言外之机趣,因而能呈现诗人“性情之隐微”。而禅门宗师,又往往运用“下语颂古,以发明别传,是又禅不言诗,而自有诗矣。”

他高度评价陶潜的人品及诗作,指出陶“独以不汲汲于富贵,不戚戚于贫贱,俨然羲皇上人”,其诗“冲口清真古迈”,“令人读之,蜕出尘埃之表,以为千古最乐人也”。他也高度评价肯定周濂溪“教人寻孔颜乐处”,“是真有味乎大归者”即“知性命落处”也。

本书所录文字,据《天界觉浪盛禅师全录》《嘉兴藏》第 34 册,第 311 号。

一、诗“以写吾志”,“声气实传心光”

是役也,谒少林也,过颍州得交瑶席张公,公以汴城张林宗①子襄酬唱诗示余,曰:此二公深于禅理,吾中原大雅也。师读之异日适周之针芥契者②其在斯乎?是诗用杜句“翠柏苦犹食,明霞高可餐”③为十韵。予叹赏其风神,亦步十诗之韵为忆嵩诗,以写吾志,并为向往之先声云。(《忆嵩诗》)

诗者,志之所之也,持也,时也。庄生曰:“灵台者有持,而不知其所持,而不可持者也。”④关尹尝言:“道寓永言,言志发其心苗,其寓兴也深矣。”⑤一阖一辟,一正一变,一直一曲,一平一奇,其音自谐,其节自中,殆以法持,其不可持者,以时而节宣其所之也乎!雷风恒风雷,益有形者坏而声气不坏,其明征也。风力最大,随处善入,以转人动静,归风有转之者,风教风俗,以是称焉!故曰风力。声气实传心光,心不见心,以寓而显,故诗以风始,是曰心声。兴诗为礼乐之端,自咏勺以至白首,相见喻志,冲口妙协,未尝离也。诗有六义,寔是比兴赋,三互而风转,古今之轮焉。诗有四可,寔是哀乐之两端,感于中而相生者也。风写情景,雅叙事理,颂称功德,用之乡国朝廷宗庙。其概也,约言之,雅颂皆兴于风,而比兴所以为赋,三自兼六,而三自互焉。古今之轮,转而不已,就海洗海,圣人因之。四可者,可以兴可以观可以群可以怨也,是远近一

① 张林宗:即张民表(1570—1642),明藏书家。本名林宗,避讳改名民表。字法幢,一字武仲,号塞庵,自称旃然渔翁,又号蕊渊道人。中牟(今属河南)人。万历十九年(1591)举人。嗜古文词,任侠好客,时常荡舟在外。家藏书数万卷,皆手自点订。喜饮酒作诗。著有《原圃塞庵诗集》。见《明史》卷二百九十三《列传第一百八十一·忠义五·李贞佐(周卜历等)》。

② 针芥契者:即针芥相投,意谓机锋如同针芥,精细准确,互相投合契中。芥:芥草,喻细微之物。《圆悟语录》卷四:“箭锋相拄,针芥相投则且置,独脱一句作么生道?”(《大正藏》第47册,第1997号,第732页上)

③ 翠柏苦犹食,明霞高可餐:杜甫《空囊》:“翠柏苦犹食,明(一作‘晨’)霞高可餐。世人共卤莽,吾道属艰难。不爨井晨冻,无衣床夜寒。囊空恐羞涩,留得一钱看。”(清仇兆鳌:《杜诗详注》,中华书局2009年版,第620页)

④ 见《庄子·庚桑楚》,郭庆藩集释:“注:灵台者,心也,清畅,故忧患不能入。疏:内,入也。灵台,心也。妙体空静,故世物不能入其灵台也。”(清郭庆藩撰,王孝鱼点校:《庄子集释》,中华书局1961年版,第794页)

⑤ 觉浪道盛:《诗论》。(大成、大奇校:《觉浪道盛禅师全录》《嘉兴藏》第34册,第701页)

多之贯也。惟兴乃观,惟观乃群,惟群乃怨。或谓怨则何以消之?予曰:勿忧也,怨不得已而兴,犹冬不得已而春也。贞之起元也,亢之于潜也,言者无罪,闻者以戒,摅其郁结,虽怨而不怨也。通乎贞元①亢潜②之道而知之,即怒怨而致中和矣。四时行焉,六龙乘焉,诗还其诗,吾何言哉!皎然曰:“诗之为道,居六经之先,司众妙之门③,彻空王④之奥,但恐徒挥斧斤而无其质,则伯牙所太息也!”憨公曰:“诗禅一也。”吾宗以之接机,山川烟云,草水飞跃,感物造端,不即不离,而协在其中矣。区区与王孟李杜磨戛声律而已乎?然王孟李杜,诸人谐音中节,时宜正变,适其天然,亦未尝非思无邪⑤之陶铸糠秕⑥也。(《诗论》)

---

① 贞元:语本《易·乾》:“元亨利贞。”《周易正义》:“元、亨、利、贞者,是乾之四德也。《子夏传》云:‘元,始也;亨,通也;利,和也;贞,正也。言此之德,有纯阳之性,自然能以阳气始生万物,而得元始、亨通,能使物性和谐各有所利,又能使物坚固贞正得终。’”(魏王弼、晋韩康伯注,唐孔颖达疏:《周易正义》,清阮元校本:《十三经注疏》,中华书局1980年版,第1页上)

② 亢潜:亢为“亢龙有悔”,《周易正义》:“‘上九’亢阳之至大而极盛,故曰‘亢龙’。此自然之象。以人事言之,似圣人有龙德,上居天位,久而亢极,物极则反,故‘有悔’也。”潜为“潜龙勿用”,《周易正义》:“正义:上九亢阳之至,大而极盛正义曰:居第一之位,故称‘初’;以其阳爻,故称‘九’。潜者,隐伏之名;龙者,变化之物。言天之自然之气起于建子之月,阴气始盛,阳气潜在地下,故言‘初九潜龙’也。”(魏王弼、晋韩康伯注,唐孔颖达疏:《周易正义》,清阮元校本:《十三经注疏》,中华书局1980年版,第14页上)

③ 众妙之门:出自《老子》:“玄之又玄,众妙之门。”王弼注:“玄者,冥(也)默(然)无有也……不可得而名,故不可言同名曰玄。而言同谓之玄者,取于不可得而谓之也。不可得谓之然,则不可以定乎一玄而已。若定于一玄,则是名则失之远矣。故曰‘玄之又玄’也。众妙皆从玄而出,故曰‘众妙之门’也。”(楼宇烈:《老子道德经注校释》,中华书局2009年版,第2页)

④ 空王:参见本书《皎然》“空王”注。

⑤ 思无邪:《论语·为政第二》:子曰:“《诗》三百,一言以蔽之,曰‘思无邪’。”朱熹注:“言三百者,举大数也。蔽犹盖也。‘思无邪’,《鲁颂·駉》篇之辞,凡《诗》之言,善者可以感发人之善心,恶者可以惩创人之逸志,其用归于使人得其情性之正而已。”(朱熹撰:《四书章句集注》,中华书局2003年版,第53页)

⑥ 陶铸糠秕:出自《逍遥游》:“藐姑射之山,有神人居焉,肌肤若冰雪,绰约如处子。不食五谷,吸风饮露。乘云气,御飞龙,而游乎四海之外。其神凝,使物不疵疠而年谷熟……之人也,物莫之伤,大浸稽天而不溺,大旱金石流土山焦而不热。是其尘垢秕糠,犹将陶铸尧舜者也,孰肯以物为事!”郭庆藩:“疏:散为尘,腻为垢,谷不熟为秕,谷皮为糠,皆猥物也。镕金曰铸,范土曰陶。”(清郭庆藩撰,王孝鱼点校:《庄子集释》,中华书局1961年版,第33页)

二、"可与言诗,即可与言道"

孔子以"思无邪"一言敝诗三百,果以鲁颂《駉》①而断章取之乎?端木之以贫富磋磨②,卜氏之于绘事礼后③,皆断章之别传也,可与言诗,即可与言道也已。一草一木,一喙一羽,无不可以引触而用为素绘、寓其磋磨焉,亦视其人之正志所感何端耳!性情橐于心,而龠于思,思无邪而正用之,则性其情,而旁通曲成之情皆正矣!圣人同患至密,其几惟在闲以为存而存其存者,诚也。诚与思诚果二乎哉?行无事必有事,思本无思,非憧憧也。不出其位,非死浸也。天下何思,惟悟思无邪者享之。不然,执无思以契同,而不知正用即得,则中外横裂而反致危熏矣。又不然,苟非顽石槁木,则狂逞鸱张矣。是谁能集思之正,以享何思之天下哉!予前居庐山圆通时,李梦白大宰以予集说通唐集生徵君,而徵君大为赏鉴,已与予作标竿之先手矣。今始亲晤于金陵,快谈不二法门④。公叹曰:昔有拙集,失于兵火,偶一苾刍拾而藏之,近得还吾故物,喜而奇之,而不忘其固陋。予与师神交想慕之久,今获心眼相照⑤,创我未闻,其喜而奇,孰更过此。请师一言,附之方外,庶亦无负千古之旦暮也,予何言哉?请拈孔子一言以赠公。(《唐集生大参集序》)

---

① 鲁颂《駉》:篇名,是《鲁颂》第一篇。歌颂鲁僖公能继承祖业,振兴鲁国,恢复疆土,修筑宗庙。

② 端木之以贫富磋磨:《论语·学而》:"子贡曰:'贫而无谄,富而无骄,何如?'子曰:'可也。未若贫而乐,富而好礼者也。'子贡曰:《诗》云,'如切如磋!如琢如磨',其斯之谓与?"子曰:"赐也!始可与言《诗》已矣,告诸往而知来者。"朱熹注:"此章问答,其深浅高下,固不待辩说而明矣。然不切则无磋所施,不琢则磨无所措。"(朱熹撰:《四书章句集注》,中华书局 2003 年版,第 53 页)

③ 卜氏之于绘事礼后:《论语·八佾》:"子夏问曰:'巧笑倩兮,美目盼兮,素以为绚兮。'何谓也?子曰:'绘事后素。'曰:'礼后乎?'子曰:'起予者商也,始可与言诗已矣。'"朱熹注:"礼必以忠信为质,犹绘事必以粉素为先……若夫玩心于章句之末,则其为《诗》也固而已矣。所谓起予,则亦相长之义也。"(朱熹撰:《四书章句集注》,中华书局 2003 年版,第 63 页)

④ 不二法门:参见本书《慧洪》"不二门"注。

⑤ 心眼相照:禅心与法眼相映照。谓禅机运用,互相投合。《大慧语录》卷二十四《示遵璞禅人》:"古来尊宿以法求人,师胜资强,动弦别曲,一言一句,一语一默,并不虚施。可谓心眼相照,胶漆相投也。"(《大正藏》第 47 册,第 1998 号,第 913 页下)

三、"孔子言诗,虽兴观群怨并发,其秘密藏而纯归于一怨字"

孔子言诗,虽兴观群怨并发,其秘密藏而纯归于一怨字。此怨乃能以天地人物不平之气,保合天人性情之太和。则怨字又愈于元亨利贞贞字。元亨利贞,明天性自然流行之气。此怨字,发人情后天之密,非到怨处,不足以兴,不足以观,不足以群。到群,又不能不怨。不怨则不能归根复命于绝后重苏,亦不能使贞下起元为可兴可观也。予以庄生善怒字①,屈原善怨字②,孟子尤善怨怒二字③,盖未有怨而不怒,怒而不怨也。庄子以怒而飞,怒者其谁?草木怒生,达其怒心即达其怒心(?),尤妙尽怒者其谁也。屈子怨而不怨,则怨即怒也,不见《离骚》皆不平之怨耶?孟子云"一怒而安天下",又以舜如怨如暴④,以自求其不得于父母之故。太甲自怨自艾⑤,终得阿衡之意。凡皆以怨怒成此浩然之气,如大易以地雷复为见天地之心,怒莫若雷,至于雷电敕法,帝出乎震,震惊百里,摩荡八八六十四卦,皆从震发怒机,此大易又为一部怨怒之府。即尧不得其子而举于舜,非怨怒而何能如此神远哉!舜以怨而得底豫,禹

---

① 庄生善怒字:《庄子·逍遥游》:"北冥有鱼,其名为鲲。鲲之大,不知其几千里也。化而为鸟,其名为鹏。鹏之背,不知其几千里也;怒而飞,其翼若垂天之云。"郭庆藩集释:"疏:鼓怒翅翼,奋迅毛衣,既欲抟风,方将击水。"(清郭庆藩撰,王孝鱼点校:《庄子集释》,中华书局1961年版,第2页)

② 屈原善怨:《史记》卷八十四《屈原贾生列传》载:"疾痛惨怛,未尝不呼父母也,屈平正道直行,竭忠尽智以事其君,谗人间之,可谓穷矣。信而见疑,忠而被谤,能无怨乎?屈平之作《离骚》,盖自怨生也。"(司马迁:《史记》,中华书局2013年版,第2994页)

③ 孟子尤善怨怒:《孟子·告子下》:"曰:'《凯风》何以不怨?'曰:'《凯风》,亲之过小者也;《小弁》,亲之过大者也。亲之过大而不怨,是愈疏也;亲之过小而怨,是不可矶也。'"(朱熹:《四书章句集注》,中华书局2003年版,第340页)

④ 舜如怨如暴:《孟子·万章上》:"万章问曰:'舜往于田,号泣于旻天,何为其号泣也?'孟子曰:'怨慕也。'"万章曰:"父母爱之,喜而不忘;父母恶之,劳而不怨。然则舜怨乎?"(朱熹:《四书章句集注》,中华书局2003年版,第302页)

⑤ 太甲自怨自艾:《孟子·万章上》:"三年,太甲悔过,自怨自艾,于桐处仁迁义;三年,以听伊尹之训己也,复归于亳。"(朱熹:《四书章句集注》,中华书局2003年版,第309页)

以父鲧殛死而治平水土①,何怨如之!即汤武以臣伐君②,不避惭德,何等怨怒耶!文王拘于羑里,口无怨言而此中之怨艾,至以一怒安天下何如!若周公以大义灭亲③,流言居东,怨可知也。《春秋》④,怨史也。孔子惧,作《春秋》,擅天王之进退褒贬。孟子距杨墨,只此一惧,乃不肯避万世乱贼之讳忌,此又何等怨怒哉!凡此以正直之气,发天地人物不平之气,以会归于天地中和者,皆怨怒功也。世间法如此,参禅学道视此生死性命之怨怒果何物乎!(《论怨》)

四、“儒门有一怨字”,“乃禅家所谓疑情,必欲求其故而不得也”

师曰儒门有一怨字,如大舜如怨如慕,太甲之自怨自艾,与诗之可以怨等,乃禅家所谓疑情,必欲求其故而不得也。本初曰:“大疑大悟,小疑小悟,不疑不悟。”疑又岂易言哉!今而后余于学道求已有入门矣。(《杂纪·青山小述》)

五、“怨”之一字,乃是“造化之玄枢,性命之秘藏”

自古之言诗也,莫过于孔子。或言“乐而不淫,哀而不伤”,或言“思无

---

① 禹以父鲧殛死而治平水土:《史记》卷二《夏本纪》载:“当帝尧之时,鸿水滔天,浩浩怀山襄陵,下民其忧。尧求能治水者,群臣四岳皆曰鲧可。尧曰:‘鲧为人负命毁族,不可。’四岳曰:‘等之未有贤于鲧者,原帝试之。’于是尧听四岳,用鲧治水。九年而水不息,功用不成。于是帝尧乃求人,更得舜。舜登用,摄行天子之政,巡狩。行视鲧之治水无状,乃殛鲧于羽山以死。天下皆以舜之诛为是。”(司马迁:《史记》,中华书局2013年版,第64页)

② 汤武以臣伐君:《史记》卷三《殷本纪》载:“当是时,夏桀为虐政淫荒,而诸侯昆吾氏为乱。汤乃兴师率诸侯,伊尹从汤,汤自把钺以伐昆吾,遂伐桀。”(司马迁:《史记》,中华书局2013年版,第124页)

③ 周公以大义灭亲:指周公首先镇压“三监”,制止了流言,杀了管叔放逐了蔡叔;还诛杀了武庚,以纣王庶兄微子继承殷祀。《史记》卷三十五《管蔡世家》载:“周公旦承成王命伐诛武庚,杀管叔,而放蔡叔。”(司马迁:《史记》,中华书局2013年版,第1883页)

④ 《春秋》:古代编年体历史著作。儒家经典之一。《春秋》原为古代各国史书之通称,今本《春秋》相传为孔子在鲁国史书的基础上修订而成。《孟子·滕文公下》曰:“世道衰微,邪说暴行有作,臣弑君者而有之,子弑其父者有之。孔子惧,作《春秋》。”(朱熹撰:《四书章句集注》,中华书局2003年版,第272页)

邪”，或言“可以兴观群怨，事父事君”，予以“怨”之一字，尤为造化之玄枢①，性命之秘藏②。凡天下之事，到于群处，不能无怨，到无邪处，乃能归根复命，贞下起元也。此非千圣不传之妙密乎？须知有性命者，必有形色，有形色者，须有造化，有造化者，须有事功，有事功者，必有文章辞令，为天下之风教。然此中之节次，未易窥破也。子贡多学强识，末年乃大悟曰：我昔以夫子之文章与性道作两截看，不知夫子所言之文章，即夫子所言之性与天道③也。使夫子非性与天道为不可得闻，又何必提出以赘人之知见，此正为世人徒见时行物生，而不见天命流行之妙也。彼时七十子从事夫子，无行不与，尚未有几人领略，又况风斯再下者乎！虽然圣人之大德敦化，诸子之小德川流，亦何尝不与天地交错而成其变化哉？予读僧祥马公近稿，盖有感于圣贤素逝者深矣。公负不世之资，值天下屯否而不遂其志，然忠孝性情益见于杖履间，其所寓言着述，又深有兴观群怨于归根复命④处，固有世人所不可得而闻者在也。夫不闻何病，如庄屈与孟子同时，言论各不相及，其发于性命事业，足为万世之风教中节一也。公素以名教自任⑤，更深参性命之事于雪窦⑥

---

① 玄枢：指把握道的奥义的枢纽。唐皎然：《寒栖子歌》：“栖子妙今道已成，手把玄枢心运冥。”（皎然：《杼山集》卷七，《禅门逸书初编》第2册，第104号，第69页下）

② 秘藏：隐而不传于人，称为秘；蕴蓄于内，称作藏。秘藏者，谓诸佛之妙法，以诸佛善为守护，不妄宣说。《维摩诘所说经·文殊师利问疾品第五》：“文殊师利白佛言：‘世尊！彼上人者，难为酬对。深达实相，善说法要，辩才无滞，智慧无碍；一切菩萨法式悉知，诸佛秘藏无不得入；降伏众魔，游戏神通，其慧方便，皆已得度。虽然，当承佛圣旨，诣彼问疾。’”（《大正藏》第14册，第475号，第544页上）

③ 性与天道：《论语·公冶长》：子贡曰：“夫子之文章，可得而闻也；夫子之言性与天道，不可得而闻也。”性，人的天性；天道，一般指自然和人类社会吉凶祸福的关系。朱熹：《四书章句集注》：“性者，人之受之天理；天道者，天理自然之本体，其实一理也。言夫子之文章，日见乎外，固学者所共闻；至于性与天道，则夫子罕言之，而学者不得闻者。”（朱熹撰：《四书章句集注》，中华书局2003年版，第79页）

④ 归根复命：《老子》第十六章：“致虚极，守静笃。万物并作，吾以观复。夫物芸芸，各复归其根。归根曰静，是谓复命。复命曰常，知常曰明。不知常，妄作，凶。知常容，容乃公，公乃王，王乃天，天乃道，道乃久，没身不殆。”（楼宇烈：《老子道德经注校释》，中华书局2009年版，第35页）

⑤ 名教自任：名教，以“正名分”为中心的封建礼教。名教自任，即以世俗伦理纲常、道德礼教等自任。“越名教而任自然”出自嵇康《释私论》：“矜尚不存乎心，故能越名教而任自然；情不系于所欲，故能审贵贱而通物情。物情顺通，故大道无违；越名任心，故是非无措也。”（戴明扬：《嵇康集校注》，人民文学出版社1962年版，第233页）

⑥ 雪窦：参见本书《雪窦重显》小传。

诸尊宿，以故妙得活句①活法。有时影草②随身，有时入廛垂手，有时孤峰顶上，有时异类中行③，以为庞裴杨李善法喜游，又何让焉！公与予神交有年，客腊特孤棹来皋亭度岁，一见莫逆，空走磨盘，因山近稿相视，乃击节而题此，以识一日之千古云。(《僧祥马培元近稿序》)

六、“天下有真人”，“始有真文章”

昔者仲尼之徒，常以天、以日月、以山海、以麟凤、以贤于尧舜、以自生民以来未有，比拟其师，称尊其师，非漫然也。至孔子问礼于老聃，而聃以“去淫志骄态与聪明深察近于死者”为勉。时孔子退与诸门人叹为犹龙④。夫以淫志骄态加于温良恭俭让之孔子，何其太逼乎？杖人曰：非老聃之圣，必不能出此语；非孔子之圣，必不能受此语。此惟圣人能遇圣人耳！香严闲禅师⑤，智慧辨才，一日参沩山⑥，山逼以父母未生前事，窘不能对，遂弃平生所得。后因击竹大悟，始向沩山礼拜曰：“当日非承激励，安有今日事乎？”此千古杀人见血，

① 活句：参见本书《达观真可》“活句”注。

② 影草：临济宗七事随身之一、四喝之一。参见本书《宏智正觉》“影草探竿”注。

③ 异类中行：异类，指属于佛果位以外之因位，如菩萨、众生之类。《大慧普觉禅师语录》卷三：“上堂：‘智不到处切忌道着。道着即头角生。’举起拂子云：‘头角生也是驴是马。还识得麽。若识得。不妨向异类中行。若识未得。永劫沉沦。’”(《大正藏》第47册，第1998号，第821页下)异类中行，指行于异类之中。发愿利生之菩萨，于悟道后，为救度众生，不住涅槃菩提之本城，而出入生死之迷界，自愿处于六道众生之中，以济度一切有情。《景德传灯录》卷八南泉普愿章：“一日师示众云：‘道个如如早是变也。今时师僧须向异类中行。’归宗云：‘虽行畜生行，不得畜生报。’”(《大正藏》第51册，第2076号，第257页中)

④ 犹龙：孔子形容老子。《庄子·外篇·天运》：“吾乃今于是乎见龙！龙，合而成体，散而成章，乘云气而养乎阴阳。”(清郭庆藩撰，王孝鱼点校：《庄子集释》，中华书局，1961年版，第524页)老子形容孔子。《史记》卷六十三《老子韩非列传》载：“鸟，吾知其能飞；鱼，吾知其能游；兽，吾知其能走。走者可以为罔，游者可以为纶，飞者可以为矰。至于龙吾不能知，其乘风云而上天。吾今日见老子，其犹龙邪！”(司马迁：《史记》，中华书局2013年版，第2591页)

⑤ 香严闲禅师：参见本书《慧洪》注。

⑥ 沩山：沩山灵祐(771—853)，唐代高僧。沩仰宗初祖。福州长溪(福建省)人，俗姓赵。十五岁从建善寺法常(一作法恒)出家，三年后，受具足戒于杭州龙兴寺，又从钱塘义宾受律部。后参百丈怀海，并嗣其法。敕谥大圆禅师。事迹见《景德传灯录》卷九，《五灯会元》卷八，《稽古略》卷三。

刻骨相成者也！吾故谓天下有真人，始有真性情；有真性情，始有真知见；有真知见，始有真事业；有真事业，始有真文章。孔子于干戈隐几时，而叹文不在兹，是何等性情乎！呼天呼死逼出一真而已。西陵冯席之，博学强识，虽当抢攘，未尝废笔墨也。一日持所着《远复斋稿》问序于予，并求指示向上事。予读《李冢宰序》，已概见其志有足以语向上受本色钳锤者，因欲益其所未益，损其所未损，淫志骄态，深察近死，孰能免乎？乃以斩截性命之语，投之居士，立地欲然，不啻香严初参沩老时也。山水聂公在坐，抚几曰："此吾师已为远复斋序矣，已为击竹发雷声矣，便直下翻然而起，则后死之斯文，尚未丧也。"(《大观冯席之远复斋稿序》)

七、"惟奇能使人疑而悟，惟正能使人思无邪"

奇而不出乎正，则涉怪诞矣。机昧终始能免乎正，而不寓乎奇，则涉鄙俗矣。浊智流转能免乎此，怪与俗皆是学处不深，宗旨不烂故也。杖人读石溪道者禅偈，其题注皆出于佛祖言行之正，其偈语皆出于佛祖宗旨之奇。惟奇能使人疑而悟，惟正能使人思无邪，此虽不可以拈颂并款，而语意甚似云门①诸纲宗偈句，盖彼得之于秦时轹钻，石公得之于鉏斧石头滑，以故龙三老特拈出曰：依旧是香严上树话，开口便丧失身命，此又鼻王两孔一路出气，不啻与时人作僧繇点眼法②也。余不禁忌为此嚏之。(石溪道者禅偈引)

八、"蜕出尘埃之表，以为千古最乐人也"

陶靖节能不为五斗折腰，而赋"归去来"，门栽五桃，独以不汲汲于富贵，

---

① 云门：云门文偃。以云门山文偃禅师为宗祖，故谓之云门宗，《稽古略》三曰："师嗣雪峰存禅师，存嗣德山鉴，鉴嗣龙潭信禅师，师之法道。世宗仰之。目之曰云门宗。"(《大正藏》第49册，第2037号，第851页上)文偃禅师以"涵盖乾坤""截断众流""随波逐浪"三句概况其宗旨，世称"云门三句"。

② 僧繇点眼法：唐朝张彦远：《历代名画记》卷七：张僧繇于金陵安乐寺画四龙于壁，"不点眼睛。每曰：'点之即飞去'。人以为妄诞，固请点之。须臾，雷电破壁，两龙乘云腾去上天，二龙未点眼者现在。"(于安澜编：《画史丛书》第1册，上海人民美术出版社1982年版，第90页)

不戚戚于贫贱，俨然羲皇上人。故其冲口清真古迈，直凌汉魏，追《三百篇》，令人读之，蜕出尘埃之表①，以为千古最乐人也。周濂溪②尝教人寻孔颜乐处③，是真有味乎大归者！夫驰骛一世而不知性命落处，可谓大归乎？吴瑟黄今处士也，瑟彼玉瓒，黄流在中，其器何如，乃能见几而作。从远游，归卜居④于桃溪竹山，躬耕亩亩，乐志潜修，不敢多求于造物，不可得而为者，则造化亦无从操纵，其所以自为也异哉！今且进于性命，以为大归，乐以忘忧，有不可以已者。予不徒以洁身独善，而高其志也。（《吴瑟黄竹山归来吟序》）

九、“作诗者之神情，原在诗外”

谈诗次，客谓太白绝句为唐一人，某绝句为第一。师不以为然也。太白才高时有露处，如“但见泪痕湿，不知心恨谁”，眼泪恨容满面，有何含蓄可思？何如“玉阶生白露，夜久浸罗袜。却下水晶帘，玲珑望秋月”⑤二十字耶？玉阶露白，旋生浸人，则空庭独立，夜分已久，直是彻骨冰冷形影无依，不可攀援，而四顾踌躕，只有明月在天耳。一笔到底，不寂寞而寂寞已甚，不言悲怨而悲感凄怨极矣。作诗者之神情，原在诗外，所以谓之仙人也。老杜《新婚别》云：“妾身未分明，何以拜姑嫜”⑥，人俱一往看过。余谓“未分明”三字，写出新婚

---

① 蜕出尘埃之表：古人认为蝉性高洁，《史记》卷八十四《屈原贾生列传》：“蝉蜕于浊秽，以浮游尘埃之外。”（司马迁：《史记》，中华书局2013年版，第2994页）

② 周濂溪：周敦颐（1017—1073），宋代理学家。原名敦实，避英宗旧讳改字茂叔，号濂溪。宋营道楼田堡（今湖南道县）人，北宋著名哲学家，是学术界公认的理学派开山鼻祖。“两汉而下，儒学几至大坏。千有余载，至宋中叶，周敦颐出于舂陵，乃得圣贤不传之学，作《太极图说》《通书》，推明阴阳五行之理，明于天而性于人者，了若指掌。”（《宋史·道学传》）

③ 孔颜乐处：指以孔颜的人格理想为人生和审美的旨归。《论语》云：“子曰：‘饭疏食饮水，曲肱而枕之，乐亦在其中也’”（《论语·述而》，朱熹：《四书章句集注》，中华书局1983年版，第97页）又云：“一箪食，一瓢饮，在陋巷，人不堪其忧，回也不改其乐。贤哉，回也！”（《论语·雍也》，朱熹：《四书章句集注》，中华书局1983年版，第87页）

④ 从远游，归卜居：借用屈原《远游》《卜居》之篇名。

⑤ 李白《玉阶怨》。见清王琦注：《李太白全集》卷五，中华书局1981年版，第293页。

⑥ 杜甫《新婚别》，见清仇兆鳌注：《杜诗详注》卷七，中华书局2009年版，第531页。

未成人之状，多少艰难羞涩，一篇精神，此其颊上三毛①乎。《妾薄命》诗云："堕地自生神。"②是何意耶？人以妾为人弃，抑或季女斯饥，怨薄命耳。此诗若曰妾之薄命，其在父母生我呱呱下地时，若为男子，则堕地自生神矣。既为女子，掷之地、投之水、弄之瓦③。妾之得此于父母怀中也、已薄命矣。如是观之，一语深入骨髓，不可以色声香味求也。《一日登山咏》云："此境可常住，浮生自不能。"④古今千态万状，无限陆离，而此以"自不能"三字写之，何等真率自然，何等感慨痛恨。诗骨高贵，登临旷怀，无逾此者。（《杂纪·青山小述》）

十、"独贵生机"，"文辞之妙，亦必得此始为可传"

吾宗提唱，独贵生机，机生则句活也，句活则不与人躲根，能令人起疑发悟，亦可八面受敌不死于人句下。文辞之妙，亦必得此始为可传。故诸尊宿每拈古诗，以激扬玄旨⑤，盖有取于此。陈涉江偶以梅花作十六咏，其匠心独妙，能创人生机。王穆如诸风雅，忍俊不禁起而和之，方叹其奇才异出。纪伯紫亦托此写其气骨劲挺，姿韵高华，俨欲先春争意。予因进之以参宗门之花，一朝勘破性命根芽，则品地才情超超物外，更当别有闻香者在。（《又

---

① 颊上三毛：喻文章或图画的得神之处。南朝·宋·刘义庆：《世说新语·巧艺》："顾长康画裴叔则，颊上益三毛。人问其故，顾曰：'裴楷俊朗有识具，正此是其识具。'看画者寻之，定觉益三毛如有神明，殊胜未安时。"（余嘉锡：《世说新语笺疏》，中华书局 2007 年版，第 847 页）

② 魏晋诗人傅玄《豫章行苦相篇》："苦相身为女，卑陋难再陈。男儿当门户，堕地自生神。雄心志四海，万里望风尘。"（清·吴兆宜注，程琰删补：《玉台新咏笺注》，中华书局 1999 年版，第 72 页）

③ 弄之瓦：古人用瓦砖卷线，给女孩子玩纺砖，望其将来能胜任女工。《诗·小雅·斯干》："乃生女子，载寝之地，载衣之裼，载弄之瓦。"（汉毛亨传，汉郑玄笺，唐孔颖达疏：《毛诗正义》卷十一，清阮元校本：《十三经注疏》，中华书局 1980 年版，第 438 页上）

④ 唐马戴：《寄终南真空禅师》："闲想白云外，了然清净僧。松门山半寺，夜雨佛前灯。此境可长住，浮生自不能。一从林下别，瀑布几成冰？"（《全唐诗》卷五百五十五，中华书局 1979 年版，第 6429 页）

⑤ 玄旨：指玄妙幽微之旨趣，亦即宗旨之根本义。《大乘法苑义林章》卷一："语设将融，玄旨犹隔。"（《大正藏》第 45 册，第 1861 号，第 254 页下）《信心铭》："不识玄旨，徒劳念静。"（《大正藏》第 48 册，第 2010 号，第 376 页中）

题梅花和诗》)

十一、唐诗“不言禅而可禅,以其意句俱活,不死于法,而机趣跃跃然在言外”

唐人之诗,不言禅而可禅,以其意句俱活,不死于法,而机趣跃跃然在言外。故夫子称诗可以兴观群怨,盖深有味乎性情之隐微也。而吾宗门,每每引用下语颂古,以发明别传,是又禅不言诗,而自有诗矣。荆溪吴二公,久参性命事,偶寄迹于天界半峰,而有吟焉。其迈往之气,感慨之情,乃在言句之表。然居士方锐志向上,一见予即绝倒,将知异日进步竿头,则咳唾掉臂,皆无声之诗,活句之禅,更当坐断①唐人,使无舌者唱和可乎?半峰居士,更勉其半。(《吴二公半峰吟序》)

十二、永嘉《证道歌》“参研久之,自能随事触机,顿入圆明妙性”

还丹一粒,点铁成金。至理一言,转凡成圣。此惟吾宗门,足以当之。故予尝令学人熟读宝志公②《十二时歌》、傅大士③《心王铭》、三祖④《信心铭》、

---

① 坐断:原意谓“彻底的坐”,引申为拼命做之意。又作坐破。即由坐禅之力以断迷,用以形容坐破差别相,彻底达于平等一如之境地。《临济义玄禅师语录》:“坐断报化佛头。”(《大正藏》第47册,第1985号,第497页下)《碧岩录》第三十二则:“十方坐断,千眼顿开;一句截流,万机寝削。”(《大正藏》第48册,第2003号,第171页中)

② 宝志公:宝志禅师(418—514),亦称保志,南朝齐、梁时高僧,句容县东阳镇(今属南京市栖霞区)人,俗姓朱。齐宋之稍显灵迹,梁武帝尤深敬事,俗呼为志公。《唐书·艺文志》《江淮异人录》《传灯录》《南史·隐弘景传》记载,宝志禅师少年出家,止京师道林寺,师事沙门僧俭修习禅业。到了宋太(泰)始年间(465—472),宝志禅师的行为举止发生了变异:他居止无定,饮食无时,发长数寸,常跣行街巷。执一锡杖,杖头挂剪刀及镜,或挂一两匹帛。《景德传灯录》卷二十九收有宝公的《大乘赞》《十二时颂》《十四科颂》等作品。

③ 傅大士(497—569),姓傅名翕。参见本书《灵岩妙空》“傅大士”注。

④ 三祖:僧璨,又作僧粲。参见本书《达观真可》“皖山”注。

永嘉《证道歌》[1]、石头[2]《参同契》[3]、云岩[4]《宝镜三昧》诸著作，参研久之，自能随事触机，顿入圆明妙性。何则？此诸祖如大医王，从旷劫来，遍采奇异方药，修炼微妙灵丹，末法之人何幸遇此。如灵丹在口，但能信而吞之，便足起死回生，转凡成圣，岂非《证道歌》中所谓"粉骨碎身未足酬，一句了然超百亿"乎？世人以诸祖无有法嗣，又孰知愈于有法嗣者之法乳益深乎？吾弟子姚愚谷，尝随予庐山圆通[5]，偶得竺源禅师[6]所注《颂证道歌》，不啻如获髻珠，深为秘惜。去年携来金陵，质颛大师赞其梓行，亦自于林中剃落，改号千辐。今复乞予序其流通之意，予曰：善哉！从上诸祖不吝修证之劳，以自受用者施于末法，而末法自惟，将何以报深恩？今子广为流通，何尝非析骨刺血之意乎？虽然，莫将容易得，便作等闲看，惟真琉瓶，能盛狮乳，其他则裂也。醍醐毒药，辨之者谁？往往一等痴狂，拾得古人现成快活之句，以为己得，更不思所谓证道，果证何道乎？果能证到绝学无为、不求妄想不求真乎？果能证到纵遇刀锋常坦坦、假饶毒药也闲闲乎？若不能亲悟亲证古人证道所在，直须生大惭愧，始得竺源禅师机用纵横、杀活自在，虽能箭上加尖，未免平地陷虎。不惜性命汉子，到遮里也须别能破围斩将，始有出身活路！（《重刻证道歌注颂序》）

---

① 永嘉证道歌：参见本书《灵岩妙空》诗学提要。

② 石头：石头希迁禅师（700—790），唐代禅僧。俗姓陈，端州高要（今广东省高要县）人。初往曹溪参谒六祖慧能。开元十六年（728）于罗浮山受戒。后师事青原行思，学有所得。天宝元年（742），至衡山南寺，结庵寺东石上，时人称为"石头和尚"或"石头希迁"，于当时江西马祖道一并为国内著名的两大禅匠。其法门"不论禅定精进、达佛之明见，即心即佛；心佛众生，菩提烦恼，名异体一"，主张"不修为修"，"不悟为悟"。卒谥"无际大师"。著有《参同契》《草庵歌》各一篇。弟子有惟俨、天然等21人。事迹见《宋高僧传》卷九、《景德传灯录》卷一四、卷三〇。

③ 《参同契》：参见本书《雪窦重显》"参同契"注。

④ 云岩：云岩昙晟（781—841），俗姓王，建昌县（今永修县）人。少时于靖安县石门山泐潭寺出家，初从奉新百丈怀海学佛，侍奉20年，后转从石头希迁禅师弟子药山惟俨，言下顿悟，始得心印，承嗣青原下三世。长期住持修水县云岩禅院，法号昙晟禅师，也有人称云岩禅师。昙晟所著《宝境三昧》为曹洞宗重要文献之一。

⑤ 圆通：缘德（898—977），宋僧。字道济。钱塘（浙江杭州）人，俗姓黄。年十七出家。得法转襄州清溪洪进。或谓得法于天龙道怤。初寄迹南昌上蓝寺，南唐李后主迎至金陵。后住庐山圆通寺。宋军南下，曹翰入寺，泉僧惊走，缘德独坐不起。翰怒曰：独不闻杀人不眨眼将军乎？德曰：安知有不怕死和尚耶？翰曰：众僧安在？答曰：闻钟则来。翰击钟，而无僧至。德自击，僧皆至。翰乃服，与之礼。问决胜之策，答曰：非禅者所知。谥道济禅师。奇迹见《五灯会元》卷八、《宋高僧传》卷一三、《景德传灯录》卷二六。

⑥ 竺源禅师：参见本书《笑隐大䜣》"竺源禅师"注。

石雨明方

明方(1593—1648),明代曹洞宗僧。字石雨。嘉兴(今属浙江)人,俗姓陈。世称石雨明方禅师。参云门圆澄得法,圆澄付断拂一枝,故别号“断拂”①。

在诗歌创作上,明方主张“兴到随腔信口歌”,并不留心于什么“协韵”与否,“协韵何曾有文字”。他还指出,诗歌的上乘之作,有强烈的审美感染力,人们欣赏之,“如啜萝芥于酩酊,令人眼目一新”。他还提出了一个重要观点,即何谓“诗中有禅”——“真诗禅”?是能“融文心为禅思”“非有关于性命”,不是讲禅理;是“真妙悟”后的心声,“语语遒迈,复多警人心意”。

本书所录文字,据《石雨禅师法檀》《嘉兴藏》第27册,第190号。

一、“兴到随腔信口歌”“协韵何曾有文字”

洁如藻,白如雪,究竟不知是何物。江南闻说有云门,但有纤疑必可决。我无玄亦无奥,相逢只唱渔家傲②。更问如何性与心,断拂一枝当面挫。也作诗,也作偈,协韵何曾有文字。兴到随腔信口歌,记取是名雪书记。(《示藻雪》)

二、“如啜萝芥于酩酊,令人眼目一新”

凡和诗者,不超原唱,不若无和。此余于桷堂山居,几构而几阁笔也。兹

---

① 明方生平事迹,见净柱:《行状》(《石雨禅师法檀》卷二十)、《五灯严统》卷二五、《五灯正统》卷三九、《正源略集》卷三、雍正:《浙江通志》卷一九九。

② 渔家傲:词牌名,北宋流行,有用以作“十二月鼓子词”者,也是曲牌名,南北曲均有。南曲较常见,属中吕宫,又有二:其一字句格律与词牌同,有只用半阕者,用作引子;另一与词牌不同,用作过曲。

读鸳湖兄所和,如啜萝岕于酩酊,令人眼目一新,实称老手。近代禅讲,集必有诗,诗必有山居,多屐不食丘壑,杖不饱烟云,纵描写十分,何异矮子观场①,而因人啼笑哉!鸳兄一生肥遯,全节避名,故自比于龙山之菜叶,黄牛之橘皮,其高卧何惭哉!急付剞劂,以代招隐。(《和栯堂诗序》)

三、"融文心为禅思"

诗中有禅者,唯奇幻绝人,非有关于性命也。道人之诗,不真妙悟,必多杂蔬笋气②,易令人作呕。无赦老居士,因病得闲日,叩大事因缘,融文心为禅思。和唵嚂山居诗,语语遒迈,复多警人心意,如流水细听看念断,非老于林下,听水二三十年者,乌能至是哉?此真诗禅也。(《严无赦居士山居诗序》)

---

① 矮子观场:意同"矮子看戏,随人上下",比喻禅人因法眼不明,只能机械地随从、模仿别人。《虚堂语录》卷四:"学者既无正只见,往往如矮子看戏。"(《大正藏》第47册,第2000号,第1016页中)

② 蔬笋气:宋人赵与虤:《娱书堂诗话》记:僧志南能诗,朱文公尝跋其卷云:"南诗清丽有余,格力闲暇,无蔬笋气。"刘熙载在《艺概・书概》中说:"凡论书气,以士气为上。若妇气、兵气、村气、市气、匠气、腐气、伧气、俳气、江湖气、门客气、酒肉气、蔬笋气,皆士之弃也。"(王气中:《艺概笺注》,贵州人民出版社1986年版,第435页)诗文之"蔬笋"气,乃指"清淡而无味"。

第五章

清代禅宗诗学著述录要

隐元隆琦

隆琦(1592—1673),清僧。字隐元。福清(今属福建)人,俗姓林氏。十岁投南海潮音出家。后谒费隐通容于黄檗山万福寺,蒙垂示,继法席。顺治十一年(1654)日本长崎兴福寺僧逸然,受德川家康之托,来请师东渡传法。同年抵日,家纲甚敬,创寺于山城国菟路以居,亦名黄檗山万福寺。后水尾上皇赐大光普照国师之号,为日本黄檗宗之开祖①。

在隐元看来,热衷于作诗作偈,是无益于生死大事的:“竟日说禅说道,作诗作偈,逞尽伎俩,展尽神通,逗到腊月三十日来,一字也用不着。”“你等终日作诗作偈,不干不净,拟还阎老师饭钱,未梦见在。殊不知,正是阎老师殿前吃棒的张本,一字入公门,九牛拖不出。”

本书所录文字,据《隐元禅师语录》《嘉兴藏》第27册,第193号。

“终日作诗作偈,不干不净”

除夕小参云:去年此际,带累汝等,冷冰冰地,滴水滴冻。今年逗到龙泉瓦解冰消,一滴也无,不独阎老师摸索不着,乃至三世诸佛②,窥觑无门,胸中了无滞物,正好过此残年。你等终日作诗作偈,不干不净,拟还阎老师饭钱,未梦见在。殊不知,正是阎老师殿前吃棒的张本,一字入公门,九牛拖不出③。知

① 隆琦事迹见《东渡诸祖传》《五灯全书》卷七十、《高僧摘要》卷四、《正源略集》卷五。

② 三世诸佛:参见本书《天隐圆修》“三世诸佛”注。

③ 一字入公门,九牛拖不出:本作“一字入公门,九牛车不出”,本谓衙门中文案词句难易更改,转喻参禅若纠缠文字言句,则极难成功。《续传灯录》卷三一,应庵昙华:“参禅人切忌错用心。悟明见性是错用心,成佛作祖是错用心,屙屎送尿是错用心。一动一静、一往一来是错用心。更有一处用错心,归宗不敢与诸人说破。何故?一字入公门,九牛车不出。”(《大正藏》第51册,第2077号,第680页上)

之一字，众祸之门；知之一字，众妙之门①，直饶不知不觉，竟日嘴卢都地，亦是众祸之根，亦是众妙之元。倘能剔脱两重关捩，不妨搥锣打鼓过，年不为分外。何故？有佛处不得住，无佛处急走过，始信闽南天色暖，季来季去总风光。

除夕小参云：竟日说禅说道，作诗作偈，逞尽伎俩，展尽神通，逗到腊月三十日来，一字也用不着。大事为汝不得，小事自己支当，各各回光返炤看，了无一物送残年；山童放爆惊山鬼，弹破娘生鼻半边。鼻头既破，不成面门，虽然如是，不妨因事长智，上与三世诸佛同一鼻孔出气，下与六道众生共一鼻孔通风。年来年去净如洗，动着毫端碍碧空。（《隐元禅师语录》）

---

① 众妙之门："知之一字，众妙之门"一语，最早见于神会再传弟子华严四祖澄观：《大方广佛华严经随疏演义钞》："水南善知识云：即体之用名知，即用之体为寂……知之一字，众妙之门。"（《大正藏》第36册，第1736号，第261页下）唐宗密在《禅源诸诠集都序》记述菏泽一宗的教义说："诸法如梦，诸圣同说。故妄念本寂，尘境本空。空寂之心，灵知不昧，即此空寂之知是汝真性。任迷任悟，心本自知，不藉缘生，不因境起。知之一字，众妙之门，由无始迷之故，妄执身心为我，起贪瞋等念；若得善友开示，顿悟空寂之知……故虽备修万行，唯以无念为宗。"（《大正藏》第48册，第2015号，第403页上）

象田即念

净现，清僧。字即念。依石雨明方领旨。住古虞象田①。

象田即念用司空图论诗之“美常在咸酸之外”之言，以解说禅门包括诗歌在内的“所有言句”之重要特点，是“往往超然，谈在格外，而使人心思识想之莫及”。在诗歌创作上，主张写即目所见，“餐采为诗”。

本书所录文字，据《象田即念禅师语录》《嘉兴藏》第27册，第191号。

一、“宗门所有言句，往往超然，谈在格外”

宗门所有言句，往往超然，谈在格外②，而使人心思识想之莫及，所以教家与儒者见之，十有九不能信，以为其语言无义味故耳，此亦不思之甚欤！当知世教，不出五经子史；出世教，不出经律论，而况兼后贤著述，其两家道理典故莫不备且极矣，何待祖师更言之乎？然而达摩西来，自谓教外直指，意超出常情，即如司空图③之论诗，而曰“梅止于酸，盐止于咸，饮食不可无盐梅，而其美

① 净现事迹，见《五灯全书》卷一〇九、《正源略集》卷七。

② 格外：格，意指规格、法则、规定等，引申为世间之尺度。教中每以格外一词，用表超出常格之外，非比寻常之谓。《碧岩录》卷四第三十八则：“垂钩四海，只钓狞龙；格外玄机，为寻知己。”（《大正藏》第48册，第2003号，第176页下）

③ 司空图（837—908）：唐诗人、诗论家。字表圣，自号知非子，耐辱居士。河中虞乡（今山西运城永济）人。咸通十年（869）登进士第。为主司王凝所赏辟佐其商州幕。后召礼部员外郎，迁郎中。工文能诗，亦擅长书法。朱全忠召为礼部尚书，司空图佯装老朽不任事，被放还。后梁开平二年（908），唐哀帝被弑，他绝食而死。司空图成就主要在诗论，《二十四诗品》为不朽之作。《全唐诗》收诗三卷，事迹见《新唐书·列传一百一十九》。

常在咸酸之外"[①]，盖自列其诗有得于文字之表也，况我宗直指之禅[②]，而翻可以文字义理求之者乎？吾独服云栖[③]论义而随笔云："古尊宿作家相见，其问答机缘，或无义无味，或可惊可疑，或如骂如谑，而皆自真参实悟中来，莫不水乳投函盖合，无一字一句浪施也。后人无知，效颦则口业[④]不小，譬之二同邑人，千里久别，忽然邂逅，相对作乡语隐语谚语，傍人听之亦无义无味，可惊可疑如骂如谑，而实字字句句，皆衷曲之谈，肝肠之要也。傍人固不知是何等语，而二人者则默契如水乳如函盖矣！"（录者按：《宗门问答》）噫，自信者方能信人。云栖识见，语言卓然如是，彼虽不主宗门，孰敢不信其为格言！（《室中漫言》）

二、即目所见，"餐采而为诗"

嵌石长兄自己卯掩关于金泽颐浩寺微笑堂，即佛鉴和尚[⑤]弘宗处也。每于禅寂[⑥]之暇，即其莺啼花笑，月落霜飞，餐采而为诗。阐夫微笑之意，及表徐公衮衣护法之诚。咏怀不已，灿然成章。并赋八景诸作，以慨畴昔之盛，意欲使诸缁白，知有此段大事因缘，岂小补哉。遂信笔。（《金泽十咏（并序）》）

---

① 司空图：《与李生论诗书》，见郭绍虞：《诗品集解》之附录，人民文学出版社 2005 年版，第 47 页。

② 直指之禅：即禅宗的一心法，指教外别传的禅法。《黄檗断际禅师宛陵录》："上堂：'即心是佛，上至诸佛，下至蠢动含灵，皆有佛性，同一心体。所以达摩从西天来，唯传一法。直指一切众生本来是佛，不假修行。但如今识取自心，见自本性，更莫别求。'"（《大正藏》第 48 册，第 2012 号，第 386 页中）

③ 云栖：即云栖袾宏。参见本书《云栖袾宏》小传。

④ 口业：又名语业，即由口而说的一切善恶言语。《大乘义章》七曰："起说之门，名之为口。"（《大正藏》第 44 册，第 1851 号，第 598 页上）业与孽通，因而口业，谓两舌，恶口，妄言，绮语。

⑤ 佛鉴和尚：无准师范（1179—1249），名师范，号无准，俗姓雍氏，四川梓潼（绵州梓潼县治）人。后至杭州灵隐寺，谒松原崇岳（宋代临济宗杨岐派僧人），往来南山，栖止六年。又闻破庵祖先（宋代临济宗杨岐派僧人）住苏州西华秀峰，往依之。不久，至常州（今属江苏）华藏寺师事宗演，居三年，复还灵隐。侍郎张兹新创建广惠寺，请破庵祖先住持，师范亦往侍三年，又随其登径山。破庵祖先将寂之时，以其师咸杰（宋代临济宗杨岐派僧人）之法衣顶相付之。绍定五年（1232），奉敕住径山，次年入慈明殿说法，宋理宗深为感动，赐"佛鉴禅师"之号。事迹见《续传灯录》卷三五、《大明高僧传》卷八。

⑥ 禅寂：静心思虑、修习。参见本书《仲温晓莹》"禅寂"注。

云外行泽

行泽(?—1654,清僧。字云外。婺源(今属江西)人,俗姓汪氏。年二十五投黄山云谷院无易守脱白。初参天童密云,后依松际通授于磬山,发愤力究,遂得大悟。出世蕲州菩提,移湖阴神鼎①。

行泽明确指出"习学诗文"系"无补之学","其生无益于法门,死无滋于性命"。

本书所录文字,据《嘉兴藏》第33册,第280号。

"习学诗文"乃"无补之学","外以无益于人,内以无益于己"

方今丛林初学之贤,唯孜孜以讲谈章句,习学诗文,朝夕咿唔,穷年呫哔②,如业公车者相似。夫诗文之学,非博学强记,殚精敝神,则不能工也。不工则不足以示人,工则徒丧光阴,于无补之学,外以无益于人,内以无益于己,故虽穷年参学,皓首无归者,滔滔皆然。是唯非特于生死无益,又从而滋甚之,可不为大哀欤!何也?夫人材之利钝虽不同,而其畏苦慕道之心孰不均之,特以成于一而丧于分耳!故夫一艺之足以鸣世者,必专其力而不为他技所摇,恐

① 行泽事迹,见《五灯全书》卷八一、《正源略集》卷四、《新续高僧传四集》卷二四、《揞黑豆集》卷七。

② 呫哔:亦作"呫毕"。犹占毕。后泛称诵读。明李贽:《王龙溪先生告文》:"先生以言教天下,而学者每呫哔其语言,以为先生之妙若斯也,而不知其糟粕也,先生不贵也。"(明·李贽:《焚书》,中华书局1975年版,第121页)

纷途之足以害其艺也，而况于道乎？夫道之所资者，戒定慧①也，今悉屏之，而疲志后神于章句诗文之，学以滋能所，交豪贵衒学识，钓利名而已矣，而望法道之兴生死之明难矣！夫古昔圣贤，以间世之资，尚朝夕皇皇以专致于道而犹有不逮者，今乃移其精神，夺其岁月，以朝夕从事于无补之学，宜其生无益于法门，死无滋于性命也。故古之时沙门所学者，定与慧之谓也。根基大小，所修之万行虽殊，而至于持戒精进②之二行，则未有不同然者也。故其优者，居可以辅弼宗乘，出足以典刑后学，虽执劳服役之沙弥，亦皆可为一方之化主也。（《端本论》）

① 戒定慧：《楞严经》卷六："摄心为戒，因戒生定，因定发慧，是则名为三无释迦牟尼佛漏学。"（《大正藏》第19册，第945号，第131页下）又名三学，或三无漏学。戒是戒止恶行，定是定心一处，慧是破妄证真。持戒清净心则安，心安则可得定，得定则可观照分明而生智慧。持此戒定慧三法，能对治三毒，成就佛果，所以又叫做三无漏学。（参见陈义孝：《佛学常见词汇》，宁夏人民出版社1996年版，第184页）

② 精进：佛家称勤奋不懈、修善断恶为"精进"。《景德传灯录》卷一，伏驮蜜多："尊者即与（难生）落发授戒。羯磨之际，祥光烛坐。仍感舍利三十粒现前。自此精进忘疲。"（《大正藏》第51册，第2076号，第209页上）

浮石通贤

通贤(1593—1667),字浮石。当湖(浙江平湖)人,俗姓赵。年十九依南海绍宗出家。从云栖受沙弥戒,于海宁湛然圆具。随侍嘉禾东塔。崇祯十四年(1641),复参密云于天童,为圆悟法嗣。未几掩关武原。从开法当湖青莲,历迁吴江报恩、海门广慧、嘉禾栖真,晚年退老白马涧①。

通贤指出,诗歌的上乘之作,可给人强烈的审美感受:"吟咏其句外之趣""令人神清目朗,垂老益壮"。

本书所录文字,据《浮石禅师语录》《嘉兴藏》第26册,第185号。

"令人神清目朗,垂老益壮"

东洲先生,乃先朝砥柱,明代才翁。文压欧苏,诗凌李杜,字迈右军。忠烈贯于杲日,仁孝著于海邦。予生也晚闻而慕之,每抱不得识荆②之叹!兹寓三仙得晤,曰可居士为先生之曾孙,出先生墨迹诗章见示,为之摹写其笔外之意,吟咏其句外之趣,直使白云低影,黄鸟添声,湖山拱秀,翰海停波,黯然而思惕,然而会令人神清目朗,垂老益壮,恍如面对尊颜,亲闻謦欬③,可以释我曩时不得识荆之叹矣!因题数语,归曰可居士。(《题崔曰可家藏东洲先生墨迹》)

---

① 通贤生平事迹,见《浮石禅师语录·行实》《五灯严统》二四、《宗统编年》三一、《新续高僧传四集》二二、《续灯正统》三三。

② 识荆:李白《与韩荆州书》:"白闻天下谈士相聚而言曰:'生不用封万户侯,但愿一识韩荆州。'何令人之景慕一至于此耶!"韩荆州,指韩朝宗,当时为荆州长史。后因以"识荆"为初次识面之敬辞。(清·王琦:《李太白全集》,中华书局1981年版,第1239页)

③ 謦欬:咳嗽声,引申为言笑。《庄子·徐无鬼》:"又况乎昆弟亲戚之謦欬其侧者乎!"(清·郭庆藩撰,王孝鱼点校:《庄子集释》,中华书局2004年版,第822页)

担当通荷

通荷(1593—1673),清僧。法名普荷、通荷,号担当,别号布史、此置子、迟道人。宁州(云南华宁)人,俗姓唐,名泰,字大来。天启诸生,明经入对。明亡后出家。年三十八,从无住受戒。遥嗣法湛然,改通字派。往来鸡足、点苍、水目、宝台间,随地吟赏,发诸禅悦。幼承家学,由儒入释,儒释兼修,诗书画三绝,画法云林,亦善米家云山。与徐霞客友善,谋反清复明大业,于苍洱佛寺终老。有《修园集》《橛庵草》《拈花百韵》《担当遗诗》①。

担当有自己明确的诗学主张:在古今关系上,他一面指陈文坛"专以近体为号召"而造成"诗亡"的弊病;一面旗帜鲜明地表明自己"厌薄新声学古调""可知遵古是吾师"的复古立场。在诗禅关系上,他一面认为"禅而无禅便是诗,诗而无诗禅俨然",反对诗、禅之间门户森严的观点;一面主张"但知禅而不知诗者,难与言诗""诗文而通禅,不过镜花水月,在若有若无之间",强调禅、诗融合,禅艺互释的创作主张。在艺术与人生关系上,他一面传达出"偏与时违""不随人转"的遗民思想;一面表达了"老来拙癖喜荒凉""天地独私无用物"超然物外生活态度,以及"得自然而失自然之谓逸"的逸民情怀。

本书所录文字,据《担当诗文全集》,云南人民出版社2003年版。

一、"专以近体为号召","而诗亡矣"与"专为复古计耳"

诗以代言,重复古也。为世运关于声歌者,代有明验,苟声歌流而趋下,世

① 担当生平事迹,见《新续高僧传四集》卷二三、《国朝画征续录》卷下、《滇黔纪游》卷下、《滇游日记》卷四。

运可知。由是操觚者,复古洵为要务,悲仅恣吟弄已也。慨自汉魏六朝以上,先达言之备矣。姑勿论。余从唐而概之,有初盛中晚,继唐而概之,宋元盛于律,而自成一家言,继宋元而概之,明之高、杨①,应运而兴,尚带宋元习气。至何、李②崛起,大雅正始③,复还旧观。至七子④而再盛,有如长江始于岷嶓,而汇于洞庭。噫!壮则壮矣,安能截其流而使之不下注哉?于是有好庾、鲍而排击七子者出,专以近体为号召,使人易就。一旦辄登坛坫,天下靡然响风,而诗

---

① 高、杨:明代高启和台阁体"三杨"(杨士奇、杨荣、杨溥)。高启(1336—1374),明文学家,字季迪,号青丘子,长洲(今江苏苏州市人)。早年居郡城北,先后与徐贲、高逊志、张羽等比邻,以诗酒相娱,号"北郭十友",后避乱于元末隐吴淞青丘,博学工诗,尤邃史学,与杨基、张羽、徐贲并称"吴中四杰"。一生所作诗文约两千篇。生平事迹见《明史》卷二八五。杨士奇(1375—1446),明诗文家。原名杨寓,以字行,号东里,泰和(今属江西)人,是"台阁体"三杨中的典型代表。生平事迹见《明史》卷一四八。杨荣(1371—1440),明诗文家。初名子荣,字勉仁,建安(今福建建瓯)人。以文才著称。生平事迹见《明史》卷一四八、《国朝献征录》卷一二。杨溥(1375—1446),明诗文家,字弘济,石首(今属湖北)人。诗文成就逊于杨士奇、杨荣,同为台阁体的代表人物。生平事迹见《明史》卷一四八、《国朝献征录》。

② 何、李:明代何景明和李梦阳。何景明(1483—1521),明诗文家,字仲默,号大复山人。信阳(今河南信阳市人)。与李梦阳同倡复古,为"前七子"代表人物,又与边贡、徐祯卿并称"四杰"。始于李梦阳同倡复古,但方法有所歧异,李梦阳主摹仿,何景明主创意,各树壁垒不相上下。生平事迹见《大复集》附录传记、《明史》卷二八六。李梦阳(1473—1530),明诗文家,字献吉,号空同子。庆阳(今属甘肃)人,后徙扶沟(今属河南)。其文学主张,强调真情,倡言复古,反对虚浮的"台阁体",对民歌在文学上的价值也有所肯定。与何景明、徐祯卿、边贡、康海、王九思、王廷相号"七子",世又称"前七子",是明代最有影响的诗歌流派代表人物。生平事迹见《明史》卷二八六、《国朝献征录》卷八六。

③ 大雅正始:大雅,《诗经》篇名之总和,多为反映西周王室重大措施或事件、歌颂后稷以至武王功业的作品。共三十一篇。大多出自西周王室贵族之手。正始,代指文学风格上的"正始体",即三国魏后期的一种诗风。"正始体"始于正始时期(240—249),故名。宋严羽:《沧浪诗话》云:"正始体,魏年号,嵇(康)、阮(籍)诸公之诗。"(郭绍虞:《沧浪诗话校释》,人民文学出版社1983年版,第53页)刘勰:《文心雕龙·明诗》云:"正始明道,诗杂仙心,何晏之徒,率多浮浅。唯嵇志清峻,阮旨遥深,故能标焉。"(范文澜:《文心雕龙注》,人民文学出版社1962年版,第67页)代表作家为阮籍、嵇康,崇尚庄老,喜好清谈。由于处在司马氏集团的统治下,其作品多用隐蔽手法,婉曲沉郁,幽深玄远,但流露人生无常和消极避世的思想,有时晦涩难懂。正始上承建安,下启太康,是重要的文学转折时期。

④ 七子:明嘉靖、隆庆年间的诗文流派。由李攀龙、王世贞、谢榛、宗臣、梁有誉、吴国伦、徐中行七人组成。为了和李梦阳、何景明等七子相区别,世称"后七子"。他们在"前七子"之后继续提倡复古,声势更为浩大。嘉靖皇帝开始当权,虽有些中兴,但内忧外患此起彼伏,一些有识之士力图有所改革。而"后七子"中有许多人正是这样的有识之士,他们在政治上力图改革,而在诗文上也反对疲软现象,再次提倡秦汉古文和盛唐精神。其理论核心仍是沿袭"前七子"。

亡矣。世运得不随之？虽然，即不排击法胜习陈，则又耐之何？当此之时，解人正不易得也。于是云间有唐、陈二老[①]，起衰振雅，力挽狂澜。还醇虽有其几，而解人犹不可得。何也？明季作家，大率重才轻养，犹学仙者知有还丹而不言火候，自误误人，非小，可不慎哉！余滇人而布衣，而又衲子，而又在尘劫之中。处培塿而干霄汉，则吾岂敢！惟是匡扶运会，大丈夫皆有其责。聊就我所学，就我一家言，除年来患难焚溺之外，又除有类偈颂者不入；有类香奁诗余者不入；有悲歌慷慨、触时忌者不入；不啻十去其九矣。况年逾七十，方敢灾木。无他，专为复古计耳。若舍大雅正始，谓不得不流而趋下者，乃时为之，则砥柱无人，黄虞终不复再见矣。其如世运何？是编，志有余而力未逮，且熏染既久，自拔犹难。其中岂无妖淫靡曼，欲违时而不觉沦于时者。愿海内大方，鉴余培养元气之思，重加涂置，虽覆瓿所不恤也。通荷自序。（《橛庵草序》）

二、"禅若分净秽"非禅也，"僧诗若无姬酒"非诗也

禅若分净秽，将干屎橛、布袋里猪头，置于何处？非禅也。僧诗若无姬酒，都是些豆腐渣、馒头气。名为偈颂，非诗也。此与王北中郎，有沙门不得为高士论，不可同年语也。何也？沙门之中，有沙门而士者，洪觉范[②]是也。观其《秋千》等诗，非出士口不能。有士而沙门者，佛印[③]是也。著作尤多，不可尽举。观其口头俳语，具见宗风，博学如东坡，开口即让一筹。但曰：沙门单也；若夫，沙门而士，士而沙门，则兼之矣。兼之者，非大力不能剿俗情而归空劫，又何怪中郎之著论耶？后世觌面相承；授以禅旨。因有母在堂，不能染剃相随，只得回滇以供定省。及母养告终，海内遂多事矣。间关伊阻，不能飞度中

---

① 唐、陈二老：唐顺之（1507—1560），字应德，一字义修，号荆川，谥襄文。明朝南直隶武进（今属江苏常州）人，官右佥都御史卒。唐宋派文学家，与王慎中、陈束、李开先等并称"嘉靖八才子"，与归有光、王慎中两人合称"嘉靖三大家"。事迹见《明史》卷二〇五、《国朝献征录》卷六十三。

② 洪觉范：慧洪。参见本书《慧洪》"小传"。

③ 佛印：了元（1032—1098）。参见本书《灵岩妙空》"佛印"注。

原,受衣钵于大老。不得已,就近参求以终未了之志。前名普荷,从戒师无住①,遵戒而不嗣法也;今名通荷,从先师云门,嗣法而遵正眼也。通荷,时年七十六识。(《橛庵草跋》)

三、“厌薄新声学古调”与“拙哉之我仍肮脏,汉元以前羲皇上”

近日作诗无诗人,李生王生②犹津津。厌薄新声学古调,曹刘沈谢③乃其伦。一作冲夷纯任质,一作佶屈聱牙。率尔读之句难乙。古诗尚古此其常,好古犹以古人律。有如昔人画山水,一笔十日复五日。得处不足恣矜喜,失处蹈险妙不失。君不见,我拙只信天,意有所到笔亦然。即能学古胆力小,尺尺寸寸相周旋。又不见,拙哉之我仍肮脏,汉元以前羲皇上。愿尔与我争千秋,俯视一切今古愁。(《喜读李去闻王升如诗赋赠》)

四、“禅而无禅便是诗,诗而无诗禅俨然”

太白子美皆俗子,知有神仙佛不齿。千古诗中若无禅,雅颂无颜国风死。惟我创知风即禅,今为绝代剖其传。禅而无禅便是诗,诗而无诗禅俨然④。从

---

① 无住:无住,即无住禅师(1589—1664),俗姓邓,定远(今云南楚雄牟定县)人,是禅宗泰斗彻庸(1591—1641)的衣钵传人。

② 李生王生:指后七子李攀龙、王世贞。“后七子”由明嘉靖、隆庆年间,由李攀龙、王世贞、谢榛、宗臣、梁有誉、吴国伦、徐中行七人组成,与李梦阳、何景明等“前七子”相区别,在“前七子”之后继续提倡复古,声势更为浩大。

③ 曹刘沈谢:曹刘,指三国魏文学家曹植(字子建)、刘桢(字公干)。二人为建安时期重要作家。南朝梁钟嵘:《诗品序》:“曹刘殆文章之盛。”(陈延杰:《诗品注》人民文学出版社 1980 年版,第 4 页)沈谢,指南朝史学家、文学家沈约和南朝齐重要代表作家谢朓。

④ 禅而无禅便是诗,诗而无诗禅俨然:皮朝纲曾指出:普荷径直将《风》(即诗)与禅等同起来,以为此事自古皆然,并视为自己的一个创见。这里所谓“禅而无禅便是诗”,意即虽无禅语而有禅味的就是诗;“诗而无诗禅俨然”,意即虽无入律押韵的诗句却有幽深清远的诗境者,就是禅。德清憨山也说过同样的意思,他认为:前人以诗喻诗,却不知诗是真正的禅,陶、李等人的诗之所以境界玄妙,就在于他们主观上虽未说禅而客观上表达了禅意(参见《憨山大师梦游全集》卷三十九《杂记》)。”(见皮朝纲、董运庭:《静默的美学》,成都科技大学出版社 1991 年版,第 111 页)

此作诗莫草草，老僧要把诗魔扫。哪怕眼枯须皓皓，一生操觚壮而老。不知活句非至宝，吁嗟至宝声韵长。洪钟扣罢犹泱泱，君不见严沧浪。（《诗禅篇》）

五、“可知遵古是吾师，公安竟陵乌知之”与“大雅正始有辉光。担翁还是山林狂”

君不见作诗苦，诗有孙谋①兼祖武②。伯暗学古更悲今，担翁用今即是古。劝君屏却古与今，蟋蟀中藏鸾凤音。鸿蒙之前无一字，才有一字是虫吟。伯暗犹有第五弟，开口与兄各声气。三日不见刮目看，忽在今朝同一致。可知遵古是吾师，公安竟陵③乌知之？孩提欲与期颐角，野草凭凌松柏枝。何五一变至于道，从此交好诗亦好。岂惟渐与古为邻，将弃袁钟为粪草。曾同清庙与明堂，其中只有追琢章。得尔伯仲相唱和，大雅正始有辉光。担翁还是山林狂，细响铮铮难叫行。不能观海卧沧浪，看君手足撑云日，并以鼓吹佐明王。（《赠何伯暗五弟稚玄》）

---

① 孙谋：《诗·大雅·文王有声》：“丰水有芑，武王岂不仕？诒厥孙谋，以燕翼子。武王烝哉！”（汉毛亨传，汉郑玄笺，唐孔颖达疏：《毛诗正义》卷十六，清·阮元校本：《十三经注疏》，中华书局1980年版，第527页上）

② 祖武：《诗·大雅·下武》：“昭兹来许，绳其祖武。于万斯年，受天之祜。”（汉毛亨传，汉郑玄笺，唐孔颖达疏：《毛诗正义》卷十六，清·阮元校本：《十三经注疏》，中华书局1980年版，第526页上）

③ 公安竟陵：公安派和竟陵派。公安派，指明代后期以袁宗道、袁宏道、袁中道三人为代表的诗文流派。因三袁均为公安（今属湖北）人，故名，主要活动于明万历年间。反对是诗文上的拟古风气。公安派主张通变，提倡独抒性灵，不拘格套，其“性灵说”与李挚“童心说”有相通之处。在创作上长于散文小品、游记、尺牍、文字清新活泼。诗歌能抒写出个人情性，表现其韵趣，对明末文坛有相当大的影响。其创作被称为“公安体”。三袁外，该派成员尚有陶望龄、黄辉、江盈科、雷思霈等人。竟陵派，指明代后期以钟惺、谭元春为代表的诗文流派。因两人均为竟陵（今湖北天门）人，故名。钟、谭均反对复古拟古，要求抒写性情，其文学见解受到公安派影响，又力图纠正公安主张之失，主要创作成就在散文方面。竟陵派在明末影响较大。

六、“偏与时违聊复尔，不随人转亦何妨”，“天地独私无用物”

老来拙癖喜荒凉，荆棘于今生满堂。偏与时违聊复尔，不随人转亦何妨。昔年作客从漂荡，今日为僧近老苍。广宅良田尽放下，藿扉槿户犹相当。雨筛金粟收湖米，月落银床照海棠。窃暖野猫争灶奥，聒聋羁鸟弄笙簧。遭时好似弦同筈，按性还如桂与姜。尺短寸长忘计较，昨非今是少商量。看云背坐弯松几，卧月腰弓瘿木床。蝴蝶梦①回心已冷，蕙兰佩②断手犹香。为耽小歇抛愁垒，愧把浮名系热肠。天地独私无用物，纵余划却一头霜。(《老来》)

七、“知禅而不知诗者，难与言诗”，“诗文而通禅，不过镜花水月，在若有若无之间”

余甫冠时，即参本大师于昆明池上息阴轩中，见师经禅之暇，颇事柔翰，著作几于盈几。余时业儒，虽捧颂之，未得其奥，然已知师之胸中武库矣。及染剃结茅于鸡山，欲求师著作一见，数年未遂。永历甲午冬，有法润、安仁二公，持师《风响集》向余乞序。余以后进，谊不可辞，乃曰：“师固深于禅者，若云禅，一字也无，乌得有集？非也！惟其深于禅，无说无文，禅也。横说竖说，亦禅也。”今观师之诗超于僧诗。凡僧诗皆以偈颂为能事，设使有句不禅，有等衲僧读之，不甚欣快。此但知禅而不知诗者，难与言诗。惟文亦然，而师无此病。何也？诗文而通禅，不过镜花水月，在若有若无之间。非是句句不离僧相

---

① 蝴蝶梦：即庄子梦蝶，《庄子·齐物论》：“昔者庄周梦为胡蝶，栩栩然胡蝶也，自喻适志与！不知周也。俄然觉，则蘧蘧然周也。不知周之梦为胡蝶与，胡蝶之梦为周与？”（清·郭庆藩撰，王孝鱼点校：《庄子集释》，中华书局 1961 年版，第 112 页）

② 蕙兰佩：屈原《离骚》中的主人公的服饰，多有佩香草者，如“纫秋兰以为佩”，“贯薜荔以纫蕙兮，索胡绳之纚纚”。

之谓诗文。此祖家之不欲禅忒多也。顾师于释,博精三藏①。师于儒,富极五车②,而才识又能充之。所以有时以禅为诗文,说偈颂,而无偈颂气。有时离禅为诗文说理事,而不为理事所障,是皆从得大解脱中来,非可以衲子伎俩测度也。虽然,诗文特其余艺,岂能尽师之蕴?师之蕴,视太虚犹一橛耳。余之序,诚笔疥也。又何足以重师?盖亦从法安二公之孝思云尔。永历甲子冬月普荷担当撰。(《风响集序》)

八、“天下百艺,皆可人为,惟诗比由天授”

天下百艺,皆可人为,惟诗比由天授。无心而授,无心而成,《三百篇》是也。若夫捻须而得,费尽推敲,只顾新人耳目,不存大雅于将来,近日之诗是也。余与翼叔交以侠,而不以诗。一日出其诗以示余,诗乃从侠来。侠以气胜,不事穿凿,自成一家言。声韵谐,情景相协;思路正,纤巧不施,谓非天授耶?由是壮心皆为逸响,人皆赏之。唯有不屈不平之傲骨一具,谓非担老人,不能描其崚嶒崒嵂之态。余素有怜才之病,得不解衣般礴③,为翼叔写生,是为序。(《陈翼叔宁瘦居集序》)

---

① 三藏:即经藏、律藏、论藏。经藏诠定学,律藏诠戒学,论藏诠慧学。又指与三乘人相应的三类教法,即闻声藏、缘觉藏、菩萨藏。《文殊支利普超三昧经》卷中云:“菩萨有斯三箧要藏。何谓三:一曰声闻;二曰缘觉;三曰菩萨藏。声闻藏者,承他音响,而得解脱。缘觉藏者,晓了缘起十二所因,分别报应,因起所尽。菩萨藏者,综理无量诸法正义,自分别觉。”(《大正藏》第15册,第627号,第418页上)三藏即经藏、律藏、论藏。经藏诠定学,律藏诠戒学,论藏诠慧学。

② 富极五车:同“学富五车”,形容读书多,学问大,语出《庄子·天下》:“惠施多方,其书五车,其道舛驳,其言也不中。”(清郭庆藩撰,王孝鱼点校:《庄子集释》,中华书局1961年版,第1102页)

③ 解衣般礴:同“解衣磅礴”,指脱衣箕坐,神闲意定,不拘形迹,《庄子·田方子》:“宋元君将画图,众史皆至,受揖而立;舐笔和墨,在外者半。有一史后至者,儃儃然不趋,受揖不立,因之舍。公使人视之,则解衣般礴赢。君曰:‘可矣,是真画者也。’”(清郭庆藩撰,王孝鱼点校:《庄子集释》,中华书局1961年版,第719页)

九、“一圈一点，吾不滥加。有圈点者，不是意好，即是句好”

担当老和尚曰：翼叔陈子，蒙化人也，少任侠而壮任耕锄，何尝与王杨卢骆[①]等相契。一日以所著诗篇示余，余甚韪之，熟读其诗，能不三致叹焉。即狂呼大叫云：“古来学未成，而一诣即到，此其人乎？”余遍游天下，今见此人，岂忠义之灵泄为章句，使翼叔铮铮不已耶！

担当老和尚曰：一圈一点，吾不滥加。有圈点者，不是意好，即是句好。（《宁瘦居诗评》）

十、“得自然而失自然之谓逸”

生白先生，以山中趣问诸山中人此置子。此置子曰：苟有所遇，一切皆趣也，何居夫独趣于山？山之云者，岂所得无非山耶？见山则趣鲜矣。即有顷，欲忘乎山而身又且在此山之中，逸云乎哉？抑生白之趣尽老于雪中，从山悟入，即须弥已成芥子，容有寸影挂在峰头，非趣于山也。趣于山者，何山无逸？人逸山此已矣，云何趣？惟是入于山，又能脱于山。脱于山，而又不离乎山者几焉？岂得自然而失自然之谓逸耶？生白得不为山翁传，而谁传其趣也。趣也惟何？赋也、诗也。趣而托诸赋也、诗也。劳也，非逸也。即使趣而不托诸赋也、诗也，遂可以逸居乎？夫然后乃令凡住山人，斯逸而斯趣矣。非也！生白之不能不赋也、诗也，犹流云之有声，流泉之有响，出之自然。故典刑惟初，膏馥惟盛，绝无捻须之苦。有逸趣焉者于是，是乃获其逸，斯逸矣。逸矣，则吾宁守吾之拙者、老者，与逸忘焉。知趣之在山，趣之在赋也、诗也。第视其赋与诗成，而且恬且适，不特人遇山而自逸，山且赖之逸也永矣！识者乌得不以趣趣之？此吴下董陈二公，即以逸为玄晏。吾乡陶傅二公，即以逸为传神。钜卿

---

① 王杨卢骆：指“初唐四杰”王勃、杨炯、卢照邻、骆宾王，他们刚健清新、富有真情实感的诗歌体制风格被称为“王杨卢骆体”。

一诺,天下向风。使千古趣人,知为作者。业已高奇见贵,何用稗管为?生白曰:"臣好逸。"余亦曰:"余子之得逸之遗意耳。"忠孝本无异,丘壑将毋同。是能以山订交者。顾余两人之趣山,亦犹鱼之乐水,非鱼莫知鱼矣。然则余两人,竟若斯寥寥而已乎?当此多故之秋,行并天地,生灵皆予以逸,逸孰愈焉?噫!赋也、诗也,不几为三百之逸耶?岂第趣止在山尔尔。崇祯丁丑十二月。此置子唐泰,书于墨斋中。(《山中逸趣序》)

十一、"画中若无字与诗,鄙哉刻镂未足奇,无笔墨处恐难为"

吾师惯画水云湾,常移云气来山间;一丘一壑谁能过?独有眉公非等闲。登眺不须杖在手,穷奇极变恣公口。岂惟娇足矮昆仑,天下之山皆培塿。我爱真山高复高,得其形似何牢骚。今闻二老齿异说,能令耳里翻波涛。自古几人见真画,真画不在斋头挂。二王①才是丹青师,次则李杜②人不知。画中若无字与诗,鄙哉刻镂未足奇,无笔墨处恐难为。(《同董玄宰先生持画过眉公老是庵》)

十二、"余为乐府,其子夜歌最多者,非侈于情词也"

余为乐府,其子夜歌最多者,非侈于情词也。若以侈情而为一家言,不过拾香奁诗余之残唾已耳。于泱泱大雅何称焉?余盖有所感云:余慨近代诗人,饶工近体,薄古体,一概置之不问,专以尖新隐僻,诘屈聱牙,靡然相尚。藐何

---

① 二王:指东晋大书法家王羲之和王献之父子。

② 李杜:盛唐诗人李白和杜甫的并称。二人同时,友谊甚深,均以诗名。唐元稹云:"时山东人李白,亦以奇文取称,时人谓之'李杜'。"(唐·元稹:《元氏长庆集》卷五六《唐故工部员外郎杜君墓系铭》,上海古籍出版社 1994 年版,第 278 页上)《新唐书·杜甫传》云:"少与李白齐名,时号'李杜'。"(《新唐书》卷二百一《列传第一百二十六》,中华书局 1975 年版,第 5738 页)李诗风飘逸豪放,颇具浪漫色彩,为盛唐精神之体现;杜诗则沉郁顿挫,以写实见长,堪称"安史之乱"前后之"诗史"。后人或有李杜优劣之争,然二人各具特色,皆为唐代成就最高之诗人,难分轩轾。

李①为旧物，耻七子②为叫号。致使世运随之而转，及究其温厚之旨，谁不茫然。悲夫！尚敢望其鼓吹休明，挽回世运哉？扼腕至此，重有攸关，余非敢为臆说也。幸有前辈典型可证，得不慎诸！何大复云："诗体性情而发者也。其切而易见者，莫如夫妇之间，是以《三百篇》首乎雎鸠，六艺首乎风③，而汉魏作者意关君臣朋友，词必托诸夫妇，以宣郁而达情焉，其义远矣。维子美博涉世故，出于夫妇者常少，致兼雅颂而风人之义或缺。此所以词固沉着，而调失流转，反在唐初四子④之下。"呜呼！以子美而犹少风人之致，何其评之当也。繇是观之，则今之朝学呻吟，而暮建旗鼓者，遂昂然以为庶几乎亦陋矣。是作也，余安敢云的性情之正？亦安敢以切而易见者莫若夫妇。与操觚家较一日之长，惟是敛其狂心，约规矩度，不忍为欺世之语，自误以误天下后世之人，猥呈庸劣，俟审音者鉴之，庶于风教有当焉。然非为诗也，知罪抑又何辞。（《子夜歌二十首有引》）

十三、"知拙处人不如剧，巧处剧不如人"

吁嗟乎古可亲，戏场假兮世局真。吁嗟乎今可颦，世局假兮戏场真。真假假真今不古，于今那有三代民。三代腐且旧，百剧旧复新。撑支有骨，生育无娠。无肠亦无肚，疑鬼又疑神。绳索难提胶漆身，岂惟乌豆眼，更有鼓簧唇，面孔缺兮魂梦银。龙为蚓兮象为狺，鸱为凤兮鼠为麟。笑何笑兮嗔何嗔，随人颠倒随屈伸。岂无正色终成谄，即有缠头亦是贫。行藏宜半夜，妆点在三春。然后知拙处人不如剧，巧处剧不如人。（《杂剧歌》）

十四、"乃作诗以况之，虽然此亦面垢，不忘洗意耳"

余公车游倦，归来养痾泉石。年未四十，已无志于通籍。于是，缴公具于

---

① 何李：见本书担当通荷之"何、李"注。

② 七子：参见本书《担当通荷》"七子"注。

③ 《三百篇》首乎雎鸠，六艺首乎风：《诗经》三百五篇开篇即为《关雎》，风、雅、颂、赋、比、兴为《诗经》六艺，风、雅、颂为其体例，赋、比、兴为其表现方式，其中风指十五国风。

④ 唐初四子：指初唐四杰，详见本书担当通荷之"王杨卢骆"注。

当事者,愿以布衣从事,老于牖下,终亲之养已矣。遑恤其他哉!亡何,圣明下辟贤之诏。当事者,将属余塞责。余何人斯,敢不断之于心?以污大典。盖余之不能奉命者有四:一无忠言奇谋;二母老;三病;四懒。有一于此,恐所负不小。于是,愧涕之余,终不忍使岳嘲陇笑,乃作诗以况之,虽然此亦面垢,不忘洗意耳。若云沿门投刺,实非我心。相谅在乎识者。(《言志诗十一首有引》)

十五、“古道敦素质,新声变其常”

古道敦素质,新声变其常。时代不可为,今人空彷徨。前辈昔高尚,笃志词赋场。何李起衰后,所守惟旧章。编为五龙吟,声谐凤鸾凰。哪知水与木,源本自绵长。昌后贻厥谋,永为华国光。绳武余不替,王风自优扬。(《读先祖五龙山人集有感》)

十六、“打劫魔君不放手,推敲未已重碉楼”

我见遍地有人走,百个少壮无一叟。白叟若今不衰朽,风烛当年岂能久。须惜厖(同庞)眉与皓首,走下何物非刍狗。何不息机以养寿,白日无事夜子丑。打劫魔君不放手,推敲未已重碉楼。何苦穿凿把心呕,长歌短永日献丑。鬼神撇捩枯肠纽,老妇涂脂颜亦厚。况复于今时不偶,纵使吟到九十九。彩笔生花亦何有,后世焉知某为某,及其成也覆酱瓿。(《戒诗并勖友》)

木陈道忞

道忞(1596—1674),清初临济宗杨岐派僧。字木陈,号山翁、梦隐。广东潮阳人,俗姓林。天童密云圆悟之法嗣①。

道忞重视像教。他认为,世道日衰,人心怠荒,通过像教,可以“劝营”信众,可以“动其攀援哀慕之思”。

他以世俗的文艺活动为魔事,他引用中峰和尚的诗偈,明确指出“浮词之无益于人甚矣”;他严厉批评“诗魔”:“末法师僧,多不根道,稍能搦管,即从事于斯。废日荒月,惟恨揣摩之未工,苟工矣,则傲倪当世,轻忽上流,……由是追陪俗客,衲衣空闲,身虽出家,心不染道,可不哀哉!”。

在诗歌创作上,他主“因歌写怨,聊摅愤懑”,“直写己衷,直抒己见”。

本书所录文字,据《弘觉忞禅师北游集》、道忞《布水台集》《嘉兴藏》第26册,第180号、第181号。

一、“世典诗文,诸人染翰”,“一概禁绝”

“风月何缘事苦吟,拟将英誉厌鸡林。几回立尽三更月,一字搜空万劫心。梦里忽惊霜入鬓,眉边不觉泪沾襟。可怜半世聪明种,甘为浮词又陆沈。”②读中

① 道忞生平事迹,见《天童寺续志》《澉水志》卷六、《湖州府志》卷九十一、《宗统编年》卷三十二。

② 中峰和尚此偈之题为《次韵答盛秀才》,见《天目中峰和尚广录》卷二十九,《禅宗全书》第48册,第272页。

峰此偈,足为诗魔[①]针砭,亦见浮词之无益于人甚矣。乃末法师僧,多不根道,稍能搦管,即从事于斯。废日荒月,惟恨揣摩之未工,苟工矣,则傲倪当世,轻忽上流,甚而有鸠呼禅肆社结章缝而词坛牛耳,终为白衣[②]所操,由是追陪俗客,衲衣空闲,身虽出家,心不染道,可不哀哉！间有蹑屩丛林盗法而已,山僧行脚时,亲见此辈作薄福业,而招短促之报者何限。故今特申严谕,凡僧堂寮舍[③]一切案头,除经论禅策外,世典诗文,诸人染翰,除偈颂外,长歌短句,一概禁绝。如违此约,连案摒除。示此。(《规约·训众十二条·第四条》)

二、“因歌写怨,聊摅愤懑”

过殷墟而兴《麦秀》[④]之歌,行周道而发《黍离》[⑤]之叹,故国旧京,人非物异,一触目警心之间,所谓欲哭则不可,欲泣近妇人,因歌写怨,聊摅愤懑,抑岂知有百世下从而讽咏之哉！我毅宗烈皇帝,以英明之主数直凶危,家亡国破,宗庙丘墟,此天地人神所痛心疾首于甲申三月十九之变也。维今癸巳,去前莫

---

① 诗魔:魔,指魔事。指有害于佛法之事——“障碍之事”,“即障碍修行、偏离正道之思想行为。”(慈怡主编:《佛光大辞典》,台湾佛光出版社 1988 年版,第 6887 页)《佛说魔逆经》云:“有所兴业而有所作,则为魔事。若使志愿有所受取,而有所夺,则为魔事。假令所欲思想诸著识念求望,则为魔事。”(《佛说魔逆经》《大正藏》第 15 册,第 589 号,第 112 页中)

② 白衣:原意白色之衣,转称著白衣者,即指在家人。印度人一般皆以鲜白之衣为贵,故僧侣以外者皆着用白衣,从而指在家人为白衣,佛典中亦多以“白衣”为在家人之代用语;相对于此,沙门则称为缁衣、染衣。然于我国及日本之服制,则又不同。据佛像标帜义图说记载,白衣于我国为身份较低贱者所穿着,如仆役等。而于日本,则非高贵之人不得着白衣;平民仅于祭礼、丧仪之时,始着白衣,以表斋仪之洁净。盖此为日本之国风,故沙门虽著染衣,于礼佛式、入众法之时,亦必于法衣之下衬以白服。参见《涅槃经会疏》卷十四、《大唐西域记》卷二。

③ 寮舍:犹房舍。亦特指僧舍。金董解元:《西厢记诸宫调》卷一:“况敝寺其间多有寮舍,容一儒生又何碍也！”(明汤显祖评:《董解元西厢》,商务印书馆 1937 年版,第 27 页)

④ 麦秀:指麦子秀发而未实。《史记》卷三十八《宋微子世家》载:“其后箕子朝周,过故殷墟,感宫室毁坏,生禾黍,箕子伤之,欲哭则不可,欲泣为其近妇人,乃作《麦秀之诗》以歌咏之。其诗曰:‘麦秀渐渐兮,禾黍油油。彼狡僮兮,不与我好兮！’”(司马迁:《史记》,中华书局 2013 年版,第 1946 页)

⑤ 黍离:见《诗经·王风》。《毛诗序》称:“《黍离》,闵宗周也。周大夫行役至于宗周,过故宗庙宫室,尽为禾黍。闵周室之颠覆,彷徨不忍去,而作是诗也。”(清·阮元校刻:《十三经注疏》,中华书局 1987 年版,第 330 页)黍离之悲成为重要典故,用以指亡国之痛。

春，十阅星霜，当僧忞投老匡庐之日，虽倭迟远道，浪迹崑阴，而雨露之思中怀怅，而因鸠诸同人，共修荐严佛事，亦已澄心涤虑，洁蠲为馆矣！其如隐痛填膺，驱除不去，乘间辄来，遂人各言所欲言，总诗文若干首，篇而什之，曰《新蒲绿》。于乎！“新蒲细柳年年绿”①，“野老吞声哭”②，将何日而休哉？（杜工部《哀江头诗》云：“少陵野老吞声哭，细柳新蒲为谁绿？”建文圣帝诗云：“新蒲细柳年年绿，野老吞声哭未休。”）。（《新蒲绿序》）

三、“直写己衷，直抒己见”

诗之义大矣哉！用之朝廷，则为清庙③之歌，明堂之奏；用之邑里，则为祈年之颂，方社之谣。龠舞笙鼓，或歌或咢，宾祭④可施，帷房可咏，征途可赋。故诗之为义大，而诗之为用广也。若乃触景伤心，因时致感，苦雨凄风之候，踢天踏地之时，子不得于其父，臣不得于其君，贞而不见答于其夫，信而不见谅于其友，人非木石，谁能无情？人之有情，尤水之有江河也。江河不使其流注而堙之塞之，则必颓山岳，漂庐舍，生民将有昏垫之忧矣！人情不令其宣泄而抑之郁之，则必规图报复，借寇兴戎，天下将有殆哉岌乎之患矣！先王知其如此，一听其悲歌号咷，天可以刺，神可以诟，君父可以讽诽，夫友可以怨讪，恬焉而莫之禁者。所以导民志达民隐，孚上下协人神，杜乖戾之原，开泰和之宇。诗之为义固不大与？诗之为用固不广与？由商至周，人万其家，而寥寥三百，虽由孔子之删，然穆如清风之吉甫，仅见《嵩高》《烝民》二篇，则诗之难言，盖可

① 新蒲细柳年年绿：杜甫《哀江头》：“江头宫殿锁千门，细柳新蒲为谁绿？”（清·仇兆鳌注：《杜诗详注》，中华书局2009年版，第329页）

② 野老吞声哭：杜甫：《哀江头》：“少陵野老吞声哭，春日潜行曲江曲。”（清·仇兆鳌注：《杜诗详注》，中华书局2009年版，第329页）

③ 清庙：《周颂·清庙》。全诗一章，共八句。即所谓“颂之始”。此诗是洛邑告成时，周公率诸侯群臣告祭文王、致政成王的乐歌，通过对告祭致政祀典的礼赞，表达了对周人祖先功德的感谢和企盼德业永继的愿望，强化了周人天命王权的神圣理念，标志着周代立子立嫡宗法制的最后确立。

④ 宾祭：谓招待贵宾和举行大祭。《左传·襄公十年》：“鲁有禘乐，宾祭用之。”杨伯峻注“鲁用周王之禘乐，于享大宾及大祭时用之。”（杨伯峻：《春秋左传注》，中华书局2012年版，第977页）

知已。今时学者,既无吉甫心眼,复无小弁真有不可得已之情,徒句推字敲,棱磨缝合,各求肖其所宗。宗济南则杰为浑雄之调,宗景陵则丽为清新之词。昔也罪济南,今也攻景陵,风雅之场,未闻玉帛相见,徒以兵戎,使乖戾之气日中乎人心,杀机动乱亡兆,吾不知天下将何底止焉?异哉!源发高子之为诗也,直写己衷,直抒己见,清新焉而悲壮愈甚,浑雄焉而刻画弥深。甚矣,高子之诗,有得于风雅之道也。或曰:高子为今象先先生冢子,先生盖胜国名臣也。当献闯二贼践藉中原时,秦楚几无完土,先生提一孤军,开府郧阳,贼独畏。先生居官清正,得民心,越邑过都,不敢窥藩者十年。及夏台鼎迁,先生始角巾归井里。周宗吉甫,疑先生无让焉。高子幼闻过庭之训,所谓家学渊源,固有自与!余曰:不然,蒙庄①有言,郑人缓②也呻吟,裘氏之地,只三年而缓为儒,河润九里,泽及三族,使其弟墨,儒墨相与辩,其父助翟十年而缓自杀。其父梦之曰:使而子为墨者余也,阖胡尝眎其良?既为松柏之实矣,夫造物者之报人也,不报其人而报其人之天,彼故使彼夫人以己为有异于人,而贱其亲齐人之井饮者相捽也,故曰:今之世皆缓也,请即以此定高子与今之为诗者案。(《郧山集序》)

四、"笔黛泼烟霞","五岳起方寸"

暮春修禊③,讵止永和之年,独美著《兰亭》,而芳流千载,其故何也?语不云乎,"山不在高,有仙则名;水不在深,有龙则灵",况逸少④之文与笔,使二者当之,将恐灵名两失,而山水之谓称或更有在。然则《兰亭》之炜煌,今昔不亦

---

① 蒙庄:指庄周。唐刘禹锡:《伤往赋》:"彼蒙庄兮何人,予独累叹而长吟。"(瞿蜕园:《刘禹锡笺证》,上海古籍出版社 1989 年版,第 19 页)

② 郑人缓:《庄子·列御寇》:"郑人缓也呻吟裘氏之地,祗三年而缓为儒,河润九里,泽及三族,使其弟墨。"郭庆藩集释:"呻吟,咏读也。裘氏,地名也。祗,适也。郑人名缓,于裘地学问,适经三年而成儒道。"(清郭庆藩撰,王孝鱼点校:《庄子集释》,中华书局 1961 年版,第 1042 页)

③ 修禊:传统风俗,阴历三月上旬的巳日(魏以后始固定为三月三日),到水边嬉游,以消除不祥,叫做"修禊"。晋王羲之:《兰亭集序》:"暮春之初,会于会稽山阴之兰亭,修禊事也。"(房玄龄等:《晋书·王羲之传》,中华书局 1974 年版,第 2099 页)

④ 逸少:王羲之,字逸少。参见本书《贯休》"王右军"注。

宜乎！广陵屡经丧乱，无论二十四桥①，无复旧时风月，而芳草凄迷，乱生宫馆，城郭尤然半是，人民大抵全非矣！唯卓月朱镇君家，以先大方伯之遗泽汪濊，尤尚未艾，宅东筑土为台，建亭其上，通以竹径，杂以华阴，方其露溼梧桐，风传夜漏，天阶月上之时，辄恍然有会于中，因以名诸其台。然台仅止于是，而山水之高深，不可问也。一日五云萧使君来访，君杀鸡为黍，并呼其子云卿出见。镇君以识曲周郎，相对风流，太守棋逢敌手，琴遇知音，由是分牌限韵，俄尔之间，遂得五言四韵者，人各四章，不独笔黛泼烟霞，抑亦五岳起方寸，弥觉山岛耸峙，天水沦涟，使人恍然有会于其间者，又不独台也。于乎，使君与卓月皆滇人，闻滇山高壑浚，万宝生焉，风土与人物，恒相类是，诗其盖以是也夫！（《恍然台诗小序》）

---

① 二十四桥：二十四桥是古代汉族桥梁建筑的杰作，位于江苏省扬州市，历史上的二十四桥早已颓圮于荒烟衰草。唐杜牧《寄扬州韩绰判官》诗："二十四桥明月夜，玉人何处教吹箫？"《方舆胜览》："扬州府二十四桥，隋置，并以城门坊市为名，后韩令坤省筑州城，分布阡陌，别立桥梁，所谓二十四桥，或在或废，不可得而考矣。"（清·冯集梧：《樊川诗集注》，上海古籍出版社1978年版，第282页）

破山海明

海明(1597—1666),临济宗僧。又称通明,字万峰,世称破山祖师。四川顺庆府大竹县(今属重庆市)人,俗姓蹇。天童密云圆悟之法嗣。师善诗,工书,书法二王①。

破山指出,“道在人弘”,而歌咏偈颂,与“拈锤竖拂”“棒喝交驰”“资生业”等,也是弘道之举,而此种种,都是“即无机处发机,无用处显用”。破山充分肯定“棘生白居士”之《山居诗》,乃是“善作佛事”,是“树赤旗于擒纵之际,挝毒鼓于杀活之间”,是“生死关头”表现出的“雄猛”,“是勇锐杰出”,而其诗又“言言句句,悉是太平中风味”,令破山器重。破山指出,钱居士之诗,是从“悟”中获得:钱居士是“听之有耳,愈听愈悟”,是从深切的体验中获悟,于是“声满楼,竹满地”,兴会泉涌,意象萌生,于是“诗从中流,不属文字”。在破山看来,这是“乃教外之别传,非三乘之所及”。

本书所录文字,据《破山禅师语录》《嘉兴藏》第26册,第177号。

一、“道在人弘”,歌咏偈颂系弘道之举

鼻祖西来,不立文字,不离文字,皆直指斯道,无可不可而已。然道②在人

① 海明生平事迹,见印正:《破山明和尚行状》、印峦:《双桂破山明禅师年谱》(《破山禅师语录》卷二十)、《五灯严统》卷二十四、《五灯全书》卷六十五、郑珍:《博雅》(《黔诗纪略》三引)。

② 道:其含义有:能通之道路;真理的意思;即梵语所说的菩提或涅槃,音译作末伽;修行的方法。《大乘义章》卷八末曰:“所言道者,从因名也。善恶两业,通因至果,名之为道。地狱等报,为道所诣,故名为道。”(《大正藏》第44册,第1851号,第625页上)《俱舍论》卷二十五曰:“道义云何,谓涅槃路,乘此能往涅槃城故。”(《大正藏》第41册,第1821号,第377页下)

弘,或拈锤竖拂,或棒喝交驰,或歌咏偈颂,或资生业[①]等,即无机处发机,无用处显用[②]。犹驱耕夫之牛,夺机人之食也。吾子棘生从通州来,又即尘劳而善作佛事。树赤旗于擒纵之际,挝毒鼓于杀活之间,如是雄猛,如是勇锐杰出。生死关头,作山居诗三十首,言言句句,悉是太平中风味。予器之,题片言以佳志焉。(《棘生白居士请题山居诗序》)

二、“诗从中流,不属文字”

香严击竹[③],而敕听竹。竹之有声,愈击愈出。听之有耳,愈听愈悟。是声满楼,是竹满地。诗从中流,不属文字。呵呵,乃教外之别传[④],非三乘[⑤]之所及。(《而敕钱居士请题听竹楼诗序》)

---

① 资生业:衣食住之具,以资助人之生命者。《法华经 · 法师功德品》曰:“若说俗间经书、治世语言、资生业等,皆顺正法。”(《大正藏》第 9 册,第 262 号,第 50 页上)《摄大乘论释》卷九:“资生业有四种:一种植;二养兽;三商估;四事王。”(《大正藏》第 31 册,第 1595 号,第 220 页上)

② 无机处发机,无用处显用:禅门宗师在传授禅法时,善于根据学人(特别是初机后学)的堪受佛陀教法之素质能力,采用种种手段,为学人解粘去缚,从而开启学人的根机、触动学人的机缘,使之自己去明悟生机,此即“无机处发机,无用处显用”。

③ 香严击竹:香严智闲得悟之因缘。据《景德传灯录》卷十一载,智闲往依沩山灵祐,祐知其为法器,欲激发之,一日谓之曰:“吾不问汝平生学解及经卷册子上记得者,汝未出胞胎未辨东西时,本分事试道一句来! 吾要记汝。”(《大正藏》第 51 册,第 2076 号,第 283 下)师进数语,皆不契机,复归堂遍检所集诸方语句,无一言可将酬对,于是尽焚之,泣辞沩山而去。抵南阳,睹忠国师遗迹,遂憩止焉。一日,于山中芟除草木,以瓦砾击竹作声。俄失笑间,廓然省悟。遽归沐浴,焚香遥礼沩山,赞云:“和尚大悲,恩逾父母。当时若为我说却,何有今日事耶?”(《景德传灯录》卷十一,《大正藏》第 51 册,第 2076 号,第 283 页下)

④ 教外之别传:指禅法妙旨不设文字语言,也就是不载于佛教经典、不通过教家宣说,而另外通过直指人心、心心相印的特殊方式和独立体系传承。《五灯会元》卷一,释迦牟尼:“世尊在灵山会上,拈花示众。是时众皆默然,唯迦叶尊者破颜微笑。世尊曰:‘吾有正眼法藏,涅盘妙心,实相无相,微妙法门,不立文字,教外别传,付嘱摩诃迦叶。’”(《新编卍续藏》第 138 册,第 7 页上)

⑤ 三乘:参见本书《永中如卺》“三乘法”注。

三疾净甫

净甫(?—1660),清僧。字三疾。绍兴(今属浙江)人,俗姓吕。年十九依云门圆悟薙染。参天童圆悟。偶步园中,闻鸟声忽悟。至云门,得三宜明盂印可。出住湖州清凉寺①。

净甫之诗偈"朔风凛冽",是在绕路说禅,"道得个时节不相饶"。冬去春来,万物消长,"今朝数到清明边,黎花处处飘香雪"。从他的自我辨析中,可以看出,他是以此偈表现《易经》豫卦"初爻"的意蕴,并申述《豫》卦的重要意义②。他认为自己的诗偈虽然"也只道得个时节不相饶",但却"妙得风人之体""有比兴有推敲""又典雅,又风骚"。他还引儒家"诗言志"之说,表明自己以诗言情的诗学观。

本书所录文字,据《五灯全书》卷一一一,《卍续藏经》(新编)第142册。

"有比兴有推敲","又典雅,又风骚"

(湖州清凉三疾净甫禅师)浙之绍兴吕氏子,幼时阅伊洛渊源,便慕心性之理。长游台山,遇念休静主,始识宗门中事,看万法话。年十九,痛母去世,遂依云门澄剃染。后参天童悟,悟方坐檐下,师从前过,乃以拄杖横截曰:"过即从汝过,只不许跨吾拄杖。"师竟跨杖过。悟随一棒,住半载,心闷口怯,毫

① 净甫生平事迹,见《五灯全书》卷一一一、《佛祖道影》卷三。

② 《易经·豫·初六》:"鸣豫,凶。"《国语·晋语》:"司空季子曰:'豫,乐也。'"李鼎祚:《周易集解》卷三引郑玄曰:"豫,喜逸,悦乐之貌也。"(李鼎祚《周易集解》,中国书店1984年版)从卦象看,下坤象征地,下震象征雷。《象传》:"雷出地奋,豫。先王以作乐崇德,殷荐之上帝,以配祖考。"即是说,雷破地而出,在太空奋飞,纵横上下,无不如意,快乐之极。(参见高亨:《周易大传今注》,齐鲁书社1979年版,第187页;宋祚胤:《周易译注与考辨》,湖南人民出版社1987年版,第90页)

无头绪。次春偶散步园中，闻鸟声忽觉，昏闷豁开，乃有“入春才七日，不觉柳梢青。策杖南园觅，林中鸟一声”之偈。同步园者金粟乘宝华忍，见其有得意状，忍抚师背曰：“还未晓在。”语未竟，即走不顾。后参云门盂，问：“古人未跨船舷三十棒，如何免得？”师曰：“看脚下”。随颂曰：“未跨船舷三十棒，免得遭他活埋葬。即刻进单浑不消，青山绿水姿放浪。”盂见，自此契合。冬至陞座：“‘朔风凛冽，碧空冻折。水陆不通，鸟道殊绝。今朝数到清明边，梨花处处飘香雪。’大众，者消息且道从何处得来？昨夜三更时分，拄杖子忽然睡去，李供奉闯入梦来，互相酬唱，遂得一首近体，盖咏那‘九日不食的硕果，七月来复的初爻’。长者从今长，消者自兹消。虽妙得风人之体，也只道得个时节不相饶。却也有比兴有推敲，既不犯平头上尾①，又不犯鹤膝蜂腰②；虽则内剥外剥，却又单抛双抛。又典雅，又风骚。”拈拄杖曰：“今日不免请者老兄出来，对大众前按一宫商，朗吟一遍。”击拄杖曰：“何似生？”顾大众曰：“你看者上座脸上，有多少笄篨。然虽如是，不见道‘诗言志，歌永言。声依永，律和声。八音克谐，人神以和’，《豫》之时义大矣哉。”（《湖州清凉三疾净甫禅师》）

---

① 平头上尾：平头，五言诗的第一字不得与第六字同声，第二字不得与第七字同声。违反者叫做“犯平头”。上尾：五言诗中，第五字不得与第十字同声，违者为犯病。（王利器：《文镜秘府论校注》，中国社会科学出版社 1983 年版，第 460 页）

② 鹤膝蜂腰：参见本书《寒山》“鹤膝蜂腰”注。

不会法通

法通,清僧。字不会。南充(今属四川)人,俗姓杨氏。初参福严容公,转谒破山海明,得悟玄旨。住射洪清泉寺①。

法通明确提出了"坐禅切忌习诗文"的主张。他认为,诗文不仅不能挤除"杂毒"烦恼,反而使人增添"杂毒",离佛祖愈来愈远。在他看来,"一切四六文章,写诗写字,总敌不得生死"。他还尖锐批评丛林中一伙好为人师之"瞎秃":"不依戒律,但以诗文写字为极则,将第一义为谭论之端",是以"种种染污"毒害学人,这是"有伤名教",是"辜负释迦拈花、达摩直指、六祖无一物"之旨。

本书所录文字,据《不会禅师语录》《嘉兴藏》第 32 册,第 276 号。

一、"不依戒律,但以诗文写字为极则"

门庭糟粕,盖谓人心不古;法道须扬,尽是分疆列界。未得融通一贯,个个穷煎饿炒。所以鬼神觑破,人天捡责。既为人天师范,也要夙具灵根②,方堪一器传器。更要大忘人世,大死几回,大炉百炼,方才彻底掀翻,盖天盖地。自然事事融通③,能含万物,不被万物碍。一切语言文字,尽从空性④流出,却又不被古人语言文字缚,不被自己偈句转。虽则如是万行,纵是庄严缺一不可,

---

① 法通生平事迹,见《锦江禅灯》卷一〇、《正源略集》卷五本书所录文字,据《不会禅师语录》,《嘉兴藏》第 32 册,第 276 号。

② 灵根:指根机、根性为利根、上根之人。石霜尔瞻尊:《复文枢刘居士》云:"读来教,足见居士夙具灵根,幸勿滞于小歇,要须发愤自强,坐断千差透明大法,是所切望。"(《石霜尔瞻尊禅师语录》卷二,《嘉兴藏》第 27 册,第 200 号,第 580 页中)

③ 融通:融会通达而了无滞碍。与相即相入同义。《圆悟佛果禅师语录》卷十四:"德山棒、临济喝,皆彻证无生,透顶透底,融通自在。"(《大正藏》第 47 册,第 1997 号,第 775 页下)

④ 空性:参见本书《皎然》"空性"注。

才与人敲枷打锁,令人转身吐气,才不教坏人家男女。今见一夥好为人师瞎秃,不依戒律,但以诗文写字为极则,将第一义①为谭论之端,种种染污,岂不有伤名教②,又辜负释迦拈花、达摩直指、六祖无一物③? 将教外别传,似乎情识穿,似乎学解会,似乎死心,是似乎是四生④无分,似乎是外国奇珍,似乎是师家有传,种种埋没。一夥好热闹,门庭师范不出自然,良心尽丧,欲求出狱,无有是处。

二、“一切四六文章,写诗写字,总敌不得生死”

中秋开示:参禅要个好心行,先拼一条穷性命,荡散家园一物无,不须更觅西方圣。今见一夥后学,虽则参方行脚,多不似古人心行。每谈论某和尚只写得几个草字,某和尚只有因缘,某和尚答语句迟,某和尚不立品格,只量别人长短,不看自己脚跟,看了别人猫儿,走失自家狗子。所谓参禅,须是铁汉着手,心头便判,直趋无上菩提⑤,一切是非莫管。又有一夥后学,只记得些嘴头滑,逢人争论一番,衒卖一上,或遇师家,只管胡喝乱问,只图多问几句为胜,又不知棒头落处,纵夺杀活全然不知,犹如猜枚一般。如此参学,真可怜悯……善知识只与他解黏去缚,作个证盟人,指他人人有个活鲅路头,令他勇猛精进毫不间断,一气呵成,觑破未生前一着,一名无事人⑥,一名出格汉,别无玄妙与他说。六祖云,与汝说者即非密也,汝若返照密在汝边,达摩尽力提持,只道得

---

① 第一义:参见本书《自闲觉》“第一义谛”注。

② 名教:指以正名定分为主的封建礼教。三国魏嵇康:《释私论》:“矜尚不存乎心,故能越名教而任自然。”(见《四库全书·总集类》第1413册,第53页上)参见本书《觉浪道盛》“名教自任”注。

③ 六祖无一物:无一物即本来无一物,谓宇宙万象系由人之妄想分别而起,本来即无任何一物可执著。一切诸法皆空,仅由于相依相存之关系而存在。于彼此不断变化之关系中,并无独自存在之主体,故无任何一物可执著,亦毋须执著任何物。六祖《法宝坛经》云:“菩提本无树,明镜亦非台;本来无一物,何处惹尘埃?”(《大藏经》,第48册,第2008号,第349页上)意谓一切空寂,了无一物,道破了天真独朗之境。

④ 四生:参见本书《达观真可》“四生”注。

⑤ 无上菩提:参见本书《五祖弘忍》“无上菩提”注。

⑥ 无事人:指无为超脱,任运随缘,除尽俗情妄为的彻悟者。沩山灵祐云:“从上诸圣,只说浊边过患,若无如许多恶觉情见想习之事,譬如秋水澄渟,清净无为,淡泞无碍。唤他作道人,亦名无事人。”(《潭州沩山灵祐禅师语录》《大正藏》第47册,第1989号,第577页下)

不识。但今时人,伶俐处与古人一般,只是少培德行,一种能所胜负未忘,饶伊参到眼光落地,四大分离,神识①昏昧,业境②现前,毫无主宰,毫无定当,依旧黑漫漫地,与俗何异?甘为畜生群队,修罗③伴侣,地狱根苗。从前册子上,记人长言短语,总用不着。一切四六文章,写诗写字,总敌不得生死。未有实证实悟④,单以理路作靠山。若以理路作靠山,释迦一大藏教⑤,岂不是理路?何故末后拈花,迦叶微笑,方才正脉流通……

三、"坐禅切忌习诗文,杂毒难除转不亲"

坐禅切忌习诗文,杂毒⑥难除转不亲。生死若将学问了,达摩一派是狐精。(《坐禅偈》)

---

① 神识:指有情灵妙不可思议的心识,与现代所说的灵魂同义(参见陈孝义《佛学常见词汇》,宁夏人民出版社 1996 年版,第 246 页)《宝积经》卷百九曰:"譬如风吹动诸树木,发起山壁水涯,触已作声。以冷热因缘所生,是故能受,然彼风体不可得见……此神识界亦复如是,不可以色得见,亦不至色体,但以所入行作体现色。"(《大正藏》第 11 册,第 310 号,第 610 页上)

② 业境:业,意为"造作",泛指一切身心活动,以为人生及周围环境,皆由自体的善恶等"业"造成。一般分为三业:身业(行动)、语业(言语)、意业(思想活动)。《大方等大集经》卷十五:"一切众生本际清净,毕竟无生无起。但因虚妄愚痴故造种种业,造种种业已受无量忧悲苦恼。"(《大方等大集经》《大正藏》第 13 册,第 397 号,第 103 页上)境指的是眼、耳、鼻、舌、身、意所感觉意识到的对象。佛家认为,一切境都是虚妄不实的。《杂阿含经》卷四十三:"如是六根种种境界,各各自求所乐境界,不乐余境界。"(《大正藏》第 2 册,第 99 号,第 313 页上)

③ 修罗:阿修罗的简称,意为不端正,非天等。六道之一,天龙八部之一。该神在古印度原为与因陀罗争夺天界权力的恶神,经常与天神因陀罗进行战争,该神具有嗔、慢、疑为生因,其果报殊胜,仅次于诸天。《大方等大集经》卷十一:"来憍尸迦!阿修罗坏,诸天则胜,诸天胜故,佛法增长。"(《大方等大集经》《大正藏》第 13 册,第 397 号,第 73 页中)

④ 实证实悟:即证悟,真实地领悟禅法。《憨山老人梦游集》卷二《答郑昆岩中丞》:"若证悟者,从自己心中朴实做将去,逼拶到山穷水尽处,忽然一念顿歇,彻了自心。如十字街头见亲爷一般,更无可疑。如人饮水,冷暖自知。亦不能吐露向人,乃真参实悟。"(《新编卍续藏》第 127 册,第 225 页上)

⑤ 一大藏教:参见本书《天如惟则》之"一大藏教"注。

⑥ 杂毒:苦性与烦恼能障修善,故将之比喻为毒;混入此等毒之法,称为杂毒。《正法念处经》卷五十六:"诸有虽名乐,犹如杂毒蜜。"(《大藏经》第 17 册,第 721 号,第 329 下)

虚舟行省

行省(1599—1668),清僧。字虚舟。慈溪(今属浙江)人,俗姓姚氏。幼通儒业。年十八上雪窦剃染。参语风、双桂诸先辈,依福严费隐通容,久而有省。开法吼山。门人于杭之西湖,创留锡庵奉老①。

行省重视“逸兴”在诗歌创作中的作用,指出“逸兴多”才有“佳句”涌现。他以人品论诗,指出陶潜之诗,因人品高洁而传于后世:“韵非风华胜,句以人品传”;而陶诗之韵味,是不以风花雪月取胜,而以朴实清新见长:“先生清意远,如其性本然”。

本书所录文字,据《嘉兴藏》第33册,第282号。

一、“几多逸兴归佳句”

谁是西溪第一庵,泉回面面镜光涵。身忙谁得烟霞住,眼冷方能涧石耽。磬落清声书未卷,钵分午食②鸟来参。几多逸兴③归佳句,我欲然藜细细探。(《题溪饮庵老宿诗刻》)

---

① 行省事迹,见《五灯全书》卷七一。

② 午食:僧侣学佛,日中为食,食不过午。《律学发轫》云:“经云:‘诸天早食,佛午食,畜生午后食,鬼夜食’。僧宜学佛,断六趣因,故食不过午。”(《新编卍续藏》第106册,第932页上)午为日中,子为夜中。

③ 逸兴:超逸豪放。唐李白:《宣州谢朓楼饯别校书叔云》诗:“俱怀逸兴壮思飞,欲上青天揽明月。”(清·王琦注:《李太白全集》卷十八,中华书局1999年版,第861页)

二、“韵非风华胜，句以人品传”

古今诗满帙，独爱陶令篇。韵非风华胜，句以人品传①。大节分中事，知谁不愧天。先生清意远，如其性本然。不计五斗米，宁论二顷田。归来存傲骨，剥啄谢车轩。门前柳种后，迳底菊开先。寤寐羲黄想，何妨托醉眠。凤飞曾度汉，虬隐亦沉渊。景行仰高德，竹林迈七贤②。诗读不终卷，香闻识水莲。(《读靖节诗》)

---

① 韵非风华胜，句以人品传：指陶渊明的诗歌不是以优美的风采才华取胜，其艺术特色是恬静冲淡，感情真切，意境淡远，语言朴素，出于自然。正如宋张镃所言：“陶渊明诗所不可及者，冲澹深粹，出于自然。若曾用力学，然后知渊明诗非著力之所能成。”(《仕学规范》卷三十六，四库全书子部，第 875 册，第 179 页上)

② 竹林迈七贤：魏晋间名士嵇康、阮籍、山涛、向秀、阮咸、王戎、刘伶称为竹林七贤。晋孙盛《魏氏春秋》：“(嵇)康寓居河内之山阳县(今河南焦作市东)，与之游者未尝见其喜愠之色，与陈留阮籍、河内山涛、河内向秀、籍兄子咸、琅琊王戎、沛人刘伶相与友善，游于竹林，号为七贤。”(《三国志·魏志·王粲传》注引，《三国志》第二十一卷，中华书局 1971 年版，第 606 页)

牧云通门

通门(1599—1671),明代临济宗僧。号牧云,世称牧云通门禅师。江苏常熟人,俗姓张。得密云圆悟之心印。师博通外学,能诗文,擅长书绘①。

通门明确指出,参禅求法,了脱生死,绝不能求于语言文字,更不能刻意于翰墨吟咏:"衲僧衣线下一段大事,辉今灼古,非言句可指拟,才涉唇吻,即觌面蹉过。故我同侪,欲求法于语言文字,已若掘地觅天,况刻意工翰墨,事吟咏,于自己分中,何啻白云万里耶!"但是,另一方面,对于已经开悟的人即"得底人",却可以游戏翰墨:"得底人又且不然,言所不言,迹所不迹,尝年无语,其声如雷。终日口喃喃,原无一字。如是,则何妨开口,何妨闭口,何妨有句,何妨无句,何妨一句,何妨多句。"

他又指出:"夫诗之为道,若非沙门之正务焉。"他又详论"诗殊未易言,亦未易作"之理。因为,"盖诗所以言志,惟古之人,志于道,笃于学,日务修省,故能畅其志,慷慨特达,远大高明","古人之为诗者,似乎必先一其志以达乎道,必持夫道以养其志,故诗之所在,即志之所在,志之所在,即道之所在也。"他引孔子"思无邪"之论,指出"是知诗之为教,无非欲吾人端其志,而非欲吾人之必为诗";又引世尊"息心达本源,故号为沙门"之教诲,强调"息心达本",了脱生死,"然则苟非其志,虽世间学犹无取焉,况号为息心达本者哉!"

通门引大乘经典《维摩经》《楞严》,指出"似乎古佛所秘出世法门,亦多泄之语言三昧",从而阐明诗歌有兴起读者之美感的力量和作用——其美感是只可领悟而不可言传的意蕴:"(余)披其一题,诵其一诗,则目前得一境界,忽喜忽卷隐几,愕,自不知其故,及掩所历境界,又复了不可得"。

---

① 通门生平事迹,语出《五灯会元续略》卷八、《五灯严统》卷二十四、《五灯全书》卷六十七。

通门认为，佳诗出于无意为之，乃出之自然，“绝无思虑于其间，任天而已矣”。他主张诗歌创作，应适“天机所至，不期然而然”，天机自动，天籁自鸣，出自自然。他充分肯定元白可公之诗，能“脱落绳墨，有潇洒独得之韵”，即有创新，已超脱前人程式之束缚。

通门从用笔与意、词、旨、格等方面高度评价善坚之拈颂：“运笔甚灵”，“意圆词爽，旨深格高”。有所创新，能超脱程式束缚，无穿凿之蔽：“绝蹊径之岐，无穴凿之病”。通门主张诗的“触境命词”，应“皆得性情之正”。通门认为“人乎近诗”，人品即诗品，诗品即人品。“懒亦能感人”，是说“懒”作为一种人生态度，也有感人的力量。“懒”者，优闲也，闲适也，无事于心，无心于事也。通云评价“梅溪庵主”之诗，有沁人心脾之力，可使人脱去尘俗：“梅诗快读，尘埃脱尽，如坐冰壶。”他还指出，梅溪之诗已是“人”与“诗”合一，“非诗不泄梅之神，非梅不发诗之韵。诗乎，梅乎？殆莫可分矣”：指明只有梅溪之诗，能呈现梅之风姿神韵；只有“梅溪”笔下之梅，才能展示梅溪之独特个性。

本书所录文字，据《牧云和尚懒斋别集》《嘉兴藏》第 31 册，第 267 号。

一、“刻意工翰墨，事吟咏，于自己分中，何啻白云万里”

衲僧衣线下一段大事，辉今灼古，非言句可指拟，才涉唇吻，即觌面蹉过。故我同侪，欲求法于语言文字，已若掘地觅天，况刻意工翰墨，事吟咏，于自己分中，何啻白云万里耶！虽然若是，得底人又且不然，言所不言，迹所不迹，尝年无语，其声如雷。终日口喃喃，原无一字。如是，则何妨开口，何妨闭口，何妨有句，何妨无句，何妨一句，何妨多句。予友元白可公，楚人也，与余同参金粟，别来数年，晦迹于徽之黄海。日登眺三十六峰，坐石题诗，吟风啸月，若下忘人世矣。乙亥冬，会老人，从心之年，及门弟子散于四方者，毕集太白峰下。公亦负策而至，自秋徂冬，每于火垆头出黄山所咏示人。同志咸爱其脱落绳墨，有潇洒独得之韵。春日载阳，制解公作诗别友，卜日他行，意觅一丘一壑，种田博饭，追步古人，不欲浪出头角，类航脏虫豸。于是黄岩木陈忞公闻而嘉之，作歌以贻。一时同志赓者凡数篇，公总集之，索予为序。予曰：是集也，胡言汉语,同友虽各出手眼,然于公分上皆闲言语,何用为?公曰:抛砖引玉,余之幸也。固以请余,因书前数语。不唯题今出山诗,他日并可序公黄山集,使明眼人欲识我林下人面目①,不待文采已彰,自当于笔尖未动时荐取。(《元白可公出山诗序》)

二、“诗之为道,非沙门之正务”

夫诗之为道,若非沙门之正务焉。余初出俗时,见老宿作偈颂,心辄慕,每私颂寒山石屋语。已而远游,历吴越丛席,值听讲习禅之侣,皆尚乎诗,慕弥甚。时以未明生死事,不遑研习之。遂拨草瞻风,亲近知识,数年后渐闻长者之论,屡窥前辈之作,始悟诗殊未易言,亦未易作也。夫何故?盖诗所以言志,惟古之人,志于道,笃于学,日务修省,故能畅其志,慷慨特达,远大高明,其诗未作,其天地民物之故,上下古今之变,先已坐见,忽有所感,其兴致淋漓,咨嗟咏叹,无意乎诗而自诗,无意乎雅而自雅,比兴无一不含大义,出语无一不有所源,优柔婉易言简意长,一诵之使人性灵跃,俗习化,虽传百世咏叹若新,此古人之诗。今我曹负志言诗。道眼未明,求所谓寒山石屋者不能得,而于乐不淫哀不伤②《三百篇》风人之微旨,又或未达其志,茫无所矜式,徒欲速成其诗得乎?予乃观古人之为诗者,似乎必先一其志以达乎道,必持夫道以养其志,故诗之所在,即志之所在,志之所在,即道之所在也。苟大道之未明,大义之未喻,志而非志矣,而惟工其字句,联其景物,若陈死人饰以衣冠,了无生气,而欲并于风雅,恶乎可!不知语录经论,佛意祖意之若何,而惟撮以成句,如窃帝王之言以惊世,不惮罪诛,而谓明乎佛法,洞乎禅理,恶乎可!不知古人一死生,

---

① 林下人面目:林下,山林之中,常常指远离尘嚣的僧人修行之地。契嵩:《镡津文集》卷一八:“岁暮值雪,山斋焚香独坐,命童取雪烹茗,因思‘柳絮随风起’之句,遂取谢道蕴传读之。见其神情散朗,故有林下风气,益发幽兴,乃为诗兼简居士公济彼上人冲晦。”(《大正藏》第52册,第2115号,第742页上)

② 乐不淫哀不伤:“乐而不淫,哀而不伤”,古代诗学概念,是儒家传统诗教的美学批评原则。孔子认为《诗经·关雎》作为一首吟咏男女爱情的诗,表现欢爱的情感不流于淫佚,表现悲哀的情思不至于怨伤,体现了以礼为节、保持情感中和的原则。语出《论语·八佾》:“子曰:《关雎》乐而不淫,哀而不伤。”朱熹注云:“淫者,乐之过而失其正者也;伤者,哀之过而害于和者也。”(朱熹:《四书章句集注》,中华书局1983年版,第66页)

同物我，优游自得真实受用处，而惟木食涧饮岩居云卧之铺叙，如贪夫学采西山之薇，以市廉要之，非夷齐之面目，而谓友于寒山，同于石屋，又恶乎可！或更创无谓之题，耗有涯之思，有类精卫衔木，夸父穷影，岁月川逝而不惜，人命呼吸而不顾。视品虽然岐俗准理，均为丧志。孔子曰："诗三百，一言以蔽之，曰：'思无邪。'"是知诗之为教，无非欲吾人端其志，而非欲吾人之必为诗。世尊云："息心达本源，故号为沙门。"然则苟非其志，虽世间学犹无取焉，况号为息心达本者哉！或云治世语言，皆顺正法，粗言及细语，皆归第一义①。古法师谓何妨笔砚资真性，则又何也？告之曰：佛说佛言，祖说祖语，子能契佛祖之道，然后如寒山咳唾可也，石屋咏歌可也，古宿粗言细语可也。斯盖终日言而未尝言，又何必论顺正法资真性归第一义耶？（《警学诗说》）

三、"古佛所秘出世法门，亦多泄之语言三昧"

余林下人也，不知世间文字。庚辰冬，偶过禾中，晓令李子频来道聚。一日携所作《鱼喁草》见示，且索弁语。余惘然，因问"鱼喁"何义？答曰：语出《淮南子》②，大凡鱼相忘于江河，或水浊口则仰焉。余于时不觉有感，既而披其一题，诵其一诗，则目前得一境界，忽喜忽愕，自不知其故，及掩卷隐几，所历境界，又复了不可得。因忆旧所诵《维摩经》③云：或有佛土，以佛光明而作佛事，或有以香饭而作佛事，有以园林台观而作佛事，有以音声文字而作佛事，有以无言无说无示无识无作无为而作佛事。《楞严》④则云：此方真教体，清净在音闻。似乎古佛所秘出世法门，亦多泄之语言三昧。然欲当机领解，必待夫信之萌缘之稔也，否则犹石之受水，了不相入。乃若诗者，无择信否，才一讽咏一侧耳，可中即跃然若有所得，斯何故耶？夫子曰：诗可以兴。其信然耶！此余

---

① 第一义：参见本书《自闲觉》"第一义"注。

② 淮南子：又称《淮南鸿烈》，杂家著作。西汉刘安（淮南王）主编。杂采先秦诸子之说，以阴阳五行和道家天道自然观理论，杂糅儒、墨、法、刑、名诸家学说，反映了作者"淡泊无为，蹈虚守静"的黄老无为思想。

③ 维摩经：凡三卷，计十四品。姚秦鸠摩罗什译。收于《大正藏》第十四册。又称维摩诘所说经、维摩诘经。本经旨在阐说维摩所证之不可思议解脱法门，故又称不可思议解脱经。

④ 楞严：参见本书《永觉元贤》"楞严"注。

读晓令诗有感，是知晓令之感，发之鱼喁。余之感，乃发于晓令。晓令初知鱼之感，而余并知晓令之感。余知晓令之感，而晓令不知余之所以感。晓令知鱼之感，而鱼也复不知晓令之所以感。彼此相感，若相知，若不相知。鱼耶，喁耶，水耶？感而兴者，其何始耶？人乎，物乎，诗乎？感而复者，将安诣乎？余终惘然也，请还质之晓令。（《鱼喁草序》）

四、“绝无思虑于其间，任天而已矣”

壳音者，壳中之音也。西方有鸟名曰迦陵，在鷇时其音已压凡鸟，种性异也。庄生《齐物论》[①]曰：“无以异于鷇音”。斯言鸟之初生，张喙而鸣，无思焉，无虑焉，是非之情有所不入也，惟天而已矣！余投破山雪柏老人[②]，年已高，发尽白，挥麈尾婆娑木座上，岁时任运佛祖之位，悠然忘怀，行同婴儿。或取凉中庭，足忘纳履，或就暄廊庑，手不揖人，木几左右，一炉一茗，咿唔之音弗辍也，而纸笔随之。余也蒙稚从旁窥立，老人歌遂思歌，老人咏遂思咏。日月久之，不自知柴塞之化，而天机之张也。佛心祖印，踊跃而入，时雨春风，笑谈而解。于是凡有感触，亦必有语，语必呈老人眼。老人初必颔之，既而曰：“谚所谓‘多年鸟子，壳中先老’，其殆子欤？”斯时也，余复不知老人此语之为游戏耶，提奖耶？将谓我如初生鷇音，而忘是非耶？抑为迦陵种性坐压凡鸟耶？总之亦绝无思虑于其间，任天而已矣。呜呼！老人既没，壳音谁证？因忆曩日，娑罗塔前，初遇不偶然者。（《壳音草序》）

五、“天机所至，不期然而然”

昨暮灯下，忽成茎虀诗，足下目之当一笑耶！然天机所至，不期然而然。乞并前书，缄寄圣月，新年完一诗债，甚为自得，丑妍不知也，呵呵。（《柬周公贞》）

---

① 齐物论：见《庄子》第二篇。《庄子》又称为《南华真经》《南华经》，道家著作。分为内、外、杂三篇。一般认为内篇是出自庄子之手，外、杂出于后学之手。

② 雪柏老人：牧云《舟中望维摩》之解题云：“洞闻和尚晚年自号雪柏老人，戊午岁于维摩度夏为余剃落。”（《牧云和尚懒斋别集》卷一一，《嘉兴藏》第31册，第267号，第611页下）

六、“只宜随笔写，笔底见精神”

枯肠本无物，诗偈何有新？只宜随笔写，笔底见精神。是句终疏韵，非言却动人。碧峰能点首，病骨不同尘。（《碧峰禅人病中求示》）

钟定不能寐，诗成信口来。林端栖鸟伏，霜月在高台。（《破山寺夜坐》）

七、“意圆词爽，旨深格高，绝蹊径之岐，无穴凿之病”

满月处空，清净无翳，而盲者不见，非月之罪也。江湖滔滔，布帆疾驰，而不知津者，望洋而叹，非江湖之过也。从是言之，释迦老子，果有秘密藏乎？祖师西来意，果有关钥，门外汉不得而入耶？借以月论之。彼其在空，有目皆见，寒光著人，不待指点，指点者为盲夫也，自非神妙之手，其何能焉？所以灵山话月，曹溪指月①，古今宗师机缘拈颂，层见叠出，皆话月指月之若也。当其阐扬语有不一，或指于空，或指于方，或指于山，或指于水，或指于屋梁，或指于庭砌，或指于前后左右，盲者随而执之得于此不信乎？彼于片影生满足想、较高下焉。是故指之权所系亦大矣！甚至昭其用也，指以净光，则执如珠如镜；揭其体也，指以圆像，则执如盘如盆，若是者彼盲固可笑，要亦指法未妙，乃不能启盲之悟，而徒益盲之迷。夫指而益盲之迷，不若不指，听月之自然之为愈也。何也？月未尝不在盲者之顶额也。是故古今以西来意，视为膜外物者，盲夫也。从而指点，见小识局，笔庸词钝，是指月于屋梁，指月于庭砌，不及也。或者组绘其词，隐隔其旨，盲者不觉，从而咀嚼，譬若初欲见月，乃竟忘月，徒爱指之纤好，又非指之者之过欤？是故以指彰月，以言明道，过与不及，均失也。予观古庭和尚②拈颂，其运笔甚灵，从而味之，意圆词爽，旨深格高，绝蹊径之岐，

---

① 灵山话月，曹溪指月：《汾阳语录》卷上："灵山话月，曹溪指月。月在什么处？与我之处看。直报禅和，墨香天上觅好！"（《大正藏》第 47 册，第 1992 号，第 599 页中）

② 古庭和尚：即古庭善坚（1414—1493），明僧。初名善贤，字古庭。昆明（今属云南）人，俗姓丁氏。十九参柏岩禅师。宣德五年（1430）走金陵，谒无隐道和尚。获印可于隆恩无际，嗣法。天顺间出住浮山。暮年返滇，建归化禅林。事迹见《五灯会元续略》卷三下、《续灯存稿》卷九、《新续高僧传四集》卷一九、《佛祖道影》卷二。

无穴凿之病，直截而婉转，老炼而优柔，见古人之大全，浑然如空中楼阁，云霞缥缈，是能妙于指者。己丑春，予游盐官，于弟子默庵案头，见其全刻。独爱其拈颂，深有所养，命侍者手录于箧中。吴门顾敬修居士，访予破山，见之捧读，为未曾有，曰："此后学典刑也，请别授梓以流通。"予曰："善。"师讳善坚，考其系，为无际派嗣，盖临济下儿孙也。（《别刻古庭和尚拈颂序》）

八、"触境命词，皆得性情之正"

饥馑荐臻，法社冷落，衲子驰骛，拒之良难。流水行云，非无定踪，亦息肩一策耳！日下偶又舣舟葑溪，开箧读《除夕》《元旦》二诗，触境命词，皆得性情之正。虽然，沧桑自古何常此是彼非，不若两忘而化于道。诵金人三缄之铭，喻风人明哲之旨矣。缘事固无应者，时节艰危告匮，何啻小家然。与其爱妄，费倾千金之橐①，不若踏实地下福田一粒种子，明智者或点首焉。（《与叶岳心》）

九、"人乎近诗"

懒斋而得新咏，懒亦能感人，而新诗又能起予。懒懒相感，懒之趣味，非懒人不知也。大士缘起，经历名公多矣。其再摹时，适同尊翁生龄，此因缘非偶，尊翁其再来，人乎近诗，得暇当录寄也。（《答郑子康》）

人生遇合，世出世固自不偶。昭易泽国也，极乐孤庵也。予初至，歌想沧浪，竿投绿水而已，居无何。有一翁来访，须鬓皤然。瞻其容，聆其语，益儒者也。出诗贻余，诵其词，高其韵，视其印志，为木头老子，木头老子盖儒而诗者也。余喜之。既而四方来学，聚于一堂，风甚冷淡，木头老子乐之。一日携一矮榻及团蒲，直来堂中，晨香夕灯，行住坐卧，与衲子俱。余始知木头老子，又

① 千金之橐：金橐：贮藏金钱的袋子。唐杜牧：《寄内兄和州崔员外十二韵》："金橐宁回顾，珠簟肯一枨。"（《全唐诗》卷五百二十三，中华书局 1979 年版，第 5984 页）千金橐：言橐中之金钱多矣。宋张孝祥：《入清江界地名九段田沃壤百里黄云际天他处未有也》："定无适粤千金橐，可买临江九段田。"（《于湖集》卷七，影印文渊阁四库全书，第 1140 册，第 574 页上）

儒而禅者也。适大山胜公,自牛头山来,余请典藏,职大山又儒而衲,衲而爱诗,木头老子不觉与之合焉。饮食居处,靡不同也。余益奇之。昔者吾友断峰,云间人,亦儒而后禅,针芥天童先师[①]惜没焉,其法不见于世。木头老子盖曾与之抵足焦山,讨论竺典,木头老子之入佛年且久矣,而绝无泛滥之语,横溢之机,其学问有渊源佛理,穷精奥不立异同,其骨气不为时抑,不求人闻,独以了手一著为念,在儒为慥慥君子,法中亦可谓耆年禅伯也,乃醉心于孤庵,岁暮忘归,余亦不知其合也。拥炉煨芋,秉烛炊茗,每诵其诗而乐之。然诗乃木头老子之绪余也。(听云集序)

十、“梅诗快读,尘埃脱尽,如坐冰壶”

溽暑遽返,得无劳乎!梅诗快读,尘埃脱尽,如坐冰壶。非诗不泄梅之神,非梅不发诗之韵。诗乎,梅乎?殆莫可分矣!刻完必先寄我一册,使得坐游于孤山之下。(《与梅溪庵主》)

十一、“其诗优游自在,令人深味”

宋慈受深禅师[②],投老秀峰,有《登拔云台十咏》,盖怀药山[③]“月下拔云啸一声”而作,其诗优游自在,令人深味,得古尊宿住山受用,非息躁竞大休歇者,不能退身三步守雌牧卑若余者。或所谓怀慈受如怀药山者乎?聊抒企慕,非敢谓即古人也。(《和宋慈受深禅师登拔云台十咏(有序　附原咏并跋)》)

---

① 天童先师:宋代禅僧宏智正觉住持天童寺近三十年,严饬清规,誉为“天童中兴之祖”,世称“天童和尚”。参见本书《宏智正觉》小传。

② 宋慈受深禅师:(1077—1132)。俗姓夏,字慈受,世称慈受禅师。寿春(安徽寿县)人。云门宗长芦崇信之法嗣。后以朝廷改资福为神霄宫,因往金陵蒋山,未几住镇江焦山。经四载,诏住东京慧林。已而迁天台石桥,再徙苏州灵岩,补蒋山,退洞庭包山,复为湖州思溪圆觉第一祖。事迹,见《嘉泰普灯录》卷九、《五灯会元》卷一六、同治:《苏州府志》卷一三四、《历代藏经考略》等。

③ 药山:唐代禅僧惟严(751—834)。参见本书《无文道灿》“惟俨”注。

秋潭智弦

智舷，明僧。师字苇如，号秋潭，亦号黄叶头陀。嘉兴梅溪（今属浙江）人，俗姓周。活动于明启祯（1621—1644）间。工书能诗，为晚明大家①。

智舷关于“诗夺禅者言，禅夺诗人髓”的论断，揭示了诗与禅、诗人与禅者的密切关系。“诗夺禅者言”，讲诗无禅语，是诗语非禅语；“禅夺诗人髓”，讲诗有禅意，诗人已有禅心、禅意。

本书所录文字，据智舷《黄叶庵诗稿》《禅门逸书续编》第3册，第223号。

“诗夺禅者言，禅夺诗人髓”

新涨絛出游，初旭鹊争喜。白浮涯涘烟，绿净溪潭水。花笑野马②奔，鸥忘隙驹驶。忽枉道者流，列坐蕉林里。诗夺禅者言，禅夺诗人髓。预结后会思，眷兹苔面履。（《朱修能同戴驭长项于王过访》）

---

① 智弦生平事迹，见明复：《黄叶庵诗稿解题》《明诗综》《列朝诗集》闰三、《方外诗选》《明末四百家遺民诗》卷一六、《佩文斋书画谱》卷四四、《雨浙輶轩录》卷三九。

② 野马：《庄子·逍遥游》：“野马也，尘埃也，生物之以息相吹也。”（清·郭庆藩撰，王孝鱼点校：《庄子集释》第1册，中华书局1961年版，第4页）

昙　英

昙英，晚明诗僧。又名普秀，梁园（今河南开封一带）人①。大致生活在万历、天启年间。

昙英论诗，重感兴（兴会），重任意抒怀。

本书所录文字，据《昙英集》《禅门逸书初编》第8册，第135号。

一、“兴多常弄笔”

“兴②多常弄笔，发短不须梳。”（《古岸》）

“兴到诗频咏，狂来笔数拈。”（《长夏》）

“兴到谁能系，新诗任意联。”（《近况》）

“兴发闲愁破，新诗到处吟。”（《冬居》）

二、“兴到诗随笔”

“兴到诗随笔，毋烦世上传。”（《野夫》）

“定③回闲试笔，诗景历然分。”（《试笔》）

---

① 昙英事迹，据《昙英集》每卷卷首下方所刻“梁园释昙英氏普秀著”。

② 兴：兴会。指艺术家创作时激情勃发，兴酣意足，心手双畅。沈约：《宋书·谢灵运传论》：“爰逮宋氏，颜、谢腾声，灵运之兴会标举，延年之体裁明密，并方轨前秀，垂范后昆。”（《宋书·卷六十七·列传二十七》，中华书局1974年版，第1778页）

③ 定：禅定。参见本书《广真吹万》“禅定”注。

宗宝道独

道独(1600—1668),清僧。字宗宝,号空隐。广州(今属广东)人,俗姓陆氏。童真入道。入室博山元来。开法州罗浮、福州长庆、粤州海幢①。

道独指出,慈受禅师之《拟寒山诗》,"词语恳切,深锥痛扎今人通病,实对治之良剂"。他还指出胞弟灵泌润之颂古,"实从胸襟流出"。因灵泌润能"苦参""誓期妙悟"而"豁然有省",能"深入玄奥"而"能透脱"生死。他又充分肯定洞山良价过水睹影偈,说"者个偈,真妙得很"。

本书所录文字,据《宗宝道独禅师语录》《卍续藏经》(新编)第126册。

一、"词语恳切,深锥痛扎今人通病"

佛言:"若要世间无刀兵,除非众生不食肉。"兹者三灾并起,人命危脆。或募兵守城,或遁逃山林,或隐匿海岛,以自为计,虽贪生怖死,人之常情,岂知定业②有不可逃者。盖杀生之极,感刀兵灾。偷盗之极,感饥馑灾。淫邪之极,感疾疫灾。非天降,非地涌,非人与,皆众生自业③吸引,因果相酬。如影随形,如响应声。欲不受果,惟不造因。因亡则果丧,业空则报亡耳。道独偶阅慈受禅师④《拟寒山诗》,见其词语恳切,深锥痛扎今人通病,实对治之良剂。

---

① 道独生平事迹,见《五灯全书》卷六三、《正源略集》卷三、民国《福建高僧传》卷七。

② 定业:业有定业与不定业之别。定业,指必受异熟果之业,有善、恶之分,故恶之定业必招受苦果。然众生若能感念佛菩萨之厚德,心不犹豫,发愿净信修行,则现世恶报及来生,得以佛菩萨之力转其定业,不使受苦果,而速证无上菩提,此即定业亦能转。《法华文句记》卷十下:"若其机感厚,定业亦能转。"(《大正藏》第34册,第1719号,第357上)

③ 自业:谓无论善行、恶行,凡自身之所行,必由自身承受所造成之苦、乐结果。又称自作自受。一般称受到自身恶业所招感之苦果为自业自得。《正法念处经》卷七之偈:"非异人作恶,异人受苦报;自业自得果,众生皆如是。"(《大正藏》第17册,第721号,第36中)

④ 慈受禅师:慈受禅师,参见本书《慈受怀深》"小传"。

玩味不已，重梓流通。伏冀诸贤详审，起大慈心，悲悯众生。不食其肉，斋戒清净。谨敕身心，众善奉行，诸恶莫作。一人依之，一人不受业。众人依之，众人不受业。斯即善身保家，寿国之良图也。（《重刻拟寒山诗序》）

二、“观其向上透彻处，实从胸襟流出”

灵泌润，吾胞弟也，童稚便有出尘志。予幼即入道，以老母托之，得无内顾忧，盖至孝至信人也。比戊辰母卒，遂于灵前落[髟/采]，相将行脚。予庚午掩关金轮，弟苦参滋剧，誓期妙悟①。一日偶与二三子，举风旛话，豁然有省。自此日夜披寻古德机缘②，深入玄奥，虽极淆讹，皆能透脱。癸酉，予迁黄岩，执侍关中，春雨蒸湿，予与弟皆大病。寻至海阳就医，而弟已不可起矣。临终之际，萧然独脱。同学问云：“如今作得主么？”答云：“我只是一身疼痛。”复如前问，亦如前答，即端坐而逝。简囊中，惟颂古三十九首，平时得意自着，人无知者。观其向上透彻处③，实从胸襟流出。惜限于年，未能报佛祖恩耳。弟沈静寡言，不露其所得，人遇之如不慧。予戊寅度岭，以示首座丽中，丽中视若固然。询之，则黄岩时丽中已见，且相得若水乳。恒闻其以谷泉、普化④自命云。

---

① 妙悟：有关诗歌创作形象思维中的灵感问题。宋严羽：《沧浪诗话·诗辩》：“大抵禅道惟在妙悟，诗道亦在妙悟。且孟襄阳学力下韩退之远甚，而其诗独出退之之上者，一味妙悟故也。惟悟乃为当行，乃为本色。”（郭绍虞：《沧浪诗话校释》，人民文学出版社1983年版，第12页）

② 机缘：参见本书《法应》“机缘”注。

③ 向上透彻处：向上：禅林常用语。指由下至上、从末至本；反之，从上至下、从本到末，称为向下。禅宗以自迷境直入悟境、上求菩提之工夫，称为“向上门”，反之，自悟境顺应而入迷境，示现自在之化他妙用，称为“向下门”。若未兼具向上门及向下门者，皆非真悟。向上透彻处，指彻底领悟禅道，由妄至真，由迷至悟，达到微妙禅法无上至真的境界。《洞山语录》：“师问云居：‘汝名甚么？’云：‘道膺。’师曰：‘向上更道。’云：‘向上即不名道膺。’”又：“斩钉截铁，豁开向上玄关。”（《大正藏》第47册，第1986号，第513页上、523页中）

④ 谷泉、普化：谷泉，宋代禅僧。参见本书《憨山德清》“谷泉”注。普化，唐代禅僧。据《景德传灯录》卷十记载，曾师事马祖道一的弟子盘山宝积，为南岳下第三世。游化于镇州。秉性直率，常佯狂于市，出言无度；或随身携带一铃，于他人耳边振响，并唱偈云：“明头来，明头打；暗头来，暗偷打；四面八方来，旋风打；虚空来，连架打。”时人称为“普化和尚”。与临济义玄来往甚密。事迹见《宋高僧传》卷二十、《统要续集》卷六、《联灯录》卷七、《五灯会元》卷四、《六学僧传》卷七。

噫嘻，末法①将来，如吾弟岂可多得！复念衲子中，有真能致力于此道者，潜符密证，不克永年，不能出世，湮没而无闻，当不少矣。遂序而传之。（《灵泌润公颂古序》）

三、“者个偈，真妙得很”

将心求道，将心学禅，穷劫尽形，终不能得。所以道，饶你学到佛边，犹是杂用心。山僧从小，为者一着子，喜乐不过。记得古人一段机缘，真个痛快。昔洞山辞云岩，问：“百年后，忽有人问还邈得师真否，如何祗对？”岩良久云：“只者是”。山沈吟。岩云：“价阇黎，承当个事②，大须审细。”此时洞山尚涉疑。后因过水睹影，方悟前旨。有偈云：“切忌从他觅，迢迢与我疎。我今独自往，处处得逢渠。渠今正是我，我今不是渠。应须恁么会，方得契如如。”③者个偈，真妙得很。你看打头两句，人还会得。“我今独自往，处处得逢渠”，便难会也。然尚有一关，“渠今正是我，我今不是渠”，五位君臣，都从此出。忆寿昌师翁拈云：“渠今正是我，大地难包裹。我今不是渠，千圣不能知。”④深得洞山意旨。（《示众》）

---

① 末法：指末法时代。佛教认为释迦牟尼佛逝世后，佛法之发展分为正法、像法、末法三个时期。《永觉元贤禅师》卷三十《续寐言》：“佛入灭后，正法、像法，各一千年，末法一万年，此但言其大概耳。”（《新编卍续藏》第125册，第781页下）

② 承当个事：指生死大事，亦指彻悟而明心见性之大事。即非如一《与雪晓贤徒》：“闻吾徒嗣法芙蓉，甚慰老怀。但今时法道滥厕，师承无眼，大为坏法之端，良可愍也。子今既承当个事，当以报资恩有为念，勿被名利所移，毋以住庵自足。更须亲近当世宗匠，操履到古人田地乃可。”（《嘉兴藏》第38册，第425号，第691页下）

③ “切忌从他觅”偈：见《大正藏》第47册，第1986号，第508页中。

④ 五位君臣：曹洞宗创始人洞山良价与曹山本寂对于禅法的阐述系统，也是该宗接引学人的特殊方法。参见本书《林泉从伦》“五位君臣”注。

铁壁慧机

慧机(1603—1668),明末临济宗僧。字铁壁。四川营山县人,俗姓罗。系吹万广真法嗣。能诗,自号“吟翁发僧”①。

慧机明确提出“从百工技艺悟入者,便就百工技艺里转大法轮”的命题。这是以包括诗歌在内的文艺作为体验佛法、弘扬佛法的重要渠道和手段,反映了禅门对文艺在参禅悟道和传承佛法中的作用的认识和态度。

慧机的“说偈惟防放逸魔,题诗又恐乱禅那”,则反映了禅门宗师在吟诗说偈上的两种审美取向:一方面,十分重视诗偈在宣传维护佛法、教育信众中的重要作用,因而以诗偈为佛事,它可以“防放逸魔”;另一方面,他们又视世俗的诗歌活动为魔事,认为它常常会“扰乱禅那”。慧机明确主张“信向宗门”即诚信归向慕宗门,就“决不宜向诗偈边信向”,即不要热衷甚至沉溺于诗偈上。他声称自己是“素性不爱说诗,复不爱说偈”。

本书所录文字,据《庆忠铁壁机禅师语录》《嘉兴藏》第29册,第241号。

一、“从百工技艺悟入者,便就百工技艺里转大法轮”

无执著则无妄想,无妄想执著,必有迸天迸地消息出来。那时端正眼②自其世情自看破,决定信自生,真知识自识,必至究竟而不退转,兴慈运悲,无可不可,始信得从文字悟入者,便向文字里转大法轮③;离文字悟入者,便向离文字处转大法轮;从百工技艺悟入者,便就百工技艺里转大法轮。故曰:悟了还

① 慧机生平事迹,见至善编:《治平铁壁机禅师年谱》《续灯正统》卷十六、文可后:《迎师住吟翁寺启》(《庆必忠铁壁机禅师语录》卷十九,《嘉兴藏》第29册,第241号,第659页下)

② 正眼:即正法眼藏。参见本书《林泉丛伦》“正法眼”注。

③ 转大法轮:参见本书《破山海明》“转法轮”注。

是旧时人，不改旧时行履处。若以文字观，则三藏语言、千百则公案无非文字；不以文字观，则真谛俗谛[①]、樵歌牧唱皆顺祖机。故曰：有为虽伪，弃之则佛道难成；无为虽真，执之则慧性不朗。（《寄峭然上座》）

参禅人无真实久远之功，每每向文字语言上寻讨，纵有见处似之也，遇境逢缘，自是不得他力。殊不知，这文字之学，是醍醐，是毒药，若于此中求禅，犹舍坚实而取糠秕也。所以古来聪明伶俐而得禅者，百中一二，愚鲁恒实而得禅者，十常八九，是知有学之不如无学也，明矣！（《警策语》）

二、"说偈惟防放逸魔，题诗又恐乱禅那"

说偈惟防放逸魔，题诗又恐乱禅那。年来不调闲声韵，引满豪吟奈若何！（《附月崖别诗（并序）》）

三、"信向宗门"，"决不宜向诗偈边信向"

山僧素性不爱说诗，复不爱说偈，昨因众居士以诗偈见我，故委宛酬他。不过将错就错，以楔出楔已耳！是果有元字脚[②]，留于胸臆哉！若常常以钓话骂阵[③]，你来我去，则人世目我为诗偈僧，非本色僧也！来谕谓多年信向[④]宗门，予最喜的是"信向"二字，既是实实信向，绝不宜向诗偈边信向，语默边信向，句意边信向。何以故？脱却语默诗偈外，须知别有好商量。说个商量二

---

① 真谛俗谛：即第一义谛。参见本书《自闲觉》"第一义谛"注。

② 元字脚：即文字语言，禅宗主张不立文字，认为语言文字是悟道的最大障碍。宏智正觉云："一言触讳，法自不容。一字入公，牛拽不出。兄弟汝胸中，不得着个元字脚，若有余未尽，千生万劫，带累汝在见。"（《宏智禅师广录》卷四，《大正藏》第48册，第2001号，第57页中）

③ 钓话骂阵：此系禅宗末流以诗句相问答、斗机锋的一种形式，这种流弊，受到了禅宗大师的严厉批评。钓话者，以诗句"钓他学者""以为法战"。参见《三宜盂禅师语录》《嘉兴藏》第27册，第189号，第34页上—中。

④ 信向：谓对佛教的根本原理坚信不疑。《大乘广五蕴论》卷四："云何信？谓于业、果、诸谛、宝等，深正符顺，心净为性。"（《大正藏》第31册，第1613号，第852页上）

字，山僧亦是万不获已，若要婆心[1]指示，也是金刚锤一击；愚昧猛省也，是金刚锤一击；作辍因循也，是金刚锤一击；疑关未破也，是金刚锤一击；根器下劣也，是金刚锤一击。门下还信向得及、荷担得及么？倘若未然，且看下来注脚……《复明经文华叔居士(附来偈)》

① 婆心：即老婆心。参见本书《宏智正觉》"老婆"注。

确庵晓青

晓青(1629—1690),清代僧人。俗姓朱,法字僧鉴。江苏吴江人。剃度苏州休休庵。曾参见灵岩弘储,受具足戒,为门下弟子。弘储云游广西,命其继主法席。清康熙三年(1664),清圣祖南巡,诏见于行在,赐御书与上方物。圣祖回京后,编集其语录、诗偈以进,得诏见,受嘉奖。逾年得病。入寂前,众僧还侍,乞得一句。其乃提笔书道:“平时不要说,今日即要说。识得这一句,虚空钉木橛。”端坐而寂。后人建塔葬于莲花峰下。著有《高云堂诗集、文集》各16卷。

晓晴在诗歌创作上,既能“咀嚼宫商”“泼墨挥毫”,又反对“谐声而斫偶”“斤斤死绳墨”反映出较高的音韵品位和书学修养;在儒、佛关系上,他主张“果欲真知儒,先需勤学佛”,“世间章句存糟粕,金石声高雅颂诗”,表现出以艺释禅的哲学倾向;在师法传承上,他认为“读书有要领,贵得古人意”,“学无传授止心师”“圣人无常师,存心师造化”,反映出师古、师心、师造化的主张;在言意关系上,他反对“翻寻饤饾诗”的堆砌,主张以“独尚质”为美,持“达磨不会禅,夫子不识字”“古人贵死心,心死机方活”“诗非有意得,如风动涟漪”等见解,强调得意忘言。

本书所录文字,据释晓青《高云堂诗集》《四库未收书辑刊》第8辑第20册,北京出版社1995年版。

一、“咀嚼宫商”“泼墨挥毫”“斤斤死绳墨”

策杖寻诗踏雪行,松风吹绕鬓丝轻。乾坤清气哽余口,咀嚼宫商百韵生。(御制诗一百首之一)

言何足贵贵能行,狼籍天花也自轻。终始不曾谈一字,输他晏坐老空生。

(御制诗一百首之一)

急雨催诗窘步行,茅斋粉壁漏痕轻。因兹悟得新书法,泼墨挥毫逸兴生。(御制诗一百首之一)

烟江万顷付鸥师,句里云涛怒立时。末代斤斤死绳墨,书生原自不知诗。(《江村压韵诗》之一)

二、"独尚质"与"写心胸"

落托无所凭,寓意在文墨。触事多微言,偶然成典则。较之汉魏唐,疏野难入格。人皆采其华,而我独尚质。聊为写心胸,非图炫知识。所得随弃躅,免遭后世斥。苦吟实多徒,字字呕血赤。朝行吟露边,夜卧青灯侧。搜括元气枯,无暇雠点画。籍此立虚名,斯文竟成厄。吾师曰噫嘻,小子汝滋惑。至道无名言,因言覈其实。褒忠与戮邪,用资良史笔。诗以观汝情,何烦苦深索。谐声而斫偶,斯为性灵贼。猥言主词坛,殊觉赧颜色。况我林下人,别自有风骨。道不外文言,精粗讵当择。江蓠泣放人,鹏鸟哀迁客①。苟非琐末辞,死且同巾帼。汝学小有成,喜绝饥寒迫。退然群辈中,有类龙蛇蛰。医懒药以勤,谁言无补益。小子抟颡谢,再拜铭肝膈。童年愧雕虫,已作浮云没。虽欲招诗魂,心知不可得。愿期慎后来,宝秘敢轻忽。(《数年来诗文脱稿随手散去老人每以疏懒见诃赋此自责》)

三、"果欲真知儒,先需勤学佛","世间章句存糟粕,金石声高雅颂诗"

贤哉士大夫,潜心味禅悦②。所得亦已多,宁在分途辙。果欲真知儒,先

① 江蓠泣放人,鹏鸟哀迁客:指屈原、贾谊被流放和左迁之事。屈原,战国时期楚国著名诗人,最初受楚怀王重用,后遭诽谤,流放汉北,顷襄王时,又流放到江南,辗转于沅、湘一带。屈原生平事迹见《史记》卷八十四。贾谊,西汉著名文学家、政治家,政治上怀才不遇,代表作有《鹏鸟赋》,表达郁闷情绪。贾谊事迹见《史记》卷八十四、《汉书》卷四十八、清汪中:《贾太傅年表》、王耕心的《贾子年谱》。

② 禅悦:参见本书《普庵印肃》"法喜禅悦"注。

需勤学佛。如渴饮沧溟，百川已全啜。（效寒山诗之一）

宗门向上机，心贵如墙壁。苟涉渗漏缘，用志何曾一。那堪教禅雏，饱饭弄文笔。僧史读澜翻，漆桶还盛漆。（效寒山诗之一）

一匹夫成百世师，斯文亦有中兴时。世间章句存糟粕，金石声高雅颂诗。（《江村压韵诗》之一）

四、"读书有要领，贵得古人意"

读书有要领，贵得古人意。苟非涉深思，安能到精诣？譬之啜淳醴，糟粕良可弃。颜子默如愚，足发圣贤秘。不睹与不闻，神全乃心契。后来章句儒，硁硁成小器。用以量沧溟，满则覆于地。自足不求余，执迹较同异。大本既不立，枝末空妍丽。无实窃虚名，道德变仁义。矫诈饰廉隅，风节易声利。冪冗工文词，侥幸致科第。好官我自为，笑骂总不计。间有君子儒，云养浩然气。讲学闻宗传，纵横颇无忌。斯道如未明，徒烦舍逻沸。意必固我无，始达空空际。与点及呼参，是岂闲儿戏。于此窥端倪，日用方有济。君其谨识之，指掌可明褅。（《读书有感赠申汇吉》）

五、"圣人无常师，存心师造化"

圣人无常师，存心师造化①。昏晓动阴阳，寒暄知代谢。瑟瑟悲早秋，陶陶爱长夏。日月迭晦明，山川列高下。唯有东家丘，眼冷心偏暇。逝者如斯夫，何曾分昼夜。苟会物不迁，定入无为舍。仰视天何言，嘿嘿终难射。叶落与花开，其谁司柄把。覃思极精研，力竭不能罢。一朝悟真机，习染俱倾卸。有男不妨婚，有女不妨嫁。唤甚作尘劳，颠倒生惊诧。譬如梦天堂，神游喜方乍。又如画地狱，画成还自怕。未能达此心，法法多虚诈。正眼忽然开，佛祖从渠骂。有口不借人，口亦何容借。（《山舫吟二十首》之一）

① 师造化：唐代张璪提出的著名美学命题，《历代名画记》卷十记载张璪论画的一句名言："外师造化，中得心源。"（于安澜编：《画史丛书》第1册，上海人民美术出版社1982年版，第121页）

六、"师心"、"师古"、"师造化"

学无传授止心师，触目皆成进步时。木叶天风声断续，有谁知道是真诗？（《江村压韵诗》之一）

事事能将造化师，欣然常有会心时。梧桐雨滴秋方澹，补出襄阳一段诗。（《江村压韵诗》之一）

尼山老子亦吾师，有问难言指掌时。悲风泣麟原韵事，谁言删后更无诗。（《江村压韵诗》之一）

造物缘何似幻师，换人双眼刹那时。贤愚屈指同归尽，莫漫争夸白雪诗。（《江村压韵诗》之一）

好古还将大雅师，华门长掩不干时。牙签历落多成韵，坐对瓶花独品诗。（《江村压韵诗》之一）烟江万顷付鸥师，句里云涛怒立时。末代斤斤死绳墨，书生原自不知诗。（《江村压韵诗》之一）

七、"古人贵死心"、"诗非有意得"

达摩不会禅，夫子不识字。此是真实语，读者勿造次。达摩禅若会，会即流于义。大子字若识，识即沉于艺。（效寒山诗之一）

古人贵死心，心死机方活。若但拘其身，觅巧翻添拙。设关劝之坐，攒眉计日月。伏鼠而系驹，外寂中摇拨。（效寒山诗之一）

至坚莫如齿，至柔莫如舌。柔者乃长存，坚者已先折。咀啮用力多，滋味了无涉。舌却得甜头，齿兮汝何拙。（效寒山诗之一）一念未生时，看是何境界。于此能洞然，头头无窒碍。素面本自妍，宁烦施粉黛。业累尽情捐，了却多生债。（效寒山诗之一）

偶然拈秃笔，遂成放样诗。诗非有意得，如风动涟漪。鱼跃并雁影，天水岂留之。将供智人笑，亦使下愚嗤。（效寒山诗之一）

落落羞称句读师，怀人坦腹纵吟时。暮云春树皆成料，何必翻寻饤饾诗。（《江村压韵诗》之一）

高卧无求俭是师，茅庵频到断炊时。牢栓菜肚从人笑，我只看山自咏诗。（《江村压韵诗》之一）

八、“偶有所触，遂援笔点墨，涂鸦满纸，祖寒山之意，多警惕之词”

昼长无事，瞌睡频来，午梦荣枯，偶有所触，遂援笔点墨，涂鸦满纸，祖寒山之意，多警惕之词，因名之曰《效寒山诗纪》七十二首，碓菴道者晓青。（《效寒山诗并序》）

九、“更依声律求，鼻孔多笑破”

寒山有真诗，千古无人和。我今忽效频，举笔先话堕。更依声律求，鼻孔多笑破。等之风怒号，庶几免口过。（《效寒山诗并序》）

十、“偶然拈秃笔，遂成放样诗”

偶然拈秃笔，遂成放样诗。诗非有意得，如风动涟漪。鱼跃并雁影，天水岂留之。将供智人笑，亦使下愚嗤。（出自《效寒山诗》之一“偶然拈秃笔”）

十一、“谬称拈颂类雪窦，如云啖空其味咸。使人闻之窃默讶，定增捧腹何翅喃”

阿兄文章妙天下，喻如伏藏初发函。珠玑径寸明月净，珊瑚十丈朝霞巉。对之惊喜复震掉，光怪陆离汗透衫。临轩再拜申妙供，异花仍许白鸟啣。奇才恐遭鬼神妬，不敢轻示须重缄。惭余薄劣安足数，滥竽法社宜屏芟。怜兄嗜痂一何笃，愁施辣手碎碧岩[①]。谬称拈颂类雪窦[②]，如云啖空其味咸。使人闻之

① 碧岩：全称《佛果圆悟禅师碧岩录》，又称《碧岩集》。计十卷。宋代圆悟克勤撰写。参见本书《惠空》“碧岩集”注。

② 雪窦：参见本书《雪窦重显》小传。

窃默讶,定增捧腹何翅喃。大士多种□起信,长者一默望已谗。法丁末运寡神解①,天加椎凿地用劖。简能易之弃不问,行怪索隐矜高鉴。忽倾天河洗凡秽,字字香洁生我馋。含英吐华忘岁月,千秋蕴抱今开缄。古人不死赖有后,每日庆幸合十攕。(《宝云月兄为余叙沩潭颂古辞义双美七叠前韵奉赠》)

十二、"过从欣二妙,诗思近通禅"

过从欣二妙,诗思近通禅。茗碗香凝雪,蕉窗绿映天。断金消一诺,刻玉待三年。不尽荣枯感,清灯细雨前。(《同云麓书城雨窗夜谈感旧》)

十三、"文章乃余事,孝友是先声","何者娱亲意,知君不自轻"

读书欣有种,射策定成名。岁月资磨砺,光华益发生。文章乃余事,孝友是先声。何者娱亲意,知君不自轻。(《读阆音诗卷作此赠之》)

十四、"雅调思重续,千秋只此心"

古人不我待,好句为谁吟。自分无知己,何期得赏音。漫清焚后稿,复理爨余琴。雅调思重续,千秋只此心。(《焚稿罢漫成寄友》)

十五、"秋山独写嵯峨骨,瘦句长吟淡泊心。物外萧然还共得,芒鞋竹笠互追寻"

如公自足壮鸡林,莫惜人间乏赏音。锋利合裁机上锦,调高翻闭匣中琴。

① 神解:指有超人的悟性。南朝宋刘义庆:《世说新语·术解》云:"荀勗善解音声,时论谓之暗解……阮咸妙赏,时谓神解。"(余嘉锡:《世说新语笺疏》,中华书局1983年版,第703页)《南史·张融传》:"融玄义无师法,而神解过人,高谈鲜能抗拒。"(《南史》卷三十二,中华书局1975年版,第837页)

秋山独写嵯峨骨，瘦句长吟淡泊心。物外萧然还共得，芒鞋竹笠互追寻。（《赠白鹤文公》）

十六、“人争称其能吟天宝句，不废领南禅至今，为骚坛逸话”

元叟端禅师①，妙喜②五世孙也，禅坐之余辄拈韵语。人争称其能吟天宝句，不废领岭南禅至今，为骚坛逸话。余以衰颓，倦于匡领一关，自限断绝诸缘，宿习未总尚添吟事。然空斋击钵，仅许顽石点头。而下里庚歌，难博郢人抚掌，聊略存之得三十首。（《断关诗三十首并序》）

十七、“诗派当年学竟陵，力翻途辙是真能”

诗派当年学竟陵③，力翻途辙是真能。染香人远空遗墨，退谷名高乏嗣灯。茶讯断来添茗祭，砚田荒后绝租徵。两家苗裔叨存注，才鬼应知尽服膺。（《赠钱大令省斋四首》之四）

十八、“逸响奋玄音，直出宫商外”

逸响奋玄音，直出宫商外。倘泥句子求，子未闻天籁。（《瞌睡余一百首》之“逸响奋玄音”）

十九、“然意之所到，芜织成词。头恼既多，脱略绳墨”

彬侍者从古尧封顶归来，诵得潜兄所和《江村乞米》诗云：“烟蓑一领学渔

① 元叟端禅师：参见本书《元叟行端》小传。

② 妙喜：宗杲。参见本书《大慧宗杲》小传。

③ 竟陵：明代后期以钟惺、谭元春为代表的诗文流派。因二人均为竟陵人，故名。钟、谭均反对复古拟古，要求抒写性情，其文学见解受公安派影响。又力图纠正公安主张之失，主要创作成就在散文方面。事见《明史·袁宏道传》。

师，趁着柑黄霜翠时。饱吃江村冷焦饭，篷窗对和叩门诗。”又云：“可忆昭潭侍老师，樗蒲石子拾来时。峨帆幅幅湘山色，比得枫天斗韵诗。”爱其冷韵孤垂，幽标独拔，予亦支床效颦，不觉过繁纸墨。然意之所到，芜织成词。头恼既多，脱略绳墨。自命之曰：压韵诚愧，其不类于诗也。倘得见笑大方，予话从兹行矣。(《江村压韵诗有序》)

二十、“善辟生机句始灵，最嫌傍注与依经”

善辟生机句始灵，最嫌傍注与依经。步趋终落他人后，优孟衣冠①赚白丁。(《阅淳还二能诗句因示一绝》)

① 优孟衣冠：楚相孙叔敖死，优孟着孙叔敖之衣冠，并模仿孙之神态动作，楚庄王及左右竟不能辨，以为孙叔敖复生。事见《史记》卷一百二十六《滑稽列传》，后人借以指艺术上只是单纯地模仿他人，求其外表、形式上相似。清赵翼：《瓯北诗话·高青邱诗》：“后来学唐者，李何辈袭其面貌，仿其声调，而神理索然，则优孟衣冠矣。”(《瓯北诗话》卷八，人民文学出版社1963年版，第124页。)

初依受登

受登(1607—1675),清僧。字景淳,号幻依。秀水(浙江嘉兴)人,俗姓郁氏。薙发于硖石广惠寺。受沙弥戒于天童密云。圆具于曲水古德。得法于龙树桐溪。年三十四,住仁和天溪大觉庵。专心讲忏,寒暑不辍。有《摩诃止观贯义科》《药师行法》《大悲忏科》①。

受登对颂古诗的内涵、本义、特点等作了比较全面系统的论述:一、释“颂古”,下界说:“夫古者,古德悟心之机缘也。颂者,鼓发心机使之宣流也。”二、颂古之本义(内涵):“故其义,或直敷其事,或引类况旨,或兴惑发悟”。三、颂古创作,是以心为本源:“以心源为本,成声为节,而合契所修为要。”四、创作颂古的先决条件(作者的心理结构与佛学修养):“然非机轮圆转,不昧现前,起后得智之亲境,不能作也。”五、颂古之特点:“且所谓颂古,已绕路之禅,抉缘之智矣。”是绕路说禅,是用以揭示古德悟心机缘的智慧。六、解说颂古、注释颂古,其目的,也是“须不援余论,直抉灵源,庶古德悟心机缘,鼓发宣流,而乃可以契禅道幽微于无际”。七、对茕绝老人颂古直注的特点的概括:“故虽注而尚直,此犹以直称也。其趣非直,如以直则了无余致,如世语者不少矣。故虽直而尚古,况其间释事实,必目击意晓,而不牵陈言枝蔓之繁”,“洵禅关之枢钮。后学之指南也”。因此:(一)“明理体”:“必亲证现行,而不落阴界离微之窟。”(二)“解语句”:“必投机展事,而不堕实法与人之过。”(三)“显照用”:“必妙叶同时,而不溺留情转位之偏。”(四)“别提眼目”:“若明镜之孤悬。”(五)“潜通血脉”:“如金针之暗度。”

本书所录文字,据《茕绝人天奇直注雪窦显和尚颂古》《卍续藏经》(新编)第117册。

① 受登生平事迹,见《天溪和尚传》《随缘集》卷二,《新编卍续藏》第57册,第975号。

“夫古者，古德悟心之机缘也。颂者，鼓发心机使之宣流也”

禅宗颂古有四家焉，天童①、雪窦②、投子③、丹霞④是已，而寔嗣响于汾阳⑤。夫古者，古德悟心之机缘⑥也。颂者，鼓发心机⑦使之宣流也。故其义，或直敷其事，或引类况旨，或兴感发悟。以心源为本，成声为节，而合契所修为要。然非机轮圆转，不昧现前，起后得智之亲境，不能作也。昔人以雪窦、天童，比之孔门游夏，拟为颂圣，有以也哉。顾诸古在灯录，以灯录行一为颂，则以颂重。盖其所激扬当时主宾玄要⑧，皆形于颂也。胡得不寻而绎之，窥禅道之幽微乎？释颂者，自栢山《大隐》、圆通《觉海》二集外，不啻数十家。质野者旨近，支离者意疎。若佛果、万松、林泉⑨诸尊宿，采经传之，汇诸家之长，纂修成集，称四家评，佐四颂之盛，略该五宗之微言。而《大隐》《觉海》等集，弗克并踪矣。今去古益远，受道之缘，岂能尽同。且所谓颂古，已绕路之禅⑩，挟缘之智矣。须不援余论，直抉灵源，庶古德悟心机缘，鼓发宣流，而乃可以契禅道幽微于无际，此茕绝老人⑪之颂古直注所由作也。老人退休林阿，明窗碧篆，

---

① 天童:宏智正觉。参见本书《宏智正觉》“小传”。

② 雪窦:参见本书《雪窦重显》“小传”。

③ 投子:参见本书《林泉从伦》“义青”注。

④ 丹霞:丹霞子淳。参见本书《林泉从伦》“丹霞淳”注。

⑤ 汾阳:参见本书《汾阳善昭》之“小传”。

⑥ 机缘:参见本书《法应》“机缘”注。

⑦ 心机:参见本书《齐己》“心机”注。

⑧ 主宾玄要:主宾，临济宗为接引学僧体悟禅的境界，运用了一些非常手段。其中有“四宾主”之说。四宾主:宾看主、主看宾、主看主、宾看宾。这是通过师徒(即宾主)之间的问答来测试和衡量对方的禅学水平。玄要，三玄三要。参见本书《云贲心闻》“三玄三要”注。

⑨ 佛果、万松、林泉:参见本书《圆悟克勤》“小传”、《万松行秀》“小传”、《林泉从伦》“小传”。

⑩ 绕路说禅:参见本书《圆悟克勤》之提要。

⑪ 茕绝老人:本瑞(？—1508)，明僧。世称瑞禅师。字天奇，号茕绝。钟陵(江西进贤西北)人，俗姓江。年二十依荆门无说能薙落。参佛照遇翼，谒楚山雪峰各有悟入。后得法于南京高峰明瑄。出世竟陵荆门。有《茕绝集》。生平事迹见《五灯会元续略》卷四上、《稽古续集》卷三、《揞黑豆集》卷三、《五灯全书》卷六〇。

无所施其婆心,因取颂古,直揭大意。净划群疑,标题结案,不费辞饬,乃为斯注。校诸评唱,实谓过之。虽然,此犹以注称也,其体非注,如以注则曲中理妙,如疏注者不少矣。故虽注而尚直,此犹以直称也。其趣非直,如以直则了无余致。如世语者不少矣,故虽直而尚古。况其间释事实,必目击意晓,而不牵陈言枝蔓之繁。明理体①,必亲证现行,而不落阴界离微之窟。解语句②,必投机展事,而不堕实法与人之过。显照用③,必妙叶同时,而不溺留情转位之偏。至如别提眼目④,若明镜之孤悬。潜通血脉⑤,如金针之暗度。如斯类例未易枚举,洵禅关之枢钮,后学之指南也。惜是书出正嘉间,丛林秘护,至有名字不闻。今越百有余年,遗珠复还,埋光再耀,寔菩昙自禅师力也。禅师证《宝镜三昧》⑥,以入世智,化瓦砾成宝坊。又以护法悯俗之慈,传斯颂注。余与禅师为同学,而游相好,顷遗书慰存,且索言以弁其首。余因得详茕绝着书之概,而复遍告诸禅林学士。夫《宝镜三昧》,传自洞上,而光炤五宗。今禅林学士,有不欲证《宝镜》者乎?务先究四家之颂古;有不究颂古者乎?务先习茕绝之直注,由直注而明颂古。颂古明而《宝镜》证,始不负禅师之教也。吾将观镜光炤耀丛林于无穷哉!顺治辛卯夏台山后学受登槃谭撰。(《茕绝老人颂古直注序》)

---

① 明理体:即“必亲证现行,而不落阴界离微之窟。”应亲身领会公案禅心之所在及其深层之理路。

② 解语句:即“必投机展事,而不堕实法与人之过。”应悟解公案机缘话语之内在含义。

③ 显照用:即“必妙叶同时,而不溺留情转位之偏。”只要“全机把定”,即能“照用並行”。“照用”:临济宗在指引学人时,区分不同的对象,施以不同的方法。提出了“四照用”与“四料简”。四照用是:先用后照、先照后用、照用同时、照用不同时。与此相对的四料简是:夺人不夺境、夺境不夺人、人境俱夺、人境俱不夺。其中“人”和“境”分别是指对主观认识和客观外境的错误认识,即所谓“我执”和“法执”。

④ 参见本著第三章“别提眼目”注。

⑤ 潜通血脉:即“如金针之暗度。”掌握正确的方法,依循正确的思路,领悟公案的内蕴。

⑥ 宝镜三昧:参见本书《慧洪》“宝镜三昧”注。

山茨通际

通际(1608—1645),清僧。字山茨,别号钝叟。通州(今属江苏)人,俗姓李氏。年十五,依天宁鉴川薙染。后参磬山圆修契悟,受法。初住东明,后住南岳绿萝庵,迁长沙南源。率众开田,躬耕自给①。

山茨际明确指出,参禅悟道,"要明生死",必须使"生死心破,情识干枯",为此,必须把"诗画文章等事"彻底"摆脱"。山茨充分肯定中峰明本之《怀净土十咏》,"语新句丽,旨远义深",有强烈的感染力,"读之,觉不动跬步,使人置身净域,水鸟树林,咸于一弹指顷,演出无生忍法"。他批评"执净非禅、执禅非净"都是不正确的。

本书所录文字,据《山茨际禅师语录》《乾隆藏》第161册,第1649号。

一、"要明生死,应摆脱诗画文章等事"

发心探究此事,要明生死,诚非细缘,当精进猛利,志信久远,如鸡抱卵,常令暖气相接,始有少分相应。多见近时参问之士,口说参禅,心里全不肯绵密做工夫,或曾学知解理性、诗画文章等事,摆脱不下,青天白日,黑夜梦中,只在里许作活计,无暂时休歇,此因无的切为生死心致然耳!若要生死心破,情识干枯,直须悟始得。山叟不惜口业,与汝说个启悟之由。马大师云:"不是心不是佛不是物。"②是甚么?不要向举起处承当,不要向话头上穿凿,但恁体究

① 通际生平事迹,见《五灯严统》卷二四、《宗统编年》卷三一、《续指月录》卷一九、《续灯正统》卷三四。

② 不是心不是佛不是物:据《景德传灯录》卷七载:伊阙伏牛山自在禅师,因为大寂送书于忠国师。"国师问曰:'马大师以何示徒?'对曰:'即心即佛。'国师曰:'是甚么语话?'良久又问曰:'此外更有什么言教?'师曰:'非心非佛。或云不是心,不是佛,不是物。'国师曰:'犹较些子。'"(《大正藏》第51册,第2076号,第253页上)指道法不可言说,它超越一切名词概念。

去,无论年深月久,以悟为期。切嘱切嘱。(《示省指禅人》)

二、“语新句丽,旨远义深”

丙子夏,避暑东明丈室,偶披中峰老人①《广录》见《怀净土十咏》,语新句丽,旨远义深。读之,觉不动跬步,使人置身净域,水鸟树林,咸于一弹指顷,演出无生忍法②。予时逞俊不禁,亦赓前韵,漫成十首,聊为执净非禅、执禅非净者,鞭影云。(《怀净土》)

---

① 中锋老人:参见本书《笑隐大訢》“中峰”注。

② 无生忍法:无生,参见本书《云栖袾宏》“无生”注。无生忍法,又作无生忍、无生忍法、修习无生忍,是指把心安住在无生无灭的道理上且不动心。《大智度论》卷五十:“无生法忍者,于无生灭诸法实相中,信受通达,无碍不退,是名无生忍。”(龙树菩萨造,后秦鸠摩罗什译:《大智度论》,《大正藏》第25册,第1509号,第417页下)

季总行彻

行彻，清尼僧。一名醒彻，字季总。衡州（湖南衡阳）人，俗姓刘氏。因读《南岳禅灯录》，激起疑情，即谒南岳山茨通际落度，苦志参究。后谒龙池通微契机。出住姑苏慧灯、兴化普度、携李国福、当湖护善等处①。

行彻尖锐斥责"醉诗文于莫返，耽技艺而不回"的禅门弊端。

本书所录文字，据《季总彻禅师语录》《嘉兴藏》第28册，第211号。

"醉诗文于莫返，耽技艺而不回"

学有内外，事有缓急。究宗达本曰内，世谛学解曰外。外所以当缓，内所以当急。急而行之于内，则有证悟之实；缓则置之于外，则无岐路之迷。今之学者不然，醉诗文于莫返，耽技艺而不回，应赴为终身之业，习诵为名利之资，甚之则又有流于不可言者。呜呼，学不究竟非学也，僧不至道非僧也。但有五德②之名，徒具六和③之相，益己之功既缺，利人之德全亏，辱此圆顶，玷污方袍。不识自心之何似，焉知祖道之嘉模。岂只辜负圣化，抑且埋没己灵。既昧正因④之路，空招来世之愆。况无常苦逼，时不待人，只恐名利未遂，而身先

① 行彻事迹，见《五灯全书》卷七二、《续比丘尼传》卷四。

② 五德：指修行敬业所成就的五种功德。《长阿含经》卷二："凡人持戒，有五功德。何谓为五？一者诸有所求，辄得如愿。二者所有财产，增益无损。三者所往之处，众人敬爱。四者好名善誉，周闻天下。五者身坏命终，必生天上。"（《大正藏》第1册，第1号，第12页中）

③ 六和：即六和敬。亦称六慰劳法。指僧团共住生活的六种原则：身和同住，语和同净，意和同悦，戒和同修，利和同均，见和同解。《大乘义章》卷十二曰："六名是何？一身业同；二口业同；三意业同；四同戒；五同施；六同见。"（《大正藏》第44册，第1851号，第712页下）

④ 正因：教义名词。指能令事物发生的根本原因。《大般涅槃经》卷二八："因有二种，一者正因，二者缘因。正因者，如乳生酪；缘因者，如醪、暖等。"（《大正藏》第12册，第374号，第530页中）

尽，学问未通，而命已亡。费尽百端心力，忽然一旦俱空，良可悲夫！故须笃志离旧，刻期证悟。梵行惟洁，道业惟精，庶不为生死魔军之所管辖也。苟不孜孜实学，兀兀真参，则无常卒至，何以支撑，后悔莫及，请熟思之。（《示众》）

祇园行刚

行刚(1608—1678),清僧。字祇园。嘉兴(今属浙江)人,俗姓胡。幼好禅诵。参密云于金粟,晓夜体究。年三十五薙染、受具。谒金粟石车通乘得悟。乘付法,并以如意、祖衣证信。后开法梅溪伏狮①。

行刚明确指出,参禅悟道,了脱生死,"此事急须努力加参,不可被文海诗江所浸"。

本书所录文字,据《伏狮祇园禅师语录》《嘉兴藏》第28册,第210号。

"努力加参,不可被文海诗江所浸"

接手教,展诵佳章,见居士慧性高朗,居尘不染,火里青莲②。要了此事,急须努力加参,不可被文海诗江所浸。不妨向棒头豁开正眼,掀天揭地,佛祖同俦,可为居尘出尘之大丈夫也。山野质钝,数语也是钵盂安柄③。愚见如此,不知高明何以诲山僧也!呵呵。(《复郑居士》)

---

① 行刚事迹,见《伏狮祇园禅师语录》附门人超琛所撰:《行状》、吴铸所撰《塔铭》《五灯全书》卷七二、光绪:《嘉兴府志》卷六二、《续比丘尼传》卷四、《晚晴簃诗汇》卷一九九。

② 火里青莲:即火中生莲花。譬喻佛法不离世间觉,禅定处于欲火,解脱出于烦恼淤泥。《维摩诘经·佛道品》:"火中生莲花,是可谓稀有;在欲而行禅,稀有亦如是。"(《大正藏》第14册,第475号,第550页中)

③ 钵盂安柄:给钵盂安装手柄,比喻多余累赘的行为。《景德传灯录》卷二三,智洪弘济:"僧问:'如何使佛?'师曰:'即汝是。'曰:'如何领会?'师曰:'更嫌钵盂无柄那?'"(《大正藏》第51册,第2076号,第394页上)

天然函昰

函昰（1608—1685），明末清初曹洞宗僧。字丽中，别号天然。番禺（清时属广东省广南韶道广州府，古时指广州老城区）望族。俗姓曾，名起莘，字宅。长庆空隐独和尚法嗣，博山无异和尚法孙。另治经教，通天台、贤首、唯识诸家之学。明亡后，民族志士有托而逃禅者多出其门。少习经史，工诗文，善书法①。王庭称赞函昰之诗“格高”“趣合”“词为雅驯”（《咏梅诗序言》）。陆世楷赞扬函昰之诗“清旷绝伦”（《雪诗叙》）。

函昰探讨了诗的本质、界定了诗的内涵：“诗也者，始乎情而终乎道者也。”何谓道：“道也者，情之至而归焉者也”；何谓情：“情也者，道之反而寄焉者也”。即“道”是“情”之极至，“情”是“道”的寄居者。

他探讨了诗歌创作中的天赋与人力的问题，在他看来，得于天赋者很少，十中只有一人，得于人力者较多，十中有九。他以李白为“得之天者”，以王维为“能用天者”，“大抵太白不知其所以然，摩诘知之而亦不能明言其所以然”，“当令太白让摩诘一步地方，能坐胜摩诘也”。

函昰还论述了文、情、性三者的关系，提出了“文所以达其情者也”的命题。他指出：“天下有至性，然后有至情，有至情然后有至文。”而情之极至为性，“情所以极乎性者也”“依性达情而文生焉”。

函昰论述了偈颂这一类特殊形态之诗与一般诗歌的区别：“诗与偈不同者，诗见情乎辞中，偈发悟于言外。”在他看来，诗歌若“辞不妙，则情难见”，而偈颂如“言弗巧，则悟不真”。他还指出，颂古诗多为“借他人酒杯，洗自己垒块”，因此，“同一醉态，而婆婆和和，各为吞吐。虽语不成文，傍观者亦

① 函昰生平事迹，见今辩《本师天然昰和尚行状》、汤来贺：《天然昰和尚塔志铭》（《天然昰禅师语录》卷十二）。

自可以意得”。

本书所录文字，据《庐山天然禅师语录》《嘉兴藏》第38册，第406号；函昰《瞎堂诗集》《四库禁毁书丛刊》第116册，北京出版社2000年版；今释《遍行堂集上》，《禅门逸书续编》第4册，第225号。

一、“诗也者，始乎情而终乎道者也”

道也者，情之至而归焉者也。情也者，道之反而寄焉者也。诗也者，始乎情而终乎道者也。是故情不极则不能言，迨言穷情尽，哑然自丧。始知树声禽韵，风动云起，相遇如故知，相合若水乳，高人韵士往往与道冥合，而不自知其或至也。吴中曹公、匡石许公、深野龚公，在田游览至粤，多所吟咏。一日袖诗过予索序，予乃得而诵之。夫曹之清古，许之艳异，龚之壮丽，以诗而论，各擅其长。而细而味，皆不能无慷慨淋漓之致。予世外人，终不知其所感何事，所伤何心，然大抵文人慧业，未免有情，情积乎中，言发乎外，其忽动也如雷，其浸霪也如雨，雷轰雨霪，无所从来，雷收雨歇，去无所至。以问三公，初不知其何以至此。乃言尽情竭，日星朗然，面面相觑，如在镜中，将为故知遇乎？将为水乳合乎？竟亦不知其何以止此也。故曰：诗也者，始乎情而终乎道者也。三公日在道而不自知，其或至也，哑然自丧，得所未曾，三公宁无意乎？是为序。(《吴中三子诗序》)

二、“文所以达其情者也”

天下有至性，然后有至情，有至情然后有至文。文，所以达其情者也，情，所以极乎性者也。天下未有人而无性者也，亦未有性而无情者也。依性达情而文生焉，故文所以自见其性情者也。人生当世，终身而不得一见其性情之事，夫岂独无性情哉？性不至则情亦不至也，情不至则文亦不至。然所谓至者，有天道焉，有人道焉。天者言乎其本具也，本具本不具。本具而不能自彻，是必有彻之之理。理彻而体现，体现而用廓，放乎四海，收之方寸。知刚知柔，知进知退，感乎物而得其至当，所谓人道也。古之圣贤皆以人道而合乎天之至当。备诸一身，行乎当世，使君臣父子、兄弟朋友皆惇然有至性。行乎其间，故能善用其情，发为文章，冠履天地，争光日月，此孔仲尼所为万世师表者也。仲尼事鲁，鲁之君臣不能用其道，退而作《春秋》，传《周易》，正《雅》《颂》，此善用其情而不流乎激烈，以自例于孤忠奇节之所为，所谓反其情以合道者也。后之君子，师其周流列国，不遑宁处出而筮仕，一不见用则悲凉凄惋，无以自容，卒至于死。嗟乎！楚之三闾大夫①是矣。三闾事怀王，被谗去国，至襄王，复迁江南，终不见用，忧愤自绝。古之奇忠无过三闾者，此率其本具之性，以为情用。情穷则中乱，中乱则无以自托于世，宜乎其为辞悲伤忧愤，俯仰古今，号泣鬼神。为人臣子，事类情同，必出于此。千载而下，读者伤之，伤乎情之无所抒也。志士感其遇之不可逃，圣贤惜其情之不能返。故贾谊之吊长沙②也，以一己之所遇仰附昔人，其辞悲；刘长卿之过贾宅③也，睹昔人之遗踪，顾伤新辙，其韵苦。是皆感物兴情，情极则伤，伤而不能自已则死。死何爱乎，惟是人之至性，禀乎天，成乎人，而乃以粹纯精一之体，遭逢不揆，遂终为孤臣孽子之行，而于反情合道之理无闻焉。此贤人君子所为太息也！南康使君宣明伦公，遭康残破，适丁艰报上官，以其才能戡乱，疏于朝廷，夺礼治事，寇退民逃。四五年招挟修备，百废具举。一旦遭谗被檄，无以自白，闭户读骚，咄咄发言，有类乎古之孤愤者。书成示予，且请为序。予感其情而爱其文，拱而复曰：公之情与文无逊古人。然屈平贾谊而上，尚有师表万世之康衢广辙，所谓退而自为，善用其情而不流于激烈，以附于反情合道之大圣人。则绎骚一帙，聊当一时垒

① 三闾大夫：屈原（约前340—前278），战国时期楚国人。屈原是我国古代第一位富有个性的浪漫主义诗人，代表作《离骚》是古代自传体抒情巨制，具有浓烈的浪漫主义色彩和楚文化特色。事迹见司马迁《史记》卷八十四《屈原贾生列传》。

② 贾谊之吊长沙：贾谊在文帝时因为受到当时的权贵周勃、灌婴等人的排挤，被贬为长沙王太傅，贾谊赴任经过湘江时写了著名的《吊屈原赋》，借悼念屈原表达自己的愤懑之情。参见本书《慧洪》之“贾谊”注。

③ 刘长卿之过贾宅：刘长卿：唐代著名诗人。《长沙过贾谊宅》，刘长卿之七律：“三年谪宦此栖迟，万古惟留楚客悲。秋草独寻人去后，寒林空见日斜时。汉文有道恩犹薄，湘水无情吊岂知？寂寂江山摇落处，怜君何事到天涯！”（储仲君：《刘长卿诗编年笺注》，中华书局1996年版，第337页）这是一首怀古诗，通过凭吊汉代著名政治家、文学家贾谊，表达了对贾谊不幸遭遇的痛惜，抒发作者对现实的不满情绪。

块，韩昌黎谓物不平则鸣①，亦吾侪通习，吾宣明夫固有以自命也夫。（《伦宣明使君释骚序》）

三、"人之有言，如其有心也"

吾徒澹归释子于其将梓《遍行堂集》，编而上之老人，老人读而击案曰：人之有言，如其有心也。夫心之不能遁于其言，亦犹言之不能遁于其心也。不能遁于其言，故天下之言为可贵；不能遁于其心，故天下之心为可贵也。盖自言可贵而天下相争，出于文章机颖之涂亦夥矣。忠臣之文忧以远，孝子之文柔以慕，仁人之文恬而切，义士之文方以舍。得志者其词壮，失运者其词悲，入理深者书曲款而弗诬，获真悟者极浅易而绝人以无行地。此言之可贵，贵以其心，而与天下后世发扬于易地同时，快古人之先获我，恨古人不及见我，其为乐未易一二数也。然亦有貌似忧而念起于近名，勉为慕而情生于循理，恬以文刻，舍以任气，壮而流为淫，悲而伤于怨，曲以极微而弗觉其板滞，以为绝人行地而不知脚板已弗底于四楞，此又言之可贵，而反成于甚不可贵。于是天下真圣贤，真才智，遂有置文章机颖而求人于渊嘿自存之地，言与心乃判然分为二致，而不知实有不能相遁者，岂但悄然于为言者之心，亦自厘然于观言者之心，抑已久矣。夫人于无念而忽有念，独知岂不甚明？其为念善而以善言出之，不可遁也。其为念不可善而以善言出之，其为念善而以不善言疑之，或始善而终不善，或始不善而终于善，其心皆不能自昧，此所谓言之不能遁于其心者也。苟其昧于善与恶而不能自觉，则亦无所掩著于为言之日矣。若果不能自昧，人之视己如见肺肝，此正心不能遁于其言，又可与不能遁于其心者互相发扬，以见天下之言为可贵，天下之心为可贵也。澹归固贵天下之心者，而与天下共相见于其言，老人亦亟欲与天下共观于其所言也。虽然，人之有言，如其有心也，是

① 韩昌黎谓物不平则鸣：韩愈（768—825），字退之，今河南孟县人。因为郡望昌黎，世人又称其为韩昌黎。参见本书《确庵晓青》"韩愈潮州诋释甚力"注。所谓"不平则鸣"出自韩愈的散文名篇《送孟东野序》："大凡物不得其平则鸣……人之于言也亦然！有不得已者而后言，其歌也有思，其哭也有怀。凡出乎口而为声者，其皆有弗平者乎！"（屈守元、常思春：《韩愈全集校注》，四川大学出版社1996年版，第1464页）"不平则鸣"强调的是文学发愤抒情的意义。

言固心也。言而唯,心唯也;言而阿,心阿也;引而准之,言而善,岂心善欤?言而恶,岂心恶欤?言而幽,心固匪幽;言而显,心固匪显;言而正,心固匪正;言而旁,心固匪旁。心匪旁,言岂得旁?心匪正,言岂得正?心匪显,言岂得显?心匪幽,言岂得幽?又旷而推之,鸟兽亦有心,啼号何云?天地亦有心,日月星辰何说?山川陵谷何说?炽然于昼与夜而略无间歇者,置淡归此集于其中,孰多孰少,为有为无,此自澹归事,老人与天下后世且得瞠然观胜拙矣。(《遍行堂集序》)

四、"诗得之天者十一,得之人者十九"

夫诗得之天者十一,得之人者十九。然天定胜人。山僧尝谓李太白于诗中圣,盖自字句法脉之外,别成字句,别成法脉,使人知其妙而不知其所以妙,即太白亦不自知其所以妙,全乎天而不能用天也。能用天者,如王摩诘①云:"兴来每独往,胜事空自知。"只此二句,可以起悟,然亦但能言此,但可言此。甚则"行到水穷处,坐看云起时",如是止矣。故又曰:"偶然值林叟,谈笑无还期",谓当作何语耶?大抵太白不知其所以然,摩诘知之而亦不能明言其所以然。说者谓不知较胜,亦最后语耳,当令太白让摩诘一步地方,能坐胜摩诘也。侯子若孩②志务当世,而慷慨激烈,情过乎辞。故其为诗,高迈风逸,殊有言外之旨。山僧以摩诘遇之,而侯子乃以太白应。始知读者与作者,各自为□而皆相得于天,知与不知,不妨忘乎至极。侯子今还中州,行将公此于天下。他日匡庐顶上更有好相见,勿遂以为最后语。使人谓山僧当面放过,不止于诗。则又山僧忍负侯子,不可不说破也。(《侯若孩诗序》)

---

① 王摩诘:即唐代著名诗人王维。参见本书《道潜》"王维"注。

② 侯子若孩:《商丘县志》(清康熙四十四年)"隐逸"部分有明确记载:"侯性,字若孩,邑人侯执介之养子。执介妻,田通政珍女。田无子,少育性为子。及长状貌魁梧,脑后有异骨,人目之,为封侯相。为人豪放博达,补博士弟子,铮铮诸生间。尤善骑射,自负有文武才,明末从军于南,累功拜爵。后弃官养母,隐于吴之洞庭山,母终遂葬焉。性在吴与故明之逋臣遗老,如钱尚书谦益、杜将军弘玮、姜给事埰辈,共相引重,称'遗民寓公'。殁于吴,其子北还,徙鄢陵,今亦泯然矣。"(《商丘县志》清康熙四十四年)

五、“诗与偈不同者，诗见情乎辞中，偈发悟于言外”

颂古联珠，历代知识，借他人酒杯，洗自己垒块。同一醉态，而婆婆和和，各为吞吐。虽语不成文，傍观者亦自可以意得。故诗与偈不同者，诗见情乎辞中，偈发悟于言外。辞不妙，则情难见；言弗巧，则悟不真。予□叹今时说法多以辞障，颂尤甚焉。巢鸣上座且法兄真子，有血性，以沈挚痛快之资，为吾宗担荷。念洞上机缘散失，与其同门安公远奉师命，为采捃之役复。以余力遍搜颂古于残山剩水，别成是集，因过予乞序。予曰：颂可以见人乎？不可见人，则古当无颂，遂可见人，则今非无颂。非谓古可见，而今不可见也。古与今皆在可见不可见之间，殆于颂焉得之。则何妨同此醉中，而有语无语，总以供醒眼一场卢胡。是又各人垒块，各不自知。予与巢鸣且作旁观，岂暇顾更有旁观。将以予为醉中语耶？可以见不可以见，请持是序归白而师当有以复我也。（《青原嫡唱序》）

六、“夫道人无诗，偈即是诗，然偈不是偈，诗又不是诗，故但曰似”

说作吼子，乞余诗付梓人，已而乞名，名曰《似诗》。“似诗”者，何谓也？夫道人无诗，偈即是诗，故亦曰诗。然偈不是偈，诗又不是诗，故但曰“似”。吼子请焉，更为语曰：“子以予偈不可读，姑取诗以示人，为其近人也。何近乎？情近也，境近也。悲欢合离与人同情，草木鸟兽与人同境。同人者善入，入则亲，亲则信，信则渐易而不觉矣。”噫，此吼子之说也。然予以为吼子之知予诗者惟近，而不知余之不是诗者亦惟近。近者，天下之所同也，而有异焉。然则天下之所为乐近者，为其同也，而有异，则天下之所谓乐一人，尤乐余之不是诗，是以乐与天下而以尤乐待一人，万世而下，其旦莫遇之邪？昔南禅师①

① 南禅师：慧南（1002—1069），佛教禅宗临济宗黄龙派的创始人。参见本书《豫章来复》“黄龙南公”注。

住归宗时遣化，至虔上将还，有刘君远送郊外，祝曰："为我求老师一偈，为子孙世世福田。"明年，南以偈寄之曰："虔上僧归庐岳寺，首言居士乞伽陀。援毫示汝个中意，近日秋林落叶多。"后四十年，云庵①复住归宗，法席盛子前。刘君之子，携此偈来，饭僧叙其事。云庵上堂有偈曰："先师昔住金轮日，有偈君家结净缘；我住金轮还有偈，却应留与子孙传。"噫，吼子，谓是偈耶诗耶？固非艰深不可晓，而古今传诵，不敢目之为诗，则安知夫人之所谓近者而即远，所谓远者而即近耶？吾愿天下勿以坚白之昧②终而自安于所乐，是不但一诗也。天然道人书。（《瞎堂集自序》）

附释今球识

此老人早岁刻《似诗》自序也。老人生平吟咏之意，已尽于是。读者玩索之，不唯老人之诗可悟，即老人之人亦可得，故即录以为序。今球谨识。

"予拟古诗亦因是以反情合道，聊效蒭荛，至永怀斯人，各有所致"

古人寄咏，不越君臣朋友。或悲迟暮，或伤捐弃，多托闺人，此作诗之体也。予拟亦因是，以反情合道，聊效刍荛，至永怀斯人，各有所致，未敢漠然，当不作解嘲语邪！（《古诗十九首有序》）

① 云庵：（1025—1102）宋代禅僧。俗姓郑，号云庵。参意见本书《慧洪》"洞山云庵"注。

② 坚白之昧：《庄子·齐物论》："彼非所明而明之，故以坚白之昧终。"晋郭象注："是犹对牛鼓簧耳。彼竟不明，欲将己之道术终于昧然也。"（清·郭庆藩撰，王孝鱼点校：《庄子集释》全四册，中华书局 1961 年版，第 75 页）

自 闲 觉

自闲觉(1609—1661),明僧。重庆合州人。俗姓余。先通玄林法嗣①。

自闲觉指出,绝不能以“游山玩水,啸月吟风,推敲尖新诗句,点缀四六文章,为参学事”。参禅悟道,“既不容默照邪禅,乌用吟诗作偈?”

本书所录文字,据《自闲觉禅师语录》《嘉兴藏》第33册,第287号。

一、“推敲尖新诗句,点缀四六文章”不是“参学事”

除夜小参:年尽月穷,日周时毕,未审诸人参学事毕也未?毕未毕且置,唤甚么作参学事?莫是入一丛林,出一保社,向禅床上老秃口边,觅些涎唾为参学事么?莫是者边经冬,那边过夏②,学得机锋转语快,便为参学事么?莫是游山玩水,啸月吟风,推敲尖新诗句,点缀四六文章,为参学事么?莫是结个茅庵,住个岩穴,守系驴橛如魂不散底死人,为参学事么?若恁么参学,别离乡井,割爱辞亲,有何所益!山僧乍住此间,承诸道流同心合德,共守寂寞,真可谓出尘上士,豪杰丈夫。但在己躬下事③,应须猛著精彩,彻底掀翻,千了百当,始不枉参学一回。即今腊月三十日也,是汝诸人如何合杀?爆竹声高知腊去,梅花枝上见春来。(《小参》)

---

① 自闲觉生平事迹,见《自闲觉禅师语录·行实》、超吼:《行状》(《自闲觉禅师语录》卷八)。

② 过夏:即“夏安居”,亦称“夏坐”“坐夏”“度夏”“禁足”。“安居”为佛教规仪。佛教僧尼每年须有三个月不得外出,要在寺、庵内静修,接受供养。中国僧人的安居期为农历四月十六日至七月十五日,时届夏季,故称“夏安居”。《解夏经》卷一云:“尔时,世尊安居既满,当解夏时,于十五日与苾刍众敷座而坐。”(《大正藏》第1册,第63号,第861页中)

③ 己躬下事:参见本书《石溪心月》“归根边事”注。

二、“既不容默照邪禅,乌用吟诗作偈”

小参:一为无量,无量为一,此个门中,无固无必。既不容默照邪禅①,乌用吟诗作偈?紧紧抱住话头,念念欲明祖意。一期豆爆冷灰,始证第一义谛②。二时板响过堂,尽是神通游戏。钵盂跳上三十三天③,触犯帝释瞌睡。震动三界二十五有④,处处离宫失位⑤。劳他杖头麈尾,百计千方调治。虽得各归宝所,未免递相钝置。蓦竖拂子召众云:“还有不被钝置者么?”遂喝一喝,掷下拂子。(《小参》)

① 默照邪禅:在宋代曹洞宗僧人宏智正觉倡导“默照禅”,乃是以静默观照作为根本的禅法,其最主要的特点就是提倡静坐默究,把静坐默究作为开悟的唯一手段,作为明心见性的唯一途径,在静坐默究中体验宇宙人生空幻的本质。而杨岐派僧人大慧宗杲则创立“看话禅”,对“默照禅”猛烈指责,“李参政顷在泉南,初相见时,见山僧力排默照邪禅瞎人眼,渠初不平,疑怒相半。蓦闻山僧颂‘庭前柏树子’话,忽然打破漆桶,于一笑中千了百当,方信山僧开口见胆,无秋毫相欺,亦不是争人我,便对山僧忏悔。”(大慧杲:《答富枢密(季申)》《大慧普觉禅师语录》卷二十六,《大正藏》第47册,第1998号,第922页中)

② 第一义谛:参见本书《自闲觉》“第一义谛”注。

③ 三十三天:亦称“忉利天”,为“六欲天”之一。是须弥山四方之天,各方有八天,共三十二天,加上山顶之天,共为三十三天。中央居帝释天,余皆为守护神所居。《佛地经论》五曰:“三十三天,谓此山顶四面各有八大天王,帝释居中,故有此数。”(《大正藏》第26册,第1530号,第316页中)

④ 三界二十五有:三界,参见本书《笑隐大䜣》“三界”注。三界的果法,分为二十五类,名二十五有。其中欲界十四有,即四恶趣四洲六欲天。色界七有,即四禅天为四有,另大梵天五净居天无想天为三有。无色界四有,即四空处。《止观辅行传弘决》卷二曰:“二十五有,总为颂曰:四域(即四洲),四恶趣,六欲並梵王,四禅四无色,无想五那含(即净居天)。”(《大正藏》第46册,第1912号,第196页中)

⑤ 离宫失位:按照曹洞宗的“五位君臣”学说,“离宫失位”,就是陷入了“背理就事”或“舍事入理”的片面错误。参见本书《林泉丛伦》“《颂偏正五位》”注。

百愚净斯

净斯(1610—1665),明末清初曹洞宗僧。号百愚。南阳(河南省)桐柏人。俗姓谷。参弁山瑞白明雪,嗣其法①。

净斯谆谆提示学人,参禅应“以悟为期”“发明大事”;他尖锐批评一些学人“到处作诗作偈”“把生死一著子置于度外”。

本书所录文字,据《百愚禅师语录》《嘉兴藏》第36册,第359号。

参禅“以悟为期,发明大事”,不可“到处作诗作偈”

普说:登山须到顶,入海须到底。登山不到顶,不见宇宙之宽广;入海不到底,不知沧溟之渊深。结制②已经三七,试问诸人,于中工夫果能到顶到底,可谓功不浪施。不妨饥餐渴饮,早起晏眠,随缘放旷,任意逍遥。若也未到者般田地,正好于此发大精进,奋大勇猛,立大誓愿,以悟为期,不可因循放过。经云:壮色不停,犹如奔马。人命无常,速于川流③,岂可视为等闲。所以古人四十年打成一片,二十年不杂用心,三登投子,九上洞山④,然后发明大事。所谓佛法无多子,久长难得人。岂似今人才入丛林,即便妆大老,把生死一着子置于度外,话头不审来由,工夫不知深浅,到处作诗作偈,征古代古别古颂古,拟

---

① 净斯生平事迹,见《百愚斯禅师语录》所收方拱乾:《百愚斯大禅师塔志铭》与智操:《像记》《五灯全书》卷一一三。

② 结制:结制,即“结夏”。“夏安居”开始阶段称“结夏”“始夏”,结束时称“解夏”“夏解”或“夏安居竟”。参见本书《自觉闲》“结夏”注。

③ 引文见《大般涅槃经》卷二十:“壮色不停,犹如奔马。”(《大正藏》第12册,第375号,第742页中)《肇论》卷一:“人命逝速,速于川流。”(《大正藏》第45册,第1858号,第151页上)

④ 三登投子,九上洞山:据《续传灯录》卷四载:“雪峰九上洞山,三到投子,遂嗣德山。”(《续传灯录》《大正藏》第51册,第2077号,第491页中)

小参示众，大似百舌学禽语，全无自己声，殊可怜悯。古人道："毫厘系念，三途业因。瞥尔情生，万劫羁锁，凡名圣号，总是虚声，劣相殊形，皆为幻色。汝欲求之，得无累乎！"①急须截断情关，掀翻识窟，大死一番，始堪凑拍。故云："悬崖撒手，自肯承当，绝后再苏，欺伊不得。"②又云："凡圣情尽，体露真常。理事不二，即如如佛。"③诸公还信得及担当得么？（《普说》）

① 引文为德宣鉴语。见《五家正宗赞》卷一，《卍续藏经》（新编）第 135 册，第 917 页下。

② 引文为圆悟克勤语。见《圆悟佛果禅师语录》卷十一，《大正藏》第 47 册，第 1997 号，第 761 页中。

③ 引文为沩山灵祐语。见《景德传灯录》卷九《潭州沩山灵祐禅师》《大正藏》第 51 册，第 2076 号，第 2265 页上。

丈雪通醉

通醉(1610—1695),临济宗僧。字丈雪。四川内江人,俗姓李。参密云圆悟之法嗣万峰破山海明,受印可。能诗,工书,其书法体正力厚,纯法二王①。

通醉批评董其昌已沉溺文艺,堕入魔窟,已超过苏眉山和张无垢,需要"铁面衲子,当头一拶",予以当头棒喝,使之迷途知返。反映了佛教禅宗以世俗诗画创作为魔事的艺术观。丈雪通醉认为,振兴禅门祖庭,绝不能靠文瀚诗声:"讵以文瀚诗声而振祖庭者耶?"他尖锐批评了丛林的一种不正之风:"近来禅风委脱,侈嫚多端,贵以诗声、尊乎文翰,眷眷于奖誉之表,碌碌无服膺之材",这"有伤风化,负我负人,流落在佛魔队里"。他大声呼吁,驱除诗魔:"壶中纵有文章卖,漫把诗魔仔细降。"

本书所录文字,据《昭觉丈雪醉禅师语录》《嘉兴藏》第27册,第194号。

一、"当头一拶"不使"流而亡返"

玉指尖头,点出太平沟壑。七尺躯里,怀藏乱世溪山。曩予三过吴门,恨未一面。今读公之诗以松爽,阅公之画以清澹。然风雅凌夷,欺青压白②,不

① 通醉生平事迹,见《昭觉丈雪醉禅师语录·行实》、《五灯全书》卷七〇、《新续高僧传》卷二十四、《正源略集》卷五、《揞黑豆集》卷七、陈垣《明季滇黔佛教考》卷一、卷二、郑珍:《播雅》(《黔诗纪略》三引。)

② 风雅凌夷,欺青压白:在通醉看来,董其昌身为居士(号香光居士,曾参紫柏尊者、憨山德清),却整日价热衷文艺,已"沦溺在骚人队里"。在诗文上,"衒卖胸襟",已远离诗经的教化规范;在书画上,"衒卖胸襟",势欲压过"青"(青藤居士徐渭)"白"(白阳山人陈淳)。在通醉看来,董其昌之"沦溺在骚人队里,衒卖胸襟,流而忘返,不下苏眉山、张无垢"——其堕入魔窟,已超过苏眉山和张无垢,应予当头棒喝。圆通秀禅师曾严厉批评黄庭坚:"汝以艳语动天下人淫心,不止马腹中,正恐生泥犁耳!""公(黄庭坚)悚然悔谢。由是绝笔,惟孳孳于道,着发愿文,痛戒酒色,但朝粥午饭而已。"(《续传灯录》卷二十二,《大正藏》第51册,第2077号,第615页中)

下苏眉山、张无垢①。惟苦不遇铁面衲子,当头一拶,沦溺在骚人队里,衒卖胸襟,流而亡返,不知何日始记得话头也。(《题思白董太史〈山水图〉》)

二、“讵以文瀚诗声而振祖庭者耶”

数禅者优劣,诸方偈语,气可夺人。师落堂曰:汝等参者,乃琉璃瓶子禅耳。自有佛祖以来,千方百计,务以本分接人,但以根性差殊,局于小节,翻以现成风味,似隔重城拾涕唾之余。新纸墨之府,滔滔者天下皆是,而好事者谓之因指见月,见月休指。然痴顽眷属,但观其指,反失真月,良可悲也!总以诸子百家,耽味情识,巧凿尖新,指上安指,与真月奚翅千里万里哉!故我初祖,越国而来,立不言之教,为直指之风,示以直捷根元,排斥外典,使人人知有脚跟下一条逼直路,通上彻下,去古来今。古云:从天降下,则贫穷从地涌出,则富贵瞥尔一见,浑身快爽,得大机显大用,生擒活捉,正令全提,施热喝痛棒之机,驱奔雷掣电之手,稍如拟议,便堕泥洹,讵以文瀚诗声而振祖庭者耶?今政禅风剥削之际,望尔辈个丈夫儿,如星中拣月,奈何一个个堂堂之躯,如聋似瞽,力走旁门,弃捐正道。静明今夜也是无事讨事,血滴滴地痛为汝等搂碎病源。末学初机务向脚跟下究取体先哲遗训,悛除杂学,继晷成功,庶桶子底蓦地打翻,现在天真,要用便用,振宗风于运季,传正眼于将来,上不辜鹫岭遗嘱,下不负七尺己灵,异日水到渠成,千变万化,漫莫嚼言讨句,干守慧城,唐丧好时光也,慎之。(《广录》)

参禅人不得彻悟者,只为禅忒参多了。所以廉廉纤纤,不能克证,病在比拟相似,讨句凿奇斗百草,机胜者为了当,此乃禅病也。纵参到弥勒下生,终无了脱……今时辈,不管是宾是主,知解悟解,但讴得几句诗,便以冬瓜印子一印印定,只图门风热闹,五百一千,赞为丕振,殊不知灭裂法门,悉此类耳!(《补石禅人》)

---

① 苏眉山:苏轼。参见本书《慧洪》注。张商英(1043—1121)宋居士。字天觉,号无尽。新津(今属四川)人。进士出身,历官守牧,负气倜傥,豪视一切。深信佛法。后出知河南府,问道东林常总。又谒兜率从悦,得悦印可。卒后溢文忠。事见《宋史》卷三五一、《罗湖野录》卷下、《居士传》卷二十八。

三、"贵以诗声","流落在佛魔队里"

参学人不怕死得活不得,只怕活得死不得。设死了活得,三千七百输你一筹;倘活了死得,且昆耶室里能有几人?或云:此事不在死活里,若在死活里,则孤负吹布毛、竖指底二老子。然死活二法,乃断常之见,脍炙之语。噫,初进门者,不得不由斯径也。若个血气男儿,直贵承当,不贵生熟熏习,苟承当,得随处便屙,捺着便屁,臭遍天下,使具鼻孔男女乞命有分。单此一橛,无第二门。近来禅风委脱,侈嫚多端,贵以诗声、尊乎文翰,眷眷于奖誉之表,碌碌无服膺之材,既为行脚人,切忌作朝晴暮雨之徒,有伤风化,负我负人,流落在佛魔队里。(《醉云禅人》)

四、"壶中纵有文章卖,漫把诗魔仔细降"

半亩涛声堪荡月,经纶几斗浸寒江。衣残衲补云千片,食毕茶烹手一双。虎啸雍门分气海,鹤乘足底调南腔。壶中纵有文章卖,漫把诗魔仔细降(《复清化安羽士》)

百痴行元

行元(1611—1662),清僧。福建漳州漳浦县人,俗姓蔡。宁波天童费隐通容之法嗣①。

行元既以颂说教(禅),又用诗释颂,进行二度说教(禅)。普融藏主《颂》借颂说教(禅),追问何为"本来面目"?《渡桑干》用诗释颂,回答什么是"本来面目"?这是二度说教(禅),也就是以《渡桑干》来解普融藏主《颂》之"意"。《藏主颂》是直说式,《渡桑干》是曲说式。行元认为,禅宗大师如中峰和尚之诗作,只是其"余技",而丛林学者却认为其本来面目"全在于是",此乃"瞎阿师"之见。他还指出,千姿百态的大自然就"是一首好诗",应"仔细推穷"。

本书所录入文字,据《百痴禅师语录》《嘉兴藏》第28册,第202号。

一、既以颂说教(禅),又用诗释颂

陈紘世荐母。上堂:"夜台不复晓,三载杳沉沉。请我明垂示,须知佛是心。"蓦呈拄杖,云:"急荐取,谩哦吟,踏翻生死海,裂破有无襟。腾腾脚下忘拘束,脑后毫光涌万寻。且毕竟向什么处去?"卓一卓,云:"国土动摇迎势至,宝花弥满送观音。"复举五祖演和尚室中问僧云:"'倩女离魂,那个是真底?'僧下语无有契者。后普融《藏主颂》云:'二女合为一媳妇,机轮截断难回互。从来往返绝踪由,行人莫问来时路。'"师云:"诸人还识得普融颂意么?如未,敢借古诗一首为伊颂出:'客舍并州已十霜,归心日夜忆咸阳。无端更渡桑干

① 行元生平事迹,见《百痴禅师语录·行实》、严大参:《百痴元和尚语录序》《五灯全书》卷七〇、《高僧摘要》卷三、《正源略集》卷五。

水,缪望并州是故乡。'"①(《百痴禅师语录》卷五)

二、禅门诗作,"特其余技",非本来面目"全在于是"

幻住老祖,于度竹篦子句下,洞彻源底,灼然如新篁参天,气概不伦凡卉。若夫梅花百咏,特其余技耳。比见丛林学者,各抄袭一册,以为腰囊至宝。将谓幻住老祖面目,全在于是。吾恐常寂光中,必莞尔笑曰:此等瞎阿师,亦太辜负予也。(《题中峰和尚梅花诗》)

三、"绿杨"、"新竹","曲蟮"、"田蛙","是一首好诗偈"

汝以白纸一幅求我写,毕竟求我写个甚么?若要诗与偈,此时工绝律者,固有其人。若要法语与文章,我肚皮里那有许多络索!若要随意写几行持去供养,我真书不会,草诀未能,涂污了这幅白纸,也似可惜。数日冗忙,同汝辈搬泥垦土镬头边作活计,且亦无这等闲工夫。不如就汝本经上,夜夜点火焚香,朝朝折花换水,蓦忽火光烁破眼睛,堂内圣僧自为汝证据也。况绿杨锁岸,新竹摇风,曲蟮低笙,田蛙怒鼓,是一首好诗偈,是一篇新法语,是一部大文章,汝不仔细推穷,返来觅我死句,奚裨乎?虽然死句也解活人,只恐汝当前蹉过。(《示玄池香灯》)

四、"牢骚不平之气,发而为秋吟百篇"

牢骚不平之气,发而为秋吟百篇,字字幽闲,句句惨落,及问其所以不平者何事?即杜翁亦瞿然而不自解,天乎人乎?夫谁与共白此心哉?(《题杜则居士秋吟后》)

---

① 参见本书第三章第三《"禅栖不废诗","佳句纵横不废禅":诗禅互喻的理论依据》对普融《藏主颂》和《渡桑干》的解读。

五、“诗中画”与“画中诗”

俨和尚偶于夜间山顶坐次，忽云开见月，大啸一声，沣阳东居民明晨迭相推问，直至药山，其徒云：昨夜和尚山顶大啸李翱赠诗，有“选得幽居惬野情”之句，可谓诗中画矣。兹仲和张翁依袭数语，为“祖禅点出，奇峦伟木，笔笔通神”，得非画中诗乎？予不善画，亦不善诗，然见人之善画善诗者，必加奖誉，盖以其得裁成造化手也。炎威劫汗，想对此而毛骨冷然。（《题祖庚上人画扇》）

祖心函可

函可(1611—1659),清僧。字祖心,别号剩人、罪秃。博罗(今属广东),俗姓韩。父日缵,官礼部尚书。少名冠诸生,才高气盛。早年寓居南京、北京两都,与天下名流巨儒切磋论交。年二十六,弃家为僧。上庐山祝发受戒,易名函可。依宗宝独参究。禅寂于罗浮、匡庐弥久。崇植末年(1644),以请藏至南京,遇国变,清兵来攻,亲见诸大夫死事状,纪为私史《再变纪》。城陷事发,被拷至惨,充戍渖阳。得弘法天山。自普济历广慈、永宁等,凡七坐道场。同时谪迁者,若大来左、吉津李等,始以节义文章相慕重,后皆引为法友。所著《千山诗集》,皆感慨家国之言①。

函可认为,诗歌创作应当"及时努力,毋俟一切不能经意",他赞同孟子"知人论世"的观点,"屈平既放天何问,杜甫无家别有诗","从来厄极文乃工,所以论文先论世",认为现实的社会生活对作家的艺术创作有着极其重要的影响,而且进一步认为苦难的现实生活的体验往往成为作家创作出优秀作品的共同先决条件,因此,对作家人生轨迹的考察又成为评判作家作品优劣的先决条件。

本书所录文字,据函可《千山诗集》《续修四库全书》第1398册。

一、"及时努力,毋俟一切不能经意"

败龟门下捧洗脚水兼理刷洗马桶斫头牢囚曰:向见吾里张孟奇先生,七十后文字多不经意,窃谓英雄欺人。余今岁望七十尚二十有三,然备历刑苦,须白齿落,耳聋目瞆,一切不能经意。重阳后于金塔尽遣诸子,每自伫立,明月在

① 事迹见《五灯全书》卷一一六、《正源略集》卷八、《曼殊全集》《晚晴簃诗汇》卷一九五。

天，寒风习习，辄不自禁，绕塔高歌，正如风吹铃鸣，塔又何曾经意耶？因语二三知我，及时努力，毋俟一切不能经意，更有百倍切于文字者，尤不得不蚤自经意也。（《函可“自序”》）

二、“古人非今人，今时甚古时”

所遇不如公，安能读公诗。所遇既如公，安用读公诗。古人非今人，今时甚古时。一读一哽绝，双眼血横披。公诗化作血，子血化作诗。不如诗与血，万古湿淋漓。（《读杜诗》）

三、“从来厄极文乃工，所以论文先论世”

余家五岭本炎方，孤身远窜三韩地。四月五月不如春，六月坚冰结河底。今年天气稍冲和，秋尽雪飞到山寺。出门仰天天欲沉，只杖栖栖过北里。北里先生①拥毳吟，诗成煮雪讶子至。未曾展读泪先倾，拭泪同歌悲风起。医巫闾高碧嵯峨，千叠万叠岚光积。大鏊一声白昼昏，黑云崩腾吼苍兕。须臾云净松杉青，野泉泠泠石磊磊。东海洋洋大国风，茫然万顷中无砥。海气怒叱蜃气枯，狂涛倒飞星月沸。三坌流驶鸭江平，寒雁不鸣蛟龙寐。有时亟欲掷头颅，蠹鱼②悔食神仙字。有时稼穑自谋生，三尺穹庐团妇子。有时噀酒骂虚空，雷霆迅走黎丘惴。有时谈笑和且平，欢狎牛蛇群白豕。倏喜倏怒岂有常，欲杀欲活亦非意。有时夜半步空阶，一叩青冥尺有咫。沉魄千年呼尽来，死者可生生者死。旧帝宵啼五国荒，闺媛暮哭长城址。华表山前鹤唳孤，青冢犹闻月下欷。琵琶凄切胡笳悲，未免有情谁遣此。不知是血复是魂，化作吴刀切心髓。心髓如铁刀如冰，片片飞入阴山里。阴山惨惨泉冥冥，神农虞夏今已矣。因思

① 北里先生：北里先生具体情况不详，为辽宁沈阳隐士，被流放到关外多年，系函可的前辈，受人尊敬。

② 蠹鱼：又称衣鱼，是一种蛀蚀衣服、书籍的小虫，因其体形像鱼，故名。唐白居易：《伤唐衢》之二：“今日开箧看，蠹鱼损文字。”（顾学颉校点：《白居易集》第一册，中华书局1979年版，第17页）

太古音尚希，噩噩浑浑难可冀。尼山栖栖自卫归，苦乐忧伤各有旨。约略删余《三百篇》，发愤曾闻司马氏①。何人继者屈子骚②，汨罗万古流弥弥。可怜秦火恨不灰，汉室苏卿唐子美③。苏卿啮雪声韵凄，子美三迁足诗史。五代波颓宋代儒，眉山山下出苏轼。苏轼流离儋惠间，珠崖鹤岭供指使。更有文山④第一人，浩浩乾坤留正气。从此荒芜将百秋，国初高阳追正始⑤。天下承平四海清，人人含宫家嚼徵。琳琅金玉庙堂音，王李⑥登坛执牛耳。文长⑦巨斧劈华山，中郎⑧拍板逢场戏。景陵⑨一出洗烦浇，顿令搦管趋平易。风雅茫茫失所宗，不得不推北地李⑩。李公豪雄步少陵，匪特形似亦神似。先生才凌北地高，先生遇非少陵比。阿弟捐躯阿兄流，西山之歌绩二士。不数秦关二百强，

---

① 司马氏：即司马迁，司马迁在《报任安书》中有“发愤著书”一说。

② 屈子骚：即屈原创作《离骚》。

③ 汉室苏卿唐子美：汉室苏卿指苏武，唐子美指杜甫。

④ 文山：文天祥（1236—1283），字宋瑞，自号文山、浮休道人，江西吉州（今江西吉安）人，宋末文学家、政治家、民族英雄，有《文山诗集》《指南录》《指南后录》《正气歌》等。事迹见《宋史》卷四一八、李安《文天祥史迹考》（台北中正书局 1972 年版）

⑤ 正始：参见本书《皎然》“正始”注。

⑥ 王李：王世贞（1528—1590），字元美，江苏太仓人；李攀龙（1514—1570），字于鳞，历城（山东济南）人；王世贞、李攀龙与谢榛、宗臣、梁有誉、徐中行、吴国伦被称为“后七子”。《明史》卷二百八十七李攀龙传载：“攀龙之始官刑曹也，与濮州李先芳、临清谢榛、孝丰吴维岳辈倡诗社。王世贞初释褐，先芳引入社，遂与攀龙定交。明年，先芳出为外吏。又二年，宗臣、梁有誉入，是为五子。未几，徐中行、吴国伦亦至，乃改称七子。诸人多少年，才高气锐，互相标榜，视当世无人，七才子之名播天下。摈先芳、维岳不与，已而榛亦被摈，攀龙遂为之魁。其持论谓文曰西京，诗自天宝而下，俱无足观，于本朝独推李梦阳。诸子翕然和之，非是则诋为宋学。”（《明史》，中华书局 1974 年版，第 7377—7378 页）

⑦ 文长：徐渭（1521—1593），字文长，号青藤道士、天池山人等，绍兴府山阴（今浙江绍兴）人，明代文学家、书画家、戏曲家，一生贫困潦倒。事迹见《明史》卷二百八十八、明陶望龄、袁宏道分别所作《徐文长传》《列朝诗集小传》丁卷。

⑧ 中郎：袁宏道（1568—1610），字中郎，湖北公安人，与其兄袁宗道、其弟袁中道，时称“三袁”，被称为“公安派”。事迹见明袁中道：《珂雪斋集》卷一八所作行状、《明史》卷二八八。

⑨ 景陵：竟陵派又称钟谭派，是明代后期文学流派，因为主要人物钟惺（1574—1624）、谭元春（1586—1637）均系竟陵（即今湖北天门）人，故被称为竟陵派。参见《明史》卷二百八十八《列传第一百七十六・文苑四》“钟惺、谭元春”传。

⑩ 北地李：指李献吉（李梦阳）。清钱谦益：《题〈怀麓堂诗抄〉》：“弘正间，北地李献吉，临摹老杜为槎牙兀傲之词，以訾謷前人。”参见本书《担当通荷》“何李”注。

不羡蜀江千丈绮。从来厄极文乃工,所以论文先论世①。丰干饶舌罪如山,滔滔谁易今皆是。三百年来事莫知,天教斯道存东鄙。不然今古亦荒凉,大雪纷纷吾与尔。(《过北里读租徂东集》)

四、"屈平既放天何问,杜甫无家别有诗"

秋风一见泪纷披,可奈重歌出塞词。百济河山愁到处,三韩文献幸今兹。屈平既放天何问,杜甫无家别有诗②。方信当年身不死,千秋斯道已如丝。(《读左公徂东集》)

五、"忽然被我得,却似古人裁"

只在秋山里,遍搜黄叶堆。忽然被我得,却似古人裁。野月索将去,寒风吹复来。还家囊已满,生死兴悠哉。(《寻诗》)

六、"共传迁史笔"

尚论贵只眼③,平生于此深。共传迁史笔④,谁谅许衡心⑤。后死亦无恨,斯文未丧今。遥怜孤子意,山水有知音。(《得石云居诗文》)

---

① 论文先论世:《孟子》有"以意逆志"和"知人论世"一说:"故说诗者,不以文害辞,不以辞害志;以意逆志,是为得之";"颂其诗,读其书,不知其人,可乎? 是以论其世也,是尚友也"。(郭绍虞主编:《中国历代文论选》第1册,中华书局1979年版,第31页)

② 杜甫无家别有诗:杜甫"三吏""三别"中有《无家别》诗一首。

③ 只眼:比喻独特的见解,清薛雪:《一瓢诗话》:"有志者要当自具只眼,溯流而上,必得其源。"(叶燮、薛雪、沈德潜:《原诗·一瓢诗话·说诗晬语》,人民文学出版社1979年版,第90页)

④ 迁史笔:指司马迁以《史记》闻名。

⑤ 许衡:(1209—1281),字仲平,号鲁斋,怀州河内(今河南焦作)人,元代理学家、教育家、政治家。在逃难时,众人争摘路旁梨,唯许衡说:"非其有而取之,不可也。梨无主,吾心独无主乎!"事迹见《元史》卷一百五十八。

七、“音有尽而情无尽”

阿字出《栖贤山居诗》十韵，并其托钵九江时所和。予读之数过，不翅身在三峡桥头，听水声汹涌，因而和之。从头至尾，复从尾至首，回环重叠，音有尽而情无尽①也。（《和栖贤山居韵》）

八、“数篇新句忍寒披”

到门白尽两边篱，独拥羊裘一见疑。半个孤僧连雪倒，数篇新句忍寒披。鬼当哭处予偏妒，血到漓时佛更悲。三日下来应冻死，早成一首哭冰诗。（《读雪斋新诗》）

九、“一编偶尔寄穷荒，才读诗题泪已汪”

一编偶尔寄穷荒，才读诗题泪已汪。古道多年堙蔓草，人间此日见文章。三山一诺千金尽，双袖长歌五岭香。再拜雪天重阅竟，杖头瞬息到家乡。（《读赵公受偶尔吟》）

十、“独向冰霜忆旧时”

丙寅秋，予侍先子南都署中，木樨盛开，月峰伯率一时词人赋诗其下。予虽学语未成，窃喜得一一遍诵。及薙发来南，与茂之相见，已不胜今昔之叹。今投荒又八年矣。赤公至，述长安护法首举陈公②，为吾乡人，即木樨花下赋

① 音有尽而情无尽：宋严羽：《沧浪诗话·诗辨》：“盛唐诸人惟在兴趣，羚羊挂角，无迹可求。故其妙处透彻玲珑，不可凑泊，如空中之音，相中之色，水中之月，镜中之象，言有尽而意无穷。”（严羽著，郭绍虞校释：《沧浪诗话校释》，人民文学出版社 1961 年版，第 26 页）

② 陈公：即诗题所称“陈路若”。明人，工山水。尝为天下名山图记绘图，崇祯六年（1633）由墨翰斋新摹刊行，见《明刊名山图版画集》。孙承泽撰：《庚子销夏记》卷三《巨然林汀远渚图》载有陈路若与孙承泽观江贯道《长江图》一事：“张尔唯名学曾，善画，家藏江贯道《长江图》一卷，

诗人也。乡国荒芜，亲朋凋谢，还思太平乐事，益增感怆，偶因便鸿，诗以代札。

三十年前一小儿，木樨花下共题诗。于今老大投寒碛，独向冰霜忆旧时。岭徼亲知无复在，石头宾客更谁遗。闻人说道陈公好，洒泪空椷一问之。（《寄陈公路若有引》）

十一、“谁言绝塞无朋友，纸上相逢百十年”

此日闭门，惟伏枕边，一手把残编。谁言绝塞无朋友，纸上相逢百十年。（《雨窗读诗娱》）

十二、“每长歌以当泣”

序曰：白莲①久荒，坚冰既至，寒云幕幕，大地沉沉，嗟塞草之尽枯，幸山薇之尚在。布衲褴毵，匪独杲长老之梅州远逐；孤臣憔悴，尤甚韩吏部之潮阳夕迁②。珍重三书，萧条只杖，每长歌以当泣，宁寡和而益高③。兰移幽谷，非无人而自芳；松植千山，实经冬而弥茂。悲深猿鹤，痛溢人天，尽东西南北之冰魂，洒古往今来之热血。既不费远公蓄酒，亦岂容灵运杂心。聊借雪窖之余生，用续东林之胜事。诗逾半百，会未及三。搤漫题。（《冰天社诗》）

赴苏州，太守任携一樽并卷来山中。相别时，太仓王元照、东粤陈路若俱在，开尊展卷，亟称江卷之胜。余独无言，徐出巨然卷共阅，觉江卷退舍。盖《长江图》虽贯道得意之作，然无浑然天成之致，故知巨然不易到也。”（影印文渊阁四库全书，第826册，第31页下）

① 白莲：即白莲社，东晋释慧远于庐山东林寺，同慧永、慧持和刘遗民、雷次宗等结社精修念佛三昧，誓愿往生西方净土，又掘池植白莲，称白莲社。《净土十疑论》称：“晋慧远法师，与当时高士刘遗民等，结白莲社于庐山，盖致精诚于此尔。其后七百年，僧、俗修持，获感应者非一，咸见于净土传记，岂诬也哉？”（《大正藏》第47册，第1961号，第77页中）参见本书《天隐圆修》“莲社”注。

② 韩吏部之潮阳夕迁：指韩愈被贬潮州事。韩愈上疏排佛。“疏奏，宪宗怒甚。间一日，出疏以示宰臣，将加极法。裴度、崔群奏曰：‘韩愈上忤尊听，诚宜得罪，然而非内怀忠恳，不避黜责，岂能至此？伏乞稍赐宽容，以来谏者。’上曰：‘愈言我奉佛太过，我犹为容之。至谓东汉奉佛之后，帝王咸致夭促，何言之乖剌也？愈为人臣，敢尔狂妄，固不可赦。’于是人情惊惋，乃至国戚诸贵亦以罪愈太重，因事言之，乃贬为潮州刺史。”（《旧唐书》卷一百六十《列传卷一百一十》，中华书局1975年版，第4200—4201页）

③ 寡和而益高：宋玉《对楚王问》：“引商刻羽，杂以流徵，国中属而和者，不过数人而已。是其曲弥高，其和弥寡。”（萧统编，李善等注：《六臣注文选》卷四十五，中华书局1987年版，第839页上）

墨历大智

大智（1611—1671），清僧。即方以智，字曼公，号鹿起，又号密之。桐城（今属安徽）人。崇祯十三年（1640）进士。少年时曾参加复社活动，与陈真慧、吴应箕、侯方域号称四公子。明亡后，投昭乎迥山薙染，易名宏智，字无可，亦字墨历，别号药地。顺治十年（1653），谒金陵天界觉浪道盛圆具。盛示高峰堕枕话，发其机用，遂闭关高座，久之深入堂奥。后继席新城寿昌，迁吉州青原、舒州浮山。所作山水，得元人派，淡烟点染，笔入三昧。字学章，草亦工。方以智主张中西合璧，儒、释、道三教归一，一生著述无数，内容广博，存世作品包括文、史、哲、地、医药、物理等①。

大智论诗，认为诗歌要关注现实，"指当时之事""以诗风天下"，而且认为"诗也者，志也，从吾所好"，"非无病而呻吟，各有其不得已"，是人本心情感的发抒。大智又认为，诗歌反过来又可以影响诗人，即"咏歌之中，可以移人性情"。在诗歌的发展和创作上，大智主张"变"，认为杜甫、元结之诗"皆变于唐之本调。后世慕其悲凉，感其切直，未尝不以为盛唐之音也"，创作要"词隐而风"，"不必定蹑一家，不必定驳一家，随时即事而已"。

本书所录文字，据大智《浮山文集前编》《浮山文集后编》《浮山此藏轩别集》，收于《续修四库全书》第1398册。

一、"观其所作，多指当时之事"；"词隐而风"

余与豫章苏武子，同客秣陵。酒后赋诗。已，自诵其《蓟西杂咏》，歌余九将而和之，遂相与为不能已。嗟乎！《蓟西杂咏》，武子巳巳处都城作也。当

① 事见《五灯全书》卷一一八、《两浙輶轩续录》卷五一、光绪《江西通志》卷一七八。

是时，□薄城下，兵檄重迹。公卿股牟，计不知所出。士有相对泣耳。武子方色不变，谈笑而赋诗。何壮也！夫岂无谓而若是者，其诗也盖叹也。观其所作，多指当时之事，然又不上书明言其故或著为策略。独作诗以纪之。词隐而风①，是何所不可与？余反复至此，窃伏自悲。以为士读书，有意天下，岂不欲登明堂，条对急故，乃困于草莽。上容不得志，苟如古者布衣见天子，今无其法矣。无以则上书公卿执政间，以为嫚易，徒见疏远。退而赋诗，庶几免诟病焉。士传言安得明也。等诸商旅于市，又何以上闻乎？忆围城布衣，亦尝得见天子矣。然才不胜任，事以溃败。后之待征者，又哗众取宠也。徒塞贤者之路耳。嗟乎！悲歌者自负其材，必不能终委沟壑。况天下多事耶？东西告者数矣，即郡邑豪夜呼而起，城郭为墟者数矣。当此忧乱，悲愤益甚。士且不得归乡里、守田园，以咏歌晏如也。虽欲不远游，将安之乎？武子为人倜傥，且异能，好游四方。自言少生长长安，当驰马渔阳古北平，观险易，习兵，考钱榖之术。游长者，析时事，详其利害，隐然有指掌急国家之意。以余闻其言，实有所本。酒后纵谈，犹之处围城色不变也。然其与世俗处绝未尝明言之，知之者以为有怀也，不知者以为能赋诗耳。余亦不欲居乡里，虽愚劣，有意天下，好切指当时之事，而又言之，惟恐其明。读武子《蓟西杂咏》，悲矣，谁悲我者。于是草书其篇首，而武子亦为余叙九将云。（《苏武子蓟西杂咏序》）

二、“岂不欲以诗风天下者乎”

余往与农父、克咸处泽园，好悲歌，盖数年所，无不得歌至夜半也。农父长余，克咸少余，皆同少年。所志同，言之又同。往往酒酣夜入深山，或歌市中，旁若无人。人人以我等狂生，我等亦相谓天下狂生也。余有叔尔止、舅氏子远，虽非同辈，而年相若，且引绳排根，不知何故风若。惟老父尝戒之。然感于

① 词隐而风：文辞隐晦而又有风刺作用。《文心雕龙注》：“隐也者，文外之重旨者也；……夫隐之为体，义主文外，秘响傍通，伏采潜发，譬爻象之变互体，川渎之韫珠玉也。”（范文澜：《文心雕龙注》，人民文学出版社 1958 年版，第 632 页）《毛诗序》：“上以风化下，下以风刺上，主文而谲谏，言之者无罪，闻之者足以戒，故曰风。”（郭绍虞主编：《中国历代文论选》第 1 册，上海古籍出版社 1979 年版，第 63 页）

中,形于声,不能禁也。后此多为远游,见天下士,稍稍知世俗之故。见人多不高谈,独归来呼二三人歌而和之耳。年以来变乱狎至,不自我先。故乡为草窃残逞,又益之暴寇旁午,流离于外,其悲愈甚。克咸改号武公。出入危城,亲当矢石。擐控之余,狂歌不废。岂惟穷愁而后作①耶?方今匈匈所可揽腕者非一事,勿谓草野生无与也。故每好言当世之务,言之辄慷慨不能自止。又自怪其处末世,非所宜矣。有喙三尺。安所不得吾呜呜乎?今年余与农父多病,而克咸所作最富。余适无所事,得尽读之,录其生平为《肄雅集》。自乐府以下,反复咏叹,指远思深,若收中吾,若吾咄耶?余知其意而歌之,亦可以不自呕血矣!然克咸岂欲人知其意哉?我等虽困贱不遇,当流离后,亦无不得酒酣至夜半,犹泽园时也。然或相视大笑,或已而泣数行。此其意又非人所知也,则岂不欲以诗风天下②者乎?天下其谁可以风乎?古之人望有知我者,至于后世。盖非过也。后世有读其诗者,问其改号武公,何意?意已仓况矣。左张弓,右濡毫,盾上磨墨,下马露布,奋臂以当车辙,亦非诗人之幸。又况不然,谁实用汝?(《孙武公集序》)

三、"诗也者,志也,从吾所好"

不见子建③,又十余年。忽寄其集,远来命序。发而歌之,号曰秋士。悲哉秋之为声乎,时以秋成,风以秋变。士盖以悲为性哉?非以今日秋也。生为才士,则已秋矣。集目始于壬申,则余初过云间之岁也。当是时,合声倡雅,称云龙焉。一俯一仰,不自知其声之变矣。卧子尝累书戒我悲歌已甚不祥。嗟

---

① 穷愁而后作:与宋代欧阳修《梅圣俞诗集序》中的"穷而后工"的观点相类似:"世谓诗人少达而多穷,夫岂然哉!盖世所传诗者,多出于古穷人之辞也……盖愈穷则愈工。然则非诗之能穷人,殆穷者而后工也。"(见陶秋英编选:《宋金元文论选》,人民文学出版社 1984 年版,第 92 页)

② 以诗风天下:《毛诗序》:"上以风化下,下以风刺上,主文而谲谏,言之者无罪,闻之者足以戒,故曰风。"(郭绍虞主编:《中国历代文论选》第 1 册,上海古籍出版社 1979 年版,第 63 页)

③ 宋存标(1601—1666),字子建,号秋士,华亭(今上海松江)人,为松江宋氏家族中颇有骨气的读书人。事迹见《四库全书总目》卷九十《史部四十六史评·存目二》之宋存标《史疑四卷》。

乎！变声当戒，戒又安免？子建曰："皎然不欺其志已耳。"诗也者，志也，从吾所好[1]。曼衍以穷年，变不变何问焉？忽忽崩裂，以汲郡青岩余骨，过载文之塾。子建开后园，执其手，泣数行下。声满天地，变不变乎？自此转仄锋锷法埸，余馑濒死，此十余年。感天地恩，痛自创艾，捽草塞齿然且啾啾，变不变乎？今读子建之乐府古今诸什，栖逸终老，咏怀悼旧，何其蕴义塞渊，以温厚之声满天地也。以子建数十年词坛老将，白首抗志，三泖之楼，琴樽如故。副书充栋，已不易矣。天又予之两才子，楚鸿、汉鹭，以手笔事亲。吾子建坐享张子明逍遥之福，皎然不欺其志，岂偶然哉？《乐记》曰："歌者，直已，而天地应焉。"嗒然者冲口，直巳而巳。曳纵之声变乎？鼓槌之声变乎？皆冲口也。御六气，负青天，遂自以为决疣一生死矣。何春何秋，犹倚户而呼乎？悲与不悲，以悲慰，以悲戒，一也。变本不变也。大椿合春秋以为春[2]，蒹葭合春秋以为秋；一以为棣华，一以为庭柏，其黄叶耶？为秋士者，初不以黄叶自委也。子建汲古好学，譬比简编，至老不辍。父子鼓舞，以古今为膳咍，乐业其业。是始终以雅道风世，不以变变者也。善乎维节氏之序之曰："平者粹者，咍者静者。"悉从咏歌文章生，得其道可以伏处不恨。当其至岿寂如槁叶，一尘一芥，几会所开。惟其性之，是以志之。声满天地，是不欺者。无可道人疾题。（《宋子建秋士集序》）

四、"非无病而呻吟，各有其不得已而不自知者"

余束发时为诗，即与天下言诗者不合。年二十，乃交云间陈子卧子[3]，志

① 诗也者，志也：《毛诗序》："诗者，志之所之也，在心为志，发言为诗。情动于中而形于言，言之不足故嗟叹之，嗟叹之不足故永歌之，永歌之不足，不知手之舞之，足之蹈之也。"（郭绍虞主编：《中国历代文论选》第1册，上海古籍出版社1979年版，第63页）

② 大椿合春秋以为春：《庄子·逍遥游》："楚之南有冥灵者，以五百岁为春，五百岁为秋；上古有大椿者，以八千岁为春，八千岁为秋。而彭祖乃今以久特闻，众人匹之，不亦悲乎！"（清·郭庆藩撰，王孝鱼点校：《庄子集释》，中华书局1961年版，第11页）

③ 陈子卧子：陈子龙（1608—647），字卧子，松江华亭（今上海松江）人，明末诗人、词人、抗清英雄，与钱谦益、吴伟业并称为"明末清初三大诗人"。事迹见其集《陈忠裕全集》所附《自述年谱》、《明史》卷二七七。

相得也。嗟乎！博闻者寡矣，亟时取宠，恶事于此。彼其中无所发愤俯仰于古今，苟有所作，能免于时趣乎？何责其韫藉骚、雅，存比兴也。卧子负天下材，欲有所为于天下，然厪退而著书称说。称说之不足，又呻吟之。是以其音沈壮多慷慨。余亦素慷慨欲言天下事，而不敢，但能悲歌。歌卧子诗，抑又自悲其志矣。或曰："诗以温柔敦厚为主①。近日变风，颓放已甚，毋乃噍杀。"余曰："是余之过也。"然非无病而呻吟，各有其不得已而不自知者。子长过大梁②，嗣宗登广武③，退之祭田横④，吊望诸君墓。永叔出守⑤，欲求辉、凤就擒之处⑥。子瞻所至登台，有长杨五柞之感、淮阴不终之恨⑦。其胸次发吴钩于硎，切割古今，且得一骀荡以畅其致，不觉为人所目。曰此无病而呻吟。今之歌，实不敢自欺。歌而悲，实不敢自欺。既已无病而呻吟矣，又谢而不受，是自欺也。必曰吾求所为温柔敦厚者以自讳，必曰吾以无所讳而温柔敦厚，是愈文过而而自欺矣。日当流离，故乡已为战场。困苦之余，蒿目所击，握粟出卜，自何能谷。此果不敢自欺于鸣鸠之渊冰者。江南全盛，卧子生长其地，家拥万

---

① 诗以温柔敦厚为主：沈德潜论诗主格调，提倡温柔敦厚的诗教，认为："（诗）温柔敦厚，斯为极则。"（沈德潜撰，霍松林校注：《说诗晬语》，人民文学出版社1979年版，第191页）只眼：参见本书《函可》"只眼"注。

② 子长过大梁：司马迁，字子长，二十岁开始游历天下，曾到过大梁（今河南开封）。

③ 嗣宗登广武：嗣宗指阮籍：《晋书》卷四十九《阮籍传》载：阮籍"尝登广武，观楚汉战处，叹曰：'时无英雄，使竖子成名。'"（《晋书》，中华书局1974年版，第1361页）

④ 退之祭田横：退之，即韩愈。韩愈有《祭田横墓文》，以古今对比之手法，通过赞扬田横"义高能得士"，借以表达对当政者不能任用贤明之不满："当秦氏之败乱，得一士而可王，何五百人之扰扰，而不能脱夫子于剑铓？抑所宝之非贤，亦天命之有常。昔阙里之多士，孔圣亦云其遑遑。苟余行之不迷，虽颠沛其何伤？自古死者非一，夫子至今有耿光。"（马通伯：《韩昌黎文集校注》，古典文学出版社1957年版，第175—176页）

⑤ 永叔出守：永叔，即欧阳修，此指其参与革新，失败后被贬为滁州太守之事。见《宋史》卷三百一十九《列传第七十八》欧阳修本传：欧阳修因杜衍等"相继以党议罢去，修慨然上疏"为他们辩护，认为他们"天下皆知其有可用之贤，而不闻其有可罢之罪"，于是受邪党之忌，"因其孤甥张氏狱傅致以罪，左迁知制诰、兵口滁州"。（《宋史》，中华书局1977年版，第10377—10378页）

⑥ 辉、凤就擒之处：欧阳修：《丰乐亭记》："昔太祖皇帝尝以周师破李景兵十五万于清流山下，生擒其将皇甫晖、姚凤于滁东门之外，遂以平滁。修尝考其山川，按其图记，升高以望清流之关，欲求辉、凤就擒之所，而故老皆无在者。"（欧阳修：《欧阳修全集》，中华书局2001年版，第575页）

⑦ 淮阴不终之恨：淮阴，指汉初淮阴侯韩信。韩信因功封楚王，后被刘邦设计生擒，贬为淮阴侯，后又被杀于长乐宫。事见司马迁：《史记》卷九十二《淮阴侯列传》。

卷，负不世之才，左顾右盼，声声黄钟，行且奏乐府于清庙。歌辟雍之石鼓，备一代之黼黻，以挽逝波于中和，岂不伟哉！然歌卧子沉壮之音，亦终不能自欺其慷慨也。余少卧子五岁，而观状貌，似予长。同志既寡，抚时击节，终归不欺其志而已。岂特骚雅比兴之指，不可以与世人晓哉！（《陈卧子诗序》）

五、“咏歌之中，可以移人性情”

诗何以逸也，仲尼删之也。仲达渔仲①，又以为夫子无意于删也。考季子观鲁②，在襄二十九年。至哀十一年，夫子反鲁。以所陈无所遗，则谓得之于鲁太师。编而录之，岂不信然？然诗上自商颂祀成汤，下至株林刺陈灵公，上下千余年，而诗止三百五篇。又况上兼隆古，则龙门氏称三千，不为多也。取其可施于礼义，遂与圣人之意悖乎哉！以余观孔子正乐，雅、颂各得其所。说者以为雅诗归雅，颂诗归颂，此一常人能事耳，曷圣人为？诗皆乐也，删其不合于音者也。正其音，因正其义。后世不知审音而音亡，辨义而又不知所为义，义又亡。嗟乎！相沿湮失，音既不可考矣。温柔敦厚，垂为诗教。其义不可以兴乎？吾友麻子孟璿之载古逸诗也，义存焉耳。自经传外，旁及佚记断简，靡不毕载。又勤讨之，训释其故，使咏叹之士，知所从来。以今观之，大义较如，其有圣人之遗意乎？帝王箴、铭诸类，亦详其声协，动人戒谨。中间贞女义士，感时讥讽往往独多。岂非闻之者足以戒与？诸如乐章笙歌，无其诗，存其名。欲后之人毋忘音，因以忘义也。迄于里巷谣谚，必兼采之，亦所以观风俗、稽得失焉。虽以秦焚书后，多所漏略。即传者当残壁购献之余，岂无舛失，或伪作。然此一切载之，取其犁然咸备。学者得以大观而考也，有裨好古，功岂不盛哉？

---

① 渔仲：郑樵（1104—1162），宋代史学家、目录学家。字渔仲，南宋兴化军莆田（福建莆田）人，世称夹漈先生。其所著《诗辨妄》，指《毛诗》之非。他认为汉时传诗原有四家，毛诗仅一家之言，不可偏信。此书斥《诗序》为“村野妄人所作”。还指出《诗序》实为汉人伪作。原书六卷，已散佚，顾颉刚从其《六经奥论》和其论敌周孚《非诗辨妄》中辑出二卷，景山出书社 1930 年版。

② 季子：即季札（前 576—前 484），姬姓，名札，又称公子札、季子，为吴王寿梦最小的儿子，深于音律，曾出使鲁国并观周乐。事见《左传》卷三十九《襄公二十九年》，晋杜预注，唐孔颖达疏：《春秋左传正义》，清・阮元校本：《十三经注疏》，中华书局 1980 年版，第 2004 页上—2007 页下。

三百止商周,上古之诗未备,得此远溯羲皇,可称极则。终于西楚,犹风之列秦也。使仲尼起而正之,亦所不废。班孟坚所云,讽诵不独在竹帛故者,正此义也。知孟璿载逸诗之义,诗之义可以不亡矣。余素好诵诗,以为咏歌之中,可以移人性情①。且小子之学在是,故尝间取古今诗删之。今读孟璿所载,又殊自失,抑又自乐而序其义如此。(《麻孟璿古逸诗载序》)

六、"二子之诗,皆变于唐之本调。后世慕其悲凉,感其切直。未尝不以为盛唐之音也"

士生世而乃作变诗,殊可叹也。龙眠之诗,以雅为倡,自予数人者始。十五年来,贼扰江北,亲友离散。独鉴在从余燕都朝夕两年。其所作诗曰《北征草》。余初脱难苦,曾叹而序之。至今日者,求如昔日之叹离散,又隔世矣。乃尚留我两人于天末遐荒。予又得出苗峝,免佣保,为鉴在序《变诗》,能无再三叹乎?延汀变后,鉴在遇我于苍梧。我书于忽操而叹曰:"惟刘子高、郭子横,为可以免。"故弃妻子,变姓名,孤身远遁,入草不顾。然历尽荼毒,而仅全蓬葆。我鉴在以柱史侍从,四随播迁,两当□薄,独能崎岖涉险,砥砺臣节。宣再造之猷,颜色不变,印如故。言苦于予,似祇以异,然其志趣同,其苦故同也。嗟乎!干戈之世,文人无不苦者。王高平既去荆楚,但存《流寓》二篇。边浚仪才气不屈,传止《章华》之赋。今鉴在俨然绣衣使者,方从容案牍之暇,尽理其讽咏之什而刻之,以慰同里之好诗者,足叹否耶?昔子美麻鞋见主,拾遗以传;次山②逃猗玗洞,名播南徼。二子之诗,皆变于唐之本调。后世慕其悲凉,感其切直。未尝不以为盛唐之音也。今吾子既著《变诗》,而天下方以中兴,采风者安知不以龙眠之变雅,当六月民劳乎?予既序鉴在《变诗》,随以天雷所作《自序篇》,属鉴在序之,或又一变也。(《鉴在变诗序》)

---

① 以为咏歌之中,可以移人性情:指诗歌能陶冶人的性情。钟嵘《诗品》:"气之动物,物之感人,故摇荡性情,形诸舞咏。欲以照烛三才,晖丽万有。灵祇待之以致飨,幽微籍之以昭告。动天地,感鬼神,莫近于诗。"(钟嵘著,曹旭笺注:《诗品笺注》,人民文学出版社 2009 年版,第 1 页)

② 次山:元结(约 719—约 772),字次山,号漫叟、聱叟,唐代诗人,有《元次山集》。事迹见《全庸文》卷三四四颜真卿《元君表墓碑铭》《新唐书》卷一四三、孙望:《元次山年谱》。

七、“其指故远，其兴微，其言尔雅”

五言古诗，言者考《三百篇》“无不尔或承”①、“祐启我后人”②“俾尔炽而昌”③“胡然我念之”④以为类，然什中十一，章未尝备也。备之自汉始。四言以降，作者言其志所之，考比兴之遗意，发人深思，咏叹之不足，大都善五言古者近是。沧溟⑤以为唐无之，诚然哉！唐以律盛，用录士，然予尝以为其律七言，孙其五言，其古七言为最盛，其绝句为殊尤，独即其可观者。天宝以后，不必尽揻也。六朝于诸体虽渐以兴，然一时称能诗者，率以五言，然属辞比类，务崇浮华，其调已尽，故难为咏叹耳。论者未尝不嗟比兴之失也。建安中，吾亦谓惟曹氏父子，犹可称善。嗣宗《咏怀》⑥思深哉！学元亮⑦者，不免自放矣。谢陆⑧辈诸人，惟丽是工，即追琢尽金玉乎？吾谓甚无谓也。明远、文通⑨皆

---

① 无不尔或承：出自《诗经·小雅·天保》：“如松柏之茂，无不尔或承。”（汉毛亨传，汉郑玄笺，唐孔颖达疏：《毛诗正义》卷十六，清·阮元校刻本：《十三经注疏》，中华书局1980年版，第412页下）

② 祐启我后人：出处《孟子·藤文公下》：“《书》曰：丕显哉，文王谟！丕承哉，武王烈！佑启我后人，咸以正无缺。”（朱熹：《四书章句集注》，中华书局1983年版，第271页）

③ 俾尔炽而昌：出自《诗经·鲁颂·閟宫》：“俾尔炽而昌，俾尔寿而臧。”（汉·毛亨传，汉·郑玄笺，唐·孔颖达疏：《毛诗正义》卷十六，清·阮元校刻本：《十三经注疏》，中华书局1980年版，第615页下）

④ 胡然我念之：出自《诗经·秦风·小戎》：“言念君子，温其在邑。方何为期？胡然我念之！”（汉毛亨传，汉郑玄笺，唐孔颖达疏：《毛诗正义》卷十六，清阮元校刻本：《十三经注疏》，中华书局1980年版，第370页下）

⑤ 沧溟：李攀龙（1514—1570），字于鳞，号沧溟，历城（今山东济南）人，明代“后七子”领袖人物，长于七言，有《沧溟集》三十卷，选诗有《古今诗删》，于宋元诗一首不选。事迹见《明史》卷二八七、《国朝献征录》卷九二。

⑥ 嗣宗《咏怀》：阮籍（210—263），字嗣宗，陈留尉氏人，竹林七贤之一，三国正始时期代表作家，其有《咏怀诗》八十二首，是其随感而写，后加以辑录，而非一时之作。阮籍初有雄心壮志，其时政治黑暗恐怖，日趋险恶，只得佯狂来躲避矛盾，但内心极其痛苦，《咏怀诗》八十二首即是其痛苦与愤懑在诗歌中隐晦曲折的倾泻（见陈伯君：《阮籍集校注》，中华书局1987年版，第210—404页）

⑦ 元亮：陶渊明，字元亮。

⑧ 谢陆辈：谢灵运，陆机。

⑨ 明远、文通：鲍照，字明远；江淹，字文通。

得才士风,然佳者为唐人户牖矣。《河梁》《十九首》①,不亦希声也与?夫古五言原于三百,韫籍于楚骚,其指故远,其兴微,其言尔雅。壮士之悲愤,离人之忧感,至矣。好色怨诽,毋亦有遗意乎?以后之人,采获奇字,错之成章,文而不情。其卑者,则又以市井之言为美耳。然苟有能优孟其辞者起,能不称乎?余间为之编之,叙其自出,集诸古歌行、乐府,若章五言备者,汇为一帙,以当好古者之咏叹不足焉。(《五言古诗序》)

八、"何必驰骋沈谢,越齐梁,溯晋魏,至于汉,亢衡苏李枚叔间哉"

以予观言诗家至今日,未尝不作而叹也。诗其亡乎?至宛见梅子朗三氏,读其诗,时不亡矣。谓余其言。余言难言也。苟事操觚无论业一编,即以服青緺行道中。区区协平反末耳,何所于此?即所以为土圭者,得一语相为名高。一时翘明,又苦务赡博,何如自为其所为。夫为之者,固已如此其美矣,言之何难?苟言之,谁然之哉!诗以言志,情动于中,故形于言②。古之人典于学既深,发其余为声歌,大率据悱恻,托于比兴,上下其观,无虑皆仰古俯今,有所发愤。伸指搤腕,不观其深,身能知之。饮食宴乐之什,草木之易,日月之序。盖其感也,作者之志大矣。岂为若是已耶?乃学者学新声,靡靡字句间,务为妇人之容,吾浅之为丈夫也。以今言之,何必驰骋沈谢③,越齐梁,溯晋魏,至于汉,亢衡苏李枚叔④间哉!即唐天宝前诸家,已寂如绝响,且曰不足道也。然其能为天宝以后者犹可言也。古今殊风,何所宋与元,不得侔三百与?尤而效之,不但井里知之鄙倍,而美以为韶護耳。夫然而谓律声之谐,初盛最古。源

---

① 河梁:"河梁"当指《文选》卷二十九《杂诗》中所收嫁名西汉李陵所写的《与苏武三首》中的第三首"携手上河梁,游子暮何之",在这里,方以智用来指代苏李诗。

② 诗以言志,情动于中,故形于言:《毛诗序》:"诗者,志之所之也,在心为志,发言为诗。情动于中而形于言,言之不足故嗟叹之,嗟叹之不足故永歌之,永歌之不足,不知手之舞之,足之蹈之也。"(主编郭绍虞主编:《中国历代文论选》第1册,上海古籍出版社1979年版,第63页)

③ 沈谢:沈约,谢朓。参见本书《皎然》"沈约,谢朓"注。

④ 苏李枚叔:苏武,李陵,枚乘。

与比兴，宜则汉魏。是由聆郑卫之音①，曲终而奏雅②，不巳悲乎？朗三为人魁岸，与论天下事，何其宏览博物君子也。发之声歌，其情深，其指远。律体诸篇，音铿铿出金石。古诗，虽建安诸子③不逮也。曩者禹金先生，倡东南。信阳北地历下诸君子，藉以益振。朗三其善述祖德者乎？至今诵先生集，犹能惟作者之志。著述犂然即如古乐宛纪乘诸书，其木铎天下者卷卷如也。朗三又振之，天下其兴与？余故朴遬不敏，不敢高言。然辱与朗三言志，其言同，独汲汲者，好古下帷相勉耳。年皆二十以上，日月甚长，后当自进。且记于此。（《梅朗三诗序》）

九、“诗沨沨乎皆雅南之音”

今天下方工博士家言，急为世资耳。它诗古文辞，何必事？事之者不乏，然吾不能不慨雅道之丧也，岂风不可复与？何知者之寡耶？余少鲁，然知好古。不善流俗人之言。以故虽欲游方内，未尝为人论说，乃者何幸得百史与长言之也。百史采获群言，博综来古，所著述不可悉数。诗则其一，以喻志也。邸舍相遇，百史酒不过数行。而好激难，终亦归于忘言。余不揆以为能知百史，而先论次其诗。诗沨沨乎皆雅南之音④。黄初大历，裒然进之。然窃不欲以诗论百史。百史为人魁岸杰出，多知自将，古所称倜傥英骏之士，方之蔑如。自盘辟得拜，驩同细席，倾心期，每无不得至夜半。酒后起舞，往往述其所历。

① 郑卫之音：原指春秋时期主要源自于郑、卫两国民间俗乐，后代指非正统、浮靡讹滥的文艺作品。《礼记·乐记》：“郑卫之音，乱世之音也，比于慢矣。桑间濮上之音，亡国之音也。其政散，其民流，诬上行私而不可止也。”（汉郑玄注，唐孔颖达疏：《礼记正义》，清·阮元校本：《十三经注疏》，中华书局 1980 年版，第 1528 页中）

② 曲终而奏雅：乐曲到结尾处奏出典雅纯正的乐音，后比喻在结尾处特别精彩。《汉书·司马相如传》：“扬雄以为靡丽之赋，劝百而风一，犹骋郑卫之声，曲终而奏雅，不已戏乎？”（《汉书》，中华书局 1964 年版，第 2609 页）

③ 建安诸子：是指建安年间（196—220）之间诸多文学家的总称，主要有七位，即孔融、陈琳、王粲、徐干、阮瑀、应玚和刘桢，史称“建安七子”。刘勰《文心雕龙·才略》云：“仲宣溢才，捷而能密，文多兼善，辞少瑕累，摘其诗赋，则七子之冠冕乎！琳瑀以符檄擅声，徐干以赋论标美，刘桢情高以会采，应瑒学优以得文。”（范文澜：《文心雕龙注》，人民文学出版社 1962 年版，第 700 页）

④ 雅南之音：雅指大雅和小雅，南指《周南》和《召南》。

俯仰当世,已为泣下。古处凌迟,良可契契,宜其诗之郑重而又淋漓也。以百史其才,遨游燕齐间所与交,皆天下贤士。顾独与余言而好之,余曷敢不以古之人为望哉?夫士上者能好立名称,然于古今实无所当。仅仅挟浮说,一再不遇,又焉慨耶?退而不孰何,徒发愤于当时,咏歌消摇,无益。虽然,攻苦寡效,既无所指陈,以为足多者。相见讽论,又不肯一永言。果其蕴兰艾而不辨也耶?百史今出矣,天下多事,国家求得人,且莫应诏,其将以谁昔抵掌当世者?一观其要难,务称上意,百史勉旃。余虽无所事事,亦欲归田园、细书史、考成败。或者犹足以奉大人之采扫。嗟乎!又非其时矣。犹是咏歌无间,为足遣耳。百史最沉冥于昌黎,其将自许奏郊庙、颂明堂以华国乎?然百史之诗,如下太行羊肠阪,驱之缓之,兼取其意,未尝不切天下之急故,又未尝不慕烟霞之旷览。百史才裕力勤,其致福当相让矣!诚恐忽然迫起,安石撞车,烟霞既不能,急故又不胜任。余则早知安于废人,相与呜呜而已。(《陈百史诗序》)

十、“其《山诗》十九首,又何其超然远举也”

余来白下,偶同濑上。驱车游市中,濑上顾我曰:“此间有人能诗书,不与世俗事,不务立名称。不好客,然独好我,好我当好君矣。”于是入其家,饮我酒,诵其《山诗》十九首,又何其超然远举也。余顾谓濑上曰:“余数不欲与世俗处,然不能不好世俗之客。复日游市中,岂有所不可哉!观小山远举之志如此,又咏歌处秦淮间。何也?”小山曰:“饮酒而已,何远何近?”(《小山诗十九首序》)

十一、“作诗之意,与序作诗者之意,皆往往在彼不在此”

余往读昌箕诗,如登华顶黄海,披襟当风,高视一世。然后有所指点,以为此旷观不羁人也。今见之,又恂恂长者。已握手道故,则慷慨不能胜。四顾无人,谈天下事,遂至哽噎。且置之,沽斗酒相视而歌。击节和之,即以此歌为

《逍遥游》。乘云气,骑日月,旷矣哉旷矣！又安知有是之非之者？然再三歌之,作诗之意,与序作诗者之意,皆往往在彼不在此。古人遨游名山大川,其所涉历与见闻所得,大抵作诗者之志,又岂独在此耶。昌箕归语我自得奇山。在鳌峰下。卜筑其中。可以啸歌。然又岂我所以望昌箕者？江干丧乱,流寓苟全,一丘壑竟不可得。欲望如君之坐而啸歌,抑何幸乎？余每幸此一旷以自□□□□,然一歌则悲,其苦更甚,故尝忍而不作。大白陶然,虽居□□,游览绝少。昌箕旬日而有金陵草,人率以敏多之,不则称豪爽也。我正见其悲苦耳。天下士好慷慨,而又能自旷者,自待之厚不厚,非众人之所知。惟其非众人之所知,故愿君之宁旷以自厚也。然则好慷慨者,岂自待甚薄耶？余别昌箕而齿酸及此,又何以望啸歌鳌峰下者,忍而勿慷慨也。(《陈昌箕诗序》)

十二、诗亡非雅亡

迹熄诗亡①,今说者以为《黍离》②降为国风而雅亡也。王一之六注:“平王徙居东都王城,于是王室遂卑,与诸侯无异。故其诗不为雅而为风,然其王号未替也。”吁泥极矣！夫十五国风,合《周南》《召南》与东都之王,共十五也。东都之王当为雅,则西都之《周》《召》二篇亦当为雅。曰“东都之王,降而为国风”,则《周南》《召南》亦降为国风矣。辟如今之北畿、南畿,以贡举言之,两畿与十三省,各录所试而为书。岂南畿当有试录,北畿不当有试录乎?《周南》《召南》犹之周之西畿也,东都之王犹之周之东畿也。《关雎》至《驺虞》,周西畿之风也。《黍离》至《丘中有麻》,周东畿之风也。采风者,分地而录之,岂分时乎？如曰《黍离》《行役》,悲感宗周之宫庙宗室,追怨之深,以是疑其为降,则《关雎》亦后人追思所作。太史公曰,“周道缺,诗人本之衽席,《关雎》作”;

① 迹熄诗亡:《孟子·离娄下》:“王者之迹熄而诗亡,诗亡然后春秋作。晋之乘,楚之梼杌,一也。其事则齐桓、晋文,其文则史。孔子曰:‘其义则丘窃取之矣。’”(朱熹:《四书章句集注》,中华书局1983年版,第295页)

② 《黍离》:是《诗经·王风》中的一篇,“黍离之悲”在后世成为重要典故,用以指亡国之痛。

汉明诏,“应门失守,《关雎》刺世”;《杜钦傅》,“佩玉晏鸣,《关雎》叹之”,则亦足以生疑矣。孟子曰:“王者之迹熄而诗亡,诗亡然后《春秋》作。”言《春秋》之义,专明上下。“大一统”之礼,莫大乎巡狩述职之典。今周衰矣,天子不巡狩,故曰迹熄。不巡狩,则太史不采风献俗。不采国风则诗亡矣,此《春秋》之所以作也。(《诗亡非雅亡论》)

十三、“伦论天然,不限古今,惟神解者,乃可与言”

五经[①]无乐,独以《乐记》当之乎?《记》曰:“颂诗三百,歌诗三百,弦诗三百,舞诗三百。”《周礼》:“太师以教国子。”《内则》:“十三学乐,诵诗,舞勺。成童舞象。”《春秋》:“大夫赋诗论志。”犹遗风也。孔子修之以教弟子,取瑟及琴,造次不辍。故晏子有“繁弦歌鼓,舞以聚徙”之讥。子曰:“兴于诗,立于礼,成于乐。”六经遗三,何哉?盖以《书》治政事,《春秋》操是非,《易》穷神化。若自成童庶士,刻不相离,而泯于日用。熏陶鼓舞,则《诗》《礼》《乐》最切,而已藏《易》《书》《春秋》矣。教鲤学《诗》《礼》,而《乐》亦藏矣。“小子何莫学夫《诗》”,而《礼》《乐》亦藏矣。郑夹漈[②]曰:“魏得汉雅乐郎杜夔,仅能歌《文王》《鹿鸣》《驺虞》《伐檀》。太和惟存《鹿鸣》,至晋又亡。”汉有齐、鲁诗,毛注郑笺,皆言义,不知音,六亡诗。所谓笙诗,束皙补之,不亦赘乎?邹肇敏[③]曰:“《南陔》即《天保》,《白华》即《頍弁》,《华黍》即《棠棣》,《由奚》即《瓠叶》,《崇丘》即《伐木》,《由仪》即《菁莪》。”亦一臆耳。愚者曰:“雅乐拘于汉宋之泥说,终已不复。”而学者无以节宜,拘则疲循,扃则大溃,愈溺于淫

---

① 五经:即《诗》《书》《礼》《易》《春秋》五部儒家经典。

② 夹漈:郑樵(1104—1162),字渔仲,南宋兴化军莆田(今福建莆田)人,世称夹漈先生,史学家、目录学家,著有《通志》《夹漈遗稿》《尔雅注》等。事迹见《宋书》卷四百三十六《列传第一百九十五》本传。

③ 邹肇敏:即邹忠彻。明代诗学家。姚际恒:《诗经通论·论旨》云:“邹忠彻为《诗传阐》”“邹肇敏《诗传阐》,文辞斐然;惜其人伪书之魔而不悟耳。”(姚际恒:《诗经通论》,中华书局1958年版,第6页)

扉之俗乐矣。杨椒山①告韩苑洛②,其概也。夫元声,冒统也。节奏乐器,实事也。声之中节,本自易简。不过高下疾徐,错综而合节奏,为调法耳。十五字,七调,五音,三等,不能违也。较今俗乐侧调,低二字为正调,即雅矣。管色均弦,人声依律。唐之绝句,皆入乐府。理学歌诗,林希恩《歌学谱》③,止执一法。是则《三百篇》不必旋十二律④,非拘而何?声音之故。微至之门,律度出于河洛而未观其通,柷敔所以节奏,而不知其用,又何言哉?黄钟损益犹之人身,两乳之尺度,各自为长短而不差者也。必待截管候气乎?伦论天然,不限古今,惟神解者⑤,乃可与言。(《诗乐论》)

十四、"出入众家,一归于朴"

曩者家君子命智候先生虞山,今十年矣。岂惟日从丧乱之后,流离天末,复拜棨戟之下耶?智时卜寓康州,先生从苍梧东赴行在。维舟城下,犹子进一饭,辱长者之手,语如再生。因随舟至崧台,日侍辟咡。遂得尽先生数十年诗歌,伏而诵之。先生诸体,出入众家,一归于朴⑥。至余小子,何敢论诗,所伏诵而识者。先生通藉三十年,立朝抗节,动与时忤。集中十半,皆家居所作也。然盱□感慨,出以安和。始信小子生而好悲,其病甚矣。言志永言,固自有韫

---

① 杨继盛(1516—1555),明诗文家。字仲芳,号椒山。容城(今属河北)人。后追谥忠愍。著有《杨忠愍集》。生平事迹见其集卷首自著年谱、《明史》卷二〇九、《国朝献征录》卷四一。

② 韩邦奇(1479—1555)明诗文家、学者。字汝节,号苑洛。朝邑(今陕西大荔)人。刚直尚节慨,性嗜学,自诸经、子、史等无不通究。著述颇丰。著有《苑洛集》《乐律举要》《苑洛志乐》《禹贡详略》《易学启蒙意见》等,生平事迹见《明史》卷二〇一、《明儒学案》卷九、《国朝献征录》卷四十二。

③ 林希恩:明代诗学家。莆中(今福建莆田)人。林希恩撰有《歌学谱》一卷,见《说郛续》(四十六卷本)卷三十二,《说郛三种》,上海古籍出版社 1988 年版,第 1545—1546 页。

④ 十二律:指古乐的十二调,从低到高依次为黄钟、大吕、太簇、夹钟、姑洗、中吕、蕤宾、林钟、夷则、南吕、无射、应钟。

⑤ 神解:指悟性过人。参见本书《确庵晓青》"神解"注。

⑥ 一归于朴:《老子》第二十八章:"知其雄,守其雌,为天下溪。为天下溪,常德不离,复归于婴儿。知其白,守其黑,为天下式。为天下式,常德不忒,复归于无极。知其荣,守其辱,为天下谷。为天下谷,常德乃足,复归于朴。朴散则为器,圣人用之,则为官长,故大制不割。"(王弼:《老子道德经注》,楼宇烈:《王弼集校释》上册,中华书局 1980 年版,第 74—75 页)

藉原于学问也。当留都昏椓时,先生慨然引出。及莅粤西,而西事迅发,相传抚军金石之志,何如哉?识者繇数十年前读先生之诗,即已知先生之志矣。古者相见,歌诗谕志,人生标季,鲜不噍以杀矣。历观数十年□论渊感然无往而不得吾情,盖治世之音[①]也。其当中兴乎?其学问岂与以智名勇功者乎?嗟乎!方求钟簴不惊,戮力草创之会,功名可谓至难。然又至易。圭爵之加,封即三等。智见先生手不释卷,歌出金石,固夷然不在此也。功已高,故可以不言。学问已深,故可以不警。人尽能读先生之诗者乎?读先生之诗,想治世之音,宜可以忘悲。然小子跋此,几已乌邑阁笔,悲不自胜矣。转侧海底,惊见父执。近伤时事,远惟故乡。欲言有所不敢,苟欲歌,能无悲乎?忆东皋教我曰:"女毋好游。游吾数郡,皆好名鲜寔学。游见世所谓名士,如是而已。学必自损。"今十余年,果何益邪?幸而九死不污其志,瞻旻告哀。长者哀之,故抚其手而与之言诗。是以识此。(《瞿稼轩年伯[②]诗序》)

十五、"林子之诗日益高远"

余识林子六长自南海始。余方以北都万死,归为同郡之奸仇所陷,远游南海。南海令姚有仆以张芷园[③]之言,服其苦节,与林子言之,故三人者相朝夕也。今忽忽七年矣。余与林子幸觐中兴,而中间间阻,各历苦难。余又于沅靖经□毒,匿发于苗峝。逾年,乃得重解后漓江,依留守相国之庇。吟咏强饮,握手太息。而有仆先以监虔军死难,其子至今困频于时。家人细弱,复陷异地。嗟乎!余是以序林子之诗而重怦怦也。林子素忼慨嫉邪扶正谊,已然诺向游吴中,与虞山论合。尝为邹忠介公哀刻疏集。林子其人,固不必以诗传。然今

① 治世之音:《礼记正义·乐记》:"凡音者,生人心者也。情动于中,故形于声,声成文,谓之音。是故治世之音,安以乐,其政和。乱世之音,怨以怒,其政乖。亡国之音,哀以思,其民困。"(汉郑玄注,唐孔颖达疏:《礼记正义》,清·阮元校本:《十三经注疏》,中华书局1980年版,第1527页中)

② 瞿稼轩:瞿式耜(1590—1650),字起田,号稼轩,江苏常熟人,明末爱国诗人,有《瞿忠宣公集》。事迹见《明史》卷二八〇、清瞿元锡:《庚寅始安事略》。

③ 张芷园:张家玉(1615—1647),字元子,号芷园,广东东莞人,明末清初"岭南三忠"之一。事迹见《明史》卷二百七十八《列传第一百六十六》本传。

读其诗，识量风度。亦往往概见。中兴嘉与，公卿颇易。林子事留守至久。今第一旧门人中，独能长守仪郎。此其风度何如耶?《桂林唱和集》中，林子之诗日益高远。余劝其编年纪之，日林子书来，欲来平西，旦夕有仆之子以式，亦当西来。又可以相对石上，击如意矣。(《林子诗序铨》)

十六、“初得其不知以为奇，久而忘其奇”

奇才间出，吐古吞今，造耑引触，盖寂有所感而发不及知。后百世之心相见者，游息深深亦必有发前人所未发者。于是乎奇不然，不必更为之解。夫言，师以其伯氏希之先生所刻昌谷[①]诗解见示，又读心水先生之序。沧尘岳灌，依栖共聚，商略酬倡，真奇缘也。才既已奇，时哉又奇。上下千年，心與心寂然相感，安得不奇？就以昌谷解解之。诗至杜陵，其变也备。而韩修武[②]横盘雷硠，又杜所未有也。韩又见李长吉[③]而叹之，不容口。昌谷之奇，又韩与杜所未有也。骚之苗裔，诚然哉！修武惜其理不及骚，须溪又谓其所长，正在理外，世讵有解者？岂惟不解且以牛鬼蛇神袭而冤之矣！今耐庵老翁，一旦为之白心，是前所未有也。杜牧作序，独取其《仙人辞汉歌》，及补庾肩吾《还自会稽宫体诗》，其意至深。而后人犹曰:“牧未尝尽读，读未尝知。”今读此解序，论世考年，比于凝碧之管弦。闻乐之舞马，且引秦取九鼎。不闻宝鼎出涕，以相激发，又前所未有也。所谓游息深深，千年相感，奇莫奇于此矣，岂笔所能绘哉？或曰:“耐庵自以昌谷而写其耐庵。”或曰:“耐庵自藏其耐于昌谷耳。”卜度不可谓无，亦发不及知者也。嗟乎！世有知寂感于存俟者，其能感昌谷诗解之解矣。发不及知，昌台虽欲不唾地，容得已乎？耐庵虽耐，亦有不能耐者，

---

① 昌谷:李贺(约791—约817)，字长吉，家居福昌昌谷，故称李昌谷，有《昌谷集》。事迹见《樊川文集》卷一〇《李贺集序》《樊南文集》卷八《李贺小传》《旧唐书》卷一三七、《新唐书》卷二〇三、朱自清:《李贺年谱》、钱仲联:《李长吉年谱会笺》。

② 韩修武:指韩愈，史称韩愈为河南河阳(今河南孟州)人，其实孟州韩氏根在河南修武，故称韩愈为韩修武。

③ 李长吉:李贺，字长吉。

容得已乎？古人曰："发乎情，止乎礼义。"①又曰："穷于礼而通于诗，正变也。"发止也，穷通也，一寂感也。诗之所以为诗，骚之所以为骚，知其不及知者，何以解焉？温伯雪曰："陋于知心，交臂而失之矣。"铜山西崩，洛钟东应，以感为体，便是易耶！郗公②一问，远公③复何言乎？吾师曰："奇哉此会，不可无言。"小子怃然曰："天之道，无奇无平。人之道，初得其不知以为奇，久而忘其奇。"教者欲其拔俗也，叹其奇，奇矣。又抑其奇，达士快语，不惜袒漏，率吾真而已。率吾真也，何奇之有？奇不奇，姑置。且呼冒谷为耐庵一歌而耐之，歌曰："肉角化兮鸟翩翩，仙垂泪兮鼎无言。知不能及兮感也寂然，奇不可以忍兮，又安敢乎谌天。"

十七、"皆天地之所赋也，寓此者进乎赋矣"

赋于六义，居其一焉。其实也诗，而长言之不足，如是焉耳。兰陵《佹》诗④，继于诗赋篇。楚侘傺者⑤，沉郁造变。其弟子以风倡之，此赋为专家之始也。两汉以宏丽为盛，晋后以清俊为快。宋人解散之，但以写意。诵贾生之《鹏鸟》⑥，与雍公之《诛蚊》⑦，吾安所用大小之哉。莆中余全人，为吾师之才

① 发乎情，止乎礼义：《毛诗序》："国史明乎得失之迹，伤人伦之废，哀刑政之苛，吟咏情性，以风其上，达于事变而怀其旧俗者也。故变风发乎情，止乎礼义。发乎情，民之性也；止乎礼义，先王之泽也。"（郭绍虞主编：《中国历代文论选》第 1 册，上海古籍出版社 1979 年版，第 63 页）

② 郗公：指郗鉴（269—339），字道徽，高平金乡（今山东金乡）人，东晋书法家，曾参与平定王敦、祖约、苏峻之乱。事迹见《宣和书谱》卷十四、《书史会要》卷三、《晋书》卷六十七《列传第三十七》本传。

③ 远公：指慧远。参见本书《皎然》"安远"注。

④ 兰陵佹诗：兰陵，即荀子（约前 313—238），名况，字卿，战国思想家、文学家、政治家，又称"荀卿"，曾三次出任齐国稷下学宫的祭酒，后为楚兰陵令。荀子有名为《佹诗》的作品，附后在《赋篇》之后。（见清・王先谦：《荀子集解》卷十八，中华书局 1988 年版，第 480 页）

⑤ 楚侘傺者：侘傺，失意。《楚辞・涉江》："怀信侘傺，忽乎吾将行兮。"（洪兴祖：《楚辞补注》，中华书局 1983 年版，第 132 页）楚侘傺者，指屈原。

⑥ 贾生：指贾谊，见前"贾生仲舒"注。作有《鹏鸟赋》。

⑦ 雍公：指虞允文（1110—1174），字彬父，南宋隆州仁寿（今四川仁寿）人，南宋大臣，抗金名将，被封为"雍国公"，作有《诛蚊赋》。事迹见《宋史》卷三百八十三《列传第一百四十二》本传。

子。年二十二，十行俱下，落笔如涌泉，翼翼骖骖，出门已无万里。吾观其《铁笛》《耐庵》《双松》《芦柳》诸赋，温厚而挚至。特寓之于前藻，其意深深，本悱恻之遗风也。它若《读史》《咏怀》，或怜或快，趋庭步题，合门唱和。风雨如晦，鸡鸣不已①。盖以此而养其亲焉。乃者随亲杖履以游，朝暮一卷，好学不倦。是岂与潘江陆海②较祖构乎？吾请得宽举以慰之曰："莫非赋也。"善言者必寓诸物，故古今之以寓而赋者，莫如庄子。古今之善赋事者，莫如太史迁。推而上焉，古今之善赋物者，莫如《易》。灿而日星，震而雷雨，森而山河，滋而夭乔，跂而官肢，触而枕藉。皆天地之所赋也，寓此者进乎赋矣！以此养亲，其寿无量；以此自娱，其乐无穷。全人能无輾然乎？虽然，吾亦因赋而长言之耳。（《余小芦赋序》）

十八、"不必定躐一家，不必定驳一家，随时即事而已"

饮者欢斝为上味，而旁人忧其废餐，非杞忧耶？渴者见水，皆甘于岕，而复与之论蟹眼，非刻叶耶？性情之发，发于不及知，各以其生平出之。或时为之，非可以执一以程品也。二十年来，知远害之苦。一旦遇于青原白鹭之间，愚者出炮庄以慰之，远害出其诗游草见示。愚者方以庄子为诗，远害殆以其游草为庄乎？观其自序，引同人曰：不必定躐一家，不必定驳一家，随时即事而已。有无病而呻吟，无得意而嬉笑。嗟乎！数十年之远害，不可以已，一消于时，手舞足蹈焉矣。不知与《大宗师》之裹饭安琴，相去几许。远害之为庄，远害亦不自知。愚者何故强以名之，又何暇以严沧浪、唐子西③诸人置喙哉！生平也，

① 风雨如晦，鸡鸣不已：出自《诗经·郑风·风雨》："风雨凄凄，鸡鸣喈喈。既见君子，云胡不夷？风雨潇潇，鸡鸡胶胶。既见君子，云胡不瘳？风雨如晦，鸡鸣不已。既见君子，云胡不喜？"（汉毛亨传，汉郑玄笺，唐孔颖达疏：《毛诗正义》卷十六，清·阮元校刻本：《十三经注疏》，中华书局1980年版，第345页下）

② 潘江陆海：潘，指晋代诗人潘岳，陆，指晋代诗人陆机。南朝梁钟嵘《诗品》："陆才如海，潘才如江。"（钟嵘著，曹旭笺注：《诗品笺注》，人民文学出版社2009年版，第80页）

③ 严沧浪、唐子西：严沧浪，指宋代评论家严羽，有《沧浪诗话》。事迹见清庄仲方：《南宋文范作者考》下、清李清馥：《闽中理学渊源考》卷三九。唐子西，指宋代诗人唐庚（1070—1120），字子西，人称鲁国先生，眉州丹棱（今四川眉山）人，有"小东坡"之称。事迹见《东都事略》卷一一六、《宋史》卷四四三。

时也，观其深矣。愚者初见远害，苦欲其同一破瓢学道。今写至此，殆成闲语。虽然，此一闲语，自非闲人，其谁闻之？（《周远害诗引》）

十九、“耐辱居士，休休莫莫，冲口遣放。徒执咸酸论诗者，乌足以知之”

表圣[①]曰：“梅止于酸，鹾止于咸。花之味，人知其在酸、醎之外。”东坡以二十四韵，三复而悲之，余观其自列“人家寒食月，花影午时天”，“川明虹照雨，树密鸟冲人”，“骅骝思故第，鹦鹉失佳人”，“松日明金像，苔龛响水鱼”，“孤萤出荒池，落叶穿破屋”，“客来当意惬，花发遇歌成”，“逃难人多分隙地，放生鹿大出寒林”，“得剑乍如添键仆，亡书久似忆良朋”[②]，未易如东坡所称之“棋声花院闭，幡影石坛高”[③]也。久而不浮，远而不尽[④]，其有之。《自鸣集》所云，撑霆裂月，劼作者之肝脾，殊未相比。余特以祯贻濯缨独重于王官谷中耳。耐辱居士，休休莫莫，冲口遣放。徒执咸酸论诗者，乌足以知之。（《书司空图诗后》）

二十、“不必以人传，而今正以其人传”

忽览捷公独藏二公笔迹，不觉仓兄。忆余交仲驭以辛未，在鸠兹，识杨公当戊寅。曾八分疾者二字见赠，转盻矜茫。苍天草草金坛为弘光巨憝冤死。清江以天兴督师，与万吉人、郭云机、姚有仆、龚建木、黎美胄同殉虔州。观其“忠信鱼鳖，日月亏影”之句，慨叹堙怨，使人萧条。生死之间，悲歌者固已早

---

① 表圣：司空图（837—908），字表圣。参见本书《象田即念》“司空图”注。

② “人家”二句，全篇已佚；“川明”二句，出自《华下送文浦》；“骅骝”二句，全篇已佚；“松日”二句，出自《上陌梯寺怀旧僧》；“孤萤”二句，出自《秋思》；“客来”二句，出自《长安赠王注》；“逃难”二句，出自《山中》；“得剑”二句，出自《退栖》。

③ “棋声”二句，全篇已佚。

④ 久而不浮，远而不尽：唐司空图：《与李生论诗书》：“近而不浮，远而不尽，然后可以言韵外之致耳。”（郭绍虞主编：《中国历代文论选》第2册，上海古籍出版社1979年版，第196页）

自必矣。清江诗与漳浦同调,而葱蒨流利过之。书法逼元常[①],稿行稍变。金坛晚冢茅麓,邀朗三生,砥砺攻苦,肆志风雅。是其笔迹,不必以人传,而今正以其人传。予又叹世士好藏名公巨卿书者数数,而捷公独藏二公之二诗。此尤当为天地珍惜以传者乎？后之览者,岂无感焦隐、怀鲁生,洒洒而传吾当者哉？由白马之苦苦言之,夕则可矣,悲不必无。(《跋杨周二公所书诗后》)

二十一、“一惧一喜之间,乃所以享其喜,惧不及者乎哉”

韩昌黎《忽忽篇》曰:“忽忽乎余未知生之为乐也,愿脱去而无因。安得长翮大翼如云生我身,乘风振奋出六合绝浮尘。死生哀乐两相弃,是非得失付闲人。”孙文介[②]曰:“人非寥阔,不足以消其心。”亿略曰:“人惟不胜其情,而乃求释其情。凡言忘情者,皆不能忘情之甚也。”李长蘅[③]曰:“必极其情之所之,穷而反焉,然后可以至于忘。”陶靖节《神释形影诗》[④],“纵浪大化中,不喜亦不惧”,遂为神乎。退之《忽忽作歌》:“将求所谓无生乎,本不借一物一法以自慰者,不可不穷尽而至也。过关矣。此等又何迭迭逃逃为?”雪峰曰:“单提之则一切不是。然厌恶一切,又成子病。”《医经》[⑤]:“肾主恐,脾主悲思,肝主

---

① 元常:即钟繇(150—230),字元常,颍川长社(今河南许昌)人,三国书法家、政治家,书法与东晋王羲之并称为“钟王”。事迹见《三国志·魏志卷十三》本传、《书断》卷中、《法书要录》卷一、《宣和书谱》卷三。

② 孙文介:孙慎行(1565—1636),明人。字闻斯,号淇澳,江苏武进人,官至内阁辅臣,太子三师,谥文介。事迹见《明史》卷二百四十三《列传第一百三十一》本传。

③ 李长蘅:李流芳(1575—1629),字长蘅,一字茂宰,号檀园、香海、古怀堂等,明代诗人、书画家,诗文多写景酬赠之作,风格清新自然。事迹见《明史》卷二八八、清钱谦益:《牧斋初学集》卷五四《李流芳墓志铭》。

④ 陶靖节《神释形影诗》:陶靖节,即陶渊明,其有《神释》曰:“大钧无私力,万理自森著。人为三才中,岂不以我故。与君虽异物,生而相依附。结托善恶同,安得不相语! 三皇大圣人,今复在何处? 彭祖爱永年,欲留不得住。老少同一死,贤愚无复数。日醉或能忘,将非促龄具? 立善常所欣,谁当为汝誉? 甚念伤吾生,正宜委运去。纵浪大化中,不喜亦不惧。应尽便须尽,无复独多虑。”(逯钦立校注:《陶渊明集》,中华书局1979年版,第36—37页)

⑤ 《医经》:是中国多种中医学术古典著作的总称,古代四种“方技之书”之一,《汉书·艺文志·方技略》把《黄帝内经》《黄帝外经》《白氏内经》《白氏外经》《旁篇》等称为医经。

怒,肺主忧,心主喜。”五志互克,而止是喜惧二者,犹五行止是水火,四时止是寒暑南北耳。《知北游》[①]曰:“山林欤?皋壤欤?使我欣欣然而乐欤。乐未毕也,哀又继之。”然则奈何以死养生?犹頍弁之诗[②]、张老之祷[③]也。一惧一喜之间,乃所以享其喜,惧不及者乎哉。(《书韩忽忽篇陶神释诗后》)

---

① 《知北游》:《庄子》外篇中有《知北游》篇,本篇主要讨论“道”,一方面指出世界的本原和本性,另一方面论述人对于世界应有的认识与态度。见清·郭庆藩撰,王孝鱼点校:《庄子集释》,中华书局 1961 年版,729—766 页。

② 頍弁之诗:指的是《诗经·小雅·頍弁》,其诗写周王宴请兄弟亲戚,虽是宴会诗,却描写了幽王时代国运难保,贵族们树倒猢狲散的悲观失望的心理。(汉毛亨传,汉郑玄笺,唐孔颖达疏:《毛诗正义》卷十六,清·阮元校刻本:《十三经注疏》,中华书局 1980 年版,第 481 页)

③ 张老:张果老,传说中的八仙之一,以长寿闻名。

频吉智祥

智祥,清僧。字频吉,号听云。麻城(今属湖北)人,俗姓李氏。七岁出家。十九从狮峰浮木受具。参元洁莹于云岩,看三不是话有省。承付嘱。住湖州弁山龙华及衡州云峰①。

智祥痛斥那些不“念生死事大”,而只会“杜撰落韵诗”之人,“俗恶之极,可悲可痛”。

本书所录文字,据《禅林宝训笔说》《卍续藏经》(新编)第113册。

“杜撰四句落韵诗”“俗恶之极,可悲可痛”

今人杜撰四句落韵诗,唤作钓话②。一人突出众前,高吟古诗一联,唤作骂阵。俗恶俗恶,可悲可痛。前辈念生死事大③,对众决疑,既以发明,未起生灭心也。

此节明非理妄作。今人不然。长老先自杜撰四句落韵谱的诗,唤作钓他学者。杜撰者,杜,塞也;撰,造也,述也。言不通古法,而自造也。如杜光庭④

---

① 智祥事迹,见《法海心灯录》《正源略集》卷一三、《嘉兴藏目录》《续藏目录》。

② 钓话:参见本书《铁壁慧机》“钓话骂阵”注。

③ 生死事大:生死问题是禅宗大师们最为关切的问题,他们把参透“生死”、了脱“生死”作为参禅的最终目的。天如惟则云:“何谓参禅是向上要紧大事?盖为要明心见性,了生脱死。生死未明,谓之大事。祖师道,参禅只为了生死,生死不了成徒劳。王右军亦曰:生死亦大矣,岂不痛哉。只为生死事大,故以参禅为向上事也。”(《天如惟则禅师语录》卷二,《卍续藏经》(新编)第122册,第831页下)

④ 杜光庭(850—933),唐末五代著名道教学者,文学家。字宾圣,又字圣宾,号玄教大师、广成先生、东瀛子。缙云(今属浙江省)人,一说长安(今陕西西安)人。咸通中应九经举不第,遂入天台山学道。后充麟德殿文章应制。入蜀前为谏议大夫。后封其为传真天师、崇真馆大学士。不久隐青城山白云溪以终。喜读书,工辞章,能诗文。诗擅七言,多题赠咏怀之作。其《纪道德》《怀古今》为塔式诗,由一言递增至十五言,为唐诗中仅见。传奇《虬髯客传》相传为其所作,然迄今无确证。著作颇多,今存有《广成集》《录异记》《神仙感遇传》等十余种。《全唐诗》存其诗一卷、《全唐文》存其文十六卷、《唐文拾遗》补其文四篇。生平事迹见《郡斋读书志》卷二、卷三,《十国春秋》卷四七。

道士，假窃佛经而作道经也。忽有一人，突然而出众人之前，高声吟他古诗两句，唤作相骂的阵势，以为法战。有是理乎？俗恶之极，可悲可痛者，总叹法道凋零也。竟不知前辈自己，痛念生死不明，乃最大之事。凡所到处，放下腰包，便来扣请师家。或上堂小参，他即对大众前，决择深疑。既得发明己躬大事[①]，何曾有一毫生灭之心，人我之见耶？□此章说出古今为法者，如明镜在架，令人无处逃遁。学者可不慎欤！

① 己躬大事：参见本书《石溪心月》“归根边事”注。

秀野明林

明林(1614—1660),临济宗僧。号秀野。西蜀成都资阳县人,俗姓周。先后参谒汉月法藏、径山雪峤圆信、天童山密云圆悟、南漳云台山之奇然超智。康熙十九年(1680)继襄州黄龙寺之法席。为临济宗第三十四代①。

明林提出了"且把新诗乐性铅"的命题,主张用新诗抒写愉悦之性情。在他看来,颜回之安贫乐道,其意深远,使王化千古流传,乃是极高的人生境界,应该抒写。

本书所录文字,据《秀野林禅师语录》《嘉兴藏》第36册,第357号。

"且把新诗乐性铅"

野衲何人愧不禅,道存颜巷②意幽玄。乘因王化③垂千古,且把新诗乐性铅。(《次酬襄州艺田方居士韵》)

---

① 明林生平事迹,见《秀野林禅师语录》卷三之《寿塔》《行繇》。

② 颜巷:见本书《雪窦重显》之"道存颜巷"注。

③ 王化:《诗大序》云:"《周南》《召南》,正始之道,王化之基。"孔颖达疏云:"周南、召南二十五篇之诗,皆是正其初始之大道,王业风化之基本也。"(汉毛公传,郑玄笺,唐孔颖达疏:《毛诗正义》,中华书局1980年版,第273页上)

古 雪 哲

古雪哲(1614—?),临济宗僧。名国宾,字宾王。后于黄崖礼上体下空和尚剃发,命名真哲,字若鲁。俗姓陈,建宁府瓯宁县高阳乡人。天童之法嗣①。

古雪哲批评丛林那种"习诗词,以资谈柄",而"不以生死为念"的不正之风。

本书所录文字,据《古雪哲禅师语录》《嘉兴藏》第28册,第208号。

"习诗词,以资谈柄",是"不以生死为念"

未入母腹之先,自己在甚么处住?既离躯壳之后,自己向甚么处去?识得去处,始不被生死之所萦缠;识得住处,始不为境风之所摇荡……末世法道凌夷,人心怠惰,虽入禅门,不知禅为何物,戒为何事。绝不以生死为念,稍聪敏者,则习经忏,学吹唱,以应和檀那②广求。细滑英俊者,则工字画,习诗词,以资谈柄。椎鲁者,则从朝至暮,从暮至朝,唯耕作是务。佛不礼,咒不持,课不诵,食不施。铢积寸累以生放,养羊畜豕以征利。闻善言相诫则瞋,以为欺己。见客僧食宿,则恶之如仇雠。借有司声势,大张示谕以绝其往来。且曰:本山自耕自食,并无盏饭盆米。夫盏饭盆米,固当接纳方来,而自耕自食则客僧遂不得稍分其惠耶?……(《示禅人》)

一切世法即是佛法,但以凡愚积迷,未免触事违理,声闻见偏,因而执理弃事。在今天下宗师高谈阔论,具大知见者不少。实履真操,滴水滴冻者亦不

---

① 古雪哲生平事迹,见《古雪哲禅师语录·行实》(卷十一)。

② 檀那:释一如云:"梵语檀那,华言布施。施有二种:一者财施,谓以饮食、衣服、田宅、珍宝及一切资身之具,悉能施之。二者法施,谓从诸佛及善知识,闻说世间、出世间善法,以清净心转为他说也。"(《三藏法数》,第268页上—中)

少。求其事理圆融，打成一片者指不多屈。所以裨贩之徒，乘机而入，遂至纪纲废弛，法化不扬。高者则曰："吾主持法道耳，区区世务，何足关心。"或枯坐经年，或执卷竟日，或吟诗画画，种柳栽华。卑者则曰："吾百城烟水，辛苦多年，而今既坐方丈，也须穿些细绢，吃些美甘，享些自在福。"丛林之成败，法道之盛衰，绝不关怀，此辈所谓窃位者也。山僧行脚时目击其弊，每以为诫，故三处开堂十年于兹矣。虽无补于法门，清夜扪心，稍可无愧。汝言行笃实，履道多年，诸方时弊，亦皆目击。今既出世弘道，与隐居白法时不同，当拌一条穷性命，任他苦恼百千，一往而进。所谓将此身心奉尘刹，是则名为报佛恩。果能如是为众，则众心必悦服。如是为丛林，则丛林必隆盛。如是为法求人，则英俊必至而法灯常朗矣，复何后虑之可断哉！方丈去寺既远，时中常宜与两序商酌事务，调理大众。急其急而缓其缓，从其重而舍其轻。日居月诸，近悦远来，湖海浩归，宗风自当大振耳。书不尽言，惟冀忘躯为道。至嘱。（《与佛顶观长老》）

玉林通琇

通琇(1614—1675),清僧。字玉林,自号潜子,又号天目老人。江阴(今属江苏)人,俗姓杨氏。年十九,依宜兴磬山圆修出家。朝参暮叩,悟彻心源。居武康报恩寺。顺治间,召对称旨,赐号大觉禅师。乞还天目山,加封普济能仁国师。康熙十年(1671)大旱,师施粥济众,函劝戴岵瞻助赈。后寂于清江浦慈云寺①。

通琇高度评价雪窦颂古,"真能于法自在,匪夷所思,如清光匝地,犹杲夜塘",真是"妙尽所欲言"。

能仁琇以禅释诗:以文殊笑"余"(禹门师翁)之语("半点苦寒禁不得,踌躇未了又踌躇"),引出禹门师翁的证悟,是经过了长期的实参实悟,了脱了生死大事,因而其"证处",是"稳密超脱"的——即稳稳当当、扎扎实实的,其诗句是"微言澹语",却有有师子的"吼意"。他又以禅释颂,揭示颂古诗的禅意。保宁勇颂古诗之寓意是:禅人参禅悟道,经过长期的真参实悟,正如锻炼打磨"金刚钻"——"炼得通红打一锤,周遭无数火星飞",从而了悟生死大事,明心见性,成了金刚不坏之清净心。可是,能认识他的人却太少,"摊向门前卖与谁"。能仁琇指出,此颂能让"枯木头陀通身毛孔皆笑",能使"大地山河草木昆虫悉皆起舞"。

本书所录文字,据《大觉普济能仁国师语录》《乾隆藏》,第 154 册,第 1641 号。

---

① 通琇生平事迹,见《国师年谱》《宗统编年》卷三二、《五灯严统》卷二四、《五灯全书》卷六八、《续指月录》卷一九、《续灯正统》卷三四。

一、“真能于法自在,匪夷所思”

“野鸭子知何许,马祖[1]见来相共语。话尽云山水月情,依然不会还飞去。却把住道道!”颂出雪窦[2],真能于法自在,匪夷所思。如清光匝地,犹戽夜塘,以尽所欲言而妙此,却把住道道。以不完题,而妙尽所欲言,如千雷并吼易,不完题,如千日并照难。偶阅之,直欲击碎唾壶。(《题雪窦颂古》)

二、“师翁证处,稳密超脱”

“五峰云顶古文殊,尽日蹁跹总笑余。半点苦寒禁不得,踌躇未了又踌躇。”此禹门师翁[3]台山《卜居诗》也。师翁证处,稳密超脱,故微言淡语中,煞有吼意。琇生也晚,何幸目听洪音。(《书禹门先师翁诗后》)

三、“直教大地山河草木昆虫悉皆起舞”

“炼得通红打一锤,周遭无数火星飞。十成好个金刚钻,摊向门前卖与谁?”夜坐偶忆此颂,不惟枯木头陀通身毛孔皆笑,直教大地山河草木昆虫悉皆起舞。(《跋保宁勇禅师颂古》)

---

① 马祖:唐代著名禅僧,又称“道一”。参见本书《豫章来复》“马祖”注。

② 雪窦:参见本书《雪窦重显》小传。

③ 师翁:禹门师翁系笑岩德宝(临济下第二十八世)之法嗣,师翁传天隐圆修(磬山),而通琇乃圆修之弟子,师翁之法孙。事见《临济第三十一代南岳山茨际禅师塔铭并序》《山茨际禅师语录》卷四,《嘉兴藏》第157册,第1649号,第689页中。

澹归今释

今释(1614—1680),清僧。名堡,字道隐,号卫公,又号澹归。杭州(今属浙江)人,俗姓金。崇祯选士。官至礼科都给事中丞,清直有声。明亡,走粤中,事永历帝,因忤权贵,遭杖戍。出世韶州丹霞,兴建丹霞禅榻。师事天然函昰,得曹洞心法,为清曹洞宗三十五世传人①。今释是以儒入释的典型代表,他既是明清之际思想革新的先觉者,又是当时著名的诗人、词人和书法家。

澹归今释的诗学主张有以下几个特点:首先,表现在对禅诗内涵的深刻认知。在他看来"僧诗不可有僧气,居士诗不可无僧气",因此禅诗"有透有不透,透处是禅,不透处是诗"。其次,传达出纠正崇儒抑佛观念的愿望。他认为,文章"不特发儒者之深蕴,又足以见诗流之正音"。但是一味业儒,造成"四言却胜三山重"的局面,就会"众生病则菩萨病"。为纠正偏颇,"学者但领得先圣无尽大悲心,即是无尽供养";在文学创造和接受上,"法立于宽严之间,眼出于作者与选者之外,而后曹溪有诗也"。但在他的论诗、评诗中,又有着儒家诗学重雅正、重诗教功用、重人品的影子。第三,深信在师法自然中传承文化就能永葆人文精神。他把山水、友生、文章视为至乐,惟有文章能"离而不断,散而不亡""水真之诗,体尚自然",这种诗歌"神不可不清,骨不可不贵"。为文为人,都会体现出"兴无人文,则其兴不大,衰无人文,则其衰不光"的文化大势。第四,主张诗歌应写怀抱、发声泪、抒灵妙、有个性、兴触而发。第五,在诗歌的审美风格、审美境界上,倡清秀、清贵、清淳、清绝、清真、清举,主"天真烂漫","体尚自然,无一造作","绚烂之极,正尔平淡"。

本书所录文字,据今释《遍行堂集》《遍行堂续集》《禅门逸书续编》第4

---

① 今释生平事迹,见明复:《遍行堂集解题》、雍正:《浙江通志》卷一百九十九、《杭郡诗辑》卷三十三、《晚晴簃诗汇》卷一百九十五、《明四百家遗民诗》卷一十六。

册—第6册,第225号—第226号;《遍行堂集》,广东旅游出版社2008年版。

一、"盖不特发儒者之深蕴,又足以见诗流之正音"

宗门有颂古,予尝叹以为尽文之奇,周海门、来道之①,各有《论语颂》,俞卷庵②爱之,有颂百篇,隽永澹远,使人悠然有得于旨外之旨、味中之味③,盖不特发儒者之深蕴,又足以见诗流之正音也。虽然,此颂行,学士家必有张目者矣。卷庵曰:"圣人之言,如摩尼映于五色④,何必学士家言为独是?"予谓:颜、曾⑤之言,已非孔氏之言矣,今学士家所奉,程、朱⑥之言也,学士家为孔氏之徒,而日造谤孔氏之罪,其冤乃烈于秦火,何也?秦始皇所焚孔氏之迹,学士家所焚孔氏之心。世已不幸,不得见孔氏,而猥以程朱为孔氏,吾宁据槁木、击槁枝,而歌俞氏之颂乎?(《论语颂序》《遍行堂集》(一)卷六)

---

① 周海门:生卒年不详。周汝登,字继元,号海门,嵊县(今属浙江)人,万历五年进士,官至南京尚宝司卿,为官清正廉洁,著有《海门先生集》《圣学宗传》《王门宗旨》《四书宗旨》《东越证学录》等。事迹见张廷玉《明史》卷二百八十三《列传第一百七十一》王畿传附周汝登。来道之:来斯行(1567—1634),字道之,号马湖,浙江萧山(今浙江杭州)人,明万历三十五年进士,官至福建右布政使,著有《经史典奥》《四书问答》和《槎庵小乘》等。事迹见《明史》卷二百七十《列传第一百五十八》鲁钦传附来斯行、卷二百五十六《列传第一百四十四》毕自严传附来斯行、二百五十七《列传第一百四十五》赵彦传附来斯行。

② 俞卷庵:不详。

③ 旨外之旨,味中之味:"旨外之旨",指味外味;"味中之味",即味内味。唐司空图云:"近而不浮,远而不尽,然后可以言韵外之致","倘复以全美为工,即知味外之旨矣"(司空图:《与李生论诗书》,郭绍虞:《历代文论选》第2册,上海古籍出版社1979年版,第199页)

④ 摩尼映于五色:摩尼,即摩尼珠,是宝珠的统称。参见本书《竺仙梵仙》"摩尼"注。

⑤ 颜、曾:颜回,曾参。颜回,字子渊,春秋鲁国曲阜人,十四岁拜孔子为师,是孔子最得意的门生,以好学和仁德著称,被称为"亚圣"。曾参,字子舆,鲁国南武城人,十六岁拜孔子为师,颇得孔子真传。二人事迹均见司马迁《史记》卷六十七《仲尼弟子列传》。

⑥ 程、朱:程颐,朱熹。程颐(1033—1107),字正叔,洛阳伊川(今河南洛阳伊川)人,北宋理学家和教育家,与其兄程颢共创"洛学",著有《周易程氏传》《易传》《经说》等。事迹见《宋史》卷四百二十七《列传第一百八十六》本传。朱熹(1130—1200),字元晦,又字仲晦,号晦庵,世称朱文公,出生于南剑尤溪(今福建尤溪),南宋理学家、思想家、教育家、诗人,闽江学派的代表人物,著有《四书章句集注》《太极图说解》《楚辞集注》等。事迹见《宋史》四百二十九《列传第一百八十八》本传。程颐和朱熹是宋代理学的代表人物,对后世影响极其深刻。

二、“乃能致情风雅，发盛世之元音，革衰晚之余响”

刑襄之人集李公于鳞、史公庸庵①诗，合而入于郡志，夸于天下，以为吾郡不百年，先后有两太守贤且才若是，是两太守，刑襄所独擅也。虽然，两太守之诗不为刑襄独作，其合而入于郡志者，以其缘起在郡志，则其归重在庸庵，何也？初庸庵赴郡，诸大夫语之，天下志莫若《刑襄志》，盖出自于鳞，今为公人乞一本。庸庵至郡，索于鳞本不可得，后之续是志者，冗杂秽陋，举不可耐，于是辟而修之，焕然复还于鳞旧观。则庸庵不独于刑襄有保绥之德，且于鳞之文有摧荡廓清之功也。庸庵治刑襄，乐易廉静，未尝以声色威于人，所谓宁为鸾凤，不为鹰鹯者。其去郡也，郡之人欲相与尸而祝之，庸庵又欲为毁主卷像而行，乃寄其思于此诗，以当庸庵之召公之树、羊公之碑②，既以两太守之风雅夸于天下，亦以见邢襄之人之风雅有所自来，则其缘起在庸庵，其归重仍在郡志也。两太守之诗，如双龙吐水，一温一凉，如一河成波，各圆各方，一以起旧国之靡，一以回新声之薄，其皆有救时之略乎？以予所观，庸庵为之极难耳。于鳞生承平之代，文物蔚然，士君子得行其意，簿书稍简，一肆其力于毫素，无所顾瞻。当其为郡，王公元美监司一道，脱略形迹，沉酣诗酒，睥睨六合，犹有不屑。不适志之慨，盖文章声气之福，幸而相遭，亦有以相享也。庸庵通籍，数经坎坷，即牧畿辅，依光日久，而兵燹以来，少者未尽壮，壮者未归，老者未尽安，乐利之观未复，吏救过日不给，而上下之交，亦未易以脱略形迹、沉酣诗酒相命。乃能致情风雅，发盛世之元音，革衰晚之余响，复以其间为于鳞摧荡廓清，岂非心量超然，有出乎时势之外，不为事物所撄者耶？呜呼！人之心各有不为

① 李公于鳞、史公庸庵：李攀龙(1514—1570)，字于鳞，号沧溟参见本书《墨历大智》“沧溟”注。

② 召公之树、羊公之碑：召公之树，语出《史记》卷三十四《燕召公世家》：“召公之治西方，甚得兆民和。召公巡行乡邑，有棠树，决狱政事其下，自侯伯至庶人各得其所，无失职者。召公卒，而民人思召公之政，怀棠树不敢伐，哥咏之，作甘棠之诗。”(司马迁：《史记》，中华书局 2013 年版，第 1866 页。)羊公之碑：又名“堕泪碑”，位于湖北襄阳，是当地百姓为纪念晋初著名军事家、政治家、文学家羊祜而树的碑，望其碑者莫不流泪，杜预因言其为“堕泪碑”。其事迹见《晋书》卷三十四。

事物所撄者，超然出于时势之外，未能如庸庵有以自得。习俗易人，贤者不免读斯志，亦可以洒然而兴矣！（《邢襄诗志序》《遍行堂集》（一）卷六）

三、“其出为诗文，得乾坤洁清之气”

闻正人言，起一切正，闻不正人言，起一切邪。以一人之笔舌，入一切人眼耳，纳种子①于八识田②，发现行于三业聚③，其为祸福，绵世历劫，言岂可不慎邪？予与郑子野臣④交，不独以其言也。野臣具正性，务正学，行正道，摅正论，取足以维挽人心、裨益世教而止。既龃龉，不求用于时，间以研田自活，皆侃侃訚訚，不苟取容，令坐啸画诺，举无失朝野之望，故野臣君子之名，藉甚公卿大夫间。其出为诗文，得乾坤洁清之气，骨刚而神凝，结构整栗，词义雅驯，盖求其盱睢侧媚离经畔道以惑世诬民，则其自律者亦已严矣。故予以为野臣之文，一如其行，所云有德必有言，非靳以言传离于德者也。夫从苗辨地，因语识人，有正有邪，有功有罪。世有野臣，亦可以放淫词，远佞人，闲邪存诚，进德修业。若乃大道既隐，谗说横行，孔孟之门有御侮之役，仲、冉推毂而言、卜纪绩，则野臣登坛崛起，妙堪上将，亦所云仁者必有勇也⑤。

---

① 种子：参见本书《达观真可》“种子”注。

② 八识田：佛教称阿赖耶为第八识，它是一切种子的积累储藏之所，一遇条件，种子即可发行现行，就像是田地的种子会生长一样，所以叫做田。鲍性泉云：“果无种子，则吾当及时为种，纵彼不信受，其八识田中，已留种矣，他日自然发生。若今生蹉过，则此辈永无种子，不知何日得种，更待何人来种耶？”（鲍性泉：《天乐鸣空集·根器不定》《嘉兴藏》第20册，第97号，第476页下）

③ 三业：参见本书《古林清茂》之“三业”注。

④ 郑子野臣：郑野臣，事迹不详。今释《送郑野臣之桂林序》：“野臣负俊才，秉刚大之气。”（《四库禁毁书丛刊》集部第127册，第115页下）

⑤ 孔孟之门有御侮之役，仲、冉推毂而言、卜纪绩：“大道既隐”，《礼记·礼运》：“今大道既隐，天下为家，各亲其亲，各子其子，货力为己，大人世及以为礼，城郭沟池以为固，礼义以为纪，以正君臣，以笃父子，以睦兄弟，以和夫妇，以设制度，以立田里，以贤勇知，以功为己。故谋用是作，而兵由此起。”（《十三经注疏·礼记正义》，中华书局1980年版，第1414页）“谗说”，《尚书·益稷》：“钦四邻，庶顽谗说，若不在时，侯以明之，挞以记之。”（《十三经注疏·尚书正义》，中华书局1980年版，第142页）“孔孟之门有御侮之役，仲、冉推毂而言、卜纪绩”：“御侮之役”，犹言卫道之战。《论语·先进》：“政事：冉有、季路。文学：子游、子夏。”（《十三经注疏·论语注疏》，中华书局1980年版，第2498页）仲，即子路，又称季路；冉，即冉有；言，即子游；卜，即子夏。故言子路、冉有论定推许，子游、子夏以笔纪功。

莆之荚漈，博学好著书，以文雄天下；汀之水部，一题诗缑氏，欧阳永叔为之心折，皆野臣之宗。要以野臣所自为宗者，不仅仅诗文，使一切人纳正种子，无不正现行，则空言之烈可以过于行事，野臣勉之。以《止庐》一草为立言之正鹄，即岂非立功立德之左券哉？（《郑野臣止庐集序》《遍行堂集》（一）卷六）

四、“绢庵此赋，翱翔千仞，俯视尘壒”

赋莫盛于汉，相如①工而不敏，枚皋②敏而不工。上谷绢庵胡君，于文战之暇，作《惊鸿赋》，指趣深远，才气超轶，神理间足，殆兼古人之所难矣。夫华言破道，玩物丧志，即归于讽谏，然惩一而劝百，君子讥焉。若乃质有其文，丽轨于则，譬如名士之坐，必无杂宾。故心口相宣，性习并露，根之利钝，种之净秽，虽有摽饰，不得而掩。然则一篇之多，一言之少，可以见人一生，亦可以见其一生之前与一生之后，岂有他谬巧耶？绢庵此赋，翱翔千仞，俯视尘壒，似有鹤毛在腋，紫痕覆肩。至于兴怀安集，自结世缘，而终趋于齐得丧、忘宠辱、超然各足之天，盖近道之器，情见乎词。他日即竖功名，享富贵，亦能飘摇脱屣，非没溺于钟鸣漏尽如唾涴蝇者。嗟乎！择地冲天，本非有意，君早已知之，斯则水中之影，雪上之踪，非去非来，如露如电，过未现在，了不可得，一切如此鸿矣。君非以笔墨作佛事，而夙因所发，时一遇之，境风鼓扇，炯然独存，不妨以余未丰干饶舌也。（《惊鸿赋序》《遍行堂集》（一）卷六）

---

① 相如：相如，指司马相如，参见本书《皎然》之“扬、马、崔、蔡”注。司马相如为赋首尾温丽，但费时颇多，所以称“工而不敏”。

② 枚皋：生卒年不详，西汉辞赋家，其父为西汉著名辞赋家枚乘。枚皋十七岁被梁王召为郎，后亡命长安，被汉武帝拜为郎，保修期为武帝文学侍从。枚皋以文思敏捷著称，受诏则成，所赋尤多。但所作之赋常有累句，所以说“敏而不工”。事迹见《汉书》卷五十一《贾邹枚路传第二十一》枚乘传附枚皋。

五、“古之人所以信心而行，不求知于天下万世也”

己庚间，特丘①与余同隶党籍，始别于苍梧，赴清浪戍所。越壬辰，从桂林东下至佛山，求挂搭地不可得，特丘闻之，自拏舟迎余至叠滘，欢若再生，因同入雷峰，数相过谈于碗架边。腊八日，余受菩萨戒②，特丘招同人来观，有诗。甫三日，余出岭，为深隐匡山计。三年不得，就还穗城，则特丘以溯韩泷归楚矣，留数行，并书轶诗十首相寄。又一年，寄刻本属余叙。又一年，遣使来，招余至公安，云：“村居瓦屋三楹，茅屋三楹，有松数千株，念朋好都尽，所不去心者澹公耳。若来，则居食之事力任之，无忧也。”余心志之，未两月而凶问至。悲夫！余尝劝特丘出家学道，特丘语余：“终当以此为归，今老矣，有少念未了，欲来生读尽世间书，而后出家。”余哭特丘诗所谓“错恐浮沉太乙光”者是也。特丘性狷介，疾恶如仇，持论过峻，以是贾怨。然其隐衷常自附于朱序、狄仁杰③之流，事会适成而不终，无复见知于世。其作《轶诗》，有取于史传失其姓名者，盖人之所遭，有幸有不幸，有幸而成，有不幸而败，有幸而显，有不幸而晦，有幸而名与事相符，有不幸而毁与心了不相似。与观场吠影者言之，渺如说梦。此古之人所以信心而行，不求知于天下万世也。余悲特丘之遇，无力以言，既已出家，亦不欲逐世间群队，彼此说梦复争梦，坐此耿耿。又五年，南海程子周量，素受知于特丘，欲辑其遗稿，顾力未及，乃取《轶诗》先梓之。特丘

① 特丘：袁彭年（生卒年不详），字介眉，号特邱，湖北公安人，其父袁中道为明“公安派”三子之一，袁彭年亦早有文名，降清后又参与李成栋复明运动，后又降清，但不被录用。见王夫之、钱秉镫：《永历实录·所知录》，上海古籍出版社 1987 年版，第 161 页。

② 菩萨戒：菩萨戒是三聚净戒：摄律仪戒、善法戒、饶益有情戒。包括了佛家的所有法门：持一切净戒，无一净戒不持；修一切善法，无一善法不修；度一切众生，无一众生不度。菩萨戒也总持了“四弘誓愿”（众生无边誓愿度、烦恼无尽誓愿断、法门无量誓愿学、佛道无上誓愿成）的精神。《度世品经》卷四云：“常当精进学菩萨戒，成诸佛道。”（《大正藏》第 10 册，第 292 号，第 638 页上）

③ 朱序、狄仁杰：朱序（？—393），字次伦，义阳（今河南桐柏县）人，东晋名将，在淝水之战中，时在前秦军中任职的朱序暗助晋军，使前秦大败，生平事迹见《晋书》卷八十一《列传第五十一》邓岳附朱序传。狄仁杰（630—700），字怀英，太原人，唐朝政治家，以不畏权贵著称，生平事迹见《新唐书》卷一百一十五《列传第四十》本传。

有史癖,于此露其一斑,虽未足尽特丘之才与周量之谊,而周量他时所以不负知己,于此亦露其一斑,且使余藉手,了亡友未了之念。斯举也,其重有裨于古道也夫!(《刻袁特丘总宪轶诗序》《遍行堂集》(一)卷六)

六、“古之人于声诗一道,动天地,格鬼神,致四灵,消百害”

军持挂角入雄州,时孝山太守招坐古种玉亭,见融谷沈子①,矫如云中白鹤,知其非凡骨也。越日,出《寓齐诗集》,得遍观之,既服其工,尤怪其敏,敏与工不可得兼,是真有万夫之禀矣。孝山语余:融谷自弱冠以前作,悉火之,此皆出近岁。余于粤西东,一衲十五年,所成诗数尚不能敌,人之才敏相远至此,若论其工,则大小之分,殆未易数量计也。诗家刻画一派,自非正宗,长吉、东野②以是取名,殊有薄福之根。譬之开田于怪石,饲蚕以名花,欲求良穀而责纤纩,已无成理,岂获济人?古之人于声诗一道,动天地,格鬼神,致四灵,消百害③,非有他谬巧,盖得物之所同有者而已。和之为音,非一非杂,入奇而奇,入丽而丽,入幽而幽,入朴而朴,入清而清,入壮而壮,而不可名之为一名,位之为一位,以其无名无位,遍名遍位,而强名之曰和,强位之曰大。山虽高,地容之,而不知泉虽洁,海泯之,而不见人之分亦然,数多非数,量大非量,立言之方,同于立功立德,为诗之则,推于为人为天。百千万亿之源,逗于一句一字,其吉凶寿夭贵贱,可衡准而券取也。融谷之诗奇而不险,丽而不纤,幽而不僻,朴而不陋,清而不寒,壮而不厉,亦不可以一名名,不可以一位位,而无不当名,无不当位。故余谓,融谷以盛年负异才,享丰名,而宜有厚福。盖取其和,和故

---

① 融谷沈子:沈皞日(1640—?),字融谷,号茶星,又号柘西,浙江平湖人,为清初“浙西六家”词人之一,与朱彝尊、李良年、澹归今释、金人望等多有唱和,著有《柘精舍集》等,事迹见《清史列传》卷七一本传。

② 长吉、东野:李贺,字长吉,唐代诗人。参见本书《大智》之“李贺”注。孟郊,字东野,唐代诗人。参见本书《贯休》“东野”注。

③ 古之人于声诗一道,动天地,格鬼神,致四灵,消百害:声诗,即歌诗。古代诗入乐,故亦称乐歌。今释在这里强调的是诗歌的社会作用,与《毛诗序》的“(诗)正得失,动天地,感鬼神,莫近于诗。先王以是经夫妇,成孝敬,厚人伦,美教化,移风俗”(郭绍虞:《中国历代文论选》第1册,上海古籍出版社1979年版,第63页)相一致。

大，大故敏，敏故工，工岂刻画之所能致哉？余于此见诗，亦非见诗，得见大，亦得非见大，为书之以报融谷，并以质之孝山。（《沈融谷寓齐诗集序》）

七、“簪笔伏蒲，出则埋轮拥钺，照临下土，覆载苍生”

澹归道者读《来思草》，掩卷而叹曰：嗟乎！使岱清先生[①]而有此诗，盖天下之福亦鲜矣。夫士大夫负济世之才，抱救时之志，居一方则福一方，任四海则福四海，故非有求于天下，天下求之。岱清明如杲日，洁比严霜，好学深思，临事而断，古所谓雄俊宝臣也。然且崎岖岭表十有六年，一李高凉，与同僚迕，蜚语既白，未闻荐牍交于内而征书发于外，悲歌激楚，托之杜陵诗史[②]，以见其饥溺由己、知觉及物之怀。何天下之不爱人，而天下人之不知自爱耶？夫病，非所以为医也，而医则所以为病。然而医不求病，病即求医，使齐不求之腠理之前，而晋求之膏肓之后，非和、扁[③]之过矣。病者不求医，而医者不求病，故相弃而无以相寻。以岱清之才，进而簪笔伏蒲，出则埋轮拥钺，照临下土，覆载苍生，十六年中如吹剑首，而犹触藩此地，壶口尽缺，其无宁使医求病，而不责病者之求医欤？何也？病非所以为医，不妨退而不求医；医所以为病，不妨进而求病，岱清勉之。然明一言，叔向识其君子。兹草也，其为君子之言多矣，天下而无心无目则已，天下而有心有目，吾不疑天下之必不能求岱清也。造命之

---

① 岱清先生：陈殿桂（1615—1666），字岱清，浙江海宁人，早年受知于陈子龙，与陆圻兄弟游。崇祯十六年选浑源知州，未赴任。明亡，弘光帝立，荐授兵部职方司主事。顺治十七年，随清兵入粤，授高州府推官，以事解职听勘，历久始白，而贫不能归。先后在粤十九年。诗文有意摹古，不免生涩，然文情郁勃，颇有议论。著有《与袁堂诗集》十卷，文集四卷。见《清诗纪事初编》，上海古籍出版社 1984 年版，第 777—778 页。

② 杜陵诗史：杜陵，即杜甫，因自号少陵野老，故又称杜少陵，简称杜陵。杜甫因创作大量反映现实题材的诗篇，故其诗又被后人称为“诗史”。

③ 和、扁：医和，春秋时秦国良医。医为职业，和为名字。曾为晋平公治病，认为其疾不可治，提出六淫致病，是我国古代最早提出六淫致病之人，也反映出当时对疾病病因的认识水平。事迹见《左传・昭公元年》。扁鹊（前 407—前 310），春秋战国时期名医。姬姓，秦氏，名缓，字越人，又号卢医。渤海郡郑（今河北沧州市任丘市）人。他奠定了中医学切脉诊断方法，开启了中医学的先河。相传《难经》为扁鹊所著。事迹见司马迁：《史记》卷一百五《扁鹊仓公列传》。

力禀于君相,无剥不复[1],倒悬宜解,则有泣血以相明者;若仅曰此岱清之诗,而置之杜陵之伍,即天下之福真鲜矣!(《陈岱清司李来思草序》)

八、“合诸家之诗为一家,散一家之诗为诸家”

庄周梦为胡蝶[2],胡蝶梦为庄周;优孟似孙叔敖[3],叔敖似优孟;偃师造倡者,倡者造偃师。谈者非谑非真,聪者亦疑亦信,曷尝观之髭放先生集古之诗乎?髭放先生集古之诗,今人观之,不见其为古人之诗;古人观之,不见其为己所各作之诗;髭放先生自观之,不见其为己所各述之诗。合诸家之诗为一家,散一家之诗为诸家。置诸家于一家中,不见其所集之句;置一家于诸家中,不见其能集之人。髭放集古耶?古集髭放耶?髭放集古而成髭放耶?古集髭放而成古耶?髭放集髭放而成古耶?古集古而成髭放耶?当是时,化古为髭放,苏、李、曹、刘、沈、谢、高、岑、王、孟[4]诸人,各各具髭放衣冠,髭放面目,髭放声音举止。化髭放为古,髭放一人,各各具苏、李、曹、刘、沈、谢、高、岑、王、孟诸人衣冠,诸人面目,诸人声音举止,未几,蘇、李、曹、刘、沈、谢、高、岑、王、孟诸人与髭放,各各自还衣冠,自还面目,自还声音举止,立主立宾,有问有答,一时散去。惟一杜子美自称髭放先生,然而子美衣冠、子美面目、子美声音举止。又一李太白自称髭放,然而太白衣冠、太白面目、太白声音举止。复一髭放先生自称杜子美、李太白,然而髭放衣冠、髭放面目、髭放声音举止。未几,子美化为髭放,仍称子美;太白化为髭放,仍称太白;髭放化为子美、太白,仍称髭放。未几,子美、太白、髭放合为一身,见子美者呼为子美,见太白者呼为太白,

---

① 无剥不复:剥与复,是《周易》中的第二十三卦和第二十四卦。坤下艮上为剥,表示阴极盛而阳极衰;震下坤上为复,表示阳气开始萌发。

② 庄周梦为胡蝶:《庄子·齐物论》载曰:“昔者庄周梦为胡蝶,栩栩然胡蝶也,自喻适志与!不知周也。俄然觉,则蘧蘧然周也。不知周之梦为胡蝶与,胡蝶之梦为周与?周与胡蝶,则必有分矣。此之谓物化。”(清·郭庆藩撰,王孝鱼点校:《庄子集释》,中华书局1961年版,第112页)

③ 优孟似孙叔敖:孙叔敖死后,优孟模仿孙叔敖的言行举止,连楚王和大臣们都分辨不出,事见司马迁《史记》卷一百二十六《滑稽列传》。

④ 苏、李、曹、刘、沈、谢、高、岑、王、孟:苏轼、李白、曹植、刘桢、沈约、谢朓、高适、岑参、王维、孟浩然。

见髡放着呼为髡放。呼髡放时,子美、太白亦应,呼子美、太白时,髡放亦应。未几,苏、李、曹、刘、沈、谢、高、岑、王、孟诸人与子美、太白、髡放合为一身,亦复如是。彼呼此应,此呼彼应,一呼多应,多呼一应,独呼独应,同呼同应。澹归不觉跃起,一手把住,寂然不见,而见髡放先生《乐此吟》。请与同乐此者观之,如实观,如幻观,世相常住①观,古今一念观,三世十方一切不可得观,不可得不可得观,炽然而得观,作如是观,不作如是观,非作不作如是观。壬寅秋中,澹归今释观。(《凌髡放司李乐此吟序》)

九、"诗之为道,如水如镜","诗不受俗,盖无所受之也"

天上神仙无不识字者,或来人间,必为名流才子,其征多见于诗。诗之为道,如水如镜,镜不受诟,水不受尘,仙不受凡,诗不受俗,盖无所受之也。顷见彭子羡门②,谓非人间人,读其诗,如李邺侯少时能于屏风上行,骨节珊珊作声③。又如紫珍入市,现一龙衔月,清凉透骨,病者皆起④。亦如麻姑会王方平⑤,所行馔香气绝异,皆是诸花而不辨名状。复如天妙宝衣,长数由旬,重不过数铢。诗既如是,人亦宜然。藐姑射之仙肌肤若冰雪,绰约若处子,其

---

① 世相常住:即世间相常住,《妙法莲华经·方便品第二》曰:"是法住法位,世间相常住。"(《大正藏》第九册,第0262号,第9页上)指的是真如、空性常住世间相中,世间相即是自性空。

② 彭子羡门:彭孙遹(1631—1700),字骏孙,号羡门,又号金粟山人,浙江海盐人,清初官员、词人,顺治十六年进士,历官吏部侍郎,兼翰林学士,充经筵讲官,《明史》总裁。工词章,与王士禛齐名,号曰"彭、王",著有《松桂堂全集》《延露词》《金粟词话》等。生平事迹见《清史稿》卷四百八十四、《国朝耆献类征》卷五十九、《国朝先正事略》卷三十九。

③ 李邺侯:唐代的李泌,曾封邺侯。《太平广记》卷三十八引《邺侯外传》,言"其为儿童时,身轻,能于屏风上立""每导引,骨节皆珊然有声,时人谓之锁子骨。"

④ 事见《太平广记》卷二百三十"王度"引《异闻集》:"诸病者见镜,皆惊起云:'见龙驹持一月来相照,光阴所及,如冰著体,冷彻腑脏。'即时热定,至晚并愈。"明早,龙驹来谓度曰:"龙驹昨忽梦一人,龙头蛇身,朱冠紫服。谓龙驹,'我即镜精也,名曰紫珍。'"

⑤ 麻姑会王方平:王方平,据传为汉桓帝时的神仙,麻姑,亦为传说中的神仙。葛洪:《神仙传·麻姑传》曰:"汉孝桓帝时,神仙王远,字方平,降于蔡经家,……与经父母、兄弟相见。独坐久之,即令人相访……麻姑至,……是好女子,年十八九许……入拜方平,方平为之起立。"(《太平广记》第二册,中华书局1961年版,第369—370页)

神凝,使物不疵厉而五谷熟,盖为羡门言之也。羡门薄游岭南。岭南之有增城,增城之何氏女,生而紫云绕室,居云母溪,食其粉,白日飞去;增城荔枝亦妙绝天下,果之中之藐姑射之仙也。予与阿字座元留羡门一饱之而去,紫云之丽为衣,云母之纯洁为肉,花之馥郁为其香,月之朗彻为其光,亦宜与人中之羡门之诗有合也。羡门岂无意乎?羡门若欲如李邺侯,食懒残半芋而不食荔枝,即领取十年宰相,使物不疵厉而五谷熟,不妨欠卻翀举一筹耳。(《彭羡门进士南游草序》)

十、“体尚自然,无一造作”“绚烂之极,正尔平淡”

予为姚子水真铭清醒泉,盖以为涤砚濡毫,足以澡雪性灵,发其吟咏。及读其诗,则同源异派,双虹并落,非泉能发诗,诗又能发泉也。文之为用,如江如河如海,诗之为用,束万顷于一泓,乃如泉体。泉之体,得之天一,从清而轻。然吾闻之,美泉比之他水独重,何也?修真之士,温养丹田,升气泥丸,脑满而流溢于华池,比他血液,甘盐轻重,迥然殊绝。清醒之泉比于他水亦重,藏之数月不败,此真水也。真水无色声香味,世或以色声香味名之,此色声香味耳,岂水哉!虽然,甲香非香,能发诸香之用,真水非色声香味,能发色声香味之用。天下之妙用,未有不因于体妙者也。水真之诗,体尚自然,无一造作①,不受一点尘埃,色声香味无一缺陷,亦不借一分增设,绚烂之极,正尔平淡②。平衡而

---

① 体尚自然,无一造作:梁钟嵘言:“谢(灵运)诗如芙蓉出水,颜(延之)如错彩镂金。”(曹旭:《诗品笺注》,人民文学出版社2009年版,第160页)钟嵘肯定的是谢诗的自然清新,颜延之诗虽雕绘满眼、工巧之致,但毕竟有造作之嫌,比谢诗差了一层。苏轼:《与谢民师推官书》:“所示书教及诗赋杂文,观之熟矣。大略如行云流水,初无定质,但常行于所当行,常止于所不可不止,文理自然,姿态横生。”(《苏轼文集》,中华书局1986年版,第1418页)客观事物是丰富多彩、千差万别、姿态各异的,要生动形象、准确具体地表现客观事物,就要打破一切格套,充分发挥表达的自由,而不是拘泥于形式,生搬硬套,矫揉造作。

② 绚烂之极,正尔平淡:苏轼《与侄书》:“凡文字,少小时须令气象峥嵘,彩色绚烂。渐老渐熟,乃造平淡。其实不是平淡,绚烂之极也。”(《苏轼文集》,中华书局1986年版,第2523页)今释的观点与苏轼是一样的,所谓“平淡”不是一味地平淡,不是自始至终地平淡,“平淡”应从“气象峥嵘”而来,应从“绚烂”中来,是由“老”由“熟”转化而来,是绚烂之极的最终结果。“平淡”中蕴含了“绚烂”,是“绚烂”和“平淡”的对立统一。

较之，比于他诗亦重。予铭有之：“性空真水，性水真空，真水水真，此二皆同。”早已为水真之人之诗与清醒泉成一合相。作叙已竟，乃复为此，赤眼归宗好一味禅，无端伤盐伤醋，却成无味，水真若是巢父①，牵牛过之，但道一句“此污吾水”，澹归愧矣！（《姚媒长醒泉诗集序》）

十一、“诗始乎正，卒乎荡世之摩娑风月，洗剔江山”

仁人孝子思其亲，则有所托以见意，故当其地则思，当其物则思，当其时则思，思无所不存，而存于地与物与时，盖思与所思皆会缘而出。故人有存亡，而心无生死也。手泽，书也，团扇也；口泽，羊枣也，杯棬也。地不常履，时无独观，而于物尤切。黎子似仲之托于灼霞亭以见思也，荔枝其物也，其植荔有地，其荐荔忆荔有时也，皆以先人而重。自为之诗，同人争为之诗，则义比于仁人之粟，孝子之不匮之德也。诗始乎正，卒乎荡世之摩娑风月，洗剔江山，咳唾珠玉，吾无取焉。若黎子之所为，集太史陈风冠于十五国之首，当春秋之后，功在《孝经》，以续亡诗而存王迹之熄，苟有能推此志者，孔子之教其庶几作乎？惠方析民居，宿重兵，灼霞亭初不自保，荔枝复憔悴无起色，黎子力争而出之，得以朝夕其下，告无罪于先人。闽老妪抱树而哭，仅免于伐，树日益茂，核核皆现斧形，此以爱物之笃而犹若是，况夫持爱亲之笃以及于物？则其理故不翅于埋丹种玉，将必有著于千百世之后者。人有存亡，而心无生死，其以吾言为左券焉。（《灼霞亭唱和集序》）

十二、“诗之为道，根于性，干于情，枝于才，叶于学”

苏端明每称其子叔党，骎骎有跨灶之兴，又云：“过子每出一篇，即作数日喜，饮食俱有味。”此不特熟处难忘，盖如夜光尺璧，无因至前，虽欲矫情，不能

① 巢父：传说为唐尧时的高士，晋皇甫谧：《高士传》曰：“巢父者，尧时隐人也。山居不营世利，年老以树为巢而寝其上，故时人号曰巢父。尧之让许由也，由以告巢父，巢父曰：‘汝何不隐汝形、藏汝光？若非吾友也。’击其膺而下之。由怅然不自得，乃过清泠之水，洗其耳，拭其目，曰：‘向闻贪言，负吾之友也。’遂去，终身不相见。”（皇甫谧：《高士传》，四部备要本，第5页）

目为弊恶，况天伦文采之际乎？虞山冰壶邵公理韶阳，公子节庵闭户力学，不窥宦邸，其母夫人精心好道，时善病，乃趋侍汤药间，以其暇出为诗歌，辙欲掩庾、鲍[①]之色。冰壶公见夫人之病而忧，见公子之诗而又喜，以为端明海外之乐，未有适于此者也。人子之事亲，养口体者不若养志。父子于子也，亲贤而下无能；母子于子也，贤则亲之，无能则怜之。凡天下之为父母，未有不爱其子之才者也，以富贵养者劣，以性情才学养者胜。诗之为道，根于性，干于情，枝于才，叶于学[②]。节庵之诗，与世之剪花缀草、插瓶附鬓，不终朝而萎者不同。每一篇成，捧手而歌之两尊人之前，其父忻然，忘夫人之病，其母忻然，忘夫子之忧，忧病两忘，身心俱起，医药效灵，婢仆咸喜，虽拜章以吁神，割股以和剂，其验未有若是之速者，孝孰大焉？端明之爱叔党，与冰壶公之爱节庵，其安危不同，而忧乐不异，皆在诗文之中而出于诗文之外，余故为发其意，叙而归之。（《邵节节庵诗序》）

十三、“史不徒文，赋不徒质，本之以忠爱，而时寓其激楚，复有骚人之遗”

山川、井邑、人才、物产，隐括而成赋，《三都》《两京》[③]，沉博绝丽，其韵数变；《古诗为焦仲卿妻作》[④]者，其韵数变，委折恣睢，得龙门之化仪，以叙一人之事；子美《北征》[⑤]，叙一时之事，其韵不变，以识御势，极情理之胜，皆兼史而

---

① 庾、鲍：庾信，鲍照。庾信，参见本书《皎然》“庾子山”注。

② 诗之为道，根于性，干于情，枝于才，叶于学：今释以“性”“情”“才”“学”比喻成树的“根”“干”“枝”“叶”，是从作者的修养论诗。他认为，要提高作者的文学修养，必须从作者的“性”“情”“才”“学”四个方面着手。这四个方面中，今释又更看重“性”与“情”，认为这两者是根本和主干。“才”与“学”虽然也重要，但和“性”与“情”相比，则处于次要的位置了，“才”与“学”只是从根本和主干上抽发出来的枝条和绿叶。需要注意的是，“性”与“情”，特别是“性”更多的是先天性的东西，无法有效提高，所以以此看来，今释论诗特别强调“先天”的因素。

③ 《三都》《两京》：左思：《三都赋》，张衡：《二京赋》，都是汉赋中的精品之作。

④ 《古诗为焦仲卿妻作》：亦名《孔雀东南飞》，为建安时期无名氏作，是我国五言叙事诗中杰出的长篇之作，标志着汉乐府叙事诗发展的高峰，与《木兰诗》合称为乐府民歌中的“南北双璧”。

⑤ 子美《北征》：杜甫：《北征》诗，作于至德二年（757）。此诗仿汉班彪：《北征赋》而作，按时间、行程的次序叙事、抒情、议政，充满了忧国忧民的情思，是杜甫长诗中的杰作。

止。盖摭实难工，蹈虚易妙，搜典散于抟砂，束音寂于独掌。若夫举一韵而尽三善，则陈子季长《琼岛行》是也。是诗也，辑琼州之志，比于赋；而感悱于一人一事、数人数事之变，比于史。史不徒文，赋不徒质，本之以忠爱，而时寓其激楚，复有骚人之遗。恢谲诡怪，事不类而成类，枯沚险仄，韵不安而成安。譬之七丸并弄，而五丸常在空中；五官并用，而一官如居物外。盖其才思空阔，筋力雄重，足以胜之。高洋拔剑斩乱丝，巧于藏拙；王彦章赤脚走荆棘中，血无线缕，亦岂犀兕所难？今使身衣败絮，手理乱丝，足入棘林，目数归雁，丝丝入扣，步步无碍，吾必举季长以当之，则是诗其佐证也。（《琼岛行小序》）

十四、“诗以代问，亦以代答，答者不少，问者不多，问亦自问，答亦自答”

与万子考叔别二十年，一旦复见于仙城，盖犹昔人，非昔人也。世缘零落，殆不暇问，此非不问，问不可以尽，不如不问。以为有零落可问，即尚有零落不可问者，于不可问之中，独存吾两人为可问，则已多矣。故不可问者，理所应有；有可问者，事所应无。则非有零落不问，实无零落可问也。于是不获已而言诗。诗以代问，亦以代答，答者不少，问者不多，问亦自问，答亦自答。有山水如未始有山水，有友生如未始有友生，有零落如未始有零落，有悲歌慷慨如未始有悲歌慷慨，问亦无答，答亦无问。盖至是，而吾与考叔二十年之别，忽得一见，见而复别，别即不复见。或复一见，皆不可言，非不言也，言不可以为益，不如不言。悲夫！悲夫！吾能忘情，不能代一切人之不忘情，则考叔将以此为雍门之弹矣，亦有为考叔泣下沾衣者乎？（《万考叔诗小序》）

十五、“性情之正，操行之洁，表里皭然，确乎其不可拔”

岁乙巳，陆孝山太守贻予《梅花诗》，为和朱君贻穀者。予问：“贻穀何如人哉？”孝山曰：“雄之君子也，隐居教授，履不接于郡邑之庭。”予心识之。越三年，戊申，乃得相见，并读其《问梅集》，知孝山之不苟与也。士风之下，以巧捷见才，不事王侯，高尚其事，则目笑以为迂拙，困顿老蓬藋中，谁知之者？然匹夫有志，亦有宁迂宁拙，困顿老蓬藋中，不求人知，不趋于巧捷，盖有所不忍也。问梅诸诗文，性情之正，操行之洁，表里皭然，确乎其不可拔，然韵致萧疏，无刻厉不能自容之状，又足以见其德也。世之论梅花，结芳竞秀，在凝阴沍寒中，不同热客似矣；然一阳才萌，跗萼争吐，虽冰封雪锁，不可禁遏，其半开之蕊，干而藏之，七粒点汤，能发不发之痘，即麝脑亦逊其烈，岂非得性之最热者耶？古今遁迹之流，皆非冷人，各有五岳起于方寸，既无术可消，一切付之牛背斜阳、渔竿残雪，此非甘让英雄，特其风力有露不露耳。然则贻穀问梅，即为梅所问，当有相对忘言者，不妨使予与孝山从旁击节也。（《问梅集序》）

十六、“秀不趋艳，清不入寒”，“翠无秾纤，淡无激射”

孝山集甲辰倡和，予所作教之融谷①减三之二，二子不欲使予附庸而僩然大国自处也，乃取其同于予者，合为一编，而别集融谷诗，命曰“粤游草”，亦断自甲辰而止。诗故各有分量，予即幸免附庸，而融谷之诗不能不为大国，孝山此举，所不容已也。予游名山大川，所至高深奇诡阔绝之观不少，其能系人思者，必归西湖。西湖之胜在春与秋，春宜浅过，秋宜深初。融谷之诗，于春乃在烟柳欲舒，露桃未放，于秋则在碧梧夜月，丹桂晨风。秀不趋艳，清不入寒，丘壑远映，翠无秾纤，波澜近潆，澹无激射，此融谷诗品于西湖有神似者也。融谷游粤，不止于甲辰，以孝山是岁从天峰，浮珠江，驻韶石，探丹霞，晦明寒暑之交，登临酬酢，无不与融谷同者。自甲辰后，时或不同，即同矣，而唱和之兴时或不继，孝山咨嗟感叹于此久矣。读是编者，风雅之所存，山水之所合，宫商之鼓不介而相应，得融谷之大凡，其尚在六桥雨净、双峰霞蔚之间乎？（《沈融谷粤游草序》）

① 融谷：沈皞日，见前注。

十七、“尝以为世之好恶，未有所定，我自爱我，著我痛痒耳”

天下诗人多矣，各骋其才，极其思之所至，往往读之称善，然善者有人在，称者有我在。今年来庐陵，得白岳汪子舟次[①]诗，如火见火，忽然而合，而无此火异彼火想，亦无彼火同此火想。其似我者，如我所自为，意中所自有也。其胜我者，如我惨淡经营，不知其语之所从来，而得一意外之语，其胜我益多，如我所得意外之意益甚。抵几奋笔，亦不自知其喜之所从来。其善也无人在，其称也无我在，天下有神合如是者耶？尝以为世之好恶，未有所定，我自爱我，着我痛痒耳[②]。倚天之剑，不能为死人操曲，盖鼓吹迎饿夫于百里之外，使归而享以太牢[③]，不如其往食之也。付粉刷胶，熨背致焦，不如掉臂而行。笔有心，心有力，心之力不假涂于古今，不疾而速，不行而至，矢不虚发，必视其所着。澹归与舟次，两瞳子皆如迸星。虽然，澹归老矣，舟次年方少，少犹胜我，我犹能追之十年之后耶？亦譬之火，舟次方炎昆冈，澹归如灯，投灯于昆冈之焰，未见有异同也。故曰：似我是，胜我是，其有所不似不相胜者亦是。呜呼，难言之矣！（《汪舟次诗序》）

---

① 汪子舟次：汪楫，字舟次，江都人，原籍休宁。性伉直，意气伟然。始以岁贡生署榆训导，应鸿博，授检讨，入史馆。出知河南府，置学田，嵩阳书院聘事耿介主讲席。擢福建按察使，迁布政使。少工诗，与三原孙枝蔚、泰州吴嘉纪刘名。著有《悔斋集》《观海集》。事迹见《清史稿》卷四百八十四《列传二百七十一》本传。

② 尝以为世之好恶，未有所定，我自爱我，着我痛痒耳：今释论诗反对拟古，强调自出机杼，这与反对“文必秦汉，诗必盛唐”的“公安派”有相似之处，他说：“读古人书，见古人如此作、如彼作，便须自寻出路。若才拈笔，便思古人某作如此、当如此作；某作如彼、当如彼作，作作皆效古人，将自置何地？或又谓此作似古人某作，彼作又似古人某作，作作皆似古人，将置我何地？予不师于古人，言我所欲言耳，或有似古人，或有不似古人，古人不得以此局我；即以交于今人，亦言我所欲言耳，或有似今人，或有不似今人，今人又可以此局我耶？”所谓“不师于古人，言我所欲言”就是“我自爱我，着我痛痒”之意。

③ 太牢：《大戴礼记・曾子天圆》：“序五牲之先后贵贱，诸侯之祭，牛，曰太牢；大夫之祭牲，羊，曰少牢；士之祭牲，特豕，曰馈食。”（王聘珍：《大戴礼记解诂》，中华书局 1983 年版，第 101 页）《礼记・少仪》：“其礼，大牢（与太牢同）则以牛左肩、臂、臑折九个，少牢则以羊左肩七个，犆豕则以豕左肩五个。”《礼记注疏》，北京大学出版社 1999 年版，第 1221 页。（阮元校刻：《十三经注疏・礼记注疏》，中华书局 1980 年版，第 1516 页中）

十八、“其诗伊郁留连，激而为不平，而不欲齐于风号石怒，亦其性然也”

人生自处，正在意无意间，太有意则伤神，太无意则伤形。古之人盖有推而后行者，当其未推，不推此行，当其已推，不推此推。此非真静，然有其无意之意矣。予尝以是求之稠人中，三十年鲜所遇，及见陆亦樵氏，以为庶几遇之。顾欲其出家学道，辙夷然不答。亦樵无累于外，无所系于内，何以有所不可也。读其诗，乃知予未能知亦樵。亦樵故多情，彼非不行，以无推之者。其所遇不足当其意，知其不可奈何而安之，即付此世于若有若无之间，并置此身于可有可无之间耳。其诗伊郁留连，激而为不平，而不欲齐于风号石怒，亦其性然也。孟子曰：“伯夷隘，柳下惠不恭。”①隘与不恭，常相为因，而清与和，复不相为用，要之一己之外，割鸿沟以弃诸乡人，则二子之所同也。亦樵淡然自远，所至寄迹萧寺，登临山水，动经旬日，交诸侯大夫，时有不言不笑不取之概，盖清一而和二。犹吾圣人之徒欤？而亦得其不屑于去就者，不能逃吾验，以《夜鸿鸣》为之验也。（《夜鸿鸣小序》）

十九、“诗文之道，神不可不清，骨不可不贵”

王谢子弟②秉气清贵，流风萧洒，其英华蔚秀，遂擅一时，自然无些子伧父慿。予读曹君季子诗，如行乌衣巷里也。诗文之道，奇平、浓淡、深浅、迟速，各从其所近，然神不可不清，骨不可不贵。譬如天人，身出光明，衣食微妙，飞行自在，视七金山五色莲华香水围绕，犹在须弥脚下，况于人中秽浊，岂堪着眼？

① 伯夷隘，柳下惠不恭：此句见《孟子·公孙丑上》，讲的是古代贤人尤有缺失之处：“孟子曰：‘伯夷隘，柳下惠不恭。隘与不恭，君子不由也。’”（朱熹：《四书章句集注》，中华书局1983年版，第240页）

② 王谢子弟：指的是东晋时期最重要的两大家族王姓与谢姓的子弟们。王导，是东晋政权的奠基人之一。谢安，是淝水之战的总指挥。王导与谢安可见《晋书》本传，参见前注。

则至贵者必至清也。藉令充实稳称,无可瑕疵,而相其神骨,仅堪置之旅进旅退间,以其智不浮清,毕竟不贵。亦有边幅狭劣,似清而酸,词指诡刻,似贵而傲,流入偏枯,便乖正法,迹所自处,已为废材,由其力不载贵,毕竟不清。季子尊公为峨雪先生,令兄顾庵太史,排金门,上玉堂,乃其闺阃内事。薄游山川,有所抒写,意思萧洒,决不飘堕尘埃,谓之家风,亦云自性。盖生而清贵,不资模仿者耳。(《曹季子诗序》)

二十、"诗之道,以韵度胜,韵欲高,度欲远,无不藉交游以发之"

人生世间,不知交游,如村落小儿,见客忸怩,便欲避去,虽为士流,识其韵度不足也。诗之道,以韵度胜,韵欲高,度欲远,无不藉交游以发之。交与游同乎?交因于人,游因于地,地全于山水,人全于友生。虽然,古之人于山水,皆以交友生之法交之,于是山水有性情,有学问,有语言容止。善游者与之为往还,约契切劘无间,所云"清泉白石,实闻此言",不敢目为无知而忽之也。古之人于友生,亦以游山水之法游之,于是,友生有丘壑,有波澜,有晦明寒燠,显密曲折。善交者以屡涉而深,久之而益进,几于日夕坐卧寝处其间,故非一交臂而失之。然则交不因人,游不因地,地中全友生,人中全山水。其于古今载籍,闭户自精,千世之上,六合之外,法交游以为法者亦然。故其为人,韵高而度远,出而为诗,亡虑其情文之不相生也。予至端溪,黎君尧民始以交游之法见,即以诗见。尧民故老于交游,自江左右、浙东西、河南北、燕山前后,地无不游,有人无不交,浩然而归,其诗满车,殆欲色秀星岩,声高龙水。予为终卷而叹:含识芸芸,灵明各等,一囿于方域,虱居豕背,蛙跃坎井,不复知有天海之邈。即闻见不能发其心思,笔墨黯然,如童子仿朱,伧父记钱米,穷措大摘钞时艺本子,乃至无一字一句不寒酸秽烂,速为人所吐弃。然后儒林超越之流,率以交游为胜。呜呼!修词尚尔,况道德之所存哉!(《黎尧民诗序》)

二十一、“行十万里路，集一千年诗，此亦如幻三昧中一段快事”

闭户读书，能尽天下之胜，终不如亲到一回也。丈夫当使游屐遍于名山大川，穷幽剔秘，发其灵秀，与吾之神理相激荡。予尝有超然远引之怀，甫弄笔，即牵于世事之险阻，旋披缁，复夺于大众之饥寒，钵底风尘，囊中楮墨，酬酢虽多，登临盖寡，即欲闲居道古，致力咏歌，抑又难之。文可复公天姿超迈，诗学醇深。顷与朱子廉哉浮江入粤，故人官舍已如退院，公于其中，一池荷叶，满地松花，折脚铛子，不烦分付。每当名胜，拥膝长吟，千载而后，遂与杜陵埙篪并奏，沉着雄浑，等无有异，而萧洒则有过焉。予于此作三不如之叹，盖诗逊其正，心逊其闲，境逊其旷也。予垂老方有游兴，恒恐时不待人。公年仅六旬，身轻似鹤，愿以《江粤行纪》为昆仑发轫，勿以岁月道里限量诗情。昔千岁宝掌悟心于达摩①，已六百余岁，其诗曰：“梁城遇导师，参禅了心地。飘零二浙游，更尽佳山水。”后又四百余年示寂。吾乡宝掌故不以诗名，所存者四语，风度渺然。公若以有韵之言横出一枝，为法门鼓吹风雅。行十万里路，集一千年诗，此亦如幻三昧中一段快事。予于九百岁后，更为公作全集叙，异口同音，正不必定唤作澹归耳。（《江粤行记序》）

---

① 千岁宝掌悟心于达摩：千岁宝掌，即宝掌和尚，印度和尚，据称因其长寿至千年，故称。据传，宝掌和尚六百多岁之时，在中土遇见达摩祖师，一听达摩之言即悟。《五灯会元》卷二载：“千岁宝掌和尚，中印度人也。周威烈十二年丁卯，降神受质，左手握拳。七岁祝发乃展，因名宝掌。魏晋间东游此土，入蜀礼普贤，留大慈。常不食，日诵《般若》等经千余卷。有咏之者曰：‘劳劳玉齿寒，似迸岩泉急。有时中夜坐，阶前神鬼泣。’一日，谓众曰：‘吾有愿住世千岁，今年六百二十有六。’故以千岁称之。次游五台，徙居祝融峰之华严，黄梅之双峰，庐山之东林。寻抵建邺，会达摩入梁，师就扣其旨，开悟。”（《五灯会元》，中华书局 1984 年版，第124—125 页）

二十二、“以其意根传于口手，利人耳目，人亦从其耳目传于意根，还归藏识”

一切境缘过去不可得，而藏于藏识①之中。夫藏识，吾不知其藏于何所也。一切过去境缘，亦不知藏于藏识何所。然而提起即有，放下即无，皆为意根之所簸弄。意能自知，不能使人知。传之于口，口能使相对者知，不能使相隔者知。传之于手，手使笔，笔使墨与石，笔墨使楮，五者合，而一切过去境缘如一切现在。虽然，利根者传，钝者不能传也。伊璜②以旷代逸才，生于今之世，竿木随身，逢场作戏，自黄泥潭至羊石，数千里之远，数十日之久，山川草木、禽鱼人物、世情事变，皆入于《廿字诗》。使观之者自黄泥潭至羊石，数千里之远，数十日之久，山川草木、禽鱼人物、世情事变，皆出于《廿字诗》，各各有一伊璜，竿木随身，逢场作戏，可喜可愕，忽悲忽欢，若闻韩娥之音，一里老幼，七情无主。嗟乎！伊璜意根之利一至此乎？伊璜以其意根传于口手，利人耳目，人亦从其耳目传于意根，还归藏识。如火分光，展转无尽，而本来火未之或减，则虽摄三世、现十方、住千百亿劫，皆非异事。故一切境缘过去不可得，伊璜留之，而一切过去境缘欲过去而亦不可得，是伊璜玄中之因而结史中之果者也。（《查伊璜廿字诗序》）

二十三、“万里山川与心眼共相吞吐”

东坡海外之作，识解既进，笔力随之，然忧谗畏讥，往往蕴而不发，同时酬

---

① 藏识：即阿赖耶识，原出早期佛典，也被称为“根本识”“穷生死阴”“果报识”等。此识是世界人生的最直接的本源，是一切经验、习惯、概念等积累储藏之处所，也是个体生命得以统一和维系的主体。《楞伽阿跋多罗宝经》曰：“譬如巨海浪，斯由猛风起，洪波鼓冥壑，无有断绝时。藏识海常住，境界风所动，种种诸识浪，腾跃而转生。”（《大正藏》第16册，第670号，第484页中）

② 伊璜：查继佐（1601—1676），字伊璜，浙江海宁人，南明鲁王授以兵部职方主事，后回乡讲学，以《明史》案被捕，后得免，有《罪惟录》《国寿录》《东山国语》等。事迹见《广东通志》卷六十四《吴六奇轶事》《西河集》卷一百五十六《明河篇有序》《石渠宝笈》卷三十一、《中国历代人名大辞典》。

唱者谪各异方，世外之交如参寥①辈，欲泛海相寻，又力止之。万斛源流，缩于乳泉一勺，此亦诗运之厄也。淮安丘子②，逸才雅度藉甚，玉堂对调，琼南意致，夷然无迁客之叹；张子虞山③以诗坛雄伯狭小寰中，慨然负瓢，同探奇甸，晨夕赓吟，遂成巨帙。视余于海幢，得尽读之。万里山川与心眼共相吞吐，则此一行也，非曙戒宦辙之穷，而诗运之盛也。夫以无系之胸，传之无畏之口，比于党祸，情势既宽，而虞山朋友之乐，复助其兴会，时而埙篪相协，时而旗鼓相摩，岂非太虚、鲁直之所不能从，而东坡亦为生妒者耶？是集也，曙戒主，虞山宾，而曙戒非主，虞山非宾。何也？虞山为曙戒来，不为曙戒之官而来，曙戒亦非屑屑于一官而来。是故非曙戒，则虞山之游兴不生；非虞山，则曙戒之诗情不壮。游兴诗情，虞山曙戒，迭为宾主，以成其胜。然后知屑屑于一官者之果不足与于风雅之林也，其无独委之曙戒之诗运，可也。（《二子海外诗序》）

二十四、“夫不住于静，并不住于妙，而天下之真诗出矣”

于人间世求一静者盖不可得，非无静者，亦且无动者。夫空散非动，销沉非静，二俱非故，故世无能动者，则实无能静者。若吾闻之耿徂徕、赵止安曰：郑子素居，至性人也。韩公严、王宾卿曰：素居，正人也。岂非以静故正，以至性故静耶？吾始识之清凉僧舍，每相过于白松、东禅间，若使一室蒲团，琉璃照夜，万籁无声，真可使毗耶方丈、净名文殊④一齐坐杀矣，吾目之为深山道流也。已而见其诗，隽而旨，远而能洁，寒岩百尺，清泉绕之，亦婉娈间好以自媚，

---

① 参寥：见参见本书《无文道灿》注。

② 丘子：丘象升（1629—1689），字曙戒，号南斋，顺治十二年进士，官至大理寺左署丞，有《楚游草》《岭海集》《西清焚余草》等，后合为《南斋集》。事迹见《大清统一志》卷六十五、卷二百五十九、《江南通志》卷一百四十三。

③ 张子虞山：张养重（1617—1684），字斗瞻，号虞山，又号虞山逸民，晚号椰冠道人。淮安府山阳县（今淮安）人，淮安清初诗坛魁首，时称“张山阳”。其人格与诗品赢得了当世名流如王士祯、阎尔梅、杜溶等人的极口称道。潘德舆赞曰：“吾乡诗人入古人堂奥者，前推宛丘，后则虞山。”（《养一斋诗话》）将其与北宋大诗人张耒并论。

④ 毗耶方丈、净名文殊：参见本书《横川行珙》“文殊”注。

信素居之为深山道流。盖孔子常有言矣:“诗可以兴,可以观,可以群,可以怨。”夫是极天下之至动者也。然而归于正,出于至性。故非至动者不可与言诗,非至静者不可与言动。以吾观之,至静者不与动为对,亦不与静为类。与动为对,则亦动之类;与静为类,则亦静之对。皆不足以为主于动静,而动静得而主之。此虽言诗不可,况过于诗者乎?杜子美之诗曰:“静者心多妙”,以其不住于静,故妙,以其不住于妙,故静也。夫不住于静,并不住于妙,而天下之真诗出矣。呜呼!吾与素居,岂仅言诗者哉?(《郑素居诗序》)

二十五、“诗非气运之忌也,故使千载而下,以公为诗人,此亦鬼神之所喜已”

今释向以童子试,受知于大参静长邹公,及十年成进士,而公殁。又十四年,参方过毗陵,得公诗集于公塚子孝廉延琦,且属为序。序曰:天下当大乱,则治天下者不得尽人之才,人之才者不得以自尽。夫既不得尽其才,则不如不才。彼天故不能禁人之才,而不能不禁于尽其才也。何也?尽其才则天下将不得乱,此故天之所欲禁也。人之有才,难有兼才,尤难其势力能与气运相抗。凡气运之欲有败于天下,不能一时而尽败之,必将事事而败之。以一才抗之,一事不败,以兼才抗之,兼事不败,则气运之所能败者鲜矣,此故天之所欲禁也。公读书数行俱下,治吏牍,方圆并画;其视学浙,阅十一郡之文,四万有奇,九十日而毕,敏无出公上者。备兵天台,制海上利害,贼不敢犯;于商于荡矿贼巢;守晋会城,却流寇之围;最后戢猺獞罗旁,勇敢亡出公上者。其为守,剪狐鼠于藩封,城社之内,晏然不惊;既以监司折监珰之角,使屏息去;摄盐法,斥市直之例,不名一钱,廉节无出公上者。至于图敖目宝山故地,策宣东乘障要害,卒格于珰,为后人黑峪口之根,智略无出公上者。使公得尽其才,无论中权天下,第令秉节仗钺,数千里内外,可以鹿走豕突,安如覆盂。国统中微,而建桓文之勋①,左提右拂以尊

① 桓文之勋:桓文,齐桓公和晋文公。齐桓公在位期间,任用管仲为相,实行改革,是中原第一个霸主,为春秋五霸之首,受到周天子赏赐。事迹见司马迁:《史记》卷三十二《齐太公世家》。晋文公在位期间任用狐偃、先轸、赵衰等人,实行通商宽农、明贤良功劳等政策,成为中原第二个霸主,与齐桓公并称为“齐桓晋文”。事迹见司马迁:《史记》卷三十九《晋世家》。

王室,无足为公难者。然而官仅外藩,年仅逾强壮,不得尽其才以殁,天也。天下非小有乱,而公非小有才,以其兼才而抗天下之乱,则气运之势将有所诎。故如公者,鬼神而忌之,鬼神非与公素忌也,则以鬼神者气运之役也,役于气运,为妖祥于成毁之间,媚福命而忌才,彼亦有所不得自已也。夫天能禁公之尽其才,而不能禁公之才,譬之不能禁公之为诗耳。诗非气运之忌也,故使千载而下,以公为诗人,此亦鬼神之所喜已。某序诗而不言诗,使千载而下见公之诗,而知公之以兼才为鬼神之所忌如此,不敢徒置公于李白、杜甫之间者,此亦不从于鬼神之所喜之意也。(《燕超堂诗集序》)

二十六、“以志为诗,见志而遂见诗;以诗为志,见诗而不见志”

余与山阴张荀仲氏定交,盖在师与旅,越八年,复相见于琴川,别于虎阜,始识其长公雏隐。又二年,至穗城,则雏隐先在焉。投我以诗,读而善之,继得尽发其诸体,雅健峻洁,可以追古作者而无所让。余既惊叹其才,则为荀仲助喜,且私自幸也。以为幸厕僧伦,不复厝意于时,令犹与雏隐并骛骚坛,刻烛分韵[①],即必有才尽形秽之惧矣。虽然,诗以言志,雏隐之志,岂徒以诗自鸣耶?诗依人而重轻,人依志而大小,古之人以志为诗,今之人以诗为志矣。以志为诗,见志而遂见诗;以诗为志,见诗而不见志。夫见诗而不见志,君子耻之,况于借诗以为志,借志于诗以为诗乎?以王右军[②]之品识为字学掩,杜工部[③]自比稷契,天下之人未之许也,岂非以其生平树立,未有出于字与诗之上者耶?雏隐年力方富,才气过人,其所树立,盖未可量,亦宜有因雏隐之诗而见雏隐之志者。雏隐曰:吾固隐于诗而已,时为之,而岂其志之所得为?见与不见,非所计也。噫,余言浅矣!(《张雏隐诗序》)

---

① 分韵:中国古代,诗人们在作诗之前,要选定一些字为韵,各人分拈韵字,然后依所拈的韵字作诗,叫做“分韵”。宋严羽:《沧浪诗话·诗体》:“有分韵,有用韵。”(郭绍虞:《沧浪诗话校释》,人民文学出版社1983年版,第74页)

② 王右军:参见本书《贯休》“王羲之”注。

③ 杜工部:即杜甫。参见本书《实存英》“工部”注。

二十七、“自宋以降，诗人好名而务博，往往诸体皆能，而皆未能臻妙”

王子说作[①]，盖岭表诗家之秀也，余谒雷峰始识之。雷峰虽提持祖道，然不废诗，士之能诗者多至焉，皆推说作第一手。余亦时为诗，性既粗直，诗亦愤悱抗激，每见说作诗辄自失，以为有愧于风人也。说作诗诸体皆工，至其五七言律，真足夺王、孟[②]之席。余虽不知诗，天下后世见说作之诗者，又将以余为知诗也。自宋以降，诗人好名而务博，往往诸体皆能，而皆未能臻妙。浩然集自五言律外，诸体绝少，摩诘则富矣备矣，然去远矣，然王、孟并称，当时无异词，千载而下，亦未有敢易置者。譬之置玉于左，置珠于右也，珠与玉质之大小，其相去远矣，然世必无因玉而毁珠者，何也？珠故不与玉较大小于尺寸之间也。余于说作，尤推近体，盖意专于妙。子美之怀浩然，亦曰：“赋诗何必多，往往凌鲍谢[③]。”人患不能凌鲍谢耳，少犹可传，则说作之诗已为过多矣。说作有逸韵，自文史而外，不涉一事。其为人多情而静，每抱肮脏而未尝露，盖自然得风人之遗。庚寅以来，田宅俱尽，不求闻达，间与时浮沉，又得老氏之三宝以善藏其用，庶几非才多而识寡者。余之自失，又不独以其诗也。(《王说作诗集序》)

二十八、凡为诗，“信所谓成竹在胸，非句句字字而为之者”

文与可[④]墨竹为天下壮，苏子瞻得其法，其言曰：画竹必先得成竹于胸中，

---

① 王子说作：王邦畿(生卒年不详)，广东番禺人，明末副贡生，明亡后出家为僧，法名今吼，与梁佩兰、程可则、方殿元、陈恭尹、方还、方朝共称为“岭南七子”。事迹见《清史稿》卷四八四及《清史稿·文苑·陈恭尹传》。

② 王孟：王维、孟浩然。

③ 鲍谢：鲍照、谢朓。

④ 文与可：文同(1018—1079)，字与可，号笑笑居士，人称石室先生，北宋梓州人，著名画家、诗人，擅长画竹，为苏轼表兄，《宋史》卷四百四十三《列传第二百二》本传。

使节节而为之,无复有竹矣。凡为诗也,亦然。今之人句句字字而为之,初无成诗,夫是以无诗。余卧病海幢,得阮君作时赠药而愈,因以得作时之竹,并得作时之诗,信所谓成竹在胸,非句句字字而为之者①。且姑置是。与可所画筼筜偃竹,数尺有万尺之势,寒稍月落,直是画中有诗。读作时诗,又如万亩修篁,引人向绿玉窝中吞烟吐月,何但诗中有画耶?夫因病而得药,因药而得竹,因竹而得诗,作诗所倾倒于余者,至矣。余方将出岭,复乞作时之方以行,作时又许之。虽然,余非病无以得作时,是病,余功臣也。病有功于余,而余与作时且耽耽操一药以距之,病不负余,而余负病,可若何!愿以此诗与天下之人共之,使各得渭滨千亩,永无俗肠,以为病功德回向。则余斯序也,因诗而及竹,因竹而及药,因药而及病,皆不敢负魏无知,亦见病夫倾倒于作时至矣。(《阮作时诗序》)

二十九、"穷者诗之里,工其表也"

禾中朱子葆,负济世之才,为时而诎,承清白之无余者,走数千里,索诸名山水,因以问四方之贤豪,间论古今人事,往往慷慨流连,不能自已,一见于诗。近过海幢示澹归,澹归非能诗者,而识其工,非惟识其工,又识其穷。穷者诗之里,工其表也。子葆客羊城,殆不能谋饱,犹有吐月吞云,声出金石者,顾谓澹归攘却世间便宜。澹归随众一饱,参禅无得,并诗而失。子葆方且湖海纵横,洒墨如风,右手操诗,以傲澹归,左手操穷,以傲一世之王公。或为之游说:诗即可留,穷亦可送,子葆何祈于傲一世之王公?或又曰:无以傲澹归,不失为仁;无以傲一世之王公,则失其勇。无宁留穷而送诗?子葆两皆不听,尽世出世间而傲之,得微为造物所忌耶?夫如是,当涂贵人必有能破子葆之穷者,澹归从壁上观,且喜子葆失却便宜一半也。(《朱子葆诗叙》)

---

① 信所谓成竹在胸,非句句字字而为之者:苏轼:《文与可画筼筜谷偃竹记》云:"竹之始生,一寸之萌耳,而节叶具之焉。自蜩腹蛇蚹以至于剑拔十寻者,生而有之也。今画者乃节节而为之,叶叶而累之,岂复有竹乎!故画竹必先得成竹于胸中,执笔熟视,乃见其所欲画者,急起从之,振笔直遂,以追其所见,如兔起鹘落,少纵即逝矣。"(《苏轼文集》,中华书局1986年版,第365页)苏轼"成竹于胸中",意谓画家对竹之意象有整体的把握,而不是着眼于竹之一节一叶。今释亦承此意来论诗,认为诗歌创作不是拘泥于一句一字,而是对诗歌的整体意象有充分的把握。

三十、“僧诗不可有僧气，居士诗不可无僧气”

僧诗不可有僧气，居士诗不可无僧气。如王公贵介，选伎征歌，核山肴海中，有百衲老僧，芒鞋箬笠，啖苦竹笋、菖蒲菹，风致正自楚楚，然绝非依傍勉强得来。一切人现习皆具宿因，宿因不解，携来现习，岂能学得？吾友雪庵姚子①，逮事先华首及天然老人，至予兄弟，盖三世矣。识见超卓，机趣敏决，度量廓落，虽随顺世谛，赴功名，了婚嫁，悉有不即不离、自然解脱之妙。予所见白衣中信之真，行之笃，表里之无间，少有若雪庵，真火宅莲华②也。其为诗却有僧气，走生不走熟，走清不走浊，走自己不走他人，宿习静慧，从蒲圃上捏聚者，一时从笔墨下放开。有透有不透，透处是禅，不透处是诗。使世之诗人观之，亦谓有似有不似，似处是诗，不似处却是禅。予所以爱雪庵之诗，在于不似而透，与世之取舍不同，世或以似而不透者索予，则亦雪庵所掩口也。（《姚雪庵诗叙》）

三十一、“不屑屑于声律，以为遇事有感，率然为之，亦各言其志耳”

刘公直生守韶阳，以廉直著，盖简于事而朴于心，吏民安之，有汲长孺③之

---

① 雪庵姚子：子莺，号雪庵。澹归：《五施说为姚雪庵文学初度》云：“吾友姚子雪庵，盖博大明敏士也。”又《姚雪庵诗序》中云：“吾友雪庵姚子，逮事先华首及天然老人，至予兄弟，盖三世矣。”可见姚子莺出华首门，礼道独、函罡为居士，居家事佛。与函罡、函可同门。常往来于华首、雷峰、海幢诸寺，与佛门法缘深厚。姚子莺亦善诗。澹归为《姚雪庵诗》作序，称其“识见超卓，机趣敏决，度量廓落”，可惜姚子莺的诗集已散佚。姚子莺与姚子蓉、姚子庄是兄弟，生卒俟考。

② 火宅莲华：火宅，用以比喻烦恼多的众生世间。火，喻五浊八苦，宅，喻欲、色、无色三界。三界众生为五浊、八苦所逼迫，烦恼多，不得安稳，犹如屋宅起火燃烧不得安居。火宅喻为《法华经》七喻之一：“一切众生，皆是吾子，深着世乐，无有慧心，三界无安，犹如火宅。众苦充满，甚可怖畏。常有生老病死忧患。如是等火，炽然不息”。（《大正藏》第9册，第14页下）火宅莲华，即火中生莲。比喻虽身处烦恼中而能得到解脱，达到清凉境界。《维摩诘经·佛道品》：“火中生莲华，是可谓稀有，在欲而行禅，稀有亦如是。”（《大正藏》第14册，第475号，第550页中）

③ 汲长孺：汲黯（？—前112），字长孺，河南濮阳人，为人耿直，常直谏力诤，为西汉名臣，汉武帝称其为“社稷之臣”。事迹见《汉书》卷五十《张冯汲郑传第二十》本传。

风。间作诗,不屑屑于声律,以为遇事有感,率然为之,亦各言其志耳。因命之曰《无弦吟》,若有取于陶渊明者,公之感深矣。士不得已而生于天地间,各有二难,所谓贫难、曲难也。渊明方食贫,亦欲弦歌以资三径,及其为令,始知曲之难有百十倍于贫者,故未六十日而去志遂决。汲长孺欲拾遗补阙于天子左右,卧治淮阳非其好也。夫至尊之前,犹可行其直,而一弃于外吏,无所不用其曲,予以知磊落之士避曲而就贫,亦犹择祸莫若轻之意也。公为官非所屑,为诗亦非所屑,故诗不苟为多。琴有妙音,人有妙指,无妙则不发,藉令以妙指发妙音而无知者,又不如其不发也。左据槁木,右击槁枝,而歌猋氏之风,千载而下,有因诗而得渊明者,一时之人,未有因琴而与渊明嗒然相遇于无弦之表者,公之感益深矣。(《无弦吟序》)

三十二、“人事莫妙于有不足,情莫妙于数变,才莫妙于有所触而发”

人事莫妙于有不足,情莫妙于数变,才莫妙于有所触而发。彭子云客[①]令长宁,政声霭然,一旦以挂误去,彭子故能以道自胜者。譬之客宿亭中,虽无执恋,而去来之际,时有所寄,则音迹留焉。此《抽簪杂咏》所为作也。喆嗣凝祉,逸才英上,出其金石之奏,以佐菽水之欢[②],合而成编,如传家乐一部,则彭子之去官,可贺而不可吊也。凡有余之势,常生于不足,乐为至苦。七趣之中,天趣乐矣,然向道即障,亦未有能文以自见者。盖五欲之求无所不足,则情不数变而才不发。故天多愚,而人多灵;富贵之人多愚,而阸穷不得志之人多灵也。使彭子为令,至今无恙,行且报最,吏习日深,福泽之肉日肥,肝膈日俗,即不暇作诗;又未几而内召,得贡谀者浮词千首,如官厨下马饭,百席一例,适当

① 彭子云客:彭珑(1613—1689),字云客,号一庵,江南长洲人,顺治十六年进士,授惠州长宁知县,被劾。初好佛老,六十后专心儒术,称信好老人,卒后门人私谥仁简先生。事迹见《江南通志》卷一百三十一、《广东通志》卷二十九、《中国历代人名大辞典》。

② 菽水之欢:指用豆和水奉养父母,以使父母欢欣快乐。《礼记正义·檀弓下》:“子路曰:‘伤哉,贫也!生无以为养,死无以为礼也。’孔子曰:‘啜菽饮水,尽其欢,斯之谓孝。敛手足形,还葬而无椁,称其财斯之谓礼。’”(阮元校刻:《十三经注疏·礼记注疏》,中华书局1980年版,第1310页上)

酷热，流汗烹饪，熏蒸之气，掩鼻欲呕，苦矣！彭子幸得脱之。陈其家庖，山珍海错，雅歌属和，迭相酬献，苟有旷怀，义不以彼易此，彭子将无犯造物之妒耶？夫造物不知妒彭子，一若阳薄而阴厚之，虽天下之为父子者，未之或知也。而彭氏之父子复佯为不知，以求免于造物之妒，此不谓情与才之屡触而变、发而益妙者，非耶？（《抽簪杂咏序》）

三十三、“词达而已，不达岂能工哉”

当湖李孝廉潜夫，今之高行士也。自崇祯癸未，不赴公车，至甲申后，绝迹州府矣。时纵游濒海之九山。喜为诗，三吴风雅流辈咸宗尚之。有一子，先丧，家贫甚，并遣其妾，仅与老妻躬爨以自食。寿八十一卒。卒之后，友人陆亦樵氏谋于孝山太守诸同志，梓其诗而属予为序。予曰：此诗出，则穷而后工又得一证据矣。虽然，潜夫不穷，以潜夫为穷，故未能忘情于达者之见也。夫所谓达者，岂非得吾心之所以安哉？今以富贵与潜夫，潜夫不安也，必将日趋于穷而后安，此潜夫之达也。词达而已①，不达岂能工哉？或曰：潜夫得其心之所安，当以穷为乐，今潜夫之诗犹有感慨，是犹未能乐也。予曰不然。言之不足，故长言之，长言之不足，故嗟叹之，嗟叹之不足，故不知手之舞之、足之蹈之，此所谓乐。乐岂有间与哀哉？当哭而不哭，则不安；当笑而不笑，亦不安。笑与哭不同，其同归于安一也。感慨者，穷之言，穷之长言，穷之嗟叹，穷之手之舞之、足之蹈之也。是故穷为潜夫之安，感慨为穷之乐，皆潜夫之词之达处也。或曰：潜夫则已矣，彼造物之不仁，潜夫有一子而夺之，卒同于若敖氏之馁，潜夫所不能忘情此耳。予曰：此非造物之过也。潜夫之穷之境界至此而尽，感慨之情与词至此而达也。彼潜夫之子，才将力致其孝养，则穷之境界不全矣。使潜夫无子以养，而复能养其妾以生子者无之，与其老妻躬爨自食，举目萧然，潜夫感慨而为之，老妻者亦从旁而感慨之，此感慨之言，感慨之长言，感慨之嗟叹，感慨之手之舞之、足之蹈之，潜夫之穷至此而始全，潜夫之词至此

① 词达而已：《论语·卫灵公》曰：“子曰：‘辞达而已矣。’”（《四书章句集注》，中华书局1983年版，第169页）朱熹注曰：“辞，取达意而止，不以富丽为工。”（朱熹：《四书章句集注》，中华书局1983年版，第169页）

而达之始尽也。或曰:是心之达也,若境之富与贫、贵与贱,乌能比而同之哉?予曰:尽天下皆心,未尝有所谓境也。心不达则富贵亦忧,达则贫贱亦乐,此犹有以心平境者存。麋鹿之薦,人之刍豢,野夫之日、王侯之裘,猿之猵狚、鱼之鳅、晋之丽姬①,同一饱,同一暖,同一美,犹有以境平境者存,皆存乎境。夫境者,心之影耳;造物者,境之匠耳。造物之于人之心,若孝子之事父母,形声所未至,而视听至焉。潜夫之才与力与识一趋于穷,而后即安,至于老且死,无一穷之境界不全,无一感慨之情词不达。而造物窃窃然自喜,以为庶可告无罪于李先生,而又谁敢以潜夫为穷而不得志者?潜夫且以死士之垄蹴踏生王之头,而予亦取绳枢瓮牖现作琼楼玉宇,七颠八倒,入此集中,化作一身无缝天衣,即境即心,都不可得,则潜夫与澹归如梦中说梦,不妨相视而笑,付之忘言耳。(《李潜夫诗序》)

三十四、“笔有中锋,诗有正音”

笔有中锋,诗有正音,予尝爱之而未能学,故诗与字皆从偏人。壬寅见孝山诗,识所谓正音者。甲辰与孝山融谷有唱和,讲论益习,然竟不能变,盖用心之路已有蹊径,各自着便也。譬如人间寒时寒杀,热时热杀,忽然引着天台胜地,四时气候皆是三春,岂不妙绝?争奈俗汉不肯久住何!吴江顾茂伦②,选《种玉亭三体诗》,神理气格,真足挽中晚之衰返之正始,此予对症药也。予性少喜而多怒,孝山无大喜,亦无大怒,穆如清风。予尝心折其德量,又不能变,倘所谓病则思药,药至不思服者耶?然人或以为予性稍变,予特与予自相拗耳。若诗与字,亦稍变,其自相拗处,却又成病。盖非全身翻转不可始知。人不可老,老则欲全身翻转而不能,变与不变,皆不着便也。(《种玉堂三体诗序》)

---

① 晋之骊姬:骊姬,春秋时期骊戎国君之女,晋献公妃子,得献公宠爱,参与朝政,挑拨献公与其子申生、重耳(晋文公)和夷吾的感情,迫使申生自杀,重耳、夷吾逃亡,改立己子奚齐为太子,后奚齐与骊姬皆死于晋国大臣里克之手。事见司马迁:《史记》卷三十九《晋世家》。

② 顾茂伦:顾有孝(1619—1689),字茂伦,号雪滩钓叟,江苏吴江人,曾游陈子龙之门,有《雪滩钓叟集》,编《江左二大家诗钞》《乐府英华》等。生平事迹见《清史列传》卷七〇、《国朝先正事略》卷三八、徐釚《雪滩头陀顾有孝传》。

三十五、“诗与乐相表里，内可观其德，外可观其政”

诗与乐相表里，内可观其德，外可观其政。今之人归诗道于才与情，以为穷而后工，一似不得志者之所为，盖昧其本矣。赓歌肇自虞廷，奏雅颂之音于明堂清庙，皆君相事也。是故诗气贵和，诗心贵静，神贵远，韵贵深稳。隐而求志，知其为君子，达而行道，知其为仁人，即治世之业，于是乎在。夫学术既裂而天性日漓，则情与才为败德之先驱，亦为蠹政之后劲。情入于淫哇，而才流于枭激，未审今之人为运所转，抑以其诗推败俗之流而助之波也。井子存士令永安，岂弟之泽既家弦而户诵矣。读《铁潭》之诗，而得其气之和，心之静，神之远，韵之深稳者，予又知其政所由成，德所由懋也。天下而不谈治术则已，谈治术，未有不本于学术，古之人动天地，格鬼神，移风易俗而时育万物，皆取诸。《乐》失其传者二千余年，而诗之道益杂于淫哇枭激，足以致岁祲而召兵祸，此学术不讲之过也。予欲以《铁潭》之诗，挽诗之弊而致乐之和，采风者其能因政而求诸诗，因诗而求诸德耶？存士于一毫端现建德之国，永安之民被其政者，游于建德之国，予观其诗，亦游于建德之国。使天下之人知游于建德之国之乐也，则吾君吾相，皆可从清庙明堂赓庆云复旦之什。若曰：诗不尚理，而刚者骋才，又曰：诗不尚才，而柔者溺情，使举世皆化为妇人，则世道之忧已与江河日下矣。如以《铁潭》为砥柱，则存土之功亦比烈于治水也。（《铁潭诗集序》）

三十六、“诗之奇常出于游”

人不游，则胸中之奇不发，然当其未游之时，必有所嵚崎历落而不得志者。蕴崇日久，处篱落间辙闷，入见妻子益闷，与寻常过从之亲串刺促相对，即又闷。于是拂衣远行，情怀激楚，见峰岭之横侧，江湖之清深奔放，吊古者之遗迹，遇新知交之磊砢英多，与故人阔绝，于不意获一倾倒，则胸中所蕴崇忽然而发。其发也，亦必不肯寂寥，短悲浅笑而遂已，故诗之奇常出于游。山阴徐子允吉,负逸群之才,值变乱,来岭表,求其尊人,因载笔梁园,一时有邹、枚[①]之目。然其嵚崎历落不得志而蕴崇者,愈久愈甚。遂走大梁,访其叔氏文侯方伯,庶几于子美所称"白刃雠不义,黄金倾有无"者。中间往返万里,阅时岁余,凡所过佳山水,名花令节,考昔贤,结今好,起故思,得诗若干首,目曰《汗漫吟》。壹似无所制遏,泉源随地,曲折赋形,以一洼隆作百波浪,极其风生水涌之势。曩之所蕴崇者,如飞一星之火,山河大地,积尘叠秽,顷刻而烬,声殷地而光烛天。允吉自快其胸中之奇发矣,入岭之后,复有所蕴崇,乃复出于游,予因叙其旧编,触其新兴。允吉登黄鹤楼,赋鹦鹉,观赤壁鏖兵处,浮三湘,吊灵均[②],将无有瞪目狂叫,益发其未吐,愈出而愈奇者乎?然则岭以外,特允吉弄奇之场,岭以内,为允吉造奇之局,此予碌碌无奇者,于不得志之地,有生我成我之感也。允吉以为然否?(《汗漫吟序》)

三十七、"诸什胸襟洒然,性情笃挚,冲口而出"

许元公太守以名将子起家部曹,出守顺宁,入万里不毛之地,取转于沟壑者而生全之。凡省符下郡,有不便于民,必力争,必得请乃已,虽忤大吏,意不顾。治顺宁三载,顺宁之民爱戴若古召、杜。及丁外艰归,扶老携幼,至涕泣,闭巷塞路,拥车前不得行,其治行如此。元公好为诗,自赴滇及东还,皆有唱和。诸什胸襟洒然,性情笃挚,冲口而出,所谓"真气满户牖,深心讬毫素"也。昔杜子美和元次山《舂陵行》[③],欲得结辈数十人,参错天下为牧伯,使万物吐气。今万物之气已郁矣,元公服阕,且北上补官,予以子美之望次山者望元公,而不愿元公为次山,何也?次山固未能竟其用也。夫次山之气不吐,则万物之气由而吐,万物之气不吐,则次山之气无由而吐。知万物与次山相与为命,而

---

① 邹、枚:邹阳(约前206—前129),西汉文学家,以文辩闻名,有文七篇,现存《上书吴王》《于狱中上书处明》两篇,事见司马迁:《史记》卷八十三《鲁仲连邹阳列传》。枚乘,见前注。

② 灵均:指屈原,《离骚》曰:"名余曰正则,字余曰灵均。"(《楚辞补注》卷一,中华书局1983年版,第4页)

③ 杜子美和元次山《舂陵行》:《舂陵行》是唐代诗人元结(字次山)的代表作品之一,全面反映了其时苦难的现实,表达作者对底层百姓的深切同情。此诗深得杜甫(字子美)的赞赏,以《同元使君舂陵行》和之。

世之用元公者,始不得轻矣。呜呼!岂可与次山交臂失之,仅一读《春陵行》而遂已哉!(《唱和草序》)

三十八、“写境而境空,写心而心活”

人之才不可无所耗,人能自耗其才,即与道日近,不能自耗其才,即为祸于世,为害于身。先王耗之以功名。耗之之术,有阴有阳,阳耗之不如阴耗之也。耗之阴者,莫大乎诗文。人即至躁,一置之笔墨间,气不得不柔,心不得不细,气柔而心细者,不能为祸于世也。当厄穷不得意之际,感愤而有言,而有长言,虽怨毒一发于笔墨,情为之平,形为之解,情平而形解,不能为害于身。然则诗文者,耗才之利器,而无才者不能为诗文。是故以才耗才,去二害而得身、世之至乐,不可谓之非福矣。予于仙城邂逅张子介庵,读其《云耕堂诗》,信天下之才人也。介庵为诗,灵敏携上,写境而境空,写心而心活。夫境空则境不累其心,心活则心不匿其境。心不匿境则境不入,境不累心则心不出,此介庵能耗其才之验也。才之为物,能持心与境相与纠结颠倒而自乱,善耗才者,先解其才之结,才之结解,而心与境解矣。夫以介庵之才,宜有所建竖以赴功名之会,而介庵不为,若故置其心与境于不得意之间,使有纠结颠倒将自乱之势,然后徐置其才于笔墨之间,使其纠结颠倒而将自乱者卒不得成,而于咏歌寂然之余,遂收戡定之乐,此则介庵之才所自生自耗以为无穷,盖介庵之福也。介庵游仙城,且困,人谓其以游为困,予谓其以困为游。夫以困为游,则一切厄穷不得意之境,皆诗文之鼓吹。介庵以其才生诗文,复以其诗文耗才,宾主百变,而心境一如,则介庵故可于至道为汗漫游矣。是故有才不能为诗文,亢而为祸,必中于世;有诗文而不能才,抑而为患,必中于身,则驱之于功名以耗之而已矣。嗟乎!人既有才,能为诗文,又欲与无才而不能为诗文者争功名之会,此亦不仁之甚者也,宜介庵之不为也。(《云耕堂诗序》)

三十九、“介子品骨亦如其诗,要当置之一丘一壑”

介子诗如秋月照水,宿鸟无声,有美一人,独倚修竹,自“微云淡河汉,疏雨滴梧桐”一派也。孟诗如泉，李如江，杜如海，千里一曲，浴日吞天，不无奇伟。然使空山抚琴，焚香孤坐，或与高僧羽客清谭相对，拂拭磁器，啜岕茶，则一泓石乳，故居胜绝，安用大观为？介子品骨亦如其诗，要当置之一丘一壑。浩然负千古盛名，而三十年乘坚刺肥之福盖少。若论名士眼中，断不以彼易此，便向唐玄宗诵出“不才明主弃”①，何必无心？“仆已饮矣，遑恤其他！”如此意致，更道个“吾能尊显之。”咦！毕竟有些亭长气，不妨掉臂。（《金介子诗序》）

四十、“读其诗，秀远蕴藉，有神听和平之雅，盖诗书之渐渍深矣”

士故有不可测。华川黄默公谒余于海幢，请以佛法见，及见之，则裒然儒者也。与之语，如不出诸其口，其中退然，如不胜衣，岂古之盛德士耶？余意其窥户无人，披帷斯在，不能仆仆于风尘间，顾弃其家，数千里而为岭表游，不可测也。一日，默公袖所为诗出示，有《秦淮杂咏》《燕市悲歌》《驴背草》《航海吟》种种，即南北之远道，山海之大观，足迹半舆地，又不数岭表一区，余益无以测之，岂古侠烈之流，气盖寰中且小天下者？读其诗，秀远蕴藉，有神听和平之雅，盖诗书之渐渍深矣。时或岳起方寸，如瀛海一沤，微见于烟波浩荡中，则犹裒然儒者也。昔魏舒在司马昭幕②，酒酣较射，两朋不足，以舒备员，舒每发命中，进止可观，昭拊其背谓：“吾之不能尽卿，有如此射。”默公于余数过从，

---

① 不才明主弃：孟浩然：《岁暮归南山》：“北阙休上书，南山归敝庐。不才明主弃，多病故人疏。白发催年老，青阳逼岁除。永怀愁不寐，松月夜窗虚。”（《全唐诗》卷一百六十，中华书局1960年版，第1651—1652页）据《新唐书・文艺下》载：“（王）维私邀（孟浩然）入内署，俄而玄宗至，浩然匿床下。维以实对，帝喜曰：‘朕闻其人而未见也，何惧而匿？’诏浩然出。帝问其诗，浩然再拜，自诵所为，至‘不才明主弃’之句，帝曰：‘卿不求仕，而朕未尝弃卿，奈何诬我？’因放还。”（《新唐书》卷二百三《列传第一百二十八》本传）

② 魏舒在司马昭幕：魏舒（209—290），字阳元，任城樊县（今山东兖州）人，魏晋名臣，深受司马昭、司马炎器重，官至司徒。《晋书》卷四十一载：“累迁后将军钟毓长史，毓每与参佐射，舒常为画筹而已。后遇朋人不足，以舒满数。毓初不知其射。舒容范闲雅，发无不中，举坐愕然。莫有敌者。毓叹而谢曰：‘吾不足以尽卿才，有如此射矣，岂一事哉！’”（《晋书》卷四十一《列传第十一》本传）由此可见，本处言魏舒善射事，当指魏舒在钟毓府，而非在司马昭府。

不一及诗，余于此亦有不能尽默公之叹。虽然，默公曾于病困时，自言为天台国清老僧。僧虽文弱，志轻五岳。一瓢一衲，率意远游，自是老僧习气；学无净行，修洁自守，不为外物所移，自是老僧习气，靖深不露，终日相对，无能知其底蕴及地位所居，亦是老僧习气。余所谓不可测者，才举向国清寺里，动着便有消归，即使默公更出无量百千不可测法门，总无别路，老僧习气之大如是。（《黄二不诗序》）

四十一、“诗为清物，亦能穷人”

癸卯邂逅公谋于仙城，时阿字座元谓余曰：“此居士能诗清绝，盖寓迹于计然、范蠡之间者。”余心识之。甲辰复相见于雄州，始得观其《轻云近集》，疑于藐姑射之仙[①]也。诗为清物，亦能穷人。人惟不清，清则穷通皆清；人惟不穷，穷则清浊皆穷。境亦偶尔低昂，诗岂任其功罪。此公谋之阛阓所以不间烟霞耳。朗月中天，万里一碧，或谓不若微云点缀。片片随风，丝丝扬日，山椒木杪，深涧遥津，有断续而无声，成去来而不迹，此为何物？命曰“诗魂。”月洁花浓，酒醒茶醉，一声铜钵，三寸霜毫，为公谋作勾摄呼遣灵符，无不如意，是真清绝。（《轻云近集小序》）

四十二、“写吾怀抱，涉笔墨，发声泪，较之征实者，灵滞相去故已远矣”

持钵虔州，兀坐萧寺，索诸缁白，谈山水之胜。予亦间取旧游，相与酬对，如道数十年前所作梦事，荒忽昧略，乃一着想，往时景物，历历在前，又如重游，兴复不浅。新都罗子冠卿来，一见知其有烟霞之气，越日得读其《浪游草》，盖在云阳细绎旧游，追作此诗。譬之闺情深处，相见不如相思，人事不如入梦，梦后复思，思后复梦，以此写吾怀抱，涉笔墨，发声泪，较之征实者，灵滞相去故已远矣。虽然，冠卿其

① 藐姑射之仙：《庄子・逍遥游》载：“藐姑射之山，有神人居焉，肌肤若冰雪，绰约若处子。不食五谷，吸风饮露。乘云气，御飞龙，而游乎四海之外。其神凝，使物不疵疠而年谷熟。”（清・郭庆藩撰，王孝鱼点校：《庄子集释》第一册，中华书局1961年版，第28页）此处以“藐姑射之仙”代庄子。

犹有所感乎？夫念旧游，则新所游可感也，念旧交，则新所交可感也。以无聊之思，往来于不得已之境，相逼而成，绝处逢生，苦中得乐，非冠卿之老于游者不能入此一门，行此一路，非予亦不能知此一门，赏此一路也。（《罗冠卿诗序》）

四十三、“尽大地是一幅画，自己是画中人，却人人认真，尽教画中人看画”

叔子所作《拟和古诗十九首》，决非魏晋以下人；《曲江九梦》，则唐小说之雅者；《画史》即宋元间小品，却以时露自家本色为胜。魏晋唐宋元到叔子二千余年，只是叔子从仓颉未造字以前，置得此一段络索，即今会当缺陷，难遣笑啼，所谓借他酒杯，浇我魂垒耳。借得酒杯，放不得酒杯，浇得魂垒，消不得魂垒，此一段络索，何时是了？叔子盖自悲，亦悲人之悲，予又悲其所以悲。悲夫悲夫！尽大地是一幅画，自己是画中人，却人人认真，尽教画中人看画。尽一生是一个梦，却说自己是醒，说人是梦，尽教梦中人唤梦。尽诸才人述作是一首古诗，直至未来际，依样画猫儿，便道自己簇新，他人却旧，尽教古诗人抄古诗。叔子一段络索，向墨池里翻江搅海，浴日吞天，何时是了？便从此十九首和到百千万亿首，从此九梦做到百千万亿梦，从此七十五幅画谱到百千万亿幅画，并不曾有一幅画，不曾入一个梦，不曾做一句古诗，只是仓颉未造字以前活现的刘叔子，法如是故。（《刘叔子近刻三种小序》）

四十四、“诸颂古杀活同行，意句交划，发古人之秘键，开后来之正眼”

近日宗风扫地，全成稗贩，良由命根[1]不断，浊智流转，不知不觉堕在恶

① 命根：就是指众生的寿命，亦即生命。在佛教看来，人的寿命由其先业所发，第八识依业力所引，任持色、心不断之功能。《中阿含经》卷七：“云何知死？谓彼众生、彼彼众生种类，命终无常，死丧散灭，寿尽破坏，命根闭塞，是名死也。”（《大正藏》第1册，第26号，第462页中）

道①中,如来说为可怜悯者。顷于相江邂逅眉山禅师,挹其气象,如坐清风,味其语言,如饮甘露。既盘桓朝夕,得见其近作。诸颂古杀活同行,意句交划,发古人之秘键,开后来之正眼,不愧从上爪牙也。夫道有传人,法有传器,非人非器,先德慎词。所以船子语夹山②:“向深山里、镬头边,讨得一个半个”,不是偏枯,理须深造。师手辟驹峰,刀耕火种十余年,不履高名,不求苟得,足为狂澜砥柱。予把臂恨迟,入林不早,掇数言于简端,盖欲自勉其所不逮,若持此语问之时流,则方木员孔,翻成负累耳。(《驹峰颂古序》)

四十五、“清淳淹雅,追踪王孟,如闻古乐”

棲贤石鉴覞兄杰出儒林时,早已研求祖道,及侍天老人,一回汗出,识得下载清风,师资相契,举说相长,洞上缜密家声,庶几不坠。于玉渊金井间,品字柴头,篱门昼掩,若将终身,予怀渺矣。及奉老人命,绍席怡山,未半年,旧住恣睢作腐鼠之吓,便曳杖径归,其标致若此。顷在海幢,手一编诗见示,清淳淹雅,追踪王孟,在今日激枭靡丽中,如闻古乐。因稍为评次,公诸同好。一心之用,不出刚柔,虽宗门用处亦无异路。济家用刚,洞家用柔。用柔之妙,蕴藉于吞吐之半,不尽不犯,出而为诗,与风人之微旨得水乳合,有不期然而然者。诗非道所贵,然道所散见也。譬之已是凤鸾,举体错见五色六章,求北山鸱不洁之翼,了不可得。则斯集也,千仞高翔,固可因片羽而识之耳。(《直林堂诗序》)

---

① 恶道:恶道,与恶趣同义,与善趣相对。指生前造作恶业,死后趣往苦恶之处。一般来说,佛教以地狱、饿鬼和畜生为三恶道,为纯粹恶业趣往之处。《大乘义章》卷八末曰:“地狱等报,为道所语,故名为道。故地持言,乘恶行往,名为恶道。”(《大正藏》第44册,第1851号,第625页上)

② 船子语夹山:宋明师《续古尊宿语要》卷六载:“船子不免用冬瓜印子,说道钓尽江波,锦鳞始遇,山乃掩耳,不妨作家。子云,如是如是。遂嘱云,汝向云,直须藏身处没踪迹,没踪迹处莫藏身。吾二十年,在药山,只明斯事,汝今既得,他后不得住城隍聚落,但向深山里,镢头边,讨一个半个接续无令断绝。夹山辞行,频频回顾。船子遂唤阇黎,夹山回首,船子竖起桡云,汝将谓别有。乃覆却船而去。”(《(新编)卍续藏经》第119册,新文丰出版公司1993年版,第150页)

四十六、“肚里没丝毫，口头尽泼撒。虽然写个人八字，并无一撇一捺”

人人有一卷诗，甘蔗生无一卷诗，即今有一卷诗，且道是诗不是诗。噫！人人是诗，甘蔗生不是诗。人人诗是，甘蔗生诗不是。不是诗，诗不是。沙里易淘金，水中难择乳。乃为之赞曰：佛法世法[①]，同生同杀。会得醍醐，不会毒药。肚里没丝毫，口头尽泼撒。虽然写个人八字，并无一撇一捺。咄！（《遣兴诗小引》）

四十七、“有山水而无人，有人无诗，有诗而唱酬寂寞，殊败人意”

有山水而无人，有人无诗，有诗而唱酬寂寞，殊败人意。岱清[②]来丹霞，作七言近体十首，使后至者难为接武，不是好心。孝山、融谷竞秀争多，累得澹归忙了三日，也不是好心。虽不是好心，却成了丹霞好事。刻之不独为四浙客纪胜，亦为他日登临队里赠鼓三通，《艺文志》前催符一道耳。（《刻丹霞四浙客诗小序》）

---

① 佛法世法：佛法，指佛所说的一切教法，或指佛理体现在一切法中，乃法界之真理。《止观》卷二曰：“法界法是佛真法。”（《大正藏》第46册，第1911号，第12页上）《大宝积经》卷四曰：“如来尝说一切诸法皆是佛法，以于诸法能善了知名为佛法。”（《大正藏》第11册，第310号，第23页中）世法，即除佛所说的教法之外的世间、世俗之法。《胜鬘经》：“大悲安慰哀愍众生，为世法母。”（《大正藏》第12册，第353号，第218页中）唐译《华严经》卷二：“佛观世法如光影。”（《大正藏》第10册，第279号，第6页中）

② 岱清：即陈殿桂（1615—1666），字岱清，浙江海宁人，早年受知于陈子龙，与陆圻兄弟游。崇祯十六年选浑源知州，未赴任。明亡，弘光帝立，荐授兵部职方司主事。顺治十七年，随清兵入粤，授高州府推官，以事解职听勘，历久始白，而贫不能归。先后在粤十九年。诗文有意摹古，不免生涩，然文情郁勃，颇有议论。著有《与袁堂诗集》十卷，文集四卷。见《清诗纪事初编》，上海古籍出版社1984年版，第777—778页。

四十八、“性情既真，劳与苦不畅本怀，皆有至乐，决不为境缘所败”

重游值连雨，孝山坐竹兜，自持黄油纸伞，融谷骑马，从寒云杳蔼中穿诘曲路，抵暮至护生隄，已倦。晨起登山，仅得一望海山门。明日促归，出梨溪，路益险仄顿挫，孝山腰为之痛。此游得劳得苦，不畅本怀，予恐二子意败，乃其诗益竞胜不穷。山水故有性情，亦有真不真，性情既真，劳与苦不畅本怀，皆有至乐，决不为境缘所败。道人游于世，涉顺逆流，亦复如是。（《重游丹霞诗序》）

四十九、“天真烂熳，入无钩棘，出无牵率”

辛亥春，扁舟出清远峡，抵珠江，向所号畏途者，估客篙师行歌相答，若徐步康庄，曰此宪司王使君之功也。使君剿盗，密得渠魁踪迹，辄掩捕立置诸法，以故奥援不及援，蔓引不及引，山海宴然，耕凿不变，威惠甚著。余闻之，以为是将相之选也。人不能为将，即不可以为相，刘渊谓“随、陆无武，绛、灌无文”①，盖非笃论。随何说下九江王，陆贾使南越，皆贤于十万师；周勃入北军，灌婴按兵荥阳，卒安汉室，开代来之治，天下文章孰大于是？余晤使君，披清风，倾快论，隽不伤道，严不远情。及读其诗，则天真烂熳，入无钩棘，出无牵率，以言乎今古之际，则依傍绝矣。使君福岭表十余年，诘刑理财，治盐清驿，靡不迎刃而解，一本于此心之明断。人各有心，同明同断。既明矣，必无此照明彼照不明；既断矣，必无彼事断此事不断。然而粗者障于欲，精者障于理，全体或亏，而大用俱隐。使君之能用，盖不为二障所亏也。宋广平铁心石肝②，

① 随、陆无武，绛、灌无文：随何、陆贾，是汉高祖的文官，不擅长行兵打仗；绛侯周勃、灌婴，是汉高祖的武将，不精通文章辞令。《晋书·刘元海载记》：“（刘渊）尝谓同门生朱纪、范隆曰：‘吾每观书传，常鄙随陆无武，绛灌无文。道由人弘，一物之不知者，固君子之所耻也。’”（《晋书》卷一百一《载记第一》刘元海传）

② 宋广平铁心石肝：苏轼：《牡丹记叙》：“然鹿门子常怪宋广平之为人，意其铁心石肠，而为《梅花赋》，则清便艳发，得南朝徐庾体。”（《苏轼文集》，中华书局1986年版，第329页）

人疑其能赋梅花。梅花也，铁心石肝也，岂有二耶？杜工部自许稷契①，其在蜀中，无海棠诗，一似经世者不以韵胜，正是理障。小范老子守边②，作《渔家傲》数阕，述塞上征人之苦，欧阳永叔诮为穷塞主；永叔送王尚书镇平凉③，取战胜归来玉阶献寿之语曰："此真元帅事"，亦是理障。夫高谈大体，深入下情，有用无用，相去霄壤，使永叔而为元帅发挥将略，其不能如穷塞主审矣。余序使君之诗及此，所以全推明断，不致画限文武。其尚有非将相所能为者乎？故未出使君度内，置之不足复道耳。(《王宪长仲锡诗集序》)

五十、"古人论交不独以其才，论诗必及其品"

癸丑冬，余将之匡山，止龙护园，入夜有剥啄声，则戴子怡涛与池子伯仪，以朝正北上，步屧来过。剪烛共谈，凌晨便发，怡涛语余，至章门，一询王东白氏。及十二月访之，出怡涛手书并诗，坐间话溧水山居之胜，两家相望过从之乐，余为神往，曰他日六尺孤筇，一双不借，幸假结茅寸土也。归舟读《坚素堂集》，当风雨连旬之后，爽气忽发西山，霁色兼回南浦。拟跋数语，时值迁藩，江舟俱断，洪波片叶，从樵舍抵星渚，几于夜行昼伏，未暇也。甲寅春，大病久不复，蹉跎至今，始得追逋思，酬昔念。盖古人论交不独以其才，论诗必及其品，隐者见其密行，显者传其美政，有春华，无秋实，则君子薄之。怡涛通守高凉，清惠之诵冠十郡。两摄广州于大兵大役之际，上不废事，下不诎力，讴歌答

---

① 杜工部自许社稷：杜甫：《自京赴奉先县咏怀五百字》："许身一何愚，窃比稷与契。"仇兆鳌注："窃比，见《论语》。《上林赋》：'家家自以为稷契'。"（清·仇兆鳌：《杜诗详注》，中华书局2009年版，第265页）

② 小范老子守边：小范老子守边：康定元年（1040）七月，范仲淹与韩琦共同担任陕西经略安抚招讨副使，八月，范仲淹请知延州，对军队旧制进行整改，加强军事训练，节省边境开支。范仲淹在此期间，有《渔家傲》二曲："塞下秋来风景异，衡阳雁去无留意，四面边声连角起。千嶂里，长烟落日孤城闭。浊酒一杯家万里，燕然未勒归无计，羌管悠悠霜满地。人不寐，将军白发征夫泪。"生平事迹见欧阳修《欧阳文忠公集》卷二十《范文正公神道碑铭》《宋史》卷三百一十四。

③ 欧阳永叔诮为穷塞主；永叔送王尚书镇平凉：清黄苏《蓼园词评》"渔家傲王介甫平岸小桥千嶂抱"称："《东轩词评》云：范希文守边日，作渔家傲数阙，皆以'塞下秋来'为首句，颇述边镇之苦。永叔尝呼为穷塞之主。及王尚书素守平凉，永叔亦作渔家傲词送之。"（唐圭璋：《词话丛编》，中华书局1986年版，第3054页）

响，悉与其心声相应。一切法无不出于心者，一为行，一为言，言与行不一，是心与心不一也，人岂有两心哉？世之人植本不贞，逢缘则毁，芰情不净，逐物斯磷。不曰坚乎？磨而不污；不曰白乎？涅而不淄。怡涛以此治心，发于政，与其诗非有二道。闻乐知德，则《卿云》[1]复旦，赓有虞氏之歌[2]，第操此元音以往耳。嗟乎！时方多故，戡定之略，亦不藉恢张，谢安风流[3]，一归镇静。静者，坚之所由成，白之所由生也。余老矣，不及观怡涛功业所底，聊序缘起，以告采风，所谓虽非钟期，敢不击节！倘未先朝露，一泛彭蠡，过金陵，举章门旧事，即以数言对溧水山川之灵，亦自喜非生客耳。（《坚素堂诗集序》）

五十一、“脱去蹊径，抒写灵妙”

学士大夫初为读书应举之业，皆以利言。帖括者，取利之因，科名者，取利之果，败德亡身，破国灭家，相寻而未有巳（已），盖失其本矣。学以明明德[4]为本，明明德以致知为本，致知以格物为本。格以何为物？物以何为本？请循其本。平天下之道，始絜矩而终生财，其于聚敛之臣深恶痛绝，卒章之中三致意焉。若类于事显而理粗，非也。好恶者，心之所用之精隐者也，其本无不在利。一念初萌，无中忽有，即已块然而为物，卑者暗，高者偏，立言措政，率成颠倒。治天下与治心，宁有精粗隐显之殊乎？朝廷之所取才，学士大夫之所尚，或经

---

① 《卿云》：古歌名，“卿云”即是“庆云”，古人谓吉祥之气，歌云：“卿云烂兮，纠缦缦兮，日月光华，旦复旦兮。”（皮锡瑞：《尚书大传疏证》卷二，第15页，清光绪中善化皮氏刊本）相传为舜禅位于禹时所歌。

② 虞氏之歌：《尚书·益稷第五》：“乃赓载歌曰：‘元首明哉，股肱良哉，庶事康哉。’”（阮元校刻：《十三经注疏·尚书正义》，中华书局1980年版，第144页）

③ 谢安风流：谢安（320—385），字安石，陈郡阳夏（今河南太康）人，东晋宰相。淝水之战指挥其弟谢石、其侄谢玄力战前秦，大胜符坚。后又北伐收复洛阳及青、兖、徐、豫等州。谢安在任职之前，曾有多次拒绝朝廷的征辟，隐居于会稽东山，与王羲之、许询、支道林等名士交游颇多。谢安虽纵情山水，但每次游玩，总是携带歌妓同行。谢安才艺颇多，性情温和，不居功自傲，气度非凡，被称为“江左风流宰相”。事迹见《晋书》卷七十九《列传第四十九》本传。

④ 明明德：《四书·大学》云：“大学之道，在明明德，在亲民，在止于至善。”朱熹注曰：“明，明之也。明德，人之所得乎天，而虚灵不昧，以具众理而应万事者也。但为气禀所拘，人欲所蔽，则有时而昏；然其本体之明，则有未尝息者。故学者当因其所发而遂明之，以复其初也。”（朱熹：《四书章句集注》，中华书局1983年版，第3页）

术,或诗赋,各彼其彼,各此其此,要皆入心性以为宗,一失其本,则败德亡身,破家灭国,其流祸亦无彼此。古之人达而为君相,穷而为士,必先绝利萌于一念。利绝则物消,物消则体空,体空则照明,照明则好恶均,好恶均则立言措政各得,此之谓知本之儒。风城佘子善将,为诸生即能清苦炼行,既举进士,不改韦布①之风。所作诗古文,脱去蹊径,抒写灵妙,一以薄嗜欲、饬廉隅、端学术而移风易俗者,指归心性。盖儒之知者本者也。明之世,粤有丘浚、海瑞、陈献章②。献章以理学显,瑞以清节著,浚以文章称。浚之相业未能光大,瑞不为艺林树帜,而献章无爵位以表其事功,佘子其欲以一身兼三君子之长乎?夫知者万物所同具,致知者千圣所同趋,今或少谈见性,辄谓流入禅家,是谤千圣而诬万物以自诬也。佘子发愤,其为儒者雄,以格物生因地心,以知至成果地觉,外而王,内而圣,坐而言,起而行。予所加额以望,非犹乎今之人,犹夫古之人也。人无今古,亦共信为大人尔,岂于太虚空中画此方而为同,割彼方而为异哉?(《柱史阁集序》)

五十二、诗文以"清、纯、高简、和、深隐、浑成"为贵,"皆生于心之不容自已"

人之贵贱分于骨,肌肤毛发,皆禀于骨而见荣者也。骨不论刚柔,柔有贵,刚亦有贱。清则贵,浊则贱;纯则贵,杂则贱;高简则贵,滥则贱;和则贵,雷同则贱;深隐则贵,浮露则贱;浑成则贵,刻镂而巧合则贱。诗文亦然。凡贵者必矜,非矫厉绝物之谓也。见其人风流蕴藉,谦以自牧,别有凌霄之姿,耳目不得

① 韦布:韦典、吕布,是汉末三国时期著名的武将。典韦事见《三国志》卷十八《魏书十八》典韦传;吕布事见《三国志》卷七《魏书七》吕布传。

② 丘浚、海瑞、陈献章:丘浚:(1421—1495),明代戏曲作家,字仲深,琼山人,预修《寰宇通志》《英宗实录》《宪宗实录》,有《续通鉴纲目》《大学衍义补》《朱子学的》等,剧本有《伍伦全备记》《投笔记》《举鼎记》《罗囊记》四种。生平事迹见《明史》卷一八一、《国朝献征录》卷一四。海瑞:(1514—1587),明代政治家、文学家,琼山人,是明代著名的清官,以直谏著称,著有《淳安稿》《备忘集》《淳安县政事》等,后人辑为《海瑞文集》,其文以实用为的,其诗质朴平易。生平事迹见《明史》卷二二六、《国朝献征录》卷六四。陈献章:(1428—1500),明代诗人、理学家,字公甫,号石斋,称白沙先生,新会人,创白沙学派,开明代心学先声,是明前中期性气诗派代表作家。生平事迹见《明史》卷二百八十三。

而狎玩。以柳下惠[①]之和,三公[②]不能易其介,学之者或流为不恭,此之谓矜贵。盖予读旷庵陆子[③]之集,真见所谓矜贵者矣。旷庵之为诗文,皆生于心之不容自已,其心所不能强者,未尝强为。其未作也,不轻与人以入;其既作也,不轻与己以出。一则伐毛,粉泽外尽;再则易髓,臭味内脱;三则炼神,则清虚之相俱消。无论一章一句,即一字不比于雅,必芟;即列一友生、标一时地名位,近于不雅,不用;其集而次之,不发乎情,不止乎礼义,不苟存。其慎也如是,盖慎而后可以言矜也。孙兴公才为晋望,刘夫人且曰:"亡兄门未尝见如此客。"[④]将知门有杂宾,宾有杂语,则知主人之有杂心,盖不杂而后可以言贵。以旷庵高才,不踞龙门之津奔走天下,其结契简严,蓬蒿塞户而神智渺然,常若朱霞天半。然则贵果不在于位,名果不在于闻也。司马仲达行视诸葛公壁垒[⑤],叹为名士,有以知其令简而法严。令不简则烦,烦则人将自犯;法不严则纵,纵则人将犯我。行师之道,等于行文,吾于旷庵,真见所谓名士举大将旗鼓以授之,故非哙五所能妄觊耳。(《陆旷庵集序》)

---

① 柳下惠:参见前注。

② 三公:古代最尊显的三个官职,但名称并不统一,据唐杜佑:《通典·职官一》记载:"夏、商以前,云天子无爵,三公无官。周以太师、太傅、太保曰三公。汉以丞相、大司马、御史大夫为三公。后汉又以太尉、司徒、司空为三公。魏、晋、宋、齐、梁、陈、后魏、北齐皆以太尉、司徒、司空为三公。后周以太师、太傅、太保为三公。隋以太尉、司徒、司空为三公。大唐因之。"(杜佑:《通典》,中华书局 1988 年版,第 489 页)

③ 旷庵陆子:陆埜,生卒年不详,字我谋,清浙江平湖人,工词,风格似宋,有《旷庵词》。事迹见《山东通志》卷二十八之三、《中国历代人名大辞典》。

④ 孙兴公、刘夫人:《世说新语·轻诋》载:"孙长乐兄弟就谢公宿,言至欸杂。刘夫人在壁后听之,具闻其语。谢公明日还,问昨客何似,刘对曰:'亡兄门,未有如此宾客!'谢深有愧色。"(余嘉锡:《世说新语笺疏》,中华书局 1983 年版,第 985 页)孙兴公即(314—371),东晋文学家,字兴公,太原中都(今山西平遥)人,以文才著称,尤工书法,与许询同是东晋玄言诗的代表人物。生平事迹见《晋书》卷五十六。刘夫人,指刘惔之妹,嫁与谢安为妻。刘惔字真长,沛国相县(今安徽宿州)人,雅言理,东晋著名的清谈家,被视为永和名士的风流之宗,是清谈的主力干将。刘惔为政清静,门无杂宾。见《晋书》卷七十五《列传第四十五》本传。

⑤ 司马仲达行视诸葛公壁垒:司马懿,字仲达,河内温县(今河南焦作)人,三国时期魏国杰出的政治家、军事家,晋王朝的奠基者。诸葛公,即诸葛亮,字孔明,号卧龙,徐州琅琊(今山东临沂)人,三国时期蜀国杰出的政治家、军事家、文学家。司马懿与诸葛亮两军曾长期对峙,后诸葛亮先亡,《三国志·蜀书·诸葛亮传》载曰:"其年八月,亮疾病,卒于军,时年五十四。及军退,宣王案行其营垒处所,曰:'天下奇才也!'"(《三国志》卷三十五《蜀书五》本传)

五十三、“别有风行水上、云曳天中之妙，读之则盛世元音复未散也”

古王者巡狩，至诸侯之国，命太师陈诗，以观民风，则《三百篇》所繇删也。十五国之人听一王之观，各不求相似；今之人走一时之好恶，无一不求相似。于是见人而不见己，见衣冠不见面目，见悲喜不见性情。盖天下之习伪久矣，心能入伪，口能出伪，笔能传伪，觌面而不可问，即一切事宁有可问者？然则观人者或观其诗，辨诗者亦先辨其人乎？予过当湖，犹得见陆先生筠修。先生以前朝名宰官，辟地墙东，今年八十六矣，神识精审，支骨强固，举止语笑，从容中节，对之则盛世真风故未散也。不我遐遗，示以《滋树轩诗》。灵不堕空，挚不生着，幽不响滞，爽不色浮，真气灌输于字句内，出篇章外，从心所念，从口所言，从笔所转，别有风行水上、云曳天中之妙，读之则盛世元音复未散也。今夫云冠于山巅，带于腹，弥漫于足，随风所之，升于晴空，或东或西，忽整忽散，似人似物，不知其所从来所从去。今夫风蓬蓬然起于南海，入于北海，而似无有，当其轻扬，度于前溪，微波徐兴，若先若后，一洼一窿，非断非续。水之于风，不知其有所损有所益，无所辞无所受。虽然，风云之用大矣，鼓为雷，射为电，注为雨，飞龙之所乘，大力鬼神之所挟持跌宕，不有大利，必有大害。先生之诗，不登于明堂清庙纪丰功、颂至德，惟家庭聚顺之乐，亲串过从，松揪封殖，老农圃较晴量雨之余，旅次萧骚，民间疾苦，复有言之不尽、言尽而思不尽者。读其诗，又可以论其世也。今夫云与风，不为垂天卷地、震动万物，而为春谷养和，秋空散采，濯缨澄渚，披襟茂林，一若无所为而藏其用，即飞龙有不敢驾，况于大力鬼神？先生于是不失己，故不狥物，面目真而衣冠非窃，性情真而悲喜俱亲。此自风，此自云耳，此因时而别为风云耳。岂曰彼风彼云，有是声，有是色，有是作用，有是体性，人所悦可，奔走祷祠，有是威德，窃窃然求其似而为之哉？夫使风云自为则不知，使非风云欲为风云则不能，使是风云同为风云，责其画一则不肯，使天与水与风云相为前期、观其后效亦不可，斯所以为无伪，斯先生之人与其诗所以为独出一真者欤？（《滋树轩诗集序》）

五十四、“诗者，喜乐之气之所现祥也”

生人之乐，惟文与友，友兼四海，文专千古，斯阎浮提[①]不数见者，而得之一堂同气，尤为至难。夫地非一方，人非一世，忽然相遭，虽一嚬笑、一食宿，悉有其因，况一气之子，同一德，同一情与才，则其来也有故，其聚也亦必有故矣。休阳汪子周士[②]访予当湖，得读其诗，与晋贤[③]、季青之诗，皆异才也。人有才，不能无所用，常嗜进趋，而三子澹于荣情，揽山川之胜，自置于一丘一壑。才而穷且老，则寄愤于著书立言，三子皆盛年，未有落魄不得已之遇。才人多轻忿，或骄且吝，三子谦下，以朋好切劘为事，敦尚节侠。才能致忌，矜其所胜，父子兄弟或争名分党，三子于一家倡和，不独为异，不苟为同。数者皆近于道，然则三子之相为友生，相为兄弟，故已非一世二世矣。诗者，喜乐之气之所现祥也。比于八音[④]，按节而奏之则为乐，古先圣王以之治情复性，平血气，格神明，调四时，丰物产，于是乎成治。兵渎而刑滥，赋敛繁数，上急则为怒，下困则为哀，哀极而天地之中气殆绝，于是乎成乱。乱世恒多诗人，盖乘救时之怀，为宣郁导和之使。人之一身，脾为中气，司化源，刁芬芳，而好音乐。木火者，怒之出也，木束湿而郁，火得风而过张，则比于兵与刑。才者，水之府也，水竭而肾败，则比于哀，中气伤，脉绝而死。今之时，天地之中气宜藉手于诗以留之，则三子之所为携手而同生于汪氏者也。所生之人与其地之灵、先世一家之吉祥相应，是故才而近于道，不至于落魄不得已而后为诗，所以明夫诗之为喜乐之气，而比于吉祥也。嗜于进趋，趋时之所急，不得缓于赋敛，宽于刑而戢兵，故非褰裳而避之，三子若有不知其然而自淡者。三子之正报全于喜乐，而依报

---

① 阎浮堤：参见本书《无见先睹》“阎浮”注。

② 汪子周士：汪文桂（1650—1730），字周士，一字鸥亭，清浙江桐乡人，官至内阁中书，性极俭约，又好施舍。雍正四年水灾，首倡赈济，有《鸥亭漫稿》《六州啧饭集》。事迹见《浙江通志》卷一百八十七、《中国历代人名大辞典》。

③ 晋贤：汪森（1653—1726），字晋贤，号碧巢，清浙江桐乡人，官至刑、户两部郎中，曾有与朱彝尊同定《词综》，富藏书，编《粤西统载》，有《小方壶存稿》。事迹见《广西通志》卷五十七、五十八、《四库全书总目》卷一百九十《粤西诗载》《粤西文载》《粤西丛载》提要、《中国历代人名大辞典》。

④ 八音：参见本书《北涧居简》“八音”注。

比于吉祥，非一世二世之故。则其湛深于风雅，谦而下人，游名山大川，置身丘壑，爱朋好而敦节侠，皆其夙因也。夙因皆沿于习，禀于愿力。夫愿力①岂有他哉？志之所之，没世不衰，则金石坚而水火不敢犯，可以取必于隔阴之后，丝发无爽。三子之诗，有见高见深见洁且静者，其德也；有见婉丽而多风者，其情也；有见磊落而恢奇跌宕者，其才也；有见慈见厚而一出于悲天悯人者，其愿力也。此岂枯寂自遁，如吾法所诃焦芽败种之所为？盖同为宣郁之使，则其言与其所行，无一不举宣郁导和之令，故不苟同，不立异。异非和也，同亦非和，或偏而入于郁。三子之来处与其行处，其去处，其究竟处，不出于诗，不直取阎浮提不数见之乐以自为乐，于是得之；即人所以自观，所以观人，不离现前而见三世之所摄，至大至远，亦于是得之矣。（《汪氏三子诗序》）

五十五、“凡诗之清绝秀绝高而奇绝者，皆英绝之所摄也”

“微云淡河汉，疏雨滴梧桐”，举坐阁笔，嗟其清绝，然清或近于寒；“秀色可餐，若绛仙者，可以疗饥矣”，而秀或近于纤。昌黎②登华山不能下，恸哭作书，与家人诀。山不厌高，或近于孤危。李长吉郊行，小奚持古破锦囊从其后，得句即投③，其母曰：“是儿要呕出心始已耳。”制作不厌奇，或近于刻削。当湖沈客子之诗，所谓清绝不寒，秀绝不纤，高绝不孤危，奇绝不刻削者也。客子形神如白鹤凌空，不能为阶庭近玩，其诗如横笛孤吹于空山月下，云无片翳，风无丝扰，其人其境不从人间来。天之气阳，地之气阴，人生而兼之。有英有雄，英常兼雄，雄不常兼英。英者，气之包举而轻升者也。挟七尺之躯，行于四海，一身之外，有光熊熊，或围数丈，或数尺，其首之光冲而上腾，亦数丈或数尺，鬼神望而却走，谓之英绝。凡诗之清绝秀绝高而奇绝者，皆英绝之所摄也。亦有好

---

① 愿力：参见本书《笑隐大䜣》“愿力”注。

② 昌黎：即韩愈。参见本书《确庵晓青》“韩潮州诋释甚力”注。

③ 李长吉：参见本书《大智》之“李贺”注。李长吉郊行，小奚持古破锦囊从其后，得句即投：《新唐书·李贺传》载：“李贺字长吉，系出郑王后。七岁能辞章，……每旦日出，骑弱马，从小奚奴，背古锦囊，遇所得，书投囊中。”（《新唐书》卷二百三《列传第一百二十八》本传）

学深思，英分偏少，如杨子云①，能为沈博绝丽之文，伤于迟重而涩，此特雄耳。肉不可肥，骨不可不重，骨可重，神不可寒，神寒而骨重，则无由包举而轻升。仙之为道，乘虚御风，形神俱妙，形不妙者，非神之所能挟也。若能舍妙高之顶宅于空居，则身光逾于日月，衣质胜于云霞，全神即形，全形即神，非尘埃中所得见，而忽入尘埃，自然有香若栴檀，光若瑠璃之异。客子倘从此来乎？当复以予为丰干饶舌矣。（《沈客子诗序》）

五十六、“浩浩落落，无一字不从胸襟流出”

从岭南携出，灰头土面，向雨宿风餐里得到当湖，意气俱尽。竹西②道兄挐舟来访，忽见四十年前人，疑其老矣，乃有龙跳天门、虎卧凤阙之状，如将冰棱下人，提在杲日熏风中坐地也。虬髯客见李公子③，不觉心死，澹归见竹西，却又心活。读其诗，浩浩落落，无一字不从胸襟流出，刻画之迹，凑泊之痕，至此一炉镕尽矣。人之心，不能不为境转。身更世变，则江山写恨，花鸟助愁，当场诩为能事。竹西以用世之才屈于陇亩，性非枯寂而情无沈郁，此必有独得之乐矣。迫而问之，竹西曰：“吾未尝留事于胸中耳。”予为之击节，不特可以却病，可以延年，抑可以入道。因自念一生，多思善怒，宜其少于竹西二岁，而竹西甚壮，予甚衰也。兹欲向竹西行乞，请以所乐之余少分见施，可乎？虽有至圣，能施境，不能施心。苦人之心入甘境而苦，乐人之心入苦境而甘，则未能易心，但求易境，予亦安能免下愚之诮也。虽然，竹西之乐，半见于诗，能识竹西之诗，亦可深入其乐。予故劝竹西付之剞劂氏，予得抱一册日哦之，食于斯，寝

① 扬子云：扬雄（前53—18），字子云，蜀郡成都（今四川成都）人。好学深思，博览群书。仿司马相如作《甘泉》《长杨》《羽猎》《河东》等赋，与司马相如并称“扬马”。晚年贬抑辞赋，认为是“雕虫篆刻，壮夫不为”。研究哲学，仿《周易》作《太玄》，仿《论语》作《法言》。后人辑有《扬侍郎集》。事迹见《汉书》卷八十七《扬雄传第五十七》本传。

② 竹西：李育（1843—？），清江苏甘泉人，字梅生，号竹西，工人物、花鸟、杂品，亦工书，与李绂尘称为南北李。事迹见《墨林今话》《中国画家大辞典》《中国历代人名大辞典》。

③ 虬髯客见李公子：李公，即李靖（571—649），字药师，雍州三原（今陕西三原）人，唐朝开国元勋，著名军事家，封卫国公，世称李卫公。事迹见《新唐书》卷九十三《列传第十八》本传。杜光庭《虬髯客传》言红拂与李靖出奔，途中与豪侠张虬髯结识，通过刘文静会见唐太宗，以家财助李靖成就功业之事。

于斯。譬如黄连树中虫,忽然落在甘蔗林里,左啮右啮,求一点滴苦汁不可得,庶有瘳乎?昔有老翁,富而过俭,偶闻达士之论,归与其妻饮酒食鹅炙,夜梦健卒持官符,摄之甚急,曰:尔何敢冒破官粮!大怖而寤,从此不复食肥甘。恐予欲借竹西之诗,徼幸于深入竹西之乐,亦未必有如是福耳。(《李竹西诗序》)

五十七、“胸中无块垒,不能工于诗”

端臣诗丰标韶令,格韵雅畅,时见出尘之姿,自是乌衣巷中名士①,却有块垒欲浇处。曾语予:“欲脱俗累,从出世者游,颇恨未易撒手。”予谓:此特块垒未消境界耳。胸中无块垒,不能工于诗②,胸中块垒不消,即出世亦不能自立。然则僧与诗人正相反也。端臣遭逢幸未如意,故能以诗人思出世;设一向如意,岂但不思出世,亦将汩没于五欲之乐,不暇工诗。今藉手于不如意而工诗,虽失相反之出世,终得相成之用世,于其中间兼得诗人,是胸中块垒大有造于端臣也。端臣他日如意,当益加亲近,益加供养,而后为无负于块垒。予为此惧:出世既与块垒相反,不如意而思出世者百无一,能出世者千无一;块垒既与诗相成,诗人与用世又不相反,不如意而工于诗者什之五,工诗而用世者什之三,用世而能出世者万中无一,则用世之途甚宽,出世之途愈狭。予与端臣暂交臂而永相失,能无孤立之叹耶?斯言也,不独与端臣定诗人之价,且为端臣操用世之券。端臣如意之余,知有块垒者与出世相反,即无块垒者当与出世相成,举旧思而化为新思,则予犹未至于绝望也。(《施端臣诗序》)

五十八、“彼以诗去,终不以不去改诗,诗人之尊贵如是”

寄锡北寺,徐子且闲过予,不数数然,每过则自叹其穷,若有不能自遣者,

① 乌衣巷中名士:参见前面“乌衣巷”注。

② 胸中无块垒,不能工于诗:“块垒”,出自《世说新语·任诞》:“王孝伯问王大:‘阮籍何如司马相如?’王大曰:‘阮籍胸中垒块,故需酒浇之。’”(余嘉锡:《世说新语笺疏》,中华书局2007年版,第896页)块垒在此指诗人有才华但无法得到施展,因而发诸诗,块垒是工于诗的前提条件。这与司马迁的“发愤著书”说、欧阳修的“诗穷而后工”的观点是一脉相承的。

最后出诗一编观之，则剑沈圆土，骥服盐车，宜其紫气逼天，白汗洒地矣。书生饿且死，犹咏梅花，彼以诗致饿，终不以饿废诗。贯休投赠钱武肃①，有“一剑光寒十四州”之句，王门典谒欲改为“四十州”②，贯休云：“诗不易改，州亦不易增。”拂袖径去。彼以诗去，终不以不去改诗，诗人之尊贵如是。丰城之剑，必遇雷焕，太行之骥，必逢伯乐③，且闲其善俟之。虽然，举世无一人知己，剑与骥故自在也；不幸而忤时以去，贯休自在；至于饿死，梅花诗自在。生死无变，而况去就屈伸穷通之介乎？李太白月下独酌，对影成三人④，何妨以诗为且闲之影，以穷为且闲之月，我歌月徘徊，我舞影零乱，亦未至寂寂笑人。人或肯以诗为影，不肯以穷为月，无月无影，无穷无诗。忽将李太白牵入暗室中，饮酒三斗，疑于盗酿者，太白不甘，恐且闲亦未必甘也。（《徐且闲诗序》）

五十九、“其诗不走平熟，磊砢英多，亦诗之侠也”

儒而不能侠，毋为贵儒矣，贫而不能侠，毋为贵侠，侠而不能贫，毋为贵贫。

---

① 贯休投赠钱武肃：贯休：《献钱尚父》诗曰：“贵逼人来不自由，龙骧凤翥势难收。满堂花醉三千客，一剑霜寒十四州。鼓角揭天嘉气冷，风涛动地海山秋。东南永作金天柱，谁羡当时万户侯。”（《全唐诗》卷八百三十七，中华书局1960年版，第9436页）

② 王门典谒改为“四十州”：据《唐诗纪事》卷七十五载：“钱镠自称吴越国王，休以诗投之曰：‘贵逼身来不自由，几年勤苦蹈林丘。满堂花醉三千客，一剑霜寒十四州。莱子衣裳宫锦窄，谢公篇咏绮霞羞。他年名上凌烟阁，岂羡当时万户侯！’镠谕改为四十州，乃可相见。曰：‘州亦难添，诗亦难改。然闲云孤鹤，何天而不可飞。’”（计有功：《唐诗纪事》，上海古籍出版社1997年版，第1089页）

③ 丰城之剑，必遇雷焕，太行之骥，必逢伯乐：《晋书》张华传载，斗牛之间常有紫气，张华乃使豫章人雷焕补丰城令，焕至，掘得一石函，中有双剑，一曰龙泉；二曰太阿。（《晋书》卷三十六《列传第六》张华传）《战国策·楚策四》载曰：“夫骥之齿至矣，服盐车而上太行，蹄申膝折，尾湛胕溃，漉汁洒地，白汗交流。中阪迁延，负辕不能上。伯乐遭之，下车攀而哭之，解纻衣以幂之。骥于是俯而喷，仰而鸣，声达于天，若出金石者，何也？彼见伯乐之知己也。”（刘向集录：《战国策》，上海古籍出版社1988年版，第573页）

④ 李白月下独酌，对影成三人：李白《月下独酌四首·其一》：“花间一壶酒，独酌无相亲。举杯邀明月，对影成三人。月既不解饮，影徒随我身。暂伴月将影，行乐须及春。我歌月徘徊，我舞影零乱。醒时同交欢，醉后各分散。永结无情游，相期邈云汉。”（李白著，王琦注：《李太白全集》，中华书局1977年版，第1063页）

贫且贱，富且贵，各有能侠，各有不能侠。侠于富贵易，侠于贫贱难，所为求什一于百千，未之或得也。予从李公潜夫诗中得王子寅旭，周旋于一穷独守节之老孝廉，依依不忍少疏，以为是贫而侠者。迨至当湖，寅旭来见，出其尊公正始先生诗，知寅旭之侠虽性成，亦其家教然也。先生古之逸民，能文善画，膏盲丘壑，痼疾烟霞，若将终焉。然当兵焰日炽，则闻风声而思特起，条上便宜，慷慨奋发，卒不见用，浩然而归。未几，北天折柱，痛愤成疾且死，属寅旭以皇明处士表其墓石，盖有烈士风。其诗不走平熟，磊砢英多，则荆卿之歌，高渐离之筑①，如从燕市遗音，九山海水欲立，亦诗之侠也。侠而无儒术，谓之粗侠，儒而无侠气，谓之细儒。先生槁项黄馘，老死布衣，而君国之忧、友生之急，切肤次骨，具欲身殉，未尝以有余不足互相筹度。故儒而侠，侠而贫，贫而侠，若连珠贯。克世其家，则寅旭肖之。《春秋》讥世卿三世为将，道家所忌；郭解之侠②，不殁其身；鲁朱家之侠③，不名其子；而王氏两世自嬗，则以儒术为之根柢。不敢犯禁，亦不能救贫，即侠之陈力疑未足耳，于未足之中，有欲然不自足，皇皇然欲足之思，故其心力愈全。呜呼！古今侠士，以贫且贱而不克传者何限，且无论不传，当其时而已不克成矣，则富与贵亦可重也。惟富与贵者不肯侠，而复自附于儒，以是累儒，兼以是累富与贵，予故于序先生之诗发之。今人为诗，好走平熟，自文其浅思寡学，几于拄形无骨，束骨无筋。然则贫而不能诗，谓之滥贫；诗而不能侠，亦谓之辱诗也。（《王云外诗序》）

---

① 荆卿之歌，高渐离之筑：荆卿，即荆轲，与高渐离皆为先秦豪士，《史记》卷八十六《刺客列传》载："太子及宾客知其事者，皆白衣冠以送之。至易水之上，既祖，取道，高渐离击筑，荆轲和而歌，为变徵之声，士皆垂泪涕泣。又前而为歌曰：'风萧萧兮易水寒，壮士一去兮不复还！'"（司马迁：《史记》，中华书局 2013 年版，第 3058 页）

② 郭解之侠：郭解，字翁伯，河内轵（今河南济源）人，西汉时期著名游侠，残忍狠毒而又行侠仗义。《史记》卷一百二十四《游侠列传》载："状貌不及中人，言语不足采者。然天下无贤与不肖，知与不知，皆慕其声，言侠者皆引以为名。"（司马迁：《史记》，中华书局 2013 年版，第 3846 页）

③ 鲁朱家之侠：朱家，鲁国人，秦汉之际的游侠。《史记》卷一百二十四《游侠列传》载："振人不赡，先从贫贱始。家无余财，衣不完采，食不重味，乘不过軥牛。专趋人之急，甚己之私。既阴脱季布将军之阸，及布尊贵，终身不见也。自关以东，莫不延颈愿交焉。"（司马迁：《史记》，中华书局 2013 年版，第 3840 页）

六十、“为诗不论识量而论才，不论才而呴濡于事理，诘曲于情词，皆逐末也”

有天下士，有国士，有一乡之士，盖分于识量。识如山，量如水，山至于妙高，水至于大瀛海，然后足以发其才。识卑者才虽高，仅成部娄；量狭者才虽广，亦灌陂池。若夫拔地邻虚，群峰如子，吞天浴日，众壑归臣，人惊其才而不原其识量，予于石门，乃得之吴子孟举[①]耳。孟举之识，不为今人所诱，亦不为古人所凌，其量不为近之时地所圄，亦不为推而前、却而后之时地所动。是故寄意于毫素，不慑唐以上，不轻宋以下，不袭衣冠于经史，不降格于里巷，不腐落于秋实，不剪缀于春华，断然自见，其孟举之识量而莫能御其才。何也？踞妙高之巅，俯视其下，四达皆见，绝大瀛海之底，旁探其津涯，则八表俱迷。彼识不尊，事与理碍，即有冥搜之思，思欲通而嗣宗之辙已穷[②]。量不扩者，情为词局，有倾倒之力，力欲往而夸父之饮已竭[③]矣。然则为诗不论识量而论才，不论才而呴濡于事理，诘曲于情词，皆逐末也。予闲过黄叶村庄，涉其径，则幽而深，登其堂，则轩而旷，察其部署，竹树丘壑，如阅数十百年之久，妙合自然，五月而毕耳。当孟举经营之次，属有风鹤，邑人仓卒奔避，孟举夷然若无所闻，指画精审，尺寸不失。人以为系心无益，遗其身家。予以此见其识定而量远，能使其才波澜曲折，层迭隐现，与山水之趣为一也。古之人于所与游，或闻其言，得其所行，观其行，得其所言。言无多寡，行无小大。然明一语，叔向识其

---

① 吴子孟举：吴孟举(1640—1717)，名之振，号橙斋，别号竹洲居士，晚年又号黄叶村农，洲泉官房埭人，清初学者，曾与吕留良友善，与黄宗羲、高旦中等名士交游，著有《黄叶村庄诗集》。施润章、吴绮、宋荦等人都有题吴氏“黄叶村庄”或“黄叶村庄图”之诗。事迹见《池北偶谈》卷十四、卷十六。

② 嗣宗之辙已穷：嗣宗，即阮籍。《晋书·阮籍传》载：“(籍)时率意独驾，不由径路，车迹所穷，辄恸哭而反。”(《晋书》卷四十九《列传第十九》本传)

③ 夸父之饮已竭：《山海经·海外北经》载曰：“夸父与日逐走，入日。渴欲得饮，饮于河渭，河渭不足，北饮大泽。未至，道渴而死。弃其杖，化为邓林。”(袁珂校注：《山海经校注》，上海古籍出版社1980年版，第238页)

君子；谢玄履屐之间，郗超信其能为大将[①]。则予于孟举，岂直词章之学相玄对称知己耶？石门之乡有洲钱，洲钱之族有千年吴者，孟举所得姓也。今其世硕蕃以显，而孟举用雄才大略冠冕其家。黄叶村庄，又吕心文之五柳。心文弃官归隐，卜筑此地，窃比渊明，故未失儒中二乘。彼赵忠定实生洲钱。方宁宗父子之变，奋不顾身，决内禅之策，使宗社危而复安，皆自其识量胜。夫无识者一顾盼而失先几，无量者再踌蹰而得退步。苟能置祸福于度外，一发其才，而乾坤立转，岂可望之一乡一国之士？孟举勉旃！吾侪相期于一切众生皆忧皆虞之际，以豪素为寄，而非以豪素为归也。（《吴孟举诗集序》）

六十一、"诗之盛，世之乱，如形影随，不如形影似"

唐诗四分，初盛中晚，盖论诗不论世也。唐治盛于贞观，诗为初运，诗盛于开元、大历，世已乱矣，终唐之世无盛治，则诗非工于穷，工于乱也。明之才为制艺所耗，王李钟谭[②]之徒，抵掌而开诗运，至于今益盛，钱虞山[③]以致乱之狱归之。此四子者为诗致盛，不为世致乱，而世之乱、诗之盛不期而会，不知其然而然。譬之邵尧夫[④]，天津桥上闻杜鹃声，杜鹃得气之先者，岂开气之先耶？吴越为才薮，遂为诗薮，沈子宏略，诗薮中之瑰异之。才也顷士气不振，制艺不足以耗

① 谢玄履屐之间，郗超信其能为大将：《世说新语·识鉴》载曰："郗超与谢玄不善。苻坚将问晋鼎，既已狼噬梁、岐，又虎视淮阴矣。于时朝议遣玄北讨，人间颇有异同之论。唯超曰：'是必济事。吾昔尝与共在桓宣武府，见使才皆尽，虽履屐之间，亦得其任。以此推之，容必能立勋。'元功既举，时人咸叹超之先觉，又重其不以爱憎匿善。"（余嘉锡：《世说新语笺疏》，中华书局2007年版，第478—479页）

② 王李钟谭：王世贞，李攀龙，钟惺，谭元春。参见前注。

③ 钱虞山：钱曾（1629—1701），字遵王，号也是翁，又号贯花道人、述古主人，虞山（今江苏常熟）人，故又称钱虞山。其父钱裔肃和族曾祖钱谦益都是藏书家。钱曾乃清代著名藏书家、版本学家，亦是诗人。编有3部藏书目录：《述古堂书目》《也是园书目》《读书敏求记》；著有《怀园集》《判春集》《奚囊集》《今吾集》等7部诗集，除《今吾集》有康熙年间的刻本外，民国前其余均未刊刻。事迹见《钦定四库全书总目》卷八十七、史部四十三（《读书敏求记》与《述古堂书目》提要），谢正光：《钱遵王诗集笺校》。

④ 邵尧夫：邵雍（1011—1077），字尧夫，范阳（今河北涿州）人，宋代著名哲学家、诗人，著有《皇极经世》《先天图》《伊川击壤集》和《梅花诗》等，《宋史》卷四百二十七《列传第一百八十六》本传。

之，率走于诗。昌黎所谓物不得其平则鸣①，观于诗之盛，而知士之不得其平，世之乱也。予生遭多难，时复为诗，时得不祥之句，故爱诗而爱诗之不祥者，亦爱诗人，疑其为不祥之人也。宏略非不祥之人，何以工于诗也？唐之盛，王孟李杜②其著者。孟以布衣早死为不祥③，不失为祥，余皆当天宝之乱。摩诘仅以节未败④，获终右丞；子美流离秦蜀⑤，殁于楚；太白乃至长流夜郎⑥，不可谓非不祥。使予甚爱宏略，则不愿其工于诗，无如宏略之诗之已工也。使宏略不降志于福泽，以王孟李杜为祥即可矣，然王孟李杜祥而世则不祥，此予所不忍，亦非宏略所忍，又无如宏略之诗之已工也。诗之盛，世之乱，如形影随，不如形影似，不期而会，不知其然而然。 以致乱之狱归之王李钟谭，是欲以王安石⑦、吕惠卿⑧、蔡京⑨、

---

① 昌黎所谓物不得其平则鸣：孟东野很有才能，但直到50岁任职县尉，因而常抱怨自己怀才不遇。韩愈在孟赴任时写《送孟东野序》言："大凡物不得其平则鸣，草木之无声，风挠之鸣；水之无声，风荡之鸣。"（《韩愈文集汇校笺注》，中华书局2010年版，第982页）

② 王孟李杜：王维、孟浩然、李白、杜甫。

③ 孟以布衣早死为不祥：孟浩然一生未任官职，卒于唐开元二十八年（740），比王维、李白、杜甫分别早二十至三十年，故言其不祥。事见《旧唐书》卷一百九十《列传第一百四十》。

④ 摩诘仅以节未败：摩诘为王维字，王维在安禄山攻陷长安时被迫任职，故言其节未败。参见本书《道潜》"王维"注。

⑤ 子美流离秦蜀：杜甫字子美，曾于乾元二年（759）以后流落于四川重庆一带，故言其流离秦蜀。

⑥ 太白乃至长流夜郎：李白字太白，因参加永王李璘东巡，而被判流放夜郎（今贵州桐梓一带），故言其长流夜郎。事见《旧唐书》卷一百九十《列传第一百四十》。

⑦ 王安石（1021—1086）：字介甫，晚号半山，抚州临川（今江西抚州）人，北宋政治家、文学家。庆历二年（1042）进士，熙宁二年（1069）拜参知政事，积极推行新法。变当失败后出知江宁，后又拜左仆射观文殿大学士，封荆国公，世称王荆公。王安石为北宋诗文革新运动的中坚人物，为唐宋八大家之一，理论上强调文学的社会作用，也肯定文学的艺术特性，所作能针对现实，有感而发，今存诗一千五百多首，有《临川集》一百卷传世。事迹见宋詹太和《王荆公年谱》、清顾栋高《王荆国文公年谱》《宋史》卷三百二十七《列传第八十六》本传。

⑧ 吕惠卿（1032—1112）：字吉甫，泉州晋江人，仁宗嘉祐二年进士。神宗熙宁初，累迁集贤校理、判司农寺，参与王安石变法革新。王安石第一次罢相后任参知政事，继续推行新法，但与王安石交恶，二人关系破灭。王安石回朝后，吕惠卿坐其弟罪被贬出京。其后辗转于各地任职，再也无法进入政治中心。有《庄子义》及文集等。事迹见《宋史》卷四百七十一《列传第二百三十》本传。

⑨ 蔡京（1047—1126）：字元长，兴化军仙游（今福建莆田）人，熙宁三年进士，先为地方官，后历任中书舍人，龙图阁待制、知开封府，右仆射兼门下侍郎，后官至太师，四次任相，时间长达十七年之久。被称为"六贼之首"，宋钦宗即位后，被贬岭南，途中死于潭州（今湖南长沙）。事迹见《宋史》卷四百七十二《列传第二百三十一》本传。

童贯[①]之罪罪杜鹃也。杜鹃不知其然而然，王李钟谭不知其然而然，王孟李杜亦不知其然而然。不能为世间消此乱，且为诗家成此盛。则宏略为诗之致盛之才，予适逢其盛，击壤鼓腹其旁，而太平野老之乐已具矣。（《沈宏略诗集序》）

六十二、“温柔敦厚，得风雅之正”

寓锡精严，金生子弢哀然来谒，盖吾家楚畹翁之孙也。出诗一编相质，温柔敦厚[②]，得风雅之正。徐吐其怀抱，则忧时悯俗，而不获见用于世，且自度见用，亦未能竟申其志。欲弃家从浮屠游，不忍割爱弱息，或劝以从戎，且唯唯，且否否，眉间精悍之色，每于闲中忽露。子弢前身为山东沈总戎，其生时，楚畹翁巡盐长芦，梦征颇异。子弢既长，一夕梦见其前身之母，又一日梦其前身之妻，复一日梦其前身之二子，忽忽愁叹，以为不祥。大母始语之：“乃祖昔有梦征，秘不言，恐以泄致夭，今汝自见之，故无害。”子弢虽文弱，事涉名义，奋不顾身，谓生死亡足计者。此犹马革裹尸故习，使一旦弃毛锥弄战，熟处难忘，亦复何怪。然生处宜熟，熟处宜生。沈总戎必自有皈心三宝之因，子弢见佛菩萨僧必喜必依，依不忍去，倘择于二者之间，岂必脍炙哉？古亦有云：“宁为百夫长，胜作一书生。[③]”今以大将军屈首场屋，乃能操苦竹枪，会家不忙，岂非武人所祈响而劣得之？则为僧与为诗客较亲，复为总戎，必较疏矣。以子弢至性所发，为文为武，出世用世，无所不可。予为诗序，不主序诗，盖不欲其以诗人自了。昔亦有以法师而立愿为大帅者，遂果所愿。或訾昔失足，佛归僧舍，兵随将转，别有重轻，一听子弢习气之深浅而已矣。（《金子弢诗序》）

---

① 童贯（1054—1126）：字道夫，一字道辅，开封（今河南开封）人，北宋权宦，为“六贼”之一，因善迎合徽宗得宠，与蔡京勾结，拜开府仪同三司，领枢密院事，进太师，掌兵权二十年，宣和四年攻辽失败，以金赎檀、顺、景、蓟四城。金兵南下，童贯由太原逃至开封，随徽宗南逃，钦宗即位后被处死。事迹见《宋史》卷四百六十八《列传第二百二十七》本传。

② 温柔敦厚：参见本书《永觉元贤》“温柔敦厚”注。

③ 宁为百夫长，胜作一书生：唐杨炯：《从军行》：“烽火照西京，心中自不平。牙璋辞凤阙，铁骑绕龙城。雪暗凋旗画，风多杂鼓声。宁为百夫长，胜作一书生。”（《全唐诗》卷五十，中华书局1960年版，第611页）

六十三、“山水欲自发其奇，必假手于才人，才人欲自宣其郁，复游目于山水”

以冯子石良之俊才，数不得志于时，出《吴门游草》相示，则吴门山水无遁形，有生色矣，此山水之幸也。山水欲自发其奇，必假手于才人，才人欲自宣其郁，复游目于山水。才人显用山水，山水隐用才人，则以才人之不幸成山水之幸，浅而罪山水，即为乐祸，深而疑山水，宁非下石耶？今与石良约，并与天下后世才人约：凡不得志于时者，裹足不游山水；游山水，袖手不作诗文。则山水不得发其奇，而假手之计诎，即必乞灵于富贵利达者，富贵利达常鲜才人，不能为山水发奇，即必奉富贵利达为才人寿，则才人之计成矣。石良乃自播其诗，属予为序，是堕山水之计中也。虽然，山水之灵见石良之诗而一喜，见予之序而一惧，倘有调停于帝之左右者乎？则才人之祸，庶几其少息也。（《吴门游草序》）

六十四、“清真高旷，入理深，置格峻，措词简”

山林之文与廊庙异，通经术者辨理贵微，秉史裁者序事贵核，尚骚雅者托物赋景贵超，各取所长。台谏之文与馆阁异，厉风采者不贵亢激，崇名理者不贵迂疏，乐辨博者不贵曼衍，务去所短。持世有作，先观其奏议，而大端定矣。灌溪李先生释褐，令东官以恺悌着，擢御史以清直显。初入台，条上八议，皆为烈皇帝对症发药，务以惇大诚信、恤民隐、养士气为指归，理直而词和，忠爱恳恻，溢于行墨之表。出按畿南，论俵马释马之害，争释地加派，争类解留津粮，备三关战守，区画曲尽，具有回天泽物之功。卒以劾监珰陈镇夷致迁谪。呜呼！盖天下事已不可为矣。烈皇帝天质英明，然详于细，疏于大，察远而遗近，每为在旁之奸巧中而不自觉。当其谴斥稍过，群臣悉袖手，为不终日之计，逃责于局外，徼幸于事后。先生忧之，昌言匡正，势成莫挽。闯贼犯京师①，冤血

① 闯贼犯京师：李自成（1606—1645），明末农民起义军领袖，被推为闯王，1644 年 3 月 19 日攻入北京，明崇祯帝自缢。《明史》卷三百九《列传第一百九十七》本传。

洒尘，枉矢集关，既曲突徙薪之不用，并焦头烂额而无闻，可痛也。弘光继统，不仇雠是寻，而修门户之怨。先生官闲曹，独申正谊，谓文武诸臣躬负大罪，岂得高谈定策之勋，贻朝廷以幸灾自利之诮？盖疾呼梦魇，无如梦魇者已就于危亡也。于是潜忠在孝，视膳问安，砚北呵冰，墙东炙日，当涂贵人式庐致敬，或不能邀其一盼，始终为乾坤留正气，称今古完人。读其诗文，清真高旷，入理深，置格峻，措词简，未尝与文坛争旗鼓，而雕章绘句者自然退舍，盖有德而后有言，能仁必能勇也。先生外和中介，是非所存，持之不变，以是坎坷宦辙。当崇祯之末，士大夫如患风痹，陌路君上，草芥民间，流于今尤剧。孔子曰："天下皆忧，吾能无忧乎？天下皆疑，吾能无疑乎？"吉凶同患，君子不可一刻与万物交疏。先生每闻官邪政浊，闾阎疾苦，诗书崩坏，仰屋而叹，对案忘餐，虽老弥笃。或谓此既易代，何与吾事？夫新故即移，天地犹吾天地，民犹吾民，物犹吾物，宁有睹其颠沛，漠然无动，复为之喜形于色者耶？予故推先生为一世真儒，于吾法中大乘菩萨种子久远成熟，以其勇发于仁，不尽从文得之。禀德而言，因言达德，百世之下，闻其风者，足以顽廉懦立，薄夫敦，鄙夫宽，兼夷惠而比烈也。（《李灌溪侍御碧幢集序》）

六十五、"天下之元气见于风俗，一人之元气见于诗，以正为鹄"

天下之元气见于风俗，一人之元气见于诗，以正为鹄。"《诗》三百，一言以蔽之，曰：'思无邪。'"思无邪，此诗法也。天下之风雅虽坏，一人自正，则能回元气于无何有之乡，其权不分上下。使位天地，育万物，全归君相，彼有君相以来，贤者少，不贤者多，然而不至于崩陷灭绝，必有致中和而不见知于世者矣。其义不专属诗，而谓之见于诗者，诗，性情流露之最真也。吴门李如谷先生官宪副，以漕事忤大珰，拂衣归里，享高年，称人瑞。少喜吟咏，老而不衰，珠玑错落，每随烟云散去。令子灌溪侍御搜辑手录一千余篇，目曰"树德堂诗集"，予得卒业焉。先生处剥运之极，不获大用，正天下之风俗，顾以回元气之力寓诸诗。不激枭以伤气，不琢削以损神，不纤丽以丧骨，浩然天真，一出于性情之至正。盖李氏之元气全矣，吴之元气、天下之元气与之俱全。今夫人之心无名无相①，卷之退藏于密，舒之则弥六合②。天下自壤，一人自成，天下忽异，一人忽同，天下总而别，一人别而总，各不相知，各不相到，岂肉眼所识？而一证之于诗眼，以其正也。先生尝语侍御君："一生选诗，枉费于烟云花鸟、玩物适情之上，今当取其怀古言志、关风化、感时事、有识度、有经济、觉迷启悟者，为我拈出，更得见地之友共之。"此选诗法，即作诗法也。先生居心制行，恬澹旷达，当其萧然物表，三公不易，叶诗家之正宗。其养心诸格言，如寄荷衣箨冠于缨绂间，与身在江湖梦游魏阙者净秽相去远矣。天下大器，惟轻爵禄而置身器外者任之，若在器中，鲜有举者。故使先生藉甚保衡，天下熙咸登春台。然尚德不在显，抡功在隐，已居器外，即运环中，徒以不见知于世为先生惜，非识元气之枢机者。夫不离于世而遁世，不见知而不悔，庸言之信，庸行之谨，退然无异于深山之野人，而和气应之，天下之元气亦应之矣。贤者不及，亡论君子，何者？有翘然自见之心，力与之角，以蕲胜势之在我，益以怨而天气乖，益以尤而人气拂，和之所以戾，诗之所以亡。诗者，乐之所以成也，必节于礼。先正其思，思正然后礼得其节，礼节然后乐得其和。一身一家之元气，操天下风俗之枢机，天地不至崩陷，万物不至灭绝，匹夫匹妇皆有致中和之责、位育之功，而况士大夫。予于序先生之诗切言之，亦先生自处先觉，以觉斯世斯民之本志也。（《树德堂诗集序》）

六十六、"境会所触，可悲可喜可愕，一发于诗"

词家老手，闻有桐溪濮澹轩，过吴门始见之，年七十八矣，俊迈犹四十许岁也。豪于吟，境会所触，可悲可喜可愕，一发于诗，几万余篇，属其友汰之，

---

① 无相：相指现象的相状和性质，亦指认识中的表象与概念，即"名相"；无相指摒弃世俗之名相后所得之真如实相，与"有相"相对。达到无相者，即是得"法性""涅槃"。中国禅宗特别强调"无相"的教义，要以"无相为体"。《法宝坛经·定慧品》云："善知识！外离一切相，名为无相。能离于相，即法体清净。此是以无相为体。"（《大正藏》第48册，第2008号，第353页上）

② 六合：指四方与上下，因以泛指天地宇宙。《庄子·齐物论》曰："六合之外，圣人存而不论；六合之内，圣人论而不议。"（清郭庆藩撰，王孝鱼点校：《庄子集释》，中华书局1961年版，第83页）

仅存三百。予以陟昆仑,泛瀛海,穷高极广,天下之人非力所及,逡巡不前,则以虎丘片石、惠山一泓邀之,欣然群往矣。澹轩斥其高广,姑以《三百篇》为片石一泓,何居之高而视之下耶?澹轩不欲与乡里小儿争冷热之观,僦居山塘委巷。浙之盛泽有濮紬,粤之人之所尚,客每岁收买抵金阊,澹轩主之,受其例所应入者以糊口。间有赢,则挂杖头,邂逅词客,拉醉酒肆中,尽而后已。已则杜门,屡空不给,意豁如也。吴俗好事,诸挟才艺贫而游者往来如骛,闻澹轩名,必投以诗。澹轩虽食贫,其所交率天下俊迈,虽老,意气不少衰。东方朔识虫怪哉①,以为忧之所结,沃以美酒即消。今天下物力耗诎,士之不能低头争冷热者,多贫而游,游即益贫,常抑郁无所聊于客舍,祈寒暑雨,孤吟善病,则怪哉之虫馆其身,繁其族类,交蚀其心腑,能抵人于死。澹轩之赢钱共醉,亦东方朔沃之以美酒之遗乎?士有所自负,生不遇时,或隐于医与卜与耕市佣舂,时复露其一斑,以俟世之具眼,此皆摄昆仑于片石,缩瀛海于一泓。藏澹轩于牙侩之内,譬如王绩②,自称五斗先生,而日给仅三升美酝,自救不了,乃发赢钱共醉之兴,则片石一泓亦欲与昆仑瀛海比高絜广。然则后之揽澹轩之诗,何必《三百篇》,于一篇一句一字中见澹轩狂叫千言、吞吐四方之全量,庶几具眼耳。(《濮澹轩诗序》)

六十七、“诗不贵使才,不贵说理,用古多则损格,伤时露则减韵”

闻之先正,诗不贵使才,不贵说理,用古多则损格,伤时露则减韵,予盖学而未能,则以为此正坐无才,不者才偏耳。才如大将,用骑用步,用舟用车,用

---

① 东方朔识虫怪哉:《太平广记》卷第四百七十三载:“汉武帝幸甘泉,驰道中有虫,赤色,头牙齿耳鼻尽具,观者莫识。帝乃使东方朔视之。还对曰:‘此虫名怪哉。昔时拘系无辜,众庶愁怨,咸仰首叹曰:怪哉!怪哉!盖感动上天,愤所生也。故名怪哉。此地必秦之狱处。’即按地图,信如其言。上又曰:‘何以去虫?’朔曰:‘凡忧者,得酒而解,以酒灌之当消。’于是使人取虫置酒中,须臾糜散。”(李昉等编:《太平广记》第四册,中华书局1961年版,第3893页)

② 王绩:参见前面注。

少用多,用久练,用乌合,无不如意。廉颇[①]一为楚将无功,思用赵人;王剪伐李信[②],非六十万人不可,皆偏才也。已未秋,卧痾半塘,桐城姚子彦昭过访,以《超玉轩诗集》见贻,读之俯首,已见予意中诗坛大将。彦昭于诸体制如驭众,长不见势不足,短不见节有余,出奇制胜,所应有者,一举无不有,所应无者,一荡无不无。世谓才以法为辔勒,非也,才全者德不形而法自具。骐骥千里,历境过都,缓急所宜,不假鞭影。才偏而力大,岂免跅弛?力小而偏,遂成疲薾。孟浩然五言近体仅能秀出,七言已弱,无论古歌行,盖诗流之下驷。郭林宗[③]云:"奉高之器,譬诸泛滥,清而易挹;叔度洋洋若千顷陂,澄之不清,挠之不浊,吾无以测之矣。"论人如是,论诗亦然。予于彦昭之诗,复见彦昭之人,龙腾豹变,殆未有以测其涯涘。秋水时至,百川灌河,河伯不至于北海若之门[④],长见笑于大方,而况纳之牛迹?先正之言,用之即程不识,不用之即李广[⑤],过而

---

① 廉颇:战国时期赵国人,多次战胜齐、魏等国,与白起、王翦和李牧并称为"战国四大名将"。长平之战前期,以固守的方式使秦出兵三年劳而无功。长平之战后,又击退燕国,并令其割五城以求和,任为相国,封为信平君。赵悼襄王时不得意,奔魏居大梁,老死于楚国。事见司马迁:《史记》卷八十一《廉颇蔺相如列传》。

② 王翦伐李信:王翦,战国时秦国名将,曾破赵灭燕除楚;李信,战国时秦国名将,在灭燕平齐中功勋卓著。《史记》卷七十三《白起王翦列传》载:"始皇问李信:'吾欲攻取荆,于将军度用几何人而定?'李信曰:'不过用二十万人。'始皇问王翦,王翦曰:'非六十万人不可。'始皇曰:'王将军老矣,何怯也!李将军果势壮勇,其言是也。'"(司马迁:《史记》,中华书局2013年版,第2826页)

③ 郭林宗:郭泰(128—169),字林宗,太原人,东汉时期名士,出身寒微,但博览群书,口才极佳,在洛阳时为太学生领袖,党锢之祸后,闭门教授,弟子达千人,《后汉书》卷六十八《郭符许列传第五十八》本传。

④ 河伯不至于北海若之门:《庄子·秋水》载曰:"秋水时至,百川灌河,泾流之大,两涘渚崖之间,不辩牛马。于是焉河伯欣然自喜,以天下之美为尽在己。顺流而东行,至于北海,东面而视,不见水端,于是焉河伯始旋其面目,望洋向若而叹曰:'野语有之曰,闻道百以为莫己若者,我之谓也。且夫我尝闻少仲尼之闻而轻伯夷之义者,始吾弗信;今我睹子之难穷也,吾非至于子之门则殆矣,吾长见笑于大方之家。'"(清·郭庆藩撰,王孝鱼点校:《庄子集释》,中华书局1961年版,第561页)

⑤ 用之即程不识,不用之即李广:程不识和李广都是西汉时期著名的武将,二人带兵的风格迥然不同,据《史记》卷一百九《李将军列传》载:"居久之,孝景崩,武帝立,左右以为广名将也,于是广以上郡太守为未央卫尉,而程不识亦为长乐卫尉。程不识故与李广俱以边太守将军屯。及出击胡,而广行无部伍行陈,就善水草屯,舍止,人人自便,不击刀斗以自卫,莫府省约文书籍事,然亦远斥候,未尝遇害。程不识正部曲行伍营陈,击刀斗,士吏治军簿至明,军不得休息,然亦未尝遇害。不识曰:'李广军极简易,然虏卒犯之,无以禁也;而其士卒亦佚乐,咸乐为之死。我军虽烦扰,然虏亦不得犯我。'是时汉边郡李广、程不识皆为名将,然匈奴畏李广之略,士卒亦多

问诸韩淮阴、李卫公、岳鄂王①,都无是说,此真大将也。(《姚彦昭诗集序》)

六十八、“天真烂漫,自然有烟霞散采,金石宣音”

别均裳姚翁三十六年,彼此不相闻,顷度夏半塘,扁舟来访,各出意外。遂得读其韵语,天真烂漫,自然有烟霞散采,金石宣音,盖置身于一丘一壑间,非尘俗中所能顿放也。邵尧夫安乐窝中别有天地,美酒微醉,好花半开,便觉羲皇去人不远。然生于太平无事之日,载小车而观化,历行窝以班春,此福故不易享。均裳裁值盛年,河山鼎沸,自缙绅以及细民,破家亡身、颠连道途者何限?而吉祥之气独有所钟,依墓结庐,浇花种树,与虎丘片石作忘形尔汝之交,天籁一发,山鸣川应,月舞影而风歌律,七十余岁,心逸日休,不减尧夫太平无事之乐,此福尤不易造。夫天下有福,一人独能享之者,半存乎时;天下无福,一人独能造之者,全握于己。均裳乃如第五天人,一切乐事不因境有,直以自力化现,无不受用具足,则虽移均裳于三灾间作之际,犹然有两部鼓吹、七重行树交光相奏,岂止与地行仙颉颃于小年小知而已哉!(《姚均裳诗序》)

六十九、“诗人之诗,未尝不是而常不妙,盖必有超然于意言之表,无心而独得者”

寓半塘次,法华树南和尚俨然造焉,挹其深致,知为雅人,出《见山诗集》相示,诗复雅。譬如扶舆灵秀之气,结而为山,其间一泉一石,一草一树,无不助灵献秀者。诗家之论僧诗,不可有僧气,恶其蔬笋。不可有僧气,忽有官人气,亦自不类;恶其蔬笋而好其酒肉,又不类矣。僧之诗妙在不熟,有时似熟,正得香初花半;妙在不整,有时似整,依然疏影横枝;妙在不足,有时似足不妙,云外封,泉内

乐从李广而苦程不识。程不识孝景时以数直谏为太中大夫。为人廉,谨于文法。”(司马迁:《史记》,中华书局 2013 年版,第 3499—3450 页。)

① 韩淮阴、李卫公、岳鄂王:韩信,李靖,岳飞。事迹分别见《汉书》卷三十四《韩彭英卢吴传第四》韩信、《旧唐书》卷六十七《列传第十七》李靖本传、《宋史》卷三百六十五《列传第一百二十四》岳飞本传。

涌,复以不恒见胜耳。古德云:似即是,是即不是,此作诗三昧也。诗人之诗,未尝不是而常不妙,盖必有超然于意言之表,无心而独得者。夫无心而独得,岂可恒得哉?余与见山之诗适相遇于天机。呜呼!道人吟咏,直寄兴耳,听俗士之去取,劣得数章,位置于羽流、闺秀之间,亦不雅矣。(《见山诗集序》)

七十、诗才高妙,应有绘画之“皱、瘦、透”,“尺幅山水,万里为遥”

望子与予契阔三十七年,今夏重见于半塘,喜甚,有四诗。秋杪,予欲入匡山,望子送别有二诗,引东坡怪石供例,以前诗当前供,后诗当后供。予以一肩收佛印、参寥[①]两供,予则贪矣。望子之情较东坡为重,何者?东坡以饼易石,自然饼俗石雅,望子以诗代石,更觉诗灵石顽。且喜佛印是住院长老耳,设如澹归入匡山,天寒路远,行李内添却数百枚石子,加以古铜盆一、石盘二,亦累坠不小,则东坡之赚佛印,又不如望子之恤澹归也。石之胜有皱,有瘦,有透,齐州之石无之。望子诗才高妙,蹙迭之波方其皱,巉岩之骨方其瘦,玲珑之致方其透,尺幅山水,万里为遥,望子贶予厚矣。虽然,穷居士,穷比丘,冷对冷,硬对硬,不知何时是了?则吾两人全体俱是怪石,望子供澹归,澹归亦供望子,不合和予唱汝,令人传说石言于吴,作妖作祥,几成祸事。(《答朱望子送别诗小序》)

七十一、“情交于境而发为”

情交于境而发为诗,情不极其郁勃,则诗不奇,境不极危且险,则情不郁勃。诗推盛唐,以老杜为冠。唐诗盛而唐世乱,老杜当其阨,涉危险之境,蕴郁勃之情,以发其奇。云间吴日千[②],高行士也,诗宗盛唐,不落中晚一语。吾友

---

① 佛印、参寥:佛印,参见本书《灵岩妙空》注。参寥,参见本书《无文道灿》注。

② 吴骐(1620—1695),字日千,号铠龙,铁崖,九峰遗黎,培桂桂斋主,江苏华亭(今上海松江)人,明末遗民诗人,能诗善书,以诗文受知于几社领袖陈子龙、夏允彝。明亡,绝意仕进,自号“九峰遗黎”,以遗民终老,著有《颟颌集》。生平事迹见《明诗纪事》辛签卷二十八、姚光:《吴先生传》、宋际楷:《吴日千先生行状》。

陈彦达推服日千，称士林第一流，其为诗宗日千，欲劘老杜之垒而夺其军，一何壮也。境之极危险，纳于死地，流离道路，穷且饿，老而无所所，老杜兼之。老杜中年潦倒，献三赋，试集贤，得一卑官，遂陷贼中，仅完其节。彦达值革运，弃去青衿，莼羹鲈鲙，长少以老，虽食贫，不至荷镵同谷、拾橡秦川，犹有敝庐足以容膝。则老杜之境之危险深于彦达，彦达之情之郁勃宜浅于老杜，而诗之奇何以相及也。老杜穷于服官耳，麻鞋得见天子，转徙剑外，尚闻收京贼退之喜①。彦达拭目倾耳于老杜，所望不可得，今且老矣，此一郁勃不浅于老杜，则老杜四危险亦不深于彦达，宜其诗之奇之可及也。彦达性通脱，好饮酒，妻死不娶，无子，以犹子为子，能敬且顺。老杜终日琐屑于老妻稚子间，既多苦趣，时陷重坎，垂白，一子殁，欲归襄阳，故交零落，输心于少年，辄遭掩口，亦饮酒负气狭中，卒以客死。则彦达于情之郁勃善自宽，于境之危险善自减，其天姿胜老杜远矣。董苍水与彦达莫逆好，谑呼为“九制”，以其祁寒暑雨长在途中，觅友生共谈燕，盖得蒸晒愈良云。予谓此彦达期颐之征也。人之通脱者，天机所发，过而不留，则懊热自轻，人道阴阳之患无以中之。彦达为诗至百余岁，宜有过于老杜者。当是时，予已化去，不克见，姑以今日之叙作后日之验可乎？虽然，“老去诗篇浑漫兴，春来花鸟莫深愁”，忽而老，忽而漫，为诗至百余岁，或有不及于老杜之惧，更当劝请日千久住世间，作敲推之助也。（《陈彦达诗序》）

七十二、“至性独行之为风雅之本也”

云间张子嘉树，直母夫人之变，哀毁过情，九日而殒，士林识与不识，无不咨嗟出涕，各生敬悯。尊公带三先生辑其遗诗，盖有不可不传而不忍见者，老

---

① 老杜穷于服官耳，麻鞋得见天子，转徙剑外，尚闻收京贼退之喜：杜甫《述怀》曰：“去年潼关破，妻子隔绝久。今夏草木长，脱身得西走。麻鞋见天子，衣袖露两肘。朝廷愍生还，亲故伤老丑。涕泪受拾遗，流离主恩厚。柴门虽得去，未忍即开口。寄书问三川，不知家在否。比闻同罹祸，杀戮到鸡狗。山中漏茅屋，谁复依户牖？摧颓苍松根，地冷骨未朽。几人全性命？尽室岂相偶？嵚岑猛虎场，郁结回我首。自寄一封书，今已十月后。反畏消息来，寸心亦何有？汉运初中兴，生平老耽酒。沉思欢会处，恐作穷独叟。”（《全唐诗》卷二百十七，中华书局1960年版，第2272页）《闻官军收河南河北》曰：“剑外忽传收蓟北，初闻涕泪满衣裳。却看妻子愁何在，漫卷诗书喜欲狂。白日放歌须纵酒，青春作伴好还乡。即从巴峡穿巫峡，便下襄阳向洛阳。”（《全唐诗》卷二百二十七，中华书局1960年版，第2460页）

泪欲枯,亦今古伤心之事也。嘉树少禀异质,书过目辄成诵,工古文诗词,旁及字画,皆有逸群之妙。与其才,夺其算,故疑造物之梦梦,予谓不然。李贺骑马郊行,小奚奴背古破锦囊随其后,得句即投之。年虽不永,为帝所召,贺至今未尝死也。贺仅词客,不用于人而用于天;若嘉树之才,本以至性独行之孝,乘彼白云,至于帝乡,何必千岁厌世哉！世之人知有人寿,不知有天寿,不知有本来无尽之寿,即顺俗而指为死,不过离合之际,情所宜钟耳。语有之:死或重于泰山,或轻于鸿毛。夫有鸿毛之轻而之死者,无泰山之重则不仁;有泰山之重而之死者,无鸿毛之轻则不勇。嘉树生不虚生,死不浪死,故以死孝为重于泰山,则轻于鸿毛兼仁勇,而断弥留之一息。当其痛不欲生,九日一念,惟知死者之可追,不计生者之可恋,即垂白严君有不遑顾,况予既亡后之弱息,况于幸存后之浮名夫！然百世之下,闻其风者,天合之感勃然而兴矣。工词章,负疚伦纪,往往而是,文人无行,为天下薄。读嘉树之诗,而后知至性独行之为风雅之本也。思无邪之指未坠于地,岂非以鸿毛之轻成泰山之重?嘉树于是不浪死。若夫死而不亡,则嘉树别有生,有以识其不虚生也,则造物者梦梦,而嘉树不梦梦,又以呼天下之梦梦,则嘉树本来无尽之寿之所变现,非天与人之寿所得而尽者也。(《张嘉树诗序》)

七十三、“典硕而清举,流丽而法,幽而能与情俱出,宕往飙发而能与理俱入”

才以乘运,运有足不足之时。君子深观其理,则至足之数全操于己,此福德之渊海也。云间数称才薮,名家以百计,今所推王氏最盛。王氏之有子武,玉立秀出,比于五常白眉,乃并驱史馆,暂居孟季之后,得以奉农山先生色养,益肆力于风雅。或不能无足不足之疑。夫君父之道,以臣子之才为天下用,不私用其臣子,故君父有交相让,而天人之数应之。士大夫一旦服官,东西南北,惟君所命,堂上二亲有思而不得见、见而不得久者矣。曹丕为魏世子①,宾朋

① 曹丕为魏王世子:魏王,即三国时曹操,曹操挟天子以令诸侯,称魏王。曹丕为操长子,建安二十二年被立为魏太子。(见陈寿撰,裴松之注:《三国志》卷二,中华书局1971年版)

满坐，设间曰:“得不死之药，以与君乎，与父乎?”客言与君，或言与父，言与父者不敢坚。邴原[①]独无言，众争询之，原声色俱厉曰:“父也。”四座屏息，亡敢更措一语。今也王氏有三不死之药，二以奉君，一以奉父。趋庭舞彩，对客挥毫，每进一篇，农山先生为朝夕喜，子武天伦之乐事，故人间福德之渊海也。子武之诗，典硕而清举，流丽而法，幽而能与情俱出，宕往飙发而能与理俱入。建凤楼杰构，踞江山之胜，时有卿云五色笼日月而覆其上，正恐富贵为来逼人耳。柳汁染衣，杏香衬马，遂与孟季连镳天路，将有所忾然，而深思欲归子舍，窃浣厕牏不可得，至足之中能无不足之叹乎？则子武繇后思前，繇今思后，寸阴是惜，小不足之中，已操至足之数矣。魏公子无忌夺晋鄙军救赵[②]，下令曰:“父子俱在军中，父归;兄弟俱在军中，兄归;独子无兄弟，归养。”兵凶战危，犹不以阃外之势伤门内之情。此亦君父交相让者，而人子之心从可知已。天之所以与人，重于三乐，轻于王天下，益可知已。父母俱存，兄弟无故，最不可必，子武所深自幸而蕲相保又可知已。于戏！王氏之盛，非一世再世而盛也，子武曾大父贞简翁，洁类井丹，正齐王烈。门下士有服中见者，家为设饭，翁曰:“汝于礼不当饮酒。”即举觞自酹。予以知王氏之家学渊源。若子武之诗之才，则艺苑英流，发挥无剩，不待老僧饶舌也。(《王子武诗序》)

七十四、“王子武诗序”

云间名宿有张君洮侯，人称为“穷孟尝”，以其食贫而好客云。澹归曰:今之孟尝穷，古之孟尝亦未富也。四公子[③]中，春申最富，孟尝最穷。楚地尽百粤，象犀珠玉之珍甲于天下。楚王，春申所立，独筦国柄，自择封于吴，登龙

① 邴原:邴原，生卒年不详，北海朱虚人，家贫，早孤，为曹操东阁祭酒、五官将长史等职，曹操出征时，常让曹丕多向邴原请教。(见陈寿撰，裴松之注:《三国志・魏书》卷十一邴原本传，中华书局1971年版)

② 魏公子无忌夺晋鄙军救赵:出自《战国策・紫阳赵三》之《秦围赵之邯郸》。其事迹见范祥雍《战国策笺证》，上海古籍出版社2006年版。

③ 四公子:指下文齐孟尝君、楚春申君、魏信陵君和赵平原君，是当时声名最为显赫的人物。齐孟尝君事迹见司马迁《史记》卷三十二《齐太公世家》，楚春申君事迹见《史记》卷四十《楚世家》，魏信陵君事迹见《史记》卷四十四《魏世家》，赵平原君事迹见《史记》卷四十三《赵世家》。

断而左右望,殆于一网打尽,故最富。平原与赵王昆弟而友爱,信陵与魏王叔侄而猜疑。孟尝虽为齐相,君臣之间数变,每不能安其身。食邑于薛邑,入不足供客,使冯驩收责。驩以所收椎牛酿酒,大会薛人,尽焚其券。孟尝如雪上加霜,意豁如也,爱驩不衰,食客不少懈。故曰孟尝最穷。虽然,以洮侯较薛公,一布衣耳,不事王侯,高尚其事,家无儋石之储而好客。古孟尝即不能与春申争富,亦不能与洮侯争穷,则“穷孟尝”之名,故宜洮侯独擅矣。洮侯为人浩浩落落,论议风生,或相击难,必申其所见,有尽敌而止之概。其诗亦浩浩落落,自申其所见,尽敌而止;计工拙于格律声调间,纤秾刻画,非其所屑也。穷与诗相生相成,亦兼擅,亦独擅。古孟尝既不能与洮侯争穷,又不能与洮侯争诗,仅以一薛公傲布衣,无论洮侯不受,薛公亦不为。何也?薛公非富贵人也。人见谓薛公富,布衣之诗亦富,薛公贵,布衣之诗复贵,是造物者以洮侯之诗当薛公也。诗可以当薛公,则薛公不足以累孟尝,于是两孟尝皆得擅穷名而不相让。彼为富者,唯恐有一人损其毫毛,不敢好客,故布衣好客尚已。王公而好客,亦必具有穷气骨、穷心眼而后能之。穷气扬,穷骨刚,穷心达,穷眼阔,彼为富者,闭户摇手不欲闻,而况于见?予故出孟尝之穷而入春申之富。春申之食客文信侯之著书,麾其羡财,市名而已,同为窃国之行,卒死李园之手,岂得与三公子并称哉!(《张洮侯诗序》)

七十五、“夫诗,德之成,政教之合,而乐之文也”

鹫峰氏以正法眼嘱授摩诃迦叶,大阐于震旦。复圣颜子,尼山氏之正法眼也,早世无传书。然予闻颜子之书传于海外,其国诵习尊信。或携以渡海,率有风涛之阻,沈诸水乃已,即熟读而归,至此一句字不复记。迦叶之宗不讫于西方,颜子之教不画于中土,抑何相似也。世谓颜子有书,不见于经传,疑其近诬。颜子称德行第一,为天上修文,有德者必有言,岂直退省之私,宜与尼山氏道妙相发。若《南华》重言十七,所引正自不少,必谓颜子无书,亦疑其近谤。顷者,复圣之裔修来吏部以诗名独冠十子,与余相见于云间,获揽其《乐圃集》,如闻《咸池》之奏于洞庭之野也。吏部君方当用世,宁蕲以诗显?诗则有蕲以吏部君显者。其对扬祖烈，盖承尼山氏[1]之记蒴乎？夫诗，德之成，政教之合，而乐之文也。颜子问为邦，尼山氏曰："行夏之时，乘殷之辂，服周之冕，乐则《韶》《舞》。"皆受命之君更姓改物、损益因革事，其戒以放郑声、远佞人。又《易》所称"大君有命，开国承家"易之法也。余尝读而疑之。尼山氏有王天下之德，当其时，春秋将为战国，杀运如燎原不可以扑，书社七百之议起，颜子首为子西所忌，颜子亦王天下之才也。一君一相，三年风行，薄海诸侯相率而朝之，伯鱼不足传，尼山氏为尧，颜子为舜，允矣。于是乎早世，而尼山孤，王天下之势卒不得就。世有英雄而不圣贤，未有圣贤而不英雄者。三代哲人，未尝以王天下为讳。迦叶一宗，犹奉别传之旨，颜子单行海外，不为尼山氏作副车，亦英雄之慨也。夫以至圣玄鉴倾注于陋巷一人，得地则子西畏之如彼，闻声则庄生重之如此，后之竖儒一目为通颖谨饬少年穷措大耳，岂不冤哉！昔齐桓公复九世之雠[2]，《春秋》大之，予为吏部君雪六十七世之祖之屈，不专序诗。吏部君天才英绝，其诗沉鸷深入，出以简锐，兼有得雄之力，进而作辅朝廷，举直措枉，奉大君之命，铭鼎于复圣庙中，撰乐章，配雅颂，不让《箫韶》九成，颜子欣然其来格曰："靡靡之音，吾家其免夫！其无负尼山氏昔之记蒴之言夫！"则诗故有蕲吏部君而显者，于《乐圃》观始，不如《乐圃》观止也。（《颜修来诗序》）

七十六、"诗非有意为之，兴会所到而为之，为之而不自知其兴会之起止，乃得真诗"

十二部经[3]，有长行，有讽诵，长行如文，讽诵如诗。世典所云："言之不足，故长言之；长言之不足，故嗟叹之；嗟叹之不足，故不知手之舞之，足之蹈之。"则志终于诗，亦人心所不能自已者欤？虽然，诗有宜存，有宜删，憨公之

---

① 尼山氏：孔子因其住处有尼丘山，故名。

② 齐桓公复九世之仇：应是齐襄公复九世之仇。齐襄公九世祖哀公为纪侯所谮，被周王所烹，齐襄公因而灭纪。事见司马迁：《史记》卷三十二《齐太公世家》。

③ 十二部经：又称十二分圣教。是释迦牟尼佛所说的一切言教，依其内容和形式可分为十二类：契经、祇夜、讽颂、因缘、本事、本生、未曾有法、譬喻、论议、自说、方广、记别。

言诗，其理微见于前论，余忠丞集生之删诗，其义正见于序，修志者无可异焉，自《旧志》之后，至于今续之而已。法立于宽严之间，眼出于作者与选者之外，而后曹溪有诗也。诗非有意为之，兴会所到而为之，为之而不自知其兴会之起止，乃得真诗。世之游曹溪者，先有一留诗之心，则心为诗碍，其游也，眼为境碍，其作诗也，为佛法世法所碍，诗成而存诸寺，复为僧所碍。夫诗以贵人取重，而贵人之诗或不佳，穷士之诗，或佳而不足以取重，则常不存。不知性命之学，则于大鉴为生客，情不深于山水，则曹溪之烟霞去人远矣。以偈手入诗则拗而笨，以诗眼选诗则未始有合作也。于是曹溪之诗有援八议之例以宽之，复有援五挟之例以严之者。（《品题词翰后论》）

悢亭净挺

净挺(1615—1684),清僧。字悢亭。俗名继恩,字世臣,号逸亭。仁和(浙江杭州)人,俗姓徐氏。明弘光时举明经,弃游丛席,以居士身,参云门三宜明盂彻悟,诣云门求证,因承记莂。年四十六出俗。住嘉善慈云、梵受,绍兴显圣。以天竺云峰衰落,期年恢复①。

净挺明确指出,“学道之人,以悟为则”,“做得好诗,写得好字,总是敌不得生死的”;“读等韵,念诗章”是不能“了得生死的”;“你诸人念诗章,求解会,咬文嚼字,胡说三千,若到云溪门下,一些也用不着。”当学人询问他“何以不为诗文”时,他明确回答“我王库内无如是刀”,即是禅门不需要这个东西。他指出参禅悟道必须把“班马文章、曹刘诗赋放下著”。他告诫学人,“念诗章,袭名誉,耻之愧之”,是十分耻辱的,“慎勿复为”,因不是“己躬切要事”。

本书所录文字,据《云溪悢亭挺禅师语录》,《嘉兴藏》第33册,第294号。

一、“做得好诗,写得好字,总是敌不得生死的”

学道之人,以悟为则。一肚皮学问,做得好诗,写得好字,总是敌不得生死的。剔起眉毛去看话头,第一要疑情切。(《示渟泉侍者》)

二、“读等韵、念诗章,了得生死的么”

示众:古人道:“只愁不作佛,不愁佛不解。”语真要在此。道中觅个去,就把生死二字贴在额头,莫虚度了日子。古人一言半句,不为虚设。你只把他古

① 净挺事迹,见《五灯全书》卷一一〇、《正源略集》卷七、光绪:《嘉兴府志》卷六二。

人言句，仔细挨求，挨来挨去，挨到没把捉处，没寻求处，切切不可放松了。正当十分去不得的时候，理绝情枯，冷灰里爆出一粒豆来，不觉通身庆快。那时凭你有语也得，无语也得，寻常吐露一丝毫，自尔盖天盖地。如今人口里转辘辘，只管向本子上记来，意根上卜取，且喜没交涉。还有一般孟八郎汉①，不管三七廿一，硬差排强作主，说道我能转物，越发没交涉。寻常见你诸人念诗章求解会，咬文嚼字，胡说三千，若到云溪门下②，一些也用不着。不是教你空心高腹，不看教不读书。大踏步向前，逢人称善知识，看他古人周金刚言《法华》青《华严》何等样人，未免研穷教典。又曹山③、夹山④、镜清⑤、风穴⑥、雪窦⑦、皎然⑧，文采诗歌，班班可见。古人道："既得本，莫愁末。"云居老祖道："入此门中，不是等闲。当时二祖⑨博通三藏，历览诗书，终不自家取则，端向达摩老臊胡，觅取心安是个什么道理?"又云："纵然讲得天花落石点头，尚不关自己

---

① 孟八郎汉：指不依道理行事者。孟，孟浪；八郎，乃排行之次序。禅林中，常以孟八郎形容强横暴戾之粗汉。《景德传灯录》卷八南泉普愿禅师："孟八郎又恁么去也！"（《大正藏》第51册，第2076号，第257页下）《碧岩录》第28则著语曰："孟八郎作什么？便有恁么事。"（《大正藏》第48册，第2003号，第168页上）

② 云溪门下："云溪"，即"云溪佷亭挺"。

③ 曹山：曹山本寂（840—901），字耽章。莆田（今属福建）人，俗姓黄氏。少业儒，年十九出家于福州灵石山。二十五受戒。至高安谒洞山良价，依止十余年，价付以《宝镜三昧》。被请住临川曹山，复迁荷玉山，二处法席鼎盛，求道者盈室。与师共创曹洞宗。寂谥元证禅师。有《注寒山子诗》。事迹见《宋高僧传》卷一三、《指月录》卷一八、《教外别传》卷一五、《五灯严统》卷一三。

④ 夹山：善会（805—881），唐僧。广州（今属广东）人，俗姓廖氏。九岁于潭州龙牙山出家。依年受戒，听习经论。出住润州鹤林。往华亭参船子德诚，嗣其法。咸通中迁澧州夹山灵泉。寂谥传明大师。事迹见《景德传灯录》卷一五、《五灯会元》卷五、《指月录》卷一五、《教外别传》卷一四。

⑤ 镜清：镜清道怤，五代吴越僧。永嘉（今属浙江）人，俗姓陈氏。幼于开元寺出家、受具。后见曹山本寂，谒雪峰义存悟旨。初住越州鉴清院。武肃王钱镠命居天龙寺，署顺德大师。穆王钱元瓘创杭州龙册寺以居。事迹见《宋高僧传》卷一三、雍正《浙江通志》卷二〇一、《六学僧传》卷八、《景德传灯录》卷一八、《教外别传》卷七。

⑥ 风穴：风穴延沼（896—973），宋僧。余杭（今属浙江）人，俗姓刘氏。从开元寺智恭薙发受具。参镜清怤不合，谒南院颙，依止六年，叙师资礼。长兴二年（931）至汝水，住风穴废寺，日乞村落，夜燃松脂，单丁七年。后学徒云集，首山念、广慧真，皆出其门。事迹见《景德传灯录》卷一三、《天圣广灯录》卷一五、《五灯会元》卷一一。

⑦ 雪窦：参见本书《雪窦重显》小传。

⑧ 皎然：参见本书《皎然》小传。

⑨ 二祖：慧可（487—593），隋僧。一名僧可。参见本书《竺仙梵仙》"神光"注。

事。拟将有限身心,向无限中用,有什么相干?”又云:“学处不玄,尽是流俗闺阁中物,舍不得,皆为渗漏。”差之毫厘,过犯山岳。一毫发去不尽,即被尘累,岂况更多直是琉璃殿上行扑倒也。须粉碎恁般说话,真切为人。可是你之乎者也,胡说三千,读等韵、念诗章,了得生死的么?三藏十二分教①,诸子百家,若会得时,都来是个祖师注脚,七纵八横,拈起即得;若不会时,只这秦时轹钻,咬嚼不破。你试将平日读的、看的、记的、诵的,凑泊凑泊看,管取一些也用不着。生时用不着,死时也用不着,聪明一世,懵懂一时。腊月三十日到来,这些读的看的记的诵的,可将得去么?趁色力强健,竖起脊梁,毕竟讨个下落。果然到得不疑之地,打开自己宝藏,倾出一栲栳来。粗言及细语,莫非真实义。且道如何是真实义?聻啊,忘记了也。(《示众》)

三、“记诵诗章,解说方语,当得佛法的么”

普说:古人道:“说得一丈,不如行得一尺。”……初参上士,劝你一味老实头,且去咬嚼他一个颠扑不破的现成句子,咬嚼来咬嚼去,到那灯笼缘壁,碓嘴开花,一切老和尚舌头,自然欺汝不得了也!切莫穿凿,饶你穿凿,将来且没用处。坐曲盝床为人,也须识些利害。这里什么所在,可是记诵诗章,解说方语,当得佛法的么?向自己胸中吐出一言半句真实,可以杀人,可以活人。见不透,语不彻,隔靴抓痒,画饼充饥,有甚交涉?他悟的人,如珠走盘,如盘走珠,刀枪队里,荆棘林中,独往独来,转身无碍。眼里着得须弥山②,口里着得四大海③,是说到行到的。如今学语之流,急须识些愧耻始得。(《普说》)

四、“我王库内无如是刀”

僧问:“和尚近设十约是否?”师云:“是。”僧云:“还许学人拟问么?”师

---

① 三藏十二分教:三藏,参见本书《担当通荷》“三藏”注。十二分教:又称十二分圣教、十二部经。参见本书《澹归今释》“十二部经”注。

② 须弥山:参见本书《天如惟则》“须弥山”注。

③ 四大海:指须弥山四周之大海。于古代印度之世界观中,须弥山位于世界之中间,其周围有四大海,四大海中各有一大洲,四大海外则为铁围山。

云:“有问则对。”僧云:“诸佛出世为一大事因缘①,和尚何以不受请?”师云:“掩室摩竭。”僧云:“宗教双通,车轮鸟翼,和尚何以不赴讲?”师云:“经有经师。”僧云:“治世语言,深说实相,和尚何以不谈外典②?”师云:“吾无隐乎尔!”僧云:“咳嗽掉臂,无非佛事,和尚何以不为诗文?”师云:“我王库内无如是刀。”僧云:“财法二施,等无差别,和尚何以不募缘?”师云:“生怕着贼!”僧云:“入廛垂手,具大慈悲,和尚何以不入城?”师云:“玩水游山!”僧云:“奴儿婢子,谁家屋里无,和尚何以不畜童行?”师云:“老僧无伴侣。”僧云:“凡圣交参,权衡有主,和尚何以不问诸方是非?”师云:“耳聋!”僧云:“尘尘刹刹皆现本来,和尚何以不言尘俗?”师云:“口哑!”僧云:“觅女人相了不可得,和尚何以不见女人?”师云:“却值老僧不在。”僧礼谢。(《问答》)

五、“班马文章、曹刘诗赋放下着”

参禅须知时节,病时下手,却与平日不同。平日须做死工夫,病时要得活受用。先师翁散木老人③,每每教人放下着,头目脑髓、妻子奴仆放下着,山河大地、宅舍田园放下着,生老病死、成住坏空④放下着,毁誉得失、恩怨是非放下着,伊周事业⑤、李

① 一大事因缘:参见本书《法应》“一大事因缘”注。

② 外典:又作外书、世典。因佛教本身之典籍称内典,故佛教以外之典籍称外典,如外道、世间之典籍等。《止观辅行传弘决》卷四之三:“大论曰:‘习外道典者,如以刀割泥,泥无所成,而刀日损。’”又云:“读外道典者,如视日光,令人眼暗。”(《大正藏》第46册,第1912号,第266页中)

③ 散木老人:湛然圆澄和尚。参见本书《湛然圆澄》小传。

④ 成住坏空:即指成劫、住劫、坏劫、空劫等四劫。此系佛教对于世界生灭变化之基本观点。《临济录》示众:“尔但一切入凡入圣,入染入净,入诸佛国土,入弥勒楼阁,入毗卢遮那法界,处处皆现国土,成住坏空。”(《大正藏》第47册,第1985号,第498页中)

⑤ 伊周事业:伊,商朝伊尹。参见本书《惠空》“伊尹”注。周,周公旦,周武王之弟,武王崩后辅佐武王之子成王,因成王年幼做代摄政,七年后还政于成王。事见司马迁:《史记》卷三十三《鲁周公世家》。

郭声名①、班马文章②、曹刘诗赋③放下着，孔颜乐处④、曾闵念头⑤放下着，杨李门风⑥、苏黄家法⑦放下着，禅道佛法、悟与不悟、会与不会放下着。放下着，仔细看将起来空涝涝，放不下的是甚么碗脱丘，一齐放到东洋大海里去，洒洒落落，做一员无事道人。凭他病也得，好也得，迷也得，悟也得，饱齁齁睡他一觉，抹开眼睛，原来舌头只在口里。这便是参禅捷径，治病良方，切切与汝道破。(《答周敷文》)

---

① 李郭声名：李，李光弼(708—764)，唐营州柳城人，契丹族，唐代著名将领，曾参与平定"安史之乱"及镇压浙东袁晁农民军起义。(《新唐书》卷一百三十六，中华书局1975年版，第4583—4590页)郭，郭子仪(697—781)，唐华州郑县人，唐代政治家和军事家，平定安史之乱，数次收复长安、洛阳，抵御吐蕃入侵。(《新唐书》卷一百三十七，中华书局1975年版，第4599—4609页)李光弼与郭子仪在唐代并称，唐代颜真卿：《开府仪同三司太尉李公神道碑铭》："临淮、汾阳秉文武忠义之资，廓清河朔，保乂王室，翼载三圣，天下之人，谓之李郭。"(《全唐文》卷三百四十二，中华书局1983年版，第3469页)

② 班马文章：班马，汉代史学家班固和司马迁。班固奉诏修成《汉书》，文辞渊雅，叙事详谵，亦堪继武；司马迁代表作《史记》，不仅是我国最早的通史，亦是优秀的文学作品。二人并有辞赋文章传世。

③ 曹刘诗赋：曹刘，三国魏文学家曹植、刘桢。二人为建安时期重要作家。南朝梁钟嵘《诗品序》："曹刘殆文章之圣。"(陈延杰：《诗品注》，人民文学出版社1980年版，第4页)

④ 孔颜乐处：参见本书《觉浪道盛》"孔颜乐处"注。

⑤ 曾闵念头：曾参和闵损，都是孔子的弟子，都以孝行著称。唐·元稹：《阳城驿诗》："昔公孝父母，行与曾闵俦。"(《全唐诗》卷三百九十七，中华书局1960年版，第4457页)

⑥ 杨李门风：似指明代以杨士奇、杨荣、杨溥为代表的诗文创作风格(台阁体)，和以李东阳为领袖的诗文流派(茶陵派)。三杨以其均为台阁重臣而形成台阁体。《四库全书总目》卷一七〇《东里全集》提要："明初三杨并称，……后来馆阁著作，沿为流派。"(清·永瑢等撰：《四库全书总目》，中华书局1960年版，第1484页)因李东阳为茶陵(今属湖南)籍，故称。以"三杨"为代表的台阁体，诗文作品啴缓冗沓，陈陈相因，不但缺乏生气，也因千篇一律而日受非议。李东阳才高识绝，又喜奖掖后进。所作散文以典雅、讲究章法见长；诗则力宗杜甫，并致力于乐府古题写作。论诗主"格调"说，所作受时人推重，并形成以其为代表的茶凌诗派。茶陵诗派虽未完全摆脱台阁体风范，但已开七子复古之先河。明·胡应麟：《诗薮·续编》曾论证李东阳及茶陵诗派在明代诗坛的地位："成化以还，诗道旁落，唐人风教，儿于尽隳。独李文正(东阳)才具宏通，格律严整，高步一时，兴起李何，厥功甚伟。"(胡应麟：《诗薮》，上海古籍出版社1979年版，第345页)

⑦ 苏黄家法：北宋诗人苏轼与黄庭坚的并称。黄本出自苏轼之门，后诗自具一格，成为江西诗派之祖师，其地位与影响追配苏轼。二人是元祐时代的最大诗人，后人论诗，常以苏黄并提。《宋史·黄庭坚传》："庭坚于文章尤长于诗，蜀、江西君子，以庭坚配轼，故称苏黄。"(元脱脱等撰：《宋史·文苑六》卷四百四十四，中华书局1977年版，第13110页)

六、“念诗章，袭名誉，耻之愧之，慎勿复为”

得介眉两札，甚喜。竖起脊梁，做本分事①，毗耶离城②，将有厚望，不负三年前云溪吃璎珞粥时一番辛苦也。鹿鹿尘俗，只益困人；闭门却客，修心读书，是己躬切要事。念诗章，袭名誉，耻之愧之，慎勿复为也。年老衰颓，长卧土窨，屏谢人事，去离亲朋，四方往来，概谢不报。前日如王西樵③、宋荔裳④、蔡九葭⑤诸公，并是向道之切，终不欲一见。实实懒于应酬，不敢逢人称善知识，热闹虚骄，博他几声赞叹，仔细打算来，实是无益。不若长伸两脚，高坐一龛，打几个死瞌睡，省造多少业。此意汝自知之，见我辈旧人，须一一为述近状。闭却两片皮，一切禅道佛法，且付之大海，东北流莫须提起，况人间世耶？笔砚久焚，不复向班马曹刘讨生活计，一概应酬文字，方外人实非所堪，幸饶放了罢！谁庵大师未到天台，尚有个亲切句，要与他说。叫他稳定脚跟，万万不可打入名士禅和队里，勇猛精进，又肯绝人逃世，走向石梁旧处，寻笤帚竹筒，真吾良友，吾敬之爱之，他人非所及矣！天气渐凉，体中平善，不必遣人来。（《示汾子》）

---

① 本分事：参见本书《石溪心月》“归根边事”注。

② 毗耶离城：古印度著名的维摩诘居士的居处。《梵琦语录》卷一八《明真颂》：“昔有维摩大士，示疾毗耶城里。”（《新编卍续藏》第124册，第263页下）

③ 王西樵：王士禄（1626—1673）清诗人，字子底，一字伯受，号西樵山人，山东新城人。

④ 宋荔裳：宋琬（1614—1673），清初诗人，亦工词，字玉叔，号荔裳，山东莱阳人，与施闰章、王士禛、朱彝尊、赵执信、查慎行等并称为“清初六家”，有《安雅堂全集》《二乡亭词》等。生平事迹见《清史稿》卷四八四、《清史列传》卷七〇、王熙：《四川按察使宋公琬墓志铭》。（钱仲联：《中国文学大辞典》，上海辞书出版社2000年版，第1196页）

⑤ 蔡九葭：事迹不详。

为霖道霈

道霈(1615—1702),曹洞宗师。字为霖,号旅泊,亦称非家叟。福建建安(今建瓯)人,俗姓丁。系鼓山元贤之法嗣,曹洞宗一代宗师①。

道霈强调指出,参禅必须"了向上之大事",因此,他在充分肯定郭台在道人的诗作"见地平实,句法老练,灵机慧质,得自天性"之后,特指出他"惜坐在理路,不免为知见所使",希望他"能勇拔尘缘,力探道赜,破无始之迷关,了向上之大事"。

道霈提出,品评鉴赏诗作,不能"于影上求影",否则,"转见差错"。因为,"天地万物,总是个影子。举世之人,是个弄影的汉",但是,"形为影本,影自形生",应该从影见形,从形见其非影:读者应"能即其诗以求其影,即影以求其非影",或曰探求其言外之旨。如果,"徒留连于风月,吟咏于字句,则剑去久矣方乃刻舟,余又不能无弄影之叹云。"在诗的品评鉴赏上,他还持"观言而见心之清浊"论。他具体解读了吴石凝之《写怀诗》:"观此则知其敛锷藏锋、澡心育德久矣,虽不出尘而飘然尘垢之外,有非假名练若所能企及者"。

道霈指出诗人之审美胸襟建构,乃是创作佳诗的重要条件。他肯定"湛庵禅公""游于诗"且"日臻其妙",是因为"阅世日久,闻见益亲,学问淹博,性地愈明",因而"发为诗辞,意句俱到,情境皆真"。他还汲取儒家诗学观(如"关雎乐而不淫,哀而不伤"),推崇"诗得性情之正"者。他指出沈觉非之诗"得性情之正,匪徒事风云花鸟求句之工体之肖而已"。而"得其正,则形诸语言,见诸行事,皆足为天下后世法"。

道霈对颂古"评唱"持否定态度,认为"道本离言,言莫之及",颂古本身

① 道霈生平事迹,见《五灯全书》卷六三、《续灯正统》卷四〇、《新续高僧传四集》卷六三、《正源略集》卷三、民国《福建高僧传》卷七。

“犹写鸟迹于空中，数鱼踪于涧底，但髣髴于想像之间而已”，如再加评唱，“虽则慈悲之故，有此落草之谈。不知如水益乳，转失本味，识者惜之”，因而他“特删去评唱，录其本颂，寿诸剞劂，以公天下”。

本书所录文字，据《为霖禅师云山法会录》《为霖道霈禅师餐香录》《为霖禅师旅泊庵稿》《为霖禅师禅海十珍》《卍续藏经》（新编）第 125 册、126 册。

一、“破无始之迷关，了向上之大事”

温陵素称佛国，而近代禅学尤盛。有郭台在道人，世本阀阅，幼读书攻诗文。年二十余，屏去所习，为先师座下五戒弟子。静居守志，长斋参禅。又三十余年，每以所得，形诸偈颂，时与诸老师硕衲，问答酬唱。余开法桑莲，来求圆菩萨戒①，以所著《禅影草》一册求证。究观其见地平实，句法老练，灵机慧质，得自天性。第惜坐在理路，不免为知见所使。果能勇拨尘缘，力探道赜，破无始之迷关，了向上之大事，则空室妙总，又是一个再来也。余日望之，道人其勉诸。（《禅影草题辞》）

二、“于影上求影，转见差错”

天地万物，总是个影子。举世之人，是个弄影的汉。殊不知形为影本，影自形生。而于影上求影，转见差错。黄公宇珍②，隐居村落，年德既高，眼目亦正，乃作《十二影诗》，即其近者言之，令易晓耳。读者苟能即其诗以求其影，即影以求其非影，则宇老此作，实有深益非浪语也。若徒留连于风月、吟咏于字句，则剑去久矣方乃刻舟，余又不能无弄影之叹云。（《黄宇珍十二影诗序》）

---

① 菩萨戒：参见本书《澹归今释》“菩萨戒”注。

② 黄公宇珍：事迹不详。

三、为诗应“得性情之正”

余至富沙有建塔之役，倚杖南郊之芝山凡两载，获与郡守补石沈公①游。公当危疑之际，一以救民为念，暇即作字撇竹以见意，天趣洒然，过人远甚。一日出先太翁觉非先生诗集见示，且征序焉。余山野鄙人，安能知诗，惟因公而知先生，亦惟因先生而知先生之诗，得性情之正，匪徒事风云花鸟，求句之工、体之肖而已。何者？夫人莫不有是性，亦莫不有是情。天赋全者得其正，则形诸语言，见诸行事，皆足为天下后世法。先生当立朝为国进贤，受命犒边，赈饥发粟，抗疏辞荣，是乃生平大节，见诸行事者也。至致仕林下，虽遭逢多故，而厌饫山水，饮酒赋诗，且时与郡公辈联句鼓琴，陶然自乐。其浑然之句，得之天性，岂区区刻画者所能彷佛哉！是乃生平襟怀形诸语言者也。先生本先朝素封，亲历鼎革，备尝险阻，而风流余韵，令人兴起。《语》云：“《关雎》乐而不淫，哀而不伤。”②先生有之。塔成，余返锡秦溪旧隐，举先生集置之案头，日吟咏之，恍然与先生神游于鸳湖之上，竟不知身之在闽山越水间也。管窥蠡测，聊弁数言于卷首，以表向慕之诚云。（《沈中翰觉非先生诗集序》）

四、“意句俱到，情境皆真”

余与湛庵禅③公缔方外交，四十年所矣。余逃于禅，而公游于诗。余禅无所得，而公诗日臻其妙。盖阅世日久，闻见益亲，学问淹博，性地愈明，故发为

---

① 补石沈公：沈溥（？—1674），明末清初文士。字补石，浙江嘉兴秀水县人，明崇祯监生，明内阁中书沈觉非子，康熙初召入国史馆，参修《清太宗实录》《清世祖实录》，因善书与黄元治等同为誊录官，《世祖实录》成，加四品衔，分发福建，为建宁府知府。为官清廉，深得官民士绅拥戴。任中，平南王耿精忠反，劝降，不从，遂为所害。工书法，楷书得赵孟頫笔意，行书宗董其昌，得其神似。善绘墨竹，超然脱俗，尤得力于吴镇。有《富沙多宝塔记》《拈古录》，均佚。有《清风高节图》传世。善诗文，与金华傅侗、高僧为霖禅师友善，诗文相唱和。事迹见《嘉兴府志》、康熙《建宁府志》《平闽记》《旅泊庵稿》《乌石山志》。

② 《关雎》乐而不淫，哀而不伤：参见本书《牧云通门》“乐不淫哀不伤”注。

③ 湛庵禅公：事迹不详。

诗辞，意句俱到，情境皆真，匪徒留连风月雕刻字句已也。一日示我巨轴，诸体皆备，而尤长于五言近体，浑然老句，深得辋川[①]、浩然[②]之法。每一展玩，不忍释手。今秋山中无事，乃特于全集中，擢其尤者若干首，付之梓人以传。读者果能得其句中之意，意中之趣，则所谓诗耶禅耶，俱剩语矣。敬题数言，冠于篇首，以发其概云。（《湛庵禅公诗草序》）

五、“观其言而心之善恶清浊可见矣”

凡有心者莫不有言，观其言而心之善恶清浊可见矣。吴子石凝[③]，樵川之善人也。学佛知儒，至诚无妄；游心般若，不著梦幻。其写怀诗有曰：“市尘久已离，自觉神无恶。往事惜居诸，新吟清耳目。阅世日觉烦，探玄日觉熟。物情空劳劳，吾怀自穆穆。宁甘与众违，莫使焰逐鹿。”观此，则知其敛锷藏锋、澡心育德久矣。虽不出尘，而飘然尘垢之外，有非假名练若所能企及者。然则吴子之心，得不于此可概见乎。其余诸作，措意之妙，敲推之工，与夫遇境会心，吐露天趣，乃其绪余土苴。具眼者一览知妙，更不俟余详评云。（《吴子哂草序》）

六、“字字针砭，句句痛切”

罗公洪先[④]，江西吉水人，嘉靖八年状元。天下之士望中状元，如望登仙而不可得，公中状元极荣显矣，又能乘机休官，游方学道。此中境量，岂世人所得而知之乎！中状元，花世人之眼目；休却官，了自己之性命。盖由智眼精明，彻底看破世上功名富贵、是非荣辱，与夫死生梦幻，一毫瞒他不得。譬诸鹤出

---

① 辋川：在今陕西蓝田境内，系唐代诗人王维别业名。此处指唐代诗人王维。

② 浩然：孟浩然（689—740），唐代诗人。诗以五言成就最高，与王维齐名，世称王孟，为盛唐山水田园诗派代表诗人之一。事迹见《旧唐书》卷一九〇下、《新唐书》卷二〇三本传。

③ 吴子石凝：事迹不详。

④ 罗公洪先：罗洪先（1504—1564），字达夫，号念庵，明代学者，江西吉安府吉水人，嘉靖八年举进士第一，事亲孝，甘淡泊，炼寒暑，精天文、地志、礼乐、典章、河渠、边塞、战阵攻守，亦通阴阳、算数，与唐顺之、王畿等交好。事迹见《明史》卷二百八十三《列传第一百七十一》本传。

樊笼，翱翔云表，月离薄蚀，圆照无方。故其所作醒世诗，字字针砭，句句痛切。若能默识心通，豁然醒悟，不惟解世桎梏，亦可以洗心瑕疵。古德云："只知朱紫贵，辜负本来人。"呜呼，公可谓不辜负矣。兹因重镌梓流布，乃发其意如此。(《罗念庵状元醒世诗跋》)

七、"句句为后学直指心体，拣去心病"

论曰：三祖《信心铭》[①]凡五百八十四言，一百四十六句。句句为后学直指心体，拣去心病，示归元之路，兴无作之功，令其自信自肯，不向外求耳。《法华经》[②]须菩提等四大弟子一生信解，即蒙授记。古德云："一入信门，便登祖位。"岂虚语哉？虽然，心是何物而可信，信是何物而信心？水不洗水，金不博金，故云："信心不二，不二信心。言语道断，非去来今。"若更作义解商量，早是开眼作梦。(《三祖僧灿大师信心铭》)

八、评唱"虽则慈悲之故，有此落草之谈"

古公案无颂，颂自汾阳[③]始，阳之后雪窦[④]继之，号称颂古之圣，嗣是诸家皆有颂。洞上颂名最著者三人，投子青[⑤]、丹霞淳[⑥]、天童觉[⑦]是已。颂无评，评自圆悟[⑧]始，悟之后，万松林泉[⑨]继之。悟评雪窦，松评天童，林泉评丹霞与投子是已。后人合之，目为四家颂古，禅者倚为指南。予以为，道本离言，言莫之及。古尊宿为物作则，临机拈出，如石火电光，苟非眼辨手亲，早是白云万

---

① 信心铭：参见本书《达观真可》"信心铭"注。

② 法华经：参见本书《达观真可》"法华"注。

③ 汾阳：参见本书《汾阳善昭》小传。

④ 雪窦：参见本书《雪窦重显》小传。

⑤ 投子青：参见本书《林泉从伦》之"义青"注。

⑥ 丹霞淳：参见本书《林泉从伦》"子淳"注。

⑦ 天童觉：参见本书《宏智正觉》小传。

⑧ 圆悟：参见本书《圆悟克勤》小传。

⑨ 万松林泉：万松行秀，林泉从伦。万松行秀：参见本书《万松行秀》小传。林泉从伦：参见本书《林泉从伦》小传。

里。所以颂之者,犹写鸟迹于空中,数鱼踪于涧底,但仿佛于想象之间而已,况又从而评之哉。虽则慈悲之故,有此落草之谈。不知如水益乳,转失本味,识者惜之。兹特删去评唱,录其本颂,寿诸剞劂,以公天下。倘有本色衲僧,一见心许,则余是刻,功不唐捐。如谓不然,自有诸师之评本在。(《四家颂古序》)

即非如一

如一(1616—1671),清初黄檗宗僧。字即非。福州(福建省)福清人,俗姓林。曾参黄檗山密云,又师事黄檗山隐元(隆琦),获隐元印可。顺治十一年(1654),隐元应邀赴日,十四年(1657)二月,如一亦与昙瑞、木庵等人东渡,并助隐元弘法①。

即非高度评价寒山诗:"字字若明镜,照人千古心。"他充分肯定高泉之诗,"言淡而旨远,如澄川逶迤,而无怒奔之状,非涵养之功乌能至是"。他称赞石伯万之诗,"句含蘸碧之渊,韵协五音之洞","不惟调高一时,抑道合千古"。

他从"化工"与"巧工"之别,论"悟"(禅宗悟门)与"学"(外学)之异:"悟犹化工也,学犹巧工也。巧工如写生逼真,非不宛然酷肖,欲求其生意,则无之。"外学之"巧工"最多只有形似之"写生逼真",而无神似之"生意"。

即非主张,写诗应心源澄澈,使"识浪"泯灭;同时主张澄而活("活不失澄"),这样,才能使心澄之中,"所闻恒寂,能闻亦空,能所双绝,而真闻独露耳",一片空明澄澈,那么"求声之相不可得,况其名乎",则万象纷至沓来,诗思涌来。

即非在回答"禅宗不立文字,何取于声诗而传欤?"时说:"诗,乃心之声也,因感物而着形焉,形声相感,触目无非文字,所谓诗即文字之禅。不达乎此,禅与诗岐而为二矣!"他明确指出,"声诗有补于世教者多矣,其可不传乎?"

本书所录文字,据《即非禅师全录》《嘉兴藏》第38册,第425号。

---

① 隐元在日本长崎传法,创立了日本禅宗的黄檗宗。如一生平事迹见明洞:《广寿即非和尚行业记》、宋德宜:《广寿山福聚禅寺开山即非大和尚塔铭并序》、性潡:《广寿即翁大和尚舍利塔铭》(以上见《即非禅师全录》卷二十五)、《续日本高僧传》。

一、“字字若明镜，照人千古心”

兀坐寒山室，朗读寒山吟。字字若明镜，照人千古心。(《读寒山大士诗》)

二、“悟犹化工也，学犹巧工也”

学者不能深信有悟门，所以多错用心于外学。试为评之。悟犹化工也，学犹巧工也。巧工如写生逼真，非不宛然酷肖，欲求其生意，则无之。昨阅某录，是知解语也，明眼者自能辨之。(《答虎溪禅德》)

三、“心源已澄，识浪自灭”

心源已澄，识浪自灭。复何声之云乎？犹恐澄而不活，不能无激于沧浪也。活不失澄，声则非声矣！忆予丁酉春，东渡南来，旬日宴坐舟中，满眼满耳以及通身毛孔，皆作吼天浪语，震地潮音，吾实未尝闻也。非无闻也，所闻恒寂，能闻亦空，能所双绝，而真闻独露耳于斯时也。求声之相不可得，况其名乎！法弟独知禅师，跋涉汪洋，放浪诗偈，以《沧浪之声》名其集，意在言外也。观斯集者，又当言外而求之。人能言外求之，于禅师之道，与有闻矣。(《沧浪声诗序》)

四、“言淡而旨远，如澄川逶迤，而无怒奔之状”

鸩毒一滴，断人命根。醍醐一滴，活人性命。倘遇非器，而不善用，纵上味亦能误人，可不慎欤！高泉①法侄，乃黄檗慧和尚②之嗣，童真入道，负清净

① 高泉：参见本书《高泉性敦》小传。

② 黄檗慧和尚：慧门如沛禅师。超沛(1615—1664)，清僧。亦名如沛，字慧门。同安(福建厦门)人，俗姓康氏。年十七应郡试过南安圭峰报亲寺，遂就寺披薙。蒙雪峰亘激发个事，颇有入处。诣黄檗受具。因参隐元，领众多年。徙玉融狮子岩。后补黄檗席，登堂演法。事迹见《五灯全书卷》八九、《檗宗谱略》卷上。

器，贮曹溪一滴于妙龄之年，他日霈之为霖为雨，盍未可量也。禅暇喜作诗偈，不觉盈帙，自鸣其集曰《一滴》，意谓文字之于吾道，犹一滴投于巨海，视彼河伯自多，不复知有百谷王者为何如哉？辛丑夏，不惮万里鲸涛，省觐师翁道由崎岛，首谒余于圣寿山中，阔别十载，相见如隔生意外，道聚月余将别去，出是集请益，复丐一言为证。余因是而读之，顾其言淡而旨远，如澄川逶迤，而无怒奔之状，非涵养之功乌能至是，虽未尽其余。然尝潮一滴，味具百川，舌头具眼者，必有取焉。是为序。（《一滴草序》）

五、"句含蘸碧之渊，韵协五音之洞"

壬寅春，榕友持广陵伯万石君《山居合咏》来，余喜而读之。句含蘸碧之渊，韵协五音之洞，俨然一座敛石山，飞来海外，与五岛争奇矣。非胸中洞澈，笔底玲珑，焉能并露？山身溪舌，不惟调高一时，抑道合千古，诚足传也。余出岫廿载余，因道而忘其山，因诗如见其人，因人而怀其义，不揣管窥，重校授梓。未审二公与山灵，肯石点否？（《山居合草序》）

六、"凡人之品格不同，则其所行亦异"

凡人之品格不同，则其所行亦异。是以乡有举，里有选，褒美之不足，则为歌诗以咏叹之。一粟何居士，素行精纯，操心笃慎，持二十年斋力，为法门檀护①，此

---

① 法门檀护：法门，指通向和通达佛法的门径，一般指为便于宣讲佛法而划分的门类，也引申为弘扬佛法。檀护：乃指那些虔诚倾力维护佛法的居士。道澄《示圆进居士户部喇都虎》云："世出世间智两全，事儒敬佛学神仙。志心一片人难及，诚念几行尔独坚。法门宜可作檀护，祖道应当受脉传。何异洛伽四八应，化形随类教愚贤。"（《空谷道澄禅师语录》卷十九，《嘉兴藏》第39册，第471号，第1001页下）雨山和尚云："诸兄弟，若以法眼观则无俗不真，若以世眼观则无真不俗。兹者，山僧赴此方檀护耆旧之招，特借此作个小歇场，与诸公相见，且道相见底事作么生？"（《雨山和尚语录》卷十一，《嘉兴藏》第40册，第494号，第570页中）《博山粟如瀚禅师语录》卷二载："师（博山粟如瀚）丁未正月二十一日，受玉山诸当道合邑乡绅、文学、檀护，暨本山勤旧监院、执事启，请主瀛山，至二月十五入院，迨庚戌又二月一日始开堂。"（《嘉兴藏》第40册，第490号，第457页中）

诚人中之杰也。甲午秋，归命我黄檗老人①，而老人时见重焉。今夏特入太和山省觐，老人以云涛会志喜木法兄及诸公，各为诗以赠之。然诗之清新雅丽，足为居士传神，而居士品格高超，遂得与诗俱垂不朽，此何啻一命之荣乡里之重也耶？予不胜赞叹为序卷端。（《云涛诗卷序》）

七、“诗即文字之禅”

子有“寺里青山云外楼”之句，盍指卧游居也。居虽小，山海大观，一览而尽得之。黄檗老人曾宴息于此，及余卓锡，有檀越林大堂，因其局布金而更张之，居成，瞻云赋诗以敦其本，缁素参访，倚韵而和者，不觉盈秩。予命门人将锲之梓，有客进而请曰：“禅宗不立文字，何取于声诗而传欤？”曰：诗，乃心之声也，因感物而著形焉，形声相感，触目无非文字，所谓诗即文字之禅。不达乎此，禅与诗岐而为二矣！如悟明不二，则声和响顺，志同气合，可以植而为忠为孝为圣为贤，此声诗有补于世教者多矣，其可不传乎？客不复语，余亦默然因为之序。（《同声草序》）

---

① 黄檗老人：如一之导师黄檗山隐元隆琦。隆琦（1592—673），清僧。字隐元。福清（今属福建）人，俗姓林氏。十岁投南海潮音出家。后谒费隐通容于黄檗山万福寺，继法席。顺治十一年（1654）日本长崎兴福寺僧逸然，受德川家纲托，来请师东渡传法。同年抵日，家纲甚敬，创寺于山城国菟路以居，亦名黄檗山万福寺。后水尾上皇赐大光普照国师之Ⅰ号。为日本黄檗宗之开祖。事迹见《东渡诸祖传》《五灯全书》卷七、《高僧摘要》卷四、《正源略集》卷五。

南涧行悦

行悦(1617—1682),清僧。字梅谷,号呆翁,晚称蒲衣尊者。娄东(江苏昆山人),俗姓曹。十八薙于普陀海岸庵。受具后,参瑞白雪、天童悟、报恩贤等,已而入镇江夹山,参南涧箬庵,明年随侍金山,即承付嘱。居庐岳数载,继席杭州南涧,粤东龙树,建康蒋山、天华等。凡七坐道场,五会说法,一语一机,有照有用,学者宗之①。

行悦高度评价恕中无愠对偈颂内涵(本质)的界定("借事显理,晓人心地,使事理混融,纯一无杂")、偈颂功用的揭示("如醍醐之味,薝卜之香,使人鼻舌,略经触受,莫不通乎心,畅乎体,洒然清爽者也"),以及创作偈颂达到"至精"境界必须具备的内在条件的要求("自非契证深密,傍通坟典,取之左右逢源,用之头头合辙,而托此以吟畅元旨者,不能也"),乃是"作颂偈不易之定论,开人眼目之金针也"。

本书所录文字,据性音辑《杂毒海》《四库未收书辑刊》第5辑第13册,北京出版社1995年版。

"作颂偈不易之定论,开人眼目之金针"

恕中和尚② 曰:"吾宗所谓偈颂者,借事显理③,晓人心地,使事理混

① 行悦生平事迹,见《五灯全书》卷八〇、《正源略集》卷四、《新续高僧传四集》卷二四。

② 恕中无愠:见本书《恕中无愠》小传。

③ 借事显理:事,指事相、事法;理,指真理、理性。在佛教中,事、理之相对意义有二:(一)凡夫依迷情所见之事相,称为事;圣者依智见所通达之真理,称为理。而此所谓之"真理",则依各宗派之说而有不同,或指四谛之理,或指真空之理,或指中道之理。(二)视之为现象与本体之相对,即以森罗差别之现象事法,称为事;以此等现象之本体乃平等无差别之理性真如,称为理。

融①，纯一无杂。如醍醐之味，薝卜之香②，使人鼻舌，略经触受，莫不通乎心，畅乎体，洒然清爽者也。”又曰：“宋季咸淳间，诸尊宿凡寓兴赠别，及呻咏字号之类，皆有偈颂。以四句为准，其作至精。假使灭去名目，而其义自昭显。自非契证深密，傍通坟典，取之左右逢原，用之头头合辙，而托此以吟畅元旨者，不能也。”予每谓门人曰：此作颂偈不易之定论，开人眼目之金针也。是书流布法社，其来已久。至洪武初，龙山阐（禅，笔者按）师③为之删繁摭要，分类成集，始版行于丛林。而恕中和尚，乃为之序。余观阐（禅，笔者按）师重编之意，甚与恕师所论吻合。而恕师作序之意，又与阐（禅，笔者按）师删摭心同。因效颦二师，遍采古宿遗珠，并搜近代全璧，依类增入，再行丛林。原集共七百三十二首，今增八百七十有奇。至若泛采阿私，则吾岂敢。或于见闻寡陋，惟

而此现象之事与本体之理，二者之关系，各家立说不同。总括而言，事，即指迷惑之世界；理，即指觉悟之世界。于历来各种教理思想发展中，如较重视理，则事理之“相即思想”较盛；如自真理之具现而特重现实，则“事”之地位愈加重要，所谓“即事而真”“一念三千”即为彰显此类现象之用语。《金刚经心印疏》云：“然此无住清净真心，人虽日用迷不自知。是以世尊巧设一问，以喻合法，借事显理，令众生易知而易解也。”（《新编卍续藏》第40册，第388页上）参见《华严五教止观》《宝藏论》《摩诃止观》卷二上、卷四上、《大乘玄论》卷四、《大乘法苑义林章》卷一末、《华严法界观门》《万善同归集》卷三、《苏悉地经疏》卷一、《百法问答钞》卷四。

① 事理混融：即事理圆融。《华严五教止观》之《第三事理圆融观》云：“夫事理两门圆融一际者，复有二门：一者心真如门；二者心生灭门。心真如门者是理，心生灭者是事，即谓空有二见，自在圆融，隐显不同，竟无障碍。”（《大正藏》第45册，第1867号，第511页中）《宗镜录》卷九十九云：“《法华演秘》云：事理圆融者，即种种事称理而遍，以真如理为洪炉，融万事为大冶，铁汁洋溢，无异相也。”（《大正藏》第48册，第2016号，第950页上）

② 醍醐之味，薝卜之香：醍醐之味，参见本书《无异元来》“醍醐上味”注。薝卜：梵语音译。又作瞻卜、瞻波树、瞻博迦树、占婆树、瞻婆树、占博迦树。意译为金色花树、黄花树。产于印度热带森林及山地，树身高大，叶面光滑，长六、七寸，叶里粉白，并有软毛；所生黄色香花，灿然若金，香闻数里，称为瞻卜花，又作金色花、黄色花。其树皮可分泌芳香之汁液，与叶、花等皆可制成药材或香料。以此花所制之香，即称为瞻卜花香。（《长阿含经卷》十八、《法华经·卷五·分别功德品》、《慧琳音义》卷八、《翻译名义集》卷三）

③ 龙山闡师：龙山仲猷禅师。元僧，字仲猷，号归庵。鄞县（浙江宁波）人，俗姓陈。从邑之永乐寺佛智剃染。参余杭径山寂照得旨。出世庐山，迁香山，升郡之天宁寺。事迹见《五灯全书》卷五五、《续灯正统》卷一四、《增集续传灯录》卷四。

高明教之。顺治丁酉南涧行悦述。(《杂毒海[①]·序》)

① 杂毒海:《杂毒海》,凡二卷。又作《大慧禅师禅宗杂毒海》《普觉宗杲禅师语录》《大慧普觉禅师语录》。法宏、道谦编,宋高宗绍兴元年(1131)刊行。本书之名系由大慧之语"参禅不得,多是杂毒入心"而来。内容辑录先德之机缘法语、参禅居士追忆记、方外道友赞、佛祖赞等。本篇《杂毒海·序》非大慧杲之《杂毒海》之"序",是南涧行悦为性音重编之《杂毒海》(八卷)所为之"序"文。

月函南潜

南潜(1620—1686),清僧。字月函,号漏霜。原名说,字雨若,号俟庵。吴兴(浙江湖州)人,俗姓董。年十七为诸生。明亡后为僧。从弘储继起受佛戒。诗清淡,草书奇逸。所著《洞宗疑问》、《宝昙七发》皆法门大典。性狷介,衣食不充,给侍星散,略不萦怀①。

南潜明确主张颂古诗应"贵风而不贵其赋与比"。他区分了颂古诗的三种形态:一、"以古为古",乃"是以赋颂为颂";二、"以今为古",乃"是以比为颂";三、"以古为今",则"是以风为颂"。他十分强调"以古为今",古为今用,在他看来,"古者已陈之迹也,得后人之用,然后化其陈而为新","古者定法也,得后人之用善,千门万户转换倏忽,如鬼神风雨之不可端倪"。他主张变革,"六诗以风为首,其义不主因而主革,故能转后以为先,转往以为来",因此,"后人不妨借古人以申其用。以其死为生,以其陈为新,以其后天为先天,以其定法为变化。"

他高度评价释晓青的七言绝句:"兹织屦之哀吟,信风霜之绝唱者也"。在他看来,上乘之作,是可以"合响千秋""孤行天地"的。

本书所录文字,据《香域自求槫禅师内外集》,《禅门逸书初编》第9册,第137号;释晓青《高云堂诗集》《四库未收书辑刊》第8辑第20册,北京出版社1995年版。

一、"颂古贵风而不贵其赋与比"

古自在古,而古不到今;今自在今,而今不到古,此各其位也。然有时以今

① 南潜生平事迹,见《宗统编年》卷三二、《五灯全书》卷八六、《正源略集》卷九。

为古而古为今之证，执古之道以御今之有，则证之谓也。有时以古为今而今为古之用，或损或益，百世可知，则用之谓也。夫古死局也，得后人之用，然后起其死而为生。古者已陈之迹也，得后人之用，然后化其陈而为新。古者后天之奉也，得后人之用善，千秋万岁永宝用之而为先天之几。古者定法也，得后人之用善，千门万户转换倏忽，如鬼神风雨之不可端倪。定乃为不定而穷其变化，故前古无不革之政，佛祖无不革之法。革者以古为今之道也，古人甚赖于后人，古人必不安于死局，必不安于陈迹，必不安于后天，必不安于定法。故古人甚赖于后人也，后人不妨借古人以申其用。以其死为生，以其陈为新，以其后天为先天，以其定法为变化，故不妨借古人以申其用也。善古今者，其手眼常出古今之表，岂惟移古而能造古。移古者，移往者之古也。往古自我而移，故古无而今有。造古者，造来者之者之古也。来者自我而造，故古有而今无。立言于有，则万象之灿域中，立言于无，则虚空之含海岳。宗门之有颂古久矣。颂者，古六诗之一也。以古为古，而颂是以赋颂为颂也。以今为古，而颂是以比为颂也。以古为今，而颂是以风为颂也。六诗以风为首，其义不主因而主革，故能转后以为先，转往以为来。以古为今者，风也，名颂古而不名风古者，昔人亦显其古今之质而藏其古今之用者也。其质则古，用必以今，所以从来高颂无不体兼于风者，风之为义大矣哉！颂入于赋，则甲乙之簿；颂入于比，则铢两之较也；故颂古贵风而不贵其赋与比也。我华山碓兄和尚主持古今法柄，为法苑玉衡，得法服庵膺公①，所谓善古今者也。有颂古一编，是能以革之妙，用古人之因，能以新之妙，用古人之陈，运劫前之玉尺，麾格外之旌旗。首山谓在宾全正令，此临济氏所以不坠于地也。服庵颂古，惟其得首山之宾，所以得六义之风；得六义之风，而后可以颂。宝云南潜。（《服庵颂古序》）

① 敏膺，清僧。字自求，号服庵。嘉定（今属上海）人。落发南翔白鹤寺。灵崖高云（字僧鉴，别号碓庵，谥高云禅师，临济三十三世）法嗣。康熙二十八年（1689）入京，住玉泉山。三十年春移华山。四十一年主三峰席。事见敏膺：《赐谥高云禅师临济三十三世华山先师碓庵青和尚传》《三峰寺志》《南翔镇志》。

二、“兹织屦之哀吟，信风霜之绝唱者也”

苹洲风晚，柳崖春深，藏渔艇而含烟，露远峰而一色。故人天邈，感关山笛里之声；游子衣单，念慈母手中之线。满床雪洒，杨岐树下之思。千尺丝垂，船子寒江之句。流水桃花，远怀西塞；晓风残月，未补新辞。未尝不托响孤松，长鸣夕渚，寄愁白鹭，直上青天。他时拈牡丹之古梦，翻蝴蝶之旧图。颂睡鱼则燕嘴生花，歌采菱则�竿滴翠。各崎岖以致怀，亦缘声而比物。匪忘情乎折柳，实笔短而心长。碓庵①兄览荣枯于南浦，展吟叹于绿杨。几幅烟云，一声欸乃。轻薄残红，意外刘郎之赚。临池细嚼，空山白足之心。藏莺郁郁，未讶细腰；结盖青青，无端致恨。英雄槁死，侠骨锵鸣，万古不平，多情浪天。兹织屦之哀吟，信风霜之绝唱者也。期竹枝于异日，合响千秋；让杨柳之清辞，孤行天地。庚子立秋前十日，枫巢法弟南潜题。（华山晓青：《杨柳枝题辞》《杨柳枝词三十首》《高云堂诗集》卷十四）

三、“世间文字，非禅林所急，而有二体。世间文字，则禅林不可不深明其损益者也”

世间文字，非禅林所急，而有二体。世间文字，则禅林不可不深明其损益者也。一禅林当为法苑春秋，一当为法苑诗编。南潜窃以意作法苑春秋议。议曰：自禅林无记事之史，当时无所顾惮。后世失其献征，为法苑春秋益甚大法，当书记司。书禅林之外事，某年日月院中，有某事书之。其他禅席，以某日某事来告者，书之其事非所恒见者。虽琐细亦书内事，书于书状，亦如之首众者。受内外二司之书，而得去取裁决为一书，月受而岁合之，名法苑春秋。呈于主法之人，而藏主藏之，唯谨此古春秋之法也。古者，国各有史，大事书之于

① 碓庵：晓青，参见本书《僧鉴晓青》小传。

策，小事简牍而已。孔子笔削[①]，鲁之春秋而存其□大义者。故曰：其文则史。而后世学春秋者，身在秦灭之后，而求之太过钩深索隐，以为阙里之刑书，此不知春秋者也。从今日始，为法苑春秋遇正眼大手笔。合而成一书，则禅宗之一大典也。又作法苑诗编议。议曰：夫诗者震旦圣人说法之书也。古之诗无言之言以为用。无言之言以为用，故古之诗必有为而作，古人之诗有为而无言，世间之诗有言而无为，故我谓禅林当立诗禁。一禁送人诗言汎，若水中凫，为送别之词者也。一禁酬和诗，一禁节令诗，一禁貌唐诗。貌唐诗者，仿佛乎三唐之形声者也，此最诗之陋也。送人贵赠言之高，酬和贵出情之合。此皆非超然于诗者不能是，以为禁其类于此者，皆禁也。且世所谓有为而作者，非古也。古之有为而作者，为风教，为圣贤，为佛心、为祖髓禅林。不为诗则已。为诗必为古人无言之诗，而必置心于古人之所为，庚申佛诞生日，陈此一段事为效寒山诗题辞，华山僧兄和尚作此诗一年矣。余读之，而窃以为有合于法苑诗编之末议者也。其法苑春秋议，请定裁于僧兄。漏霜法弟南潜（《效寒山诗题辞》）

---

① 孔子笔削：指孔子著《春秋》之事。《汉书》："西伯拘而演《周易》，仲尼戹而作《春秋》。屈原放逐，乃赋《离骚》；左丘失明厥有《国语》。"（《汉书》卷六十二《司马迁传第三十二》，中华书局 1974 年版，第 2735 页）

古　林

古林(1623—1695),清僧。讳智。长沙(今属湖南)人,俗姓李。六岁至峨眉脱白。侍双桂海明十数年。二十岁受具,历参诸方,后遇德山语嵩机契,受记莂。出住奉天般若、辽阳建宁如来诸刹①。

古林指出,古德教人作偈颂,是在“大事已明”(即了脱生死)之后,以校验学人的“才性利钝”。若“己事未明”,而“在文字上作见解”,乃是大错。他在诠释佛鉴懃的颂诗时,强调要返观内照,识得“自己面孔”(本来面目)。

本书所录文字,据《盛京奉天般若古林禅师语录》《嘉兴藏》第38册,第429号。

一、“作偈作颂,盖大事已明,试学者才性利钝”

古德教人作偈作颂着语者,盖大事已明,师资唱和,试学者才性利钝。今汝等己事未明,一向在文字上作见解,岂非大错。你们病痛,山僧尽知,盖作诗作偈,有你们下手处,有你们注脚处,有你们卜度处,所以个个肯作意思索,至于本分事上,无你们下手处,无你们注脚处,无你们凑泊处,所以不肯承当。殊不知这无下手处,无注脚处,无凑泊处,正是个好消息。古德曰:百尺竿头,更进一步。又曰:悬崖撒手。到这里直须努力,拼却性命,一上始得努力。且置,即今有一句子,不落文墨,不拘音韵,三世②诸佛摸不着,历代祖师和不齐。诸

① 古林生平事迹,见马三贵所撰古林智《行状》《五灯全书》一〇五补遗、《北北文献零拾》卷二、《辽海书徵》卷四。

② 三世:三世指前世、现世、来世。《黄檗传心法要》:“故菩萨心如虚空,一切俱舍。过去心不可得,是过去舍;现在心不可得,是现在舍;未来心不可得,是未来舍。所谓三世俱舍。”(《大正藏》第48册,第2012号,第3821页上)

兄弟,还有和得者么?若和得者,痛与三十棒,和不得者亦痛与三十棒。何故?棒头有眼明如日,赏罚分明作者知。(《示众》)

瞬息韶光度七旬,满头白发暗惊春。虽拈诗句堪怡性,争悟禅机①更适神。涤净万缘真洒落,纵酣五欲苦沉沦。劝君早入莲华社②,同作逍遥自在人。(《劝雪槎陈公出世》)

二、“识得侬家面孔,方见仙人面孔”

上堂:“彩云影里仙人现,手把红罗扇遮面。急须着眼看仙人,莫看仙人手中扇。”拂衫袖曰:“者是彩云影。”挥拂子曰:“者是红罗扇。”作么生是仙人面?团耶方耶?长耶短耶?红黄黑白耶?诸仁者不用看他,只须自看,蓦地看破自己面孔,始识侬家面孔。识得侬家面孔,方见仙人面孔。面孔且置,且道适来者一络索落在什么处?震威一喝曰:“雾露云霞时起灭,长青自古一般天。”③(《上堂》)

---

① 禅机:禅宗用语。指禅的机锋,参禅时需要领悟的关键。象田即念禅师云:“禅机乃到家人会道语也,虽有言句,然其意出于文字蹊径之外,自非妙悟者,不可得而彷佛焉。”(《象田即念禅师语录》卷三,《嘉兴藏》第27册,第191号,第173页中)

② 莲华社:亦称白莲社、莲社。参见本书《天隐圆修》“莲社”注。

③ 古林智解释佛鉴懃颂诗,强调反观内照,“只须自看,蓦地看破自己面孔”,只有“识得侬家面孔,方见仙人面孔”。只有当“彩云影”消失、“红罗扇”掀开,“仙人面孔”才会显露,那时是星光闪耀,“长青自古一般天”啊!

观涛大奇

大奇(1625—1678),清僧。字观涛。世称奇禅师。抚州(江西临川)人,俗姓彭氏。年十九投本里顶山落发。于龙湖纲具。及归掩关于觉仙峰,刻苦励行。后往金陵谒天界觉浪,命典记室。师资日契,随之人闽,监梦笔院。继又同返浙杭城,觉浪主皋亭,大奇为首众。顺治十六年(1659)浪归江南,记莂于奇。出住崇光、迁盱眙寿昌①。

大奇充分肯定寒山诗之感染力,"细读可招魂"。

本书所录文字,据《观涛奇禅师语录》《嘉兴藏》第36册,第362号。

"寒山诗一卷,细读可招魂"

驱犊前溪牧,随流入草根。石斑新藓滑,路没旧烧痕。秋月从人喻,此心许孰论。寒山诗②一卷,细读可招魂③。(《岩上吟》)

---

① 大奇事迹见《五灯全书》卷一一八、《释氏疑年录》卷二。

② 寒山诗:参见本书《寒山》注。

③ 招魂:宋玉有《招魂》诗,王逸《序》云:"《招魂》者,宋玉之所作也。宋玉怜哀屈原厥命将落,作招魂,欲以复其精神,延其年寿也。"(李善等:《六臣注文选》卷三十三,中华书局1987年版,第627页下)

真传密印

密印(1625—1678),清僧。名真传。安顺(今属贵州)人,俗姓李。初在辰州广福山住庵。紫竹灵隐文公偶访至此,因迎入山,叩问宗旨,得破疑情,为灵隐文法嗣。后住黔阳胜觉寺①。

密印明确指出,山水为诗家创作之助:"水阔山高对日华,山嵘水滟助诗家。"还指出,自然山水能彰显禅道,是参禅悟道的重要途径,因而诗家也不能"离水忘山"。

本书所录文字,据《广福山胜觉寺密印禅师语录》《嘉兴藏》第35册,第343号。

"山嵘水滟助诗家","将山就水全彰道"

水阔山高对日华,山嵘水滟助诗家②。水舒白练山抛玉,山叠青嬴水喷花。近水谧观心地印,远山悬望海天涯。将山就水全彰道,离水忘山尚未夸③。(《山居》)

---

① 密印事迹见庄镌:《密印禅师语录·序》、刘汤懋:《密印和尚塔铭碑记》《五灯全书》卷八八。

② 山嵘水滟助诗家:宋吴曾《能改斋漫录》卷七《江山之助》云:"刘勰《文心雕龙·物色篇》云:'若乃山林皋壤,实文思之奥府。略语则阙,详说则烦。然屈平所以洞风骚之情者,抑亦江山之助乎?'故唐张说至岳阳,诗益凄惋,人以为得江山之助。"(吴曾:《能改斋漫录》,上海古籍出版社1979年版,第202页)

③ 将山就水全彰道,离水忘山尚未夸:石雨明方禅师云:"以见山忘道之说,遂废幽寻者,此俗子也,何足与语道。尝见袁石公(袁宏道)有'听水无荡思,爱山无热颜'之诗,何止深于山水,亦能深于道矣。"(明方:《唐祈远居士所蓄关虚白〈山水图〉跋》《石雨禅师法檀》《嘉兴藏》第27册,第190号,第139页下)

鹤山济悟

鹤山(1625—1687),清临济宗僧。系璧和尚之弟子、汉月法藏之法孙①。鹤山工诗,其诗醇厚冲和,蕴藉纯朴,无激昂高恃之语。

鹤山批评丛林中一些"荷拈华担子者","不务行解,惟逞词锋,不明性源,徒守杯勺",所以"不能上光列祖,下凿后英",令人"深叹息"。

本书所录文字,据《鹤山禅师执帚集》《嘉兴藏》第40册,第497号。

"不务行解,惟逞词锋,不明性源,徒守杯勺"

今之荷拈华担子者②,不务行解③,惟逞词锋,不明性源④,徒守杯勺,所以不能上光列祖,下凿后英,君子未尝不深叹息也。灵山一会,自担雪老人⑤潜辉以来,法雨滂沱,人天欣慰。字兄和尚⑥从楚中归,继席兹山。三吴学士翕然响风,无不谓先灵岩俨然如在。而门人此公,花药相随,深入堂奥,是真得见地,谛当者绝无些子软暖习气,余爱之重之。适翠峰虚席,字兄命往住焉。丁

---

① 鹤山生平事迹,见鹤山《先师璧和尚影堂记》(《鹤山禅师执帚集》卷二)、明复:《鹤山禅师执帚集解题》。

② 荷拈华担子者:指传授禅法的禅师。他们是承担如"世尊拈花,迦叶微笑"般的使命,传法授徒。

③ 行解:参见本书《永觉元贤》"行解"注。

④ 性源:事物本质的源头。性与"相""修"相对。有不变之义。指本来具足之性质、事物之实体(即自性)、对相状而言之自体、众生之素质(种性)等。即受外界影响亦不改变之本质。《仁王护国般若波罗蜜经疏神宝记》卷三:"经云:尽三界原者,谓原本之原犹惑也,本或作源,谓性源也。"(《大正藏》第33册,第1706号,第304页上)

⑤ 担雪老人:弘储(1605—1672),清僧。南通人,俗姓李,号继起,又号退翁,担雪老人。三峰法藏之法嗣。博通内外,心地光明,提正法印,十坐道场。康熙十一年(1672),恐名笔浮饰生平,自制塔铭而寂。事迹见《五灯全书》卷六九、《宗统编年》卷三一、《正源略集》卷五。

⑥ 字兄和尚:不详。

丑秋，余乞食过洞庭，见溪流菜叶，知当世有如隐山而声望并汾州者[①]，即吾海印和尚[②]高卧处也。遂同访翠峰，抵掌快谈，不减昔日金轮峰之旧话。乃出平日颂古暨示语一册，快读一过，实足醒目。因念雪窦[③]去翠峰五百余载，复得继踵前猷，流风逸韵，今古宛然。一言一句，如击石闪电列眼便过，应非即言定旨滞句迷源可比。不惟觉悟尘劳，真使从上宗乘法印[④]，无异若是，通方作者，何妨相共证明。(《翠峰和尚颂古序》)

① 当世有如隐山而声望並汾州者：隐山：隐元隆琦(1592—1673)，字隐元。福清(今属福建)人，俗姓林氏。谒费隐通容于黄檗山万福寺，蒙垂示，继法席。清顺治十一年(1654)，应日本僧逸然邀请，赴日本入住长崎兴福寺。隐元在日本长崎传法，创立了日本禅宗的黄檗宗。事迹见《东渡诸祖传》、《五灯全书》卷七、《高僧摘要》卷四、《正源略集》卷五。汾州：汾州善昭，参见本书《汾阳善昭》"小传"。

② 海印和尚：昭如(1246—1312)，元僧。字海印。江西新淦(新干)人，俗姓杨氏。年十九出家，得法砖袁州仰山雪岩祖钦。属大鉴下第二十二世。元贞二年(1296)赐号普照大禅师。事迹见《增集续传灯录》卷五、《续灯正统》卷二三、《海印和尚语录附塔铭》。

③ 雪窦：参见本书《雪窦重显》"小传"。

④ 从上宗乘法印：从上宗乘，即从古以来传承的禅法。向上：参见本书《宗宝道独》"向上"注。对极悟之至极宗旨，称为"向上宗乘"。《祖堂集》卷七，岩头："雪峰问德山：'从上宗乘，和尚此间如何禀授与人？'德山云：'我宗无语句，实无一法与人。'"(《祖堂集》，上海古籍出版社1994年版，第138页上)法印，意谓印证是真正佛法的标准。隋吉藏《法华义疏》卷六："通言印者，印定诸法不可移改。又释：以文为印，将文定理，谓理语此文相应者乃为实理，故名法印也。"(《大正藏》第34册，第1721号，第541页上)

寒松智操

智操(1626—?),清僧。字寒松,别号隐翁。桐城(今属安徽)人,俗姓严。嗣法百愚斯。善丹青。有诗名①。

寒松操指出,感兴是佳诗创作的先决条件:"兴来诗自胜,悟后语谁同?"而诗的上乘之作,乃是"无中有味淡中妍",是无味之味,是绚烂之极归于平淡。

本书所录文字,据《寒松操禅师语录》《嘉兴藏》第 37 册,第 392 号。

一、"兴来诗自胜"

日间何所事,鼓腹啸长空。湖海三生客,乾坤一隐翁。兴来诗自胜,悟后语谁同②? 独羡青宵月,论心皎洁中。(《自适》)

二、"无中有味淡中妍"

潇洒狂歌别一天,无中有味澹中妍③。空林雨过诗成画,古塔云收画入禅。闲借推敲消岁月,清凭啸傲老山川。从来怀抱多题石,不到惊人不浪传。(《诗僧》)

---

① 智操生平事迹,见《寒松操禅师语录·自序》《宗统编年》卷三二、《正源略集》卷一三。

② 悟后语谁同:清诗论家王士祯云:"舍筏登岸,禅家以为悟境,诗家以为化境,诗禅一致,等无差别。"(王士禛:《香祖笔记》卷八,上海古籍出版社 1982 年版,第 146 页)因悟境(化境)是千人千面,绝不雷同;其悟境(化境)的语言表达方式,也会千差万别。祁彪佳指出,艺术家悟后的语言表达及其所塑造的艺术境界,恰如"仙人各有口角,从口角中各自现神情,以此见词气之融透"(祁彪佳:《远山堂剧品》,《中国古典戏曲论著集成》第 6 辑,中国戏剧出版社 1982 年版,第 146 页)。

③ 无中有味淡中妍:《老子》六十三章云:"为无为,事无事,味无味。"王弼指出老子"以恬淡为味"(王弼:《老子道德经注》,中华书局 1980 年版,第 164 页)而"恬淡"却是"道"的本质特征。

水鉴慧海

慧海(1626—1687),临济宗僧。字水鉴。又称沙翁、寓叟、寓人。鄂州(湖北)富川涌泉人,俗姓谢。独冠行敬之法嗣①。

慧海高度评价天童悟和尚复兴临济之道的功绩,并充分肯定天童悟和尚的诗才:"不事翰墨,而动笔皆是草圣;不精诗书,而开口便成章法。"其《登金山诗》,"独自出手眼""玉韵惊人"。他提出观诗的原则:是"幸毋作文字诗句观,当眼豁心可也"。慧海又高度评价天童悟和尚之法嗣破山海明在丛林的地位,并指出其偈颂的造诣,"妙有入神",能"发扬其道",且能"不带濂涎,逆行顺行,自由自在,实乃大乘菩萨,游戏国土,开觉众生者也"。

本书所录文字,据《水鉴海和尚六会录》《嘉兴藏》第29册,第230号。

一、"不精诗书,而开口便成章法"

临济之道,盛而复衰,兴而复废,其在明季,如一缕之系鼎,九卵之累棋,危之甚矣。其持危挽废,后五百世起而复振者,则吾天童和尚②也。夫圣人降世,为拯沉沦,虽起寒微,颖脱非凡,不事翰墨,而动笔皆是草圣;不精诗书,而开口便成章法。和尚万历丁未春,自燕还南,是时尚未受嘱,气宇已自不群,偶登金山,辄成是句,不独自出手眼,尤且玉韵惊人,其绘文琢句者,曷能有此哉?吴人勒石已供游客,后孤云鉴禅师重树丰碑,并自手书垂镇金山,又以骚人采入诗林,合成风雅。然则读之者,幸毋作文字诗句观,当眼豁心开可也。(《题

① 慧海生平事迹,见《水鉴海和尚六会录》所附《天王沙翁和尚记略》与《寓叟自传》《水鉴海和尚五会录》所附《天王和尚行录》《天王水鉴海和尚住金粟语录》所附《寓人自传》《五灯全书》《新续高僧传四集》卷五十六。

② 天童和尚:参见本书《密云圆悟》小传。

天童悟和尚登金山诗》）

二、“妙有入神，鲜有不发扬其道者”

丙午春，夔州郡守梦破山和尚①与一扇展读，其偈曰：“屣声滑滑响苍苔，老去寻山亦快哉！回首五云堪一笑，淡然潇洒出尘埃。”觉即遣候，和尚已化去矣。郡守以此为辞世之偈，乃梓而遍示之。且和尚自出金粟悟和尚②之门，声名洋溢乎东南，逮归蚕丛，道价益盛。然其笔其舌，妙有入神，鲜有不发扬其道者。即发扬之处，不带濂涎，逆行顺行，自由自在，实乃大乘菩萨，游戏国土，开觉众生者也。今视此“回首五云堪一笑，淡然潇洒出尘埃”之句，似有羁绊脱去，觉非菩萨涉世无碍。虽则梦幻之语，窃恐传夫后世，以郡守之妄，误和尚为二乘之人也。况辞世之偈，关乎人天眼目，由是不慧振笔跋之。（《跋夔州郡守梦得破山明和尚偈》）

---

① 破山和尚：参见本书《破山海明》小传。

② 金粟悟和尚：即密云圆悟。

祖珍元玉

元玉(1628—1695),清僧。字祖珍,号石堂,别号古翁、菊林、死庵。南通(今属江苏)人,俗姓马。能诗,颇近陶、韦。通儒学,精易理。得心传于金粟天岸老人,天童木陈老人之法孙①。

祖珍元玉论诗,强调"益教化"。在他看来,上乘之作,有巨大的教育功能,它"如仙剂""类明灯","可以与疗衰替弊,可以与照昏衢行"。

本书所录文字,据元玉《石堂全集》《禅门逸书续编》第9册,第235号。

"无益教化非雅音"

都大哉,荡荡唐虞世,大乐②作自唐虞帝。帝尧帝舜鼓元音,天籁天风调四气。四气既调四时正,阴阳和顺物产盛。凤凰来仪在兹时,生民能不令解愠。民得所,国自安,河清海晏无波澜。琴瑟当随称意弹,春秋余响鲁未绝,至圣先师闻而悦。闻韶③心不在韶边,心即是韶入帝阙。至今闻韶台尚在,圣师虽远台不坏。豫章吴子知遗踪,不惜来三千里外,登台四望望圣师,圣师不见

① 元玉生平事迹,见《泰山普照禅寺祖珍和尚塔铭》、明复:《石堂全集解题》《泰山志》《晚晴簃诗汇》卷一九五、《清诗纪事初编》卷四。

② 大乐:指盛乐,意为完美的音乐。多用于帝王祭祀、朝贺、宴享等典礼。《吕氏春秋·仲夏记·大乐》:"大乐,君臣、父子、长少之所欢欣而说也。"(许维遹撰,唐云华整理:《吕氏春秋集释》(上)中华书局2009年版,第111页)《礼记·乐记》:"大乐与天地同和,大礼与天地同节。"孔颖达疏云:"大乐与天地同和者,天地气和而生万物;大乐之体,顺阴阳律吕生养万物,是大乐与天地同和也。"(汉郑玄注,唐孔颖达疏:《礼记正义》卷第三十七,中华书局1980年版,第1530页上)

③ 韶:韶乐,史称舜乐,是一种集诗、乐、舞为一体的综合古典艺术。《吕氏春秋·古乐篇》:"帝舜乃令质修《九韶》《六列》《六英》以明帝德。"(许维遹撰:《吕氏春秋集释》《新编诸子集成》,中华书局2009年版,第126页)

步迟迟。一歌一咏一哀悲，语嵚意峭非靡离，皆属雅颂典坟词。那岂蓬蒿之下黄口儿，能发襟怀如此一大奇！智哉吾友吴夫子，旨哉旨哉言深美。胡为作诗十二章，金声玉振韵铿锵，光芒鼎沸遍辉煌。知君志不在音文，在挽淳风报圣君。此意他人不易论，惟在人臣义所存。使我读此思纷纷，如在千岩万壑深。左无侣伴右无邻，忽听弹琴弹正声。五音六律皆分明。白雪阳春[①]□□并，又岂巴歈[②]较重轻？任似荆山之璞敌连城，无益教化非雅音（原文汗漫不清，按上下文意补）。文字愈美玉，文字胜黄金。文字如仙剂，文字类明灯。可以与疗衰替弊，可以与照昏衢行。我今赋此递相呈，为志同心合至情。文章即是乾与坤，高下无分一浑沦，俞乃非弄斧班之门！（《读吴舫翁登闻韶台诗喜作长篇》）

① 白雪阳春：参见本书《道潜》"阳春"注。

② 巴歈：指巴渝舞或巴渝歌。汉桓宽：《盐铁论·刺权》："鸣鼓《巴歈》，作于堂下。"（王利器《盐铁论校注》《新编诸子集成》，中华书局1992年版，第121页）唐·刘禹锡：《竹枝词序》："后之聆《巴歈》，知变风之自焉。"（卞孝萱校订：《刘禹锡集》卷二十七，中华书局1990年版，第359页）

雨山上思

上思(1630—1688),清僧。字雨山,一字雪悟。泰州(今属江苏)人,俗姓于。参扬州天宁巨渤济恒,执侍甚久,机契得法①。

上思称赞日焰大师对栯堂山居诗之注,是"称性而书,事详理悉,虽片言只字,皆诣其极","非天趣纯真,曷能不作意而臻其妙有如此耶?"他还赞赏"辞旨藻丽"且有"一种劲节清风,如岁寒不凋之操"之诗。

本书录入文字,据《雨山和尚语录》《嘉兴大藏经》第40册,第494号。

一、"天趣纯真,不作意而臻其妙"

昔秦少游②论诸家书法,独爱政黄牛③者,以其天趣纯真,不作意而臻其妙耳。余尝取以为立言之譬。夫道固非言,苟任吾真而发扬之,虽嬉笑怒骂,皆穷源达本之具,安有驾空言,张饰说,明欺一世之失也哉!日焰大师道行高古,不下匡山三十年如刹那顷,殆深入华严三昧④林者。近于禅寂⑤之余,有

① 上思事迹见晓青《扬州天宁雨山思和尚塔铭并序》(《雨山和尚语录》卷二十)、《五灯全书》一〇三、《三峰寺志》四、《晚晴簃诗汇》一九七。

② 秦少游:即秦观。参见本书《慧洪》"秦观"注。

③ 政黄牛:惟政(986—1049)一作惟正,俗姓黄,字焕然,秀州华亭(今上海松江)人,师惟素禅师,出入常跨黄牛,故称"政黄牛"。秦少游爱其书画,每见必收藏之。事迹见《五灯会元》卷十、《续传灯录》卷十、《指月录》卷二五、《教外别传》卷一三、《五灯严统》卷十。

④ 华严三昧:亦称"佛华严三昧""华严定""佛华三昧"等,是《华严经》中所讲的普贤菩萨修习三昧,后华严宗用以概括《华严经》的全部教义。得"华严三昧"包括能讲说全部佛教经典,实践所有的菩萨修行。与"海印三昧"相对比,"华严三昧"被认为是依"因"而立名的。以一真法界无尽缘起为理趣。达此理趣而修万行,庄严佛果,谓之华严,一心修之谓之三昧。《无量寿经》上曰:"得佛华严三昧,宣扬演说一切经典。"(《大正藏》第12册,第360号,第266页中)《六十华严经》卷三十七曰:"普贤菩萨,正受三昧,其三昧名佛华严。"(《大正藏》第9册,第278号,第631页下)

⑤ 禅寂:参见本书《仲温晓莹》"禅寂"注。

取乎梢堂山居韵而笺释之。一日乃出示余，观其称性而书，事详理悉，虽片言只字，皆诣其极，笔端有广长舌矣。非天趣纯真，曷能不作意而臻其妙有如此耶？至于激顽起懦，尤多慨切，与古先列宿之垂慈若合符节。因思梢堂生面垂三百余年，而得大师重开，夫岂偶然。余与大师游旧，且辱知爱，故不惜芜陋而为之序。读是集者，当离却纸墨文字外见大师真面目始得，若作寻常攻训诂业铅椠者视之，则失却一只眼矣。（《梢堂山居诗注序》）

二、“辞旨藻丽，英才天发”

许大世界都为“利名”两字役，当此霜飞木落之际，几人知时节一大变而赋诗兴感哉！雨窗读《培柏堂重九分韵诗》，诸公乃其人矣。其辞旨藻丽，英才天发。非不各擅其长，一种劲节清风，如岁寒不凋之操。堂名培柏，皆为不忝。（《跋培柏堂重九分韵诗》）

石濂大汕

大汕(1632—1704),清僧。字石濂,一作石莲、石湖,号厂翁。江州(江西九江)人,俗姓徐氏。落发于觉浪道盛。初居燕之西山,后历住吴门竹堂、嘉兴水西、吴兴广福诸刹。康熙六年(1667)扫塔曹溪。三十三年春,越南国王阮福週专使迎往说法。大见信重,逾年归国。工诗善画,为世所贵①。

大汕以曹洞宗之"重离六爻、偏正回互"论诗。他强调"兼中到一位,为五位中之最尊贵","五宗之五为君臣道合,君不偏于正,臣不正于偏,如银盘盛雪,明月藏鹭,混然而分明,斯为向上一路",只有真正领悟"斯旨",才"始可以言禅,并可以言诗"。

他以自己的创作经验,指明写诗起于兴会,无容心于诗:"偶兴会所至,信口发声,侍者记录成帙,无容心于其间也。"

他还明确指出,禅不离诗,诗不离禅:"以为禅则离诗非也,以为诗则离禅非也"。但诗禅有别。它们是"合之未始合,则离之亦未始离",是不即不离也。

本书所录文字,据大汕《离六堂集》《禅门逸书续编》第7册,第227号。

一、知"君臣道合","始可以言禅,并可以言诗"

吾洞山老祖常以重离六爻、偏正回互②为宗旨。又分正偏五位,五位兼中,犹《易》之有六爻也。六爻从五生,以一变而循环为用,故离六而不离五。然六爻变而能回互,而不落于正偏者,惟吾洞上一宗。言禅而不离五位,犹之

① 大汕生平事迹,见《清诗纪事初编》卷二、《正源略集》卷八。

② 关于"正偏回互"(《宝镜三昧》)之说,参见本书《林泉从伦》"颂偏正五位"注。

言《易》而不离六爻也。然则吾以“离六”名堂,何居亦将并夫五而离之耶?曰:否,否。夫离六者,以一归五也,位至五而止矣。兼中到一位,为五位中之最尊贵,非离六而不能变合。盖六为水,离水所以得火,离月所以得日,离心所以得性,故道贵乎离。先师浪杖人常著论,尊火为宗。火在天为日,在人为性,在卦为离。离贵重离,吾洞上以重离表法,以火为用,烁破四天下,其亦《易》之明两作离之旨也。《易》之五为君,五宗之五为君臣道合[①],君不偏于正,臣不正于偏,如银盘盛雪,明月藏鹭,混然而分明,斯为向上一路。知斯旨者,始可以言禅,并可以言诗。诗诚事君事亲之资,方外人亦所不废。故言《易》不知君臣,言吾宗不知正偏,言诗不知忠孝之道,是皆失其本者。吾不识字,况复言诗。偶兴会所至,信口发声,侍者记录成帙,无容心于其间也。然以为禅则离诗非也,以为诗则离禅非也,以为诗禅互用而无分别非也。然离非也,而合亦非也。知合之未始合,则离之亦未始离。五也六也,犹之乎非五与六也。兹因侍者请梓,书以示之。五岳行脚石头陀大汕述。(《离六堂自叙》)

二、“伯牙虽善曲,所贵钟子期”

伯牙虽善曲,所贵钟子期[②]。别有心神契,相赏宁在兹。我行一万里,触物间兴思。谁言途巷歌,太史采无遗。次编风雅帙,冠以瑶华题。大德未容言,六义聊复为。此外自有存,听者讵尽知。(《谢毛太史诗序》)

---

① 洞山良价与曹山本寂承继发挥了《参同契》和《宝镜三昧》的基本思想,提出了有名的“五位君臣”之说。曹山本寂称此说为“吾法宗要打”(《五灯会元》卷十三《曹山本寂禅师》)。此说以“回互”学说为核心,详细地论述了本体界与现象界的相互关系。参见本书《林泉从伦》“颂偏正五位”注。

② 伯牙虽善曲,所贵钟子期:参见本书《贯休》“子期”注。

阿字今无

今无(1633—1681),清僧。字虫木,号阿字。番禺(今属广东)人,俗姓万。年十六抵雷峰,依天然函昰得度。参究有得,信笔书《信心铭》。年二十二奉师命出山海关,千山可深器之,每罢参与语,自春徂秋,顿忘筌蹄。三年归广州,再依雷峰,一旦豁然。主海幢二年。康熙十二年(1673),请藏入京。十四年,回海幢。手疏《楞严》,辑《四分律藏大全》。生前以道深望重,深孚众望,僧俗四至,盛冠岭南。又能文善书。著有《光宣台集》及语录若干卷①。

在今无看来,"大雅之音,尚其恬澹",这样的作品"真朴有味,令人意往神消",源于"诗取穷愁,人当问世。"如果有诗无人,则"摹词虽工,生意易尽",那些"写境物之真致"的作品,便具有可读性。今无认为"诗不必求其太工,人当取其至当",也就是说作家艺术人格高于作品风格。而这种艺术人格,源于对佛道的体悟,在"有本因于无,繁亦从约长","损之复损之,神明渐空广"的体悟中,作家日常人格日趋完善,"可以为疾风劲草,亦可以作断臂齐腰。"

本书所录文字,据今无《光宣台集》《四库禁毁书丛刊》第186册,北京出版社1997年版;北京图书馆藏清刻本《阿字无禅师光宣台集》。

一、"诗取穷愁,人当问世"、"大雅之音,尚其恬淡"、"道固胜情,此道人之所以自成其声"

戊申八月,天老人手书命今无曰:"近日禅讲暇,偶为古诗,诸子请付梓,欲少待之不可,汝其序之。"此老人之逸言,而微借工部之气出之者也。今无忆曩时,走大窖中,尝与剩师叔拥被寒吟,以艺海书厨消黄沙白雪。间取杜少

① 今无事迹,见道光《广东通志》卷三二八、《释氏疑年录》卷一二。

陵集读之,击案叫呼。观其《夔门》以后诸作,悲忧愉迭、感国伤怀、饥寒酸楚,如老妇子坐中堂,数家中事,历历可见。真朴有味,令人意往神消。剩师叔谓无曰:“夫物久则旧,词确则新。虽世深代远,人其云亡,而其使人愁郁无聊之境,何代无之?今身居绝域,边声刺人,短草如烟,王孙有恨,长垣似水,木佛无家。以彼全集作我横涕,何其声之感人若是也。”故诗取穷愁①,人当问世。此作古者执之如券。若夫斗春色于丽辞,夺秋光于寒魄,匠意既深,练饰良苦,羽翼虽备而筋骨未全,不堪闯入作者坛坫。摹词虽工,生意易尽。所谓有诗无人,终未若一回坐到耳。夫道人晶莹圆湛,中恬靡激,既无噩梦,又薄雕虫,而一种磊砢沉郁骎骎劲挺,起正雅而溺靡嫚,掩初盛而联汉魏,此其声又何自而然哉!夫情,人之最重者也。扇激奔跃,尾然相逐,使一顿错乖漓宣之以声,而成之以文,则其婉遒宕折、环回娓叠、发人幽思,如病骨秋容涉轰雷三峡,殆有不堪自持者。故大雅之音,尚其恬澹,所以为情之防,而有几夫道。道固胜情,此道人之所以自成其声,以闲裕为牢落,以峭洁为壹郁,内华外融,不涉境以动情,不先词而后我。凭高纵目,据梧发声,极云树之依微,尽禽虫之鸣变。当见其优游夷愉,高明广厚。人虽目之曰境,毋乃非境;人虽目之曰情,毋乃非情。后情境而共才华,呈神鉴而齐声调,使荆卿易水、屈原湘江,顿变为智可慧海,虽有虞氏之南风,未足比数,而老人微言道韵,木叶藏春,轩轩自远,又可以寻常作者目之哉。抑今丛席学者无师人例,阘茸庭多茂草,虽日为之忾然斩除,而世驱风变,又并尘伍俗,励魄惕魂,辄不能无中激外动,可谓人水侏儒,弃炉钝铁,方视缺如,愍其未逮。而老人兹什之作,止水照人,澄渟含蓄,则又岂后于金函贝叶哉?(《丹霞天老和尚古诗序》)

---

① 诗取穷愁:揭示文学创作与人生经验的关系,强调坎坷的生活阅历或悲剧性的人生体验可以产生伟大的作品。中国的“诗可以怨”“发愤著书”“不平则鸣”“穷而后工”,西方的“愤怒出诗人”“艺术是表现苦难的语言”“文学是苦闷的象征”等说法均表明坎坷的生活阅历或悲剧性的人生体验和由此形成的创伤性心理体验,会郁结成一种潜在的创作动力,往往成就伟大的作品。“诗取穷愁”出自韩愈《荆潭唱和诗序》:“夫和平之音淡薄,而愁思之声要妙,欢娱之辞难工,而穷苦之言易好也。是故文章之作,恒发于羁旅草野。”(屈守元、常思春:《韩愈全集校注》,四川大学出版社 1996 年版,第 1671 页)

二、“故一遇其肖己者，虽至大有所不屑，此则谓之真性情”，先有“自然之天”，“洗刷浮华，汰澄绮靡”

人与人，物之相遭也。有契不契、洽不洽。盖其胸中先有自然之天，而人与物诱之，则跃然而出，其情必缠绵笃至，不可与寻常遭遇匹也。仲宣倒履于中郎，长吉推毂于吏部，知章钟鉴湖之情，靖节怡篱菊之好。是二者岂非渺然高旷。蕴清嘉之韵，发雄骏之气！故一遇其肖已者，虽至大有所不屑，此则谓之真性情。诗人咏歌，咀嚼风雅，契洽之怀，自然过之。当其行吟嗥呓，必须洗刷浮华，汰澄绮靡，新奇幽异在所裁。抑如积玉相照，昆丘有皎洁之光；凡木无枝，邓林发菁葱之色。处光天化日之下，情致毕露，故能一字一韵，光超正始。不特掉鞅词坛，乃可谓文质之君子也。存士井公学，殖渊富据摭，百家无贬容徇俗之态。温柔敦厚，婉而多风，胸中浩浩，襟期太古。予久为太雅之目治永安，政誉郁然。予得辱交来，酬雅什于珠江，泛蒹葭于湖水，英华照烂，风致宛然，真足思也。今冬令子莘厓[①]孝廉，过珠江出《铁潭诗》。傅公命予牟言。此则公之知予，而其烟云林壑之姿，自然之天已卓然独异。又读其所为诗，斟酌世味，轩轾情尘，浮筋怒骨，漂濯无存。十二种之月色，摩空弄寂，使解驳穿漏之光，与吾晴云皓雪之怀，上下叠映。置之渊明集中，殆不能辨。吾故曰：“跃然而出者，其自然之天不可控驭，斯其过人远矣。”苏子瞻[②]咏惠山泉诗有云：“兹山定空中，乳水满其腹。遇隙则发见，臭味实一族。”[③]然则桂枝皓魄，岂非

① 莘厓：清代文人杨鼎铉，字莘厓，顺治八年举人，官至长汀知县。

② 苏子瞻（1036—1101）：苏轼，宋文学家、书画家。字子瞻。参见本书《慧洪》“苏轼”注。苏轼对佛家经典《楞伽》《华严》《金光明》等都有深入研究，和当时著名的僧人慧辩、契嵩等人交好。苏轼主张“三教合一”，他讲道：“孔老异门，儒释分宫，又于其间，禅律交攻。”（《东坡后集》卷一六）苏轼事迹见《五灯会元》卷一七，清彭绍升《居士传》卷二六、苏辙：《栾城后集》卷二〇、《祭亡兄端明文》《再祭亡兄端明文》《宋史》卷三三八、宋王宗稷编：《东坡先生年谱》、宋傅藻编：《东坡纪年录》、宋施宿撰：《东坡先生年谱》。

③ 苏轼：《求焦千之惠山泉诗》，清王文诰辑注：《苏轼诗集》卷八，中华书局1982年版，第361页。

公之族欤？昔昭乐静[1]好法书图画，贮于十囊，命曰《燕游十友》，以为久而有味。当元祐之时，乐静奋立朝之节，著平反之绩，而其好尚乃尔，夫人澹而能远，静而能照，使其居业肆志，无激昂杂霸之气。自然可以鼓吹国家之休明，擅风人之绝技，其理然也。是编也，毋乃乐静先生之意欤？公之标致真远矣。（《铁潭诗集序》）

三、"学力、笔力互相映发，殆不可控驭"、"写境物之真致，发心赏之遐骛，成一编可读也"、"以一吟一咏为骚人之赏识，文士所不肯为，而谓道者为之乎"

石鉴覞[2]弟作诗，在柴桑、辋川间，风姿秀整，襟期豁澹，故能一切脱落，入选佛场，又能坐进尊贵之旨，有如骐骥筋力，养成昂首振鬃，铮铮然蹀躞水衢。所谓手执金鞭问归客，夜深谁共御街行。学力笔力互相映发，殆不可控驭其出。住匡庐，往返闽粤，兴会所寄，河梁投赠。写境物之真致，发心赏之遐骛[3]，成一编可读也。欲付梓。予以为斯时道术失真，学者多趋声利文身之具，志在藻绣守真者，亦复为之，如美玉一瓣，雕刻三十年而成。楮叶杂之春翘绿甲，且意言为心累，使抗精研微，视听无朕，宝轮既掩，兔杵机停，玉手才

---

① 昭乐静：李昭玘，字成季，钜野（今山东巨野县）人。生卒年不详。元祐中擢进士。历官提点永兴、京西、京东路刑狱。徽宗立，召为右司员外郎，迁太常少卿，出知沧州。崇宁初，编入党籍，闲居十五年，自号"乐静先生"。昭玘胸度夷旷，因而作文光明俊伟，"无依阿澳涩之态，亦无嚣呼愤戾之气。"当时为苏轼所知，并与晁补之齐名。所著《乐静集》前后无序无跋，不知何人所编。事迹见《宋史》卷三四七《列传第一百六》。

② 石鉴覞：即今覞，栖贤寺石鉴禅师。今覞（？—1678），清僧。字石鉴。初名大进，字翰序。新会（今属广东）人，俗姓杨氏。年十五补郡褚生，弱冠讲阳明学。明亡后参义军，屡仆屡起。后访天然函昰，论儒释异同，不觉心折。顺治十七年（1660）落发雷峰。天然授以大法，为曹洞三十五世。康熙三年（1644）举西堂，领众栖贤。闽僧迎住长庆，半载复返栖贤。有《直林堂》、《石鉴》诸集。事迹见清谢旻等：《江西通志》卷一百五、道光：《广东通志》卷三二八、民国《福建通志》卷四六、《遍行堂续集·栖贤石鉴覞禅师塔铭》。

③ 写境物之真致，发心赏之遐骛：指出创作中外在客观物象之"真"（真景物）与内在主观喜怒哀乐之情（真感情），相互交融，方能达到有境界。"境界说"是佛学中标举"内心"与"外境"乃不可分说之关系的重要名相。王国维：《人间词话》"境界说"："境非独谓景物也。喜怒哀乐，亦人心中之一境界。故能写真景物、真感情者，谓之有境界。否则谓之无境界。"（王国维撰，黄霖导读：《人间词话》，上海古籍出版社 1998 年版，第 20 页）

收，金针绝巧，何有于言。以此收无用之效，道固而身泰，若雕虫受嗤。即使丈夫处世，操三寸毛锥，不能龙翔凤跃，振颢气，华邦国，而以一吟一咏为骚人之所赏识，文士所不肯为，而谓道者为之乎。鸑鷟屈轶，世之祥瑞，道之将晦，智士劳心，丘壑闲情，有不遑恤，驴背断须，风前敲月，器我以小，智者所不肯为，而谓荷担祖道者为之乎？是编也，此外其能，免予于惧恐滋寡矣。（《栖贤诗序》）

四、“情深似路迷”“进之深，则能味乎灵觉妙慧之性”“世人饮酒但取适，则我赋诗何必工”

张子绪诒[①]，予近喜其有向道之志。去腊从游六桥，晨夕靡倦。予归过榕水驻焉。绪诒复与王子克胜抵榕水，徘徊不忍去。予赠之诗有云：“情深似路迷”，夫于无可学而学，于不必系情而因之，独切此其眼底胸次，固已具一种超然闲远之概。进之深，则能味乎灵觉妙慧之性。不则，桥头烟水，山间明月，不期静而静，而为灵觉妙慧之所熏发，如天风着物，当必奏音响于丛菁、杂翠之间，其势然也。古人曰得道多助，又何必博通淹贯而后目之？为学总在人善择之耳。今秋，绪诒果独趋海幢。予视其神又闲于曩，且袖诗一帙求正。予则喜绪诒之胜于曩，而惜其天风灵物徒为音响之助。予赋诗曰：“世人饮酒但取适，则我赋诗何必工？”子既适矣，即以此为中山千日，使他日更跃然醒，明其所助者细，又进一畴，当用此帙为蒿矢也。（《牧笛吟诗序》）

五、“诗不必求其太工，人当取其至，当以至当之人，作不工之语”，“所贵伦理笃挚，用情用意一出于正”

诗不必求其太工，人当取其至当。以至当之人，作不工之语，如洛川河上蓬鬅散鬓，益顿尔清绝。圣贤之学，所贵伦理笃挚，用情用意一出于正。胸无柴棘，笔有烟云。虽蹭蹬名场，偃蹇世路，不失为君子。玉楼作赋，呕血词坛，银管美

---

① 张子绪诒：事迹不详。

新,殒身都下,是岂少绮丽之词哉。问溪,予老友也。有足多者,一个真字受用不尽。《秋心草》,其影像也。若以词目之,则予当为问溪掩卷。(《秋心草序》)

六、"繁章累句,未可独擅其文坛","可以为疾风劲草,亦可以作断臂齐腰"

夫能以无言为功,使义天朗耀,则莫若诸古德踏翻向上,停竭识浪,凭淩敻绝,正智宏杰①,一咳一唾,珠玑盈把,声音所接,如初日浴海,秋月行空,地变黄金,河成酥酪,真廓如也。然使其握毛锥子以临赫蹄,中峰②、大慧③抗精极思,虽声光振起,而扬擢微细,繁章累句,未可独擅文坛。盖斯道之深玄,天材之挺拔,如鲁麟颖凤,而能兼之者,亦自中锋、大慧而后,祥鳞瑞蹠不多观遇也。予道弟澹归和尚④为文阵雄帅,四十年前鹊起甲科,健笔劲气,破明二百余年委靡之习,浩浩然,落落然,使人如攀琼枝、坐瑶圃,离奇光怪,楷模宇内。忆岁辛卯,澹归行脚入雷峰,天然老人一见,令其涤碗厨下。衣百结衣,形仪戍削,静嘿堆堆,无所辨别,牧南泉之牛⑤,养庄生之鸡⑥,穆如也。予时髫龄,目未识丁,岂知其材烂江花,德温卫玉?当国家阳九之运,翠华无所驱驰,忠悃艰难

① 正智宏杰:指契于正理之智慧,为"邪智"之对称。即离凡夫外道之邪执分别及二乘人之偏执,契于中道妙理者。《俱舍论》卷二十五:"正脱正智其体是何?颂曰:'学有余缚故,无正脱智支,解脱为无为,谓胜解惑灭,有为无学支,即二解脱蕴,正智如觉说,谓尽无生智。'"(《大正藏》第29册,第1558号,第133页下)

② 中峰:即中峰明本禅师。参见本书《笑隐大䜣》"中峰"注。

③ 大慧:即大慧宗杲禅师。参见本书《大慧宗杲》小传。

④ 澹归和尚:参见本书《澹归今释》小传。

⑤ 南泉之牛:禅宗公案。又称作南泉水牯牛。《景德传灯录》卷八载:"师将顺世,第一座问:'和尚百年后向什么处去?'师云:'山下作一头水牯牛去。'僧云:'某甲随和尚去还得也无?'师云:'汝若随我,即须啣取一茎草来。'师乃示疾。"(《大正藏》第51册,第2076号,第259页中)南泉即南泉普愿禅师,马祖道一的法嗣。这一公案表明南泉禅师对禅宗意境的理解是随缘自在,洒脱随意。

⑥ 庄生之鸡:即呆若木鸡。语出《庄子·达生》,纪渻子为王养斗鸡,十日而问:"鸡已乎?"曰:"未也,方虚憍而恃气。"十日又问,曰:"未也,犹应向景。"十日又问,曰:"未也,犹疾视而盛气。"十日又问,曰:"几矣。鸡虽有鸣者,已无变矣,望之似木鸡矣,其德全矣,异鸡无敢应者,反走矣。"(清·郭庆藩撰,王孝鱼点校:《庄子集释》(全四册),中华书局1961年版,第654—665页)

立节，及赵氏之肉既入匡山，与人争空枰、守残局而骜世患；一入空门，遂能转刚为柔。可以为疾风劲草，亦可以作断臂齐腰，其易地固已雄矣。陆宣公扈从德宗[①]，有险阻，腹心之助，二京光复，裴延龄[②]蜚语中伤，几蹈不测，亦能却扫，至不敢著书。大抵劳臣志士勤于王家，宣力匪躬，道或难行，则消热而濯，心安而气和，此其载道之资合符同辙，然未有能顿忘时命，实证空花，游祖师室，踞最上乘，此固天有以开之而天有以成之也。壬寅，予领众海幢，澹归方开山丹霞，自此已往，营道抗志，绸缪迹密，凉燠频移，靡或有间。一真之境备于日用，冲融妙敏从胸襟中流出，拈掇无遗，遂能大破町畦，忘乾坤之新故，铲文义之萌芽，理事无轧，巨细必陈。间有疑其平昔道岸高峻，忽而入廛垂手，似过和光。呜呼！道虽自我，弘之在人。一欛其柄，云蒸龙变，鼓法海之波澜，入如幻之三昧。此其天才卓荦，郁为正智大用，殆非区区卑论所识。澹归亦云："人每以道隐求澹归，而不知澹归非道隐也。"三十年内，澹归之为澹归，日进而月化，同床知被莫逾于予，既幸其不止于文章节义，又幸其不为独善祖师。是集也，乃其施张丛席，接引话言，起中峰、大慧尔雅之盛，而能以无言为功，别有密移为所矜惜。夫岂非吾宗之伟人欤！夫岂非吾宗之伟人欤！因其寓书索序，为序之如此。（《徧行堂集序》）

七、"神气高超物表，心与艺通，身手之见俱忘，险夷之情并殒"

公孙大娘[③]舞剑，两条白练，寒光滚滚，令观者眼目酸楚、心胆战栗。何道

---

① 陆宣公扈从德宗：陆宣公，陆贽（754—805），唐代著名政治家和文学家。字敬舆，今浙江嘉兴人。建中四年（783），朱泚叛乱，陆贽随德宗奔奉天，起草诏书，情词恳切，虽武夫悍卒，读之无不挥涕感动，"陆宣公扈从德宗"指的就是此事。事迹见《旧唐书》卷一三九、《新唐书》卷一五七。

② 裴延龄：唐代德宗权臣。贞元八年（792）出任户部侍郎判度支，在位期间以苛刻剥下附上为功，但其深受德宗信任，当时主政的陆贽因为弹劾裴延龄遭贬，可见德宗对其宠信有加。事迹见《旧唐书》卷一百三十五《列传第八十五》《新唐书》卷一百六十七《列传第九十二》。

③ 公孙大娘：唐代著名舞蹈家。杜甫曾经为其作《剑歌行》，把公孙大娘的舞蹈描写得绘声绘色："昔有佳人公孙氏，一舞剑器动四方。观者如山色沮丧，天地为之久低昂。㸌如羿射九日落，矫如群帝骖龙翔。来如雷霆收震怒，罢如江海凝清光。"（清·仇兆鳌：《杜诗详注》卷二十，中华书局1979年版，第1816页）

致之耶？是其神气高超物表，心与艺通，身手之见俱忘，险夷之情并殒，故能若是。继先以猿臂之雄，眼穿经史，韵投水石，大雅之音琅琅，口吻乃至飞禽草木，以意经营，则纸上多春，笔头插翅，非其神气，足以经纬，遂能以笔墨旁通。读继先雅制，一种高识沉酣之气，不啻击金玉悬神幡而威灵自远也。忆继先前还镇时，予送之诗有云："铜柱界边宽眼力，吟成好句彻沧溟。"今阅《梁园八咏》①，何其令人眼目酸楚而瞠乎！其后若是耶？（《夏继先梁园八咏后跋》）

可以踏青云，可以掬明月。衣上无半点之尘，胸中有千斛之雪。运妙智而珠走兮，笑雕虫之篆刻；冥神鉴而玉朗兮，齐千古之得失。夫是之谓世间奇男子，吾已先屈指于区昭质（《区昭质行乐》）

八、"有本因于无，繁亦从约长"，"损之复损之，神明渐空广"

日夕群动中，念虑自来往。其始体空寂，奔腾自成党。趋喧既失寂，逐暗已背朗。有本因于无，繁亦从约长。安得旷达人，了然发遐想。慧刃割凡情，朱弦奏新响。会理融百途，鞭过敌成两。铁牛阑稻花，玉童严金杖。此处稍偏颇，实际便鲁莽。损之复损之，神明渐空广。垢尽铜自明，厥功乃不赏。心境忌烦理，微乐不可享。一涶足涴蝇，曷为羁大象。有即喫茶条，无亦与一掌。靡滞气便雄，非今亦非曩。华嵩倒垂看，青天平地上。正如夹脊间，伸手搔着痒。家藏不龟药②，勿事缠絣纺。不须从外借，悠然满书幌。（《参禅诗》）

---

① 《梁园八咏》：陈春晓，字杏田，号望湖，又号觉庵，住新桥。钱塘廪贡，历游粤、楚、吴、皖，奉母教弟，备尝艰苦，其孝友有足称者。著有《晚晴书屋诗钞》《觉庵续咏》《读汉书随咏》等。其中《晚晴书屋诗钞》有《梁园八咏》。

② 不龟药：典故名，典出《庄子·逍遥游》："宋人有善为不龟手之药者，世世以洴澼絖为事。客闻之，请买方百金。聚族而谋曰：'我世世为洴澼絖，不过数金；今一朝而鬻技百金，请与之。'客得之，以说吴王。越有难，吴王使之将，冬与越人水战，大败越人，裂地而封之。能不龟手，一也；或以封，或不免于洴澼絖，则所用之异也。"龟，皮肤受冻开裂。不龟药，指使手不冻裂的药。后喻指微才薄技。亦喻平凡之物也能起大作用，或指才非所用。（清·郭庆藩撰，王孝鱼点校：《庄子集释》，中华书局 1961 年版，第 37 页）

九、“古人谓雪夜红炉，炉旁当有三种人：一趺坐安禅，一围炉说食，一吮墨吟雪”

雷峰天老人[①]，深于入山之致。相随诸子，亦皆骨具烟霞。鼍鸣鳌应，故其一唱百和，如天籁所触，别具幽响，非如词人韵客，构雅什于文心，逸清言于云路，作区区绮丽观也。澹归以金刚心，铸成霞山一席，使法王有居有处，龙象可步可随，幽谷迎人，长林适意，宜其情见于言，笔其言则似乎诗。霜鸿秋浦，迹在有无。是则又在读是诗者，能别具双眼耳。古人谓雪夜红炉，炉旁当有三种人：一趺坐安禅，一围炉说食，一吮墨吟雪。诗其旨皆短之，而宗门大人境界不言而顿显矣。夫以肥遁之情，而同触境之乐，具超方之手，而为役志之言。则远公，白云瑶草，长日堆堆。谁家赤尾沂流抵源，当自不费盐酱耳。（《丹霞诗序》）

十、“故其咀嚼风雅，婉娈词坛，雄骏之气，清嘉之韵，一本性情，不事雕缋击节沉酣懦者，以立然而道不契于风云”

渭川王公[②]，资性明快，通达国体，操纵一切，声光赫然。杜子美谓元次山[③]，使其参错，天下落落，为万物吐气者。予曩杂于民社，与农圃耕桑，口碑称诵，以为公之明敏廉惠，有幹材，予固知之也。迩辱交深，以其所知而进于所未知。尽乎未知犹不足，以知公矧以众人之知为知者乎。割海涛之千顷，犇宕汹汇，澎湃荡漾，紫澜碧映。公之性情、学问、事功、吏治、诗文，尔雅刚毅，温柔

---

① 雷峰天老人：天然函昰。参见本书《天然函昰》小传。

② 渭川王公：王维。参见本书《道潜》“王维”注。

③ 元次山：元结（719—772），唐文学家。字次山，号浪士、漫郎、聱叟、漫叟，曾避难猗玕洞，因号猗玗子。汝州鲁山人（今属河南）。其文学主张与“欲济时难”“救世劝俗”（《文编序》）的政治改革主张相应，推崇“风”“雅”传统，强调讽喻（《二风诗论》），反对“局限声病，喜尚形似”（《箧中集序》）的诗风。《箧中集》所收作品正体现他的文学思想。《四库全书简明目录》评曰：“其诗文皆寄托遥深，戛然自造。韩愈以前力变排偶浓丽之习者，实自结始。”生平事迹见《全唐文》卷三四四，颜真卿：《元君表墓碑铭》。

无不毕肖，而使河伯冯夷，能道其飞抟浩汗之致，则吾知水晶宫殿，固无金银之管也。公神明隽朗，以胶结丛脞之务，不能挠其宁谧闲逸之境。盖其道岸先登，迥然自远。往年提孤剑，戮长鲸，使食人之介虫，一旦破其数十年之窟宅，刳肝革心行旅无虞。公以为薄施小技，而操断之利用，已籍籍于君子之林矣。曹子建笔下有八斗材小，范胸中有十万兵，使今日以其人号于人曰：某称是。某称是，则其言必骇世异俗，而不知倜傥磊砢之士，卓荦环伟得于天者。固有骇世异俗之奇，而未之或尽也。公昨岁太夫人在帷时，于治鹾平寇，惟恐以综理得宜见称，困于王事，不遑以将，而君子之道不敢荒慢，迎刃而解。太阿难钝，两台使者又交口相推。每夺定省公至闭门涕泣陈情，欲一朝委去而不可得，乃其天性过人。人方以为美誉，而不知公已饮荼十斛矣。近则无事抱膝，每风迴月落更阑灯炧，念世已变而风木无声，心已静而尘缘未尽。蒿目时艰，忾然莫遏，众望所归，倚以为救焚拯溺，而公敛其切直，有格格不能吐者，使深情积蓄于内，奇遇薄射于外，回想葛巾布袍，读古人书于衡门、泌水。又如山中老头陀，高寂孤远，今日坐总宪堂皇依然。饭粗粝调菜汁发言施虑，以名教自乐，未移易一线地，其学力亦道力也。故其咀嚼风雅，婉娈词坛，雄骏之气，清嘉之韵，一本性情，不事雕缋击节沉酣懦者，以立然而道不契于风云。时已惜其迟暮，则又如苍虬偃蹇，而不得伸浑金璞玉，泥沙掩匿而不得用，造词属意不得不工。其咏剑诗有曰：青萍容我醉白眼。看君讹公之诗，公之慷慨自见处也。予每尽发其什而读之，欲忽生两翮，飞绕十洲，为公谢绝人世，不可以接音响。谢安石①曰：褚季野一身备四时之气。持以赠公，皆不足以称知已。（《王廉宪仲锡念西堂诗集序》）

十一、"最神者心，逆顺者境，以逆顺之境，神而宰之"

士君子游于粤，作粤中吟。其繁章爽律，予麈尾所接。云披霞涌，如身入

---

① 谢安石：谢安（320—385），东晋大臣。字安石。陈郡阳夏（今河南太康）人。出身士族。少神识沉敏，风宇条畅，为王导所重。太元八年（383）前秦苻坚军南下，为征讨大都督，指挥弟石、侄玄力拒，获淝水之战大胜，又北伐收复洛阳及青、兖、徐、豫等州。生平事迹见《晋书》卷七九。

邓林,不止楚兰、湘竹。然而藻畅襟灵,轥轹词苑,月中有影,人现须眉,其文其人,麟角凤喙,则予先得一人焉,为存西佳儿也。去秋,更得交存西。握手出肺腑,相视情好,娓娓江山,鼓动一气清,涵导扬正始,咀嚼芳华,澜无异源,气有同味。今春复出,和夏沿粤吟三十咏,创词道境。白雪无歌,黄金有赋,而一种练达雄壮之思,尤殊绝而懿铄也。最神者心,逆顺者境。以逆顺之境,神而宰之。发宣其明爽独特之概,茂陵[①]长沙精灵在纸,常思与慧业,文人一掩赤号,嗒然相契。此又予与存西作无义味语,如明金綷羽,其在遐迩天外。予所获于乔梓者,多矣。因引其言而叙之。(《重游岭海诗序》)

十二、"何以事愈难而气愈壮,使雍容闲娱者,出非其材之特美者耶";"词虽谦贬,而意则取稳朴,使清新之气发于自然,此诗家之脚踏实地处也"

今岁丙辰,岭南潮与高凉,兵连祸结,战苦雲深,羽檄纷驰殆无停晷,视转输有烧头之急客。岁秋,昆陵别驾熊君坊[②],转江南之饷十余万,以癯弱书生于章贡间,且战且行,得达广州。当宁已奇之,又阅半载,道愈梗。不惟潮与高涼喋血成川,而凌江、韶石二郡,亦在耀兵逐比。之后,水陆戒严,而郦君息影,亦毅然转金阊之饷,而至与熊。同一文弱,而前后之途则大异矣。息影不尤踸踔,乃息影于道左,寄兴遣怀,新诗盈帙,学殖稳朴,咀嚼风雅,清新之气,浮于意表。经貙虎战垒如行其所,无事蔑如晏如。非范老子胸中有十万兵,曹子建富八斗才[③],何以事愈难而气愈壮,使雍容闲娱者,出非其材之特美者耶。元

---

① 茂陵:汉武帝刘彻的陵墓,位于今天陕西咸阳的兴平市。

② 熊君坊:事迹不详。

③ 范老子胸中有十万兵,曹子建富八斗材:范老子,北宋著名政治家和军事家范仲淹。参见本书《慧洪》之"范公"注。曹子建,曹植(192—232)三国魏文学家。字子建。沛国谯县(今安徽亳州)人。曹操第三子。少有文才,善为诗文。其诗、文、赋兼工而俱美。文以表尤善,刘勰《文心雕龙·章表》有"独冠群才"之称。赋以《洛神赋》最著名,代表建安辞赋创作最高成就。诗之成就更在文、赋之上。钟嵘:《诗品》谓其"骨气奇高,词采华茂,情兼雅苑,体被文质,粲溢今古,卓尔不群",推为"建安之杰"。生平事迹见《三国志》卷一九。

时以诗文楷模，当世辄称虞、杨、范、揭[1]四先生。有问虞伯生先生曰：杨弘中、范德机、揭曼硕三先生之诗，与先生何如？伯生先生曰：弘中诗如百战健儿，德机诗如唐临晋帖，曼硕诗如美女簪花。若某之诗，则汉廷一老吏耳，词虽谦贬，而意则取稳朴，使清新之气发于自然，此诗家之脚踏实地处也。息影之诗之文，百战之搏鸷，钩画之妙敏，轻盈媚妩，倍极传神，而最高处则在惊心破胆之途，不杂水车铁驷之声，而脚踏实地不为目前之所移易，此为可贵。然则比兴之长，又不足以尽息影矣。惜为其行急，不能与之留连莲社，倾醋葫芦眉毛，厮结抵掌说天下喜愕之事，以发其夙智作一场佛事也。于其行序其诗。（《郦息影诗序》）

十三、“且比兴之文，导扬讽喻，其旨微，其风远”；“其视徒弄文墨，为壮夫捧腹”

丙辰至日，予与数衲子行田塍间，曝炙日色，闲话桑麻，有客剥啄，入坐禅室。余策杖还，与之楫于宾阶，见其风姿秀整，澄爽俊迈，意豁如也。客出袖中二帙，为其所自制《容安集》。睹史庸菴刺史与澹归弟二序，知为升璐龚子也。盖升璐以文章交当世之士，为诸侯上客，如骙骙云龙。读其歌诗，抑扬宕荡，材气光芒，逸于纸上。真有置身玄圃，琮璜满目之异。夫世固重材，而士君子矜其憬敏灵秀之韵，沉酣深造不遗余力，以工于世是岂易为者哉。且比兴之文，导扬讽喻，其旨微，其风远，如水行地中，蜿蜒漫折，势固甚急，而浸润则甚缓。此其风也。故其属词取丽则清畅，浮筋怒骨务在洗刷，有被其风者，不自知其所转而趋于炳耀光明之域。升璐操其枢纽，坐方伯连帅之座中，其投机之会，一显一晦，或变或常，而使履道无闷，皆推其所至而老成，雄杰之风见宜，其休声克充于时。其视徒弄文墨，为壮夫捧腹者，吾知升璐已处于蓬岛之上矣，是可羡也哉。丙辰小除日，序于光宣台上。（《龚升璐容安诗序》）

---

① 虞、杨、范、揭：元诗四大家：虞集、杨载、范梈、揭傒斯。参见本书《豫章来复》“德机范公”“仲弘杨公”“伯生虞公”“曼硕揭公”注。

十四、“夫学识既老，则气必平，气平则其词无奔逸登顿之态”

丙辰仲春乱后，予困于贼伏草莽，日夕怦怦。未数时，铁桥道兄从宝水来，心气闲适，已有羡焉。复袖新诗一帙，声韵隽朗，抑扬合节，浮筋怒骨，为之一洗可读也。铁桥未来时，予意其气骨凭凌，白首一布衣以老，睹中原丧乱，结辖胸次间，喉格格不能吐者，为日已久，忽而得戴此进贤冠，曳大布衣，如秋月穿漏，阴霾顿解，必当喜叫欲狂，乃铁桥渊嘿，静退若忘形骸。促膝话言，又有不胜其忾然者，盖其老于阅历，抱其用世之材，消于蜃楼海市，视今之逐逐殉虚名，非当世以为名异趋。向以为高心非巷议，夸耀士林以饰其节尚之伪者，大相径庭。夫学识既老，则气必平，气平则其词无奔逸登顿之态。铁桥既以时困其材，亦常惧绘事掩其尔雅。然予谓铁桥愈有不得已，则其诗愈传，因与之读新诗之际，选其有当于作者以付梓，人而于此尤可见铁桥之大者，至于铁桥生平之详诸序先傅之矣，可不更赘。时丙辰冬杪既望。（《铁桥诗序》）

十五、“至其论议古人，毛锥卓颖，文势翩翻，独识横迈，何其奇也”

予知浪叟兄矣，江山有奇气，非琐屑于功名，细碎于铅椠，使飞埃仆仆，侵人面目，黑头早变，遂乃塌翅垂项，以从中老者，可得而傲睨也。观其硕大弘伟，虚明独照，壮思雄飞，囊括道义，蹈五岳而不高，凌八风而独远。与予甫接袖，一编见示，排终拉贾之气，翰飞泉涌声调词赋，白玉无伦，黄金有价，不可得而评之矣。至其论议古人，毛锥卓颖，文势翩翻，独识横迈，何其奇也。而浪叟不以其所蕴疾取一第，与其伯氏先后，声华弹琴作宰，而跋涉远道，荏苒河梁，不肯塌翅垂项，以寻常老者志高造远，浪叟岂易测哉。夫人心警敏，用之独勤则开豁渊朗，日见其才若颓靡闲放，则顽顿芜塞茫乎无辨，用与不用之异也。而浪叟不用于无用，又不轻用其所用，乃傲然若有所不屑，欣然若有所未满。固跌宕文什，使才日见。浪叟处时恐或未可，而其文与人岂不大可耶。若浪叟

掀髯曰:秃子尚未知我,予固顽顿芜塞者,又何知。(《朱浪叟诗序》)

十六、"不特护法得汉老,即诗文亦一大护法也"

得尊作后顺笔即成四韵,不特护法[①]得汉老,即诗文亦一大护法也。拙文首段正摹写曙老,以贾长沙[②]应起。若无首段,恐亦突然也,汉老以为何如?四诗幸改正,别曙老后头痛。今日尚未饭也。(《复注汉聃水部》)

十七、"二诗有幽趣,睡醒语以遇声色为妙义,所谓认生死根作本来人,用心之病在兹矣"

二诗有幽趣,睡醒语以遇声色为妙义,所谓认生死根[③]作本来人[④],用心之病在兹矣。山僧于公有爱之心,而不敢尽言此,在公分上起见,所谓不能度无缘也。乞柴偈偶为之止,是乞柴偈意不必向公说破,近来世谛口说道理,心求利养,此市道也。山僧不忍为公,不必作这般会也。闽行过海一别为快。(《复陈感懋》之二)

十八、"志存丹壑,目倦时贤,隐显之途,不决而梦寐之情日远也"

癸巳岁,余侍雷峰老人[⑤]入匡埠。甲午受栖贤代监寺事,仅十日厨爨告乏。余职当为众乞,遂走江州,日叩头于马足车轮之下,玉渊金井之浍泓澎湃,

---

① 护法:谓拥护佛之正法,护持自己所得之善法。《俱舍论》卷二十五曰:"护法者,谓于所得善自防护。"(《大正藏》第29册,第1558号,第125页中)《无量寿经》卷上曰:"严护法城。"(《大正藏》第27册,第360号,第266页上)佛菩萨觉世济人之道,无大有力者护之,则道将灭。故上自梵天帝释八部鬼神,下至人世帝王及诸檀越,皆保护佛法之人,称之曰护法。

② 贾长沙:即贾谊。参见本书"贾生仲舒"注。

③ 生死根:即"生死根本"。参见本书《愚庵智及》"生死根株"注。

④ 本来人:指本来面目。参见本书《法应》"本来面目"注。

⑤ 雷峰老人:天然函昰。参见本书《天然函昰》小传。

七贤五老之翔云叠舞。襟期可托,而合欢不抽。萱草未植,不少为予蠲愁解忧也。嗣是已往邮筒,雁足万里起恨,泛弱水,走长榆,朔气针骨,边声换形,栖迟绝域,斋志入冥。回思渺霭增其悄悄。故余于此山也,诚雨之裘,堂之蓑矣。雷峰老人二十年往返登顿,志存丹壑,目倦时贤,隐显之途,不决而梦寐之情日远也。计戊戌返岭,又七白于兹。曩昔同学均服偕处,其披烟霞,友麋鹿,持入山林,不返之志,殆亦鼍鸣鳖应之俦而,区区以数间茅屋,两度钵盂跋前疐尾,岂老人甘露无畏之吼,而岭之君子亲承犹有未艾,故迟其行者耶。石鉴觋弟思此山不置聊,集诸诗文以供讽咏,鱼油龙腏,足思方外。稽中散答二郭诗有曰:天下悠悠者,下京趋上京。二郭怀不群,超然来北征。乐道讬莱庐雅志无所营苟。有读是集者,望玉树瑶草远公栖处,而来不为天下悠悠者比,予请先临沧洲而俟支伯矣。(《庐山栖贤寺诗文汇集跋》)

十九、"然则有诵好词,以益于遐思也"

羡门入岭,予未相见,先得程子周量①报章。盖周量以予山泽椎鲁,而于士君子有旷然深相爱悦之情,则羡门亦灵慧粹美,非杂心康乐可知矣。及相见,金针钵水,神光驰走,万象辟易,如吴道子②写佛圆光,风落霓转,超然物表。南游篇章,乃其盆池月影。羡门才气早成,名高缙绅,声律固其余技,计此丰神岂绿发乞身于山林者耶。然则有诵好词,以益予遐思也。书以识岁月。(《彭羡门南游诗跋》)

① 程子周量:程可则(1624—1673),清代文学家。字周量,一字湟溱,号石臞,广东南海人。少时从学于陈邦彦。试授中书,历兵部郎中,桂林知府。广交游,以诗文名世,与王士祯等交好。为"岭南七子"之一。又与宋琬、施润章等称"海内八家"。著有《海日堂集》。事迹见《清史稿》卷四八四、《清史列传》卷七一、《国朝先正事略》卷三八。

② 吴道子(约685—758),唐代著名画家。师从张僧繇,尤其擅长画佛像,其人物画像,因为其衣纹线条极为灵动飘忽,被后世称为"吴带当风"。其传世作品包括《天王送子图》《释迦降生图》。事迹见《历代名画记》卷二、《图画见闻志》卷五、《画史会要》卷三。

高泉性潡

性潡(1633—1695),清初僧。属日本黄檗宗。字高泉,号云外,又称昙华道人。福建福州府福清人,俗姓林。慧门如沛禅师法嗣。宽文元年(1661),奉隐元隆琦之命东渡日本。元禄五年(1692)继为黄檗山第五世法席。敕谥大圆广慧国师、佛智常照国师,后世尊为黄檗山中兴之祖①。

高泉论诗,强调写诗唯求适趣,“诗不求工唯适趣”,抒发自己的内心体验,使情趣适然。在诗歌鉴赏上,也强调领悟诗中之意趣,“我爱白云诗,诗中意趣奇”,“细阅篇中语,深知趣不同”。他强调诗应有“寓意”,其所寓之意,应“存劝诫”,应“为益于世”“无益则非诗矣”。

大乘佛教因为一方面主张“不涉声色语言”,另一方面又说“寄趣山水”,这被指责是有违“佛氏之教”,高泉回应了关于大乘佛教的这一指责,“佛教不涉声色语言者,盖为人心不醒,妄自执著而言也”,而“吟咏忘机”亦“自适其适”,并“非实离声色语言”。他还引前贤典型,证明他们并未“离声色之外而透身者”。在他看来。大自然千姿百态,“有诗意便有禅机,有诗义便有禅解,又何疑于涉声色语言乎?”他指出,禅门宗师的文字是其“真操实履”的呈现,所以禅门中人应机接人才有“亦不能外是(文字)”之说,才是“于性海中,流露将来”;他们之诗偈,乃是“不离文字相,不即真如性”,那么,“既真如不碍文字,岂文字独碍于真如耶?”高泉论诗禅相依:“即禅而寓诗,即诗而入禅”,恰如投水于海、鼓橐于风,是不可分割的。

本书所录文字,据性潡《一滴草》《禅宗全书》第100册。

---

① 性潡生平事迹,见《大圆广慧国师碑铭》《黄檗东渡僧宝传》卷上、《日本禅宗史要》。

一、“诗不求工唯适趣”

居山久与世相遗，身比白云绝系维。诗不求工唯适趣，食无贪味但疗饥。名虚遮莫呼驴马，性钝从教笑蠢痴。此意只今谁善领，南泉昔日喜先知。(《闲中写怀》)

我爱白云诗，诗中意趣奇。长宵无事处，孤枕未眠时。展卷玩无已，挑灯读不疲。檐前云解听，遮莫月痕移。(《灯下读白云诗》)

西川予未面，忽见寄诗筒。细阅篇中语，深知趣不同。清吟追邵子。高节效陶公。却怪无徐氏，畴能识卧龙。(《题西川诗卷》)

二、“有诗意便有禅机，有诗义便有禅解”

予遁迹山林，草衣蒲履砣守者有年。喜效古人风致，或耘耔白云影里，或啸傲红日峰前，石友草菌，吟咏忘机，时获一言半句，名曰“镬余”，愿学云尔，非敢列风雅之林，为诸君子羞。客有过予曰：“大乘教①以真空为体，妙者为禅，不涉声色语言，今《镬余》集，寄趣山水之中，不能却此四字，何异佛氏之教耶?”余笑曰：佛教不涉声色语言者，盖为人心不醒，妄自执著而言也。殊不知，见仁者谓之仁，见智者谓之智，亦自适其适耳，非实离声色语言也。是故灵云见桃②，香严

---

① 大乘教：即大乘佛教，与小乘佛教相对。大乘佛教于公元一世纪左右在印度形成，因自称能运载无量众生从生死大河之此岸达到菩提涅槃之彼岸，成就佛果，故名。大乘佛教提倡大发慈悲之心，普度众生，为大众服务，追求成佛济世，建立佛国净土。其主要经典有《般若经》《维摩经》《法华经》《华严经》等。向北流传至中国、朝鲜、日本等国，故又称北传佛教。《黄檗山断际禅师传心法要》：“菩萨者，深信有佛法，不见有大乘、小乘，佛与众生同一法性，乃谓之善根阐提。”(《大正藏》第48册，第2012号，第381页下)

② 灵云见桃：灵云，五代禅僧志勤参沩山灵祐得法后，住福州灵云山。《祖堂集》卷十九《灵云和尚》：“灵云和尚嗣沩山，在福州。师讳志懃。福州人也。一造大沩，闻其示教，昼夜亡疲，如丧考妣，莫能为喻，偶睹春时花蕊繁花，忽然发悟，喜不自胜，乃作一偈曰：‘三十年来寻剑客，几逢花发几抽枝。自从一见桃花后，直至如今更不疑。’”(《祖堂集》，上海古籍出版社1994年版，第361页上)

击竹[1],自古传之。东坡亦云"溪声便是广长舌,山色无非清净身",此岂离声色之外而透身者乎?且山间溪光、竹籁草木、禽鱼种种,有诗意便有禅机,有诗义便有禅解,又何疑于涉声色语言乎?客曰:"是也,请书而存之。"(《镬余集自序》)

三、"即禅而寓诗,即诗而入禅"

吾侄天峰[2],禅人也,诗人也。即禅而寓诗,即诗而入禅,禅乎诗乎?如鼓橐风中,俱弗克以世智辨也。虽然,吾惟以禅望吾侄于有成,终不敢以诗取也。因笔之以告乎知言。(《跋天峰侄诗集后》)

四、"所有文字,皆真操实履。人于性海中,流露将来"

《松泉集》者,松泉道人[3]之所作也。道人与余同姓,卯岁同出俗于黄檗。性敏超逸,嗜吟咏,与余缔交十有余载。甲午岁,佐吾祖隐老人应请于日出诸国,巾瓶之暇,或水或山,或喜或慼,或放浪于烟云之表,或夷犹于原野之中,每有所得,辄走笔成章,莫不啧啧人口。余虽未尽所览,然邮筒往来,岁可二三,如尝海一滴,味俱百川。岁辛丑,予因省觐老人,同居丈室,始得熟玩。连篇累牍,潮涌澜翻,宛如置身于长江巨浸,令人应接不暇。客有进曰:"西来直指,翻尽窠臼,虽有神悟,急宜吐却,而况文字乎!今观禅门中应机接人,亦不能外是者,何哉?"余曰:子不闻乎?普慧云兴二百问,普贤瓶泻二千酬,不离文字

---

① 香严击竹:参见本书《破山海明》"香严击竹"注。

② 天峰:事迹不详。

③ 松泉道人:安岐(1683—1742),清藏书家、鉴赏家。一名安七,字仪周,号麓村,别号松泉老人,朝鲜族人。天津卫(今天津)人。安岐先世为盐商,家资巨富。自幼读书,喜爱书法名画。极喜收罗古籍、书画,精于鉴赏,鉴赏古迹不爽毫发,收藏之富,甲于海内。曾收藏项氏、梁氏、卞氏等家的珍藏善本。题其藏书处曰"古香书屋""沽水草堂""小绿天亭""思原堂"等。善书画,画学著作有《墨缘汇观》第4卷,记录了他所有的书画收藏,并有精辟考证,为同行所推崇,称他为"博雅好古之士"。事迹见李玉安、黄正雨:《中国藏书家通典》,中国国际文化出版社2005年版。

相,不即真如性①。既真如不碍于文字,岂文字独碍于真如耶?矧禅门中,所有文字,皆真操实履。人于性海中,流露将来,言在意表,意在言外,其可以一隅观之。诚如子言,非惟不知禅,抑且不知文字矣!信夫神龙变化,非蚯蚓所知也,客喑而退。因以为序云。(《松泉集序》)

五、"诗必寓意""存劝诫""无益则非诗矣"

凡诗必寓意,意有美刺,美刺之中,存劝诫焉,为益于世也,无益则非诗矣。细味集中,《看花忙》《静夜思》《观西湖图》等篇,言言如明镜,句句如药石,实可鉴千古之人心,而起膏肓之痼疾也,为益于世,岂浅浅哉?(《跋松泉诗集》)

六、"凡人各有所好,但所好有清浊,而贤否见矣"

凡人各有所好,但所好有清浊,而贤否见矣。浊固无论,而清之中,亦有所不同焉。如好山好水,好琴好棋,好花好木,皆清也。至于好古贤墨迹者,又清中之倍清者也。黄山某道人,恒处一室,衣钵之外无长物,惟经书数帙而已。一日出此卷索余跋。细视之,皆当时名贤所作诗歌也,何能赞一辞哉?再四读之,想见其趣,仿佛置身于茂林修竹中,冷然善也。因思道人,所好如此,其贤可知矣。(《跋兰亭诗卷》)

① 真如性:即真如。真如,佛家称遍及世间和出世间诸法的永恒不变的真实性质,即普遍永恒的真理。真如为一切万有之根源,又作如如、如实、法界、法性、实际、实相、如来藏、法身、佛性、自性清净身、一心、不思议界等。《景德传灯录》卷一,佛陀难提:"虚空无内外,心洁亦如此。若了虚空故,是达真如理。"(《大正藏》第51册,第2076号,第208页下)

赤松道领

道领(1634—?),清僧。字赤松。潼川(四川三台)人,俗姓韩氏。因世乱入黔,年五十入南望山,住静数载。后礼白云西识披剃。参敏树得法。开山贵阳黔灵。行化三十余年,道震遐迩①。工诗,法秀称其"每禅余暇,陶情于声律之中,信手书信口道,一味从性灵中流出,意在言外,无斧凿痕"(《赤松领禅师语录·序》)。

道领指出,禅门中人,应以"饱道为务":"入此门中,若不饱道为务,恁尔诗文锦绣、偈答如流,俱是业识。"

本书所录文字,据《赤松领禅师语录》《嘉兴藏》第39册,第451号。

应以"饱道为务"

示众:人生百岁,犹如刹那相似,宜各精进,研穷道眼②。若道眼明,不枉辞亲割爱,入此门中,若不饱道为务,恁尔诗文锦绣,偈答如流,俱是业识③。若更懒堕偷安,无明④烦恼,贡高人我⑤,顷刻即是来生,换了面皮,纵悔迟也。珍重!

---

① 道领事迹见《锦江禅灯》卷一一、《黔南会灯录》卷二。

② 道眼:指领悟禅法的智慧眼光、法眼。《大慧宗门武库》:"道眼明白,堪任主持。"(《大正藏》第47册,第1998号,第949页上)《镇洲临济慧照禅师语录》中亦有:"学人不了,为执名词,被他凡圣名碍,所以障其道眼,不得分明。"(《大正藏》第47册,第1985号,第498页下)

③ 业识:参见本书《明表净端》"业识"注。

④ 无明:为烦恼之别称。不如实知见之意;即暗昧事物,不通达真理与不能明白理解事相或道理之精神状态。亦即不达、不解、不了,而以愚痴为其自相。泛指无智、愚昧,特指不解佛教道理之世俗认识。为十二因缘之一。又作无明支。俱舍宗、唯识宗立无明为心所(心之作用)之一,即称作痴。《大乘义章》卷二曰:"于法不了为无明。"同书卷四曰:"言无明者,痴暗之心体无慧明故,曰无明。"(《大正藏》第44册,第1851号,第492页中、547页上)

⑤ 贡高人我:"贡高""人我"都是佛教中指因为"我执"而引起的骄傲自负,自以为高人一等,倨傲自矜,侮慢他人的情形。宗宝本《坛经》(《六祖大师法宝坛经》):"自心归依正,念念无邪见。以无邪见故,即无人我贡高,贪爱执著。"(《大正藏》第48册,第2008号,第345页中)

达夫蕴上

蕴上(1634—?),亦称宗上。清僧。字竹元,号达夫,本名蕴钍。明代楚藩裔,其父系"明楚昭王七世孙"。蕴上曾"三度滇南,四番吴越","一坐鄂州二十余载"。曾"于金华山寺礼野竹慧禅师",为嵩山野竹福慧弟子①。

蕴上提出了"适意辄吟诗"的命题,强调吟诗即诗歌创作是出于"适意",即在能所双忘、情存双遣而心明如净、诗思涌现时,随意吟之。他认为陈去非之论,仍然"能所未忘,情存取舍"。他还明确指出,"染翰吟哦,弹琴读史,甚至耽习工技",都是"治生产业"而与"实相不相违背"。

本书所录文字,据《鄂州龙光达夫禅师鸡肋集》《嘉兴藏》第29册,第225号。

一、"适意辄吟诗"

举:陈参政去非问大沩智禅师②云:"寂然(同朕)不动时如何?"智曰:"千圣不能觅其踪。"又问:"感而遂通又作么生?"智曰:"万化不能覆其体。"公欣然,以谓闻所未闻。作小诗呈智以见意云:"自得安心法,悠然不赋诗。忽逢重九日,无奈菊花枝。"③你看者俗汉,向大沩一言之下便解,翻身作活,可谓杰出。一时争奈能所未忘,情存取舍。龙光不敏,亦有四句:"空空何所得,适意辄吟诗。好日不相负,黄华插一枝。"大众且道,还服得参政公口么?(《九日小参》)

---

① 蕴上生平事迹,见《先大人文贞先生行状》《自赞》《参同居志》(以上收入《鄂州龙光达夫禅师鸡肋集》)。

② 大沩智禅师:智禅师,宋僧。四明(浙江宁波)人。参潭州道林了一得法。居潭州大沩山。事迹见《嘉泰普灯录》卷十、《五灯会元》卷一八、《续传灯录》卷二三、《五灯严统》卷一八、《罗湖野录》卷二。

③ 事见《罗湖野录》卷二,《新编卍续藏》第142册,第985页。

二、“染翰吟哦”“与实相不相违背”

参同居者,乃禅师宽翁①和光同尘之所居也。师名蕴宏,字宽夫,明太祖九世孙,以国难偕余外出,直抵行在,虽仰荷宸眷,而志慕出尘,欲资西圣之道,以报君亲,遂祝发于金华山寺,礼野竹慧禅师②为师。参侍五年,及尽玄要,众所推服。以先大人文贞先生,八尺来封,辞归故里。其第宅田园,悉为人有,而稍不顾问,惟以归葬灵骨,求铭请传,搜刻遗编为事,事竣,营葺园舍而休老焉……其寮舍精严,明窗净几,门徒学侣,禅诵之余,则染翰吟哦,弹琴读史,甚至耽习工技,亦不之禁。盖示其治生产业,皆与实相不相违背也……师年近七十,犹躬为薅锄,灌溉无倦。凡有谘请,则应以全机,或撼树,或举锄,或筑地,或抛瓦砾,或放下桔槔,或掀翻灌器,稍有迟疑,即震声喝出。总之大用见前,不存轨则,岂裨贩者流而能窥其门限哉?(《参同居志》)

---

① 禅师宽翁,达夫蕴上:《参同居志》云:“师名蕴宏,字宽夫,明太祖九世孙。”乃蕴上之同胞。

② 野竹慧禅师:福慧(1623—?),明末清初临济宗僧。字思修,后改野竹。渝州长寿(今属重庆市)人,俗姓叶。曾谒东明晓师落发出家。后礼谒龙门之山晖完璧禅师而得法。事见《嵩山野竹禅师语录·行实》卷十四、《五灯全书》卷九十七、《新续高僧传四集》卷二十三。

梦庵超格

超格(1639—1708),清僧。字梦庵。芜湖(今属安徽)人,俗姓丁氏。县诸生,能诗善文。二十八岁偶登庐山五老峰,豁然悟彻。有踏破虚空作两边之语。时天笠主禹门,复往参究。迁南涧夹山,皆充第一座,学子依之。历住嘉善东禅、慈云,武林南涧、清波。后主京都柏林①。

超格明确指出了众多祖师《牧牛图颂》的重要意义,可"使天下参学之士,得因图颂想见先德造谊,复因先德以自考验其悟证"。

本书所录文字,据《嘉兴藏》第23册,第129号。

"因图颂想见先德造谊,因先德以自考验其悟证"

普明《牧牛图颂》②源流,云栖③序之详矣。但叙云外更有寻牛以至入廛,亦为图者十,与今大同小异,附末篇以便参考,而不及梁山远公④序偈何也?况梁山原唱既妙,附和代不乏人,其见地超卓,声调轩亮,希彝⑤、千严⑥、楚

---

① 超格事迹见《新续高僧传四集》卷二四。

② 牧牛图颂:参见本书《云栖袾宏》"牧牛图"注。

③ 云栖:参见本书《云栖袾宏》小传。

④ 梁山远公:师远,北宋初临济宗僧。字廓庵。合州(重庆合川)人,俗姓鲁。依彭州大随南堂元静受法。常住德梁山。事见《续传灯录》卷三十、《五灯会元》卷三十、《五灯严统》卷二十。

⑤ 希彝:宋僧,字石鼓。依育王净全受法,住杭之灵隐。世称杭州灵隐石鼓希夷禅师。其和梁山远禅师《十牛图》颂,"句法与梁山相埒,理趣超卓,反有过焉。"(《增集续传灯录》卷一,《新编卍续藏》第142册,第760页下)。事迹见《五灯全书》卷四七、《五灯会元续略》卷三、《续灯正统》卷十一、《增集续传灯录》卷一、《新续高僧传四集》卷一一。

⑥ 千严:千岩元长(1284—1357),元代临济宗僧。越州(浙江绍兴)萧山人,俗姓董。号千岩。字无明。七岁出家,十九岁受具足戒。尝于武林山灵芝寺学戒律,后谒中峰明本禅师。初于无明寺弘法,后迁住圣寿寺,蒙赐"普应妙智弘辩禅师""佛慧圆鉴大元普济大禅师"等号。事迹见《五灯全书》卷五十八、《新续高僧传》卷五十。

石[1]三公，独据上流。普明原唱从而和之者固多，而磬山[2]、真寂[3]、南涧[4]、绿罗[5]、轹[6]次序井井，颇与普明相捋。至于别展机轴，短音促节，精义入神，惟大觉普济禅师为最，真今古所不及。今将诸大老颂和普明者，附普明和梁山者，附梁山汇成一帙，刊布流通，使天下参学之士，得因图颂想见先德造谊，复因先德以自考验其悟证，则《牧牛图颂》有裨于禅者，较之南泉[7]犹出一头地在。康熙四十四年佛诞日武林南涧梦庵超格识。(《牧牛图颂序》)

① 楚石(1296—1370)，参见本书《云栖袾宏》“西斋”注。

② 磬山：磬山圆修(1575—1635)，明代僧人。参见本书《天隐圆修》小传。

③ 真寂：兜率从悦(1044—1091)，宋代临济宗黄龙派僧。虔州(江西赣县)人，俗姓熊。法号从悦。十五岁出家，十六岁受具足戒，为宝峰克文禅师之法嗣。师学通内外，能文善诗，率众勤谨，远近赞仰。因住于隆兴(江西南昌)兜率院，故世人尊称兜率从悦。宋徽宗宣和三年(1121)，丞相张商英(无尽居士)奏请谥号“真寂禅师”。事迹见《佛祖历代通载》卷十九、《五灯会元卷》十七、《建中靖国续灯录》卷二十三。

④ 南涧：清僧南涧行悦禅师，参见本书《南涧行悦》小传。

⑤ 绿罗：清僧。字恒秀，号发林。郃阳(今陕西合阳)人，俗姓许。幼依辩融薙落。转入碧云庵，后得法于云幻宸。说法于滇之开化吉祥、蒙自鹿苑、沅江万寿。退隐绿萝。事迹见《恒秀林禅师语录·附宋师初撰寿塔铭》。

⑥ 轹：严中憼(1590—1671)，清居士。法名大参，号轹道人。嘉兴(今属浙江)人。因游双径，遇闻谷示以向上一著；苦究千日，了无所入。历参憨山、天隐、雪峤、密云诸老，渐有领会。后依金粟、通容，尤有所契。倾资修普明古刹。事迹见《五灯全书》卷七一、《幻庵文集》卷六。

⑦ 南泉：南泉普愿禅师(748—834)是唐代著名禅师，河南新郑人，俗姓王，居池阳南泉山，世称“南泉禅师”。而这里指“南泉斩猫”的著名公案。普愿弟子云集且善于灵机接应。一日，东西两堂僧人争论猫儿有无佛性时，南泉举刀说：“道得即救去猫儿，道不得即斩却也。”徒众中无有能应对者。普愿斩猫，是一种快速、有力度的方式，截断学徒之妄想分别。“南泉”之事与本文提到的《牧牛图颂》做表达的渐进调心的方法、路数不一样，但用意都在于引导参禅人悟道。

迦陵性音

性音(1671—1726),清僧。字迦陵,别号吹余。沈阳(今属辽宁)人,俗姓李氏。年二十四,投高阳毗卢真一披薙。慕济、洞宗风,南游杭之理安,谒梦庵超格得法,随至京都柏林。庵寂,众请继席,乃遁入西山结茅。缁素复以大千佛寺敦逼,因住六载。后历主杭州理安、庐山归宗、京都大觉。雍正初南下,四年(1726)秋,还归宗。寂后世宗谥圆通妙智大觉禅师①。

性音高度评价"往哲偈颂",是"真道人本色文字",它如"画家点睛,令其人生气溢目,对之不觉咄咄叫绝"。但性音同时强调,禅僧偈颂必须吐露"本分",绝不能"驰骋聪明,炫耀辞句",否则会"爽然自失"而丧失禅家"本分"。

本书所录文字,据性音辑《杂毒海》《四库未收书辑刊》第5辑第13册,北京出版社1995年版。

"此真道人本色文字",如"画家点睛,令其人生气溢目"

同是点画所成之字,经有心眼者拈掇之,便能如画家点睛,令其人生气溢目,对之不觉咄咄叫绝。又如人各与镜面目,俾之了了。德山之棒,临济之喝②,似犹逊此痛快。《杂毒海》所集往哲偈颂,皆是物也。此真道人本色文字,宗门中不得已而有文字,必若是而后可也。予尝谓,衲僧家不向本分吐露,而驰骋聪明,炫耀辞句,与文人墨士角工巧夸多斗靡,是何异尼山所云"君子

① 性音事迹见《宗统编年》卷三二、《正源略集》卷一二、《新续高僧传四集》卷二五。

② 德山之棒,临济之喝:见达真可:《石门文字禅序》之"德山临济,棒喝交驰"。

而去仁”也？若使之从毒海游，吾知必爽然自失矣。是集从恕中①、梅谷②二和尚增订之后，较龙山所作，尤成大观。但南中之板，流通不广，北方学者，恒少见焉。因重为刊出，其间补入一二，亦援梅和尚之例，并如梅和尚之言，非敢阿好也。昔世尊自述，在因时求得半偈，乃遍书于林叶石壁间，以传示国人。予今补刻之役，非与前人争功，聊代书叶书壁之劳尔。康熙甲午夏六月古柏林寺沙门性音叙。

① 恕中：指恕中无愠禅师。参见本书《恕中无愠》“小传”。

② 梅谷：行悦（1617—1682），清僧。字梅谷，号呆翁，晚称蒲衣尊者。娄东（江苏崑山）人，俗姓曹氏。十八披薙于普陀海岸庵。受具后，参瑞白雪、天童悟、报恩贤等，已而入镇江夹山，参南涧箬庵，明年随侍金山，即承付嘱，为箬庵法嗣。居庐岳数载，继席杭州南涧，粤东龙树，建康蒋山、天华等。凡七坐道场，五会锐法，学者宗之。事迹见《五灯全书》卷八十、《正源略集》卷四、《新续高僧传四集》卷二四。

巨超清恒

清恒(1757—1836),清僧。字巨超,号借庵。桐乡(今属浙江)人,俗姓陆。童年投海宁庆善寺脱白,依隆觉岫雯受具,后登焦山参济舟洮济得法。乾隆五十二年(1787)嗣其席。自幼能诗,后名重江南,其诗格调高古,笔力雄健,意味深沉。有《借庵诗钞》①。

清恒关于"作诗容易改诗难,一字真成九字丹"的论断,是对品诗改诗的重要性的概括。其"一字真成九字丹"之语,是借以比喻某些诗家有造诣很高的诗歌创造力与鉴赏力,一些诗作经他改动一字,即妙趣横生,形象更为生动,意境更为深邃。在他看来,是"作诗容易改诗难",是因为改诗者应有很高的诗歌鉴赏力与识别力,才能如以"九转丹"使人服之成仙一样,而使诗作得到再创造,从而境界全出。

本书所录文字,据清恒《借庵诗文遗稿》,清道光十九年(1839)刻本;《借庵诗钞》,清道光刊本,为济宁孙梃兰枝馆藏本。

"一字真成九转丹"

作诗容易改诗难②,一字真成九转丹③。切莫将心瞒自己,旁人未必

---

① 清恒事迹见《正源略集》卷一五、《新续高僧传四集》卷六五。

② 宋人戴复古云:"草就篇章只等闲,作诗容易改诗难。玉经雕琢方成器,句要丰腴字要安。"(戴复古《邵武太守王子文,日与李贾、严羽共观前辈一两家诗及晚唐诗,因有论诗十绝,子文见之,谓无甚高论,亦可作诗家小学须知》《石屏诗集》卷六,印影文渊阁四库全书,第1165册,第657页上)

③ 九转丹:即九转金丹,亦称"九转还丹"。道教炼丹名词。九转,谓金丹经反复烧炼之意。认为烧炼时间愈久,反复次数愈多,药力愈足,服后成仙愈速,且以九转为贵。《抱朴子·金丹篇》云:"一转之丹,服之三年得仙。二转之丹,服之二年得仙。三转之丹,服之一年得仙。四转之丹,服之半年得仙。五转之丹,服之百日得仙。六转之丹,服之四十日得仙。七转之丹,服之三十日得仙。八转之丹,服之十日得仙。九转之丹,服之三日得仙。"又云:"凡此九丹,但得一丹便仙,不在悉作之,作之在人所好者也。"(王明:《抱朴子内篇校释》,中华书局1980年版,第68、67页)

眼能瞒[①]。

① 关于“作诗容易改诗难”之事例：据明李东阳《麓堂诗话》引《唐音遗响》：“任翻《题台州寺壁》诗曰：‘前峰月照一江水，僧在翠微开竹房。’既去，有观者取笔改‘一’字为‘半’字。翻行数十里，乃得‘半’字，亟回欲易之，则见所改字，因叹曰：‘台州有能人。’”（李东阳《麓堂诗话》，见《历代诗话续编》，中华书局 1983 年版，第 1380 页）其“半”字之所以比“一”字好，不仅因为“半”字声音响亮，而且“日照半江水”，表现出月光从山峰背后照射到江面上，一半江面受月，一半江面被山峰遮住月光，江色更富于诗意。

借山元璟

元璟,清僧。字借山,号红椒,又号晚香老人。初名通圆,字以中。平湖(今属浙江)人。由儒入释,祝发化城庵,性稚鲁,每夜虔礼大士像,积数十年。遍参禅宗诸名宿。多通经论,多识掌故;能书善诗,笔秀骨清,造境闲远,悟性空灵,颇得士俗赞赏。居浙江杭州时曾集名流于西湖之畔酬唱,人称"善诗雅会"。康熙四十二年(1703)圣祖南巡,赐御书栖心寺额及石砚。晚住宁波天童寺。有《完玉堂诗集》①。

元璟在诗歌创作上,强调"得乎性情自然之乐";在诗画关系上,主张"画家法与文章合""从来论画似论文";在思想渊源上,反对"坟索眼虽饶,不疑镜上痕"的儒学道统论、反对"今人不知变,争唐争宋为"的盲目复古思想;在现实人生认识上,一面看到"人生海一沤,谁不在梦中""法道于今叹式微,龙潜豹隐鼠争飞"的人生如梦、"无心三昧伏诸魔"的现实生存状态,一面秉持"从来名世者,只向本源论""蟠足孤峰顶,葆光绝万缘"的人生修为。

本书所录文字,据元璟《完玉堂诗集》《四库全书存目丛书》集部第211册,齐鲁书社1995年版;中国社会科学院文学研究所藏清雍正刻本。

一、"得乎性情自然之乐"

癸亥六月朔,借山道人买山,无力樊研,未能感岁月之湍流,惧菁华之顿瘁,遂携笈书、瓢笠,避暑永垂精舍,精舍距城南方十里,其乡深静淳朴,道人乐

① 元璟生平事迹见《清诗别裁》《天童寺志》《晚晴簃诗汇》卷一九八、《两浙輶轩录》卷三九。《完玉堂诗集》,分十集:《东湖集》《名山集》《红椒集》《紫柏集》《太白集》《绿琼集》《京师百咏晚香集》《黄琮集》《鹊南集》,每集一卷。

焉。昔者支遁沃州①,庞公鹿门②,固已矜赏得名。若一归真适,盖无差等。于是寝食就闲,昧爽增兴,尘忧乍遣,炎躁亦忘,虽无重峦孤岛,延景登览,而清溪抱门,板桥分野,茂树荫日,丛篁引风,道人或禅余而读,读罢则咏,旷然悠然,皆得乎性情自然之乐。尔乃雨来西岭,月在东皋,追凉舒啸,辄成短什,聊示二三知己,知余志之所在耳。(《永垂精舍避暑五首有序》)

二、"画家法与文章合,意有意无妙不传";"从来论画似论文,摹古营新意出群"

画家法与文章合③,意有意无妙不传。忆在西峰明月夜,松丝竹影伴枯禅④。(《题鲁得之松竹》)

从来论画似论文⑤,摹古营新意出群。肯写尺绡留别我,寻诗梦入故山云。(《送华子千南归》)

---

① 支遁(314—366),东晋僧人。字道林,世称支公、林公。参见本书《皎然》"支公"注。

② 庞公,指东汉庞德公。襄阳人,躬耕于襄阳岘山之南,曾拒绝刘表的礼请,隐居鹿门山而终。后成为隐士的典故。晋皇甫谧《高士传·卷下》:庞公者,南郡襄阳人也,居岘山之南,未尝入城府,夫妻相敬如宾。荆州刺史刘表延请不能屈,乃就候之曰:"夫保全一身,孰若保全天下乎?"庞公笑曰:"鸿鹄巢于高林之上,暮而得所栖;鼋鼍穴于深渊之下,夕而得所宿。夫趣舍行止,亦人之巢穴也,且各得其栖宿而已,天下非所保也。"因释耕于垄上,而妻子耘于前。表指而问曰:"先生苦居畎亩,而不肯官禄,后世何以遗子孙乎?"庞公曰:"世人皆遗之以危,今独遗之以安,虽所遗不同,未为无所遗也。"(中华书局辑刊:《四部备要》第四六册,1989年,第23页)表叹息而去。后遂携其妻子登鹿门山,因采药不返。

③ 画家法与文章合:指的是绘画之法和文章之道作为艺术之道常有相通之处,艺术家在超越世俗,无拘无碍的创作中更能够获得艺术的真谛,而这意境的追求正是佛家所追求的自在无碍的禅境。可参阅周裕锴《文学禅与宋代诗学》第四章第一节《游戏三昧:从宗教解脱到艺术创造》,高等教育出版社1998年版。

④ 枯禅:亦称枯木禅。喻指偏执于坐禅以求开悟的禅法。据《三峰藏和尚语录》卷七:"单坐禅不看话头,谓之枯木禅,又谓之忘怀禅;若坐中照得昭昭灵灵为自己者,谓之默照禅。以上皆邪禅也。"(《嘉兴藏》第34册,第299号,第160页上)

⑤ 从来论画似论文:意即绘画和文章之道都重视追摹古人,不过张彦远也指出"传移摹写,乃画家之末事"(《历代名画记》《论画六法》,上海人民美术出版社1964年版),师法前人固然重要,但别出新意对于绘画和文章之道也是十分重要的,所以张璪用"外师造化,中得心源"(《历代名画记》卷十)来强调既要总结前人的经验,也要有来自自我的创造。

三、“人生海一沤，谁不在梦中”

迦文梦菩提[①]，仲尼梦周公[②]。子云梦白凤[③]，丁固梦青松[④]。至人[⑤]乃无梦，斯语诳儿童。人生海一沤[⑥]，谁不在梦中？昨梦登宝所，一树红椒红。其香何郁烈，吹满衣裓风。其实又蕃衍，照耀莲花宫。座绕龙象众，挥尘谈苦空。我心已止水，我身尚飘蓬。此境自历历，谁辨吉与凶。霜钟忽打破，残月犹玲珑。（《红椒》）

四、“介然不肯同流俗，单取古人要处看”；“从来名世者，只向本源论”

介然不肯同流俗，单取古人要处看。除是鲁连吴札[⑦]外，立言[⑧]容易立身

---

① 迦文梦菩提：迦文又作释迦文尼、奢迦夜牟尼、释迦牟曩、释迦文。略称释迦、牟尼、文尼。在伽耶村毕钵罗树下，以吉祥草敷金刚座，东向跏趺而坐，端身正念，静心默照，思惟解脱之道。四十九日后，于十二月八日破晓时分，豁然大悟。

② 仲尼梦周公：《论语·述而》：“甚矣吾衰也！久矣吾不复梦见周公！”朱熹集注：“孔子盛时，志欲行周公之道，故梦寐之间，如或见之。至其老而不能行也，则无复是心，而亦无复是梦矣，故因此而自叹其衰之甚矣。”（宋朱熹：《四书章句集注》，中华书局2003年版，第94页）

③ 子云梦白凤：《尧山堂外纪》卷五：“扬雄，字子云，成都人，其父寓巫山，生雄。论者谓钟十二峰之秀。扬氏自季至雄五世而传一子。雄子乌，称神童，九岁而夭，故蜀无它。扬雄作《甘泉赋》成，梦吐五脏在地。著《太玄经》，梦白凤凰集其顶上。”（明蒋一葵撰：《尧山堂外纪》卷一〇〇）

④ 丁固梦青松：《三国志》卷四十八《吴书·三嗣主·孙皓传》：“三年春二月，以左右御史大夫丁固、孟仁为司徒、司空。秋九月，皓出东关，丁奉至合肥。是岁，遣交州刺史刘俊、前部督脩则等入击交阯，为晋将毛炅等所破，皆死，兵散还合浦。”裴松之注引吴书曰：“初，固为尚书，梦松树生其腹上，谓人曰：‘松字十八公也，后十八岁，吾其为公乎！’卒如梦焉。”（晋·陈寿撰，宋裴松之注：《三国志》，中华书局2006年版，第1167页）

⑤ 至人：参见本书《仲灵契嵩》“至人”注。

⑥ 一沤：水泡也。海本澄湛，因风飘鼓，发起水泡，以譬大觉之性。真净明妙，因心妄动，生起虚空世界。虚空世界在大觉性中，如大海中之一沤。经云：空生大觉中，如海一沤发。《楞严经》卷六曰：“空生大觉中，如海一沤发；有漏微尘国，皆依空所生。”（《首楞严义疏注经》卷六，《大正藏》第39册，第1799号，第908页上）

⑦ 鲁连吴札：鲁仲连，又名鲁连，尊称“鲁仲连子”或“鲁连子”，中国战国末期齐国人。其生卒年不详，据专家推算约为公元前300—前250年。季札（前576—前484），姬姓，名札，又称公子札、延陵季子、延州来季子、季子，春秋时吴王寿梦第四子，封于延陵（今常州一带），后又封州来，传为避王位“弃其室而耕”常州武进焦溪的舜过山下。两人事迹分别见于司马迁《史记》卷八十三《鲁仲连邹阳列传》和《史记》卷三十一《吴太伯世家》。

⑧ 立言：文论术语。指“立德”“立功”“立言”三者三不朽中的“立言”，语出《左传·襄公

难。(《绝句》)

声教中华重,文明上国尊。从来名世者,只向本源论。庭柏十围老,林碑异代存。闲游多古意,周鼓①几回扪。(《国学》)

五、"蟠足孤峰顶,葆光绝万缘";"难挽江湖日下波,无心三昧伏诸魔";"法道于今叹式微,龙潜豹隐鼠争飞"

蟠足孤峰顶,葆光绝万缘。无心成大隐,不识是真禅。瓯汛惊雷荚,炉腾生结烟。熊熊一诗钵,曾否有人传。(《庚寅岁交诗》)

难挽江湖日下波,无心三昧伏诸魔。意中知己凋零尽,老去诗篇感慨多。雨久苔痕延榻上,风清竹籁泼帘过。爱君得似韩陵石②,相对忘言手自摩。(《三叠韵答张实甫》)

法道于今叹式微,龙潜③豹隐④鼠争飞。知交⑤似蜡消将尽,岁月随流挽

二十四年》:"太上有立德,其次有立功,其次有立言,虽久不废,此之谓三不朽。"(晋·杜预注,唐孔颖达疏《春秋左传正义》,清·阮元校本:《十三经注疏》,中华书局1980年版,第1979页中)三者可永垂青史、万代不朽。"立言"只要指言辞表现的德教与政教。但也与文学有关。以立言置于道德事功之后,一方面表明先秦时代注重道德事功甚于文章文学才能的正统观念,另一方面以立言也可以不朽的观点,体现了时人对言辞及与之相关的文章的价值的深切认识。

① 周鼓:指石鼓文。古人以为刻于周代,故称。

② "韩陵石"借指好文章。唐张鷟:《朝野佥载》卷六:"梁庾信从南朝初至北方,文士多轻之。信将《枯树赋》以示之,于后无敢言者。时温子升作:《韩陵山寺碑》,信读而写其本,南人问信曰:'北方文士何如?'信曰:'唯有韩陵山一片石堪共语。薛道衡、卢思道少解把笔,自余驴鸣犬吠,聒耳而已。'"后因以"韩陵石"借指好文章。(唐宋史料笔记丛刊:《隋唐嘉话·朝野佥载》,中华书局1997年版,第140页)

③ 龙潜:"龙潜"指:阳气潜藏,龙蛇蛰伏。从字面意思理解:龙在潜伏。语出《易·乾》:"潜龙勿用,阳气潜藏。"后因以"龙潜"指阳气潜藏,龙蛇蛰伏。潜龙勿用,作为一个成语,出自《易经》第一卦乾卦的象辞,隐喻事物在发展之初,虽然势头较好,但比较弱小,所以应该小心谨慎,不可轻动。后因以"龙潜"指阳气潜藏,龙蛇蛰伏。《说文》:"潜,藏也。"《周易正义》:"正义:上九亢阳之至,大而极盛正义曰:居第一之位,故称'初';以其阳爻,故称'九'。潜者,隐伏之名;龙者,变化之物。言天之自然之气起于建子之月,阴气始盛,阳气潜在地下,故言'初九潜龙'也。"(魏王弼、晋韩康伯注,唐孔颖达疏:《周易正义》,中华书局1980年版,第13页上)

④ 豹隐:汉刘向《列女传》二《陶答子妻》:"妾闻南山有玄豹,雾雨七日而不下食者,何也?欲以泽其毛而成文章也,故藏而远害。犬彘不择食以肥其身,生而须死耳。"后因以比隐居伏处,爱惜其身,有所不为。唐《骆宾王集》四《秋日别侯四》诗:"我留安豹隐,君去学鹏抟。"

⑤ 知交:彼此投合,互相结交。《韩非子·解老》:"义者,君臣上下之事,父子贵贱之差也,

不归。静里再思无欠事，老来一概总忘机①。司空表圣②堪千古，亭号休休义最肥。（《小除日偶成》）

六、“禅与诗一也。禅贵悟，诗亦贵悟也”

晚香曰：禅与诗一也③。禅贵悟，诗亦贵悟也。禅无名无形相，如水中月，火上雪，从无思议没把捉处追之、拶之，一旦豁然直达本源，乃真禅也。诗有仁义，系风教，可以感天地，泣鬼神，必从《三百篇》、汉魏晋宋、三唐参悟其旨趣，熔其精液，然后缘情托物，性灵流露，醇雅和平、空明超达，以极自然之妙，此真诗也。否则粗心莽卤，支解杜田④，阴僻轧茁，陈辞浮艳，禅不禅诗不诗矣。夫削锯者，进于神；斫轮者，务于化；神化无方，道在斯焉。傅曰：“拟议以成其变化”。嘻！诗文虽小道，作者之意固难言也。余束发读儒书，立志入空门。读梵典、听讲习毘尼，志学佛也。于是腰包著草鞋，遍参济宗诸名宿，蒲团香版，孜孜不惜身命，历十六寒暑，虚空扑落。呜呼！禅亦岂易事哉。自愧赋性迂直，弗谐于俗欲肥遯，匡庐中间为虚名所误，蒙圣天子诏命入都，承恩就日，淹留凤阙下，杜机任运，放旷自如。北方鲜学者，乃绝口不谈禅，丰暇随意之所之，自言自语自信自怡，澹而静、漠而清、调而闲，志与道皆化而无方，无方则一忘乎其诗与禅，不知其所以然而然，又宁复必其传与不传也哉。昔龙门《史

知交朋友之接也，亲疏内外之分也。”（战国韩非著，陈奇猷校注：《韩非子新校注》，上海古籍出版社2000年版，第374页）

① 忘机：道家语，意为消除机巧之心。常用以指甘于淡泊，忘掉世俗，与世无争。参见本书《齐己》“忘机”注。

② 司空表圣：司空图：参见本书《象田即念》“司空图”注。

③ 禅与诗一也：写诗和参禅的共同之处在于它们在本源状态上是相同的，都是在直接的感性体悟中感受人的生命和活动，都是从形式的“语言”层面进入精神层面的意蕴之中，都体现了由艺进道的思想。参见周裕锴：《文字禅与宋代诗学》第三章第三节《悟入：文字形式中的抽象精神》，高等教育出版社1998年版。

④ 杜田：犹杜撰。宋沈作喆：《寓简》卷一：“汉田何善《易》，言《易》者本田何。何以齐田徙杜陵，号杜田生。今之俚谚谓白撰无所本者为杜田”。清·孙星衍：《芳茂山人诗录》，唐·仲勉：《序》：“（孙）所著《周易》《尚书》，悉取汉晋以前说，缕列综贯，不作一杜田语。”

记》成，世无其人而自序之①；陶渊明②与颜延年③交善，勿为序，死而诔之，后萧统④序而传；左太冲⑤赋《三都》，丐序于皇甫士安⑥，是亟欲得名之病。余非三者之意，镜以自照，妍媸难掩。第五十年来，窃聆宇内前辈作家，绪论及诸素友品骘，题词节录于前，因删定十卷，共千首有奇，生平甘苦境遇情事，已略寓于其中。故自述其端如此。华亭张吟樵⑦先生，怜余老而恐其散失，捐资畄水。盖知己之高义不可以不书也。(《自序》)

七、“诗人爱闲冷”；“平生苦心事，今日一披轩”；“古来作者意，近代几人知”

秋竹捎烟绿，晴波漱寺门。诗人爱闲冷，艇子掠沙痕。天上云霞麓，山中水雪存。平生苦心事，今日一披轩。

---

① 昔龙门史记成，世无其人而自序之：指司马迁因李陵之祸，受辱下狱，写《史记》，并作《太史公自序》。《太史公自序》是《史记》的最后一篇，是《史记》的自序，也是司马迁的自传，人们常称之为司马迁自作之列传。

② 陶渊明：参见本书《慧洪》“渊明”注。

③ 颜延之(384—456)，字延年，南朝宋文学家。琅琊临沂(今山东临沂)人。曾祖含，右光禄大夫。祖约，零陵太守。父显，护军司马。少孤贫，居陋室，好读书，无所不览，文章之美，冠绝当时，与谢灵运并称“颜谢”。嗜酒，不护细行，年三十犹未婚娶。生平事迹见《宋书》卷七三、《南史》卷三四。

④ 萧统：参见本书《慧洪》“昭明太子”注。

⑤ 左思(约250—305)，字太冲，齐国临淄(今山东淄博)人。西晋著名文学家，其《三都赋》颇被当时称颂，造成“洛阳纸贵”。左思自幼其貌不扬却才华出众。晋武帝时，因妹左棻被选入宫，举家迁居洛阳，任秘书郎。晋惠帝时，依附权贵贾谧，为文人集团“金谷二十四友”的重要成员。永康元年(300)，因贾谧被诛，遂退居宜春里，专心著述。后齐王司马冏召为记室督，不就。太安二年(303)，因张方进攻洛阳而移居冀州，不久病逝。生平事迹见《晋书》卷九二。

⑥ 皇甫谧：(215—282)，幼名静，字士安，自号玄晏先生。安定郡朝那县(今甘肃省灵台县)人，后徙居新安(今河南新安县)。三国西晋时期学者、医学家、史学家，东汉名将皇甫嵩曾孙。他一生以著述为业，后得风痹疾，犹手不释卷。晋武帝时累征不就，自表借书，武帝赐书一车。其著作《针灸甲乙经》是中国第一部针灸学的专著。其实，除此之外，他还编撰了《历代帝王世纪》、《高士传》、《逸士传》、《列女传》、《元晏先生集》等书。生平见《晋书》卷五一。

⑦ 张吟樵：见清恽毓鼎著《澄斋日记》：“二十三日晴。门人张吟樵来见。饭后诣史馆。访新甫昆仲及沈幼岑畅谈，至上灯始返。评阅札记全份。李子周自保定邮寄《史记评本》，乃张廉卿、吴挚甫合评，古文义法精详极矣。《史记》以归震川评本为最善。此本似未逊之，熟玩深思，必有妙悟。”(清・恽毓鼎著，史记晓风整理：《恽毓鼎澄斋日记》，浙江古籍出版社2004年版)

织锦何妨丽，镂花未是奇。古来作者意，近代几人知。孤影看云叶，寒香恋菊枝。奚囊有佳句，郑重肯相贻。（《朱文盎见过论诗》）

八、“坟索眼虽饶，不碍镜上痕”；“今人不知变，争唐争宋为”

大道体无枝，人生究无根。矧我生叔世，抱志尤恐昏。志虽各不同，所贵端其原。圣人既缅邈，愿寻圣人言。碧帷五色丝，欲系羲氏辕。青荧一穗灯，每警霜鸡喧。综穷六经委，破碎诸子藩。鄙哉章句儒，畴知孔孟门[①]。坟索[②]眼虽饶，不碍镜上痕。独抱耿介分，慰此淡泊存。安得浴沂子[③]，与之同讨论。（《杂诗》之一）

诗亡王迹熄[④]，风气盖系之。婉转《三百篇》，哀乐情自持。灵均[⑤]变其调，六代饰其辞。聿有陶渊明，泠泠松柏姿。形神自解会，枯槁道在兹。猗欤浣花叟[⑥]，体格吾所师。昌黎[⑦]振劲笔，激发议论奇。天葩付眉山[⑧]，波澜恣戏嬉。小爱剑南手[⑨]，札札弄机丝。有如四时序，荣瘁无端倪。今人不知变，争唐争宋为。（《杂诗》之三）

---

① 孔孟门：孔孟为孔子与孟子的合称。孔子和孟子是我国儒家代表人物。

② 坟索：三坟八索的并称。亦泛指古代典籍。晋葛洪：《抱朴子·逸民》：“穷览《坟》《索》，著述粲然，可谓立言矣。”（杨明照撰：《抱朴子外篇校笺》，中华书局1991年版，第87页）

③ 浴沂子：此处指曾点。曾点受业于孔子，《论语·先进》：“莫春者，春服既成，冠者五六人，童子六七人，浴乎沂，风乎舞雩，咏而归。”（宋朱熹：《四书章句集注》，中华书局2003年版，第130页）

④ 诗亡王迹熄：出自《孟子·离娄》章：“王者之迹熄而《诗》亡，诗亡然后《春秋》作。”（宋·朱熹：《四书章句集注》，中华书局2003年版，第94页）

⑤ 灵均：屈原。

⑥ 浣花叟：杜甫。

⑦ 昌黎：韩愈。

⑧ 眉山：指苏轼。

⑨ 剑南手：陆游。

九、“古人念同调，千里欢相逐”

龙唇尾虽焦，泠泠音已足。饰以季子金①，轸以和②。当无知者赏，仍是爨下木。古人念同调，千里欢相逐。渺然秋水上，刺船亦不俗。何用破琴为，破琴写心曲。（《和东坡破琴诗寄吴广文岱观丁祠部药园吴征君庆伯》）

十、“博雅长才盖代夸，学者趋时谁鉴别，朱弦疏越有青门”

博雅长才盖代夸，有香有艳自成家。风流拟托红颜老，丝尽春蚕属梦华。

虞山诗派少同源，孔翠金荃各自尊。学者趋时谁鉴别，朱弦疏越有青门。（《又绝句》）

十一、“巨然画好诗不传，贯休双美禅又少。画中有诗诗中禅，古来只有摩诘老”

吾家小阮工绘事，贻我尺幅之云峦。庭前雨本紫璎珞，檐祭百个青琅玕。塔尖倒挂剑池影，茅堂郁郁生昼寒。肚饥可療隐可招，长年眠向绳床看。

---

① 季子金：《史记》卷六十九《苏秦列传》记载，苏秦以合纵抗秦之策游说六国成功之后被任命为“合纵长”“相六国”。经过洛阳，诸侯各国纷纷遣使相送，待遇像王侯一样。回到家中，兄弟妻嫂皆“侧目不敢仰视，俯伏侍取食”。苏秦笑问其嫂：“何前倨而后恭也？”其嫂伏地叩头答道：“见季子位高金多也。”苏秦曰：“此一人之身，富贵则亲戚畏惧之，贫贱则轻易之，况众人乎！”见（司马迁《史记》，中华书局 2013 年版，第 2732 页）后世诗文乃以“季子金”用作未知通显的典故。唐·高适《别王彻》诗中有“吾知十年后，季子多黄金。”唐·牟融：《赠欧阳詹》中也写道：“为客囊无季子金，半生纵迹任浮沉。”（《金唐诗》卷四百六十七，中华书局 1980 年版，第 5312 页）

② 和氏玉：和氏璧是历史上著名的美玉，在它流传的数百年间，被奉为“价值连城”的“天下所共传之宝”。

巨然①画好诗不传,贯休②双美禅又少。画中有诗诗中禅,古来只有摩诘老③。今乃得之于吾公,此图三者兼精到。我贫愧乏英琼瑶,秋吟众壑天香飘。(《目存法侄为余作小山招隐图竹柏疏秀水石清妍题诗亦复隽妙有扣击本无说天香众壑秋之句口占谢之》)

十二、"文除客气始称妙,诗变新声固自佳"

爱读杲堂水雪卷,岩房烛跋眼重揩。文除客气始称妙,诗变新声固自佳。生不同时金可铸,世何窃叹玉常埋。千秋只许寒泉老,追抡家风属我侪。(《读李杲堂前辈全集并简寅伯》)

十三、"丽则风斯眇,雅言婉以葩。苦吟生妙悟,炼格自成家"

丽则风斯眇,雅言婉以葩。苦吟生妙悟,炼格自成家。天上云霞贵,人间锦绣夸。神仙换金骨,无复事铅华。(《清豫堂论诗》)

十四、"逸情抒嘉藻,韵事入典章"

怀素④种蕉百,学书代麦光。绝诣成草圣,声价亦已昂。隐侯⑤惜琼枝,

---

① 巨然:五代、宋初江宁(今江苏南京)人。生卒年不详。开元寺僧,工画山水,师法董源,擅于表现"淡墨轻岚"、草本茂密的江南景色。后世将其与董源并称为"董巨"。该两人所创造的披麻皴法,不断为后代的山水画家所习用,且成为元朝以后山水画的主要画法。事迹见《宋朝名画评》卷二、《图画见闻志》卷四、《图绘宝鉴》卷三、《宣和画谱》卷十二、《唐朝名画录》《清河书画舫》。

② 贯休:参见本书《贯休》小传。

③ 摩诘老:即王维,参见本书《道潜》"王维"注。

④ 怀素:(634—707)唐代律僧。京兆(陕西西安)人,俗姓范。自幼聪敏,器度宽大。十二岁礼玄奘出家,专承经论。受戒后,从道宣习四分律行事钞。其后,又转入法砺之弟子道成门下,学四分律疏。久之,慨叹古人之义未能尽善,乃撰述四分律开宗记二十卷,纠弹古疏之过,总结为十六失,而别立一家之说,时人称为新疏,以别于法砺之四分律疏。自是,师所立之新说,乃称东塔律宗,而与法砺之相部宗、道宣之南山宗鼎足,并称律学三大宗。初住长安弘济寺,上元三年(676)奉诏住西太原寺,敷席弘阐,学众云集。后于景龙元年入寂,世寿七十四。著有《俱舍论疏》《遗教经疏》《四分比丘戒本疏》《僧羯磨》《尼羯磨》等数种。事迹见《宋高僧传》卷十四、《大唐贞元续开元释教录》卷中、《诸宗章疏录》卷一、卷二。

⑤ 隐侯:南朝梁沈约的谥号,沈约,参见本书《皎然》"沈约"注。

为文弹苍筤。逸情抒嘉藻,韵事入典章。陈氏有世德,居近蓴鲈乡。耐翁秉微尚[1],风義义达四方。简亭更卓荦,苦志缝萤囊。恂恂而儒雅,的是三鱼甥。家传四库书,手泽加丹黄。阁贴八法,颜柳追钟王[2]。书屋窅以深,湘帘犀柙将。窗前三本蕉,扶天叶昌昌。正当炎赫日,绿阴竟簟床。有时疏雨来,听之心冰凉。不劳蒲葵扇,把弄嗤王濛[3]。底用白龙皮,豪侈拟赞皇。行看敷奇葩,结子黄且香。非特作佳话,聿为高门庆。衰年坐枯木,研田久矣荒。捻髭和杰倡,自讶格调生。(《三蕉书屋诗为陈简亭作》)

十五、“骨兼寒瘦,本多清苦之音;笔乏铅丹,有愧夸奇之品”

白藏肃驾,万汇变衰。青女肆威,孤芳竞粲。骚客藉以抒愁,逸人于□寄兴。窃怪四堂诗家,虽取良材,概无专制。惟玉溪生[4]一首,敷辞浓艳,不惬鄙意。余少也棲空老而忘世,斋中萧寂,聊供数枝枕上,闲吟偶成八律。骨兼寒瘦,本多清苦之音;笔乏铅丹,有愧夸奇之品。简将同好,用博佳篇。(《菊花有序》)

---

① 耐翁秉微尚:胡宗照(1882—1942),字峰荪,号耐翁。民国时期冀县(今冀州市)伏家庄人。出生于以教书为业的诗书之家。曾祖父文魁终生事教。祖父任义学塾师。

② 钟王:钟繇(151—230),三国魏书法家,字元常,颍川长社(今河南许昌长葛西)人。他才思敏捷,学识渊博,东汉末孝廉,官尚书郎,迁尚书仆射,东武亭侯。三国时,在谓曾任廷尉,封为定陵侯。明帝即位,又迁升为太傅,人称钟太傅。死后谥成侯。钟繇是我国古代很有名望的书法家之一。他和东汉张芝合成为“钟张”,与东晋王羲之并成为“钟王”。王羲之:参见本书《贯休》“王右军”注。

③ 王濛:(?—1385)元末明初诗人画家。字叔明,号黄鹤山樵、香光居士。无行(今浙江潮州)人。是画史“元季四家”之一。以山水擅长;长于史学。《明史》卷二八有传。

④ 玉溪生:即李商隐。参见本书《北涧居简》“李义山”注。

十六、“奇服纫香草，狂歌托美人。么凤与离支，时多比兴辞”

三闾①有苗裔，流落海南滨。奇服纫香草，狂歌托美人。杜鹃心事苦，斑竹泪痕新。西上莲花顶，玉姜一笑亲。

么凤与离支，时多比兴辞。风骚今已矣，丽则尔能为。鸠鸟有何好，重华②莫可追。沅湘千里碧，流不尽相思。（《题屈翁山诗集》）

十七、“古淡有真味，萧闲见道心”

把读金茅集，悠然披素襟。荒江翘白鹭，孤磬出疏林。古淡有真味，萧闲见道心。天南我到晚，寂寞少知音。（《读吴山带诗集》）

十八、“巴渝人唱竹枝词，半属欢愉劳苦为。乐府离骚遗意在，此中突窍少人知”

巴渝人唱竹枝词③，半属欢愉劳苦为。乐府离骚遗意在，此中突窍少人知。

君家太史最博雅，曾作鸳鸯湖棹歌。喜得阿咸才笔健，灵川风物不争多。（《题朱袠远灵川竹枝词》）

---

① 三闾：指屈原。《后汉书·孔融传》：“忠非三闾，智非晁错，窃位为过，免罪为幸。”李贤注：“即屈原也。掌王族三姓，曰昭、屈、景，故曰‘三闾’。”（宋·范晔撰，唐·李贤等注：《后汉书》，中华书局2003年版，第2276页）

② 重华：虞舜的美称。《书·舜典》：“曰若稽古帝舜，曰重华，协于帝。”孔传：“华，谓文德。言其光文重合于尧，俱圣明。”（中华书局1980年版，第125页下）一说，舜目重瞳，故名。《史记》卷一《五帝本纪》：“虞舜者，名曰重华。”张守节正义：“（舜）目重瞳子，故曰重华。”（司马迁：《史记》，中华书局2013年版，第37、38页）后亦用以代称帝王。

③ 竹枝词：亦称“竹枝”“竹枝子”。乐府《近代曲》名。本巴渝（今四川东部）一带民歌。崔令钦《教坊记·曲名》中已见载，可知唐玄宗朝已采入教坊。中唐以来如顾况、刘禹锡、白居易等人皆有所作。大都用以描写风土人情，富有民歌色彩。

十九、“苦心工选体，高调自琳琅”

中秘才华好，琴亡人不亡。苦心工选体，高调自琳琅。玉佩尊王会，金支丽日光。空山对猿鹤，无复理清商。（《题邝湛若峤雅集》）

二十、“昭代论诗格，君为正始宗”

昭代论诗格，君为正始[①]宗。莹温如碧玉，和雅叶黄钟。怀古阮遥集[②]，葆真邴曼容[③]。同声有屈子，衡泌自雍雍。（《读陈元孝独漉堂集》）

二十一、“洗心参活句，得意自忘筌”

绣出鸳鸯谱，金针孰与传。洗心参活句[④]，得意自忘筌[⑤]。作佩珠须贯，裁环玉要圆。秖应藏屋壁，千载待人笺。（《编刻诗稿讫示莨亭□井二子》）

---

① 正始：参见本书《皎然》“正始”注。

② 阮遥集：阮孚，字遥集，阮咸之子。西晋陈留尉氏（今属河南）人。饮酒史上“兖州八伯”之一。阮孚为“诞伯”。（东晋成帝时羊曼、阮放等放纵不羁，好饮酒，时人称为兖州八伯）。传见《晋书》卷四十九。

③ 邴曼容：邴生指汉哀帝时邴曼容。邴汉侄，时有名望。《文选》卷二十六谢灵运诗：《初去郡》：“毕娶类尚子，薄游似邴生。”善注：“班固《汉书》曰：‘邴曼容养志自修，为官不肯过六百石，輙自免去。’”（梁·萧统著，唐·李善注：《文选》。见《昭明》，世界书局 1935 年版，第 368 页）《昭明》，世界书局 1935 年版，第 368 页。

④ 参活句：参见本书《圆悟克勤》“参活句，不参死句”注。

⑤ 得意自忘筌：《庄子·外物》：“筌者所以在鱼；得鱼而忘筌；蹄者所以在兔；得兔而忘蹄；言者所以在意；得意而忘言。”（清郭庆藩撰，王孝鱼点校：《庄子集释》，中华书局 1961 年版，第 944 页）

大休净珠

大休净珠，清僧。青原下宗镜七世即念现禅师法嗣、龙门石雨方之法孙。顺治甲午年十月十五日，进住曹溪南华禅寺弘法。还在嘉兴白莲寺、檇李定隐寺、大觉妙济寺、桐乡密印寺等刹弘法①。

大休净珠强烈反对“念诗章”，指出“念诗章者罪过不少”。他认为，参禅悟道是“单提向上，所为决了生死，不曾教你铺文理、念诗章”，即使“门下出了许多诗僧，致使法门衰败，祖道寒凉，殆将佛法扫地矣”！他严厉批评了一些“轻易为人师者”，带坏了“后学初机，无可开豁”，使之只知“学文字语言，看诗韵，学平仄，做诗偈，空过时光，失正修行路”。

本书所录文字，据《大休珠禅师语录》《嘉兴藏》第27册，第192号。

“念诗章者罪过不少”

上堂说法，单提向上，所为决了生死，不曾教你铺文理、念诗章，任汝年年念，期期念，念到临末稍头，门下出了许多诗僧，致使法门衰败，祖道寒凉，殆将佛法扫地矣！念诗章者罪过不少。（《示密严定书记》）

学者若漆桶②不破，实是难闻。欲为人天师范，须效朝宗和尚法则③。迩来轻意为人师者，问着口里水漉漉地，勉强支吾。倘有施主请上堂小参，昼夜

---

① 大休净珠生平事迹，见《曹溪大休珠禅师六会语录总序》《正源略集》卷十三。

② 漆桶：对愚暗不悟者的詈称，斥其心中、眼前一片漆黑。《云门匡真禅师广录》卷中：“举，盘山云：‘光境俱忘，复是何物？’师云：‘东海里藏身，须弥山上走马。’复以拄杖打床一下。大众眼目定动。乃拈拄杖趁散云：‘将谓灵利，者漆桶！’”（《大正藏》第47册，第1988号，第554页下、555页上）

③ 朝宗和尚：即通忍（1604—1648），明代临济宗僧，常州（江苏）毗陵人，俗姓陈，号朝宗，世称朝宗通忍禅师。生平事迹见清代聂先编：《续指月录》卷十九。

不安，叉手寻思，似斗袈裟，纵然斗来是片锦绣，有甚么交涉？粗看则有文理，细看无有益处。后学初机，无可开豁，致使学文字语言，看诗韵，学平仄，做诗偈，空过时光，失正修行路①，日用施为，一味庄点，无明②满肚，此皆今时人之习气。嗟哉！生死命根不断，临终之际，要死不能死，要活不能活，懡㦬③到眼光落地之时，悔亦晚也。（《普说》）

近来有三种僧④，上者坐禅习定，中者点笔作诗，下者围炉说食，岂为道乎？若然，父母空生汝身，朋友枉增汝志，师长虚为剃度，天地虚为盖载，得不负四恩乎？所以山僧细细说者，要汝戒慎恐惧，使不落三途。（《戒子请普说》）

---

① 正修行路：正确的修行之路。《圆觉经·弥勒菩萨章》："一切众生皆证圆觉，逢善知识，依彼所作因地法行。尔时修习，便有顿渐，若遇如来无上菩提正修行路，根无大小，皆成佛果。"（《大正藏》第17册，第842号，第916页中、下）

② 无明：指无智、愚昧、不明佛理的世俗认识。参见本书《赤松道领》"无明"注。

③ 懡㦬：参见本书《雪堂道行》"懡㦬"注。

④ 三种僧：与佛家的三乘有关，一为声闻僧；二为缘觉僧；三为菩萨僧，修大乘行者。《大乘本生心地观经》卷二："善男子，世出世间有三种僧：一、菩萨僧；二、声闻僧；三、凡夫僧——文殊师利及弥勒等，是菩萨僧；如舍利弗、目犍连等，是声闻僧——若有成就别解脱戒，真善凡夫，乃至具足一切正见，能广为他演说，开示圣道法利乐众生，名凡夫僧，虽款能得无漏戒定及慧解脱，而供养者敬无量福——如是三种名真福田僧。"（《大正藏》第3册，第159号，第299页下—300页上）

笠云芳圃

芳圃(1837—1908),清曹洞宗僧。字笠云。江宁(今属江苏)人,俗姓陈。自幼披薙于长沙黎仙庵。工书法,喜赋诗以畅禅机。王闿运称其"诗格高深,篆法遒美,行草沉著"①。光绪一年(1875)继席麓山寺,复主上林(今广西上林县)杲山。系智檀(香木禅师)弟子。清末曾在开福寺创立僧学,是近代僧教育之始。后又东渡日本,考察日本佛教②。

芳圃在诗歌创作上,主张"各写胸臆,不期于同",有自己的独特风貌。在他看来,诗歌创作乃是"为情之所感,不能已焉",出自自然。

本书所录文字,据芳圃《听香禅室诗集》《禅门逸书初编》第10册,第140号。

一、"情之所感,不能已焉"

黎峰八景,前岁已为缀咏。然就一峰言之,东西四维,耳目所接,则又千态万状,不能具举。且风晴雨雪,各异其宜,兹以所见,标揭其大,题诗八首。然赏心之处,亦寓悲思,则又为情之所感,不能已焉。(《黎峰远眺诗八首·序》)

二、"各写胸臆,不期于同"

余闲居多暇,读休文③八咏八首④,而心契之,援笔拟和,多所不类,以取

① 王闿运《听香禅室诗集叙》。

② 芳圃生平事迹,见王闿运:《听香禅室诗集序》、明复:《听香禅室诗集解题》《新续高僧传四集》卷三五。

③ 沈约(441—513):参见本书《皎然》"沈约"注。

④ 八咏:见逯钦立辑:《先秦汉魏晋南北朝诗》之《梁诗》卷七《沈约·八咏诗》。逯钦立引《金华志》:"作咏诗,南齐隆昌元年太守沈约所作。题于玄畅楼,时号绝倡,后人因更玄畅楼为八咏楼云。"(逯钦立辑:《先秦汉魏晋南北朝诗》,中华书局1983年版)

意各有在也。譬犹共一盘盂,而笱蕨异味,同此琴瑟而宫徵别音,各写胸臆,不期于同,亦正不必同也。(《傚沈约八咏八首·序》)

憨休如乾

如乾，清僧。字憨休。四川龙安（平武）人，俗姓胡。乃临济下第三十三世之孙、风穴云峨老人之嫡嗣①。

如乾借唐诗说禅，强调“人人都有个故乡”，应该回到“故乡”（家园），寻找到自己的本来面目。

如乾指出，佳诗有很强烈的感染力：“读之，如钟闻午夜，俗耳顿清，似剑淬丰城，星河耀彩，盖缘思超而才俊，兴远而语雄。”他还指出，佳诗能去疾，“尝闻杜诗去疟，信不诬也”。

如乾明确指出，写诗“非吾家事”，“不过借为酬酢，非专学以资事业者也”。他强调指出，“学佛未能，岂能学诗？然禅余之暇，间或效颦。如鸦臭当风，故不存稿。”

他指出，诗歌创作是“寓目写心，匪妄而作也”。又指出“诗家之法有奇有正”，但必须“立意高古，沉雄浑厚”。

本书所录文字，据《憨休和尚敲空遗响》《憨休禅师语录》《嘉兴藏》第37册，第384号、383号。

一、以诗说禅：“记得有首唐诗，不免借来完个局面”

除夕小参：一年三百六十日，今日是个尽头的日子，诸方尽向者里说禅说道。举古。举：今当作家，常筵宴清福，行不列市，思来算去，只是无有说的。记得有首唐诗，不免借来完个局面：“旅馆寒灯独不眠，客心何事转凄然？故

① 如乾生平事迹，见弘善：《憨休禅师语录·像赞》、何瑞徵：《憨休禅师语录·序》《五灯全书》卷九九补遗。

乡今夜思千里，霜鬓明朝又一年。”[①]诗人之意，大约客久他乡，长栖旅邸，贪着名闻利养，抛别故园，荡而忘返。忽遇大年夜到来，猛地思起故乡，远在千里之外，不觉凄然太息。大众等是南州北县，水云义聚，安禅于斯。人人都有个故乡，不知今夜还思念及么？纵能思念，更问那个是你故乡？莫是毕郢原上清福寺中，是汝故乡么？争奈这里无你插脚之处。莫是江南塞北楚地燕邦，是汝故乡么？法堂内大有人不肯在。毕竟如何？爆竹数声消雪态，梅花几点壮春颜。

二、“如钟闻午夜，俗耳顿清，似剑淬丰城，星河耀彩”

玉书罗长公稚圭孝廉公[②]，吾蜀阆人也。金昆皆台鼎器，随父任，汝坟克勤艺业，能读父书，不浪出入，州人士咸德之。戊辰冬，余自关内来，主风穴，忽款段山中访余，清话旋署，次以《风穴游记》并诗贻余。读之，如钟闻午夜，俗耳顿清，似剑淬丰城，星河耀彩，盖缘思超而才俊，兴远而语雄。想其词源倒峡，波烂千翻，虽李青莲[③]、杨升庵[④]之复出，亦当瞠乎其后矣！异曰：掞藻天庭，花砖视影卑，窥其一班。诚当世之大雅，斯文之巨擘也！故序谫言以志之。（《孝廉罗稚圭过山赋记诗序》）

迩来应酬繁剧，吟思邈然。昨贻佳什，如获骊珠。神光晃明，灵我心目。依韵效颦，似蜣丸拟珍，不自知其秽耳。敬呈教削。（《复张元昭文学》）

三、“尝闻杜诗去疟，信不诬也”

三春霪雨，夙痫顿发。药不即效，痰嗽日深。惟匡床垂坐，专务静默为养痾计。适雨霁初晴，瑶章忽降。时一讽咏，如游琼□玉沼，问风韵锵然，手不能释。读未竟而夙疾□然矣。尝闻杜诗去疟，信不诬也。愧藜脏藿腑，其如绣口锦心，益感高谊。敬步来章，但不能如题，聊以押韵而已，不可曰诗。投瑶报

① 此系唐代诗人高适的《除夜作》。

② 玉书罗长公稚圭孝廉公：事迹不详。

③ 李青莲：李白，字太白，号青莲居士。参见本书《实存英》“谪仙”注。

④ 杨升庵：参见本书《永觉元贤》“杨升庵”注。

木,深有耻焉。祈喷饭为幸。(《与刘叔子进士》)

四、"文字非吾家事"

适示手教,以总河观风诗赋歌词之题属,不慧以文之,然不慧释者也,乃临济儿孙,岂知做文章、作诗词耶?间或有见于纸墨者,不无雕虫篆刻,一时之应酬耳,随手即云散鸟没,安能并文场之士相埒而至其推敲乎?可发一笑。况不慧中无异材,幼而学佛,文字亦非吾家事。固应世行道,不过借为酬酢,非专学以资事业者也。足下以不慧为知文则谬矣,冀当知我于文字之外可也。不罪不罪。(《答刘叔子进士》)

五、"学佛未能,岂能学诗"

不慧鄙人也,学佛未能,岂能学诗?然禅余之暇,间或效颦。如鸦臭当风,故不存稿。设有则焚之,所以平日未尝有一字见知于人。适瑶篇见贻,三薰捧读。杜旨雄浑①,李词俊逸②,当代骚坛称独步者,吾见其却让也。什袭笥箱,永为山门宝玩。若不慧笋蕨肚肠,肤浅俚陋,穴藏蜣丸,敢出与明珠争耀!既辱知爱,僭笔续貂,幸勿见责。荷荷。(《与刘木斋先生》)

六、"寓目写心,匪妄而作也"

前辱示寄怀三首,读之如春兰承风,秋桂里露,香气袭于行间,珠玉生于字里。手持口诵,喜荷交并也。复书未几,倏尔叶坠银床,蟾辉金镜。忆大护法从心之年,海筹又增一矣。愧无阆苑人,冰桃雪藕,奏云璈,捧霞觞,一随宾从之末。奈何院事羁绊,竟脱无由。耿耿徒怀,兀坐增叹耳。拙锼俚句,书之素纨。专使代祝,寓目写心,匪妄而作也。惟希摄受。不既。(《与张稚恭》)

---

① 杜旨雄浑:指杜甫诗歌风格特征。雄浑:参见本书《云栖袾宏》"雄浑"注。

② 李词俊逸:指李白诗风特征。参见本书《道潜》"俊逸"注。

七、"立意高古,沉雄浑厚"

诗家之法有奇有正,有就题故事者,有反题故事者,其法不一。惟取立意高古,沉雄浑厚而已。韩诗高古①,甚得风人感慨之旨。若一味褒美,则近谄谏矣。陈诗庄重典雅②,新意别出,古二绝一字不可易,若更一字则失本来面目。附草二律,觉腐秽不堪,祈改削方用,以免见者之胡卢也。(《复董斗垣》)

---

① 韩诗高古:指韩愈诗风特征。高古,常指高尚古朴、意境淡远的艺术风格。司空图《二十四诗品》对高古的描述:"畸人乘真,手把芙蓉。泛彼浩劫,窅然空踪。月出东斗,好风相从。太华夜碧,人闻清钟。虚伫神素,脱然畦封。黄唐在独,落落玄宗。"(郭绍虞:《诗品集解》,人民文学出版社 1963 年版,第 10 页)表现出一种清虚幽寂,超凡脱俗的境界。严羽《沧浪诗话·诗辨》将"高古"分开,列为诗之九品中的一二品。(郭绍虞:《沧浪诗话校释》,人民文学出版社 1983 年版,第 7 页)

② 陈诗庄重典雅:指陈子昂诗歌风格特征。庄重典雅,即典雅。表现出清高雅致的艺术趣味和对闲情逸致、高韵古色的追求。参见本书《云屋善住》"典雅"注。

源洪仪润

仪润，清僧。字源洪。天童山圆悟法师之递代传人。道光间，住杭州真寂寺。撰《百丈清规证义记》①。

仪润认为，佛门的清规戒律以为世俗的文艺活动都是魔事，禅门弟子本不应参与，否则只能在烦恼深渊和生死苦海以及法身流转中挣扎。他还引用著名公案，申说“文章末技耳”，禅“不在纸上”，而那种“留神书画，寄兴琴棋”等等之言行，乃是“野干鸣”的野狐禅而已。

本书所录文字，据《百丈丛林清规证义记》《卍续藏经》（新编）第111册。

“笔墨诗偈文字，一切置之高阁”

宜屏弃杂务，凡经书笔墨诗偈文字，一切置之高阁②，不应重理。（《净业堂规约》）

证义曰：古人惟以了脱生死为大事，间有拈弄文字，皆了事后游戏，以咨发后人眼目，非专以词藻为工也。乃近日僧中，竟欲以此（本书编者按：指“拈弄文字”）见长，甚或留神书画，寄兴琴棋，名为风雅，全忘清修。生死到来，毫无用处。摭古云：峨眉白长老，作颂古千首，以压雪窦。太和山主面唾曰：“此鸦

---

① 仪润生平事迹，见《百丈清规证义记》诸序。

② 高阁：原书作“高搁”。“阁”：庋藏之所。《集韵》：“阁，一曰庋藏之所。”（《集韵》，李学勤主编：《中华汉语工具书书库》，安徽教育出版社2002年版，第59册，第327页下）《晋书·庾翼传》：“束之高阁。”（《晋书》第7册，中华书局1974年版，第1931页）

臭当风，气已触人，矧欲胜人乎？"[①]愚庵颂曰："为僧僧醉文字酒，参禅禅在颂千首。曾知文不在纸上，又道谈元不开口。君不见，大藏数千卷，书藏充二酉。文章末技耳，明道为枢纽。孔子之见温伯雪，饮光[②]一笑无何有。秀上座[③]，獦獠叟[④]，一是不识丁，一为文字薮，衣法是谁传不朽。雪窦百之我千之，野干鸣，狮子吼[⑤]。"噫！为书记者宜知之，自长老以下，皆宜知之。(《书记》[⑥])

---

① 此公案见《大慧普觉禅师宗门武库》："峨眉山白长老，尝云：'乡人雪窦有颂百余首，其词意不甚出人，何乃浪得大名于世！'遂作颂千首，以多十倍为胜，自编成集，妄意他日名压雪窦。到处求人赏音。有大和山主者，遍见当代有道尊宿，得法于法昌遇禅师，出世住大和，称山主，气吞诸方，不妄许可。白携其颂往谒之，求一言之鉴，取信后学。大和见，乃唾云：'此颂如人患鸦臭，当风立地，其气不可闻。'自是白不敢出似人。后黄鲁直闻之，到成都大慈寺，大书于壁云：'峨眉白长老，千颂自成集。大和曾有言，鸦臭当风立。'"(《大慧普觉禅师宗门武库》《大正藏》第47册，第1998号，第954页上)

② 饮光：佛教罗汉名。唐玄应《一切经音义》卷七十之第二十三卷："饮光部，梵言'迦叶波'。迦叶，此云光；波，此云饮。今依此间语，名饮光。有二义：一、迦叶波是上古仙人，此人身有光明，能饮诸光，令不复现。此罗汉是彼种，故因以名焉。二、此阿罗汉身作金色，常有光明，以阎浮檀金为人，并此罗汉身光饮金人光不复现，故名饮光。"(《一切经音义》《大正藏》第54册，第2128号，第767页中)

③ 神秀：参见本书《五祖弘忍》"神秀"注。

④ 獦獠叟：指慧能。参见本书《慧能》小传。

⑤ 野干鸣：野兽名。"野干，梵语悉伽罗，形色青黄，如狗，群行夜鸣，声如狼也。字又作射干。案《子虚赋》云：'腾远射干。'司马彪、郭璞等注并云：'射干，似狐而小，能缘木。'射，音夜。《广志》云：'巢于危岩高木也。'《禅经》云'见一野狐，又见野干'是也。"(《阿毗达摩俱含舍论》第二卷，《一切经音义》卷七十，《大正藏》第54册，第2128号，第763页上)狮子吼：佛菩萨演说无畏之义，降伏一切外道邪说，故称师子吼。《因果经》云："太子生时，一手指天，一手指地，作大师子吼云：'天上天下，惟我独尊。'夫世间师子，百兽之长也。一吼有四事：一百兽闻则脑裂；二香象降伏；三飞鸟堕落；四水族潜伏。今喻佛声，盖取无畏之义也。亦有四事：一佛声说法百法俱破；二天魔降伏；三外道邪见堕落；四一切烦恼伏断。法喻平等，其若此也。"(《释迦如来成道记注》，《卍新纂续藏经》第75册，第1509号，第2页下)另外，高僧大德说法，也被誉为师子吼。"沩(沩山)曰：'寂子说禅如师子吼，惊散狐狼野干之属。'"(《袁州仰山慧寂禅师语录》《大正藏》第47册，第1990号，第583页下)

⑥ 书记：禅林六头首之一，掌文疏翰墨之职称。又称书状、记室、外史、外记。书记，原为古清规之书状，职掌文翰，凡山门之榜疏书问、祈祷之词语，悉属之。盖古之名山大刹凡奉圣旨之敕，住持即具谢表。示寂之时，亦须具遗表。或有所赐，或有所问，具奉表进，而住持专柄大法，文字之事少有研究，故特设书记之职，主执山门之书疏。然古无书记之名，仅有书状，书记乃取元戎之幕府署记室参军之名，于禅林特请书记以职之。参见《敕修百丈清规》卷四《两序章》第六《西序头首》之《书记》条，《大正藏》第48册，第2025号，第1131页上。

证义曰:兼管围炉者,盖公界围炉,易于光阴虚度,各宜修道,不得检阅外书,及书画等;不得谈笑诤论,不得烘焙鞋袜,及弹垢腻于火中;不得拨火飞灰,不得久停乱挤,须挨班进。违者白客堂行罚。(《炭头(兼)炉头》)

童真至善

至善，清临济宗僧。字童真，号汝翁。江津（今属重庆）人，俗姓江。治平铁壁慧机禅师法嗣①。

至善高度评价历代祖师颂古诗“皆藻绘万象，刻划森罗”“文胜质史”，“机杼固成一家之锦”，可谓“黄钟大吕”，“清庙朱弦”之作。

本书所录文字，据《万峰汝翁童真和尚语录》《嘉兴藏》第 39 册，第 441 号。

“皆藻绘万象，刻划森罗”，“机杼固成一家之锦”

颂古一道，其难也久矣。昔圆悟勤祖，见翠峰禅师百首，乃曰：除《客从远方来》一则，有衲僧气，余皆以诗论。此勤祖用春秋法②也。盖达磨氏入中土，六代而后，马祖百丈③已还，皆以机用言句相高而不及此。洎汾昭④，则黄钟

---

① 至善生平事迹，见刘如汉：《童真和尚语录序》、李道济：《万峰和尚语录题辞》《续灯正统》卷十八《潭州万峰汝翁童真至善禅师》。

② 春秋法：春秋法通常被认为是历史和文学中常见的一种表现手法，又称作“微言大义”，寓褒贬于曲折的文笔中。《左传·成公十四年》：“《春秋》之称，微而显，志而晦，婉而成章，尽而不污，惩恶而劝善，非贤人谁能修之？”（清·阮元校刻：《十三经注疏》（全二册），晋·杜豫注，唐·孔颖达疏：《春秋左传正义》，《春秋左传正义》卷 27，第二百十一页，中华书局 1980 年版，第 1913 页）

③ 马祖百丈：道一，百丈怀海。道一，参见本书《豫章来复》“马祖”注。百丈（728—814），俗姓王，福州长乐人（今福建）。法嗣马祖，马祖寂后，受众之请，住百丈山传播佛法，后世因此称其为百丈禅师，其禅名百丈禅，制定《禅门规式》，后称《百丈清规》，为后世寺院广泛采用。有《百丈怀海禅师语录》《百丈怀海禅师广录》各一卷行世。事迹见《宋高僧传》卷十、《景德传灯录》卷六。

④ 汾昭：参见本书《汾阳善昭》小传。

大吕,宫音始变。逮有宋天禧间,明觉老人①清庙朱弦,可谓天中之天、圣中之圣矣。自兹而降,投子丹霞②,分道扬镳,机杼固成一家之锦,于翠峰则异矣。近代各家之盛十倍于前,要皆藻绘万象,刻划森罗,似出于从上诸老矣。而文胜质史,非予今日之致。慨由是数十季来,不敢妄形一字者,自揣犹未到古人地位耳。至年五十有四,静对湘山,历观从前如推门落臼,乃为禅子辈汇集成帙,得二百三十篇,非敢望诸祖之藩垣,予但申其自受用已耳。若曰翠峰之圣,吾当北面事焉。至于分道扬镳,或可并驱中原。若夫汗牛充栋,刻划藻绘,予岂能追其万一也哉!是为序。(《湘山颂古自序》)

---

① 明觉老人:雪窦重显。参见本书《雪窦重显》小传。

② 投子丹霞:投子:宋代禅僧,因为长期在投子上传播佛法,世称“投子义青”。参见本书《林泉丛伦》之“义青”注。丹霞:唐代禅僧,因为其长期在丹霞山说法,世称“丹霞天然”,有著名的公案“丹霞烧佛”。事迹见《景德传灯录》卷十四《邓州丹霞天然禅师》《续传灯录》卷十二《邓州丹霞子淳禅师》。

宇亭元尹

元尹，清僧。字宇亭，一字旅三。常州（今属江苏）人，俗姓吕。嗣法节岩本琇。历住吴兴归安庵，后住海宁安国寺。意气闲静，信笔为诗，差有禅趣①。

元尹在诗歌创作上，明确提出“借诗说禅”的命题，把诗歌作为“直与天下后世学者解粘去缚”的重要路径。他又主“触景兴怀”“随口乱道”，其信笔为诗，颇多禅味。在他看来，大自然千姿百态，“良多可味之址”，而美不胜收的“一色一声，皆吾心之全体妙明”，是诗人的本来面目的真实写照——是经诗人心灵营铸出的生动意象。

本书所录文字，据元尹《博斋集》《四库未收书辑刊》第8辑第29册，北京出版社1995年版。

一、“借诗说禅”，“直与天下后世学者解粘去缚作将来眼”

巨老之诗，非诗也，抑偈乎，非偈也。古者作诗，借景表情，惟巨老者，借诗说禅也。盖以数十年入一丛林，出一保社，向蒲团上、枯寂中，苦心所得底，未尝与人吐露。巳丑夏，避暑于广寿山房，瞌睡之暇，偶阅《栯堂山居诗集》，忽然打动，忍俊不禁，适兴一和，洋洋四十首，直与天下后世学者，解粘去缚，作将来眼也。可谓起栯堂千百年之希声，戛然铿锵，迭奏于今时矣，岂不美哉！岂不羡哉！是为序。（《巨容普侄禅师和栯堂山居诗集序》）

---

① 元尹生平事迹，见《绳木禅师语录》《杭郡诗辑》卷三二、《正源略集》卷一〇。

二、“每风晨月夕，触景兴怀，不觉随口乱道”

余素不知诗，亦不会禅。向于平陵、吴兴两处，住山多暇，每风晨月夕，触景兴怀，不觉随口乱道，偶积有《山居》《咏闲》《落索》等集。至丁亥戊子，连遇凶荒，频遭贼火，诸稿皆失，只字无存矣。后几十年，甲午岁，住盐官，因学者叩索及此，乃静思之，略记数首焉；又或于知己辈酬应者，稍留一二，先后共辑一帙，曰《博斋集》。然皆鄙俚粗野之语。不过以自志其山林之景趣耳。余道护栖霞陈工部者，尝遇我每见禅众臆好抄录颇多，由是捐资劝刻之。惟黄叶止啼①之意，又乌可以诗禅②云乎哉！海角头陀元尹识。（《博斋集·自序》）

三、“一色一声，皆吾心之全体妙明，信可乐也”

金坛东林者，虽非胜地，亦是古刹。肇自唐光启间，废于元，复兴于明。尝住宗教两支诸名宿，或称东禅，或称东山，盖历朝之建革也。迩年来寺略萧条，林泉未改。每当晴雨晦明，四时朝暮，良多可味之景。第先辈未经品题，不无玉蕴荆山、珠沉赤水之叹。今春余自维杨退归，度夏之次，常见山塔插乎朝云，溪桥映乎夜月。或登春台而眺野，或凭晓阁以观霞。松径屑屑以筛阴，薜亭沉沉而锁翠。鉴池寂空明而函照，雪洞当溽暑以喷凉。至夫雁阵秋排于金沙城上，钟声晚发于祇树林中。仰观俯察，磕着筑着，一色一声，皆吾心之全体妙明，信可乐也。由是忍俊不禁，竟忘踈陋，约名十景，编作十题，又凑十趣，各赋拙言一章，名之曰《东林面目》。概取画工写照之意，欲诸君子不举步恍然亲履其间耳！倘有明公品题，幸勿谓抛砖引玉见哂也。（《东林面目十景缘起》）

---

① 黄叶止啼：佛家典故，又称“空拳止啼”“空拳黄叶”。参见本书《林泉从伦》“止啼黄叶”注。

② 诗禅：此处“诗禅”是指诗中富有禅意之作，而且是“触景兴怀”“自志其山林之景趣”，从胸中自然流出之作。元尹强调了“触景兴怀”“自志其山林之景趣”，要有自家面目；要信手拈来，超尘脱俗。

四、“随吟五言一律，聊自见消遣之意”

余丙午夏初，住太平，磕着触着，无非老屋败椽，塌墙倒壁；举足下足，不过断砖碎砾，蔓草荒藜。然周头景象，则颇有可观，因拟为十二名，随吟五言一律，聊自见消遣之意云。幸毋谓衒耀于诗也。（《太平气象·十二景缘起》）

匡雪净宪

净宪,清僧。字匡雪,号岫(岫)峰。秀水(浙江嘉兴)人,俗姓蒲氏。出愚庵门下。开法梵受禅院。山水摹董巨然,五言得唐法。有《语录》及《栖贤诗集》①。

净宪明确提出有关诗歌创作原则的"诗之为法,以性灵为旨,静理为趣"的命题。即是以抒写性灵为旨归(宗旨),呈现静理为趣味。在他看来,诗中的"山川人物、禽鱼草木""悉我性灵中物",都在诗人性灵之中——是诗人性灵汰选、镕铸过的意象;而诗人的喜怒哀乐、言行品节,乃是诗人"性灵之全体"——即诗人的内在生命,即诗人之禅心,"既得性灵之全者,则何禅之不在我耶?"他还提出"读其诗,知其人",从诗品看人品。

本书所录文字,据《岫峰宪禅师语录》《嘉兴藏》第34册,第298号。

一、"诗之为法,以性灵为旨,静理为趣"

古之言诗者,盖以敦德性修品节为重,而风雅随之,炼词琢句,考声合度,皆汉魏齐梁之绪余也。读《三百篇》,知雅颂各得其所,非至性中流出,能为万世法乎?昔人论诗譬诸禅,以顿渐大小诸乘例诗盛衰②。余则不然其说。禅有顿无渐,修有渐无顿,顿渐之道,惟悟能知,而门外汉以诗论禅,大有径庭,论

---

① 净宪生平事迹,见《岫峰宪禅师语录·序》、光绪:《嘉兴府志》卷六二、《两浙辅轩录》卷三九。

② 昔人论诗譬诸禅,以顿渐大小诸乘例诗盛衰:宋严羽即是"论诗譬诸禅",他说:"禅家者流,乘有小大,宗有南北,道有邪正;学者须从最上乘,具正法眼,悟第一义。若小乘禅,声闻辟支果,皆非正也。论诗如论禅:汉魏晋与盛唐之诗,则第一义也。大历以还之诗,则小乘禅也,已落第二义矣。晚唐之诗,则声闻辟支果也。学汉魏晋与盛唐诗者,临济下也。学大历以还之诗者,曹洞下也。"(郭绍虞:《沧浪诗话校释》,人民文学出版社1983年版,第11—12页)

者不知也。然诗之为法,以性灵为旨,静理为趣,山川人物、禽鱼草木,悉我性灵中物;喜怒哀乐、言行品节,本我性灵之全体,既得性灵之全者,则何禅之不在我耶? 道符耿先生①为三韩开国靖南王嫡裔,忠敏王之孙,额驸悫敏公之大嗣。君出自和硕柔嘉公主,聪睿静默,宽裕简重,虽荣宠当世,而车服素约,与世澹如也。燕居无事,喜尝为诗,精粹秀拔,超然隽逸。笔下无半点尘,有高岑王孟②之风,所谓胸中固有而发乎性灵者在是矣。试观今之登乐府趋骚坛者,概不与之较量,故不轻出示人。其处世应物之暇,与浮屠氏若有夙契,醉心禅悦,早知有向上事宗门关键,透脱古今,即禅者相对,无敢撄其锋。然虚容不少露,予谓果地之再来人,洵不诬也。庚午夏,余屡过私第,憩书斋,以手编所作诸什若干篇出示,捧读之余,每思属和,但愧匪材,故举夫德性品节之说,而附诸篇末,以垂不朽焉。(《耿道符先生诗序》)

二、"读其诗,知其人"

"结庐在人境,而无车马喧"③,晋渊明诗也。读其诗,知其人,千古罕得,特胸次无物耳! 夫人生世间,日与物处,未尝不为物累。与物处不为物累,读圣贤书则近之。否则,欲避车马喧,已染林泉癖。问所为胡来胡现,汉来汉现,本来空洞,元明何在也? 我于水北宪章施子得之,施子处于阛阓门径,虽不越俗,而胸次别有一天。居尝笃孝友睦邻戚,盛年有长者风,相对淡如,俨心游于物初者。予偶过斋头,见其盆盎满架,花石盈庭,片山寸树,淡远古雅,摹仿出

---

① 道符耿先生:事迹不详。

② 高岑王孟:盛唐著名诗人高适、岑参、王维、孟浩然。高岑二人是边塞诗的代表,王孟是山水田园诗的代表。高岑王孟分别代表边塞诗和山水田园诗的两个高峰,高岑王孟并称在后世比较普遍。明代胡应麟指出:"高岑悲壮为宗,王孟闲澹自得"(胡应麟:《诗薮》内编卷二,上海古籍出版社 1979 年版,第 37 页)清代叶燮说:"盛唐大家,称高、岑、王、孟。"(清·叶燮著,霍松林校注:《原诗》,人民文学出版社 1979 年版,第 65 页)

③ "结庐在人境,而无车马喧":语出东晋陶渊明:《饮酒二十首》第五首(逯钦立校注:《陶渊明集》,中华书局 1979 年版,第 89 页)说的是诗人虽然身体还是居住在喧闹的地方,但是并不与世俗相往来,表达诗人守道固穷的理想。

宋元诸家之右，非复吴下阿蒙①刻画手！噫，技进矣！施子入乎其斋，而嗒然忘我，不知身在市嚣湫隘中；出乎其斋，而萧然无物，不知志在搴石丛篁内，直欲空天地间一切往来得丧，超乎与造物者游，又何一物之足为累也！吾于施子有厚望焉。(《题施宪章居士盆中树石》)

① 吴下阿蒙：三国时期吴国名将吕蒙，据《三国志·吴志·吕蒙传》："蒙始就学，笃志不倦，其所览见，旧儒不胜。后鲁肃上代周瑜，过蒙言议，常欲受屈。肃拊蒙背曰：'吾谓大弟但有武略耳，至于今者，学识英博，非复吴下阿蒙。'"（晋·陈寿著，宋·裴松志注：《三国志》卷五十四，中华书局 1971 年版，第 1275 页）后世常常以此来讥讽缺少学识和文才的人。

祖源超溟

超溟，清僧。自称为“传临济正宗三十三代嗣祖沙门祖源超溟道人”[①]。

超溟把“吟诗歌赋”作为“口业魔”之一，提醒学人要深戒之：“参禅之人，须要深戒。不但俭言养德，而且使心不乱，初机修行，慎之忌之。”

本书所录文字，据《万法归心录》《卍续藏经》（新编）第114册。

“吟诗歌赋”为“口业魔”

问：“如何谓口业魔[②]？”师曰：“口业魔者，谓之狂障。若不俭言，纵意多谈，散心乱念，不得定心。口业因何，过之太甚。谈玄说妙，讲教言宗。自夸得悟，卑他愚迷。论人长短，说人是非。吟诗歌赋，信口胡唱。评论古今，议国兴废。昔日贤愚，今时凶善。不干己事，高言诤论。他人得失，无故毁赞。说诸欲境，令人生爱。说诸不平，令人发怒。背后毁誉，当面称讥。一切利害之言，使人忘失正念[③]。参禅之人，须要深戒。不但俭言养德，而且使心不乱。初机修行。慎之忌之。”

---

① 超溟事迹，见《万法归心录自叙》《续藏目录》。

② 口业魔：口业，又曰语业。三业之一。谓口之所作，即一切之言语。《大乘义章》卷七曰：“起说之门，说之为口。”（《大正藏》第44册，第1851号，第598页上）业与孽通。口业：谓两舌，恶口，妄言，绮语。把由此所造成的一切有漏之业，称为业障。认为口业是患苦之门，祸累之始。唐宋人常取以言文学之事。苏轼诗：“口业不停诗有债。”皆以诗为绮语。

③ 正念：正确之念头，即时常忆念正道，离邪分别，不使思想行为有错误，乃八正道之一。《起信论》曰：“心若驰散，即当摄来住于正念。”（《大正藏》第32册，第1666号，第582页上）《无量寿经义疏》卷下曰：“舍相入实，名为正念。”（《大正藏》第37册，第1745号，第111页中）

参考文献

[1]《大正新修大藏经》,中国台湾省新文丰出版股份有限公司 1983 年版。
[2]《卍续藏经》(新编),中国台湾省新文丰出版股份有限公司 1993 年版。
[3]《嘉兴大藏经》,中国台湾省新文丰出版股份有限公司 1987 年版。
[4]《乾隆大藏经》,中国台湾省传正有限公司 1997 年版。
[5]《中华大藏经》,中华书局 1994 年版。
[6] 蓝吉富主编:《大藏经补编》,台湾华宇出版有限公司 1984—1986 年版。
[7] 蓝吉富主编:《禅宗全书》,北京图书馆出版社 2004 年版。
[8] 明复主编:《禅门逸书初编》,台湾明文书局股份有限公司 1981 年版。
[9] 明复主编:《禅门逸书续编》,台湾汉声出版社 1987 年版。
[10] (梁)释慧皎撰,汤用彤校注:《高僧传》,中华书局 1992 年版。
[11] (唐)宗密:《禅源诸诠集都序》,中州古籍出版社 2008 年版。
[12] (南唐)静筠二禅师编:《祖堂集》,上海古籍出版社 2011 年版。
[13] (宋)释正受集注:《楞伽经集注》,上海古籍出版社 2011 年版。
[14] (宋)圆悟克勤著,尚之煜校注:《碧岩录》,中州古籍出版社 2011 年版。
[15] (明)释一如等撰:《三藏法数》,浙江古籍出版社 1991 年影印本。
[16] 杨曾文:《唐五代禅宗史》,中国社会科学出版社 1999 年版。
[17] 杨曾文:《宋元禅宗史》,中国社会科学出版社 2006 年版。
[18] 吴立民主编:《禅宗宗派源流》,中国社会科学出版社 1998 年版。
[19] 洪修平:《禅宗思想的形成与发展》(修订本),江苏古籍出版社 2000 年版。
[20] 任继愈主编:《中国佛教史》(全三册),中国社会科学出版社 1985 年版。
[21] 方立天:《中国佛教哲学要义》,中国人民大学出版社 2012 年版。
[22] 方立天:《佛教哲学》,长春出版社 2006 年版。
[23] 方立天:《中国佛教散论》,宗教出版社 2003 年版。
[24] 冯友兰:《中国哲学之精神》,北京联合出版公司 2018 年版。
[25] 黄夏年主编:《禅宗三百题》,上海古籍出版社 2000 年版。
[26] 洪修平:《禅宗思想的形成与发展》,江苏人民出版社 2011 年版。
[27] 周裕锴:《文字禅与宋代诗学》,复旦大学出版社 2017 年版。
[28] 吴言生:《禅宗诗歌境界》,中华书局 2001 年版。
[29] 林湘华:《禅宗与宋代诗学理论》,中国台北文津出版社 2002 年版。
[30] 上海古籍出版社编:《禅宗语录辑要》,上海古籍出版社 1992 年版。

［31］周裕锴:《禅宗语言》,浙江人民出版社 1999 年版。

［32］洪修平、张勇:《禅偈百则》,中华书局 2008 年版。

［33］冯学成:《鸟衔花落碧岩前:〈碧岩录〉十五则讲记》,南方日报出版社 2013 年版。

［34］冯学成:《明月藏鹭——千首禅诗品析》,四川文艺出版社 1996 年版。

［35］项楚著:《寒山诗注》(附拾得诗注),中华书局 2000 年版。

［36］皮朝纲、董运庭:《静默的美学》,成都科技大学出版社 1991 年版。

［37］皮朝纲:《禅宗美学史稿》,电子科技大学出版社 1994 年版。

［38］皮朝纲:《丹青妙香叩禅心:禅宗画学著述研究》,商务印书馆 2012 年版。

［39］皮朝纲:《游戏翰墨见本心:禅宗书画美学著述选释》,四川民族出版社 2013 年版。

［40］比丘明复编:《中国佛学人名辞典》,中华书局 1988 年版。

［41］徐自强主编:《中国历代禅师传记资料汇编》,全国文献微缩复制中心 1994 年版。

［42］震华法师遗稿,中古佛教人名大辞典编辑委员会编:《中国佛教名人大辞典》,上海辞书出版社 1999 年版。

［43］张志哲主编:《中华佛教人物大辞典》,黄山书社 2006 年版。

［44］陈垣:《释氏疑年录》,广陵书社 2008 年版。

［45］任继愈主编:《佛教大辞典》,江苏古籍出版社 2002 年版。

［46］慈怡主编:《佛光大辞典》,台湾佛光出版社 1988 年版。

［47］任道斌主编:《佛教文化词典》,浙江古籍出版社 1991 年版。

［48］陈义孝编:《佛学常见词汇》,宁夏人民出版社 1996 年版。

［49］袁宾主编:《禅宗大辞典》,崇文书局 2010 年版。

［50］袁宾编著:《禅宗著作词语汇释》,江苏古籍出版社 1990 年版。

［51］钱仲联、傅璇宗、王运熙、章培恒、陈伯海、鲍克怡等总主编:《中国文学大辞典》(修订本),上海辞书出版社 2000 年版。

［52］傅璇琮、许逸民、王学泰、董乃斌、吴小林主编:《中国诗学大辞典》,浙江教育出版社 1999 年版。

［53］林同华主编:《中华美学大辞典》,安徽教育出版社 2002 年版。

［54］成复旺主编:《中国美学范畴辞典》,中国人民大学出版社 1995 年版。

［55］史为乐主编:《中国历史地名大辞典》,中国社会科学出版社 2005 年版。

［56］萧涤非等撰写:《唐诗鉴赏辞典》,上海辞书出版社 1983 年版。

［57］(汉)班固,(唐)颜师古校注:《汉书》,中华书局 1962 年版。

［58］(南朝宋)范晔撰,(唐)李贤等注:《后汉书》,中华书局 1963 年版。

［59］(汉)司马迁:《史记》,中华书局 2013 年版。

［60］(西汉)刘向集录:《战国策》,上海古籍出版社 1988 年版。

［61］(晋)陈寿撰,(宋)裴松之注:《三国志》,中华书局 1959 年版。

［62］(唐)房玄龄等撰:《晋书》,中华书局 1974 年版。

[63]（唐）李延寿撰:《南史》,中华书局 1975 年版。

[64]（唐）杜佑撰,王文锦、王永兴点校:《通典》,中华书局 2016 年版。

[65]（后晋）刘昫等撰:《旧唐书》,中华书局 1975 年版。

[66]（宋）欧阳修、宋祁撰:《新唐书》,中华书局 1975 年版。

[67]（宋）欧阳修撰,（宋）徐无党注:《新五代史》,中华书局 1976 年版。

[68]（宋）李昉等编:《太平广记》,中华书局 1961 年版。

[69]（元）脱脱等撰:《宋史》,中华书局 1985 年版。

[70]（明）宋濂等撰:《元史》,中华书局 1976 年版。

[71]（明）张廷玉等撰:《明史》,中华书局 1974 年版。

[72]（周）左丘明:《左传》,十三经注疏本,中华书局 1980 年影印（清）阮元校刻本。

[73]（战国）韩非著,陈奇猷校注:《韩非子新校注》,上海古籍出版社 2000 年版。

[74]（汉）刘向著,向宗鲁校正:《说苑校证》,中华书局 1987 年版。

[75]（魏）王弼注,楼宇烈校释:《老子道德经注校释》,中华书局 2008 年版。

[76]（魏）王弼著,楼宇烈校释:《王弼集校释》,中华书局 1980 年版。

[77]（宋）朱熹撰:《四书章句集注》,中华书局 1983 年版。

[78]《周礼》,十三经注疏本,中华书局 1980 年影印（清）阮元校刻本。

[79]《诗经》,十三经注疏本,中华书局 1980 年影印（清）阮元校刻本。

[80]（清）郭庆藩撰,王孝鱼点校:《庄子集释》,中华书局 2012 年版。

[81] 汪荣宝撰、陈仲夫点校:《法言义疏》,中华书局 1987 年版。

[82] 杨伯峻编著:《春秋左传注》（修订本）,中华书局 1990 年版。

[83] 杨伯峻撰:《列子集释》,中华书局 1979 年版。

[84] 高亨:《周易大传今注》,齐鲁书社 1979 年版。

[85] 李鼎祚撰,李一忻点校:《周易集解》,九州出版社 2003 年版。

[86] 四库全书存目丛书编纂员会编:《四库全书存目丛书》,齐鲁书社 1997 年版。

[87] 四库全书存目丛书补编委员会编纂:《四库全书存目丛书补编》,齐鲁书社 2001 年版。

[88] 续修四库全书编纂委员编:《续修四库全书》,上海古籍出版社 2002 年版。

[89] 四库未收书季刊编委会编:《四库未收书辑刊》,北京出版社 2000 年版。

[90] 四库禁毁书丛刊编纂委员会:《四库禁毁书丛刊》,北京出版社 1997 年版。

[91]（晋）陆机撰,金涛声点校:《陆机集》,中华书局 1982 年版。

[92]（晋）钟嵘著,曹旭笺注:《诗品笺注》,人民文学出版社 2009 年版。

[93]（晋）钟嵘,陈延杰注:《诗品注》,人民文学出版社 1958 年版。

[94]（晋）陶渊明著,逯钦立校注:《陶渊明集》,中华书局 1979 年版。

[95]（梁）刘勰著,范文澜注:《文心雕龙注》,人民文学出版社 1962 年版。

[96]（梁）萧统编,（唐）李善等注:《六臣注文选》,中华书局 1987 年版。

[97]（陈）徐陵编,（清）吴兆宜注、程琰删补,穆克宏点校:《玉台新咏笺注》,中华书局

1985 年版。

[98](南朝宋)刘义庆著,(南朝梁)刘孝标注,余嘉锡签疏:《世说新语笺疏》,中华书局 1983 年版。

[99](唐)司空图、(清)袁枚著,郭绍虞集释:《诗品集解 · 续诗品序》,人民文学出版社 1963 年版。

[100](唐)李白著,(清)王琦注:《李太白全集》,中华书局 1977 年版。

[101](唐)杜牧著,(清)冯集梧注:《樊川诗集注》,上海古籍出版社 1978 年版。

[102](唐)杜甫、(清)仇兆鳌:《杜诗详注》,中华书局 1979 年版。

[103](唐)刘禹锡撰,卞孝萱校订,《刘禹锡集》整理组点校:《刘禹锡集》,中华书局 1990 年版。

[104](唐)王维撰,(清)赵殿成笺注:《王右丞集笺注》,上海古籍出版社 1984 年版。

[105](五代)王定保撰,姜汉椿校注:《唐摭言》,上海社会科学院出版社 2003 年版。

[106](宋)魏庆之编:《诗人玉屑》,上海古籍出版社 1978 年版。

[107](宋)严羽著,郭绍虞释:《沧浪诗话校释》,人民文学出版社 1983 年版。

[108](宋)苏轼著,孔凡礼点校:《苏轼文集》,中华书局 1986 年版。

[109](宋)苏轼著,(清)王文诰辑注:《苏轼诗集》,中华书局 1982 年版。

[110](宋)慧洪、朱弁、吴炕撰,陈新点校:《冷斋夜话 · 风月堂诗话 · 环溪诗话》,中华书局 2015 年版。

[111](宋)洪兴祖撰,白化文等点校:《楚辞补注》,中华书局 1983 年版。

[112](宋)吴曾撰:《能改斋漫录》,上海古籍出版社 1979 年版。

[113](宋)计有功辑撰:《唐诗纪事》,上海古籍出版社 2013 年版。

[114](宋)欧阳修著,李逸安点校:《欧阳修全集》,中华书局 2001 年版。

[115](明)胡应麟撰:《诗薮》,上海古籍出版社 1979 年版。

[116](明)汤显祖评,王五云主编:《董解元西厢》,商务印书馆 1937 年版。

[117](清)恽毓鼎著,史晓风整理:《恽毓鼎澄斋日记》,浙江古籍出版社 2004 年版。

[118](清)叶燮、薛雪、沈德潜著,霍松林、杜维沫校注:《原诗　一瓢诗话　说诗晬语》,人民文学出版社 1979 年版。

[119](清)王聘珍撰,王文锦点校:《大戴礼记解诂》,中华书局 1983 年版。

[120](清)何文焕辑:《历代诗话》,中华书局 2004 年版。

[121](清)彭定求等编:《全唐诗》,中华书局 1980 年版。

[122](清)董浩等编:《全唐文》,中华书局 1983 年影印本。

[123](清)赵翼著,霍松林、胡主佑校点:《瓯北诗话》,人民文学出版社 1963 年版。

[124](清)沈德潜撰,霍松林校注:《说诗晬语》(见《原诗　一瓢诗话　说诗晬语》),人民文学出版社 1979 年版。

[125](明)李贽:《焚书　续焚书》,中华书局 2009 年版。

[126](清)刘熙载著,王气中笺注:《艺概笺注》,贵州人民出版社 1986 年版。

[127]（清）王夫之等撰，丁福保辑：《清诗话》，上海古籍出版社 2015 年版。
[128] 王利器撰：《颜氏家训集解》（增补本），中华书局 1993 年版。
[129] 逯钦立辑校：《先秦汉魏晋南北朝诗》，中华书局 2017 年版。
[130] 曾枣庄、刘琳主编：《全宋文》，上海辞书出版社、安徽教育出版社 2006 年版。
[131] 傅璇琮、倪其心等主编：《全宋诗》，北京大学出版社 1998 年版。
[132] 郭绍虞集解、辑注：《诗品集解》，人民文学出版社 2005 年版。
[133] 王水照编：《历代文话》，复旦大学出版社 2007 年版。
[134] 唐圭璋编：《词话丛编》，中华书局 1986 年版。
[135] 吴文治主编：《宋诗话全编》，江苏古籍出版社 1998 年版。
[136] 丁福保辑：《历代诗话续编》，中华书局 1983 年版。
[137] 程毅中主编：《宋人诗话外编》，国际文化出版公司 1996 年版。
[138] 郭绍虞辑：《宋诗话辑佚》，中华书局 1980 年版。
[139] 郭绍虞、钱仲联、王遽常编：《万首论诗绝句》，人民文学出版社 1991 年版。
[140] 郭绍虞编选、富寿荪校点：《清诗话续编》，上海古籍出版社 1983 年版。
[141] 吴文治主编：《辽金元诗话全编》，凤凰出版社 2006 年版。
[142] 吴文治主编：《明诗话全编》，江苏古籍出版社 1997 年版。
[143] 杜松柏编：《清诗话访佚初编》，台湾新文丰出版公司 1987 年版。
[144] 张伯伟撰：《全唐五代诗格汇考》，凤凰出版社 2002 年版。
[145] 袁行霈、孟二冬、丁放著：《中国诗学通论》，安徽教育出版社 1994 年版。
[146] 陈良运：《中国诗学体系论》，中国社会科学出版社 1992 年版。
[147] 陈良运：《中国诗学批评史》，江西人民出版社 1995 年版。
[148] 吴建民：《中国古代诗学原理》，人民文学出版社 2001 年版。
[149] 庄严、章铸著，张松如主编：《中国诗歌美学史》，吉林大学出版社 1994 年版。
[150] 萧华荣：《中国诗学思想史》，华东师范大学出版社 1996 年版。
[151] 萧华荣：《中国古典诗学理论史》（修订本），华东师范大学出版社 2005 年版。
[152] 蔡镇楚：《中国诗话史》，湖南文艺出版社 1988 年版。
[153] 项楚、张子开、谭伟、何剑平等著：《唐代白话诗研究》，巴蜀书社 2005 年版。
[154] 俞剑华编著：《中国画论类编》，人民美术出版社 1986 年版。
[155] 陶秋英编选，虞行校注：《宋金元文论选》，人民文学出版社 1984 年版。
[156] 戴明扬校注：《嵇康集校注》，人民文学出版社 1962 年版。
[157] 屈守元、常思春主编：《韩愈全集校注》，四川大学出版社 1996 年版。
[158] 宋祚胤：《周易译注与考辨》，河南人民出版社 1987 年版。
[159] 袁珂校注：《山海经校注》，上海古籍出版社 1980 年版。
[160]［日］弘法大师原撰，王利器校注：《文镜秘府论校注》，中国社会科学出版社 1983 年版。

后　　记

本著作是在国家社科基金项目“禅宗诗学著述研究”(14XZW008)结项材料的基础上,整理、修撰,由四川轻化工大学资助出版的。也是在恩师皮朝纲先生的亲自指导之下,在他的总体策划和安排之下进行的一项研究工作。是继皮先生在禅宗书法、绘画、音乐等美学著述的发掘、整理、研究之后,对禅宗诗学著述进行的初步发掘、整理与研究的成果。

关于如何立足中华文化立场,关于如何传承中华文化的优秀基因,关于如何将中国美学的研究进一步走向深入,如何使中国美学学科建设更为完善的系列问题,皮朝纲先生一直以来都有整体的思考和积极的研究践行。他多次倡议要建构“中国美学文献学”,使之成为中国美学学科建设的基础和前提。而在长期的研究实践中也发现,有相当多的禅宗大师,留下了丰富的诗学观点和理论。它们内容充实,风貌独特,是中国诗学的重要组成部分。

基于上述思路和实践探索,由本人负责,以跨校合作的方式构成了“禅宗诗学著述研究”国家社科基金项目项组。在皮老的无私指导之下,沿着既往的研究路数出发,开展了一场师徒之间的一边传授和学修,一边完成社科项目的研究模式。社科项目自 2014 年 6 月立项以来,历时将近 6 年,在 2020 年 3 月经国家社科基金委评审为“良好”的等级结项。本著作是在这个社科项目的基础上,又历经两年半的时间,充分打磨修撰,于今交付人民出版社出版。

本著作主要有两个方面的内容。第一是辑录了不见于古代诗歌史、诗歌理论、诗歌品评等文献和现当代出版的中国美学、诗论等资料汇编中的禅宗诗学著述。以每个禅师为单位,禅师生平小传之后为其诗学思想的提要部分,次为文献辑要部分,后为注释部分。收集整理了 157 位禅师(有两位禅师合编在一条目下)的诗学著述约 673 篇(章、节、段)。第二是在文献整理和理论认识的基础上,以命题、范畴为纲,对上起唐代,下及明清的禅宗诗歌美学思想的发展进行考索,对具体的禅宗诗歌美学命题范畴进行研究与阐释,梳理勾勒出中国禅宗诗歌美学思想的发展轨迹,完成了"研究"部分。

回首来时路,真是感慨万分。禅宗有"拈花微笑"的传说,有"一花五叶"的故事,它们都是现实的象征与恰切的比喻。在撰写这个简要的"后记"时,禁不住回想从社科项目初创到本著作出版,皮老似一个宽厚的师父,亲授亲传予我禅学研究之道。我等钝根者有此福分却没有故事中那些禅宗大德们的慈悲智慧,成果完成得很慢,但也付出了微薄的力量。此外,参与项目的主要成员有:重庆三峡学院的邹建雄和伍宝娟老师,淮北师范大学的潘国好老师,重庆理工大学的王佳老师,四川轻化工大学王益、邱兴跃、李玉芝、李连霞、罗小兵等几位老师,还有四川师范大学的温沙沙老师。他们有的参与了研究部分的撰写,有的参与了注释部分的工作,还有的完成资料翻检及禅师小传核对。在此感谢参与研究的各位成员,也希望我们互相鼓励,在禅宗美学的研究路上,都各自取得优异成绩,以使禅宗美学研究,薪火相传,灯灯相续。

多年以来,本人的学习和研究,得到了四川师范大学皮朝纲先生的悉心指导和关心。与此同时,我工作所在的四川轻化工大学科研处、人文学院、中国盐文化研究中心等有关单位的领导,对我的教学、科研工作、本著作的出版经费等都给予了切实地关心、支持和帮助,谨向他们表示衷心的感谢!还有人民出版社及编辑冯瑶女士,对于本著的顺利出版,给予了专业的帮助与支持,在此也向她致以衷心的感谢!

何　清

2022 年 10 月 23 日于四川轻化工大学六如斋

责任编辑：冯　瑶

图书在版编目(CIP)数据

禅宗诗学著述研究/何清,皮朝纲 著. —北京:人民出版社,2023.3
ISBN 978 - 7 - 01 - 024485 - 3

Ⅰ.①禅…　Ⅱ.①何…　②皮…　Ⅲ.①禅宗-诗歌-文学研究　Ⅳ.①B946.5

中国版本图书馆 CIP 数据核字(2022)第 013335 号

禅宗诗学著述研究

CHANZONG SHIXUE ZHUSHU YANJIU

何　清　皮朝纲　著

人民出版社 出版发行
(100706　北京市东城区隆福寺街 99 号)

北京中科印刷有限公司印刷　新华书店经销

2023 年 3 月第 1 版　2023 年 3 月北京第 1 次印刷
开本:710 毫米×1000 毫米 1/16　印张:49.75
字数:758 千字

ISBN 978 - 7 - 01 - 024485 - 3　定价:158.00 元(上、下)

邮购地址 100706　北京市东城区隆福寺街 99 号
人民东方图书销售中心　电话 (010)65250042　65289539